3811

HISTOIRE
DE LA
RÉPUBLIQUE
ROMAINE.

HISTOIRE
DE LA
RÉPUBLIQUE
ROMAINE,

DANS LE COURS DU VIIe. SIECLE;

PAR SALLUSTE:

En partie traduite du latin sur l'original; en partie rétablie & composée sur les fragmens qui sont restés de ses Livres perdus, remis en ordre dans leur place véritable ou le plus vraisemblable.

TOME SECOND.

Crispus Romanâ primus in Historiâ. MARTIAL. XIV. 91.

A DIJON,
Chez L. N. FRANTIN, Imprimeur-Libraire du Roi.

M. DCC. LXXVII.
AVEC APPROBATION ET PRIVILEGE DU ROI.

SOMMAIRES
DES LIVRES ET DES CHAPITRES
CONTENUS DANS CE VOLUME.

HISTOIRE
DE LA RÉPUBLIQUE ROMAINE,
LIVRE TROISIEME.

I. RUPTURE entre les Romains & Mithridate.
II. Ancêtres de Mithridate. Fondation du royaume de Pont par Artaban. Mithridate-Ctiftes le rend indépendant des Perfes.
III. Naiffance de Mithridate-Eupator. Sa jeuneffe. Commencement de son regne.
IV. Caractere & qualités de ce Prince.
V. Etat des royaumes de l'Afie, réglé par le traité de Dardane. Négociation de ce traité entre Archelaüs & Sylla.
VI. Prétentions de Sylla.
VII. Archelaüs eft forcé d'y foufcrire. Mécontentement du Roi.
VIII. La crainte de la défection des Villes d'Afie, & divers accidens, font changer d'avis au Roi.
IX. Entrevue de Sylla & de Mithridate au château de Dardane. Conclufion de la paix.
X. Caufes du peu de folidité de cette paix.
XI. Archelaüs fe brouille avec le Roi. Il invite Murena à prendre les armes. Sylla fait ceffer les hoftilités.
XII. La ville d'Heraclée eft remife en liberté fous fes propres loix.
XIII. Le teftament du Roi de Bithynie détermine Mithridate à la guerre. Ses préparatifs.

Tome II.

SOMMAIRES

XIV. Il fait dresser un Pyrée & offrir un sacrifice. Il suppose un héritier du Roi Nicomede.

XV. Il envoie une ambassade à Sertorius.

XVI. Intrigues à Rome au sujet du commandement de l'armée. Les Consuls Lucullus & M. Cotta le sollicitent tous deux. Voies prises par Lucullus pour l'obtenir. On donne aussi un commandement en Bithynie à son collegue.

XVII. Motifs de préférer Lucullus. Ses campagnes & sa Questure en Asie sous Sylla. Son humanité dans la levée des taxes imposées aux Villes d'Asie.

XVIII. Son expérience militaire.

XIX. M. Cotta rend aux Sénateurs le droit de Judicature. Lucullus détourne Quinctius de remuer au sujet de ceux du Tribunat.

XX. Lucullus fait ses préparatifs de guerre : il y emploie les bandes Fimbriannes. Histoire de ces légions.

XXI. Fimbria massacre Valérius son Général : se rend le maître de l'Asie : permet à ses troupes les plus affreuses licences.

XXII. Il surprend & brûle la Ville de Troye.

XXIII. Sylla le poursuit. Ses légions l'abandonnent. Il se tue.

XXIV. Lucullus discipline les légions avec sévérité, & retient les Villes par la douceur.

XXV. Les Romains levent le siege de Calaguris & celui de Pallentia. Stratagême de Sertorius pour contenir sa cavalerie.

XXVI. La campagne se passe à faire la petite guerre. Les armées sont obligées de se séparer pour subsister. Sertorius se retire à Dianium.

XXVII. Il y reçoit les Ambassadeurs de Mithridate. Réponse héroïque qu'il leur fait. Conclusion du traité d'alliance.

XXVIII. Sertorius envoie Marius au camp de Mithridate. Le Roi lui rend de grands honneurs.

XXIX. Misere dans l'armée de Pompée. Il écrit une lettre de plaintes au Sénat.

XXX. On lui envoie du secours de Rome. Il pénetre dans le pays des Termestins, où il met ses troupes plus à l'aise.

XXXI. Mithridate ouvre la campagne en Bithynie : repousse Cotta : force le port de Chalcédoine & brûle la flotte.

XXXII. Lucullus marche au secours de Chalcédoine. Rencontre des armées près d'Othryes. Un phénomene les sépare. Le Roi leve le siege.

DES LIVRES ET DES CHAPITRES.

XXXIII. *Position embarrassante du Roi. Il se résout à faire le siège de Cyzique.*
XXXIV. *Situation, forces & commerce de cette Ville.*
XXXV. *Le Roi l'investit.*
XXXVI. *Lucullus marche au secours de Cyzique. Expédient employé pour le faire savoir aux assiégés.*
XXXVII. *Magius trahit le Roi, lui conseille de quitter son poste. Lucullus prend un camp avantageux.*
XXXVIII. *Travaux du siege, vigoureuse résistance des assiégés.*
XXXIX. *Lucullus prend poste à la vue de la Ville. Erreur des Cyzicains à ce sujet : ils sont détrompés.*
XL. *Hélépole, machine prodigieuse.*
XLI. *Assaut général par terre & par mer. Les assiégeans sont repoussés.*
XLII. *Breches réparées pendant la nuit. Second assaut. La tempête s'éleve ; brise les machines. Affreux désastre. Consternation générale.*
XLIII. *Les Cyzicains reprennent confiance à la vue des pertes du Roi. Prodiges. Sacrifices. Secours jetté dans la place par Lucullus.*
XLIV. *Le Roi s'obstine à continuer le siege. Nouveaux ouvrages.*
XLV. *Il renvoie une partie de ses troupes. Entiere déroute de la cavalerie royale au passage du Ryndaque.*
XLVI. *Famine & maladie au camp royal. Le Roi donne les ordres pour la retraite.*
XLVII. *Levée du siege.*
XLVIII. *Joie des Cizicains. Lucullus poursuit l'ennemi jusqu'à Lampsaque.*
XLIX. *Entrée de Lucullus à Cyzique. Il rend compte à Rome de l'état des choses.*
L. *L'isle de Cio fournit une flotte aux Romains. Haine des Ciotes contre le Roi. Traitement barbare qu'ils en avoient reçu.*
LI. *Lucullus poursuit en mer la flotte royale. Combat naval à Ténédos & à Lemnos. Ruine de la flotte royale. Marius est mis à mort.*
LII. *Importance de cette victoire. Destination de la flotte du Roi.*
LIII. *Le Proconsul envoie deux escadres commandées par Triarius & par Barba, à la poursuite de Mithridate. Le Roi se jette dans Nicomédie. Il y est assiégé par Cotta. Il s'échappe & se remet en mer.*
LIV. *Naufrage du Roi. Il perd le reste de sa flotte. Il se sauve dans une barque de pêcheur.*

SOMMAIRES

LV. Mithridate surprend la ville d'Héraclée pendant la fête des Bacchanales.

LVI. Réduction des villes de Bithynie au pouvoir de la République. Fannius & Métrophanes s'égarent entre des volcans.

LVII. Commissaires du Sénat envoyés pour administrer la Province. Querelle de Cotta avec son Questeur Oppius. Il le chasse & le dénonce en Justice.

LVIII. M. Lucullus & Cassius-Varo, Consuls. Fuite & révolte des Gladiateurs à Capoue. Ils se retirent sur le mont Vésuve.

LIX. Ils mettent Spartacus à leur tête. Caractere de ce Chef.

LX. Le Préteur Clodius les bloque sur la montagne. Ils descendent par un précipice, & forcent le camp du Préteur.

LXI. Les bandits & les montagnards se joignent à Spartacus. Il forme le projet de mettre tous les esclaves en liberté.

LXII. Il partage sa troupe nombreuse en quatre corps, sous autant de Chefs. Il enleve ou fabrique des armes, & se rend maître de la campagne.

LXIII. Saccagement des Villes de la Campanie. Rage & brigandage des esclaves.

LXIV. Varinius rassemble des troupes à la hâte; bat & tue Œnomaüs l'un des Chefs des Gladiateurs.

LXV. Spartacus se retire derrière l'Apennin. Il surprend les Villes de Lucanie. Varinius le resserre dans un désert. Il s'échappe.

LXVI. Il s'avance vers la mer, surprend & taille en pieces un détachement de l'armée romaine.

LXVII. Les révoltés marchent en force contre Varinius. Déroute & fuite des Romains. On porte les ornemens du Préteur à Spartacus, qui s'en revêt.

LXVIII. Surprise & ruine de Métaponte. Ancienne célébrité de cette Ville.

LXIX. Prise de Thurium. Spartacus s'y établit.

LXX. Il s'efforce d'établir quelque regle parmi les siens. Il publie une association entre tous les esclaves. Il fait des loix. Il prohibe l'usage de l'or & de l'argent.

LXXI. Foiblesse & lâcheté des troupes romaines. Varinius reçoit un renfort.

LXXII. Le Préteur veut secourir Thurium. Ses soldats perdent courage. Il reçoit un nouvel échec, & se retire.

LXXIII. Le Tribun Licinius-Macer remue de nouveau l'affaire du Tribunat.

LXXIV. Son discours au Peuple.

LXXV. L'affaire est renvoyée au retour de Pompée.

LXXVI. Les affaires de Sertorius commencent à décliner. Jalousie de Perperna & des autres Officiers contre lui.

LXXVII.

DES LIVRES ET DES CHAPITRES.

LXXVII. *Fautes de Sertorius.*
LXXVIII. *Il s'éloigne de ses compatriotes & donne toute sa confiance aux Espagnols.*
LXXIX. *Pompée veut porter la guerre dans la Gallaïcie.*
LXXX. *Il marche vers la Lusitanie. Terreur de ses soldats au passage du Léthé. Ils refusent d'aller plus avant.*
LXXXI. *Curion passe les montagnes de la haute Mœsie, & découvre le fleuve du Danube.*
LXXXII. *Il dompte les Dalmates, revient à Rome & triomphe.*
LXXXIII. *Progrès de l'armée romaine en Asie. Elle s'avance vers le royaume de Pont.*
LXXXIV. *Le Roi munit ses places principales. Il se retire chez les barbares au-delà de l'Euxin, où il forme une nouvelle armée.*
LXXXV. *Lucullus veut le suivre en Colchide. Considérations qui l'en détournent. Il revient assiéger Amise.*
LXXXVI. *Voyage de Mithridate dans le pays des Sauvages. Digression sur le circuit de l'Euxin.*

SUITE DU TROISIEME LIVRE.

LXXXVII. *Raisons qui engagent à faire cette digression.*
LXXXVIII. *Bosphore de Thrace. Circuit & étendue de l'Euxin.*
LXXXIX. *Forme des côtes. Caps & courbures.*
XC. *Nature des eaux & des vents.*
XCI. *La profondeur de cette mer semble diminuer de siecles en siecles.*
XCII. *Poissons de cette mer.*
XCIII. *Du nom de l'Euxin. Navigation des Argonautes sur cette mer.*
XCIV. *Isles Cyanées. Bithynie.*
XCV. *Phrygie. Mygdonie. Mysie.*
XCVI. *Ascanie. Mariandyniens. Paphlagonie.*
XCVII. *Fleuve Sangar. Ville d'Héraclée.*
XCVIII. *Téium. Cap Carambis.*
XCIX. *Sinope. Fleuve Halys.*
C. *Le Pont. Amise. Amasie.*
CI. *Pays des Amazones. De l'origine & de l'existence de ce Peuple.*
CII. *Cap Jason. Cerasus. Trébizonde.*
CIII. *Colchide.*

Tome II.

SOMMAIRES

CIV. *Fleuve du Phase.*
CV. *Hénioques. Achéens.*
CVI. *Bosphore-Cimmérien.*
CVII. *Palus Mœotides.*
CVIII. *Fleuve Tanaïs. Sarmates & autres nations du Nord. Monts Riphées.*
CIX. *Chersonese-Taurique. Peuples Taures.*
CX. *Scythes &. Nomades.*
CXI. *Fleuve Borysthène. Isle Leucé ou d'Achille.*
CXII. *Getes. Fleuve Tyras.*
CXIII. *Fleuve Danube ou Ister. Isles Peucé. Bastarnes.*
CXIV. *Côte depuis le Danube au Bosphore. Salmydesse. Les barres de sables ou Stéthai.*

LIVRE QUATRIEME.

I. *Suite de la guerre de Pont. Ambassade du Roi vers Tigrane.*
II. *Consulat de Gellius & Lentulus. Les fugitifs révoltés se cantonnent dans l'Abruzze. Spartacus propose de sortir de l'Italie.*
III. *Les Chefs Gaulois & Germains rejettent cet avis.*
IV. *Les Consuls reçoivent ordre de marcher tous deux contre eux.*
V. *Dissention entre les fugitifs. Ils se séparent.*
VI. *Spartacus se retire le long de l'Apennin. Crixus marche au Consul Gellius & le bat. Les fugitifs pillent le camp romain.*
VII. *Ils se livrent à la débauche: sont surpris & taillés en pieces. Mort de Crixus.*
VIII. *Spartacus est resserré entre les deux armées consulaires. Il les bat toutes deux dans le même jour.*
IX. *Spartacus par-tout victorieux, traverse l'Italie. Il force les Citoyens romains à jouer le rôle de Gladiateurs.*
X. *Il rebrousse chemin, & marche à Rome pour y mettre le feu.*
XI. *Il défait le Préteur Arrius en bataille rangée. Affreuse consternation dans Rome. Crassus offre ses services. On lui donne le commandement.*
XII. *Crassus fait des levées, & rappelle les vétérans.*
XIII. *Il marche en Ombrie. Son avant-garde prend la fuite. Châtiment sévere de cette lâcheté.*
XIV. *Il s'empare des défilés de l'Apennin, & ne s'attache qu'à couvrir Rome sans combattre. Spartacus se retire en Lucanie.*

DES LIVRES ET DES CHAPITRES.

XV. Conspiration contre Sertorius. Les Celtibériens l'abandonnent. Il s'aigrit & s'emporte à d'horribles cruautés.
XVI. Progrès de Metellus. Succès divers des deux partis.
XVII. Perperna, Chef des conjurés. Leur complot.
XVIII. Sertorius est assassiné dans un festin.
XIX. Son Eloge.
XX. Douleur & soulèvement des Espagnols à sa mort. Perperna s'empare du commandement.
XXI. Pompée le poursuit & le taille en pieces.
XXII. Perperna est pris & amené à Pompée, qui refuse de l'entendre, & le fait mettre à mort.
XXIII. Fin misérable des autres conjurés.
XXIV. Les Pirates recommencent leurs courses. Marc-Antoine est envoyé contre eux avec un plein pouvoir.
XXV. Injustices & concussions de ce Préteur. Il envahit l'isle de Crete.
XXVI. Défense des Crétois. Ils assemblent leur flotte vers l'isle de Dia.
XXVII. Position de l'isle de Dia. Fables qu'on en raconte.
XXVIII. Combat naval. Défaite totale des Romains; les vainqueurs font pendre leurs prisonniers.
XXIX. Fuite & mort de Marc-Antoine.
XXX. Blocus d'Amise. Les deux armées viennent camper vers Cabire.
XXXI. Lucullus se saisit d'un bon poste, & remporte un avantage.
XXXII. Mithridate prend sa revanche. Disette de vivres. Détachement faits pour amener ou intercepter des convois.
XXXIII. Olcaba, transfuge, tente de tuer Lucullus.
XXXIV. Combat à l'occasion des convois, entre Taxile & Adrien. Déroute de Taxile.
XXXV. Le Roi se détermine à la retraite. Embarras. Tumulte nocturne. Le Roi est entraîné dans la fuite.
XXXVI. Il est vivement poursuivi, & s'échappe par adresse.
XXXVII. Il se réfugie dans un château fort. Reddition de Cabire.
XXXVIII. Inquiétude & soupçons de Mithridate. Il se sauve en Arménie.
XXXIX. Il envoie un de ses courtisans vers Pompée.
XL. Il fait mourir ses femmes & ses sœurs.
XLI. Dorylaüs livre aux Romains Comane & le riche mobilier du Roi.
XLII. Siege de Samosate. Feux de Naphte.

SOMMAIRES

XLIII. *Bienfaits accordés par Lucullus.*

XLIV. *Cotta forme le siege d'Héraclée.*

XLV. *Triarius bat l'escadre royale & celle d'Héraclée. Il bloque la Ville du côté de la mer.*

XLVI. *Misere dans Héraclée: complot des Commandans, qui livrent la Ville à Triarius.*

XLVII. *Pillage d'Héraclée. Horreurs commises par les Romains.*

XVIII. *Avarice de Cotta. Il met le feu dans la Ville.*

XLIX. *Il retourne à Rome. Il est mis en justice & puni. Le Peuple romain rend la liberté aux Héracléotes.*

L. *Spartacus se fortifie dans l'Abruzze. Il projette de passer en Sicile.*

LI. *Les fugitifs se cantonnent dans la forêt Sila. Description du Pays.*

LII. *Spartacus s'abouche avec les Pirates.*

LIII. *Le Préteur fait couper l'Isthme par un fossé. Les fugitifs s'entendent avec les Bruttiens. Origine de cette nation.*

LIV. *Les Pirates trompent Spartacus. Les fugitifs tentent sans succès de traverser le détroit de Sicile sur des radeaux.*

LV. *Description du détroit. Que la Sicile a été jointe à l'Italie.*

LVI. *Montagnes. Longueur, largeur du détroit. Ecueils de Scylla.*

LVII. *Gouffre de Charybde.*

LVIII. *Les fugitifs forcent le retranchement & sortent de l'enceinte. Les Gaulois se séparent des Thraces.*

LIX. *Crassus demande du secours à Rome. Il détache ses Lieutenans pour surprendre la troupe gauloise.*

LX. *Le détachement est découvert par deux femmes. Crassus y marche en personne. Grande victoire des Romains.*

LXI. *Effroi du Peuple à Rome. Il demande le rappel de Pompée.*

LXII. *Siege de Calaguris. Horrible famine dans la place. Réduction totale de l'Espagne.*

LXIII. *Pompée fait élever ses trophées sur les monts Pyrénées. Il bâtit deux Villes au pied des montagnes, & revient en Italie.*

LXIV. *Les fugitifs forcent leur Chef de les mener à Rome, ou contre l'armée romaine.*

LXV. *Conduite prudente de Crassus.*

LXVI. *Spartacus fait des propositions au Préteur. Il est refusé, & se résout à combattre.*

LXVII.

DES LIVRES ET DES CHAPITRES.

LXVII. Bataille générale. Résolution désespérée de *Spartacus.* Il est tué.
LXVIII. Défaite totale des fugitifs.
LXIX. Retour de *Crassus* à Rome. On lui décerne le petit triomphe.
LXX. Publipor rassemble les débris des révoltés; se rejette dans la forêt Sila; attaque la ville de *Valence.*
LXXI. Il s'effraie du passage de *Verrès.* Il reprend la route des Alpes: est rencontré par l'armée de Pompée qui le détruit. Vanité de *Pompée.*
LXXII. Empressement du Peuple pour *Pompée.* On le nomme Consul avec *Crassus.*
LXXIII. Triomphe de *Metellus* & de *Pompée.*
LXXIV. Le Consul *Pompée* vient passer la revue des Censeurs à son rang de simple Chevalier. Joie du Peuple en le voyant.
LXXV. Censure de *Gellius* & de *Lentulus.* Appel du Sénat. Dénombrement du Peuple.
LXXVI. Rétablissement de la Puissance tribunitienne dans tous ses droits.
LXXVII. Réflexions sur cet événement. Satisfaction de *Pompée.*
LXXVIII. Les droits de Judicature sont remis sur l'ancien pied, & partagés entre les trois ordres.
LXXIX. Variations dans les loix, signes du déclin d'un Etat.
LXXX. Froideur entre les deux Consuls, *Crassus* & *Pompée.* On les réconcilie.
LXXXI. Continuation du blocus d'*Amise.*
LXXXII. Prise d'*Eupatoria* par escalade, & de *Thémiscyre* par des mines.
LXXXIII. *Amise* est prise d'assaut. L'Ingénieur *Callimaque* y met le feu. *Lucullus* la fait réparer.
LXXXIV. Siege de *Sinope.* Fondation de cette Ville par *Autolyque*: situation, richesse & produit.
LXXXV. Factions dans la Ville.
LXXXVI. Les Commandans de la Ville la pillent eux-mêmes, y mettent le feu & se retirent. Elle est sauvée par les assiégeans.
LXXXVII. Reddition d'*Amasie.* Entière conquête du royaume de Pont.
LXXXVIII. Administration de la Province d'*Asie.* Horribles vexations que les Publicains y avoient exercées.
LXXXIX. Réglemens faits par *Lucullus.* Haine des partisans contre le Proconsul. Il passe l'hyver à *Ephese.*

LIVRE CINQUIEME.

I. *Mithridate* est mal reçu par *Tigrane.*

Tome II.

SOMMAIRES

II. Commencement du règne de Tigrane en Arménie. Ses conquêtes.
III. Il fait bâtir Tigranocerte. Son orgueil.
IV. Lucullus envoie Clodius-Pulcher en ambassade vers le roi d'Arménie.
V. Le Roi lui donne audience à Antioche.
VI. Tigrane fait venir Mithridate à sa Cour. Indiscrétion du roi d'Arménie, fatale à Métrodore. Ligue des deux Rois.
VII. Lucullus projette de porter la guerre en Arménie. Antiquités de ce Pays. Son nom.
VIII. Son ancien Etat. Ses premiers Souverains.
IX. Marche de Lucullus en Arménie, avec deux légions seulement.
X. Il passe l'Euphrate.
XI. Il passe le mont Taurus, traverse la Sophene, où il reçoit de grands secours. Il arrive au bord du Tigre.
XII. De l'Euphrate & du Tigre.
XIII. De la Mésopotamie.
XIV. Cours du Tigre.
XV. Surprise de Tigrane à l'approche des Romains. Il envoie contr'eux Mithrobarzane qui est défait.
XVI. Tigrane quitte sa Capitale. Elle est investie par les Romains.
XVII. Les Arméniens, par un coup de vigueur, enlevent de la Ville le serrail du Roi.
XVIII. Le roi d'Arménie marche au secours de Tigranocerte. Sa présomption. Il méprise les conseils de Mithridate.
XIX. Formidable armée de Tigrane.
XX. Lucullus fait ses dispositions.
XXI. Les Arméniens se mettent en bataille. Cavalerie bardée de fer.
XXII. Bataille de Tigranocerte.
XXIII. Epouvantable défaite des Arméniens. Fuite de Tigrane. On porte son diadême à Lucullus. Eloge de ce Général.
XXIV. Reddition de Tigranocerte. Récompenses & fêtes données par Lucullus.
XXV. Arrivée de Mithridate. Il rencontre Tigrane & le console. Ils se retirent ensemble sur le mont Taurus.
XXVI. Le Proconsul revient en Gordyenne, où il prend le fort de Sitalca.
XXVII. Il y fait célébrer les obsèques de Zarbienus.
XXVIII. Il repasse dans la Sophene, où il reçoit les soumissions des Arabes, des Syriens & autres Peuples voisins.

DES LIVRES ET DES CHAPITRES.

XXIX. *Lucullus-Varron, Proconsul de Macédoine, acheve de soumettre les Thraces.*
XXX. *Utilité des Provinces conquises.*
XXXI. *En Asie les deux partis sollicitent l'alliance des Parthes. Indécision d'Arsace.*
XXXII. *Sextilius envoyé en ambassade vers Arsace. Le Roi Parthe négocie avec les deux partis. Lucullus projette la conquête de la Parthide.*
XXXIII. *Lettre de Mithridate au roi Arsace.*
XXXIV. *Le Parthe se détermine à la neutralité, & le Proconsul à la guerre.*
XXXV. *Mutinerie des légions romaines contre leur Chef. Il les mene contre Tigrane.*
XXXVI. *Mithridate répare ses forces. Chariots armés de faux.*
XXXVII. *Campagne en Arménie. Les Romains ne peuvent attirer les Rois ligués au combat.*
XXXVIII. *Le Proconsul menace Artaxate d'un siege. Bataille près de la riviere d'Arsanias. Déroute des Rois ligués.*
XXXIX. *Révolte des bandes Fimbrianes. Clodius les incite à la sédition. Elles refusent de faire le siege d'Artaxate.*
XL. *La rigueur de la saison sépare les armées.*
XLI. *L'esprit de désobéissance se répand parmi les troupes. Lucullus prend trop peu de peine pour se concilier le cœur du soldat. On murmure à Rome contre le Proconsul.*
XLII. *Consulat de L. Metellus & de Martius. Mort du premier. Martius seul Consul.*
XLIII. *Inquiétudes du conseil de Crete après la victoire de Dia. Il envoie ses députés faire des excuses à Rome.*
XLIV. *Il fait consacrer les dépouilles romaines à Jupiter Idéen.*
XLV. *Les députés Crétois sont mal reçus à Rome. Décret du Sénat contre la Crete.*
XLVI. *Effroi du conseil en Crete. Lasthene détermine les Insulaires à la défense. Archers Crétois.*
XLVII. *Le Consul Metellus est chargé de l'expédition contre la Crete.*
XLVIII. *Il part & dégage, chemin faisant, la ville de Syracuse. Evénemens de la guerre de Crete.*
XLIX. *Dureté de Metellus. Les Insulaires se liguent avec les Pirates.*
L. *Conquête de la moitié de l'isle. Les nationaux se retirent sur les hauteurs du mont Ida.*

SOMMAIRES

LI. Le Tribun Gabinius propose de donner à Pompée un plein pouvoir sur les mers. Applaudissemens du Peuple. Mécontentement de la noblesse.

LII. Opposition des autres Tribuns. Dissimulation de Pompée.

LIII. Discours de Catulus contre la loi Gabinia.

LIV. Colere du Peuple contre les Tribuns opposans. Il ratifie la loi.

LV. Expédition de Pompée contre les Pirates. Ses succès. Destruction des Pirates.

LVI. Les Crétois s'adressent à Pompée pour capituler avec lui. Pompée envoie ses Lieutenans dans l'isle, chargés de pouvoirs absolus. Colere de Metellus.

LVII. Reddition d'Eleuthere. Metellus maltraite le Lieutenant de Pompée.

LVIII. Conduite de Pompée, ambitieuse & inconséquente. Prise du fort d'Hierapytna.

LIX. Les deux Proconsuls portent leur plainte à Rome.

LX. Soumission de Lasthene. Metellus acheve la conquête de l'isle.

LXI. Il abroge les loix de Minos, & établit un nouveau Gouvernement. On le surnomme le Crétique. Son triomphe.

LXII. Requisitoire du Tribun Cornélius, contre le pouvoir que le Sénat s'arrogeoit de donner dispense de la loi commune.

LXIII. Division entre les Tribuns. Accommodement sur l'affaire. Accusation intentée à Cornélius.

LXIV. Loi Roscia sur les places au théatre.

LXV. Nisibe en Mésopotamie est prise d'assaut. Le château capitule.

LXVI. Mithridate rentre dans le Pont: gagne deux batailles. Il est blessé.

LXVII. Joie des nationaux en revoyant leur Souverain. Il remet de nouvelles forces sur pied.

LXVIII. La mauvaise conduite des troupes romaines leur fait perdre le royaume de Pont.

LXIX. Triarius délivre Fabius assiégé par Tigrane dans Cabire.

LXX. Un ouragan sépare Mithridate & Triarius. Le Roi se porte au camp de Ziele.

LXXI. Bataille de Dadasa. Grande victoire de Mithridate, interrompue par sa blessure.

LXXII. Mithridate chasse les Romains de son royaume.

LXXIII. Les soldats de Lucullus achevent de se corrompre en Mésopotamie. Déréglemens des mœurs dans ce Pays. Clodius fomente la révolte contre son beau-frere.

LXXIV.

SOMMAIRES DES LIVRES ET DES CHAP.

LXXIV. Lucullus chasse Clodius de l'armée.

LXXV. Les légions Fimbrianes refusent de continuer le service.

LXXVI. Lucullus marche contre le roi de Pont. Il n'est pas secondé par ses troupes.

LXXVII. On révoque Lucullus à Rome. Mauvais procédé de Glabrion son successeur.

LXXVIII. Lucullus veut marcher contre Tigrane. Les troupes Fimbrianes l'abandonnent & désertent. Martius Rex lui refuse du secours. Position désagréable en laquelle il se voit réduit.

LXXIX. Le Tribun Manilius propose d'ajouter au pouvoir de Pompée tout l'Orient, & de lui donner le commandement de la guerre contre les deux Rois.

LXXX. Mouvemens dans le Sénat & parmi le Peuple, au sujet de la loi Manilia. Cicéron fait passer la loi.

LXXXI. Feinte modestie & joie réelle de Pompée. Ses préparatifs.

LXXXII. Entrevue de Lucullus & de Pompée.

LXXXIII. Retour de Lucullus à Rome. Sa querelle avec Memmius. Son triomphe.

LXXXIV. Lucullus, dégoûté du Gouvernement, se livre au luxe & aux plaisirs, & se retire entièrement des affaires.

LXXXV. Etat de la République à sa retraite, & au temps où finit cette histoire.

HISTOIRE

MITHRIDATE ROY DE PONT.
Buste de Marbre au Palais Justinian a Rome.

HISTOIRE
DE LA RÉPUBLIQUE ROMAINE.

LIVRE TROISIEME.

UN orage non moins formidable que celui d'Espagne, menaçoit de nouveau la République en Orient. Mithridate resserré dans ses anciennes bornes, & forcé par la fermeté de Sylla, de souscrire à la paix à des conditions fort dures, n'avoit cessé de nourrir au fond du cœur cette cruelle animosité qui lui avoit fait répandre en un jour tant de sang romain. La conjoncture ne pouvoit être plus favorable pour attaquer avec avantage un ennemi divisé [a], dont les armes se tournoient contre son propre sein. Sertorius & Lépide lui montroient de loin la République à découvert de plus d'un côté [b].

I. Rupture entre les Romains & Mithridate.

[a] *Vid. fragm.* 128. [b] *Flor.* 3.

Les Pirates, qu'il favorisoit sous main, infestoient nos mers. Le progrès journalier du vice intérieur de notre Gouvernement lui étoit assez connu. On ne prenoit d'ailleurs aucun soin d'éviter les sujets de rupture avec ce Prince [a], dans un moment où il lui étoit facile de tomber une seconde fois sur les Provinces dont nous tirions nos plus abondans subsides. La fureur de nos dissentions domestiques lui avoit laissé tout loisir de faire d'immenses préparatifs de guerre : & le testament de Nicomede lui fournit l'occasion de la recommencer. Ainsi la Bithynie, qui avoit été le sujet de la premiere querelle entre Mithridate & les Romains, le fut encore de cette troisieme guerre, l'une des plus mémorables que nous ayons jamais eu par la variété, par la singularité, tant des événemens que des lieux qui en furent le théatre [b]. Mais avant que d'en entamer le récit, il est convenable de donner une idée de la puissance d'un Roi le plus fameux de tous après Alexandre [c], & qui a balancé la puissance romaine plus long-temps qu'Hannibal même n'avoit fait avant lui.

II. Ancètrès de Mithridate. Fondation du royaume de Pont par Artaban. Mithridate-Ctistès le rend indépendant des Perses.

Selon la plus ancienne tradition vulgaire de ces Peuples barbares, le Pont fit autrefois partie des contrées où régnoit Aëta, pere de Médée [d]. Ce Pays ayant ensuite passé sous la domination des Perses, lorsqu'ils se rendirent maîtres de l'Asie, forma, joint à la Cappadoce, une des vingt Satrapies de la monarchie Perse, selon la division que Darius en fit faire [e]. C'est sur cette ancienne réunion que se fondoit le droit que les rois de Pont prétendirent toujours avoir conservé sur la Cappadoce, après qu'elle eut été érigée en royaume particulier pour les Ariarathes. *Artaban* [1] *fut le premier fondateur du royaume*

---

[a] Philip. orat. ap. Sallust. fragm. 2.
[b] Cic. pro Arch. 9.
[c] Cicer.
[1] *Florus* le nomme Artabaze, & Herodote, probablement mieux informé qu'au-

[d] Flor. III. 5.
[e] Vaillant. de regn. Pont. cap. I.

cun autre, l'appelle Artabarzan. Les uns le font fils d'Hystaspe, & par conséquent

que Mithridate reçut de ses ancêtres *a*, & le Chef d'une race illustre descendue des Acheménides *b*, anciens Souverains des Perses, avant le temps où Cyrus éleva leur puissance sur les

---

a SALLUST. *fragm. 69.*

frere de Darius; les autres le disent fils de Darius. Quoi qu'il en soit, il étoit issu de la plus grande Maison souveraine qu'il y eût alors en Orient ; puisque cette Dynastie des rois de Pont, dont étoit Mithridate, descendoit de Parsondas, surnommé Aghemmen, c'est-à-dire *l'homme étranger*, Chef de la race des Acheménides, aïeux de Cyrus. C'est le même qui, justement irrité du lâche traitement qu'il avoit reçu du Roi des Medes, mit en liberté la Province de Perse, sa patrie, & fut la premiere cause de ce grand pouvoir, qu'elle acquit dans la suite par la ruine totale des Medes. Il fut le cinquieme aïeul d'Hystaspe, pere ou aïeul d'Artaban. Darius, fils d'Hystaspe, & les six autres Seigneurs Persans qui firent une conjuration pour ôter le trône & la vie au Mage, qui, après la mort de Cambize, s'étoit emparé de la Couronne sous le nom & la ressemblance de Smerdis, frere du feu Roi, étoient, selon l'apparence, tous issus du même sang. Après que Gobrias, l'un d'entr'eux, eut tué le Mage, Darius, alors âgé de quarante-un ans, fut élu Roi par les conjurés. Il avoit déja trois enfans d'Amise, fille de Gobrias, dont Artaban étoit l'aîné. Il en eut dans la suite quatre autres, d'une fille de Cyrus, qu'il épousa en montant sur le trône, dont Xerxès étoit l'aîné. « Etant prêt à partir » pour une guerre * considérable, soit » contre l'Egypte, soit contre la Grece,

* *Herodot. L. VII.*

b Aurel. Vict. de Vir. illust.

» la nation lui demanda de nommer, selon
» l'usage, son successeur, avant son départ.
» Il s'éleva là-dessus une difficulté entre
» Artabarzane ou Artaban, l'aîné de tous
» les enfans, & Xerxès, premier né de
» la fille de Cyrus. L'un avoit en sa faveur
» le droit commun & ordinaire chez pres-
» que tous les Peuples, où l'ordre de pri-
» mogéniture est suivi pour la succession
» à la Couronne. Mais l'avantage qu'avoit
» l'autre, de descendre, immédiatement par
» sa mere, de Cyrus, dont la mémoire étoit
» chere aux Perses, le fit préférer par Da-
» rius son pere, qui le déclara son suc-
» cesseur ». *Plutarque* raconte la chose un peu différemment. « Lorsqu'après la
» mort de Darius il fallut *, dit-il, sçavoir
» lequel de ses enfans lui succederoit, le
» droit à la Couronne se trouva contesté
» entre Ariamène l'aîné de ses enfans,
» & Xerxès né d'Atossa, fille de Cyrus,
» depuis que Darius avoit été élu Roi.
» Ariamène revint de son Gouvernement
» de Médie à la Cour, pour faire décider
» de son droit, mais seul, sans armes &
» sans appareil menaçant. Son frere Xerxès
» alla à sa rencontre, le salua avec amitié,
» & lui fit des présens. Le jour pris pour
» le jugement, la nation, d'une commune
» voix, remit la décision à un oncle des
» deux prétendans, nommé Artaban, frere
» du feu Roi. Celui-ci ayant prononcé
» en faveur de Xerxès, Ariamène à l'ins-

* *Plutarq. de frater. amic.*

4 HISTOIRE DE LA RÉPUBLIQUE

ruines de Babylone & de l'Empire de Ninus. Artaban étoit fils de Darius Hystaspe & d'Amisa, fille de Gobrias [a], l'un des sept Seigneurs qui tuerent le Mage Smerdis, usurpateur du trône de Perse : il étoit même l'aîné des enfans de Darius ; & le sceptre sembloit le regarder, s'il ne fût venu au monde avant que son pere né fût Souverain ; & si par ce motif la

[a] *Ampel. Lib. memorial. Herodot. L. VII.*

» tant adora son frere, & lui présentant » la main, le fit monter sur le trône. Il » tint toujours depuis le premier rang » auprès du Roi, & ne lui manqua jamais » de fidélité ». Soit qu'Artaban ait été le concurrent paisible de Xerxès, ou son Juge favorable, il est certain que pour récompense il obtint du Roi la Satrapie du Pont, qu'il gouverna sous la dépendance du roi de Perse. On divisa pour-lors la Cappadoce en deux Royaumes, l'un desquels conserva l'ancien nom, & la Dynastie des Ariarates y a régné : l'autre reçut le nom de royaume de Pont sous la Dynastie de Mithridate. Outre la concession, faite à Artaban, de la Satrapie du Pont, il hérita aussi, en sa qualité d'aîné, du riche mobilier de Darius, que ses successeurs conserverent avec grand soin, comme une preuve de leur descendance, jusqu'au temps où il devint la proie des Romains ; ainsi que la statue d'argent de ce même Artaban, à qui *Pline* donne le nom de Pharnace. Elle fut trouvée dans les trésors de Mithridate, & portée à Rome par Pompée, parmi les ornemens de son triomphe [*].

On ne peut dire au juste si Pline, sous le nom de Pharnace, a voulu désigner Artaban, ou Mithridate le fondateur : car les rois Orientaux ont toujours plusieurs noms.

Les rois de Pont étoient donc de la

[*] *Plin. XXXIII. 12.*

même Maison que les rois de Perse : ils étoient même la branche aînée de cette race illustre. Voici les noms de la ligne dont Artaban descendoit. Parsondas, autrement nommé Achemmen, de qui cette race a reçu le nom d'Achemenides ; Cambyse ; Cyrus l'ancien ; Zéispée ; Ariamène ; Arsames, Hystaspe, Darius ou Darah, Artaban, autrement Artabarzane [*]. Je suis ici l'opinion de *Vaillant*. *Freret*, le plus savant homme qui ait vécu dans notre génération, de l'érudition la plus profonde & la plus variée, grand critique, mais amateur des paradoxes, prétend que non-seulement Vaillant, mais aussi les anciens Auteurs, sont tombés dans plusieurs erreurs sur la généalogie des rois de Pont, & sur leur descendance de la race royale des Perses. Il est entré à cet égard dans des discussions fort recherchées [**]. Pour moi qui, dans cette histoire, fais parler les anciens Auteurs & les suis, je dois dire comme eux, quand même il me seroit prouvé qu'ils se sont trompés. Le nom Perse Art-bar-zan signifie Prince issu de Jupiter, selon le style des Peuples Sabéistes, adorateurs des astres. (*fortis Jovis filius*). Par Jupiter, il faut entendre la planete à qui nous donnons le nom appellé par les Orientaux Zan.

[*] *Vaillant. de regn. Pontic. chap. I.*
[**] *Mém. de l'Acad. t. XIX.*

nation n'eût décidé sur la préférence en faveur de son frere Xerxès, que Darius, après être monté sur le trône, avoit eu d'Atossa, fille de Cyrus *a*. Artaban se soumit sans murmurer à la décision rendue *b*. Il eut pour son partage les trésors & les riches meubles de Darius, avec la souveraineté du Pont, non pas indépendante, à la vérité, mais tributaire du roi de Perse *c*, selon l'usage des Gouvernemens de l'Orient. Ce ne fut que long-temps après, & lorsque l'Asie fut tombée au pouvoir des Grecs, qu'un de ses descendans Mithridate, fils d'Ariobarzane, s'affranchit de la dépendance *d* par un événement digne d'être rapporté. Antigone, roi de Syrie, de qui le Pont relevoit alors *e*, rêva une nuit qu'il semoit de l'or dans un champ, d'où il naissoit une riche moisson que le satrape Mithridate recueilloit & emportoit dans son Gouvernement. Les songes ont un grand pouvoir sur l'esprit foible & jaloux des Asiatiques. Le roi de Syrie, persuadé que les Dieux l'avertissoient par-là de se défier de Mithridate, appella son fils, & après lui avoir fait jurer de garder le secret, il lui fit part de son rêve & des soupçons qu'il lui inspiroit *f*. Démétrius fit ses efforts pour rassurer son pere sur le compte de Mithridate, avec qui il étoit lié d'une étroite amitié. Il lui dit que ce songe lui sembloit favorable; paroissant présager la découverte de quelque trésor, ou annoncer quelque avantage considérable qui lui arriveroit par le moyen de Mithridate. *Mais l'autre au contraire, jugeant qu'on cherchoit à le tromper, offrit des sacrifices aux Dieux, & se mit à consulter les entrailles des victimes, pour tâcher de connoître si ce songe lui présageoit en effet la découverte d'un trésor g.* N'y trouvant rien de propre à calmer ses inquiétudes, il s'ouvrit de nouveau à

---

a Plutarch. de fratern. amic.
b Appian. bell. Mithrid.
c Polyb. L. V.
d Diodor. L. XVI.
e Appian. ibid. p. 176.
f Plutarch. in Demetr.
g SALLUST. fragm. 582.

HISTOIRE DE LA RÉPUBLIQUE

son fils, sur la nécessité de se défaire d'un homme trop suspect. Démétrius [1], plus fidèle à l'amitié qu'à son serment, avertit Mithridate [a]. Celui-ci s'enfuit à l'instant de la Cour avec six cavaliers seulement, & se jeta dans Ciniate, petite forteresse de la Paphlagonie Cinistène, dont il fit une place d'armes [b]; soulevant de là ses propres sujets, & quelques Peuples voisins, contre la domination Syrienne, qui, trop occupée d'autres ennemis, ne put empêcher le Satrape de secouer le joug, & de se rendre indépendant [c] [2]. C'est ainsi que la crédulité, ayant

---

[a] *Hieronim. ap. Lucian. de Macrob. p. 514.*

[b] *Strab. Liv. XII.*

[c] *Appian. ibid.*

[1] « Démétrius, dit *Plutarque*, étoit de même âge que Mithridate, & son intime ami. Ce dernier étoit alors à la Cour, où il avoit toujours joui de la réputation d'un homme de bien. Démétrius, effrayé du péril qu'il couroit, mais retenu d'ailleurs par le serment qu'il avoit fait à son pere, emmena Mithridate dans une promenade écartée, où, sans lui rien dire, il écrivit en sa présence ces deux mots sur le sable, avec la pointe de son javelot: *Fuyez, Mithridate*. Celui-ci se sauva la nuit suivante en Cappadoce, où il acquit, par cette aventure, un beau & puissant royaume, & fut le Chef d'une race très-illustre ». On le surnomma *Ktistes*, c'est-à-dire, le fondateur; comme ayant été le premier Monarque indépendant d'un Pays où ses peres étoient plutôt Gouverneurs que Rois. Quelques Auteurs croient que Démétrius obtint de son pere de ne pas troubler Mithridate dans une possession qu'on l'avoit en quelque maniere forcé d'acquérir, en lui faisant injure sans raison *. Je suis ici le rapport d'*Appien*, qui dit que les successeurs d'Alexandre, trop divisés entr'eux, n'eurent pas le temps d'empêcher Mithridate de se fortifier, & de s'emparer tant de la Cappadoce que des autres contrées voisines du Pont-Euxin. Il étoit déjà satrape du Pont dans le temps de la conquête d'Alexandre, auquel il se soumit avec ses Etats. Après la mort de ce conquérant, il s'étoit attaché à la fortune d'Antigone-le-Louche, & l'avoit bien servi dans les guerres contre Eumènes. Je ne sais pourquoi Plutarque, parlant de son aventure, qui arriva la troisieme année de la 118e. Olympiade, l'appelle un jeune homme; car il avoit alors quarante-neuf ans *, ayant depuis régné trente-cinq ans, & étant mort âgé de quatre-vingt-quatre. Son pere Ariobarzane avoit régné vingt-six ans †.

[2] Le royaume de Pont commença vers le commencement du Ve. siecle, avant l'ere vulgaire; à peu près en même temps, selon l'apparence, que le regne de Xerxès en Perse, l'an 486 avant l'ere vulgaire. Il

* *Voy. Vaillant. de reg. Pont.*

* *Hieronim. ap. Lucian. ibid.*
† *Diodor. Lib. XVI.*

ROMAINE. *LIVRE III.* 7

réalisé des craintes qu'elle seule avoit fait naître, Mithridate acquit le surnom qu'on lui a donné, de *Fondateur* d'une puissante monarchie *a*, que sa postérité transmit à la huitieme génération, au célebre Mithridate-Eupator, dont la renommée a passé de bien loin celle de tous ses prédécesseurs *b*.

Mithridate-Eupator naquit à Sinope *c*, & y fut élevé durant son enfance. Il étoit fils de Mithridate-Evergetes, qui comptoit Darius-Hystaspe pour son seizieme aïeul *d*, & remontoit son origine jusqu'à Achemmen, dont le nom, en la langue de ces Peuples, signifie *l'homme étranger*. C'étoit un Persan qui tenoit un rang considérable auprès du roi des Medes. Forcé par ce Roi barbare de paroître un jour dans un festin public, vêtu en femme, au milieu d'une troupe de courtisanes & de danseuses, le ressentiment qu'il conçut de cet affront lui fit quitter la Cour de Médie. Il souleva ses compatriotes, nation alors sauvage, vigoureuse, non encore amollie par le luxe qu'engendrent les prospérités : il jeta les premiers fondemens de cette prodigieuse puissance qu'elle acquit bientôt après sous ses descendans. De ceux-ci, le plus illustre parmi les rois de Perse, fut Cyrus, & après lui Darius-Hystaspe, Prince du même sang & tige des rois de Pont. Du côté maternel, Mithridate descendoit

III. Naissance de Mithridate-Eupator. Sa jeunesse. Commencement de son regne.

---

a *Plutarch.* ibid.
b *Justin. L. 37.*
c *Strab. Liv. XII.*
d *Appian.* p. 247.

resta tributaire pendant cent cinquante ans, sous sept Rois ou Satrapes, les noms de cinq sont connus : Artaban, Rhodobate, Mithridate I. & Ariobarzane I : Mithridate II. l'ayant rendu indépendant environ l'an 336. Il y eut huit Rois pendant deux cents soixante-douze ans, ou peut-être un peu moins. Les noms de six de ces huit Rois sont connus ; savoir, Mithridate II. *dit* Ktistes. Mithridate III. Ariobarzane II. Mithridate

IV. Pharnace Mithridate V. *dit* Evergetes. Mithridate VI. *dit* Eupator. *Vaillant* & *Freret* prétendent, non sans raison, que ces six Rois sont les seuls depuis Mithridate II. le fondateur, & que c'est une erreur des anciens d'avoir compté huit générations de celui-ci à Mithridate VI. Eupator. Ces discussions critiques ne sont pas de mon sujet.

HISTOIRE DE LA RÉPUBLIQUE

des Seleucides, fondateurs de l'Empire de Syrie, & auſſi, à ce qu'il prétend lui-même, d'Alexandre-le-Grand [a]. Evergete, durant ſon regne, fit alliance avec les Romains, qui recompenſerent d'une portion de la grande Phrygie, les ſecours qu'il leur avoit donnés lors de la guerre d'Ariſtonic [b]. Il mourut à Sinope, Capitale de ſes Etats, par la trahiſon de quelques-uns de ſes Courtiſans, laiſſant ſes deux fils âgés d'onze ou douze ans, & leur mere, conjointement héritiers du royaume. Mithridate [1], au ſortir de l'enfance, commença ſon regne par un parricide : il ſe défit de ſa mere par le poiſon [c], après l'avoir quelque temps détenue en captivité ; ſoit qu'il la ſoupçonnât d'avoir trempé dans le complot que ſes tuteurs avoient fait de l'empoiſonner lui-même ; ſoit par un effet de ce naturel ſanguinaire qui ſe manifeſtoit en lui dès ſes premieres années, & de cette ambition ſans borne à laquelle il immola bientôt après ſon frere, pour n'avoir plus de concurrent au trône [d]. Il faillit encore à périr lui-même par les efforts d'un cheval indompté qu'on lui avoit donné exprès, & qui l'auroit précipité s'il eût été moins vigoureux & moins adroit. Ces tentatives réitérées contre ſes jours, lui inſpirerent de bonne heure une prudence farouche [e]. Il ſe retira preſque ſeul dans les forêts,

---

[a] Mithrid. orat. ap. SALLUST, fragm. 5.
[b] Strab. L. X.
[c] SALLUST, fragm. 248.
[d] Memnon. hiſt. Heracl.
[e] Juſtin. ibid.

[1] Le nom de Mithridate, commun au plus grand nombre des Rois de Pont, eſt compoſé des mots Orientaux *Mithras* & *Atesh*, ou *Mithras* & *Tata*, qui ſignifient *le Soleil ignée*, *le Dieu Soleil*, ou *le pere Soleil* ; venu certainement de la racine orientale *Mihr*, c'eſt-à-dire *le Soleil*. Ce nom oriental eſt le même que le nom latin *Dieſpiter* ou *Solipiter*. L'ancien uſage des Peuples Orientaux, adorateurs du feu, étoit de tirer les noms des Souverains de ceux des aſtres qu'ils adoroient : ainſi le nom de Mithridate eſt une épithete qui, priſe au figuré, revient à peu près à la ſignification de Roi ſuprême. On appelloit *Mithre* chez ces mêmes Peuples, le bonnet royal pointu par le haut, qui étoit la marque diſtinctive des Princes & des Pontifes.

ROMAINE. *LIVRE III.*

&, à ce qu'on raconte, y paſſa ſept ans entiers, ſans mettre le pied dans aucune Ville, ni même dans aucune maiſon, couchant en plein air au fond des bois, ſouvent ſans que perſonne connût le lieu de ſa retraite; s'exerçant à dompter des chevaux, à lancer le javelot, à pourſuivre des bêtes féroces, même à les terraſſer corps à corps; étudiant la nature des herbes, & l'art d'en compoſer des antidotes, dont il acquit une connoiſſance en laquelle aucun naturaliſte ne l'a jamais égalé. Nous n'avons rien de plus curieux ni de plus inſtructif ſur cette matiere, que le recueil d'obſervations ſur les médicamens tirés des plantes [1], compoſé par ce Prince [2]. On l'a trouvé après

[1] Quoi! des plus cheres mains craignant les trahiſons,
J'ai pris ſoin de m'armer contre tous les poiſons,
J'ai ſu, par une longue & pénible induſtrie,
Des plus mortels venins prévenir la furie.

Mithrid. Act. IV. Scen. V.

[2] « Lénæus, affranchi de Pompée, eſt preſqu'un des premiers parmi nous qui ſe ſoit mis à écrire ſur l'art de la médecine, à l'aide des connoiſſances étrangeres que nous venons d'acquérir. On ſait par des preuves réelles, auſſi bien que par la renommée, que Mithridate, le plus grand des Rois de ſon temps, avoit fait une étude particuliere des moyens de conſerver la vie humaine. Seul entre tous les hommes, il s'eſt fait une habitude d'avaler des poiſons, après avoir auparavant pris des préſervatifs qui en empêchoient l'effet : tellement que les venins étoient par-là devenus ſans force pour lui nuire. Il a trouvé & compoſé pluſieurs eſpeces d'antidotes, l'un deſquels eſt appellé de ſon nom, le Mithridate. Ayant obſervé que les canards du Pont ſe nourriſſoient ſans riſque de diverſes choſes venimeuſes, il jugea que leur ſang pouvoit être une eſpece de contre-poiſon, & il en mêloit à ſes compoſitions. Aſclepiade de Pruſe, fameux Médecin, lui a dédié ſes livres, quoiqu'il n'ait jamais voulu ſe rendre aux offres magnifiques que le Roi lui faiſoit pour l'attirer à ſa Cour : il ne voulut pas non plus venir à Rome où il étoit appellé : mais il y envoya ſes ouvrages. Mithridate étoit profond dans un grand nombre de connoiſſances. Il n'y a que lui au monde qui ait ſu parler vingt-deux langues, &, qui, durant cinquante-ſix années qu'a duré ſon regne, n'ait jamais eu beſoin d'interprete pour parler à aucun de ſes ſujets compoſés de toutes ſortes de nations. Mais ſur-tout, il étoit particulièrement curieux de la médecine. Il avoit à cet égard des relations très-étendues, au moyen des gens de tous les Pays du monde qui venoient à

sa mort dans le château Kainon, où il tenoit ses papiers secrets & particuliers. Pompée l'a rapporté d'Orient, & a donné commission à l'un de ses Grammairiens de le traduire en notre langue *a*.

IV. Caractere & qualités de ce Prince.

Au milieu de ces exercices violens, il se forma pour le reste de sa vie un tempérament robuste, une santé inaltérable dans le besoin comme dans les excès, une habitude infatigable au travail : il acquit un esprit défiant, un cœur farouche, abandonné à ses propres desirs, sensible aux choses grandes & difficiles, incapable d'être arrêté par le péril ou par les obstacles, ni retenu par la pitié sur tout ce qui s'opposoit à ses volontés. Lorsqu'il vint ensuite à prendre les rênes du Gouvernement, il compta pour peu de régir ses Etats s'il ne les agrandissoit. Une

a Plut. & Plin. XXV. 2.

» sa Cour, auxquels il donnoit commission de rechercher par-tout les productions naturelles de chaque Pays, utiles à la médecine. Il tenoit un mémoire des observations, des expériences & des effets. Ses écrits ont été trouvés dans son cabinet, quand Pompée s'empara de toutes ses dépouilles. Pompée les remit à son affranchi Lénæus, habile Grammairien, qu'il chargea de les traduire en notre langue. Ainsi cette victoire n'a pas été moins utile à l'humanité même qu'à la République * ».

* *Plin. XXV. 2. & VII. 24.*

J'en userai pour l'histoire de Mithridate, comme j'ai fait pour celle de Sertorius, en insérant ici les morceaux historiques de la tragédie de Racine : persuadé que le Lecteur sera bien aise d'avoir en même temps sous les yeux la maniere dont ils ont été traités par ces deux grands Poëtes ; & d'observer lui-même avec quel art ils ont fait un excellent usage de l'histoire, en resserrant ses principaux traits dans une action dramatique, sans gêner la marche de celle-ci, ni altérer la fidélité de celle-là.

D'abord il a tenté les atteintes mortelles
Des poisons que lui-même a cru les plus fidelles,
Il les a trouvé tous sans force & sans vertu.
Vains secours, a-t-il dit, que j'ai trop combattu,
Contre tous les poisons, soigneux de me défendre,
J'ai perdu tout le fruit que j'en pouvois attendre......

Mithrid. Act. V. Scen. IV.

comete [1] qui parut alors, fut d'autant plus aifément prife pour un nouveau préfage de la gloire de fon regne, qu'elle s'étoit déjà montrée à la naiffance de ce Prince, fi brillante, qu'elle égaloit prefque l'éclat du foleil, & fi prodigieufe, que la lumiere lancée de fon centre occupoit la quatrieme partie du Ciel. Quoi qu'il en foit du pouvoir qu'un vieil ufage attribue à ces corps céleftes chez les Orientaux, dont l'aftrologie regle fcrupuleufement toutes les démarches, on ne peut difconvenir que dans le nombre des hommes qui ont rempli le monde du bruit de leur nom, Mithridate n'ait été l'un des plus extraordinaires. Il eft du nombre de ceux dont on ne peut fe taire, & dont on ne devroit néanmoins parler qu'autant qu'on eft capable de le faire dignement. Guerrier auffi vaillant qu'habile, Chef dans le confeil & foldat dans l'action, il a mérité l'admiration de l'Univers par fes fuccès, & même par fes malheurs, qui n'ont fait que donner plus d'éclat à la grandeur & à la conftance de fon courage [a]. La majefté de fon extérieur rehauffoit fes talens

[a] *Vell. Pat. II.* 18.

[1] Au rapport de *Juftin*, elle fut vifible pendant foixante-dix jours. Elle fembloit embrafer le Ciel, & mettoit quatre heures de temps à fe lever, & autant à fe coucher: ce qui veut dire fans doute que fa chevelure entiere n'employoit pas moins de temps à s'élever au deffus de l'horifon, & occupoit près de foixante degrés dans le demi-cercle célefte. Si ce récit eft fidele, une comete fi prodigieufe eft bien digne de l'examen des Aftronomes. Mais Juftin, qui femble croire que la comete qui parut la premiere année du regne de Mithridate, étoit la même qu'on avoit déjà vue à fa naiffance, ne dit pas laquelle des deux fois elle paffa fi près de la terre; fi c'eft à fon avénement au trône, elle a dû paroître aux environs de l'an 121 avant l'ere vulgaire; car Mithridate étant mort l'an 64, après cinquante-fept ans de regne, felon le rapport d'*Appien*, la premiere année de fon regne donne la date ci-deffus. Quant à l'autre comete qui parut à fa naiffance, elle eft environ de l'an 134. *Eutrope* donne treize ans à ce Prince lorfqu'il parvint à la Couronne, mais *Strabon* ne lui en donne qu'onze à la mort de fon pere. On raconte auffi comme un pronoftic de fa grandeur future, qu'étant enfant au berceau, le tonnerre étoit tombé fur lui, & avoit brûlé fes langes & fes cheveux, fans lui faire d'autre mal.

HISTOIRE DE LA RÉPUBLIQUE

& annonçoit sa dignité. *Il étoit d'une très-haute taille, & d'une force surprenante:* on en peut juger par deux de ses armures [a], qu'il a lui-même déposées dans les Temples d'Apollon à Delphes, & de Neptune à Némée. Il conduisoit seul un char attelé de huit chevaux; il faisoit à cheval jusqu'à mille stades avec des relais. Quoique naturellement sobre, il avoit la faculté de boire & de manger prodigieusement [b]. Son éducation sauvage n'avoit rien ôté à la culture de son esprit. Il savoit les langues des nations asiatiques, & celles des barbares du septentrion ses voisins. Quoiqu'il eût sous sa domination jusqu'à vingt-deux Peuples qui parloient des langages différens, il leur rendoit la justice & les haranguoit, chacun en sa langue, sans interpretes [c]. Il possédoit à fond la langue & les diverses sciences des Grecs; il protégeoit les arts; il aimoit beaucoup la musique, & les femmes jusqu'à la fureur [d]. Tel étoit l'ennemi qui, après avoir étendu ses Etats jusqu'à la riviere du Phaze, subjugué la Colchide, l'Ibérie & les Peuples habitans du mont Caucase [e], cherchoit contre Rome une matiere plus illustre à sa gloire, & avoit, à ce qu'on croit, dès sa jeunesse formé le projet de pénétrer en Europe, au midi du Danube, jusqu'à la mer Adriatique [f]. Nos discordes intérieures autorisoient son audace & son espoir. Ce fut au milieu des maux intestins de la République, qu'il saisit à propos le moment de tomber sur un ennemi divisé, déjà lassé par ses propres armes; & que cette tempête subite de la guerre de Pont vint fondre sur nous des cavernes intérieures du nord [g]. Durant trente ans il lutta seul à forces égales contre le bonheur de Sylla, l'habileté de Lucullus, & le grand nom de Pompée: plus redou-

[a] SALLUST. *fragm.* 11.
[b] *Nic. Damasc. ap. Athæn.* X. 3.
[c] *Plin. VII.* 24.
[d] *Appien.* p. 250.
[e] *Memnon.* ibid.
[f] *Strabon,* L. *VII.* p. 309.
[g] *Flor. III.* 5.

ROMAINE. LIVRE III.

table à mesure qu'il paroissoit mieux abattu ; inépuisable en ressources, & renaissant toujours plus grand du sein de ses pertes *a*.

Mon dessein n'est pas de parler des premieres guerres que nous avons eu avec ce Prince [1]. Sisenna & d'autres Ecrivains

V. Etat des Royaumes de l'Asie, réglé par le traité de Dar-

a Justin. ibid.

[1] Une bonne partie des faits qui vont être rapportés dans le texte, sont touchés par occasion dans la lettre originale de Mithridate au roi des Parthes, où il en tire différentes inductions relatives à son objet. Les notes explicatives de ces faits dont il ne parle qu'en passant, auroient leur place naturelle au bas de sa lettre. Mais elle ne viendra dans son ordre qu'au Ve. livre de notre histoire : & le Lecteur a besoin d'être instruit dès-à-présent de ce qu'elle contient, pour l'intelligence de ce qu'il va lire. Il ne désapprouvera donc pas que j'aie pour sa commodité transporté en ces endroits-ci une partie des notes historiques que demande cette lettre, & il voudra bien y recourir, au cas qu'il en eût besoin quand il en sera là.

Les faits que Mithridate y rappelle, sont en partie antérieurs de bien des années au temps où il écrivoit sa lettre, & même à celui de sa guerre contre Sylla. Comme la querelle de ce Prince, tant avec Nicomede qu'avec les Romains, au sujet de la Bithynie & de la Cappadoce, fut la source originaire des longues guerres qu'il eut depuis contre la République, & même de celle dont Salluste avoit écrit l'histoire, il est indispensable d'expliquer avec un peu de détail ce que Mithridate mande au roi des Parthes. Le récit que j'en vais faire sera d'un grand secours pour l'intelligence de l'histoire de l'expédition de Lucullus ; & pour faire connoître quel étoit alors l'état des différens petits royaumes de l'Asie mineure, voisins du royaume de Pont. On y verra d'ailleurs la conduite adroite & la prudence de Mithridate, la politique frauduleuse des Romains, & les justes raisons que le Roi a de se plaindre ici du peu de droiture qu'ils apportoient dans les négociations.

Ses querelles avec Rome eurent toutes leur source dans la possession disputée de la Paphlagonie, & ensuite de la Bithynie & de la Cappadoce. Nicomede, roi de Bithynie, fils de Prusias, & Mithridate, s'étoient d'un commun accord emparés de la Paphlagonie, qu'ils eurent ordre du Sénat de remettre en liberté. Nicomede n'osa pas refuser d'y souscrire. Mais le roi de Pont, beaucoup plus puissant, sans tenir aucun compte d'un pareil ordre, se maintint en possession de la partie qu'il avoit usurpée, en compensation, disoit-il, de ce que Rome lui avoit, dans le cours de son bas âge, injustement enlevé la Phrygie, que la République avoit donnée à son pere Evergetes, en reconnoissance des importans services rendus aux Romains durant la guerre d'Aristonic. En effet, le Sénat prétendant qu'Aquilius son député avoit fait sans ordre une libéralité si considérable, gagné par les présens d'Evergetes,

dane. Négociation de ce traité entre Archelaüs & Sylla.

célebres en ont fait le récit. Je ne m'arrêterai qu'à la maniere dont elles furent terminées par un traité dont les conditions feront connoître en quel état & en quelles mains la paix avoit

profita du bas âge de Mithridate son fils pour l'en dépouiller. Nicomede, fort affligé au fond de l'ame de s'être vu contraint à relâcher une portion de la Paphlagonie, pendant qu'il voyoit Mithridate rester en possession de sa conquête, saisit l'occasion de la mort d'Ariarathe, roi de Cappadoce, pour faire une invasion dans ce petit royaume. Mithridate, à cette nouvelle, prit prétexte de l'injustice faite à Laodice sa sœur, veuve d'Ariarathe, pour entrer à main armée dans la Cappadoce: mais, en arrivant, il apprit que sa sœur avoit déjà traité avec Nicomede, & s'étoit même remariée avec lui.

Plus aigri que jamais par ce nouvel événement, il feignit de prendre en main les intérêts de son neveu, fils de Laodice, qu'il remit en effet en possession de ses Etats, après avoir chassé des Villes de Cappadoce les garnisons du roi de Bithynie *. Mais bientôt après il se défit lui-même de ce nouveau Roi par une étrange fourberie. Car étant convenus de se trouver, tête à tête & sans armes, dans une entrevue, pour y régler des affaires communes, ils envoyerent réciproquement, avant que de s'y rendre, se fouiller & visiter, pour être assuré qu'aucun des deux ne portoit d'armes cachées sous ses habits. Ceux qui visitoient Mithridate, ayant approché leurs mains du bas de sa ceinture, ce Prince leur dit en riant de ne pas porter leurs mains là, & qu'ils y trouveroient un poignard. Mais il y en avoit en effet caché un, dont il

* *Appien*. p. 182. *Justin*. L. XXXVIII.

tua son neveu de sa propre main, lorsqu'ils furent restés seuls: après quoi il se mit sans peine en possession de la Cappadoce, à l'exception de quelques contrées qui tenoient encore pour le roi de Bithynie. Tel fut le sujet de la querelle entre Mithridate & Nicomede, sur laquelle tous deux chercherent à mettre Rome dans leurs intérêts. Le Sénat, dans sa décision, n'écouta que les siens propres, en ordonnant que les deux Rois se retireroient également de l'une & de l'autre Province, & que la Cappadoce, ainsi que la Paphlagonie, resteroient Pays libres, puisque les races de leurs propres Souverains se trouvoient éteintes. La décision du Sénat se trouvoit pour cette fois conforme à l'équité, dont même il ne s'écarta pas dans la suite, en approuvant le choix que les Cappadociens avoient fait d'Ariobarzane pour leur Roi, sur la représentation qu'ils vinrent faire à Rome; qu'accoutumés à vivre sous un pouvoir monarchique, ils n'entendoient pas faire usage de la liberté que Rome leur avoit laissée, pour quitter une forme de Gouvernement plus convenable à leurs mœurs.

Sur ces entrefaites, le roi de Bithynie mourut, laissant deux fils, l'un nommé comme lui, Nicomede, & l'autre Socrate. Ce dernier, à l'aide des puissans secours que lui donna Mithridate, chassa son frere aîné, légitime héritier du trône, qui vint se plaindre à Rome, où il trouva pour compagnon d'infortune le roi de Cappadoce, Ariobarzane, à qui Tigrane, roi d'Arménie, avoit fait le même traitement.

ROMAINE. LIVRE III.

en dernier lieu laiſſé les royaumes de l'Aſie. Après nos victoires de Cheronée & d'Orchomene, Mithridate voyant la Grece

Le Sénat, ſur la plainte des deux Rois, rendit un décret qui nommoit Aquilius, Manlius-Maltinus, & Quintus-Oppius, Commiſſaires de la République, pour aller les remettre en poſſeſſion de leurs Etats, avec ordre de s'aider à cet effet d'une petite armée que Caſſius, Gouverneur d'Aſie, avoit à Pergame; & même en cas de beſoin, de demander de la part du Peuple romain des troupes à Mithridate même, qui ſe garda bien d'en donner, mais qui d'ailleurs n'empêcha pas les députés d'exécuter leurs commiſſions. Les deux rois furent donc remis ſur le trône. Peu après les Commiſſaires qui vouloient les mettre aux mains avec Mithridate, les inciterent ſecrétement à lui chercher querelle, & à faire des courſes ſur ſes frontieres. Mais malgré l'eſpérance d'un ſecours prochain qu'on leur faiſoit entrevoir de la part des Romains, tous deux répugnoient également à provoquer un voiſin ſi puiſſant. A la fin cependant Nicomede, toujours ſollicité par les deputés auxquels il avoit promis de groſſes ſommes pour être remis en poſſeſſion de ſes Etats, preſſé d'ailleurs par les Romains établis en Aſie, de leur rendre l'argent qu'il avoit emprunté d'eux à gros intérêts pour cette affaire, fit malgré lui une incurſion ſur le territoire de Mithridate, & ayant pillé le Pays juſqu'à la ville d'Amaſtris, il revint en Bithynie ſans avoir trouvé en ſon chemin d'ennemis ni de réſiſtance. Mithridate, quoiqu'il eût de grandes forces toutes prêtes, fit ſemblant de céder, bien certain qu'il ne feroit par cette crainte apparente, que redouble l'injuſtice de ſes adverſaires.

Il envoya Pélopidas en Ambaſſade auprès des Commiſſaires: non qu'il ignorât qu'ils étoient les auteurs ſecrets de l'injure qu'il venoit de recevoir; mais pour les démaſquer aux yeux de toute l'Aſie, en continuant de diſſimuler avec eux, & pour les faire publiquement connoître pour les véritables auteurs de cette agreſſion.

Pélopidas fit valoir les ſervices rendus aux Romains par Mithridate & par ſon pere, ainſi que les anciennes alliances contractées entre les deux nations. « On » les a payés, ajouta-t-il, en enlevant au » Roi la Cappadoce, qui faiſoit partie du » patrimoine de ſes ancêtres, & la Phry- » gie, qui avoit été donnée à ſon pere » après la défaite d'Ariſtonic, par le Gé- » néral même de vos troupes, & pour » laquelle il n'a pas laiſſé, malgré cette » donation, que de compter une groſſe » ſomme d'or. Depuis peu Nicomede vient » de barrer avec ſa flotte le détroit du Boſ- » phore, de ruiner le commerce des ſujets » du Roi, & de ravager ſa ville d'A- » maſtris. Vous l'avez ſu, vous l'avez vu; » vous étiez à portée de l'empêcher: com- » ment l'avez-vous ſouffert? Ce n'eſt pas » que le Roi ait manqué de forces pour » réſiſter ou pour en tirer vengeance. Mais » il veut vous la devoir en vertu des » traités. Il eſt votre ami & votre allié: » vous êtes ſes amis & ſes alliés: il a » recours à vous: donnez-lui du ſecours » contre l'injuſtice de Nicomede, ou con- » tenez la violence de ce Prince ». Les Ambaſſadeurs de Nicomede répondirent « que Mithridate s'étant armé le premier » contre un Prince mis ſur le trône de

perdue pour lui, & le Conful Valerius-Flaccus prêt à paffer le Bofphore à Byfance, pour l'attaquer en Afie, il écrivit à

» Bithynie par le Sénat & par le Peuple
» romain, avoit, à vrai dire, attaqué la
» République auffi directement que la
» Bithynie. Que malgré le décret du Sénat,
» portant défenfe aux rois d'Afie d'entrer
» en armes dans l'Europe, il s'étoit em-
» paré d'une partie de la Cherfonèfe : qu'il
» continuoit de faire des préparatifs im-
» menfes, bien propres à faire juger du
» deffein où il étoit d'entreprendre une
» guerre confidérable. Qu'il avoit tiré de
» Thrace & de Scythie de gros corps de
» troupes auxiliaires. Qu'il avoit nou-
» vellement fait une alliance avec le roi
» d'Arménie, en lui donnant fa fille en
» mariage; & qu'actuellement il follicitoit
» par fes Ambaffadeurs les rois d'Egypte
» & de Syrie d'entrer dans cette ligue.
» Qu'il avoit, en mer trois cents voiles
» équipées, & en faifoit conftruire encore
» d'autres; ayant à cet effet tiré d'Egypte
» & de Phénicie des Pilotes, des Matelots
» & des Charpentiers. Que c'étoit une
» chofe facile à voir, qu'un fi grand
» appareil ne fe faifoit pas contre Nico-
» mede, mais contre Rome, à qui Mi-
» thridate ne pouvoit pardonner de lui
» avoir fait rendre la Phrygie qu'il avoit
» frauduleufement achetée d'un Capitaine
» romain. Qu'il n'étoit pas moins irrité
» dans le fond de l'ame de voir fur le
» trône de Cappadoce un Prince ami de la
» République, ne redoutant rien davantage
» que l'accroiffement du crédit & de la
» puiffance romaine en Afie. Qu'il étoit
» de même évident que le roi de Pont
» n'attendoit qu'une occafion pour lever le
» mafque. Que ce feroit une démarche

» fauffe & peu fage, que de vouloir
» attendre qu'il fe déclarât plus ouver-
» tement : qu'on jugeoit mieux de l'inten-
» tion des gens par leurs actions que par
» leurs paroles : & que fans s'arrêter à ces
» faux femblans d'amitié que Mithridate
» feignoit de vouloir entretenir avec les
» Romains, il falloit foutenir l'exécution
» des décrets du Sénat, en agiffant tout
» de bon & fans délai contre un homme
» qui méprifoit à la fois l'autorité de Rome
» & la protection qu'elle accorde à fes
» amis ».

Pélopidas reprit la parole en ces termes :
« Il faut, comme on vous le vient de
» dire, juger des chofes par les faits. Or,
» quels font-ils ? les voici. On vient d'u-
» furper une partie du territoire appar-
» tenant à Mithridate ; on a pillé les Villes
» de fon Royaume : on exclut actuellement
» fes fujets du commerce & de la navi-
» gation. Qu'eft-il befoin de differter
» lorfqu'il eft fi facile de fe décider
» par des faits que tout le monde voit,
» & que perfonne n'ignore ? Encore un
» coup, Romains, ou réprimez les injuf-
» tices du roi de Bithynie ; ou fecourez
» le roi de Pont votre allié, qu'on traite
» indignement ; ou laiffez-le fe défendre
» lui-même à fes rifques & périls, fans
» vous en mêler ». Ce difcours de Pélopidas étoit preffant. Il étoit difficile, d'un
côté, de n'en pas fentir toute la force, &
dangereux de violer les traités faits avec
Mithridate, avec qui l'alliance n'étoit pas,
à vrai dire, rompue. D'un autre côté, les
fecours qu'on avoit fecrètement réfolu de
donner à Nicomede, étoient tout prêts.

Les

ROMAINE. LIVRE III.

Les Commissaires, après avoir long-temps délibéré, répondirent enfin en termes ambigus, que l'intention de Rome n'étoit pas que Nicomede inquiétât davantage le roi de Pont, ni que le roi de Pont portât la guerre dans les Etats de Nicomede: ce dernier point étant une chose contraire aux intérêts de la République, qui ne le souffriroit pas. Vainement Pélopidas voulut insister, en faisant voir qu'une telle réponse ne signifioit ni ne concluoit rien. On le fit retirer de la salle du Conseil.

Mithridate voyant par-là qu'il n'y avoit plus rien à ménager avec des gens qui lui refusoient ouvertement justice, convint avec Tigrane son gendre, roi d'Arménie, d'entrer de concert une seconde fois dans la Cappadoce. La convention de leur traité fut que le territoire & les Villes conquises demeureroient au roi de Pont, & que Tigrane pourroit emmener en Arménie tout le butin & les habitans, pour peupler sa belle ville de Tigranocerte, qu'il faisoit alors bâtir *. Ariobarzane fut donc chassé de nouveau. Mithridate mit sur le trône en sa place un de ses propres fils, auquel il fit prendre le nom d'Ariarathe, qui étoit celui de l'ancienne race des rois de Cappadoce. Alors Pélopidas revint trouver les Commissaires de Rome, & leur parla de la sorte:

« Le Roi mon maître a souffert sans se
» plaindre qu'on lui eût enlevé, contre
» tout droit & raison, la Phrygie & la
» Cappadoce. Vous avez laissé Nicomede
» lui faire sous vos yeux la plus criante
» injustice. Quand nous sommes venus
» nous en rapporter là-dessus à votre propre
» jugement, en réclamant notre alliance
» réciproque & nos traités, vous nous avez

* Justin. ibid.

» répondu comme si, au lieu d'être les
» plaignans, nous eussions été les accusés.
» Ne vous en prenez donc qu'à vous-
» mêmes, qu'à l'indifférence que vous avez
» montrée pour nos affaires, & qu'à vos
» réponses illusoires, s'il se passe actuelle-
» ment en Cappadoce des choses contraires
» aux intérêts de votre République. Le
» Roi mon maître vient d'envoyer des
» Ambassadeurs se plaindre au Sénat de
» votre conduite : il vous le dénonce pour
» que vous y soyez prêts à la défendre,
» & vous somme de ne rien entreprendre
» ici sans un ordre exprès émané à la fois
» du Sénat & du Peuple romain. Réflé-
» chissez mûrement de quelle guerre vous
» voulez être les boute-feux. Les Etats
» que mon Roi tient de ses ancêtres ont
» une étendue de vingt milles stades, &
» ses conquêtes y ont joint beaucoup de
» régions voisines, entr'autres la Colchide,
» habitée par une nation belliqueuse, les
» Colonies grecques qui habitent les bords
» du Pont-Euxin, & les nations barbares
» du voisinage de cette mer. Il a pour
» alliés prêts à se mettre en mouvement
» au premier ordre, les Scythes, les
» Taures, les Bastarnes, les Thraces, les
» Sarmates, en un mot tout ce qui habite
» entre le Danube, le Tanaïs & les marais
» Méotides. Tigrane, roi d'Arménie est
» son gendre. Arsace, roi des Parthes est
» son ami; nous avons quantité de vais-
» seaux équipés ou prêts à l'être, & de
» notre côté tout est préparé pour la
» guerre, s'il faut l'avoir. De plus, je ne
» disconviens pas que l'Ambassadeur de
» Bithynie ne vous ait dit vrai, en vous
» annonçant que Mithridate sollicitoit les
» rois d'Egypte & de Syrie d'entrer dans
» la ligue. Nul doute que si la guerre

Tome II.

« commence, ils ne se joignent à nous, & que leur exemple ne soit bientôt suivi par l'Asie, la Grece & l'Afrique, & même par la plupart des Villes d'Italie, que la dureté de votre Empire vient enfin de forcer à secouer le joug. Jugez si le moment étoit bien pris de votre part pour nous mettre sourdement aux mains, tantôt avec Nicomede, tantôt avec Ariobarzane. Vous nous appellez de bouche vos amis & vos alliés: de fait, vous nous traitez en ennemis. Essayons encore aujourd'hui de voir si vous êtes l'un ou l'autre. Si ce qui s'est passé vous déplaît réellement, contenez Nicomede & réprimez l'injustice faite à votre allié; auquel cas j'ai ordre du Roi mon maître de vous offrir un secours contre les révoltés d'Italie. Sinon, quittez enfin tout de bon ce masque d'amitié trompeuse ou du moins inutile, & suivez-moi à Rome qui nous jugera ».

Ce discours hautain de Pélopidas choqua les Commissaires au dernier point. Ils renouvellerent la défense faite à Mithridate d'attaquer la Bithynie, & de retenir la Cappadoce : intimant à son Ambassadeur l'ordre exprès de sortir de la Province, & de ne pas s'aviser d'y revenir si le Roi n'obéissoit *. Ceux que le Prince avoit envoyés à Rome n'eurent pas lieu d'être plus satisfaits, quoiqu'ils eussent représenté que, de deux choses l'une, les Romains étoient les amis ou de Nicomede ou de Mithridate : que si Nicomede étoit leur ami, ils eussent à lui persuader de faire justice au roi de Pont, sur le dégât qu'il avoit fait dans ses Etats: que si Mithridate étoit leur ami, il ne leur demandoit autre chose que de ne pas l'empêcher de se faire

* *Appian. Bell. Mithrid.*

justice lui-même du roi de Bithynie. Le Sénat ne fit rien de tout ceci : il confirma la décision de ses Commissaires ; ajoutant même de grandes menaces aux Ambassadeurs, si leur maître ne vivoit en paix avec Nicomede, & ne restituoit la Cappadoce à Ariobarzane *.

Cette réponse fut le signal de la premiere guerre entre Mithridate & les Romains. La Bithynie qui en avoit été l'occasion, donna aussi, comme je l'ai dit ailleurs, matiere à la troisieme guerre : c'est celle dont Sallufte écrit l'histoire. Quant à la seconde, elle fut faite en Grece & dans l'Archipel, par Mithridate & par son Général Archélaüs, d'une part : de l'autre, par Sylla, par Lucullus son Questeur, & par ses autres Lieutenans. Elle finit par la paix de Dardane, ainsi qu'on le lira dans le corps de l'histoire. Passons avec rapidité sur les succès des deux premieres, dont notre Historien n'avoit probablement parlé qu'en peu de mots, autant qu'il étoit nécessaire pour mettre le Lecteur au fait des événemens antérieurs.

Les trois Commissaires romains, si avides de prendre les armes, ayant joint les forces nombreuses qu'ils avoient assemblées à celles du roi Nicomede, crurent qu'il leur seroit facile, non-seulement de fermer à Mithridate l'entrée de la Bithynie, mais encore de le dépouiller de ses propres possessions. Mais nous verrons bientôt qu'ils soutinrent mal une entreprise injustement conçue & témérairement exécutée.

Mithridate demeura donc maître, non-seulement de la Bithynie, mais aussi de l'Asie entiere sans exception, depuis le Bosphore jusqu'aux côtes voisines de l'isle de Rhodes. Par un horrible effet de sa

* *Dio. Cass. in fragment.*

Archelaüs[1] de s'aboucher avec Sylla, & *de tâcher de terminer la guerre à quelque prix que ce fût*[a]. Archelaüs & Sylla se virent à Delium sur le bord de l'Euripe[b]. *Je sais*, lui dit

[a] SALLUST. *fragm. 140.*

[b] *Plut. in Syll.*

vengeance & de sa cruauté naturelle, il fit égorger par-tout en un même jour tout ce que s'y trouva de Citoyens romains, au nombre de près de cent mille *, sans distinction, d'âge de sexe ni d'état, après quoi, de si grands succès n'ayant fait qu'accroître son ambition, il forma le dessein d'envahir l'Archipel & la Grèce, où le sophiste Aristion, tyran d'Athenes, avoit fait déclarer cette Ville célèbre en sa faveur. Archelaüs, Général du roi de Pont, vint en Grèce avec une grosse armée. Sylla s'y rendit à la tête des légions, & fit le fameux siege d'Athenes. On verra dans la note suivante un précis des événemens de cette seconde guerre.

[1] Archelaüs, l'un des plus habiles Généraux de Mithridate, étoit natif de Cappadoce, & probablement d'origine grecque, comme son nom semble l'indiquer. Il défit en Paphlagonie, au bord du fleuve Amnias, l'armée des trois Commissaires romains, combinée avec celle de Bithynie. Néoptoleme son frere, autre Général de Mithridate, commandoit l'armée conjointement avec lui, & auroit été battu sans une savante manœuvre d'Archelaüs, à qui l'on dut tout l'honneur d'une victoire complete. Peu après, Manius-Aquilius ayant aussi été battu par Menophanes près d'Amasie, Archelaüs se rendit maître de la Bithynie, de la Mysie **, de la Lycie & de la Pamphylie. De là passant dans la Grèce, il mit une forte garnison dans le

* *Vell-Paterc. II. 18.*
** *Memnon. hist. Heracl. ch. 33.*

port de Pyrée, & fit déclarer le Peloponèse, la ville de Thebes & presque toute l'Asie en faveur du roi de Pont: tandis qu'Arcathias, fils de Mithridate, le même à qui son pere avoit fait prendre le nom d'Ariarathe en lui donnant la Cappadoce, s'avançoit avec une autre armée par la Thrace * & par la Macédoine. Les mesures étoient si bien prises, que la Grece alloit infailliblement suivre le sort de l'Asie, si la bonne fortune de Rome n'eût donné pour-lors un instant de treve aux troubles civils de la République, par la supériorité que le parti de Sylla venoit de prendre. Ce grand Capitaine, maître pour un moment des affaires, partit pour la Grece avec ses deux Lieutenans, Lucullus & Murena, prit Athenes, & ensuite le port de Pyrée, qui ne fut forcé qu'au sixieme assaut, par la brave résistance que fit Archelaüs. Celui-ci se retira en Béotie, où il joignit ses troupes à la seconde armée venue par la Macédoine, alors commandée par Taxile; Archathias, fils du Roi, étant mort de maladie. Tous deux furent entierement défaits par Sylla à la bataille de Cheronée, que Taxile voulut donner contre l'avis d'Archelaüs. Les deux Généraux barbares la perdirent par leur faute, en mettant trop de troupes dans le terrein qu'ils avoient; de sorte que n'ayant pu les faire manœuvrer, leur grande supériorité en nombre ne fit que tourner à leur désavantage. Une seconde victoire à Orchomene fixa le destin de la Grece en

* *Plutarq. in Syll.*

Archelaüs, que des affaires intéressantes, où il s'agit du salut de vos amis, de votre famille & du vôtre propre, vous rappellent en Italie: je viens vous proposer de garder la Grece, d'abandonner faveur des Romains. Mais Archelaüs retiré sur ses vaisseaux, restoit maître de la mer; Lucullus envoyé par Sylla pour rassembler une flotte en Afrique, n'étant pas encore de retour. D'autre part, la faction de Marius ayant repris le dessus en Italie, si-tôt que Sylla s'en étoit éloigné, l'avoit fait déclarer ennemi de l'Etat. Le Consul Flaccus, & Fimbria son Lieutenant, marchoient, avec de nouvelles légions, dans le dessein d'ôter à Sylla le commandement de l'armée, & de faire eux-mêmes la guerre contre Mithridate. Le peu d'espérance qu'ils trouverent sur les lieux à réussir dans le premier de ces deux points, ne les empêcha pas de suivre leur plan sur le second. N'osant s'attaquer à Sylla, ils passerent le Bosphore à Byfance, & entrerent en Bithynie. On lira dans le texte ce qui suivit, jusqu'au temps où la Bithynie fut le sujet de la querelle qui suscita la guerre dont Sallufte écrit ici l'histoire. Achevons seulement de réunir dans cette note ce qui concerne Archelaüs dans les événemens postérieurs.

Il continua de servir le Roi, & crut avoir, après la mort de Fimbria, trouvé l'occasion de faire passer au service de son maître les légions qu'il avoit eu sous ses ordres. Soit que dans la juste crainte d'être sévérement punies du meurtre de Valerius-Flaccus leur Général, elles voulussent réellement passer à Mithridate, soit qu'elles cherchassent à mériter leur pardon par quelqu'action d'éclat, ces troupes envoyerent divers messages secrets, tant au Roi qu'à son Ministre, avec offre de se donner à lui à certaines conditions. Archelaüs reçut ordre du Roi de suivre cette affaire & de se rendre à leur camp durant la nuit. Mais les légions Fimbrianes * le firent prisonnier, & massacrerent toute l'escorte qu'il avoit amenée. Cette malheureuse aventure renouvella dans le cœur du Roi tous les anciens griefs qu'il croyoit avoir contre Archelaüs. Il en fut mal reçu lorsqu'il revint à la Cour au sortir de sa captivité: il se jugea perdu; & persuadé que le Roi n'attendoit qu'une occasion pour se défaire de lui, il s'enfuit secrétement avec ses femmes & ses enfans dans la Province romaine, auprès de Murena. Outré de l'ingratitude ou de l'injustice de son maître, & devenu son plus mortel ennemi, il engagea les Romains à lui faire de nouveau la guerre; les assurant que Lucullus n'avoit qu'à paroître, pour se rendre aussi-tôt maître de tout le royaume du Pont **.

Archelaüs & sa famille resterent toujours depuis attachés au parti des Romains. En reconnoissance, Pompée conféra au fils d'Archelaüs la Place de Grand-Prêtre de Bellone (qui est sans doute le nom qu'on donnoit à la Déesse orientale Beltis). Cette dignité, la seconde après le Roi, donnoit au Souverain Pontife le droit de porter le diadême aux jours de cérémonies. Il avoit sous ses ordres près de six mille Prêtres ou Prêtresses. Il jouissoit d'un revenu fort considérable. Il avoit sa résidence à Comane, Métropole sacerdotale du royaume de Pont. Il en étoit Seigneur,

* Memnon. hist. Heracl. IV. 42.
** Appien, ibid. Oros. VI, 2.

l'*Asie*, de retourner dès aujourd'hui à *Rome* au secours de votre faction opprimée, avec toutes les troupes & la flotte entretenue du Roi mon maître, que j'ai ordre de vous offrir de sa part. J'accepte, lui répondit Sylla, les troupes & les vaisseaux, à condition que nous nous en servirons vous & moi pour aller ensemble dans le royaume de Pont détrôner Mithridate, de qui Rome vous donnera la Couronne. Archelaüs ayant témoigné par son geste d'avoir horreur de la trahison qu'on lui proposoit : eh quoi ! continua Sylla, toi, Archelaüs, un Cappadocien, esclave, ou, si tu veux, favori d'un Roi barbare, tu répugnes à t'entendre faire une proposition contraire à l'honneur ; & tu oses bien me proposer à moi, à moi Sylla, Consul de Rome, de trahir la République en abandonnant l'*Asie* : comme si tu n'étois pas cet Archelaüs que j'ai battu à Cheronée,

ainsi que des terres voisines, auxquelles Pompée ajouta une étendue de 7500 pas de circonférence (deux schænes ou 60 stades) en faveur d'Archelaüs. L'autre ville de Comane, en Cappadoce, étoit encore une dépendance de celle-ci.[*] On y rendoit le même culte à la Déesse Bellone : culte qui, sur ce qu'en dit *Strabon*, paroît fort semblable à celui que les filles de Babylone rendoient à la Déesse Milyte, en allant offrir dans son Temple les prémices de leurs faveurs. Les deux villes de Comane étoient remplies de jeunes personnes qui devoient faire ce sacrifice ; suite de la loi commune des Orientaux, par laquelle ils étoient obligés de consacrer aux Dieux les prémices de toutes choses, & même de racheter le sacrifice de leur enfant premier né. Ainsi la Bellone ou Baaltis du Pont étoit la Vénus des Assyriens, dont les Peuples occidentaux ont adopté dans leur religion le nom, la figure & l'idée. C'étoit toujours une jeune fille,

[*] *Strab. Liv. XII. p. 557. & 558.*

quelquefois représentée en armes une pique à la main : alors elle étoit pour les Grecs Bellone, Pallas, Athenes (a-Neith, *puella*), plus souvent dans l'habit ordinaire d'une fille, pour représenter le sexe féminin, & honorer la génération : alors elle étoit pour les Occidentaux Aphrodite, Vénus (Benoth, *puella*). Son culte, répandu dans tout l'Orient tel qu'il est ici rapporté, le fut de même dans les Villes puniques, sur toute la côte d'Afrique, par les Colonies Phéniciennes (Voy. ci-dessus *in Jugurth.* n°. 27. à la note *Sicca veneria*, Succoth, Benoth, *tabernacula puellarum*). Il est très-vraisemblable que les Orientaux qui honoroient au dernier point la génération, n'attachoient pas comme nous à ce culte une idée de débauche ; quoiqu'elle ait pu très-naturellement s'y mêler. Il en étoit, selon l'apparence, de ceci comme du Lingan (représentation des deux sexes accouplés), que les Indiens portent aujourd'hui comme une marque d'honneur, & que nous regardons comme un tableau d'infamie.

que j'ai mis en fuite à *Orchomene*, & obligé de se tenir caché pendant deux jours dans un marais ! Archelaüs troublé d'une réponse si fiere, se jeta aux genoux de Sylla, & l'adora à la maniere des Orientaux. Alors Sylla reprit la parole.

VI. Prétentions de Sylla.

Il ne s'agit ici, dit-il, ni de la Grece ni d'Athenes. La Grece n'a rien à craindre de la servitude asiatique dont Mithridate la menaçoit. Je me suis rendu maître du port de Pirée, malgré la longue défense que vous y avez faite. Athenes n'est plus sous le joug du tyran Aristion : cette Ville imprudente, que votre maître avoit séduite par le moyen de ce misérable Sophiste, ne seroit aujourd'hui qu'un monceau de cendres, si je n'eusse eu plus d'égards à ce qu'elle a été qu'à ce qu'elle mérite ; si je n'eusse pardonné aux vivans en considération des morts. Ne m'offrez donc plus ce qui est en mon pouvoir, & ce que vous n'avez pas. Il est question de l'*Asie*, qui ne doit pas rester plus long-temps en proie aux usurpations de Mithridate [1]. Les droits publics de ces différens

---

[*] On a lu dans une note précédente le commencement des querelles entre Mithridate & Nicomede, roi de Bithynie, au sujet de la Cappadoce. Ce dernier ne se trouvant pas le plus fort, s'enfuit & revint à Rome implorer le secours de la République, qui envoya Manlius & Aquilius, avec ordre de rétablir le Roi dans ses Etats[*]. Car pendant que Nicomede alloit ainsi mendier au loin des secours étrangers, le roi de Pont avoit envoyé son Général Archelaüs à la tête de quarante mille hommes d'infanterie, & de dix mille chevaux, s'emparer de la Bithynie. Lui-même partit en personne de son camp sous Amasie, dès qu'il sut l'arrivée des députés Romains, & prit sa route par la Paphlagonie, à la tête de cent cinquante mille hommes, pour aller les chasser aussi, comme il avoit fait

[*] *Justin. Liv. 38, Appian. p. 182.*

Nicomede. Il n'eut pas de peine à y réussir. Son avant-garde seule fit cet effet. Les principales forces des Romains ne consistoient qu'en nationaux Bithyniens, que le seul nom de Mithridate faisoit trembler. Au bruit de sa marche, ils se rendirent à Menophanes son Lieutenant, & abandonnerent Manlius leur Chef, qui prit la fuite après avoir perdu son armée. Le roi de Pont reprit possession de la Cappadoce & de la Bithynie, sans avoir besoin de tirer l'épée [*]. Delà suivant sa pointe, il entra par la Phrygie dans la Province romaine, où il fit prisonniers le Proconsul Oppius, & le Lieutenant Aquilius, l'un des Commissaires de la République. Ce fut pour-lors qu'il fit massacrer dans le même jour tous les Citoyens romains qui se trouverent dans les Villes

[*] *Memnon. hist. Heracl. c. 33.*

Etats sont assez connus, quoique trop souvent violés : il faut les rétablir. Nul doute que la Bithynie ne doive être rendue au roi Nicomede : c'est le patrimoine de ses ancêtres ; il est l'aîné de sa maison ; son frere Socrate n'avoit point de prétention légitime au trône ; & Mithridate, en feignant de l'appuyer, ne travailloit que pour lui-même. C'est ce que n'a que trop prouvé la fin malheureuse de Socrate, dont il s'est défait dès qu'il est devenu inutile à ses vues. Les petits Souverains Gaulois sont en usage de partager entr'eux la Galatie qu'on leur a autrefois cédée. Ceux que votre maître en a chassés seront remis en possession. Ni lui, ni le roi Nicomede n'ont aucun droit à la Paphlagonie. Le décret du Sénat qui en ordonnoit la restitution, a été exécuté par Nicomede, & ne l'a point été par Mithridate. Que si le Peuple romain veut à l'avenir payer l'attachement de Nicomede, en lui abandonnant cette Province, c'est un article à part qui ne regarde pas le roi de Pont. Vainement Mithridate veut-il retenir la Phrygie, sous le prétexte du don qu'Aquilius en a fait à son pere Evergetes, au temps de la guerre d'Aristonic. Un particulier ne donne pas le bien de l'Etat : cette prétendue libéralité n'a jamais été ratifiée à Rome, qui s'est remise avec justice en possession de cette partie de la succession des rois de Pergame. L'Asie est pleine de colonies grecques accoutumées à vivre sous leurs propres loix : elles y seront maintenues, ou du moins sous la protection qu'elles voudront choisir. Quant à la Cappadoce [1], y a-t-il rien de plus criant que ce qui s'y est passé ? Votre maître, non content d'avoir forcé Laodice, sa propre sœur, à chercher un asyle auprès de Nicomede,

d'Asie. Ses succès le rendirent ainsi le seul maître en Orient. Il n'y eut que la ville de Rhodes qui voulut rester dans l'alliance des Romains, & qui obtint même sur mer quelques avantages sur la flotte du Roi, qui l'obligerent de s'éloigner. Ce fut pour-lors que Mithridate entra dans la Grece, & qu'il envoya son Général Archelaüs faire le siege d'Athenes [*].

[1] La Cappadoce, auparavant nommée la Syrie blanche, a, selon *Pline* [**], tiré son nom d'une riviere de ce nom, & selon

[*] *Tit-Liv. epitom.* 76. & 77.

[**] *Pline. VI.* 3.

à qui elle s'est remariée, s'est défait, par une insigne & basse fourberie, du fils de Laodice son propre neveu, le dernier des Ariarathes, anciens Souverains de ce Royaume. Puis, sous prétexte que la race des Rois étoit éteinte, il a donné cette Couronne, acquise par un meurtre, à son fils Archatias, à qui il a fait prendre le nom d'Ariarathe. Mais puisque la Cappadoce n'avoit plus de Souverains, le Peuple rendu à lui-même y rentroit dans le droit naturel de sa liberté. Le Sénat, en le décidant ainsi, n'a consulté que l'équité ; sans vouloir profiter de l'occasion d'agrandir sa puissance aux dépens d'une nation devenue libre. Si ce Peuple, dans l'habitude d'obéir à des maîtres, n'a pas su faire usage de son bonheur ; s'il a préféré le gouvernement monarchique auquel il est accoutumé, à la liberté qui lui étoit offerte, en élisant pour Roi Ariobarzane ¹, un des principaux Seigneurs du pays, ne doit-il

---

Menandre * de Cappadox, premier Auteur de la nation. Elle s'étend au septentrion de la Cilicie, depuis Sinope jusqu'à la riviere d'Evarque **, qui la sépare de la Paphlagonie. *Bochart* croit que c'est l'ancienne Caphthor de la Bible †, dont le nom signifie, selon lui, le Pays des grenades ; en quoi je ne puis être de son sentiment. Les Caphthoriens de la Bible me paroissant être les Egyptiens ou Cophtes. On la nomme aujourd'hui Caramanie, c'est-à-dire le Pays noir. Au temps des rois de Perse, elle s'étendoit depuis le mont Taurus jusqu'à la mer noire ; comprenant aussi le royaume de Pont, que les Perses en séparerent pour en faire une Satrapie particuliere en faveur d'Artaban, Chef de la race des Mithridates. C'est en partie sur cette ancienne union que les rois de Pont fon-

* Menand. ex Herodian. ap. Steph. Byz.
** Menipp. apud Steph. Byz.
† Bochart. Phaleg. IV. 24.

doient leurs prétentions sur la Cappadoce. « Ce Pays joint à l'orient l'Euphrate & » l'Arménie, à l'occident la Phrygie & la » Lycaonie. Il est fertile en froment, & » nourrit toute sorte d'especes de bestiaux : » quoique plus méridional que le Pont, il » est plus froid, toute la plaine au dessous » du mont Taurus n'a point d'arbres, & » ne sert que pour le pâturage * ».

¹ La race des Ariarathes, anciens rois de Cappadoce, descendus de Pharnace, étant éteinte par le meurtre du dernier de ce nom, que Mithridate avoit tué dans une entrevue pour s'emparer de ses Etats : le Sénat déclara les Cappadociens qui avoient toujours été amis de la République, Peuple libre & maître de se gouverner selon sa propre volonté ; mais les Cappadociens ayant déclaré qu'une telle forme de gouvernement ne leur étoit pas supportable, & qu'ils ne pouvoient se passer

* Strab. ibid.

pas

ROMAINE. LIVRE III.

pas au moins jouir librement de son choix ? Vît-on jamais entre brigands un partage plus odieux que le traité que votre maître a fait avec Tigrane, roi d'Arménie, son gendre, pour la ruine d'Ariobarzane & de ses Etats ? L'un a pris toutes les richesses, tout le butin, & même tous les habitans qu'il a transportés dans sa grande ville de Tigranocerte qu'il fait bâtir en Arménie : l'autre s'est emparé du territoire ainsi dépouillé. Et cependant Nicomede, Ariobarzane & le jeune Gaulois Déjotarus [1], compagnons d'infor-

d'un Souverain ; le Sénat, étonné qu'il y eût au monde une nation capable de refuser la liberté lorsqu'elle lui étoit offerte, les laissa maîtres de se choisir un Roi parmi eux. Ils élurent un des principaux Seigneurs de leur nation, nommé Ariobarzane, dont la race régna en Cappadoce jusqu'à la troisieme génération. Ariobarzane ne resta cependant pas alors paisible possesseur de la Cappadoce. Mithridate, toujours occupé de ses projets de guerre contre Rome, lui suscita pour ennemi Tigrane son gendre, à qui il venoit de donner en mariage Cléopatre sa fille. Ariobarzane, Prince foible & peu guerrier, fut chassé du premier choc & s'enfuit à Rome *. Le roi d'Arménie enleva jusqu'à trois cents mille habitans, tant de la Cappadoce que de douze Villes grecques dont il s'étoit emparé **. Il leur donna des terres à cultiver en Arménie, & les envoya peupler sa grande ville de Tigranocerte, qu'il faisoit alors bâtir pour en faire sa Capitale †. Mithridate joignit une seconde fois à ses propres Etats la conquête faite par son gendre, dont il demeura en possession jusqu'au temps où le traité de Dardane l'obligea de la rendre à son Souverain légitime. Lucullus ayant tiré de grands services d'Ariobarzane, lui fit don de la forteresse de Tomisa, à laquelle Pompée joignit depuis la ville de Cabala en Cilicie, ainsi que les Provinces de Sophene & de Gordyenne, qui depuis ont fait partie de la Cappadoce. Ariobarzane transmit de son vivant la couronne à son fils, & celui-ci au sien, qui fut surnommé *Eusebe* & *Philoromaios*, c'est-à-dire l'ami des Romains *. Il nous reste une médaille de ce Prince sous ce dernier titre **. Il y a eu trois Souverains consécutifs de la même famille & du même nom, comme l'Abbé Belley le prouve assez bien en donnant leurs médailles †. Le nom d'Ario-Bar-Zan est, selon l'usage de ces Peuples Sabéistes, un composé de noms d'astres ou de plantes. Il signifie Jupiter ou Jaoh, fils de Mars (*Areos-filius-Jou*).

[1] Le Roi s'étoit emparé de la Galatie par une de ces manœuvres odieuses qui ne lui étoient que trop communes. Il avoit mandé à Pergame, où il tenoit alors le plus souvent sa Cour, soixante des principaux Seigneurs gallo-Grecs. Quoique le Pays ne fût pas alors sous sa domination,

* *Justin.* XXXVIII. 2.
** *Appien.* ibid.
† *Strabon.* ibid.

* *Cic. Epist.*
** *Spanheim. Diss.* 9. pag. 475.
† *Mém. de l'Acad.* t. XXIII. p. 189.

tunes, victimes des mêmes injustices, sont fugitifs à Rome, ou réfugiés dans mon camp. Mithridate n'a-t-il pas de même transplanté au bord de l'Euxin une partie des habitans des isles de la

il étoit à son égard dans cette dépendance où les petits Etats sont toujours sous de puissans Princes leurs voisins. Ils vinrent; & Mithridate qui ne cherchoit qu'un sujet de querelle, leur parla avec tant de hauteur, qu'ils en furent choqués, & soupçonnerent qu'on ne les avoit fait venir qu'à mauvais dessein. Ils conspirerent de lui ôter la vie au milieu de sa Cour, & d'exécuter le lendemain leur projet dans le gymnase, où le Roi alloit ordinairement le matin assister aux exercices. Torredorix, Seigneur de Tossiopie, homme d'une force égale à son courage, s'offrit d'enlever le Roi par le milieu du corps, & de se précipiter avec lui dans une fosse profonde qui étoit en cet endroit. Le hazard fit que le Roi, détourné par d'autres affaires, ne vint point au gymnase ce jour-là. Les conjurés remirent le complot à la premiere fois où ils seroient mandés au Palais pour affaires. On convint que Torredorix se jeteroit sur le Roi, & que tous ensemble ils le mettroient en pieces. Leur projet fut découvert à Mithridate. Sans en rien témoigner, il les envoya convier à un festin, & à mesure qu'ils arrivèrent, il les fit arrêter & passer par les mains du bourreau *; ordonnant que le corps de Torredorix seroit jeté à la voirie, pour y rester privé de sépulture, & défense de l'inhumer, sous de grosses peines. Une jeune fille de Pergame, que Torredorix avoit entretenue pendant son séjour, fut si touchée du sort de son amant, & du genre de punition fait à son cadavre (ce

* *App. 751. Mith. p. 209.*

qu'on regardoit alors comme une des plus dures parties du supplice), qu'elle se résolut, malgré les risques qu'elle couroit, de lui donner la sépulture. Elle fut prise sur le fait & conduite au Roi. Il fut à son tour attendri en la voyant si jeune, si jolie, si remplie d'amour & de compassion: il lui permit d'exécuter son dessein, & lui fit même donner une somme pour les frais des obseques.

Pendant que les conjurés étoient entre les mains des bourreaux, Mithridate se rappella tout d'un coup d'avoir vu dans leur nombre un jeune gallo-Grec nommé Bépolitan, d'une très-belle figure, & cria qu'on courût le sauver, s'il en étoit encore temps (ce qu'il n'espéroit plus guere). Ce jeune homme avoit eu jour-là, par bonheur pour lui, mis des vêtemens si riches & si beaux, que l'Exécuteur, craignant de les souiller, le réserva pour le dernier, afin de pouvoir le dépouiller à son aise quand il auroit expédié les autres. Ainsi, dit *Plutarque*, l'avarice qui a perdu tant de gens, sauva celui-ci *. Le Roi fit périr d'une ou d'autre maniere tous les Seigneurs Gaulois qui n'avoient pas été compris dans ce massacre, avec toutes leurs familles; il confisqua leurs biens & s'empara des places de la Galatie, qu'il mit sous le gouvernement du Satrape Eumaque **. Trois Seigneurs seulement se déroberent à la mort par la fuite. L'un d'eux fut le roi Déjotare, dont il sera parlé ci-après. Il donna plus d'une affaire à Mithridate, & chassa enfin

* *Plut. de virtut. mulier. in Chiomara.*
** *App. ibid. p. 290.*

mer Egée, après les avoir fait traiter avec la derniere inhumanité [a] ? J'aime mieux rejeter la faute de ces excès sur Zenobius que sur vous ; quoique vous ayez couru les mers plutôt en Corsaire qu'en Amiral d'un puissant Prince. Mais tous ces malheureux Insulaires seront ramenés dans leur patrie, & rétablis dans leurs biens. Je ne parle pas de la Province romaine en Asie ; ce n'est pas une matiere à mettre en question. Ce que le Peuple romain a conquis sur Antiochus, roi de Syrie ; ce qu'il a eu comme héritier testamentaire d'Eumenes & d'Attale, rois de Pergame, sont autant d'anciens droits acquis, reconnus & qui ne peuvent être contestés. En un mot, il faut évacuer tout ce qui a été usurpé injustement, & renoncer à l'Asie. Elle sera par-tout remise sur le même pied où elle étoit avant la guerre : chacun rentrera dans la possession légitime de ce qui lui appartient : on en garantira la paisible jouissance à tous. Mithridate à cet égard ne sera pas moins bien traité que les autres : il jouira de tous ses Etats héréditaires, & de ses conquêtes dans le Nord, qui ne nous regardent pas : le Peuple romain s'obligera de l'y maintenir & de lui donner secours contre toute aggression : l'alliance sera renouvellée avec ce Prince, telle que nous l'avions avec Evergetes son pere. Vous m'avez offert une flotte de sa part ; je l'accepte & je la demande. Le Roi livrera soixante-dix vaisseaux armés, & paiera deux mille talens [1] pour les frais de la guerre. C'est à lui de voir s'il veut que je retourne à Rome, ou que j'entre en Asie [b].

Sylla n'alléguoit rien ici que de véritable. Le Roi avoit commis toutes ces injustices & beaucoup d'autres encore ; mais le Romain ne parloit pas de celles que l'on avoit faites au Roi,

VII. Archelaüs est forcé d'y souscrire. Mécontentement du Roi.

---

[a] Vid. SALLUST. fragm. 543.
[b] Vid. App. bell. Mithr. Justin. Liv. 38. Dio-Cass. fragm. Memn. hist. Heracl. c. 33. Tit-Liv. epitom. 76. Vell-Pat II. 18. Plut. in Syll. & in Lucull. Strab. L. 12.

son Lieutenant de la Galatie, dont il fut Tétrarque. C'est le même pour lequel Cicéron obtint long-temps après grace de César, par le beau discours qu'on lit dans dans ses harangues.

[1] Un million d'onces d'argent.

ni des fréquens motifs que Rome & Nicomede lui avoient donnés de se plaindre, sans vouloir lui en faire raison. Il fallut qu'Archelaüs en passât sur tous les articles au mot d'un homme hautain, absolu & vainqueur. Mais après les conventions arrêtées, le Général romain combla le Général barbare d'honneurs, de caresses & de présens. Le projet de paix fut envoyé au Roi, qui en trouva les conditions fort dures, & jugea qu'Archelaüs avoit mal habilement négocié cette affaire. Cependant il en fit porter la ratification par un nouvel Ambassadeur, à l'exception de deux articles; l'un, concernant la Paphlagonie qu'il vouloit garder; l'autre, relatif à la flotte qu'il refusoit de livrer. L'Ambassadeur ajouta que le Roi eût obtenu de meilleures conditions de Fimbria, s'il eût voulu s'adresser à lui. Ce Fimbria étoit alors à Nicomédie, où il s'étoit emparé du commandement de l'armée, après avoir tué le Consul Valérius-Flaccus son Général. Sylla fort irrité du refus, & de se voir mettre en parallele avec Fimbria, répondit brusquement : *Que prétendez-vous me dire ici ? Je m'attendois à voir votre maître me venir remercier à genoux de lui avoir laissé la main droite dont il a massacré en un seul jour quatre-vingt mille citoyens Romains. Eh bien, puisque dans son Palais de Pergame il est trop loin de moi pour juger des objets, je vais passer en Asie où je châtierai Fimbria, & je ferai voir à votre maître que je l'en tenois quitte à trop bon marché.* L'Ambassadeur effrayé, n'osa repliquer un seul mot. Mais Archelaüs, conjurant Sylla de s'adoucir, lui demanda, les larmes aux yeux, le temps de porter lui-même le traité à Mithridate, l'assurant qu'il se perceroit plutôt de sa propre épée à la vue du Roi, s'il ne pouvoit le déterminer à donner une ratification pure & simple. Il y trouva plus de facilité qu'il ne s'y attendoit; la face des affaires étant fort empirée pour le Roi dans ce court intervalle.

VIII. La crainte de la défection des Villes. Dans le temps des grands succès du roi de Pont, les Villes d'Asie s'étoient tournées avec ardeur de son côté. Lasses de se

voir en proie aux vexations & aux usures des Publicains *d'Asie, & di-*
Rome, elles virent arriver Mithridate victorieux comme un *vers accidens font changer*
Dieu libérateur de l'Asie.*ᵃ*. Lui-même avoit pris d'avance les *d'avis au Roi.*
plus justes mesures pour la réussite qu'il eut dans cette expédition. Sous un nom emprunté, & suivi seulement de quelques
habiles Militaires, il étoit venu parcourir la Province romaine
sur le pied de voyageur ; examinant les places, les forces, les
postes à camper, les gués & les ponts.*ᵇ*. Lorsqu'ensuite il y parut
en armes, les Villes enivrées de sa gloire, de ses talens, & plus
encore des caresses qu'il sut habilement leur faire, se mirent
toutes comme à l'envi entre ses mains, & lui livrerent les
Magistrats romains qui s'étoient retirés chez elles. Mais les
inclinations de ces Villes varierent avec les succès : elles s'étoient
depuis tout-à-fait refroidies à son égard ; & la rigueur dont il
usa pour les contenir, leur apprit combien ses caresses précédentes avoient été intéressées. Elles n'eurent que trop lieu de
connoître qu'en changeant de protection, elles n'avoient fait que
changer d'esclavage. Dans la disposition d'esprit où elles étoient
en ce moment, entr'autres Smyrne, Sardes, Tralles & quelques
autres dont la révolte avoit déjà presque éclaté*ᶜ*, le Roi, qui
se trouvoit pour ainsi dire au milieu d'elles, n'étoit pas sans
crainte qu'elles ne le traitassent à l'approche de Sylla, comme
elles avoient traité les Magistrats de Rome à son arrivée. Il ne
se voyoit guere plus en sûreté au milieu de sa Cour même de
Pergame, dont il soupçonnoit les citoyens de divers complots
contre sa vie. Il fit faire à ce sujet de cruelles recherches, qui
devinrent à ceux qu'il en chargea le prétexte de se venger de
leurs ennemis personnels, plutôt que de ceux du Roi. Il ne
savoit cependant comment pouvoir s'en tirer, & regagner ses
anciens Etats ; n'ayant plus de flotte sur cette côte de la Troade,

---

ᵃ Memnon. c. 33.   *ᶜ* App.
ᵇ Justin. L. 37.

où Lucullus venoit de la diſſiper. Mais rien ne le détermina davantage à conclure la paix, que le danger où le mit alors Fimbria; lorſque par une marche forcée il penſa le prendre à Pergame, & l'auroit pris en effet, ſi Lucullus eût voulu ſeconder l'entrepriſe du côté de la mer. Le Roi n'eut que le temps de ſe jeter dans une felouque, & de ſe ſauver à Mitylene, d'où il fit repartir Archelaüs pour aller dire à Sylla que tout étoit d'accord; mais que le Roi lui demandoit ſeulement une entrevue, où ils donneroient enſemble la derniere forme au traité. Comme le foible de tout le monde eſt de croire qu'on auroit mieux fait ſoi-même que n'ont fait les autres, Mithridate ſe flattoit d'obtenir une meilleure compoſition s'il alloit traiter en perſonne.

IX. Entrevue de Sylla & de Mithridate au château de Dardane. Concluſion de la paix.

Le château de Dardane en Troade fut choiſi pour le lieu de la conférence. Mithridate vint à la rencontre de Sylla, en lui préſentant la main [a]. Sylla, ſans répondre aux civilités du Roi, lui dit: *Prince, ratifiez-vous le traité ?* & voyant que le Roi héſitoit à répondre: *Prince*, ajouta-t-il, *c'eſt à ceux qui deſirent d'obtenir quelque choſe, de parler les premiers: le rôle des vainqueurs eſt d'écouter & de ſe taire*. Là-deſſus Mithridate *commença un long diſcours* [b], tendant à juſtifier d'une maniere fort adroite ce qui s'étoit ci-devant paſſé de ſa part. Sylla le laiſſa parler tant qu'il voulut; puis lui répartit froidement: *on m'avoit bien dit que vous étiez grand orateur. Il ne falloit pas moins de talent que vous venez de m'en montrer, pour donner quelque couleur à des actions ſi méchantes & ſi atroces. Ratifiez-vous le traité ?* Alors Mithridate ayant répondu qu'*oui*, Sylla courut à lui & l'embraſſa. La paix, ainſi conclue, régla le ſort de l'Aſie. Ce Prince fut obligé de retirer ſes troupes de la Province romaine; de remettre les Villes grecques ſous leurs propres loix, & la Galatie ſous celles de ſes Tétrarques; de rendre à Nicomede la Bithynie qu'il lui avoit enlevée; & au nouveau Roi Ariobarzane, la Cappadoce

[a] *Plutarq. in Syllâ.*   [b] SALLUST. *fragm. 529.*

qu'il lui avoit fait enlever par Tigrane *a*. La Paphlagonie seulement fut laissée libre, pour ne pas donner au roi de Pont le chagrin de voir retourner aux mains de Nicomede ce qu'on lui ôtoit à lui-même *b*. De cette maniere, Mithridate se trouvoit restreint, du côté de l'occident & du midi, à la possession de ses Etats héréditaires sous la garantie du Peuple romain. Après la conclusion, Sylla lui présenta les rois Nicomede & Ariobarzane, & les fit tous embrasser. Ces deux Princes rentrerent donc en possession de leurs domaines : Curion fut député pour les aller remettre sur le trône. Les deux anciens Gouverneurs d'Asie, Appius & Cassius, faits prisonniers par Mithridate, furent remis en liberté & retournerent à Rome. Telle fut la position réciproque des Souverains de l'Asie jusqu'au temps où la Bithynie, qui avoit été l'occasion des premieres brouilleries, le devint encore de la nouvelle guerre dont j'écrirai les événemens.

Les choses, quoiqu'ainsi rétablies dans l'ancien état, ne pouvoient pas y rester long-temps. Les droits confondus, les intérêts opposés de tant de petits Rois voisins, réchauffoient à tout propos les vieilles querelles que le Sénat, à qui l'on avoit recours, n'étoit curieux de décider ni d'éteindre. En les tenant par-là dans la dépendance, il se conservoit une porte toujours ouverte à de nouvelles conquêtes. Rome & Mithridate avoient réglé leurs affaires, mais non leurs desirs : & pour le dire en un mot, depuis que ces deux puissances, à force de s'étendre, s'étoient approchées l'une de l'autre, la domination de l'Asie ne pouvoit non plus demeurer partagée entr'elles, qu'en pareil cas l'Empire de la mer, entre Rome & Carthage. Trop jalouses pour se souffrir, trop ambitieuses pour se contraindre, toutes deux vouloient la guerre & la craignoient ; connoissant par

X. Causes du peu de solidité de cette paix.

―――――――――
a Cic. Leg. Manil.   *b Justin. XXXVIII. 2.*

32 HISTOIRE DE LA RÉPUBLIQUE

expérience à quel ennemi elles auroient à faire. Mithridate y gardoit plus de mesure en apparence, parce que, seul maître des affaires, il usoit à sa volonté des momens d'en retenir ou d'en précipiter le cours : au lieu que les Proconsuls de Rome, toujours avides de gloire & d'argent, se hâtoient d'abuser d'une autorité précaire, qu'il faudroit bientôt transmettre à leurs successeurs.

XI. Archelaüs se brouille avec le Roi. Il invite Murena à prendre les armes. Sylla fait cesser les hostilités.

Murena se trouvoit dans ce cas : il desiroit passionnément d'obtenir l'honneur du triomphe à son retour de Phrygie, où Sylla lui avoit laissé le commandement des légions Fimbrianes. En ce même temps Archelaüs le Cappadocien, l'un des principaux Officiers de Mithridate, vint chercher un asyle auprès du Commandant romain, fuyant la vengeance d'un maître implacable, près duquel il suffisoit d'être soupçonné, pour n'espérer jamais de grace ª. Le mauvais succès d'une intelligence que le Roi lui avoit donné charge de ménager avec les légions Fimbrianes, qui feignoient de se vouloir donner à lui, rappella dans le cœur de ce Prince d'anciens griefs contre Archelaüs, sur la défaite de Cheronée, & sur la négociation du traité de Dardane qui lui avoit été confiée. Le Roi ne douta plus que ses intérêts n'eussent été sacrifiés par un Ministre infidele. Archelaüs démêla ses sentimens dans la réception qu'on lui fit à son retour : il se jugea perdu, & prit la fuite avec sa femme & ses enfans : d'autant plus irrité de l'ingratitude de son maître, qu'au fond de l'ame il ne sentoit rien à se reprocher ᵇ : du moins Sylla, dans ses mémoires, le justifie pleinement d'une accusation, dès-lors, à la vérité, assez répandue dans toute la Grece, sur le fondement des grandes terres dont le Dictateur lui avoit fait don, & sur-tout des soins infinis qu'il avoit pris d'Archelaüs dans le cours de la maladie qu'il eut à Larisse, où

ª *Oros. VI. 2.* ᵇ *Syll. comment. ap. Plut.*

ROMAINE. LIVRE III.

Sylla, malgré l'importance des affaires qui demandoient son retour en Italie, s'arrêta près du malade, jusqu'à ce qu'il fût hors de danger. Celui-ci, *le cœur plein d'une cruelle animosité contre le Roi* [a], vint trouver Murena, le pressa vivement de prendre les armes contre Mithridate, tandis que la rebellion de Colchide [1] le tenoit occupé; & n'eut aucune peine à persuader un homme déjà fort enclin à suivre un tel conseil. Le Roi fit porter ses plaintes à Murena des hostilités commencées contre la foi du traité. Le Sénat envoya même au Préteur un ordre de se retirer: mais c'étoit un simple ordre verbal détruit, à ce qu'on prétend, par d'autres instructions secretes. Murena n'y déféra point; alléguant pour motif que Mithridate étoit en retard d'évacuer les places fortes de la Cappadoce; & que l'immense appareil de guerre qu'on préparoit dans le Pont ne pouvoit, comme le publioit ce Prince, avoir pour objet la révolte du Bosphore [b]. Il prit d'emblée la riche ville de Comane, dont il pilla les Temples [c], & passa le fleuve Halys, faisant mine de vouloir mettre le siege devant Sinope [d]. Le Roi fit marcher contre lui Gordius un de ses Lieutenans, qu'il suivoit avec de plus grandes forces. Il obligea les Romains à repasser la riviere: il la passa lui-même en leur présence, & leur livra bataille, dont chacun des partis s'attribua l'avantage. Sur ces entrefaites,

---

[a] SALLUST. *fragm.* 524.
[b] *Appien.*
[c] *Cic. Leg. Manil.* 4.
[d] *Memnon.*

[1] La Colchide étoit une nouvelle conquête du Roi; il l'avoit ajoutée comme Province à son royaume de Pont. Elle sentoit combien elle avoit perdu de n'avoir plus, comme auparavant, ses Souverains particuliers, & demandoit au Roi de lui envoyer, en cette qualité, un de ses fils de même nom que lui. Mithridate soupçonnant son fils d'avoir suscité cette demande, le fit charger de chaines d'or comme par dérision, & peu après il lui ôta la vie. Il fut pourtant bientôt obligé d'avoir cette condescendance pour ses nouveaux Sujets, en leur donnant pour Souverain à Colchos & dans le Bosphore un autre de ses fils appellé Machares, le même que la tragédie de Racine appelle Xipharès.

Tome II.   E

Sylla devenu Dictateur, & très-offensé du peu de respect qu'on montroit pour un traité de paix qui étoit son ouvrage, envoya Gabinius avec l'ordre absolu de faire cesser la guerre, & de remettre Ariobarzane en possession de toutes les places dépendantes de la Cappadoce : ce qui fut exécuté à la lettre, même d'assez bonne grace de la part de Mithridate, qui, en signe de réconciliation, traita splendidement le député du Dictateur & le roi de Cappadoce, dans une fête ou régna le faste & la licence asiatique [1]. Murena fut rappellé à Rome : on lui permit néanmoins de triompher [a] : & les choses pour cette fois ne furent pas poussées plus loin [b].

XII. La ville d'Heraclée est remise en liberté sous ses propres loix.

On avoit réglé dans cette même conférence que la ville d'Heraclée resteroit neutre, & que Mithridate la laisseroit comme auparavant se gouverner sous ses propres loix. Un incident l'avoit depuis peu mise en ses mains. Archelaüs, Commandant de sa flotte mouillée près de cette Ville, n'ayant pu obtenir d'y faire son débarquement, avoit demandé qu'on lui permît du moins, pour le débit de sa cargaison, une espece de foire sur ses vaisseaux mêmes, où les habitans viendroient faire des emplettes. On lui accorda de faire ainsi sa vente, à laquelle beaucoup d'acheteurs ou de curieux accoururent. Mais l'Amiral retint deux des principaux Citoyens, Silene & Satyre, à qui il ne rendit la liberté qu'en lui livrant cinq vaisseaux de l'escadre que la Ville tenoit dans son port, dont il grossit sa flotte. Les Romains jugerent, non sans quelque raison, que cette prétendue surprise étoit une partie faite d'avance ;

---

[a] *Cic pro Muren.*
[b] *Fast. Capitol.*

[1] *Appien* rapporte que le Roi proposa divers prix en monnoie d'or pour ceux qui, dans cette fête, auroient le plus mangé, bû davantage, le mieux chanté & dit les meilleurs bons mots. Il ajoute que Gabinius, député de Rome, trouvant l'appareil de cette fête trop peu digne de sa gravité, s'excusa d'y assister [*].

[*] *App. bell. Mitrh. p. 205.*

& qu'en ceci il y avoit eu de la part des Héracléotes plus de connivence que de malheur. Pour s'en venger, ils envoyerent leurs Publicains à Heraclée, avec charge d'exiger de cette Ville libre les mêmes contributions qu'ils tiroient de plusieurs autres Villes d'Asie. Rien ne fut plus propre à effrayer les habitans, que de voir les Publicains de Rome, si odieux dans toute l'Asie, mettre le pied dans leur Etat. Cette démarche fut prise de leur part pour un projet formé de les réduire en servitude. Ils se hâterent d'envoyer une députation au Sénat. Mais dans l'intervalle, le Peuple échauffé par quelques gens hardis, & par les partisans du roi de Pont, se jeta sur les Publicains, dont on se défit si bien & si secrétement, qu'on n'a jamais pu savoir nouvelle à Rome de ce qu'on en avoit fait, ni de ce qu'ils sont devenus. Après une exécution aussi prompte que complete, les Héracléotes n'avoient pas jugé qu'il leur restât d'autre parti à prendre, que celui d'ouvrir leurs portes à Mithridate [a].

XIII. Le testament du roi de Bithynie détermine Mithridate à la guerre. Ses préparatifs.

Peu de temps après la nouvelle pacification [b], Nicomede, roi de Bithynie mourut, instituant, comme je l'ai dit, le Peuple romain pour héritier universel de ses Etats [c]. Mithridate se décida sur cet événement à ne pas reculer plus loin l'exécution d'un projet qu'il n'avoit jamais un instant perdu de vue; sans attendre que nous eussions pris possession d'une Province qui mettoit les armes romaines à ses portes [d]. Les cessions forcées qu'il avoit faites par le dernier traité, l'avoient encore plus irrité qu'abattu. Après avoir goûté les douceurs d'une si grande souveraineté conquise tant en Asie qu'en Europe, il se persuadoit avoir un droit acquis sur toutes ces contrées, & regardoit les Pays qu'on l'avoit contraint de rendre à ceux qu'il en avoit dépouillés, comme autant d'usurpations sur ses domaines.

[a] *Memn. hist. Heracl.*
[b] *App.*
[c] *Tit-Liv. epitom.* 93.
[d] *Cic. pro Muren.* 15.

HISTOIRE DE LA RÉPUBLIQUE

Après avoir diffimulé pendant quelques années pour se donner le temps de réparer ses forces, il jugea que le moment étoit venu de fondre de nouveau sur l'Asie avec tout le poids de son énorme puissance [a]. Tout ce qu'il avoit préparé de longue-main fut mis en ordre avec le soin le plus exact. Il sentit assez qu'étant l'agresseur, il risquoit le tout pour le tout, & n'avoit rien à espérer que de la réussite [b]. Instruit par ses malheurs passés, il mit pour cette fois dans ses préparatifs autant de solidité qu'il y avoit ci-devant mis de pompe & d'ostentation. Ce n'étoit plus cette multitude confuse de barbares ramassés sans choix de toutes sortes de nations, ni cet appareil d'armes dorées & garnies de pierreries, plus propres à enrichir le vainqueur qu'à défendre celui qui les porte [c]. Il fit forger des épées à la romaine & des boucliers de résistance. Il avoit employé dix-huit mois à faire couper & voiturer des bois de marine : il en construisit grand nombre de galeres, équipées, non plus de pavillons dorés, de sallons de bains, ni d'appartemens pour des concubines, mais d'armes, de machines & de toutes sortes de provisions. Il prit à sa solde les meilleurs marins de la Phénicie; il forma près de la mer un magasin de deux millions de minots de bled. Il tira de l'Asie septentrionale voisine de l'Euxin & du fleuve Thermodon, les meilleurs soldats qui l'avoient déja servi parmi les Chalybes, les Scythes, les Taures, les Achéens, les Leuco-Syriens & les Amazones [d]. Il fit des levées en Europe chez les diverses Peuples Thraces habitant la rive du Danube, les cantons du mont Hœmus & du mont Rhodope : dressant autant qu'il pouvoit ces troupes étrangeres à former leurs rangs, & à combattre selon la discipline romaine [e]. Il incita par caresses & par présens plusieurs autres

[a] *Flor. III. 5.*
[b] *Flor. ibid.*
[c] *Plut. in Lucull. 906.*
[d] *App.*
[e] *Justin. XXXVIII. 3.*

nations à se joindre à lui; tels que les Sarmates, les Cimmériens, les Gaulois, & sur-tout les Bastarnes, nation fort belliqueuse. De cette maniere, il mit sur pied une armée de cent vingt mille hommes d'infanterie, & de seize mille hommes de cavalerie; outre cent charriots armés de faux, & la foule considérable de gens de toute espece qui marchent à la suite d'une grosse armée *a*.

Mithridate vouloit débuter avec l'appareil le plus capable de frapper les yeux des nations. Il offrit un sacrifice solemnel aux élémens & au Dieu des armées: il fit précipiter dans la mer un attelage de chevaux blancs en l'honneur de Neptune *b*, & dresser en l'honneur du feu un Pyrée, selon le rite religieux des Perses. On éleva sur le sommet d'une haute montagne un bûcher énorme, dont le Roi porta lui-même les premiers bois servant de fondation : sur celui-ci, un autre de moindre diametre; & ainsi par étages en pyramide, au dessus de laquelle on plaça des bariques d'huile, de résine & de parfums. La flamme de cette forêt mise en pile, fut apperçue de quarante lieues en mer : elle embrasa tellement l'air & la terre aux environs, que de plusieurs jours on ne put approcher du lieu du sacrifice *c*. On prétend aussi qu'à l'imitation de notre ancienne coutume d'invoquer en particulier & d'appeller à nous les Dieux étrangers des nations chez qui nous portons la guerre, il envoya une victime à ses Prêtres avec un ordre secret de l'offrir à notre Jupiter *d* 1.

Il fit ouvrir la campagne par deux de ses Généraux,

XIV. Il fait dresser un Pyrée & offrir un sacrifice. Il suppose un héritier du roi Nicomede.

―――――――

a Voy. SALLUST. fragm. 386.
b Sidon. Apollinar. XXII. 158.
c Appian.
d SALLUST. fragm. 110.

1 J'avertis que cette derniere circonstance par laquelle je cherche à expliquer & à placer un fragment fort obscur, n'est fondée que sur l'autorité tout-à-fait conjecturale de ce fragment.

38 HISTOIRE DE LA RÉPUBLIQUE

Hermocrate & Taxile *a* : feignant de les envoyer contre les révoltés du Bofphore *b*, il leur donna ordre d'entrer dans la Paphlagonie. En même temps il produifit comme roi de Bithynie un jeune homme qu'il prétendoit être fon neveu, fils du feu roi Nicomede & de Moyze fa fœur; foutenant que les Romains, après avoir reconnu Moyze pour Reine, n'étoient plus en droit de s'emparer de la fucceffion au préjudice de fon fils, légitime héritier de la Couronne *c*. Mais felon l'opinion commune, ce jeune homme, qui prit le nom de Nicomede, n'étoit qu'un fourbe apofté par Mithridate; & lorfque les Commiffaires du Sénat furent envoyés en Afie pour cette affaire, *grand nombre de Bithyniens vinrent au devant d'eux de leur propre mouvement, pour leur apporter la preuve que ce n'étoit qu'un fils fuppofé* *d*. Sur cet incident, le Sénat effaya d'exciter une diverfion, en notifiant au Roi d'avoir à reftituer aux petits Souverains de Scythie les Provinces du Nord qu'il leur avoit enlevées *e*. En Bithynie on oppofa à fon prétendu Nicomede un autre Nicomede iffu de la race royale, furnommé *Frugi*, que Mithridate difoit être le fils d'une danfeufe *f*. Ces deux fantômes dont il ne fut pas long-temps queftion, firent bientôt place aux acteurs véritables.

XV. Il envoie une ambaffade à Sertorius.

La renommée de Sertorius s'étoit répandue jufqu'aux extrêmités de l'Orient. Les Marchands Tyriens qui venoient au retour de Cadix commercer dans l'Euxin, ne parloient qu'avec admiration de fa valeur & de fes fuccès *g*. Le Roi, curieux d'être inftruit de ce qui fe paffoit dans les Pays étrangers, s'entretenoit volontiers avec les Navigateurs. Il fut flatté de leur entendre dire que Sertorius paffoit, après lui, pour le plus habile Capitaine

---

a *Appien*. ibid.
b *Cic. Leg. Manil.* 4.
c *Mithr. epift.*
d SALLUST. *fragm.* 616.

e *Memnon. c. 32.*
f *Memnon.* ibid.
g *Mithrid. orat. adv. Rom. ap. Trog. Pomp.*

ROMAINE. *LIVRE III.* 39

qu'il y eût dans l'Univers, & qu'en Espagne on le comparoit à Hannibal; comme on y comparoit le Roi lui-même à Pyrrhus. Ce qu'ils en racontoient étoit avidement écouté & débité de même, fur-tout par quelques Romains fugitifs anciennement attachés à la faction de Marius. Il y en avoit deux à la Cour de Mithridate, L. Magius & L. Fannius, *l'un & l'autre du nombre des déserteurs de l'armée Fimbrianne, & qui, par leur complaisance assidue, & plus encore par leur haine invétérée contre Sylla, s'étoient acquis une grande réputation auprès du Roi, & mis fort avant dans son esprit* [a]. Ils lui inspirerent le dessein de faire alliance avec Sertorius : ils lui tinrent là-dessus cent propos flatteurs : ils lui dirent qu'en joignant ainsi l'occident à l'orient [b], l'océan à l'Hellespont, & le plus puissant des rois de l'Asie au plus expérimenté des guerriers de l'Europe, il deviendroit impossible aux Romains de faire face des deux côtés, ni de résister à de telles forces [c] réunies sous la conduite des deux plus grands hommes de l'Univers [d]. Le Roi goûta cette idée : il fit dresser les instructions & les lettres de créance pour le Général espagnol. Peu après il envoya ordre à Magius de partir d'Ecbatane, accompagné de *Métrophanes, un de ses courtisans le plus en faveur* [e], & de se rendre le plus secrétement qu'ils pourroient en Espagne. Leur voyage ne put néanmoins être si secret, qu'on n'en eût quelque vent à Rome ; d'autant mieux que le gros temps obligea le vaisseau de Magius de côtoyer l'Italie [f]. *Le Sénat fit faire les perquisitions les plus exactes pour le trouver lui & Métrophanes, & donna ordre de visiter toutes les chaloupes qui aborderoient à quelque mouillage ou aux embouchures des rivieres ; car on sut qu'ils envoyoient*

---

[a] SALLUST. *fragm.* 378.
[b] Cic. pro Muren. 15.
[c] Appian.
[d] Cic. Leg. Manil.
[e] SALLUST. *fragm.* 663.
[f] Asc-Ped. de prætur. urb.

Tome II.

quelquefois des gens affidés fonder la côte [a]. Ils échapperent malgré ces recherches & malgré le décret qui les déclaroit ennemis publics, & arriverent heureusement sur les côtes d'Espagne à Dianium.

XVI. *Intrigues à Rome au sujet du commandement de l'armée. Les Consuls Lucullus & M. Cotta le follicitent tous deux. Voies prises par Lucullus pour l'obtenir. On donne aussi un commandem[t]. en Bithynie à son collegue.*

An. 679.
L. Licinius-Lucullus.
M. Aurelius-Cotta.

Les vues de ce Roi n'avoient dès long-temps rien d'obscur à Rome [b]. Si-tôt que le testament de Nicomede y fut apporté, chacun prévit l'effet qu'il devoit produire, & les personnes les plus accréditées songerent à dresser leurs brigues pour être employées à cette grande entreprise. M. Cotta avoit coutume de dire que la guerre de Pont sommeilloit plutôt qu'elle ne dormoit [c]. Il venoit de succéder au Consulat à C. Cotta son frere: son collegue étoit L. Lucullus, homme de la plus haute naissance, ci-devant Questeur de Sylla, & Commandant de la flotte durant la premiere guerre de Pont. Le commandement de celle-ci paroissoit les regarder l'un ou l'autre, & tous deux le desiroient avec passion. Le sort servit mal Lucullus, en lui faisant tomber le Gouvernement de la Gaule cisalpine, qui n'offroit aucune matiere à se signaler. Il voyoit avec émulation le renom que Pompée s'acquéroit en Espagne, & craignoit que si la fin de cette guerre le ramenoit bientôt à Rome, le commandement de l'autre ne lui fût d'une commune voix déféré. La nouvelle qu'on reçut alors de la mort d'Octavius, Proconsul de Cilicie, releva les espérances de Lucullus. La Cilicie par elle-même n'étoit pas de grande importance; mais elle mettoit à portée d'être employé à de plus grandes choses: aussi tout le monde se mit-il sur les rang pour demander ce Gouvernement. En ce moment tout le crédit étoit entre les mains du Tribun Céthégus, homme insolent, sans mœurs, flatteur déterminé de la multitude qu'il gouvernoit; gouverné lui-même par une femme nommée Précia, d'une conduite fort

[a] SALLUST. *fragm.* 427.
[b] *Plutarch. in Cæsar.*
[c] *Plutarch. in Lucull.*

décriée,

décriée, belle, vive, enjouée, *élégante en sa parure* [a], pleine de tous les petits talens propres à captiver & à corrompre les cœurs, habile en intrigues, curieuse d'affaires, mais fidelle à l'amitié, & essentielle quand elle avoit une fois entrepris de rendre service; quoique d'ailleurs elle ne valût guere mieux qu'une courtisanne de profession. Tout se faisoit en public par les menées du Tribun, & le Tribun étoit absolument aux ordres de Précia. Chacun dans cette occasion s'empressoit auprès de Céthégus pour obtenir la préférence. Le Consul ouvertement brouillé avec lui, ne pouvoit faire les mêmes démarches : il prit une autre voie, peut-être aussi peu honnête; mais la nécessité des circonstances le rendit moins délicat sur le choix des moyens. Il fit une cour assidue à Précia, la cageola, la combla de présens, & gagna si bien cette femme toute vaine de se voir recherchée par un homme de ce rang, que bientôt Céthégus, devenu le plus zélé partisan du Consul, n'eut à la bouche que son éloge, que les victoires navales du Cap de Troade & de Ténédos, que les importans services par lui rendus en Asie au temps de Sylla. Il lui fit avoir le Proconsulat de Cilicie : & dès-lors ce fut une chose évidente que sans que Lucullus eût besoin désormais du Tribun ni de sa maîtresse, le commandement de l'armée contre Mithridate ne pouvoit regarder un autre que lui. Il n'y avoit de rivaux à lui opposer pour cet emploi, que Metellus ou Pompée : l'un déjà sur le retour de l'âge, & tous deux assez occupés par Sertorius à l'autre extrêmité du monde. Cependant on n'ignoroit pas le desir qu'avoit Pompée de commander en Orient. Beaucoup de gens attribuoient à cette ambition ses plaintes continuelles & les menaces qu'il faisoit de quitter l'Espagne. Lucullus, dans la crainte qu'il ne revînt à Rome croiser sa demande, employa tout son crédit à lui faire accorder les secours de vivres,

[a] SALLUST. *fragm,* 144.

d'hommes & d'argent qu'il demandoit avec hauteur depuis si long-temps. Il étoit de la derniere importance de lui ôter tout prétexte de revenir en Italie : car on ne doutoit pas qu'avec la prévention du Peuple en sa faveur, & l'armée qu'il avoit à ses ordres, il n'eût fait à Rome tout ce qu'il auroit voulu [a].

Tout obstacle se trouvant ainsi levé, Lucullus [1] fut nommé

[a] *Plut. in Lucull. & in Pomp.*

[1] Lucullus joue un si grand rôle dans toute cette histoire, que je crois devoir assembler ici une partie des traits personnels propres à donner une idée du caractere d'un homme si célebre. Les Œuvres de l'Abbé de *Saint-Réal* contiennent un excellent morceau sur le même sujet, intitulé *Considérations sur Luculle*. On ne peut écrire mieux que cet Historien : mais on peut être plus fidele. Il donne carriere à son imagination, & ne hait pas les paradoxes, quoique ses vues, toujours très-fines, soient souvent justes. Il s'est plus arrêté dans son discours sur les faits rapportés dans le texte de cette histoire, que sur ceux qu'on va lire dans la longue note suivante.

Lucius-Licinius-Lucullus fut un des plus grands hommes que la République ait jamais produit ; soit qu'on regarde ses talens militaires ; soit qu'on fasse attention à l'honnêteté & à la grandeur de son ame, à la noblesse de son caractere & à la beauté de son esprit.

La Maison Licinia, que *Glandorpe*, avec assez peu de fondement, croit originaire d'Arezzo, tenoit à juste titre le premier rang parmi les Maisons Plébéïennes, puisqu'elle est la premiere qui ait eu des Tribuns militaires avec puissance consulaire, & qu'elle a donné les premiers Tribuns du Peuple dans le temps de l'institution de cette magistrature populaire. Elle participa aussi des premieres aux dignités réservées aux Patriciens, lorsqu'on en permit l'accès aux familles Plébéïennes. On a donné diverses origines de son nom Licinia, dont la plus vraisemblable est celle qu'il tire du mot *lice* ; de sorte qu'il revient à peu près à celui de *Tisserand* : car on sait que les professions qu'on exerçoit ont été une des sources des noms propres chez les Romains, comme chez nous, lorsqu'ils ont commencé de s'y introduire. Ils appelloient aussi *Licinii* les gens qui avoient les cheveux droits & élevés sur la tête, comme des lices tendues sur un métier vertical ; ce qui étoit la maniere de les travailler alors : c'est ce que nous appellons *hurepoil* & *pellevé*, qui sont aussi des noms propres parmi nous. Quant au surnom de Lucullus, c'est probablement un diminutif de *Luca* [*], mot qui chez eux signifioit parmi le Peuple *un bon vieillard* & *un gros homme*. Cette Maison étoit partagée en grand nombre de branches, dont les plus considérables sont les Calvus, les Stolon, les Crassus, les Lucullus & les Murena. Lucullus descendoit d'un homme de même nom, Edile-Curule au temps de la seconde guerre punique. Son grand pere

[*] *Martin. lexic.*

Général de l'armée contre Mithridate. On lui assigna cinq légions pour cette guerre, savoir, une qu'il emmeneroit d'Italie, deux autres qui se trouvoient en Asie depuis plusieurs années,

fut Consul en 602 : pour lui, il étoit fils de Lucullus & de Cæcilia, sœur de Cæcilius-Metellus, conquérant de la Numidie. Son pere fut condamné pour péculat, & sa mere eut une assez mauvaise conduite *.

Il eut dès sa jeunesse beaucoup de goût pour les lettres & de talent pour l'éloquence. Il parloit sa langue avec beaucoup de pureté, & n'écrivoit pas moins bien en langue grecque. Il débuta, dit *Plutarque*, à sa premiere entrée dans le monde, par une action qui le fit fort estimer : car ayant appris que Servilius, qui avoit été l'accusateur de son pere, avoit lui-même malversé dans son emploi, il n'hésita pas, tout jeune qu'il étoit, de se rendre son accusateur : & quoiqu'il ne pût réussir à le faire condamner, cette démarche ne laissa pas que de lui faire beaucoup d'honneur, non-seulement par le courage & l'éloquence qu'il y mit, mais sur-tout parce qu'il l'avoit entreprise sans aucune haine particuliere, & seulement par égard pour la mémoire de son pere. Il commença de servir fort jeune & avec beaucoup de distinction à la guerre des Marses, durant laquelle il s'attacha à Sylla & au parti de l'aristocratie, auquel il demeura toujours fidele; n'ayant jamais, comme tant d'autres grands Seigneurs de son temps, varié d'une faction à l'autre, selon qu'il y avoit plus ou moins d'avantage à s'y joindre. Sylla l'aimoit beaucoup à cause de sa douceur & de sa bonté. Ce fut un grand bonheur pour lui d'avoir été laissé occupé aux affaires de

* *Plutarch. in Lucull.*

l'Asie pendant les horreurs affreuses des guerres civiles de Marius & de Sylla, auxquelles il n'eut aucune part. Quoiqu'absent, il ne conserva pas moins de crédit auprès de Sylla, qui continua de le distinguer pardessus tous ses autres amis, & en mourant lui laissa la tutele de son fils, par préférence à Pompée. On croit que cette prédilection fut la premiere source de la jalousie qui naquit entre deux hommes, tous deux à peu près de même âge, distingués par leurs talens, & également enflammés du desir de la gloire.

Sylla lui dédia les Mémoires qu'il avoit écrit, comme à l'homme le plus capable de donner la derniere main à ces matériaux historiques, & de les remettre en meilleure forme qu'il n'avoit eu le temps de le faire lui-même. Rien ne fait mieux l'éloge du mérite de Lucullus en ce genre : car assurément personne n'y étoit plus connoisseur que Sylla. Lucullus s'étoit dès-lors fait une réputation dans ce genre d'écrire par son histoire de la guerre des Marses. On dit qu'un jour étant en conversation avec l'Orateur Hortense & l'Historien Sisenna, il fit la gageure d'écrire l'histoire de cette guerre, durant laquelle il avoit fait ses premieres campagnes, soit en vers, soit en prose, soit en latin, soit en grec, selon que le sort en décideroit. Le sort tomba sur la prose grecque. Nous avons de lui, dit *Plutarque*, ce morceau d'histoire qui est très-bien écrit. Lucullus avoit l'esprit fort cultivé, & la plus belle mémoire du monde, plus encore pour se souvenir des choses, que pour retenir par cœur : ce qui fait que

F 2

& les deux anciennes légions Fimbriannes : le tout faifant trente mille hommes d'infanterie & feize cents chevaux [a]. M. Cotta

[a] *Appian.*

Cicéron préfere fa mémoire à celle d'Hortenfe, qui étoit plus heureufe pour les mots que pour les chofes. Le goût qu'il avoit eu dès fa jeuneffe pour l'étude & pour les lettres, ne fe rallentit en aucun temps, ni même au milieu d'aucune autre occupation. Pendant que la guerre de Mithridate lui donnoit le plus d'affaires, il ne laiffoit pas de trouver quelques momens à donner, foit à l'étude de la philofophie avec Antiochus, Philofophe célebre, foit aux amufemens de l'efprit avec le Poëte Archias, qu'il avoit emmené avec lui en Afie, & qui a écrit en vers toute l'hiftoire de cette guerre de Pont. Ce goût pour la philofophie, après avoir, dit *Plutarque*, fait fon délaffement dans le tumulte des grandes affaires, devint par la fuite fa confolation & fa reffource, lorfque l'âge, la fatigue de fes longs travaux, & plus encore le dégoût, lui eurent fait prendre le parti de fe retirer de l'adminiftration de l'Etat.

Il raffembla dans fa maifon de campagne de Tufculum la plus riche bibliotheque qu'il y eût encore eu en Italie, & la rendit publique. Elle paffa à fon fils qu'il laiffa jeune fous la tutele de Caton, frere de fa mere, qui la tenoit de même ouverte à tout le monde. « Un jour que j'étois à » Tufculum, dit *Cicéron*, j'allai pour » prendre quelques livres dans la biblio- » theque du jeune Lucullus : car fon pere » étoit déjà mort alors. J'y rencontrai » Caton fon oncle, affis & entouré de » livres de philofophie ftoïque. Vous » voyez, lui dis-je ; je partis hier au foir » de Rome après le fpectacle, & je fuis » venu ici exprès chercher quelques livres : » il faudra que notre petit pupile apprenne » à connoître toutes les belles chofes qui » font ici : j'aime mieux qu'il y prenne » goût qu'aux autres magnificences dont » cette maifon eft ornée. Je n'entre point » ici fans avoir préfent aux yeux fon pere, » homme excellent, & avec qui j'ai tou- » jours été lié de fentiment & d'amitié [*]. » Je pourrois, dit-il ailleurs, parler de » fon talent pour les actions du barreau : » car il a été un des plus fubtils Orateur » de fon temps : mais je le tire, ainfi que » Marcus fon frere, Catulus, & quelques » autres, de la mêlée du combat & des » forties du barreau, pour le laiffer dans » l'intérieur de la place, veiller à fa dé- » fenfe & préfider aux confeils de la Ré- » publique [**] ». Le même Cicéron a intitulé du nom de Lucullus le fecond livre de fes queftions académiques. Les interlocuteurs font Hortenfe, dans la maifon de qui la converfation fe tient, Catulus, Lucullus & Cicéron. Lucullus y difcute contre la fecte de la nouvelle académie, les plus grandes queftions métaphyfiques, en s'attachant aux principes d'Antiochus fon maître.

Lucullus fut fort curieux de tableaux & de ftatues : on a appellé de fon nom marbre Lucullien un certain marbre de l'ifle de Scio, de couleur foncée & fans tache qu'il mit à la mode. Il acheta à Athenes deux talens (mille onces d'argent).

[*] *Cic. de finib. 2.*
[**] *Id. in Brut. 62.*

son collegue obtint auſſi, à force d'inſtances, d'être employé à l'expédition. Le Peuple aſſemblé pour confirmer l'élection des deux Chefs, & pour conférer le commandement des armées,

une copie, ou un double (*Apographon*), d'un fameux original de Pauſias de Sicyone. Ce Peintre étoit amoureux d'une bouquetiere d'Athenès; ce qui lui donna le goût de peindre des fleurs, & l'émulation d'égaler avec ſon pinceau la belle variété de la nature, que ſa maîtreſſe mettoit en œuvre. Il la peignit elle-même dans un de ſes tableaux, aſſiſe au milieu d'une grande quantité de corbeilles de fleurs, dont elle formoit une couronne: c'eſt le plus célebre de ſes tableaux, qu'on appelle *la faiſeuſe de guirlandes*. Lucullus avoit chez lui un très-habile ſtatuaire, nommé Arcéſilas, dont les modeles ſe vendoient plus chers que les ouvrages finis des autres ouvriers. C'eſt lui qui a fait cette belle ſtatue de Vénus mere, qu'on lui laiſſa à peine le temps de finir, tant on fût preſſé de la placer dans le marché de Céſar, le jour qu'on en fit la dédicace. Lucullus y fit mettre auſſi une ſtatue de la Félicité, qui lui coûtoit ſoixante grands ſeſterces (cinq cents onces d'argent). Ce même ouvrier vendit un talent à Octavius, Chevalier romain, le modele en plâtre d'une grande coupe.

On eſtimoit auſſi beaucoup parmi les ſtatues qu'il avoit apportées d'orient, une ſphere faite par Billare, & la ſtatue d'Autolyque, fondateur de la ville de Sinope, faite par Sthenis. Il n'enleva que ceci de la Ville après l'avoir priſe; il y laiſſa tous les autres ornemens. Mais la plus belle ſtatue qu'il eut, quoiqu'on ne ſache pas de quelle main elle étoit, eſt un Hercule ſur le mont Œta, revêtu de la tunique empoiſonnée & expirant dans le tourment du feu qui le dévore. L'attitude & l'expreſſion du viſage ſont admirables. Il la fit dédier par ſon fils, alors enfant, dans la place de la Tribune aux harangues, avec la permiſſion du Sénat *. On mit ſur la baſe trois inſcriptions, l'une de Lucullus, qui l'avoit donnée, l'autre de ſon jeune fils, par qui le pere l'avoit fait préſenter, & enſuite une troiſieme de l'Edile Septimius-Sabinus, qui l'avoit fait mettre en place.

Je reviens aux magiſtratures de cet homme célebre. Quoiqu'après l'expiration de ſa Queſture, il fût à portée de demander d'autres Charges, il ne le voulut pas faire alors. La tendre amitié qu'il portoit à Marcus-Lucullus ſon frere, beaucoup plus jeune que lui, lui fit prendre la réſolution d'attendre, pour demander les magiſtratures, que ſon frere fût en âge d'y parvenir auſſi, afin de marcher d'un pas égal avec lui. Le Peuple touché de cet amour fraternel, les nomma tous deux enſemble Ediles-Curules en 674: quoiqu'il fût alors abſent. Dans cette Charge, il donna au Peuple des jeux de la plus grande magnificence **. Etant Préteur en 676, il eut le département des étrangers, & l'année ſuivante, au ſortir de cette Charge, le Gouvernement d'Afrique, où il ſe fit la réputation d'un homme tout-à-fait juſte & ſage. Deux ans après on l'éleva au Conſulat.

Dans le récit de ce qu'il a fait étant
* *Varron. Plin. Strabon, & Iſidor.*
** *Cic. offic. II.*

ordonna par une loi des Curies *a* que pendant que Lucullus marcheroit à la pourſuite du Roi, Cotta garderoit la Bithynie & auroit une flotte à ſes ordres dans la Propontide. *b*.

XVII. Motifs de préférer Lucullus. Ses campagnes & ſa Queſture en Aſie ſous Sylla. Son humanité dans la levée des taxes impoſées aux villes d'Aſie.

Outre beaucoup de raiſons générales de donner la préférence à Lucullus, il y en avoit de particulieres, telles qu'il ne ſemble pas qu'on eût jamais dû héſiter ſur le choix, ni pu confier cette entrepriſe à perſonne autre. Il avoit déjà fait la guerre dans les mêmes lieux qui en alloient de nouveau devenir le théâtre: il connoiſſoit très-bien le Pays & les mers: les Villes de l'Aſie l'aimoient: il s'y étoit fait une grande réputation de courage, de douceur & d'intégrité. Sylla partant pour la Grece lors de la premiere guerre contre Mithridate, l'avoit pris pour ſon Queſteur. Pendant le ſiege d'Athenes, il le chargea de lui aſſembler une flotte dont il manquoit pour réduire Archelaüs qui tenoit le port de Pirée. Quelque difficile que fût cette commiſſion, dans un temps où les Pirates & les vaiſſeaux du roi de Pont tenoient toute la mer, Lucullus eut l'habileté de s'en acquitter avec ſuccès. Il partit au milieu de l'hyver par une mer très-orageuſe, ſur une petite eſcadre de deux galiotes rhodiennes & de trois brigantins. Il vint d'abord à l'iſle de Crete, qu'il mit dans notre alliance; puis à Cyrene qu'il

---

a Voy. Tit-Liv. IX. 38.   *b* Eutrop. Cic. pro Muren. 15.

Gouverneur d'Aſie, je me ſuis étendu ſur les détails qui prouvent ſon intégrité parfaite, & combien il a été net ſur l'article de l'argent, dans un ſi grand nombre d'occaſions d'en acquérir ſans ſcrupule : ce qu'on ne pourroit dire de preſqu'aucun autre Romain de ſon temps. Je ſuis ſurtout entré dans ce détail, afin que l'on vît que ſes richeſſes immenſes & ſa magnificence prodigieuſe, ne provenoient d'aucun pillage public. Il eſt vrai qu'il gagna des ſommes très-conſidérables en com-

mandant les armées dans un Pays ſi riche: mais ce fut ſur l'ennemi : & l'on voit ici qu'il ſoulagea extrêmement les Provinces de la domination romaine, & qu'il y réprima par-tout les uſures & l'avidité des partiſans.

Comme on va lire dans le texte la ſuite des actions de Lucullus dans ſon Gouvernement d'Aſie, j'interromps ici cette note pour la reprendre ſur ce qui regarde ſa vie privée à ſon retour à Rome après la conquête de l'Orient.

pacifia; & de là en Egypte, dans l'espérance de déterminer le roi Ptolomée à lui accorder quelques vaisseaux. Ptolomée s'en défendit, sur les raisons qu'il avoit de ne pas rompre ouvertement avec Mithridate : mais d'ailleurs il reçut Lucullus avec la plus grande magnificence : il fit sortir toute la flotte royale appareillée au devant de lui lorsqu'il fit son entrée à Alexandrie; le logea dans son Palais, honneur qui n'avoit jamais été fait à aucun Capitaine étranger; & lui offrit personnellement des présens en valeur très-considérable (pour plus de quarante mille onces d'argent), dont Lucullus ne voulut accepter quoique ce soit, que le portrait du roi gravé sur une émeraude. Malgré son goût pour les beaux arts & pour les antiquités, il résista constamment aux instances que le Roi lui fit d'aller à Memphis voir les merveilles de l'Egypte, & répondit que c'étoit l'occupation d'un homme qui voyageoit pour son plaisir, non d'un Officier qui avoit laissé son Général occupé à un siege. Il partit donc & parcourut les Villes maritimes de la côte de Syrie, excepté celles qu'il savoit liguées avec les Pirates : il rassembla bon nombre de vaisseaux, & vint en Chypre, où il apprit que les ennemis épioient son retour, embusqués derriere un promontoire du golphe Satalique. A cette nouvelle il fit tirer ses bâtimens à terre; & annonçant qu'il alloit passer là l'hyver, il fit venir de toutes les Villes une quantité de vivres & d'autres provisions nécessaires jusqu'au printemps. Mais quand ce bruit fut bien répandu, au premier bon vent il donna ordre de lancer tous les bâtimens à l'eau, d'y embarquer les provisions; & voguant à basses voiles pendant le jour pour être moins apperçu, & à pleines voiles pendant la nuit, il arriva sans rencontre à l'isle de Rhodes. Il y joignit à sa flotte les galeres que les Rhodiens lui avoient équipées en son absence ; vint à Cos & à Cnide, où il persuada aux habitans de quitter le parti du roi de Pont, pour embrasser celui des Romains; puis à Cio

& à Colophon, qu'il mit l'une & l'autre en liberté, après avoir fait prisonnier le tyran Epigone, qui tenoit cette derniere Ville en servitude. Au sortir de là, on auroit aussi pu prendre prisonnier Mithridate lui-même, que Fimbria tenoit bloqué dans la forteresse de Pitane au bord de la mer, si Lucullus eût voulu prêter l'oreille aux propositions que Fimbria lui faisoit de se joindre ensemble pour un coup de cette importance, au prix duquel les Romains ne compteroient pour rien les victoires antérieures de Sylla, & leur donneroient à tous deux l'honneur entier du succès. Mais Lucullus passa son chemin sans lui répondre; vint mettre en fuite une escadre du Roi au Cap de Lecte en Troade, & attaquer la flotte entiere commandée par Néoptoleme dans la rade de Ténédos. Il y eut là un grand combat naval où Lucullus acquit une gloire infinie par la défaite totale d'un ennemi supérieur en forces. Démagoras [1], Capitaine des galeres de Rhodes, fit des merveilles à cette action. Lucullus arrivant sur les côtes de la Grece, trouva Sylla son Général dans la Chersonese de Thrace, & le traité de paix fort avancé.

---

[1] « Lucullus ayant été averti que Néoptoleme, Lieutenant du Roi, étoit à l'ancre à la rade de Ténédos, où il l'attendoit avec une flotte fort supérieure à la premiere, il vogua contre lui, & pour le provoquer, il s'avança bien loin devant sa flotte, monté sur une galere de Rhodes, qui étoit commandée par un Capitaine nommé Démagoras, très-affectionné aux Romains, & fort expérimenté dans les combats de mer. Néoptoleme le voyant venir, vole au devant à force de rames, & ordonne à son Pilote de le choquer de roideur de la pointe de sa galere. Démagoras craignant le choc de cette galere Capitainesse, qui étoit fort pesante & armée de bons éperons d'airain, n'osa pas l'attendre de front, mais il ordonna promptement à son Pilote de revirer, & de présenter la poupe. Par ce moyen sa galere étant heurtée en cet endroit, reçut un coup moins dangereux, parce que ne donnant que dans les parties basses, l'eau rompit en partie la force du coup. Dans ce moment les autres galeres arrivent; & alors Lucullus ordonne à son Pilote de remettre sa galere la proue en avant; & après avoir fait des actions dignes d'une éternelle mémoire, il mit les ennemis en fuite, & poursuivit long-temps Néoptoleme, qui eut beaucoup de peine à se sauver * ».

* *Plutarch, in Lucull.*

ROMAINE. LIVRE III.

Ses deux victoires navales en hâterent la conclusion. Il transporta l'armée sur ses bâtimens, de la Chersonèse en Asie, où la paix se fit au château de Dardane *a*.

La soumission de Mithridate laissoit les villes d'Asie au pouvoir d'un vainqueur impitoyable & justement irrité, dont elles avoient allumé la colere par les plus indignes procédés. Car lorsque les Préteurs romains, à l'instigation de qui la guerre avoit pris naissance, se réfugierent dans ces Villes, après avoir été défaits & chassés de la Bithynie par Archelaüs & Ménophanes, Lieutenans du roi de Pont *b*, elles les livrerent entre les mains du Roi, qui fit mourir les Préteurs après les avoir accablés des plus honteux outrages; sur-tout Aquilius, qu'il regardoit comme le principal auteur des injures qu'il avoit reçues de Nicomede *c*. Dans la suite elles embrasserent sans ménagement le parti de Mithridate contre notre République. Les bourgeois égorgerent en un même jour, par ordre du Roi, tous les Citoyens romains qui se trouverent parmi eux. Aussi furent-ils rigoureusement traités par Sylla *d*. Ce Général, qui pour l'ordinaire ne donnoit que trop de licence à ses troupes, & qui les voyoit mécontentes du traité de paix, abandonna les Villes à leur discrétion; laissant chaque Officier & chaque soldat maître d'exiger ce qu'il voudroit en vivres, argent ou vêtemens dans chaque maison où il étoit logé. Ce fut la punition des particuliers : les Villes en corps furent condamnées à une amende de vingt mille talens *e* 1. Quand Sylla repartit pour Rome, Lucullus demeura en Asie 2, chargé, dans sa qualité de Questeur, du recouvrement de

---

1 Dix millions d'onces d'argent.
a Plut. in Syll. & in Lucull.
b Memnon. ch. 33.
c Tit-Liv. epitom. 76.
d Sallust. in Catil.
e Plut. in Syll.

2 Les villes d'Asie s'apprêtoient avec plaisir à recevoir de nouveau Mithridate; se trouvant replongées dans leurs anciennes calamités, & éprouvant des vexations

Tome II. G

cette somme prodigieuse. Ce fut une consolation pour ces Villes si durement foulées, que de voir Lucullus montrer dans la levée & dans la répartition de cette taxe, non-seulement beaucoup de justice & d'intégrité, mais encore autant de douceur & d'humanité qu'en pouvoit permettre un emploi odieux & difficile. Cet argent fut converti par son ordre en une monnoie au coin romain, qu'on frappa dans le Peloponese, & qui continue d'avoir cours. On la connoît sous le nom de *pieces Lucilliennes* : elle est fort recherchée à cause de la valeur intrinseque & de la bonté du titre [a].

Lucullus resta en Asie tant que durerent les horreurs de la guerre civile à Rome, auxquelles il eut le bonheur de n'avoir aucune part. Il soumit l'isle de Lesbos; & après avoir inutilement fait ses efforts pour engager la ville de Mitylene à capituler de bonne grace, il s'en rendit maître par un stratagême à peu près pareil à celui que les Grecs employerent autrefois pour prendre Troye. Car après y avoir mis le siege en forme, il le leva tout d'un coup, & se retira sur ses vaisseaux, abandonnant au pillage son camp tout tendu. *La populace, pleine d'une folle joie, sortit en désordre dans la campagne, comme si elle eût joui d'une paix assurée* [b], & pilla le camp de tous côtés. Mais une embuscade placée dès la nuit précédente, lui coupa la retraite & s'empara des portes. Un corps de cinq cents

---

[a] *Plut. in Lucull.*

[b] SALLUST. *fragm. 184.*

insupportables de la cruauté des usuriers & des fermiers romains; si bien qu'il n'y en avoit presqu'aucune qui ne fût ébranlée, & qui n'épiât l'occasion de secouer le joug. Lucullus y mit ordre, &c. *. Entr'autres vexations qu'elles avoient essuyées, Sylla, pour les punir de s'être livré à Mithridate, y distribua ses légions, lorsqu'il eut recouvré l'Asie par le traité de Dardane,

ordonnant que chaque maison logeroit & nourriroit un Officier ou un soldat romain, même avec les personnes qu'il y voudroit inviter à manger : lui fourniroit deux habits, l'un commun, l'autre plus propre : paieroit par jour seize drachmes à chaque soldat, & cinquante à chaque Officier.

* *Plut. in Lucull.*

hommes voulut faire réſiſtance : il fut paſſé au fil de l'épée : on fit ſix mille priſonniers & un butin prodigieux *a*.

Ce narré ſuccinct des actions de Lucullus dans le cours de la guerre précédente, ſuffit pour être étonné que Cicéron, ſon ami particulier, ait écrit qu'il étoit novice dans l'art militaire, lorſqu'il partit pour aller commander en Aſie; mais qu'ayant employé tout le temps du trajet *à s'en inſtruire* *b* par la lecture des Hiſtoriens, & par la converſation des gens du métier, il s'étoit, dès ſon début, trouvé tout formé au commandement ; l'étendue & la facilité de ſon génie ayant ſuppléé à ce qui lui manquoit du côté de l'uſage *c*. On peut dire qu'en parlant de la ſorte, Cicéron s'exprime moins en homme exact qu'en Orateur qui cherche à rendre plus admirable le talent naturel de celui dont il fait l'éloge. Les plus célèbres Capitaines parmi les Grecs & parmi nous, conviennent à la vérité que la pratique ne ſuffit pas ſeule pour rendre un homme conſommé dans toutes les parties d'une ſcience ſi difficile & ſi étendue : ils recommandent expreſſément de joindre à l'exercice une étude continuelle & réfléchie de l'hiſtoire : mais tous avouent en même temps qu'on ne devient pas grand Général ſans l'expérience, & même ſans une longue expérience. Ce n'eſt qu'en joignant l'une à l'autre, que Lucullus s'eſt fait une ſi haute réputation dans l'art militaire. Mithridate, au témoignage de qui on peut aiſément s'en rapporter, diſoit n'avoir jamais connu de plus grand homme de guerre. Il eſt vrai que pendant le voyage & dans le ſéjour qu'il fit en Orient, il s'appliqua toujours par préférence à ce genre d'étude ; ne regardant les autres connoiſſances qu'il cultivoit que comme un délaſſement de ſon travail ordinaire : car au milieu des importantes affaires dont il fut entouré, il ne laiſſa pas de trouver toujours quelques momens

XVIII. Son expérience militaire.

a Plut. ibid.
b SALLUST. fragm. 539.
c Cic. Acad. II. 1.

HISTOIRE DE LA RÉPUBLIQUE

à donner, soit à la philosophie grecque avec le Philosophe Antiochus *a*, soit aux amusemens de l'esprit avec le Poëte Archias 1, qu'il avoit emmené avec lui, & de qui nous avons un poëme historique fort estimé sur les événemens de cette guerre de Pont *b*.

a Plut. in Lucull.

1 « Le Poëte Archias étoit dans l'armée du fameux Capitaine Lucullus. Il se trouva à Héraclée : il a écrit en entier l'histoire de la guerre de Mithridate, dont les événemens ont été si variés sur terre & sur mer. Son livre, qui fera passer à la postérité la mémoire d'un des plus grands & des plus vaillans Capitaines que nous ayons eu, est en même temps un monument de la gloire du Peuple romain. On y lira comment nos armes commandées par Lucullus se sont ouvert une entrée dans le Pont, malgré les obstacles invincibles que toutes les forces d'un Roi puissant, & que la nature même sembloit y mettre : comment une petite troupe de Romains a défait des troupes innombrables d'Arméniens. Toutes les feuilles du livre d'Archias sont autant de trophées pour le Peuple romain, & de monumens de ses victoires * ».

Le Poëte Archias étoit déjà célebre en Grece, lorsqu'il vint chercher fortune à Rome. Lucullus le reçut dans sa maison, où il lui laissoit la liberté de tenir une école de poésie. On le donna pour maître à Cicéron alors enfant. Le jeune homme profita si bien de ses leçons, qu'il passoit pour le premier des Poëtes latins jusqu'au temps où sa réputation en cette partie fut éclipsée par sa prose, & par les vers de

* *Cic. pr. Arch. Poët. 9.*

b Cic. pro Arch. poët. 9.

quelques autres Poëtes. Car il y a lieu de croire que le poëme de Lucrece n'étoit pas encore public dans le temps où on donnoit à Cicéron le premier rang parmi les Poëtes. Le premier ouvrage de la jeunesse de celui-ci fut un poëme intitulé *Glaucus*, que nous n'avons plus, non plus qu'un autre recueil de pieces diverses ou de poésies mêlées ; du moins autant qu'on en peut juger par le titre de *Limon* (du jardin, ou *Florilegium*). Mais le poëme didactique des *Constellations*, le poëme héroïque de *Marius*, & quelques autres morceaux dont il nous reste des fragmens, nous font voir que Cicéron étoit un Poëte au dessus du médiocre. Le Lecteur pourra, s'il veut s'amuser, comparer la belle description du combat d'un aigle contre un serpent qu'il a enlevé en l'air, faite par Homere, *Iliad. L. XII.* avec la traduction latine de l'original grec par Virgile, *Æneid. XI*: par Cicéron, dans son poëme de Marius : & avec la traduction angloise de Pope. Je n'ai pas besoin de parler des vers de Virgile. Mais ceux de Cicéron sont aussi de la plus grande beauté. M. de Voltaire a parfaitement bien traduit ce morceau isolé de Cicéron. Dans l'Iliade de Pope, on ne peut se lasser d'admirer comment cet excellent Poëte Anglois a su rendre & soutenir presque par-tout dans un si long ouvrage, la chaleur & le naturel de son original.

ROMAINE. *LIVRE III.* 53

M. Cotta son collegue partit le premier pour la Bithynie. Pour lui, il resta encore quelque temps à Rome, occupé à régler avec soin l'intérieur du Gouvernement : ne voulant, à son départ, laisser en arriere aucune affaire importante capable d'exciter en son absence du trouble dans l'Etat.

Les mouvemens intestins continuoient au sujet de la grande querelle du Tribunat. Le Peuple peu content de ce qu'il avoit, l'année précédente, obtenu sur ce point, renouvelloit ses efforts pour remettre ses Magistrats en possession de toutes leurs anciennes prérogatives. Par contre-batterie, le Sénat demandoit d'être rétabli dans le droit qu'il venoit de perdre, de fournir aux Tribunaux les Juges des causes particulieres : droit dont il étoit fort jaloux [a]. D'une part le Tribun L. Quinctius, de l'autre le Consul M. Cotta, nouvellement élevé à la Place que son frere venoit de quitter, agitoient les deux questions. Pour cette fois le Sénat l'emporta sur l'un & sur l'autre article. M. Cotta, avant son départ, révoqua l'ordonnance de son frere : les fonctions de Judicature furent rendues au Sénat [b]. Quinctius

XIX. M. Cotta rend aux Sénateurs le droit de Judicature. Lucullus détourne Quinctius de remuer au sujet de ceux du Tribunat.

---

[a] *Asc-Ped. in divinat.*   [b] *Cic. pro Cornel.*

[1] Le Tribun Quinctius n'étoit pas, comme on le voit, de l'ancienne & illustre Maison Quinctia, des Cincinnatus & des Flaminius, mais un homme nouveau de famille Plébéienne. Cicéron le compte dans le nombre des Orateurs, qui, quoique très-indignes de l'attention d'un auditoire délicat, ne laissent pas d'être fort propres à être goûtés d'une populace turbulente. Il plaida pour Oppianicus dans une affaire de famille aussi implexe & aussi affreuse qu'aucune de celles qui ont été inventées par les Poëtes tragiques. Sassia, veuve de Cluentius, en avoit deux enfans, un fils & une fille mariée à Aurius-Melinus. Etant devenue amoureuse de son gendre, elle l'engagea à répudier sa propre fille, & elle l'épousa. Ce second mariage ne fut pas de longue durée. Soit qu'elle se fût bientôt dégoûtée de son nouvel époux, ou pour quelqu'autre cause, Melinus fut tué par Oppianicus; & Sassia se remaria en troisieme noce au meurtrier de son mari. Ce méchant homme tenta d'empoisonner Cluentius, fils de sa femme, dont les biens devoient revenir à sa femme. Le coup fut manqué. Cluentius mit en justice son beau-pere, tant sur le fait de l'empoisonnement, que sur celui du meurtre antérieur. Ce fut dans cette affaire que le Tribun Quinctius plaida pour l'accusé, lequel fut condamné à l'exil, où il mourut

échoua dans son projet, à peu près par les mêmes raisons qui avoient déjà fait échouer Sicinius. C'étoit un homme nouveau qui ne tenoit à personne. Sa maniere de parler en public,

Deux autres complices furent aussi condamnés, savoir un nommé Scamandre, qu'on avoit trouvé nanti du poison, & un homme Fabricius, qui avoit offert de l'argent au valet du Médecin de Cluentius, pour s'en charger. Mais dans le cours de la plaidoirie, Quinctius, Avocat de l'accusé, fit plusieurs fois sonner très-haut ses plaintes de ce qu'on cherchoit à corrompre les Juges par argent: c'est-à-dire qu'il crioit de ce que sa partie adverse faisoit la même chose qu'il faisoit lui-même: car il fut prouvé depuis, que le Sénateur Ælius-Stalenius & plusieurs autres personnes en avoient reçu des deux mains, même de très-grosses sommes, pour condamner & pour absoudre : fait pour lequel ils furent punis. Mais, quoiqu'Oppianicus eût réellement répandu de l'argent pour tâcher de se tirer d'affaire ; comme il n'avoit pas moins été condamné, Quinctius persistoit à crier que la corruption venoit de la part de l'accusateur : & en effet, il resta dans l'opinion publique qu'il étoit plus naturel qu'elle eût été faite par Cluentius que par l'accusé, à qui elle n'avoit servi de rien, puisqu'il avoit été condamné. D'autre part, sur ces entrefaites le fils d'Oppianicus étoit devenu amoureux de Cluentia, la même que son pere avoit répudiée, sœur de Cluentius & fille de Sassia ; il l'avoit épousée. Après ce mariage, toute cette famille se réunit contre Cluentius : la mere, la fille & son mari l'accuserent à leur tour d'avoir empoisonné dans un morceau de pain Oppia-

nicus le pere, qui venoit de mourir dans son exil. L'affaire fut portée au Tribunal du Préteur Voconius-Naso. Cicéron, aussi Préteur alors (en 687) & Président en cette qualité d'un autre Tribunal, le quitta pour aller plaider pour Cluentius à celui de son collegue. C'est de son plaidoyer que j'ai extrait cette histoire singuliere, très-bien démêlée aussi par le savant Paul Manuce. « Quelle mere, s'écrie Cicéron,
» en parlant de Sassia ! Accusatrice de son
» fils ; que son aveugle passion entraîne
» aux forfaits les plus cruels & les plus
» atroces : en qui la honte ne peut arrêter
» la cupidité ; qui, par la dépravation de
» son ame, tourne les usages les plus sacrés
» aux fins les plus détestables : qui se con-
» duit avec tant de folie, qu'on ne la
» prendroit pas pour une créature hu-
» maine ; avec tant de violence, qu'on ne
» sauroit la prendre pour une femme ; avec
» tant de cruauté, qu'on ne peut lui donner
» le nom de mere : un monstre qui a
» confondu les noms, les droits & les
» liens de la nature ; l'épouse de son gen-
» dre ; la marâtre de son fils ; l'opprobre
» du lit de sa fille ; enfin à qui il ne reste
» rien d'humain que la forme extérieure.
» O Juges ennemis du crime ! détournez
» le bras meurtrier d'une mere du sein
» de son fils : donnez-lui la douleur de
» sauver son enfant : faites son bien malgré
» elle, en la renvoyant de votre Tri-
» bunal, vaincue, plutôt qu'orpheline ».
Il y a apparence que Cluentius fut absous de l'accusation ; quoique la teneur du

ROMAINE. *LIVRE III.* 55

quoiqu'assez propre à être goûtée d'une populace turbulente, manquoit son effet sur les gens mieux instruits & plus délicats *a*. Ses manœuvres trop ardentes, tendoient sans ménagement à troubler la tranquillité des Citoyens. Lucullus, zélé partisan de l'aristocratie à laquelle il fut toujours attaché sans variation (ce qu'on ne pourroit dire de presqu'aucune autre personne puissante de ce temps-là) ; persuadé d'ailleurs que le projet du Tribun n'étoit propre qu'à tirer la République du moment de tranquillité dont elle jouissoit, le combattit avec chaleur dans une harangue qu'il-fit au Peuple à ce sujet. A force de tenir tête en public à Quinctius, & de le caresser en particulier, il vint à bout de contenir cet esprit ambitieux *b*. Il lui fit des représentations si sages, que celui-ci promit enfin de ne rien entreprendre. Par-là le Consul, en habile homme d'Etat, trouva le moyen de mettre, au moins pour le moment, un palliatif utile

---

a Cic. Brut. 62.

jugement ne nous soit pas bien connue. Attius de Pisaure plaidoit pour Oppianicus contre Cicéron *.

Cicéron nous atteste que dans le temps du procès d'Oppianicus le pere, le Tribun Quinctius étoit un des hommes de la Ville des plus accrédités, & des plus capables de faire prendre feu à une multitude assemblée. Il se plaint fort de ce que le Tribun avoit profité de son ascendant sur le Peuple pour faire tomber sur Junius-Silanus, l'un des principaux Juges, l'accusation de corruption dont celui-ci étoit fort innocent ; & pour enflammer l'auditoire à tel point, qu'à grands cris on avoit chassé Silanus du barreau & de la Ville, sans lire la loi, ni même éclaircir le fait, sans entendre Silanus, sans aucune forme

* *Cic. pro Cluent. avit. 70.*

b Licin. Mac. orat. ap. SALLUST. *fragm. 6.*

de procès. Il avance que le grand acharnement du Tribun sur ce point, ne venoit que de l'envie de rendre en général les Sénateurs odieux au sujet des Judicatures que les Tribuns travailloient pour-lors à leur faire ôter *.

Quoique Cicéron ne fasse pas grand cas de Quinctius, on voit pourtant qu'ils étoient en liaison. « Il y a une de vos lettres que » je n'ai pas reçue, mande-t-il à Atticus †. » Un de mes amis qui en étoit chargé, » L. Quinctius, a rencontré des voleurs » près du tombeau de Bazile, qui l'ont » blessé & dépouillé ». Quinctius fut un des Lieutenans de Crassus à la guerre des Gladiateurs.

* *Ibid.*
† *VII. 9.*

Tome II.

56 HISTOIRE DE LA RÉPUBLIQUE

au mal interne qui ne pouvoit manquer d'avoir des suites fâcheuses en son absence [a].

XX. Lucullus fait ses préparatifs de guerre, il y emploie les bandes Fimbriannes. Histoire de ces légions.

Après avoir ainsi terminé cette affaire qui lui tenoit fort au cœur, il ne songea plus qu'aux préparatifs de son expédition. Par sa diligence ordinaire, tout fut prêt en peu de temps [b]. Pour en moins perdre à faire des levées, & éviter les embarras d'un nombreux transport d'hommes & de vivres, des cinq légions dont on avoit composé le fond de son armée [c], il n'en voulut emmener qu'une d'Italie; comptant se servir des troupes répandues en Orient, & en particulier des légions Valériennes restées depuis long-temps en Asie, où elles étoient connues sous le nom de bandes Fimbriannes, depuis qu'elles s'étoient données à Fimbria, après leur révolte contre Valérius leur Général. Il est à propos de dire ici ce que c'étoit que ces légions, qui avoient eu tant de part aux événemens de la guerre précédente, & qui n'en eurent pas moins à celle-ci.

Dans le temps que Sylla, victorieux à Orchomene, reconquéroit la Grece, & qu'on le proscrivoit à Rome, ses ennemis envoyerent le Consul Valérius avec une armée pour le chasser, & faire lui-même la guerre à Mithridate. Il étoit plus aisé de donner un pareil ordre, que de l'exécuter. Valérius ne trouvant aucune possibilité à réussir à la premiere de ces deux commissions, quitta la Thessalie & vint passer le Bosphore à Byzance, pour marcher contre Mithridate. C'étoit un homme foible & dur, avare, haï du soldat qu'il traitoit avec la derniere rigueur [d]. Son peu de capacité dans le métier de la guerre, l'obligeoit de laisser une extrême autorité dans l'armée à Fimbria son Lieutenant-Général de la cavalerie [e], l'homme du monde le plus capable d'en abuser [f]; très-habile d'ailleurs en l'art militaire;

[a] Plut. in Lucull. 904.
[b] Cic. ibid.
[c] App.
[d] Tit-Liv. epitom. 82.
[e] Memnon. chap. 36.
[f] Vell-Pat, II. 24.

mais

ROMAINE. LIVRE III.

mais fourbe, insolent & téméraire au dernier degré; en un mot, un vrai satellite de Cinna *a*. Ils se brouillerent au camp de Bysance, sur les plaintes que faisoient les troupes de ce qu'on les tenoit campées hors des murs, au lieu de les loger dans la Ville. Fimbria fomentoit ces murmures, en donnant à entendre au soldat que le Consul s'étoit approprié les sommes fournies par les bourgeois pour le logement. Le soldat se sentant soutenu, vola tant qu'il put chez l'habitant. Valérius en fit une rude réprimande à Fimbria, qui porta bien de sa part un ordre aux légionnaires de restituer, mais leur conseilla sous main de n'en rien faire *b*. La mésintelligence éclata : le Lieutenant se jugeant nécessaire, menaça de se retirer, & son Général le cassa. Fimbria vint dire adieu aux troupes versant de feintes larmes, & accusant son affection pour elles d'avoir causé sa disgrace. Peu à peu il éleva la voix, se répandit en invectives contre Valérius, & plaignit l'armée qu'il laissoit à la discrétion d'un Chef capable de la trahir & de les livrer tous à Mithridate pour de l'argent. En un mot il échauffa tellement les esprits, que les soldats coururent aux armes, entrerent dans la Ville, la pillerent, chasserent Thermus qu'on avoit mis à leur tête, & y remirent Fimbria.

Valérius, au bruit de la sédition, revint de Chalcédoine au plus vîte, mais trop tard. On ferma les portes de Bysance, dont il ne seroit pas échappé, si quelques *Citoyens ne l'eussent descendu par la muraille dans un panier de jonc c*. Il s'enfuit à Chalcédoine, puis à Nicomédie, où on le trouva caché dans une cîterne. Fimbria le fit massacrer, saccagea la Ville, & ayant pris le titre d'*Imperator*, s'empara du commandement des légions, qu'il laissa vivre sur le territoire de la République avec

XXI. Fimbria massacre Valérius son Général : se rend le maitre de l'Asie : permet à ses troupes les plus affreuses licences.

a Memnon. *Hist. Heracl. cap.* 36.
b Diodor. L. 37. & fragm. Dion. Cass.
ap. Vales. *p.* 650. & *suiv.*
c Sallust. *fragm.* 372.

Tome II. H

la plus odieuse licence; se prêtant, les incitant même à tous les désordres qu'une multitude armée & sans retenue peut imaginer de commettre. Jamais l'Asie ne se vit si cruellement vexée, qu'après qu'il l'eut ainsi reconquise avec rapidité sur le roi de Pont. La campagne fut ravagée; les habitans de la Province romaine vendus comme esclaves [a] : il n'y eut sorte d'extorsion [1] qu'on ne commît dans les Villes pour en tirer de

[a] *Diodor. fragm.* ibid.

[1] On peut juger dans quelle horrible licence vivoient les troupes d'un homme qui étoit le premier à leur dire que tout butin étoit de bonne prise, & que la guerre n'étoit faite que pour enrichir le soldat. Il n'imagina pas, dit *Diodore*, de moyen plus court d'attirer le soldat dans ses vues, que de lui laisser impunément piller l'allié comme l'ennemi, & réduire en esclavage tous les habitans qu'il pourroit prendre. Les soldats fort contens d'une telle tolérance en userent à discrétion, & se firent riches en peu de jours. Mais les malheureux ainsi dépouillés, porterent des plaintes ameres au Consul Valérius, qui, très-irrité de cet odieux brigandage, leur dit de le suivre, & vint lui-même sur place leur faire rendre ce qu'on leur avoit pris. Il donna l'ordre absolu à Fimbria de faire tout rapporter à l'instant, & de restituer les effets enlevés à chaque propriétaire. Fimbria fit de grandes excuses, protestant que tout ce désordre étoit arrivé malgré lui. Mais au lieu d'exécuter la commission du Consul, il courut dire en secret aux soldats de n'en rien faire, & de se garder de se laisser ôter des biens qui leur appartenoient par le droit de la guerre. Le Consul en vint aux menaces pour être obéi. Les soldats n'en tinrent compte : ce qui fit naître la grande sédition, à la suite de laquelle Valérius fut massacré. Lorsqu'ensuite Fimbria eut passé l'Hellespont, il incita tout le premier ses troupes au brigandage, & à extorquer de l'argent des Villes. Les soldats étoient très-contens d'avoir un Chef si complaisant, & ne cessoient de vanter toutes les obligations qu'ils lui avoient. Il leur livra au pillage toutes les Villes qui ne voulurent pas se laisser voler. L'exécution barbare qu'il fit à Cyzique, mit tant d'épouvante parmi les habitans, que chacun d'eux lui abandonnoit son patrimoine entier sans résistance [*].

Dion-Cassius fait aussi un détail affreux des rapines & des cruautés de ce méchant homme. Il en raconte un trait tout-à-fait incroyable : savoir, qu'ayant un jour fait élever plusieurs gibets, comme le nombre s'en trouva plus grand que celui des gens condamnés, pour qu'il ne restât pas vuide, il fit saisir & mettre en croix un pareil nombre d'assistans. Fimbria portoit la même fougue dans toutes ses actions. On le regardoit à Rome comme un Orateur distingué. « Heureusement il n'eut pas » long-temps à se vanter de sa réputation. » Effectivement il parloit très-bien, mais » avec une rapidité si effrayante, avec

[*] *Diodor. fragm.* Liv. 37.

l'argent : en un mot, ces légions effrénées *écraferent leurs propres alliés par une guerre beaucoup plus cruelle que n'eût été celle dont elles étoient venues les défendre* ᵃ. La riche ville de Cyzique leur avoit ouvert ses portes fans réfiftance, comme amie du Peuple romain. Fimbria, dès qu'il y fut entré, manda deux des plus riches habitans, & fur je ne fais quelle accufation fuppofée, les fit battre de verges & mettre à mort ; intimidant tellement les autres par cette barbarie, que chacun ne fongea qu'à racheter fes jours en abandonnant fon bien. Lorfqu'il vit fa troupe enrichie d'un butin prodigieux, & qu'il crut s'en être à jamais affuré le commandement par fes indignes bienfaits, il rentra en Bithynie ᵇ, d'où il chaffa de Miletopolis les fils de Mithridate & trois de fes Généraux, Taxile, Diophante & Menandre. De là s'avançant par une marche forcée dans la Troade, il penfa furprendre le Roi même à Pergame. Celui-ci n'eut que le temps de fe réfugier dans la petite fortereffe de Pitane au bord de la mer, où les légions le vinrent auffi-tôt bloquer par terre. Par un hafard fatal, Lucullus alors Quefteur de Sylla, paffoit en ce moment à vue de la côte fur la flotte qu'il amenoit d'Afrique. Fimbria lui dépêcha une chaloupe pour l'avertir qu'il tenoit le Roi enfermé, & qu'il l'alloit prendre infailliblement fi la flotte vouloit s'approcher. C'étoit fait de Mithridate, fi ce confeil eût été fuivi. Mais Lucullus, foit qu'il ne voulût rien entendre de la part d'un pareil fcélérat, foit pour ne pas ôter à Sylla fon Général l'honneur de fes victoires & du traité glorieux dont il venoit d'arrêter les conditions avec Archelaüs, refufa de s'approcher de Pitane & continua fa route.

ᵃ SALLUST. *fragm.* 115.
„ des cris fi élevés, même lorfqu'il n'en
„ falloit point, & d'un tel air de fureur
„ dans fon gefte, qu'on ne fait en vérité
„ où le Peuple romain avoit mis fon efprit

ᵇ *Aurel. vict.*
„ & fon jugement en prenant une telle
„ frénéfie pour de l'éloquence * „.
* Cic. *in Brut.* 66.

Mithridate se sauva sur un petit bâtiment à Lesbos ; & tout effrayé du péril où l'avoit jeté cette malheureuse aventure, il n'hésita plus à ratifier la paix aux conditions proposées.

XXII. Il surprend & brûle la ville de Troye.

Sylla libre de ce côté, ne voulut pas repasser en Italie sans avoir tiré vengeance du meurtre de Valérius. On ne peut trop louer la grandeur d'ame avec laquelle il sacrifioit en ceci ses propres intérêts à ceux du bon ordre public, dans un moment où ses affaires ne pouvoient être plus pressantes à Rome, ni sa personne plus indignement traitée. Fimbria voyant son coup manqué à Pergame, s'étoit rabattu sur la ville d'Ilion, dans l'idée de s'illustrer par la prise de cette Ville célebre, puisqu'il ne l'avoit pu par celle du roi de Pont. On tient aussi qu'il étoit irrité contre cette Ville de ce qu'elle avoit donné la chasse à quelques barques avec lesquelles il essayoit de bloquer Mithridate par mer [a]. Au bout d'onze jours de siege, il fut informé qu'aux premiers bruits de sa marche les Troyens avoient député vers Sylla, lui offrant de se livrer en ses mains plutôt qu'en celles d'un brigand public [b] : mais usant de dissimulation, il les loua de cette démarche, s'étendit avec complaisance sur l'affinité que Rome faisoit gloire d'avoir avec Troye dont elle tiroit son origine, & mit une éloquence si naturelle à leur faire entendre qu'il n'importoit avec lequel des Généraux romains ils resserrassent ces anciens nœuds, puisqu'ils avoient dessein de le faire, que ceux-ci, incités aussi par un devin du Pays, se laisserent persuader d'ouvrir leurs portes [c]. Alors le perfide fit mourir dans les tourmens les auteurs de la députation faite à Sylla, passa le reste des habitans au fil de l'épée, sans épargner ceux qui avoient cru trouver un asyle dans l'ancien Temple de Minerve ; & par une folle imitation des Grecs, réduisit la Ville en cendres ; se vantant de n'avoir pas mis plus de jours à

[a] *Aurel. vict.*
[b] *Tit-Liv. epitom. 83.*
[c] *Dio-Cass. fragm. ap. Vales.*

ROMAINE. LIVRE III.

la prendre *a*, qu'Agamemnon avec ses mille vaisseaux, & Achille, le *plus fameux des Capitaines Grecs* *b*, y avoient mis d'années. Non content de ce ravage, après l'incendie il fit le tour de la Ville, examinant ce qui restoit sur pied de murs d'enceinte ou d'anciens édifices, pour les faire abattre. Ainsi cette Ville fameuse fut une seconde fois ruinée 1 de fond en

---

a *Strabon. L. XIII.*

b SALLUST. *fragm.* 170.

1 *Appien* compte un intervalle de mille cinquante ans entre les deux ruines de Troye, & place la derniere à la fin de la 173ᵉ. olympiade. Il dit que Fimbria fit mettre le feu au Temple de Minerve, dans lequel une partie des habitans s'étoient réfugiés; qu'ensuite néanmoins la fameuse statue appellée le Palladium, fut retrouvée entiere sous les décombres. D'autres ont écrit que malgré le soin que prit Fimbria pour ne pas laisser sur pied un bâtiment, une chapelle ni une statue, le Temple de Minerve avoit néanmoins échappé à la ruine & à l'incendie ; ce qui fut regardé comme un miracle *. Un Troyen entendant Fimbria se vanter d'avoir surpassé les exploits d'Achille, lui répondit, « vous n'a- » viez point d'Hector qui vous fît tête † ».

Sylla lui avoit fait dire que sur toute chose il eût à ne point maltraiter les habitans s'ils se rendoient à lui. Il fut fort affligé de la ruine de cette Ville, & donna des ordres avant de partir pour la réparer: ainsi tous les bâtimens qu'on y a vu depuis, & que quelques Voyageurs ont cru pouvoir être des restes de l'ancienne Troye, ne peuvent avoir été construits qu'après la seconde ruine de la Ville. Il n'y reste aujourd'hui quoique ce soit, qu'une rase

* *Aurel. vict.*

† *Strabon. Liv. XIII.*

campagne, & selon l'apparence, les choses sont à peu près telles depuis le temps de Fimbria. *Virgile* n'en parle pas autrement lorsqu'il dit, *& campos ubi Troja fuit.*

Voici la description que Corneille le Bruyn fait des ruines actuelles de Troye, dont il a donné deux desseins dans son voyage, & qu'il croit être, non de la premiere & ancienne Ville, mais de la seconde construction.

Nous apperçûmes d'abord tout auprès de la mer une espece de bassin, dont le fond étoit fort bas, & dont le circuit ne contenoit pas plus d'un mille d'Italie. Sans doute ç'a été un havre, comme on le peut juger par les morceaux de colonnes qui en restent, où l'on attachoit les navires & les galeres, de la même maniere que j'en avois vu à Delos. Environ une bonne demi-lieue dans le Pays, je vis sur une montagne les restes d'un vieux bâtiment, mais qui étoit tellement ruiné, que je ne pus reconnoître ce que ce pouvoit avoir été : & passant encore plus avant, nous rencontrâmes diverses ruines & plusieurs morceaux de grosses colonnes. Mais ce qu'il y a de plus remarquable, c'est à deux lieues du rivage, les ruines d'un bâtiment qui doit avoir été d'une prodigieuse étendue, comme il est aisé de l'inférer de la symmétrie de quatre portes qui sont encore

62 HISTOIRE DE LA RÉPUBLIQUE

XXIII. Sylla le pourfuit. Ses légions l'abandonnent. Il se tue.

comble près d'onze cents ans après sa premiere destruction *a*. Sylla au désespoir se hâtoit de faire traverser l'Hellespont à son armée : il poursuivit Fimbria jusqu'à Thyatire en Lydie, où il le joignit, & l'envoya sommer de lui remettre les légions, & d'abdiquer un commandement usurpé. Il en reçut pour réponse qu'on ne traitoit point avec un homme déchu de toute autorité légitime, & déclaré ennemi public. Les deux Généraux se préparerent donc à la bataille. Mais lorsqu'on parla d'en venir aux mains, les légions Fimbriannes refuserent tout net de

a Appien. p. 205.

debout, dont la hauteur étoit de quarante-cinq pieds, outre ce qu'il y avoit encore de murailles au dessus, dont l'épaisseur étoit de cinq brasses. La porte de l'entrée étoit encore presque dans son entier, & étoit de pierres extrêmement grosses jointes ensemble. Je trouvai aussi à ce bâtiment quantité de petites portes, tant par dedans que par dehors tout autour. Je vis à côté une muraille assez entiere, à laquelle je comptai quatorze portes d'une raisonnable grandeur. La longueur de ces ruines étoit de cent trente pas, & la largeur de cent. J'en pris aussi-tôt un dessein par les deux côtés, tel qu'on le voit n°. 46 & 47. Autant que j'en puis juger, il faut que ç'ait été un Temple ; au reste, le dedans en étoit aussi beau que j'en aie jamais vu à de pareilles ruines. Mais à tous ses vieux bâtimens, je ne trouvai aucune sculpture, ni rien à quoi je pusse connoître quel ordre d'architecture ce pouvoit être.

Si l'on a égard, dit *Grelot*, au temps qu'il y a que cette grande Troye a été ruinée, & à la quantité prodigieuse de colonnes & d'autres marbres que les Empereurs chrétiens & Turcs de Constantinople en ont fait enlever pour bâtir leurs Eglises, les Mosquées, les Palais, les bains & d'autres édifices publics, & que l'on considere encore les beaux restes que l'on y voit en mille fragmens d'architecture corinthienne ; on peut assurément dire que Troye étoit la plus belle, la plus grande & la plus riche Ville de son temps. Il est vrai que toutes les ruines qui y sont actuellement pourroient bien être postérieures à celles de son incendie ; puisque des Empereurs romains, & entre autres Auguste, y ont envoyé des Colonies & y ont voulu rebâtir une nouvelle Troye, pour lui rendre ce qu'elle avoit donné à Rome. Le lieu où étoit autrefois cette grande Ville, est tout rempli de broussailles & de ronces entrelassées avec ses ruines, sur le penchant d'une petite colline, où étoit apparemment l'endroit de la Ville le plus habité. Ce lieu est éloigné de la mer, où étoit autrefois le port de Troye, environ une bonne lieu de chemin que l'on fait toujours entre les broussailles & les ruines *.

* *Grelot. pag. 7.*

ROMAINE. LIVRE III.

se battre contre leurs camarades. Vainement leur Chef alla de ligne en ligne leur repréfenter par combien de complaifances il avoit acheté leur conftant attachement, les conjurant à genoux & les larmes aux yeux de ne pas le livrer ainfi à fon implacable ennemi: il éprouva que l'effet ordinaire de la rebellion eft d'en mettre les auteurs dans la dépendance de leurs complices. Les foldats, fans lui témoigner la moindre fenfibilité fur fon fort, poferent leurs boucliers, fortirent du retranchement en fimples tuniques, allerent embraffer les foldats de Sylla, & leur aider à faire les foffés de leur camp *a*. Fimbria, après avoir en vain tenté de fléchir Sylla qui ne voulut pas même le voir, fe retira à Pergame, où il fe tua dans le Temple d'Efculape *b*. Ses troupes pafferent dans l'autre camp, à l'exception de quelques cohortes & de quelques Officiers *c*, principaux auteurs de la fédition 1 contre Valérius, qui déferterent à Mithridate *d*. A fon

---

a Plutarch. in Sylla.
b App. T-Liv. epit. 83. Vell-Pat. II. 24.
c Vide. SALLUST. fragm. 378.
d Aurel. vict.

1 De ce nombre étoient Magius & Fannius, qui devinrent depuis favoris de Mithridate, & furent envoyés en Efpagne pour faire alliance avec Sertorius. Il fera encore parlé ci-après de ces deux Officiers. Si Magius s'appelloit Minatius-Magius, comme il eft affez vraifemblable, il étoit defcendant de Décius-Magius, illuftre Citoyen de Campanie, & trifaïeul de l'Hiftorien Vellëius-Paterculus *. L'Orateur Hortenfe, dans un fragment de fes annales, fait l'éloge de cette famille Minatia, & des fervices qu'elle rendit à la République, pour laquelle Minatius-Magius leva un régiment dans le temps de la guerre des alliés. On le fit Citoyen romain, & deux de fes fils furent élevés à la dignité de Préteur, dans le temps qu'il n'y en avoit

* Vell. Pat. L. 2.

encore que fix, c'eft-à-dire avant que les loix de Sylla en euffent augmenté le nombre *.

Fimbria réduit au défefpoir, avoit tenté de faire affaffiner Sylla, mais un efclave chargé de faire le coup, fut découvert. Enfuite il s'aboucha avec Rutilius, s'abaiffa devant lui, demanda pardon & voulut rejeter fes crimes fur une témérité de jeuneffe. Rutilius lui promit qu'on lui laifferoit la liberté de fortir de l'Afie. Mais il répondit que ce n'étoit pas là fortir de la mifere; & apprenant que Sylla marchoit à Pergame, il fe perça de fon épée †. Ne s'étant que légérement bleffé, il fe fit tuer par un de fes domeftiques qui fe tua luimême enfuite. Ses affranchis ayant de-

* Fragm. Q. Hortenf. annal. ap. Vell.
† Tit-Liv. epitom. 83.

départ, Sylla laissa les légions Fimbriannes en Asie. Elles servirent sous Murena & ses successeurs, & elles y étoient encore lorsque Lucullus en vint prendre le commandement.

XXIV. Lucullus discipline les légions avec sévérité, & retient les Villes par la douceur.

Telles étoient les legions Valériennes, plus communément appellées bandes Fimbriannes : troupes les plus indisciplinées qui furent jamais, mutines, sans foi, sans ombre de subordination, gâtées de longue-main par l'habitude de vivre sans commandement, & par les délices des contrées qu'elles habitoient : d'ailleurs lestes, braves, propres aux coups de main, connoissant à merveille la guerre & le Pays dont la conquête leur étoit réellement due [a]; mais en tout très-difficiles à gouverner, très-dangereuses pour un Chef, comme la suite ne le fit que trop voir. Le premier soin de Lucullus fut de les dompter & de leur apprendre ce que c'est qu'un Général ; car jusqu'alors elles n'avoient eu que des Commandans à leurs ordres. Il les tira des Villes dont le séjour n'est propre qu'à corrompre le soldat : il les contint dans un camp, les mit tous les jours aux travaux, *les astreignit à être sans cesse à leur étendard* [b] : de sorte qu'en peu de temps il les remit dans le devoir, en leur montrant qu'un Chef étoit fait pour les commander, non pour les flatter.

En même temps qu'il disciplinoit l'armée avec sévérité, il employoit la douceur pour retenir les Villes dans l'obéissance, & ramener les cœurs des habitans qu'il retrouva aussi aliénés que jamais de la domination romaine. Elles avoient été maltraitées de toute part & de toute main. Dolabella & son Questeur Verrès avoient commis d'étranges vexations contre celles de Lycie & de Phrygie, sous prétexte d'une fourniture de

---

[a] Plut, in Lucull. 906. mandé la permission de lui rendre les derniers devoirs, Sylla leur accorda ; disant qu'il ne vouloit pas imiter Marius &

[b] SALLUST. fragm. 311. Cinna, dont la cruauté s'étoit portée au-delà de la vie de leurs ennemis, en leur refusant la sépulture,

grains,

grains, facs, cuirs & autres chofes pareilles dont on n'avoit pas befoin, & dont ils obligeoient les Villes à fe rédimer en argent qu'ils faifoient tourner à leur profit. Les Gouverneurs s'entendoient tous, & fe prêtoient la main les uns aux autres pour les actions les plus injuftes ou les plus cruelles. Néron fit couper la tête aux deux Philocames pere & fils, citoyens de Lampfaque, à l'inftigation de Dolabella, par la feule raifon qu'ils avoient déplu à Verrès. Et bien que la mémoire de ces deux infortunés eût été rétablie après la condamnation de Dolabella, que le jeune Scaurus mit en juftice à fon retour, & que, malgré tout le crédit d'Hortenfe, il fit condamner à l'exil & à une amende fi groffe, qu'elle le ruina lui & fa famille, il n'en revint aucun dédommagement aux Provinces volées. Verrès même fe tira d'affaire dans ce jugement, en dépofant contre fon complice [a]. Rien n'étoit d'ailleurs plus à plaindre que ces malheureufes Villes ainfi placées entre deux puiffans rivaux, forcées de fe déclarer tantôt pour l'un, tantôt pour l'autre, foulées par celui auquel elles fe donnoient, punies par celui qu'elles avoient quitté, & victimes continuelles de la viciffitude des événemens. Quoique leur condition ne fît qu'empirer en changeant de mains, les efprits y étoient dans tous les momens difpofés à changer de parti, parce que le mal préfent paroît toujours le plus dur & l'emporte de beaucoup fur le reffentiment du mal paffé. Mithridate, Sylla, Fimbria les avoient à tour de rôle accablées de taxes & d'impôts: Lucullus y avoit exécuté, quoiqu'avec tout le ménagement poffible, une commiffion fort dure. Depuis fon départ, les ufuriers & les publicains recommençoient leurs odieufes vexations: de forte qu'il n'y avoit pas une d'elles qui n'épiât l'occafion de fecouer le joug, & de fe délivrer à tout prix d'une mifere infupportable. Lucullus à fon retour les fatisfit en

[a] *Cic. Verrin. III. & Afc-Ped. de divinat.*

chaffant ces harpies, & les confola par l'efpérance d'un plus doux avenir fur fon Gouvernement.

XXV. Les romains levent le fiege de Calaguris & celui de Pallantia. Stratagême de Sertorius pour contenir fa cavalerie.

An. 679.

En Efpagne Pompée avoit ouvert la campagne par le fiege de Pallantia¹. La Ville étoit réduite aux abois. Déjà les murs étoient fappés fous œuvre, & les fondations foutenues en l'air par des bois debout, lorfque Sertorius venant au fecours de la place, obligea les affiégeans de faire leur retraite du côté de Metellus. Avant que de s'éloigner, ils mirent le feu aux étançons; le mur s'écroula. Sertorius fit réparer la breche. De là il revint faire lever le blocus de Calaguris, où les Romains avoient inutilement facrifié trois mille hommes, tant dans cette campagne que durant le cours de la précédente *a*.

Celle-ci n'offre aucune action mémorable entre les deux armées. Sertorius évitoit avec foin d'en venir à un engagement général; fentant combien la petite guerre & les entreprifes furtives lui étoient plus avantageufes. Les actions générales lui coûtoient toujours beaucoup de monde contre des troupes mieux difciplinées. D'ailleurs il s'appercevoit que la longueur de la guerre donnoit quelque dégoût aux barbares dont l'efprit eft variable; & beaucoup plus encore au petit nombre de Romains qui avoient fuivi fa fortune, & dont une partie ne lui gardoit qu'une foi chancelante. Cette pofition lui faifoit fentir que l'accident d'un feul revers malheureux pouvoit entraîner la décadence de fon parti. Lui-même commençoit d'être las à fon âge des fatigues perpétuelles d'une guerre qu'il n'avoit entreprife que contre fa propre inclination, & qu'il ne foutenoit que comme réduit à la trifte néceffité de fe faire de la guerre même une fauve-garde à fa propre perfonne *b*.

---

a App. L. I. p. 441.

¹ Ville du royaume de Léon, qui conferve fon nom *Palentia*. C'étoit, felon Pline, ainfi que Lacobrige, une ville des Vaccéens qui habitoient dans la vieille

b Plut. in Sert. & in Comp. Sert. & Eum.

Caftille & le royaume de Léon, aux environs de Salamanque & de Zamora: différens par conféquent des Vaccéens des Pyrénées.

Une partie de la saison s'écoula en marches & en petites expéditions inutiles à décrire. Sertorius portant son attention, d'abord à retarder la réunion de ses deux adversaires; puis, lorsqu'elle fut faite dans l'Edetanie ¹, aux environs de Segobrige *, à leur ôter les moyens de subsister ensemble. Sa cavalerie espagnole toujours portée à faire des courses, même au-delà du but, le servoit utilement dans cette vue, mais quelquefois aussi plus qu'il ne vouloit. Il la voyoit s'affoiblir journellement dans les écarts qu'elle faisoit loin du camp, dont elle revenoit souvent avec perte; étant supérieure en légéreté, mais inférieure en force à la cavalerie romaine. Obligé de la contenir lui-même par artifice, il envoya la nuit creuser des fosses recouvertes de terre entre les deux camps. Le lendemain matin il avertit les siens de se tenir en défiance, & de se garder d'aller en course, ayant reçu avis que les ennemis avoient dressé des embûches sur le chemin. Il connoissoit assez le caractere des nationaux, pour savoir qu'on ne lui obéiroit pas fort exactement, & que l'avis ne les contiendroit guere. Les premiers qui y furent pris servirent de leçon aux autres. Tous convinrent entr'eux qu'il en auroit fallu croire leur Général mieux informé qu'eux. *ᵃ*

Les deux armées furent plus d'une fois en présence dans la Celtibérie, le long du cours de l'Ebre que Sertorius côtoyoit; mais toujours avec la précaution de mettre la riviere entre ses adversaires & lui : croisant ainsi, autant qu'il pouvoit, l'arrivée des secours que dans leur disette ils auroient pu tirer des Villes maritimes, Tarragone ² & Emporie, qui tenoient pour eux. *ᵇ*

XXVI. La campagne se passe à faire la petite guerre. Les armées sont obligées de se séparer pour subsister. Sertorius se retire à Dianium.

La jonction de Metellus & de Pompée ne produisit autre

* Aujourd'hui Siguenza.

ᵃ Frontin. *l. 12. 2.*
¹ L'Edetanie s'étendoit de Valence vers l'Ebre. Le Sucron la séparoit de la Contestanie, qui faisoit partie du royaume de

ᵇ Pomp. epist. ad Sen. Tit-Liv. Epit. 94. Valence, où l'on trouve encore Concentanea entre Xativa & Alicant.
² Tarragone dans la Cossetanie, selon

chose que la prise de quelques forts, & la ruine de quelques bourgades. Metellus continuoit d'enlever par-tout les habitans sur la route, & de les transporter vers la Bétique; *craignant de laisser derriere lui des nationaux si propres aux coups de main dans une guerre de chicane* [a]; & ne sachant comment se tirer d'affaire avec un homme qui l'inquiétoit à tel point, & qui trouvoit tant de ressources dans l'affection des gens du Pays [b]. Celui-ci ne se tenoit pas long-temps dans la même place. D'un moment à l'autre il se montroit en des lieux différens; les attiroit incessamment d'une affaire dans une autre; les obligeoit ainsi d'avoir le plus souvent leurs camps séparés, & leurs forces divisées [c]. Enfin, les deux Généraux ayant mangé & désolé tout le Pays, s'écarterent tout-à-fait pour faire subsister leurs troupes. De son côté Sertorius prit la route de Dianium [1].

Il y avoit établi sa place d'armes principale sur un promontoire où les Phocéens de Marseille ont autrefois élevé un Temple à Diane d'Ephese, qui attire un grand concours de tous les dévots du Pays. La nature en avoit presque seule fait un lieu de sûreté. C'est une pointe en saillie dans la mer, dominant au loin sur l'un & sur l'autre élément. Sertorius s'en servit comme de forteresse du côté de la terre, & comme de darce navale du côté de la mer [d]. L'endroit est le plus propre qu'il soit possible pour faire des courses d'un ou d'autre côté. Les vaisseaux légers qu'il y tenoit, recevant le signal de la forteresse, dès qu'on appercevoit quelque bâtiment en mer, couroient s'emparer de tout ce qui abordoit à la côte d'Espagne, & interceptoient les vivres que les armées romaines pouvoient tirer

---

[a] SALLUST. *fragm. 305.*
[b] *App. L. I. 16.*
[c] *Plut. in Pomp.*
[d] *Strabon.*

Ptolomée, a donné le nom ancien à la Province Tarragonnoise, & le nom moderne à l'Arragon. Emporie l'a donné au Lampurdan.

[1] Aujourd'hui *Denia*, dans le royaume de Valence.

par mer. Ils alloient même en Sicile faire provision de grains qu'ils amenoient en contrebande. Le Préteur Verrès y favorisoit ce commerce frauduleux qui lui servoit à deux fins. Car lorsque quelque bâtiment étranger abordoit à sa côte avec une riche charge, il le faisoit saisir, sous prétexte que c'étoit des fugitifs de Dianium [a].

Ce fut dans sa forteresse que Sertorius donna une audience solemnelle aux Ambassadeurs de Mithridate. Il les reçut au milieu de son Sénat tout composé de Romains, qu'il avoit créé à l'instar de celui de Rome, avec les mêmes titres de magistrature : car malgré le dévouement des Espagnols pour lui, le besoin qu'il en avoit, & l'affection qu'il leur portoit lui-même, il fut exact à les retenir dans la subordination due au nom romain; sans jamais leur conférer ni commandement, ni titre de dignité, ni droit de Citoyen. On fit lecture des lettres de créance conçues dans les termes les plus honorables pour Sertorius. Le Roi y traitoit avec lui comme avec le vrai Chef actuel de la République, de la même maniere qu'il auroit pu traiter avec le Dictateur. Après quoi les Ambassadeurs déclarerent que Mithridate demandoit d'être reçu dans l'alliance : qu'il offroit, pour subvenir aux frais de la guerre d'Espagne, une somme de trois mille talens [1], & une flotte entretenue de quarante galeres : à condition que Sertorius lui garantiroit la Cappadoce & la Bithynie, dont le Roi s'étoit mis en possession, & qu'il lui relâcheroit l'Asie que Mithridate avoit été contraint de céder par le traité de Dardane. Eux retirés, le Sénat fut généralement d'avis d'accepter des propositions si avantageuses, ou, pour prix d'un vain titre, d'une ombre de cession de ce qu'il n'étoit en leur pouvoir d'ôter ni de donner, on leur offroit les deux choses dont ils avoient le

XXVII. Il y reçoit les Ambassadeurs de Mithridate. Réponse héroïque qu'il leur fait. Conclusion du traité d'alliance.

[a] Cic. Verrin. V.   [1] Quinze cent mille onces d'argent.

plus preſſant beſoin, une flotte pour renforcer leur foible marine, & de l'argent qu'on ne pouvoit trouver en Eſpagne. Sertorius, auſſi convaincu qu'eux de cette double néceſſité, penſa néanmoins tout différemment. « Je conſens volontiers, dit-il
» aux députés, que Mithridate garde la Bithynie, la Cappadoce,
» même la Paphlagonie & la Galatie. Ces Pays ont été juſqu'ici
» gouvernés par des Rois. Je ne m'établis pas juge des que-
» relles qu'ils ont eu avec Mithridate. Rome n'a ſur ces
» Pays aucune prétention légitime. Il n'en eſt pas de même de
» l'Aſie. La République poſſédoit cette Province à juſte titre.
» Le roi de Pont, qui s'en étoit enſuite emparé, en a été chaſſé
» par Fimbria, & l'a nouvellement cédée dans un traité
» ſolemnel fait avec Sylla, alors Proconſul & revêtu du pou-
» voir de la République. Je ne ſouffrirai jamais que votre
» maître en reprenne poſſeſſion ; & s'il s'aviſoit d'y remettre le
» pied, je ferois le premier à partir d'ici pour aller l'en chaſſer.
» Je n'ai juſqu'à préſent combattu que pour la gloire de Rome.
» Il faut qu'elle croiſſe par mes victoires ; & non que mes
» victoires ſoient dues à la ruine ou à l'affoibliſſement de la
» République. Un homme de courage deſire ſans doute de
» vaincre, mais avec honneur : & s'il ne le peut ſans baſſeſſe
» ou ſans infidélité, il ne voudroit pas même de la vie qu'on
» lui feroit racheter à ce prix. Vous voyez quel eſt celui que
» je mets à l'alliance du roi de Pont, que j'accepte avec
» empreſſement, ſi elle lui convient à ces conditions ».

XXVIII. Sertorius envoie Marius au camp de Mithridate. Le roi lui rend de grands honneurs.

Mithridate apprenant cette réponſe, fut ſaiſi d'étonnement. « Quels ordres m'envoyera-t-il donc, s'écria-t-il, ſi jamais il » préſide au Sénat de Rome ; puiſque proſcrit, banni de ſa » patrie, relégué vers les bords de l'Océan atlantique, il veut » régler les bornes de mon Royaume, & me menace de la » guerre ſi j'entreprends ſur l'Aſie » ? Le traité fut néanmoins conclu à ces conditions. Sertorius convint d'envoyer dans le

ROMAINE. LIVRE III.

Pont un corps de soldats romains à la solde du Roi [a]. Il fit choix, pour les commander, d'un Sénateur proscrit, dont le nom étoit tout propre à donner en Orient du relief à son parti. C'étoit M. Marius qu'il revêtit du titre de Proconsul & des marques de cette dignité. Marius, & les Ambassadeurs à qui le retour étoit encore plus difficile que l'arrivée, vu l'éclat public de l'affaire, s'embarquerent sur un beau & grand vaisseau Milésien, qu'ils avoient fait acheter sous main du Préteur Verrès, par un nommé Rabius, Italien domicilié à Mindes, & arriverent heureusement à Sinope [b].

Marius fut reçu avec les plus grands honneurs à l'armée du Roi. Ils parcoururent ensemble une partie de la Province d'Asie, où ils prirent même quelques Villes. Mais par-tout le Proconsul prit le premier rang : il fit son entrée précédé de ses faisceaux & de ses Licteurs, accompagné du Roi qui se mettoit comme les autres à sa suite. Loin de permettre à Mithridate d'y faire aucun acte de souveraineté, il accordoit, selon son vouloir, aux unes la liberté ou des privileges, aux autres une remise ou une diminution de subsides ; avec l'attention de faire toujours expédier les lettres au nom de Sertorius, comme Magistrat en chef de la République, sans aucune mention du Roi. Les Villes soulagées du fardeau cruel dont l'avidité des Publicains de Rome, ou l'insolente rapacité des garnisons romaines les avoient accablées, commençoient à fonder quelqu'espérance sur une révolution prochaine dans l'Etat. Elles bénissoient le nom de Sertorius, & desiroient que ses succès le missent en effet à la tête du Gouvernement [c]. Le Roi laissoit le Proconsul donner des ordres en souverain ; se contentant d'insinuer aux Peuples que la République ne pouvoit avoir d'autres sujets que ceux qu'elle retenoit par force dans l'esclavage ; & de leur faire remarquer

[a] Plut. in Lucull. 908.
[b] Cic. Verrin. I. 34.
[c] Plut. in Sertor. 1069.

HISTOIRE DE LA RÉPUBLIQUE

trois Romains d'un nom distingué, ligués avec lui contre Rome même, pour les affranchir de sa tyrannie *a*.

XXIX. Misere dans l'armée de Pompée. Il écrit une lettre de plaintes au Sénat.

Metellus s'étoit rapproché des Gaules, voulant à toute force chasser son ennemi de la Celtibérie. Pompée étoit allé vers l'occident prendre ses quartiers dans le Pays des Vaccéens [1]. Il s'y vit réduit à la plus grande disette d'argent & de vivres; les récoltes des deux dernieres années ayant manqué dans ce canton, d'ailleurs épuisé par tant d'autres causes *b*. Pompée avoit écrit inutilement lettres sur lettres à Rome, envoyé couriers sur couriers au Sénat, pour avoir des secours de l'une & de l'autre espece. Irrité du peu d'égards qu'on lui marquoit, ainsi que des maux qu'il souffroit avec toute son armée, il écrivit enfin au Sénat la lettre suivante, pleine de toute la hauteur & de toute la vanité qu'il avoit dans le caractere. Mais il est vrai qu'il avoit grand lieu de se plaindre. Au reste, l'autre armée n'étoit guere mieux fournie que la sienne; la famine & les clameurs du Peuple à Rome ayant contraint les Magistrats d'employer *l'argent qu'on destinoit à Metellus pour les frais de la guerre d'Espagne c*, à des achats de grains pour l'approvisionnement de la Capitale.

» *Si j'avois autant essuyé de travaux, & bravé de périls en*
» *combattant contre vous, contre ma patrie, contre mes Dieux*
» *domestiques, que j'en ai supporté dès ma premiere jeunesse pour*
» *vous délivrer de vos plus implacables ennemis, & vous retirer*
» *des plus pressans dangers, dites-moi, je vous prie, Seigneurs,*
» *si vous pourriez me faire pis que de me laisser mourir de faim,*
» *moi & toute mon armée qui vient de vous rendre de si importans*
» *services; vous qui m'avez vous-mêmes engagé, malgré les privileges*
» *de mon âge, à me charger de la conduite d'une guerre si difficile.*
» *Je ne pense pas que ce soit dans cette espérance que le Peuple*

---

a App. ibid. p. 218.
b Vid. fragm. 396. & Plut. in Sertor. & in Pomp.
c SALLUST. fragm. 116.
(1) Sur les confins de la ville de Castille & du royaume de Léon.

romain

ROMAINE. LIVRE III. 73

» romain fait enrôler ses enfans, ni à ce prix que le soldat criblé
» de tant de blessures ait voulu prodiguer son sang pour la patrie.
» Je vous avertis que je suis las d'écrire, d'envoyer des courriers,
» & sur-tout d'épuiser mon bien & mes ressources particulieres,
» tandis qu'en trois ans de temps vous ne m'avez pas envoyé de
» quoi fournir aux frais de la premiere année. De par tous les
» Dieux, croyez-vous que j'aie le talent de battre monnoie, ou le
» secret d'entretenir une armée sans la nourrir, ni la payer ? Il est
» vrai que c'est ma faute; j'ai montré plus de bonne volonté que
» de bon sens en m'embarquant dans cette entreprise, & recevant
» de vous le nom de Général. C'est cependant sous ce nom que j'ai
» mis une armée sur pied en quarante jours; que j'ai repoussé
» depuis les Alpes jusqu'en Espagne un ennemi qui menaçoit les
» frontieres de l'Italie; que j'ai frayé pour Rome à travers les
» montagnes un chemin tout autre que celui qu'y fit Hannibal :
» que j'ai recouvré les Gaules, les Pyrénées, le Pays des Lalé-
» taniens [1] & celui des Ilergetes [2] : que j'ai soutenu tout l'effort

« La Lacetanie, Jaccetanie ou Laletanie (car il paroit qu'il y avoit dans ce canton de l'Espagne trois régions ainsi nommées), ont été le théatre de la guerre entre Sertorius & Pompée. Cette contrée a au septentrion les Peuples Gascons (Vascones), chez qui est la ville de Pompeion (Pampelune), comme qui diroit, Ville de Pompée *. La petite nation des Laletains tient l'espace de 1500 stades de l'Ebre aux Pyrénées, & aux trophées de Pompée ** ». On ne sait lequel des trois noms il faut lire ici. Il est plus sûr de conserver le texte tel qu'il est. Tite-Live † place la Laletanie entre l'Ebre & Emporia (Lampurdan). César * la joint aux Ausetains, Peuples vers les Pyrénées, dans l'Arragon, & aux Tarragonnois. La Lacetanie est aux pieds des Pyrénées, près Geranda (probablement Gironne), le Sicoris (Segre), la sépare des Ilergetes. Le P. Briet pense qu'elle faisoit partie de la côte de Catalogne †.

La position de la Jaccetanie est connue par celle de l'ancienne ville de Jacca leur capitale, qui subsiste & conserve son nom entre Osca (Huesca), & les Pyrénées. Les Jaccetains forment la principale des nations qui habitent entre l'Ebre & les montagnes. Leur contrée commence aux pieds des Pyrénées, & s'étend dans la plaine

* Strab. IV. 3.
** Id. ib.
† L. 21.

* Bell. civil. L. I.
† Briett. parall. geogr. II. 4. III. 3.

Tome II.   K

» de Sertorius victorieux, avec de nouvelles milices inférieures en
» nombre comme en force : que j'ai passé les hyvers, non dans les
» Villes ni dans les quartiers où j'aurois pu m'enrichir ; mais
» dans mon camp, environné des forces d'un ennemi redoutable.
» Que sert de rapporter ici les batailles, les expéditions, de
» compter les places acquises ou recouvrées ? Les faits parlent
» plus haut que moi. La prise du camp ennemi vers le Sucron,
» le combat près du fleuve *Durium* (le Thuria) 3 ; la défaite
» d'*Hérennius* Chef des ennemis & de son armée ; la ruine de
» Valence 4, sont des choses que je ne vous apprendrai pas. Pour

jusqu'aux environs d'Ilerda (*Lérida*), & d'Ileosca, deux Villes du Pays des Ilergetes, non loin de l'Ebre. La fin de la guerre de Sertorius se passa auprès de ces Villes ; auprès de Calaguris dans le Pays des Vascons, de Tarragone & de Dianium, après que Sertorius eut été chassé de la Celtibérie *. Une autre partie des événemens se sont passés dans l'Orétanie, qui est proprement la contrée montagneuse (ορος, montagne) entre les rivieres de la Guadiana, du Tage & du Sucron ; & dans la Carpetanie, Pays vers le Tage, aux environs de Tolede, à ce que je crois.

² On est en doute aussi s'il faut lire dans le texte Ilergetes ou Indigetes ; ces deux noms de Peuples se trouvant dans le même Pays. Il est plus sûr de s'en tenir aux texte. « On trouve dans le Pays des » Ilergetes la ville Sabar & la riviere » rouge ». (*Flumen rubricatum*: aujourd'hui Obregat †). Ils faisoient partie de ce qui est aujourd'hui le territoire d'Huesca, de Sarragosse & de Balbastro. Les Indigetes divisés, dit *Pline*, en quatre petites nations, sont dans le voisinage de tous ceux-ci Cellarius les place depuis Blanes jusqu'à

* *Strab. L. III.* † *Pline. III. 3.*

Cervera, entre la Laletanie & l'Ausetanie. Toutes ces petites nations occupoient une partie du Pays que nous appellons Navarre & Roussillon, & de celui à qui le séjour des Goths a fait donner depuis le nom de Gotholanie (Catalogne). Ilerda ou Lerida chez les Ilergetes, étoit une de leurs principales Villes.

³ Le Thuria, aujourd'hui Guadalayar, est une petite riviere qu'il ne faut pas confondre avec une autre riviere d'Espagne, beaucoup plus considérable, *le Duero*. Le Thuria arrose la Tarragonnoise & se jette dans le golfe de Sucron vers Valence. *Ptolomée* le nomme *Turdulis*, & Pompée, dans sa lettre au Sénat, *Durium*. On sait que *Thour* ou *Dour* est un appellatif de la langue Celtique, qui désigne en général *un cours d'eau*, *une riviere* : il est fort commun dans les noms de lieux, & surtout des lieux aquatiques. On le trouve très-souvent dans ceux des Villes françoises situées dans le voisinage des rivieres. Par exemple, le nom métif *Altissiodorum*, par abréviation *Alsior*, *Auxerre*, veut dire *hauteur sur l'eau*.

⁴ Ville célebre, Capitale du royaume de ce nom, fondée dans l'Edetanie à trois

ROMAINE. LIVRE III.

» récompense, vous me procurez la famine & la misere. Je vous en
» remercie. Vous avez la bonté de traiter & de payer mon armée
» comme vous traiteriez l'armée ennemie. Il ne reste de ressources
» à toutes deux que de revenir victorieuses en Italie pour se faire
» payer les armes à la main. C'est de quoi je vous avertis ; vous
» suppliant très-fort de ne les mettre ni eux ni moi dans la
» nécessité de ne prendre conseil que de leur tête. Tout le Pays de
» l'Espagne citérieure que n'occupent pas les rebelles, est tellement
» mangé par Sertorius, ou par moi, qu'il n'y reste chose au monde
» vivante, si ce n'est dans les Villes maritimes [1], qui me sont à
» charge : car il faut les entretenir. Les Gaulois ont fourni l'an
» passé l'armée de Metellus de vivres & d'argent. Cette année la
» récolte a été si mauvaise chez eux, qu'à peine ont-ils de quoi se
» nourrir. J'ai épuisé mon crédit après mon bien. Il ne reste de
» remede que celui que vous y pouvez mettre. Si vous différez
» davantage (je souhaite d'être mauvais prophete), mais je vous
» annonce encore une fois que je ne serai pas le maître d'empêcher
» les armées d'aller faire la guerre d'Espagne en Italie [a] ».

Ce style rempli d'humeur fit ce que la raison n'avoit pû faire. L'écrit fut bientôt public à Rome, où le Peuple en prit les expressions à la lettre. Ce fut un bruit tout commun dans la Ville, que Pompée alloit revenir ; mais que Sertorius arriveroit avant lui : tant l'opinion des talens militaires, & de la bonne conduite de ce dernier, avoit prévalu pardessus les

XXX. On lui envoie du secours de Rome. Il pénetre dans le Pays des Termestins, où il met ses troupes plus à l'aise.

[a] SALLUST. fragm. 3.

milles de la mer, par le Consul Junius-Brutus, dans le temps de la guerre de Lusitanie, en 595, lorsqu'il reçut ordre du Sénat de placer dans une demeure fixe tous les soldats de Viriate qui s'étoient rendus à Cæpion, & de leur distribuer des terres [*]. Il nomma la nouvelle Ville Valence, c'est-à-dire place forte. Elle fut ruinée par Sertorius, & rétablie depuis par Jules-César.

[1] Les Villes maritimes dont parle Pompée, & qui tenoient son parti, étoient Emporium, Tarragone & Sagunte.

[*] Tit-Liv. epitom. 55.

efforts des deux meilleurs Généraux qu'eût l'Etat *a*. Mais rien n'accéléra mieux les affaires de Pompée, que la crainte qu'eut le Conful Lucullus fon ennemi déclaré, qu'il ne revînt réellement en Italie lui enlever le commandement de l'expédition projetée contre Mithridate, que Pompée convoitoit en effet dans l'ame, comme offrant plus d'éclat avec moins de difficultés 1.

Il falloit cependant apporter à tout prix, dans l'intervalle, quelque remede à la famine qui affligeoit le camp. Le Pays des Termeftins 2, peu diftant & jufqu'alors épargné, pouvoit fournir des vivres. Mais il étoit très-difficile d'y pénétrer, furtout en cette faifon, à travers les montagnes peu acceffibles, & les épaiffes forêts qui avoient mis cette contrée à l'abri des ravages. Tous ces Pays peuplés de petites nations barbares, n'ont le plus fouvent entr'eux ni commerce ni communication. Loin de chercher à l'entretenir en frayant des routes entre les rochers, ils s'occupent plutôt à rompre les paffages naturels qui nuiroient à leur fûreté. N'ayant ni befoins ni defirs, l'efpoir du profit ne fait fur eux aucune impreffion. Ils vivent en fauvages des fruits que leur fol produit; ils s'en paffent s'ils en manquent; les laiffent périr s'ils en ont de refte, & n'ont pour fouci principal que de mettre leur retraite à l'abri des incurfions. Des

---

a *Plut. in Sertor.*

1 Comme il trouve avec nous peu de gloire à prétendre,
 Et qu'au lieu d'attaquer il a peine à défendre,
 Il voudroit qu'un accord, avantageux ou non,
 L'affranchît d'un emploi qui ternit ce grand nom;
 Et chatouillé d'ailleurs par l'efpoir qui le flatte,
 De faire avec plus d'heur la guerre à Mithridate,
 Il brûle d'être à Rome, afin d'en recevoir
 Du Maître qu'il s'y donne, & l'ordre & le pouvoir.

2 Les Termeftins font, à ce qu'on croit, ceux de Lerme, dans la vieille Caftille. | Peut-être les Termeftins de Salluste étoient-ils plus à l'occident.

ROMAINE. LIVRE III.

précipices dangereux séparoient à l'orient la nation des Vaccéens [1] de celle des Arévaques. D'ailleurs les Termestins avoient dès long-temps contracté par leur voisinage & par leur ancienne alliance avec la ville de Numance [2], un esprit d'aversion contre la République : & quoique le Consul Q. Pompéius les eût subjugués au temps des précédentes guerres d'Espagne [a], leur soumission n'avoit pas été de longue durée [3]. Cependant la nécessité força de tenter ce coup de main, & le fit réussir. Quelques cohortes légeres vinrent à bout de franchir ces roches, qu'on jugeoit insurmontables, & pour la défense desquelles une poignée d'hommes auroit suffi. Elles y frayerent à la hâte, par plusieurs détours, une route un peu plus praticable au reste de l'armée. Les Romains, *ainsi maîtres des sommets, parvinrent sans aucune peine dans la plaine des Termestins, où l'abondance des grains succéda tout d'un coup à l'horrible famine qu'on venoit d'éprouver* [b].

Tout ce qui s'étoit passé jusqu'alors en Asie, n'étoit qu'un prélude de la guerre. Le Roi la commença sérieusement, en faisant passer le Bosphore à sa flotte, composée de quatre cents

XXXI. Mithridate ouvre la campagne en Bithynie : repousse Cotta :

---

[a] Tit-Liv. epitom. 59.   [b] Sallust. fragm. 371.

[1] Les montagnes Sierra d'Occa, dans la vieille Castille. Ces Vaccéens-ci sont ceux de ce canton dont j'ai parlé ailleurs. Il y avoit d'autres Vaccéens près des Pyrénées, où *Isidore* place la ville de Vacca. Les Arévaques habitoient, à ce qu'on croit, aux environs de Madrid. Seguntia (Siguenza) étoit une de leurs Villes.

[2] Numance, vers la source du grand fleuve Durium & près de Soria, sur les confins de la vieille Castille & de l'Arragon.

[3] Il en fut de même de celle-ci. Car peu d'années après L. Pison, Gouverneur de l'Espagne citérieure, voyageant dans l'intérieur de sa Province, les Termestins l'attaquerent à l'improviste, & le massacrerent* : en quoi ils rendirent, sans le savoir, un grand service à la République, contre laquelle Pison formoit alors avec Catilina un projet de conspiration que sa mort fit échouer †. *Appian* & *Ptolomée* parlent de la ville de Termes comme d'un lieu considérable. Il y a beaucoup d'apparence que c'est aujourd'hui N. D. de *Tiermes*, sur le Duero : d'autres disent Lerme, sur le riviere d'*Areva* (aujourd'hui Arlança), sur les bords de laquelle étoit la nation des Arévaques.

* Tacit. annal. IV. 45.
† Vid. Catilin. not. . . .

78 HISTOIRE DE LA RÉPUBLIQUE

force le port de Chalcédoine & brûle la flotte.

voiles, outre les bateaux à rames [a]. Il détacha Diophante-Mithar à la tête d'un gros corps, pour couvrir les Villes de Cappadoce, en renforcer les garnisons, & faire face à Lucullus s'il menaçoit d'invasion le royaume de Pont pendant qu'il seroit dégarni de troupes. Il fit ouvrir la campagne par deux de ses Généraux, Hermocrate & Taxile, auxquels il envoya l'ordre d'entrer en Paphlagonie. Pour lui, à la tête de la grande armée composée de cent cinquante mille hommes de pied, & de douze mille chevaux, de cent vingt chariots armés de faux, & d'un gros équipage de machines de guerre, il s'avança à grandes journées par la Timonitide, une des contrées de la Paphlagonie, & par la Galatie, & arriva le neuvieme jour sur les frontieres de Bithynie. Au bruit de sa marche, M. Cotta, homme peu propre à la guerre, retira tous les postes avancés, & rassembla l'armée sous Chalcédoine [1], où les Citoyens romains, habitués

M. Lucullus. Varro. C. Cassius-Varus.

An. 680.

en Bithynie, le suivirent [b]. La flotte dont on avoit débarqué les troupes de terre, étoit dans le port. Lucullus avoit fort recommandé qu'on l'y tînt à couvert. Nudus qui la commandoit fit à ce dessein forger de longues barres de fer garnies d'anneaux aux deux bouts, *qu'on attacha les unes aux autres en forme [c] de chaîne*, & dont on ferma l'entrée du port, en les soutenant de distance en distance sur des bateaux plats. Mais,

---

[a] Memnon. chap. 39.
[b] Appian.
[c] SALLUST. fragm. 628.

[1] Ville d'Asie située sur le Bosphore de Thrace, vis-à-vis de Constantinople, a tiré son nom de la petite riviere Chalcis, qui coule dans le voisinage. Elle garde aujourd'hui son ancien nom chez les Grecs, mais les Turcs la nomment Cadi-Kioi, c'est-à-dire la Ville du Juge ou du Cadi. Elle est bâtie au bout de l'Isthme du Bosphore, & a un port de chaque côté de l'Isthme. C'est une ancienne Colonie des Mégariens, qui la fonderent à l'entrée de la mer noire. On la nomma la Ville des aveugles, parce que ceux qui la bâtirent avoient choisi une situation fort ingrate, en comparaison de celle qu'ils avoient vis-à-vis d'eux, la plus superbe de l'Univers, où l'on a depuis bâti Byzance, autrement Constantinople.

comme si Mithridate fût devenu moins redoutable à mesure qu'il approchoit, Cotta prit tout d'un coup la résolution de le combattre, dans l'espérance d'avoir seul la gloire du succès. On eut nouvelle, *par un détachement de Bithyniens déjà arrivé près de la riviere d'Artane* [a] [1], que Lucullus étoit en pleine marche, & qu'il avoit son camp à peu de distance d'eux dans la Phrygie. Elle ne fit que confirmer Cotta dans le dessein de livrer bataille, avant qu'un autre vînt partager avec lui l'honneur de la victoire. Il ne se commit cependant pas lui-même : mais restant à la garde de Chalcédoine, il confia l'armée à Nudus, qui se campa près de la Ville, dans un poste assez bien retranché, où il ne laissa pas d'être forcé [b]. Il eut toutes les peines du monde à faire sa retraite dans un terrein coupé de haies & de vergers voisins des fauxbourgs. Les fuyards vivement poursuivis, s'attrouperent en si grande foule à la porte de la Ville, que ceux qui la gardoient, dans la crainte que l'ennemi ne s'en saisît au milieu de ce désordre, baisserent la herse, laissant l'armée vaincue exposée aux coups dont aucun ne portoit à faux. Dans cette déroute, la foule grossissoit sans cesse : le soldat poussé de toute part ne pouvoit se mettre en ordre ni faire usage de ses armes : *une bonne partie tomboient*

---

[a] Sallust. *fragm. 548.*

[b] *Mithr. epist.*

[1] Il y a dans le texte *Amnem Tartanium*. Le nom de cette riviere ne se trouve nulle part ailleurs dans aucuns des anciens Ecrivains. Il y a plusieurs noms de cette espece dans Salluste, Historien très-curieux en géographie & fort exact sur les détails. *Ptolomée* nomme un lieu de Bithynie *Tararium*, non loin de Chalcédoine. Il y a une petite riviere en Troade, autrefois appellée *Amnis Tartius*, qui fait beaucoup de détours dans la vallée Zéliane. Il y avoit aussi en Troade la ville de Dardanum, aujourd'hui le château des Dardanelles. Mais sa position me paroît trop éloignée de Chalcédoine, pour que ce soit ici l'endroit dont on a voulu parler. Je crois néanmoins qu'il y a faute dans l'original, & qu'il faut lire *Amnem Artanium*, par où j'entends une riviere qui coule au dessous des murs d'Artane en Bithynie, aujourd'hui bourgade près de Scutari, nommée Agoë : d'autant mieux que cette riviere se trouve sur le chemin de Lucullus, pour aller de Phrygie à Chalcédoine.

bleſſés de leurs propres armes, ou de celles de leurs voiſins: les autres furent maſſacrés, comme on égorge du bétail à la boucherie [a]. Nudus & quelques principaux Officiers furent seuls tirés avec des cordes pardeſſus la muraille au dedans de la Ville. Le reſte tendant inutilement les mains, ſoit vers l'ennemi, pour demander quartier, ſoit vers la Ville, pour y être reçu, *ſe laiſſa honteuſement tuer par derriere ſans faire de défenſe* [b]. Mithridate profitant de l'avantage de cette journée, fit ſur le champ attaquer la flotte par le corps des Baſtarnes. Ils y firent des prodiges d'intrépidité, forcerent la chaîne tendue au devant du port [1], brûlerent quatre vaiſſeaux, & en prirent ſoixante qu'ils remorquerent avec les galeres du Roi, ſans que Nudus ni Cotta,

---

[a] SALLUST. *fragm.* 417.

[1] Aujourd'hui le port de Chalcédoine n'eſt guere fréquenté, non plus que la Ville; il n'y a que quelques petites barques & Kaïques qui vont à Conſtantinople pour en rapporter des vivres & d'autres choſes néceſſaires dont on n'eſt guere bien fourni dans ce lieu. Cette Ville étoit autrefois une des plus célebres de la Propontide.

Son port n'eſt plus fermé de chaînes, comme il l'étoit autrefois, pour en défendre l'entrée: mais quoiqu'il ſoit ouvert à tout le monde, il n'en eſt pas pourtant plus fréquenté. Enfin cette fameuſe Ville à qui Chryſopolis ou Scutari ſervoit autrefois de port pour mettre ſes vaiſſeaux à couvert, & de magaſin pour garder ſes proviſions, n'a rien conſervé de ſon antiquité que ſon nom, & ce n'eſt à préſent qu'un miſérable Village d'environ mille ou douze cents feux, plein de ruines & de maſures [*].

Tout le circuit de la Propontide, qui

[*] Grelot, *Voyag. de Conſtant.* p. 47. & 59.

[b] SALLUST. *fragm.* 595.

comprend environ ſix vingts lieues communes d'Allemagne, eſt à peu près entre le 38 & le 41e. degré de latitude ſeptentrionale, & entre le 55 & 58e. de longitude, plus ou moins, d'où l'on peut aiſément juger qu'il eſt dans un climat fort tempéré, qui n'eſt incommodé ni des froidures piquantes du nord, ni des chaleurs accablantes du midi. Auſſi y a-t-il peu d'endroits au monde où dans une ſi petite étendue de Pays, on voie autant de grandes Villes qu'il y en a eu autour de cet agréable baſſin. La fameuſe Cyzique, la célebre Nicée, l'agréable Apamée, la charmante Nicomédie, la malheureuſe Chalcédoine, & tant d'autres Villes que l'Aſie pouvoit montrer autrefois ſur les rivages de la Propontide, ſont des témoins ſuffiſans, que cette grande partie du monde n'avoit rien oublié pour embellir les côtes de cette mer [*].

[*] Ibid. p. 34.

renfermés

renfermés dans la Ville y missent aucun obstacle. Les Romains perdirent à cette journée plus de quatre mille hommes des légionnaires, du nombre desquels fut le Sénateur Manlius, & sept cents auxiliaires; outre la quantité de prisonniers qu'on fit sur la flotte. Le Roi ne perdit que trente de ses Bastarnes à l'attaque du port [1].

Deux victoires si completes sur terre & sur mer en un même jour, répandirent la terreur par toute l'Asie [a], dont les Villes accablées sous le poids des impôts & des usures, n'avoient que trop de penchant à se redonner de nouveau à Mithridate. La Bithynie fut enlevée d'emblée [b]. Les Romains bloqués dans Chalcédoine, y auroient bientôt été réduits aux abois, si Lucullus ne se fût hâté de venir relever un peu les courages abattus. Il étoit campé en Phrygie sur le fleuve Sangar, lorsqu'il apprit ce désastre [c]. Bien des gens le pressoient d'abandonner à son mauvais sort un homme qui, en se perdant lui & son armée par sa jalousie & par sa folle présomption, les avoit mis eux-mêmes dans le danger d'avoir sur les bras toutes les forces du Roi: ils étoient d'avis de marcher sur le champ dans le royaume de Pont, dont il seroit facile de s'emparer pendant qu'il n'y avoit point de troupes. Mais Lucullus protesta qu'il trouvoit plus de gloire à sauver un Citoyen romain, qu'à la conquête de tous les Etats de Mithridate. Il hâta sa marche avec trente mille hommes de pied & deux mille cinq cents chevaux, malgré les

XXXII. Lucullus marche au secours de Chalcédoine. Rencontre des armées près d'Othryes. Un phénomene les sépare. Le Roi leve le siege.

---

[a] *Tit-Liv. epitom.* 93.
[b] *Flor.* ibid.

[c] *Memnon. c.* 41.

[1] *Appien* ne fait monter la perte des Romains qu'à 3000 hommes. Mais *Memnon* d'Héraclée l'a fait beaucoup plus forte, « Ils perdirent, dit-il, à la bataille sur » terre 5300 hommes de troupes romaines, » & 700 hommes des troupes alliées, & » dans le combat naval il y eut 8000 » hommes tués, & 4500 prisonniers. Ce » furent les Bastarnes qui forcerent les » lignes du poste sur terre, près de Chal- » cédoine, & qui mirent en fuite les » cohortes romaines, dont ils firent un » affreux carnage * ».
* *Memnon,* ibid.

instances particulieres d'Archelaüs, confident difgracié du Roi, qui l'affuroit que le Pont étoit fans défenfe, & que tout plieroit à fon approche : à quoi Lucullus, continuant fa marche, repliqua, « qu'un bon chaffeur ne quittoit pas la pifte d'un animal lancé, » pour courir au gîte où il n'étoit plus *a* ».

Rutilius, Lieutenant de Cotta, n'avoit pu faire fa retraite du côté de la Ville : il avoit ramaffé les débris de la déroute de Chalcédoine, & fe rejetoit du côté de la Phrygie, lorfqu'il fut rencontré & mis en fuite par Marius & par Eumaque, que le Roi, pendant qu'il reftoit à faire le fiege de Chalcédoine, avoit envoyé avec un gros corps d'armée au devant de Lucullus *b*. Marius & Lucullus fe rencontrerent près d'Othryes, fur la frontiere de Phrygie. Les deux armées fe mirent en bataille. On étoit prêt à donner le fignal, *lorfque tout à coup un nuage que le vent amenoit du côté du bourg de Thrace, s'étendit fur l'horifon, & couvrit le Ciel, jufqu'à dérober quafi la lumiere du jour* *c* : il s'entr'ouvrit, & laiffa tomber entre les deux armées un corps lumineux & enflammé, gros comme un muid, d'une couleur femblable à celle de l'argent fondu *d*. Ce phénomene effraya fi fort les deux armées, qu'elles fe féparerent fans en venir aux mains. Lucullus continua de marcher par fa droite. Arrivé à portée de Chalcédoine, il découvrit l'armée du Roi. Surpris de cette prodigieufe multitude, il fit alte, *affez incertain du parti qu'il auroit à prendre* *e*. Tout fon but étoit de délivrer Cotta. Mais quel moyen d'attaquer dans des lignes bien retranchées, un ennemi fi fupérieur en forces! Il crut plus fage de ne le pas rifquer, & de tirer un peu les chofes en longueur; voyant fort bien qu'il n'y avoit ni induftrie ni richeffes capables de faire long-temps fubfifter tant de milliers d'hommes en

---

a Plutarch. in Lucull. 907.
b Orof. VI. 2.
c SALLUST. fragm. 209. &. 412.
d Plutarch. in Lucull. 908.
e SALLUST. fragm. 526.

ROMAINE. LIVRE III.

préfence d'une armée ennemie. Quelques déferteurs de l'armée du Roi s'étoient rendus au camp romain : Lucullus en fit venir un ; lui demanda combien il y avoit de foldats dans fa chambrée, & combien il avoit laiffé de grain pour la chambrée ? Il en interrogea ainfi plufieurs de différens corps ; & delà faifant à peu près le calcul de ce que le Roi avoit de monde & de vivres pour le nourrir, il en conclut que c'étoit une affaire de quelques jours : ce qui le confirma mieux que jamais dans le deffein de gagner du temps, & de miner peu à peu fon ennemi. En effet, le Roi fut obligé de lever le fiege & de fe retirer du côté de la Troade. Le Conful l'y fuivit avec promptitude ; le refferra dans un terrein difficile ; prit lui-même un camp avantageux où il raffembla une groffe quantité de vivres, bien réfolu de s'y tenir retranché en attendant les occafions.

Le Roi ne tiroit fes fubfiftances que par la voie peu certaine de la mer : il fentoit fort bien l'inconvénient de fa pofition, & de quelle importance il étoit pour lui de fe rendre maître de la ville de Cyzique, alliée des Romains & éloignée de quelques lieues fur fa gauche. Mais le fiege d'une place auffi bien munie, auffi avantageufement fituée, n'offroit pas de petits obftacles, fur-tout dans l'arriere faifon. Après tout, le Roi étoit fi fupérieur en forces, qu'il pouvoit tenter de fortir de fa mauvaife pofition, en fe faifant jour à travers l'armée ennemie [a]. Plufieurs raifons lui firent néanmoins préférer l'autre parti : & l'on ne peut nier que les confidérations qui le firent pencher de ce côté ne fuffent d'un grand poids. Cyzique étoit la clef de l'Afie. La prife de cette place livroit au Roi nos Provinces ouvertes. [b] Il fe voyoit une armée fuperbe, animée par fa derniere victoire ; un immenfe appareil tout prêt pour une telle entreprife : il favoit que les Cyzicains s'étoient fort affoiblis à l'affaire de Chalcédoine, où ils avoient perdu trois mille hommes & dix vaiffeaux : il confidéroit

XXXIII. Pofition embarraffante du roi. Il fe réfout à faire le fiege de Cyzique.

[a] *Appian.*   [b] SALLUST. *fragm. 518. & 519.*

quelle réputation la réuſſite donneroit à ſes armes; combien elle enrichiroit ſon armée, y rameneroit l'abondance, & le mettroit lui-même pour long-temps au deſſus de ſes affaires, en le rendant maître du continent & de la Propontide. Il ſaiſit habilement une nuit obſcure & fort pluvieuſe, pendant laquelle dérobant ſa marche par la montagne dès le ſoleil couché, *il prit ſa route droit à Cyzique; déjà fort raſſuré de s'être tiré de ce mauvais pas* [a]. Son avant-garde fit une telle diligence, qu'au jour elle ſe trouva campée ſur le mont Adraſte: de ſorte qu'il n'étoit plus poſſible de l'empêcher d'inveſtir la Ville [b].

XXXIV. Situation, forces & commerce de cette Ville.

En cet endroit, la côte de Phrygie s'avance dans la mer en pointes formées par pluſieurs montagnes, dont les intervalles laiſſent paſſage à trois rivieres, le Rhyndac, le Granique, célebre par la victoire d'Alexandre, & l'Eſape. Le Granique coule à l'occident de Cyzique, dans la campagne Adraſtée; l'Eſape forme à ſon embouchure un des petits golfes ſervant de port à la Ville. Divers eaux, par leur écoulement dans les bas vallons de ce terrein fertile, s'y ramaſſent en vaſtes étangs, tels que le lac Daſcylitide & le marais Apollonien, d'où ſort une des branches du Rhyndac [c]; ſans parler des flaques de mer morte, dont l'iſthme eſt bordé de côté & d'autre. La montagne de l'Ours, appellée par les Grecs mont Arctè [d], dans l'iſle Bebryce, ſe termine ſur la mer par le promontoire Melas (le Cap noir), qu'il faut doubler en allant de Cyzique à Priape [e]. Du côté de la terre ſa crête s'adoucit en pente & vient aboutir au pied du mont Dindyme, où les Argonautes ont autrefois, au rapport de Califthène en ſon Periple, & de Néanthes, Hiſtorien natif de Cyzique même, bâti ce fameux Temple de Dindymene, mere des Dieux, en expiation du

---

[a] Plutarch. in Lucull.
[b] Apollon. Argon. L. I. V. 936.
[c] Val-Flacc. Argon. L. I.
[d] Steph. Byzant.
[e] Strab. L. 12.

meurtre involontaire de Cyzicus, roi de la contrée, que les Myniens leurs compagnons avoient tué par inadvertence dans un tumulte nocturne [a], & de Clyté sa femme, qui se pendit de désespoir après la mort de son époux [b]. C'est dans l'isle & au pied du mont Arctè qu'est bâtie la ville de Cyzique. L'isthme, en joignant les deux montagnes, fait de la premiere une presqu'isle : *il est fort battu des vents d'orient, qui l'inonderoient en jetant les vagues jusques sur l'autre bord* [c], si l'art venant au secours de la nature n'eût fortifié cette langue de terre par une jetée faite à main d'homme. Le continent s'avance encore dans la mer vis-à-vis de l'isle par une autre pointe, *à l'extrémité de laquelle est bâti le pont qui communique à la Ville* [d] : c'est un ouvrage d'Alexandre après la défaite des Perses [e]. Le port d'Artace est de l'autre côté entre l'isle & le Granique. Toute cette isle si bien fortifiée par la nature, est d'environ cinq cents stades de tour (62500 pas).

La Ville auparavant nommée Artonese & Dindyme, à cause des deux montagnes voisines, est en partie construite dans un terrein plat : le reste s'étend sur le talus de la montagne de l'ours, dominée elle-même par le sommet du mont Dindyme. Elle fut fondée par une Colonie d'habitans de Milet, qui navigeoient alors fréquemment dans l'Euxin [f] ; & reçut, à ce qu'on prétend, son nom de ce même Cyzicus, dont je viens de parler, Prince assez puissant, fils de Cyzicus le Thessalien, & d'Ænete, fille d'Euphor roi de Thrace. Lorsqu'il périt par l'accident que j'ai rapporté ci-dessus, les Argonautes venoient de lui assurer la possession de cette Ville, que lui disputoient les Molions, habitant les cavernes du mont Arctè, espece de

---

[a] Mela. I. 9.
[b] Calisth. Peripl. ap. vet. Schol. Apoll. L. 2. Neanth. Cyzic. ap. Strab. I. p. 45.
[c] Vid. Sallust. fragm. 419.
[d] Sallust. fragm. 521.
[e] Plin. V. 32.
[f] Plin. & Strab. L. 4.

géans monstrueux, selon la peinture qu'en fait Orphée [a]; mais qui, comme nous l'apprenons de Polygnoste, n'étoient que des brigands farouches qui ravageoient la côte avec leurs barques [b]. Les Grecs les exterminerent à leur passage. La Ville fut depuis au pouvoir, tantôt des Milésiens, tantôt des Tyrrhéniens; mais le plus souvent gouvernée en forme Républicaine, par un Conseil composé de ses principaux Citoyens [c], divisés par Tribus. Les Prytanes y changent tous les mois: leur Archonte est Président du Conseil & Chef du Gouvernement pendant un mois; & le Calliarque ou Archonte des Callies pendant un autre mois. Le Grand-Prêtre préside aux choses sacrées: il a le titre de Roi: c'est la seconde dignité de l'Etat [d]. Cyzique est dans la classe des villes d'Asie du premier rang, tant par le nombre, le courage & l'industrie de ses habitans, que par sa beauté, sa police civile & militaire, sa décoration & son négoce. A ces égards on peut la comparer à Rhodes, à Marseille ou à Carthage [e]. C'est le principal entrepôt du Levant pour les vaisseaux Phéniciens, qui font le commerce de notre mer depuis le détroit d'Hercule jusqu'au Phase [f]: ils y font des chargemens considérables d'amaraque [i] & d'iris pour les teintures. Cyzique est ornée de superbes bâtimens publics & particuliers: le territoire y fournit d'excellens matériaux, de très-beau marbre; du sable qui résiste à l'eau, pareil à celui de Pouzzol en Campanie [g]; & l'argile du Pays, s'il en faut croire quelques naturalistes, se pétrifie en blocs de tuf, lorsqu'on la laisse quelque temps dans la mer, après l'avoir taillée en quartiers [h]. La Ville a trois Intendans pour les ouvrages publics; un superbe Prytanée

[i] Sorte de marjolaine fort employée dans les anciens parfums.

[a] Orph. Argon. 514.
[b] Polygnost. ap. vet. Schol. Apollon.
[c] Conon. narr. 41. ap. Phot.
[d] Numism. & inscript. Cyzicen. ap. Cayl. antiq. tom. II.
[e] Strabon. Liv. 12.
[f] Panegyr. veter. ap. Casaubon.
[g] Plin. XXXI. 16.
[h] Mutian. ap. Plin. ibid.

orné de portiques, où l'on donne les festins publics sur un service de vaisselle d'or, dont Persée, roi de Macédoine, a fait présent à la Ville [a]; un vaste Palais appellé Bouleuterion, servant aux assemblées du Sénat [b]; des gymnases pour les exercices; des stades pour la course, où les filles de la Ville disputent quelquefois le prix de la course des chevaux; des Temples magnifiques dédiés à Proserpine protectrice de la Ville, à Cyzicus son fondateur, à Diane, à Apollon, à la mere des Dieux [c]; un vaste théatre capable de contenir environ douze mille spectateurs; deux arsenaux, l'un pour les armes, l'autre pour les machines; des greniers d'abondance où l'on entretient du feu dans des fourneaux de cuivre pour garantir les grains de l'humidité; de belles sources parmi lesquelles on en vante une minérale & très-froide, qu'on appelle la fontaine de l'amour, par la vertu qu'on lui attribue de guérir de cette passion ceux qui boivent de ses eaux. Elle a de bonnes fortifications, de hautes murailles flanquées de tours de marbre; deux ponts qui, comme je l'ai dit, la joignent à la terre ferme; deux ports avec leurs bassins qui se ferment, capables de contenir deux cents navires. Son terrein est bon, sa côte est poissonneuse [d]; on y ramasse des huîtres excellentes en quantité: en un mot, cette Ville qu'on appelle quelquefois la Rome du Levant [e], & qui sentit bien en cette occasion-ci tout l'avantage de sa situation & de sa bonne police, étoit une conquête tout-à-fait digne de l'ambition de Mithridate [1].

---

[a] T-Liv. XLI. 20.
[b] Plin. XXXVI. 15.
[c] Marmor. Cyzic. ibid.
[d] Strabon. & Plin. ibid.
[e] Flor. III. 5.

[1] Voici un fragment considérable de l'Historien *Conon*, sur la fondation de cette Ville magnifique. « Cyzicus étoit fils d'A- » pollon, & régnoit sur les Pélasges qui » habitoient la Thessalie. Chassé par les » Eoliens, il passa avec ses Pélasges dans » une péninsule de l'Asie, & il y bâtit » une Ville qui, du nom de son fondateur, » fut appellée Cyzique. Bientôt après, de » fugitif & de pauvre qu'il étoit, il devint

HISTOIRE DE LA RÉPUBLIQUE

XXXV. Le Roi l'inveſtit.

Le Roi fit inveſtir la place du côté de la terre par cent cinquante mille hommes d'infanterie, qu'il partagea en dix quartiers différens : il la bloqua du côté de la mer avec une

» très-puiſſant, par le mariage qu'il fit
» avec Clyté, fille de Mérops, qui étoit
» roi du Rhyndaque & de tout le Pays
» d'alentour. Ce fut en ce temps-là que
» Jaſon s'étant embarqué pour aller con-
» quérir la Toiſon d'Or, vint aborder à
» Cyzique avec ſes Argonautes. Les Pé-
» laſges ne furent pas plutôt qu'il y avoit
» un navire Theſſalien à la rade, que ſe
» ſouvenant d'avoir été chaſſés par des
» Theſſaliens, ils s'abandonnerent à leur
» reſſentiment, & vinrent de nuit attaquer
» le navire Argo. Cyzicus accourut auſſi-
» tôt pour appaiſer la querelle; mais Jaſon
» qui ne le connoiſſoit pas, le tua dans la
» mêlée. Il tua auſſi bon nombre de Pé-
» laſges. Après quoi regagnant ſon vaiſ-
» ſeau, il fit voile pour la Colchide.
» Cyzicus ne laiſſa point d'enfans qui
» puſſent lui ſuccéder : c'eſt pourquoi les
» Pélaſges, après avoir pleuré leur Roi,
» confierent l'adminiſtration de l'Etat aux
» plus conſidérables d'entr'eux, & ce Gou-
» vernement républicain ſubſiſta juſqu'à
» ce que les Tyrrhéniens ayant paſſé
» dans la même péninſule, défirent tout
» ce qu'il y étoit reſté de Miléſiens,
» chaſſerent les Pélaſges, s'emparerent de
» Cyzique, & s'y établirent ».

De tous les avantages que cette Ville a eu autrefois, il ne lui reſte aujourd'hui que la beauté de ſa ſituation. Elle eſt à préſent jointe à la terre par une eſpece de petit iſthme qui s'y eſt formé des ruines de ces deux grands ponts qu'on y avoit bâti ſur la mer, pour paſſer plus commodément & ſans danger de la Ville à la terre ferme, d'où elle n'eſt éloignée que de la portée de deux traits d'arbalête. Cet iſthme a environ une demi-lieue de large, & de chaque côté, c'eſt-à-dire à l'orient & à l'occident, il y a un fort beau port qui eſt aujourd'hui abandonné, auſſi bien que la Ville, où l'on ne remarque plus rien à quoi l'on puiſſe reconnoître l'état floriſſant où elle a été autrefois, ſi ce n'eſt aux ruines effroyables de ſes ſuperbes bâtimens, qu'on y avoit entaſſées les unes ſur les autres.

Entre ces pitoyables reſtes de ſon ancienne grandeur, on voit ſur une agréable colline, un très-bel amphithéatre de figure ovale, où il pouvoit tenir plus de douze mille hommes. De deſſus cet amphithéatre, auſſi bien que du reſte de la colline, où l'on trouve encore tout ce qui reſte de Cyzique, on voit les deux golfes qui formoient les deux ports de cette Ville, mais perſonne n'y met plus le pied que quelques voyageurs que la curioſité y attire, pour voir ces précieux reſtes de l'antiquité. Il n'y a que les hiboux qui y faſſent leur demeure, & ce lieu où la grande quantité de monde qui l'habitoit, & le tracas de leurs diverſes occupations, faiſoit tant de bruit, qu'on avoit de la peine à y entendre celui des eaux de la mer, lors même qu'elle étoit agitée, ne retentit aujourd'hui, pendant le calme, que des cris lugubres des oiſeaux de mauvais augure, à qui le temps a préparé des nids & des tanieres dans les magnifiques Palais que l'ambition des Cyzicéniens y avoit autrefois bâtis *.

* *Corneille le Brun. Grelot. pag. 35.*

flotte

ROMAINE. *LIVRE III.*

flotte de quatre cents voiles [a], qui fermoient les deux rades ou issues du détroit par lesquelles l'isle est de côté & d'autre séparée du continent [b]. Quant à sa nombreuse cavalerie, en cette occa-

[a] *Strabon.*

[b] *Plutarch. in Lucull.* 908.

Cyzique étoit dans une isle à l'orient de l'endroit où est à présent la ville d'Artaqui dans la même isle. La côte de la presqu'isle, à l'est d'Artaqui, forme une pointe qui ne laisse qu'un étroit passage à la mer entr'elle & le continent : c'est l'entrée d'un grand bassin d'une lieue de long, contenu entre l'isle, l'isthme & le continent qui servoit autrefois de port occidental à Cyzique. L'isthme qui conduit du continent à la ville de Cyzique, la ferme à l'orient. La Ville peut avoir un mille & demi de tour, elle contient quinze cents familles Grecques & plus de quatre cents maisons de Turcs : il y a un Archevêque qui fait sa résidence ordinaire à Constantinople. Les Grecs ont douze Eglises dans la Ville. Il y en a une treizieme dans une petite isle vis-à-vis d'Artaqui, qui n'est qu'un roc de marbre sur lequel on voit un monceau de ruines & plusieurs pieces de marbre très-bien travaillées. Ce sont probablement les ruines de quelqu'ancien Temple. Cette Ville fait un grand commerce de vin blanc. Le cap dont j'ai parlé étoit bien fortifié par un bon retranchement qui traverse toute cette pointe, & semble avoir été fait pour la défense de l'entrée du port. C'étoit sans doute quelque château ou forte tour. Les pierres en sont grandes & bien taillées, le mur de vingt pieds d'épais est fait d'assises alternatives de marbre blanc & de marbre noir, le blanc termine l'assise supérieure & les montans des extrémités. Les assises blanches ont dix-huit pouces d'épaisseur, les noires sont mises à plat & n'ont que neuf pouces. Au bout, du côté de l'orient, il y a une espece de porte accompagnée de deux tours quarrées de trente pas de face, & à l'occident trois tours de même espece qui occupent un espace d'environ cent pas. Au dessus du port occidental, à une lieue d'Artaqui, on trouve les ruines de Cyzique situées au nord d'un isthme qui n'étoit autrefois que deux ponts communiquans de la Ville à la terre ferme. La place de ces ponts est encore marquée par la trace de deux chemins praticables ; tout le reste de l'isthme n'étant qu'un marécage, à l'exception de deux larges bancs de sable, dont la mer a depuis rélargi l'isthme. Au chemin d'orient il y a une hauteur qui semble avoir été autrefois une isle faisant partie de l'ancien passage de communication. Les murs de la Ville sont plus forts & plus élevés qu'ailleurs vis-à-vis cet endroit. Toute l'isle de Cyzique paroît comme un grand cap en montagne de soixante-deux mille de tour. Le territoire dépendant de la Ville est assez considérable ; la hauteur du continent opposé s'appelle mont Adraste. La Ville étoit partie en plaine & partie sur le mont des Ours ; au dessus duquel est le mont Dindyme. Des deux ports qui se fermoient de chaînes, je présume que l'occidental étoit le plus grand, & qu'au fond du golfe oriental il y avoit une darce pour y retirer les vaisseaux. Les murs de la Ville subsistent, mais je pense qu'ils touchoient autrefois du côté du midi l'isthme & les ports, quoiqu'aujourd'hui la mer s'en soit retirée

Tome II.

sion elle lui étoit plus à charge qu'utile. Il s'empara de tous les dehors, du Pont, de la jetée, ainsi que d'un fauxbourg dans l'isle, que les habitans avoient eux-mêmes en partie ruiné *a*.

a Strabon.

d'un & d'autre côté. A l'enceinte, sur le port occidental, il y a deux grandes tours octogones qui servoient sans doute à la défense du port. Un peu plus haut on voit les ruines d'un grand bâtiment quarré de cent pas de long, dont il ne subsiste presque que quelques passages souterreins voûtés en arcs de dix à quinze pieds de large. La voûte est bien bâtie de belles pierres taillées, les murs fort épais & quelquefois percés de plus petites arcades. Ce bâtiment ruiné joignoit une place quarrée-longue, située au côté du nord, d'environ cent pas de large & de quatre cents de long, autant que je le peux conjecturer. Cette place étoit bâtie & avoit sans doute un portique; car en creusant pour avoir des pierres, on a trouvé seize larges piédestaux quarrés en marbre, qui étoient probablement les bases d'autant de colonnes. De ce côté, sur la montagne, au dehors & au nord-ouest de la Ville, on voit des restes de bâtimens consistans en arcades fort hautes, que je jugeai d'abord avoir fait partie d'un aqueduc; mais les murs de la Ville étant beaucoup plus bas de ce côté-là, je ne sais pourquoi on auroit fait l'aqueduc si élevé, à moins que ce ne fût pour conduire l'eau dans les lieux élevés de la Ville vers l'orient. Le Peuple appelle ce lieu le Palais de la Princesse, & dit qu'il étoit si élevé, qu'on découvroit de là les deux baies, de 'est à l'ouest. Ce bâtiment, ainsi que les murs de la Ville, est construit d'un granit bâtard de couleur grise, que l'on tiroit

probablement de l'isle Proconèse ou Marmara, ainsi que le marbre blanc qu'on employoit à des ouvrages plus recherchés. Le mur de l'enceinte de Cyzique s'étend sur la montagne, d'où il tourne & redescend le long de la pente orientale, vers la baie de ce côté-là. Au dedans de la Ville, & justement au pied de la montagne, il y avoit un grand théatre dont on a enlevé tous les matériaux. La place est à présent couverte d'arbres, mais des gens bien instruits me dirent que les degrés pour asseoir les spectateurs à ce théatre, étoient au nombre de vingt-cinq. Un peu plus bas il y a quelques restes d'un Cirque, dont les degrés se trouvent à présent en partie sous terre, du côté de l'orient, le terrein ayant été tout renversé pour enlever les marbres. On y a trouvé beaucoup de belles médailles, entr'autres ce fameux Pescennius-Niger du Duc de Devonshire. La baie orientale formée par la presqu'isle est fort étendue, & a deux entrées formées par une petite isle qui les sépare au milieu de la baie. Près de là est la petite Ville de Panorme, assez bien située, & qui a un port passable pour de petits bâtimens, à quatre milles des ruines de Cyzique *.

Près de Panormo, à la pointe orientale de la presqu'isle, est l'isle Bebrice, aujourd'hui Calonimo. A l'autre extrêmité de la presqu'isle, vers l'occident, est une

* *Pokoke a description of the east. Book. 2. chap. 23.*

Pour n'être point incommodé de la marine des ports, & lui ôter en même temps toute communication, il entoura de murs, autant qu'il put, les deux bassins; & tira autour de la Ville,

autre isle appellée Alonia, autrefois l'ancienne Proconèse. La nouvelle Proconèse est plus au nord. On la nomme aujourd'hui isle de Marmora, à cause de la beauté des marbres qui s'y trouvent. Les plus beaux ouvrages & les ornemens les plus précieux qu'on eût alors dans un si grand nombre de belles Villes de ces quartiers, & principalement dans la ville de Cyzique, étoient faits de ce marbre-là...... L'isle Bebrice est située vis-à-vis l'embouchure du Rhyndac, qui sort du lac d'Artinie ou d'Apollonie, près du mont Olympe, & se rend dans la mer blanche, entre Cyzique & l'embouchure du lac Ascanius. Le Rhyndac est à présent nommé Lyco ou Lupadi, & par les Turcs Vlubat. Selon le rapport de *Pline*, l'isle Bebrice, qu'il nomme Besbit, étoit anciennement jointe au continent, ainsi que la ville de Cyzique. Elles en furent séparées par un tremblement de terre *.

L'on en voit des ruines, ainsi que d'une forteresse ou grand château, où il n'y a d'entier que des voûtes fort hautes & fort bien faites, d'une pierre de taille fort épaisse: ces voûtes souterreines se répondent les unes les autres, & il y en a plus de cinquante; dans une il y a une belle fontaine bâtie en arcade, & à quelques pas delà d'autres ruines d'un édifice superbe que les habitans disent avoir été autrefois une Eglise. L'on y voit encore de beaux marbres & d'autres pierres d'une longueur & d'une largeur prodigieuses, & en quelques endroits de ces ruines, on trouve des

* *Daper, description de l'Archipel.*

bas-reliefs de festons, de feuillages & de morceaux de colonnes de beau marbre blanc. Il passe auprès de ces ruines une petite riviere nommée Potamoqui. Près de cet endroit est un port d'une grandeur & d'une commodité admirable, sur la mer de Marmora, où grand nombre de vaisseaux pourroient être à leur aise. Cette Ville étoit une des plus anciennes de l'Asie & des plus grandes & des plus belles, fondée soixante-dix ans après Rome *.

Peyssonel, Consul de Smyrne, a envoyé en France plusieurs beaux marbres des ruines de Cyzique, chargés d'inscriptions très-curieuses. Le Comte de Caylus les a gravées dans le second volume de ses antiquités, & y a joint de fort bonnes explications données par Peyssonel & par l'Abbé Belley. On y trouve beaucoup de choses singulieres relatives à l'histoire, ainsi qu'aux moeurs & usages des Cyzicains. Pocoke & le Comte de Caylus ont fait graver dans leurs ouvrages des cartes de la presqu'isle de Cyzique, & une vue des ruines du théatre.

La Ville a conservé son nom de Cyzique chez les Grecs; les Turcs l'appellent Adainshik. La montagne garde toujours le nom d'Artaki ou montagne des Ours. La riviere du Granique qui coule près de cette Ville, s'appelle aujourd'hui par les Turcs *Sou-Sou*, c'est-à-dire la *grande eau*; expression très-commune chez eux pour désigner par redoublement le superlatif du mot *Sou* (eau), nom qu'ils donnent tout simplement aux petites rivieres.

* *La Martiniere, Dictionnaire.*

dans les endroits néceffaires, des tranchées fortifiées de redoutes & de terraffes *a*. Les préparatifs pour la réfiftance n'étoient pas moindres de la part des affiégés réfolus à fe défendre jufqu'à l'extrêmité, & à demeurer fermes dans l'alliance de la République. Lyfiftrate y commandoit alors, homme de tête & de cœur, zélé pour les véritables intérêts de fa patrie, fidele à leur donner la préférence fur toute autre confidération. Il en donna des preuves dans une des premieres opérations du fiege. Le Roi avoit en fon pouvoir trois mille Citoyens de Cyzique, pris tant à la bataille de Chalcédoine que dans d'autres rencontres : il les fit amener dans des bateaux, & expofer fur le rivage au pied des murs de la Ville *b*, d'où ces infortunés tendoient les bras vers leurs Concitoyens; les fuppliant de prendre pitié de leurs amis, dont ils mettoient la vie dans le plus grand péril, par une réfiftance opiniâtre. Leurs plaintes attendrirent beaucoup de gens : Lyfiftrate n'étoit pas moins touché lui-même d'un fi trifte fpectacle; mais il n'y avoit pas moyen de fauver une partie aux dépens du tout : il leur fit dire du haut de la muraille, par la voix du crieur public, que puifqu'ils avoient eu le malheur de tomber en des mains ennemies, c'étoit à eux de fupporter avec conftance leur mauvaife fortune. Ces malheureux refterent donc ainfi entre la mer & la muraille expofés aux coups, à la faim, aux injures de l'air, à la fureur des vagues, n'ayant de retraite *que dans quelques mafures répandues çà & là autour de la Ville c*. Mais ceux qui leur appartenoient prirent fecrétement pitié de leur fort, & pendant la nuit *quelques Citoyens leur couloient dans des paniers, le long du rempart d*, de quoi foulager un peu leur mifere.

XXXVI. Lucullus marche au fecours de

Lucullus n'avoit pas perdu un inftant à fe remettre fur les traces de l'armée de Pont. Son embarras étoit de faire donner

a Appian.
b Idem. p. 229.

c SALLUST. *fragm.* 189.
d SALLUST. *fragm.* 372.

aux assiégés des nouvelles de sa marche *a*. La difficulté de trouver accès dans une Ville si exactement fermée de toutes parts, lui suggéra un expédient fort étrange *b*. On lui avoit parlé d'un simple soldat des légions Valériennes, homme hardi, excellent nageur & entendu à manier le gouvernail: il le manda. Cet homme se fit fort de pénétrer à la nage jusques dans Cyzique, & d'y porter les lettres du Général cousues dans un petit sac de cuir, & accommodées de maniere à les bien garantir de l'humidité *c*. Le soldat quitta ses habits; se défigura le corps avec de la couleur; *attacha deux outres* 1 *enflées, des plus grosses qu'il put trouver, à une planche d'un bois léger ; se coucha de son long sur la planche ; & se servant alternativement de ses deux jambes qui baignoient dans la mer, comme de rames & de gouvernail, il passa au milieu de la flotte ennemie entre le môle & l'isle, & arriva à bon port dans la Ville* *d*, après avoir ainsi fait dans la mer une traversée de sept mille pas *e*, au grand étonnement, soit des assiégés qui le virent venir de loin, & qui le prenoient pour quelqu'espece de poisson monstrueux, soit des galeres du Roi qui l'apperçurent aussi, & en porterent le même jugement.

Cyzique. Expédient employé pour le faire savoir aux assiégés.

Son arrivée remplit de joie les habitans, lorsqu'ils furent assurés que Lucullus venoit à leur secours. Mais le Général romain n'étoit pas médiocrement en peine de savoir comment y arriver. Il y avoit vis-à-vis de lui un gros Village sur une hauteur, appellé le bourg de Thrace, poe stimportant par

XXXVII. Magius trahit le Roi, lui conseille de quitter son poste. Lucullus prend un camp avantageux.

---

a Sidon-Apollin. XXII. 168.
b Frontin. XIII. 6.
c Sidon-Apollin. ibid.
d Sallust. fragm. 374.
e Oros. VI. 2.

1 Frontin dit qu'il avoit ajusté deux grandes regles de lambris paralleles, lesquelles tenoient à raison les deux outres à une certaine distance l'une de l'autre, pour qu'elles ne pussent se rapprocher, & qu'il avoit enfermé dans une des outres les lettres de Lucullus. Sidonius-Appollinaris ajoute qu'elles arriverent sans avoir rien souffert du trajet.

rapport au paſſage des convois. En s'y logeant, il pouvoit en quelque maniere ſe flatter de vaincre ſans tirer l'épée : mais il n'y avoit qu'une gorge pour y parvenir : & le Roi ſachant aſſez de quelle conſéquence étoit ce défilé, le faiſoit ſoigneuſement garder par Taxile. Peut-être Lucullus ne ſeroit-il pas venu à bout de s'en rendre maître, ſans une intelligence qu'il ménageoit avec ce même Magius, que le Roi avoit envoyé en Eſpagne. Celui-ci prévoyant le déclin des affaires de Sertorius, pour avoir été témoin de l'horrible jalouſie que ſes principaux Officiers lui portoient, cherchoit à tout prix à ſe tirer d'affaire en rentrant en grace avec les Romains. Il n'ignoroit pas qu'une partie de ceux qui, comme lui, avoient déſerté après la mort de Fimbria, penſoient de même au fond de l'ame. Il s'ouvrit à quelques-uns d'eux : tous enſemble convinrent de feindre qu'ils avoient reçu avis que leurs anciens camarades (& c'étoit la plus nombreuſe partie de l'armée romaine) étoient réſolus de paſſer au ſervice de Mithridate, s'il s'offroit une occaſion de le pouvoir faire tout d'un coup, & tous enſemble. En même temps Magius tentoit toutes ſortes de voies pour faire ſavoir au Proconſul ce qu'il lui vouloit apprendre. Il lui écrivit pluſieurs lettres par des eſpions : *un de ſes domeſtiques de confiance qui en portoit une, rencontra par haſard en chemin quelques maraudeurs, ſoldats des légions Valériennes : ils prirent la lettre qu'ils lancerent avec une arbalête à ſcorpion* [1], *dans le camp* [a] *des Romains.*

[a] SALLUST. *fragm.* 431.

[1] Eſpece d'arbalête à main, dont on ſe ſervoit pour lancer de petites fleches [*], & qui portoit plus loin que la catapulte [**]. Le reſſort en étoit fin, & ſe lâchoit avec un ſon fort clair au moindre mouvement du doigt [*]. Peut-être ſa forme a-t-elle fait donner le nom de ſcorpion à cette machine ; d'autres diſent qu'on l'a ainſi nommée, parce qu'elle lançoit des traits courts & très-aigus, dont la piquûre étoit

[*] *Nonius.*
[**] *Siſennq. Liv.* 3.

[*] *Seneq. Nat. Quaſt. II.* 16. *Vitruv.* 10.

ROMAINE, LIVRE III. 95

Magius, après avoir secrétement reçu la foi du Proconsul pour son amnistie, fit part au Roi de sa feinte intelligence avec ses anciens compagnons d'armes, & lui conseilla de laisser les Romains s'approcher jusqu'au bourg de Thrace; l'assurant qu'ils n'y seroient pas si-tôt arrivés, que les légions Valériennes déserteroient de son côté; au moyen de quoi le reste de l'armée romaine lui seroit facile à détruire sans perte ni travail. Ce discours n'étoit pas sans vraisemblance : Magius passoit pour être aimé de ces troupes qu'il avoit autrefois eues sous ses ordres : leur conduite passée ne faisoit que trop juger de ce qu'elles étoient capables de faire encore. Le Roi crut un peu légèrement ce qu'il souhaitoit avec passion : il eut l'imprudence d'évacuer les gorges. Lucullus y prit poste incontinent; certain d'être dans peu le maître des lieux & des chemins par où les assiégeans pouvoient tirer leur subsistance : car la quantité de rivieres, de lacs & de montagnes qui se trouvent dans cette contrée, la rendent peu praticable aux voitures; & quoique le Roi fût le maître de la mer, les approches de l'hyver y alloient rendre la navigation mal sûre. *a*. Aussi Lucullus, dès qu'il eut pris son camp, assembla-t-il ses soldats, leur annonçant qu'ils pouvoient se tenir tranquilles, & qu'il leur promettoit pour cette campagne une victoire qui ne coûteroit pas une goutte de sang *b*.

Tandis que ces choses se passent au camp des Romains, les machines battent vivement la Ville. De gros béliers couverts de leurs galeries & soutenus de tours de bois remplies de soldats destinés à écarter l'assiégé du rempart, n'y font cependant que peu d'effet à cause de la force des murailles. L'habitant court sans cesse çà & là, portant du secours de tout côté. Il

XXXVIII. Travaux du siege, vigoureuse résistance des assiégés.

a Mithr. epist. ap. SALLUST. *fragm.* 5. fort dangereuse *. Tertullien ajoute que le dard creux dans le milieu avoit un petit
* Veget. IV. 22.

b Plut. & App. Vid. SALLUST. *fragm.* 675. canal rempli d'une liqueur venimeuse, qui se répandoit dans la plaie.*
* Tertullien. Scorpiac. pag. 616.

jette de grosses pierres dont le poids écrase le toit des galeries: il tâche de saisir le bélier dans des nœuds coulans pour le détourner, ou d'en rompre le coup en y opposant des sacs remplis de laine, de grosses étoffes matelassées, & jusqu'à ses propres habits suspendus à des cordeaux. L'effet des batteries se trouvant trop lent, on en vient à l'escalade. L'assiégeant guindé sur des échelles, malgré l'incommodité & le désavantage de son attitude, *brise à coups de hache le parapet de bois, dont le dessus du mur étoit couvert; ruine les créneaux & la terrasse, & gagne le dessus de la fortification* [a] [1]. Plus d'une fois il eut lieu de croire qu'il alloit être maître du rempart; mais *aucun ne parvint au dessus de la muraille sans y trouver enfin la mort*. [b] Son ardeur néanmoins ne se rallentit pas: *quoique repoussé en plusieurs endroits, il ne perd courage* [c], ni ne quitte prise: mais pour monter avec moins d'embarras, il pose sa cuirasse & son bouclier

---

[a] SALLUST. *fragm.* 362.
[b] SALLUST. *fragm.* 139.
[c] SALLUST. *fragm.* 649.

[1] L'Historien se sert ici du mot *Pluteus*, que l'on ne trouve employé ailleurs que pour signifier une machine à l'usage des assiégeans; mais rien n'empêche qu'elle ne pût servir aussi aux assiégés, & le reste du passage montre clairement que c'est d'eux qu'il est ici question. Le *Pluteus* ou pupitre étoit une galerie plus ou moins longue, formée par des montans de bois qui portoient un demi-toit ou appendice fait de planches ou de claies recouvertes de cuir verd. Elle étoit mobile sur des roulettes, pour la pousser où on vouloit [*]. Les assiégeans se mettoient à couvert sous ces galeries contre les coups lancés du haut du rempart, quand ils avoient à sapper la muraille, ou à la battre avec le bélier. Elles servoient de même de guérite aux sentinelles qu'on y plaçoit, pour avertir les travailleurs de ce que les assiégés vouloient faire [*]. Rien n'empêche que les assiégés ne se soient aussi servi de ces petites fortifications mobiles, soit comme guérites, pour observer, soit pour border le rempart aux endroits de l'attaque, & s'y tenir un peu mieux à couvert, en ne laissant qu'un fort petit vuide en forme de maschecoulis, entre le bas de ce toit penchant & le dessus du parapet. La machine appellée *Pluteus* différoit de celle appellée *Vinea*, en ce que cette derniere étoit une galerie couverte d'un double toit, à faîtage & à deux talus [**].

[*] *Verr. Flacc. & Isidor. XVIII.* 11. *Veget.* IV. 15.
[*] *Vitruv. X.* 21.
[**] *Turneb. adverſ. II.* 24. *Lips. Poliorc.* I. 7.

& retourne à l'escalade. L'assiégé le voyant découvert, apporte de l'eau bouillante, du sable brûlant, de la poix fondue & d'autres matieres ardentes, qui, *jetées sur ces corps désarmés* [a], l'obligent bien vite à se précipiter & à prendre la fuite sans retour. La sappe à laquelle on en vint ensuite, promit d'abord un meilleur succès. On poussa des galeries souterreines pardessous le mur, jusques dans l'intérieur de la Ville. Le Roi animoit les travailleurs par sa présence, & visitoit tous les jours ces ouvrages souterreins. Avant que la mine ne fût ouverte pardessus, les habitans s'apperçurent qu'on travailloit au dessous d'eux : ils creuserent à leur tour pour surprendre les ouvriers par derriere; & si le Roi entendant que l'on contreminoit fort près de lui, ne se fût au plus vîte échappé, il alloit infailliblement être pris par les Cyzicains [b]. On continua de sapper la muraille & d'en soutenir à mesure le pied, avec des bois debout entremêlés de fascines auxquelles on mit le feu. Le mur s'écroula & fit breche : mais la chaleur de l'embrasement se trouva telle, qu'il fut impossible d'y passer quand on voulut monter à l'assaut [c]. Les assiégés eurent le temps de creuser en dedans un large retranchement; & le mal fut en quelque façon réparé.

La saison s'avançoit, sans que le siege eût encore fait de grands progrès. Le Roi voulut le presser davantage, en rapprochant ses quartiers fort éloignés les uns des autres, à cause de la situation des lieux. Le mont Dindyme dominoit Cyzique : il les y rassembla tous [d]. Par-là Mithridate resserroit davantage la Ville : mais aussi il abandonnoit son poste du mont Adraste, dont Lucullus se saisit aussi-tôt, & campa pour-lors fort près derriere lui à la vue des assiégés [e]. Ce mouvement fut une seconde faute capitale que l'impatience fit ici faire à

XXXIX. Lucullus prend poste à la vue de la Ville. Erreur des Cyzicains à ce sujet : ils sont détrompés.

---

[a] Sallust. *fragm. 478.*
[b] Strabon. ibid.
[c] Appien.
[d] Strabon.
[e] Memnon. cap. 42.

Mithridate : car le Général romain enferma de lignes les avenues du mont Dindyme : par ce moyen il tint en quelque maniere les affiégeans eux-mêmes comme inveſtis [a]. On ignoroit ceci à Cyzique. Les magaſins commençoient d'être épuiſés; & l'on y étoit dans l'inquiétude de ne ſavoir où étoit Lucullus, depuis ſi long-temps qu'il avoit fait annoncer ſa marche [b]. Ce n'eſt pas qu'il ne fût campé, comme je l'ai dit, à la vue de leurs murailles, d'où on le découvroit très-facilement. Mais les affiégeans avoient jeté les Cyzicains dans l'erreur, en leur montrant eux-mêmes le camp romain, & leur criant que c'étoit celui des Arméniens & des Medes que Tigrane avoit envoyés au ſecours de Mithridate. Cette fauſſe nouvelle conſternoit les affiégés : ils ne pouvoient guere ſe diſſimuler que Lucullus, avec toute l'envie du monde de les ſecourir, n'eût beaucoup de peine d'en venir à bout. Un eſpion Grec nommé Démonax, envoyé par Archelaüs, ayant trouvé le ſecret de s'introduire dans la place, leur apprit le premier que Lucullus étoit là. Ils ne douterent pas que ce ne fût un faux avis apporté pour les empêcher de perdre courage. En ce moment un jeune garçon de la Ville, pris depuis quelques jours par les affiégeans, & qui venoit de s'échapper du camp royal, rentra dans Cyzique. Les habitans s'attrouperent autour de lui pour ſavoir ſi l'on ne diſoit pas au camp du Roi en quel endroit étoit Lucullus. L'enfant ſe prit à rire, croyant qu'on ſe moquoit, & leur montra de la main le camp des légions : alors ne doutant plus que Démonax n'eût dit la vérité, ils ſe ſentirent animés d'une nouvelle vigueur [c].

XL. Hélépole, machine prodigieuſe.   Plus Mithridate ſe voyoit preſſé, plus il preſſoit lui-même le ſiege. Un habile ingénieur Theſſalien nommé Niconidas, fabriqua

[a] *Oroſ. VI.* 2.
[b] *Strab.* ibid.
[c] *Plutarch.* ibid.

des machines prodigieuses, entr'autres une tour de bois appellée hélépole [1], à l'imitation de celle que Démétrius fils d'Antigone

[1] Ce mot Grec signifie qui *prend les Villes*. Démétrius, inventeur de cette machine, & le plus habile Capitaine de l'antiquité pour les sieges, fut aussi surnommé Poliorcete, c'est-à-dire *preneur de Villes*.

Les machines pour les sieges de l'espece de celles que Salluste décrivoit ici, ont continué d'être en usage en Europe jusqu'au temps où l'invention du canon a changé la méthode des sieges. Cette machine a reçu dans les siecles plus récens le nom de *belfragium* (bello-frangens), *belfredus*, *berfredum* ; en françois *beffroi*. C'étoient de grandes tours ou bâtis de bois à plusieurs étages montés sur des roues, servant à placer des soldats pour l'attaque du rempart, & des machines en batterie pour écarter l'assiégé de la muraille : en un mot c'étoit de véritables hélépoles. *Guillaume le Breton* les décrit ainsi en deux endroits de la Philippide.

Cratibus & lignis rudibus Belfragia surgunt,
Turribus alta magis & mænibus : unde valerent
Agmina missilibus, telisque quibuslibet, uti ;
Detectos que hostes facili prosternere jactu.

Parte alia turres quibus est Belfragia nomen,
Roboribus crudis compactæ atque arbore multa,
Intactis dolubrâ, ruditer quibus ascia solos
Absciderat ramos, sic educuntur, ut usque
Aëra sub medium longo volumine tendant,
Ut doleat murus illis depressior esse.

Elle est encore mieux décrite par *Froissard*, tom. 1. ch. 100. « Les Anglois qui séoient devant la Réole, & qui y furent plus de neuf semaines, avoient fait charpenter deux beffrois de gros mesrien (mairain) à trois étages, & séant chacun beffroi sur quatre rouelles : & étoient ces deux beffrois devant la Ville ; tout couverts de cuir boulu (bouilli), pour défendre du feu & du trait : & avoient en chacun étage cent archers ». Le nom de *beffroi* fut aussi donné à de semblables bâtis de bois debout, ou tours de bois dans lesquelles on plaçoit une cloche près ou sur les portes des Villes & des châteaux, pour sonner l'alarme ou la guette en temps de guerre, rassembler le monde à quelque service public, ou donner un avertissement quelconque. On a appellé plus particulièrement *beffroi* la piece de bois mobile à laquelle la cloche est attachée, & qui sert à balancer la cloche & à la faire sonner au moyen des cordes suspendues à cette piece, qu'on peut tirer d'en bas. Cette signification est la seule qui reste aujourd'hui usitée dans notre langue au mot *beffroi*. Mais on appelloit encore ainsi la cloche même ; quoiqu'en général l'expression comprît tant la cloche que sa monture & son clocher. Divers lieux où l'on

avoit inventée à la prise de Rhodes. Cette machine semblable à un grand édifice en forme de monstrueuse tortue à plusieurs étages, étoit construite de bonnes solives bien affermies en dedans par des traverses & des clefs d'airain, garnies en dehors dans leurs intervalles de claies de branches vertes enduites de terre grasse, ou recouvertes de peaux de bœufs avec le poil [a], dont *les cuirs fraîchement écorchés & appliqués sur le champ, s'attachoient au bois comme si on les y eût collés* [b], & servoient à le garantir du feu [c]. Trois longues poutres armées par le bout de fers pointus, & braquées en dehors du côté de la Ville, y jouoient comme des béliers, ou par l'impulsion même de la machine, dont le coup devoit briser tout ce qu'elle frapperoit. L'édifice avoit en tout cent coudées de haut sur une base proportionnelle à cette énorme élévation : de sorte qu'elle égaloit ou surpassoit même la hauteur de la muraille [d]. Le dessus étoit en forme de dongeon, portant des balistes & des catapultes propres à lancer sur le rempart une grêle de traits, de pierres & de feu ; pendant qu'un grand nombre de gens, tant au dedans que derriere la machine, la font mouvoir à l'aide d'une quantité

---

[a] *Vitruv.* X. 22.
[b] SALLUST. *fragm.* 157.
[c] *Ammian-Marcell.* XXIII. 4.
[d] *Veget.* IV. 3.

avoit placé de tels beffrois en ont tiré leur nom ; comme *Beaufremont* qui est une altération de *Beffroimont* (mont du beffroi). Les Seigneurs de cette Maison portent des armoiries parlantes qui sont des cloches ou beffrois. Au reste, quand je dérive le mot *belfragium* de *bello frangens*, ce n'est qu'en supposant que la plus ancienne & principale signification du mot désigne une machine de guerre ; car si l'expression *belfragium* a été premièrement employée pour signifier une cloche ou sa monture en bois, il en faut tirer l'origine du mot germanique *bell* ('cloche). C'est toujours dans la plus ancienne acception d'un terme qu'il en faut chercher l'origine. Dans l'un & dans l'autre cas *fragium* désigne un bois brisé, posé en brisure, ou traversier d'une autre piece de bois, comme dans *suffrago* (le pli de l'os de la jambe des animaux, le jarret) ; *suffragines* (la poussée latérale des branches d'une plante sur le tronc) ; *suffragia* (les petits morceaux de bois rompus qu'on distribuoit au Peuple en guise de bulletins, quand il avoit à donner sa voix ou, comme nous disons, son *suffrage* dans une assemblée publique) : du primitif *frango*.

de roues, de rouleaux, de poulies & de cordages, & la pouffent contre le mur. Niconidas, outre cette tour énorme, en fit auffi d'autres de moindre grandeur, & des batteries fur les galeres deftinées à jouer du côté de la mer. Quand tout fut prêt, le Roi ordonna pour le lendemain un affaut général: l'attaque du côté de la terre fut diftribuée en trois endroits à la fois, fous les ordres de Marius, de Diophante & de Taxile *a*.

A l'approche de cet effrayant appareil, Lyfiftrate fait tout ce qu'on peut attendre d'un Commandant intrépide & prévoyant. Ses Concitoyens n'apportent pas moins d'ardeur à le feconder: ils s'excitent à l'envi par le fouvenir de la belle défenfe que leurs ancêtres firent en pareil cas contre Memnon le Rhodien, Général des Perfes, lorfque ce fameux Capitaine vint inutilement mettre le fiege devant Cyzique, au temps où les Grecs détruifirent l'Empire de Darius *b*: tous enfin jurent de s'enfevelir, s'il le faut, fous les ruines de la place; *& pour en donner une preuve marquée par les effets plus que par des paroles, ils placent eux-mêmes leurs peres & leurs enfans derriere le parapet* *c*, aux endroits de l'attaque; intéreffant ainfi le falut de ce qu'ils ont de plus cher au monde à l'émulation de la défenfe publique.

Cependant les Barbares s'avancent à grands cris fur trois colonnes. L'affiégé leur répond du gefte & de la voix. On s'approche: les batteries commencent à jouer; rien n'eft égal à la vivacité de l'attaque, fi ce n'eft la promptitude de la réfiftance: tout fe trouve fous la main par les bons ordres que le Chef a donnés, & par la célérité de leur exécution. Les femmes même bravant le péril, s'occupent à mettre à portée de leurs défenfeurs les traits, les pierres, les tifons, les flambeaux, les pots à feu, les grands dards garnis d'étoupes goudronnées. Tout

XLI. Affaut général par terre & par mer. Les affiégeans font repouffés.

a Appian.
b Strab. L. XV.
c SALLUST. fragm. 350.

ce que jettent les attaquans est ramassé pour servir de nouveau contr'eux. Chacun semble n'avoir d'espérance qu'en soi, & d'attention que pour autrui : plus jaloux de blesser un ennemi que soigneux de se couvrir lui-même. Le choc de armes, le coup des machines, la voix de ceux qui s'animent, la joie de ceux qui ont quelqu'avantage, les clameurs des blessés, remplissent l'air d'un bruit également formidable & confus. Les tours des assiégeans menacent le haut de la muraille : la terrible hélépole ne pouvoit manquer d'y faire une large breche, si l'on ne trouvoit moyen de l'empêcher de joindre le rempart. Ce fut en cet endroit qu'on porta la principale attention. Les Cyzicains y abattirent eux-mêmes le rebord du revêtissement, & couchèrent sur le rempart, *en guise de herse horisontale* [a], des troncs d'arbres fourchus & aiguisés par le bout, faisant saillie en dehors, bien infixés dans la terrasse, où ils étoient chargés en queue de pierres de taille, & contre-butés par des poteaux fichés en terre. Cette espece de fortification rabattit beaucoup l'effort de la machine, dont l'énormité rendoit d'ailleurs les mouvemens lents & difficiles, quoique d'un grand effet quand ils portoient coup. L'habitant lançoit sans cesse dessus des blocs de marbre avec ses batteries, ou avec la main des pots à feu & des javelots garnis de mèches : il crevoit les cloisons de claies à coups de pieux ferrés, & jetoit au dedans par les ouvertures des torches de résine allumées, tendues au bout des piques. Malgré les précautions prises en la construisant, le feu y prit en plusieurs endroits : mais l'ingénieur avoit préparé des pieces de gros cannevas mouillées d'eau & de vinaigre, dont on couvroit promptement les endroits embrasés. Enfin de part & d'autre rien ne fut oublié de tout ce que la force ou l'industrie peuvent produire ; & dans un si grand danger que couroit la

---

[a] SALLUST. *fragm.* 677.

Ville, la patience, le courage, ni même une certaine activité gaie n'y furent point rallentis.

On étoit tout occupé à l'assaut du côté de la terre, lorsqu'on vit un nouvel artifice s'avancer du côté de la mer, à l'endroit où elle baigne le pied de la muraille. C'étoient des tours de bois dressées sur de grands bateaux, au milieu desquelles s'en élevoit une beaucoup plus haute, portée sur les deux plus grosses galeres de la flotte, fortement attachées ensemble avec des grappins, & réduites en plate-forme dans toute leur largeur par des madriers couverts de planches. Niconidas avoit construit le sommet de la tour en demi-toit, dont une partie montée à charniere *pouvoit se déployer en tombant jusques sur le bord du mur de la Ville, comme une espece de Pont* [a]. Les galeres s'en approchent à la rame, & le pont tournant ayant été renversé à force de bras [b], quatre soldats des plus hardis *gagnent la terrasse* [c]. Le peu de gens restés à la garde de ce poste, saisis de terreur à ce mouvement inattendu, prennent la fuite au premier abord. Mais voyant que ces premiers assaillans ne sont suivis que d'un petit nombre des leurs, ils tournent tête, précipitent les quatre soldats, & donnent le temps aux gardes voisines qui accouroient, de venir faire face à l'attaque. Le bruit de ce nouvel assaut jette de toutes parts l'alarme dans la Ville : on sent que l'instant décisif est arrivé : que tout va peut-être être perdu. *Une si cruelle extrémité retrace aussi-tôt à chacun le souvenir de ce qu'il a laissé chez soi de plus chéri & de plus capable de raffermir son courage : il n'y a pas un des combattans, de quelque rang qu'il soit, qui ne s'acquitte, non de son propre devoir seulement, mais encore de la plus petite fonction de tout autre emploi* [d]. Lysistrate y amene en hâte du renfort : enfin à force de haches, de leviers, & de

---

[a] SALLUST. fragm. 521.
[b] Appien.
[c] SALLUST. fragm. 520.
[d] SALLUST. fragm. 367.

faire écrouler le terrain pardeſſous, le pont *fut détaché de la muraille* ᵃ, & les galeres obligées de s'éloigner par la quantité de bitume & de faſcines allumées qu'on jetoit deſſus.

XLII. Breches réparées pendant la nuit. Second aſſaut. La tempête s'éleve; briſe les machines. Affreux déſaſtre. Conſternation générale.

Les aſſiégés ſoutinrent ainſi l'aſſaut juſqu'au déclin du jour, qui obligea le Roi de faire ſonner la retraite. Mais avec tous leurs efforts, ils ne purent empêcher qu'environ une heure après, un grand pan de la muraille ſi ſouvent & ſi rudement battu, ne s'écroulât de lui-même, à l'endroit où elle avoit été frappée des coups de l'hélépole ᵇ. Cet accident rejeta la Ville dans de mortelles alarmes. Lyſiſtrate ne perdit pas un inſtant : tout le monde mit la main à l'œuvre par ſon ordre, malgré l'accablement de la fatigue du jour. Dans le reſte de la ſoirée, & durant la nuit, *il fit élever un nouveau mur depuis l'angle du côté droit juſqu'à une flaque d'eau dormante qui n'en étoit pas éloignée* ᶜ. Les aſſiégeans, de leur côté, pendant cette nuit, & dans la matinée du lendemain, s'occuperent à raccommoder leurs machines fort endommagées. Comme on ne pouvoit plus repouſſer l'hélépole vis-à-vis de la breche réparée, à cauſe des décombres dont le terrein étoit embarraſſé, ils la tranſporterent ſur la gauche à l'endroit où la muraille étoit affoiblie par la chûte du pan voiſin. Un peu après le midi l'aſſaut recommença tant par terre que par mer. Mais au moment où l'attaque étoit la plus vive, un vent impétueux s'éleva tout-à-coup : la mer ſe mit à mugir; l'ouragan s'élança d'entre l'oueſt & le ſud avec une rapidité & une fureur inconcevables. On entendit craquer l'hélépole. La violence de l'orage prenant de biais cet édifice, le tordit comme un foible oſier, du ſommet juſqu'au milieu; tous ceux qui étoient dedans eurent les membres fracaſſés avant d'avoir eu le temps de ſe ſauver ᵈ. En moins d'une heure toutes les machines furent briſées. Sur la mer le déſaſtre fut le plus

ᵃ Sallust. *fragm.* 363.
ᵇ Appien.
ᶜ Sallust. *fragm.* 199.
ᵈ Vid. Sallust. *fragm.* 417.

épouvantable

épouvantable qu'il soit possible de décrire. *On y vit d'abord vaciller les galeres chargées du poids des tours [a], dont l'élévation donnoit beaucoup de prise à l'orage: bientôt elles perdirent tout-à-fait l'équilibre, & plongerent [b].* Tous les équipages se trouvoient en ce moment sur la flotte. Les vaisseaux tout appareillés voguoient fort près l'un de l'autre dans le détroit, où la vague leur étoit rudement renvoyée des deux côtes voisines. Il n'y avoit moyen ni de gagner le large, le vent soufflant de bout de l'embouchure du golphe; ni d'empêcher les vaisseaux de se briser en s'entre-choquant. Le sifflement de l'air, le choc des bâtimens & des ondes, l'effroi, *la confusion qui régnoit dans les navires, empêchoit les matelots de manœuvrer & d'entendre les ordres du pilote [c] :* c'étoit un spectacle affreux. Plusieurs galeres furent englouties au milieu des ondes: plusieurs autres vinrent échouer à la côte où elles s'ouvrirent; ceux qui les montoient, pour être près du rivage, ne furent pas plus heureux que leurs compagnons qui avoient fait naufrage en haute mer: *on peut même dire qu'ils eurent à souffrir plus d'un genre de mort ; car ceux qui tenterent de se sauver à la nage, frappés à tout moment par le fer des vaisseaux battus de la tourmente, froissés de la chûte de leurs propres compagnons, heurtés contre les bateaux par la violence de la vague, écrasés ou enfoncés sous la quille des bâtimens qui passoient, périrent enfin tout couverts d'horribles blessures [d].*

Au milieu de ce désastre effroyable de l'armée royale, *le trouble & l'épouvante régnoient presqu'également dans la place.* Tout le monde y étoit en mouvement, dans la frayeur que l'inondation ne ruinât les nouveaux retranchemens faits à la hâte de briques séchées au soleil, & dont le pied baignoit absolument dans l'eau; l'agitation de la mer ayant refoulé le flot par les conduits

---

[a] Sallust. fragm. 196.
[b] Jul. obseq. de prodig.
[c] Sallust. fragm. 224.
[d] Sallust. fragm. 161. & 523.

des égouts *a*. La nuit survint, augmentant l'horreur & l'incertitude d'une telle situation.

XLIII. Les Cyzicains reprennent confiance à la vue des pertes du Roi. Prodiges. Sacrifices. Secours jeté dans la place par Lucullus.

Mais le retour de la lumiere offrit aux deux partis un spectacle bien différent; lorsqu'on vit la terre & la mer couvertes du débris des pertes de Mithridate, tandis que les fortifications de la Ville avoient heureusement résisté à l'intumescence des flots. On peut juger de l'effet que produisit dans Cyzique ce passage subit de tant d'allarmes réitérés, à l'espoir presqu'assuré d'une prochaine délivrance. Les Citoyens s'embrassent, se félicitent mutuellement de leur bonheur inattendu, & reconnoissent la protection visible des Dieux. Quelques-uns d'eux prétendirent même en avoir eu des présages. Aristagoras, Officier de la Ville, raconta que Proserpine lui étoit apparue en songe *b*. (c'étoit justement le jour des Péréphatties, nom de la fête de cette Déesse, protectrice particuliere de Cyzique, & à qui, selon les Mythologues, Jupiter a donné cette Ville en dot *c*), & qu'elle lui avoit annoncé qu'elle alloit opposer la flûte de Lybie à la trompette de Pont: en effet, l'ouragan étoit venu du côté de l'Afrique. Un Cyzicain montra, comme un signe de victoire, une petite branche de laurier qui avoit poussé dans son jardin sur un figuier *d*. Dans le temps qu'on alloit offrir des sacrifices d'actions de graces à la Déesse protectrice, & qu'on préparoit des victimes en figures de plâtre, faute d'en pouvoir amener de réelles du troupeau consacré à Proserpine, à cause des grandes eaux répandues entre la Ville & le pâturage, une vache du troupeau, probablement effarée par l'ouragan, descendit de la montagne des ours, traversa l'eau à la nage, & parut venir d'elle-même s'offrir à l'autel *e*. Les habitans de la Troade conterent aussi qu'on avoit vu Minerve revenir la nuit

a SALLUST. *fragm. 368.*
b *Jul. obseq.* ibid.
c *Appien.*
d *Plin.* XXXI. 16.
e *Plutarch.* ibid. 919.

ROMAINE. LIVRE III. 107

au Temple d'Ilion, son voile tout mouillé, disant qu'elle venoit de porter du secours à Cyzique. Le bruit de cette merveille s'est si bien accrédité dans le Pays, qu'on en a conservé la mémoire par une inscription sur un monument. Ces récits, tout frivoles ou douteux qu'ils pouvoient être, ne laissoient pas d'avoir leur utilité par l'impression qu'ils faisoient sur l'esprit du Peuple, dont le caractere est d'écouter avec avidité les prodiges, aliment ordinaire de son espérance ou de ses craintes. Il est certain que de ce jour la confiance renaquit si bien dans Cyzique, que durant le reste du siege elle n'y fut plus altérée. Mais les assiégés reçurent en même temps un secours dont la réalité n'avoit rien d'équivoque. Le lac Dascylitide, voisin de la Ville, porte d'assez gros bateaux. Lucullus, d'abord après la tempête, profita du moment de désordre qu'elle avoit jeté dans le camp ennemi : il fit tirer à sec le plus grand de ces bateaux, & le fit traîner par terre à force de bras, *dans tout l'espace qui est au-delà du lac jusqu'à la riviere* [a] : on le lança à l'eau : on le chargea de vivres & de soldats autant qu'il en put contenir [b] : le bâtiment passa heureusement au milieu de la nuit sans être apperçu, & entra dans le bassin du port. Ce renfort, quoiqu'assez petit, redoubla la joie des Cyzicains, lorsqu'ils virent que le Général romain ne négligeoit pas de tenter pour leur défense les choses le moins faciles à exécuter.

Les confidens de Mithridate le pressoient de s'éloigner d'une Ville fatale, où tous les malheurs imaginables s'obstinoient à le poursuivre. Mais vainement ils lui représenterent que le temps n'étoit plus propre à continuer un siege; qu'il ne falloit pas espérer au milieu de l'hyver des succès qu'on n'avoit pas eus dans la belle saison; que l'armée souffroit déjà beaucoup de la rareté des vivres, sur l'arrivée desquels on ne pouvoit plus compter par une mer orageuse. Toutes ces raisons qu'il n'ignoroit

XLIV. Le Roi s'obstine à continuer le siege. Nouveaux ouvrages.

[a] SALLUST. *fragm. 333.* [b] *Plut.* ibid. *909.*

pas lui-même, parurent peu le toucher, quoiqu'au fond de l'ame il en sentît toute la force en s'obstinant à les rejeter. Le dépit de voir sans fruit tant de temps & d'argent consumé, la honte de reculer aux yeux de l'Asie entiere sur une entreprise formée avec tant de confiance & d'éclat, & plus que tout cela, l'entêtement & l'habitude d'être heureux, l'opiniâtroient dans son projet. Il espéroit toujours de pouvoir prendre la Ville par de nouveaux ouvrages qui ne seroient plus sujets aux mêmes accidens que les premiers. On poussoit par son ordre une haute terrasse, depuis le talus du mont Dindyme jusqu'au mur de Cyzique : on replaça les batteries sur cette levée, sous laquelle on avoit ménagé des galeries souterreines, pour en venir de nouveau à la sappe. Mais ce travail long & pénible avançoit peu, malgré le nombre infini de bras qu'on y employoit : les assiégés le troubloient sans cesse : n'ignorant pas à quel point la disette & la maladie avoient affoibli l'armée, ils la fatiguoient presque sans danger par des sorties journalieres [a].

XLV. Il renvoie une partie de ses troupes. Entiere déroute de la cavalerie royale au passage du Rhyndaque.

Cependant le Roi ayant appris que Lucullus étoit allé en personne presser l'attaque d'un château voisin qui incommodoit ses quartiers, résolut de profiter de ce moment pour renvoyer du siege sa cavalerie, ses prisonniers de guerre, ses gros équipages, ses chameaux & autres bêtes de somme [b]. C'étoit la partie de son armée qui lui étoit le plus à charge. Les chevaux mal ferrés depuis long-temps, avoient les pieds gâtés [c]: d'ailleurs la maigreur excessive les mettoit hors de service. Il y joignit les plus foibles corps de son infanterie, mena le tout du côté le plus distant du gros de l'armée romaine, força le retranchement, & les renvoya en Bithynie [d] sous la conduite de Fannius & de Métrophanes. Lucullus averti par un courier de ce qui se passoit du côté des lignes, revint au camp toute la nuit. Le lendemain,

[a] *Appien.*
[b] *Plutarch.*
[c] *Appien.*
[d] *Oros.*

ROMAINE. LIVRE III. 109

dès la pointe du jour, quoique le temps fût fort rude, il se mit à la poursuite de ce détachement avec dix cohortes & douze cents chevaux. Il neigeoit si fort, qu'une partie de ses gens demeurerent en arriere : il détacha en avant son Lieutenant Mamercus, avec ceux qui purent suivre : ils joignirent la cavalerie royale comme elle étoit prête à passer le Rhyndaque. Cette troupe confuse d'hommes & d'animaux, marchoit fort en désordre. Le chameau, dont on fait grand usage en Orient pour le transport des bagages, est un animal souple, très-fort, qui vit de peu, qui a le pas allongé, mais qui craint le terrein fangeux, & ne fait pas de longues traites sans s'arrêter. La descente est rapide aux approches du Rhyndaque : les glaces & la neige fondue en augmentoient la difficulté pour des bêtes chargées, & sur-tout pour les chameaux qui naturellement ont beaucoup de peine à marcher sur la terre molle & glissante. Comme ils étoient ainsi en désordre, & déjà à demi abattus par la difficulté de se tenir sur leurs pieds dans ce terrein glissant, les premieres cohortes tomberent sur eux & sur tout le reste du détachement : bientôt la troupe entiere arriva pour les charger, avec l'ardeur que le soldat ne manque jamais d'avoir quand il est sûr de l'avantage [a]. La déroute fut complete : tous les équipages du Roi furent pris : c'est en cette occasion que les Romains virent pour la premiere fois des chameaux [b] 1. Ils en emmenerent plusieurs, outre une quantité de bêtes de trait, six mille chevaux, & quinze mille prisonniers. Tout le détachement de l'armée royale fut tellement dissipé en cette rencontre, que les femmes

[a] SALLUST. fragm. 366.
[b] SALLUST. fragm. 28.

1 « Je m'étonne que Salluste ait écrit » que ce fut en cette occasion que les » Romains virent des chameaux pour la » premiere fois ; car comment a-t-il pu » s'imaginer que ceux qui, long-temps » auparavant sous Scipion, avoient vaincu » le grand Anthiocus, & qui tout fraîche- » ment venoient encore de battre Arche- » laüs à Orchomene & à Cheronée, n'eus- » sent pas encore vu des chameaux * » ?

* Plutarch. in Lucull.

d'Apollonie, Ville voisine, vinrent sur le champ de bataille piller le bagage & dépouiller les morts. Les cohortes ramenerent au camp un butin immense, repassant au retour à la vue même du mont Dindyme & des assiégeans [a].

XLVI. Famine & maladie au camp royal. Le Roi donne les ordres pour la retraite.

Ces derniers étoient trop occupés de leurs propres malheurs, pour prendre part à celui d'autrui. L'armée commençoit à souffrir horriblement de la famine. Il n'y avoit pas un des assiégeans qui n'enviât le sort de ceux qu'il tenoit investis [b]. Les barbares qui y étoient en grand nombre, ne se faisoient pas beaucoup de peine de dévorer la chair des corps morts : une partie des autres soldats broutoient l'herbe comme des bêtes, ou arrachoient toutes sortes de racines qu'ils mangeoient sans discernement. *L'usage de tels alimens si peu propres à la nourriture de l'homme, engendra de cruelles maladies* [c]. Ainsi comme la longueur du siege & la rigueur de la saison y avoient amené la famine, la famine y amena la peste par l'infection que tant de cadavres mal ensevelis répandoient autour du camp [d]. Le Roi n'ignoroit pas que les vivres étoient extrêmement rares à l'armée : mais il fut quelque temps sans la savoir réduite à cette extrêmité. Les Officiers généraux lui déguisoient le véritable état des choses. Ses courtisans étoient si fort dans l'habitude de le flatter ; son humeur terrible & absolue les tenoit dans une telle crainte ; les conseils qu'on lui avoit voulu donner à ce sujet avoient été si mal reçus, que personne n'osoit plus lui en reparler. Mais dès qu'il vit par lui-même la misere affreuse des troupes, les sentimens d'ambition & de fausse gloire s'évanouirent au même instant de ce cœur presqu'inaccessible à la pitié. Il convint qu'on ne lui avoit jamais fait la guerre d'une maniere si sérieuse ni si dangereuse ; & que le Général romain, sans rechercher le brillant des actions d'éclat, ne savoit que trop bien s'en assurer

[a] *Plutarch.*
[b] *Sidon-Apollin. Carm. 22.*
[c] SALLUST. *fragm.* 112.
[d] *Mithr. Epistol. Flor.* ibid.

les effets. Auffi-tôt il affembla le Confeil pour avifer aux moyens de la retraite *a*. Elle n'étoit pas facile dans cette mauvaife pofition, vis-à-vis d'une armée victorieufe. On réfolut de fe retirer de différens côtés, afin qu'au moins tandis que l'un occuperoit l'ennemi, les autres puffent échapper: qu'Herméas & Marius conduiroient trente mille hommes par terre aux paffages de l'Efape & du Granique, d'où ils marcheroient fur Lampfaque *b* : que l'Eunuque Denys & un Capitaine Paphlagonien nommé Alexandre, à la tête d'un autre corps, traverferoient en bateaux la baie occidentale jufqu'à Para ¹, de l'autre côté du mont Adrafte, d'où ils fe retireroient à Ténédos fur la flotte commandée par Ifidore : qu'une troifieme divifion prendroit le chemin de Nicomédie, où le Roi lui-même conduiroit par mer le refte de l'armée *c* : & cependant, pour détourner l'attention de Lucullus, Ariftonic eut ordre de s'en approcher de fort près avec fon efcadre, & de publier qu'il alloit faire une expédition dans la mer de Grece. Le Roi lui remit en même temps dix mille dariques d'or, pour tâcher, s'il étoit poffible, de corrompre quelque partie de l'armée romaine. Mais cette derniere manœuvre n'eut aucun fuccès. Comme Ariftonic étoit prêt de mettre à la voile, fes propres gens le volerent & le livrerent à Lucullus *d*.

Les ordres ainfi diftribués pour le départ, les troupes de terre fe mirent en marche à l'entrée de la nuit; en grand filence &

XLVII. Levée du fiege.

---

a Plutarch.
b Memnon. chap. 42, Orof. ibid.

¹ Ville maritime de la Myfie, entre Lampfaque & Cyzique, dont elle n'eft féparée que par le mont Adrafte. On l'appelloit autrefois Adraftie; c'eft le nom que lui donne Homere *. Elle tira d'une Colonie de l'ifle de Paros qui vint y habiter,
* Strabon.

c Vid. Plutarch. Appien. & Memnon.
d Plutarch.

fon nouveau nom qu'elle conferve aujourd'hui, *Pario*. Elle devint affez confidérable au temps des Attales, rois de Pergame, qui en ayant reçu de bons fervices, la laifferent s'agrandir aux dépens de Priape, Ville de leur domination, dont le port ne valoit pas celui de Para.

en assez bon ordre. Il n'en fut pas de même de celles qui devoient s'embarquer: lorsqu'on fut près du rivage, on ne put empêcher les Barbares de se jeter dans les bateaux en si grande foule, qu'une partie des barques couloient bas tout en quittant la côte *a*. D'autres après *s'être un peu avancées en mer, se trouvant trop, & trop inégalement chargées, balançoient & étoient renversées par les faux mouvemens que la frayeur faisoit faire à ceux qui étoient dedans* *b*. La grosse mer en fit périr encore une partie dans la traversée *c* : le Roi perdit beaucoup de monde en cette occasion : la retraite fut au moins aussi malheureuse que l'avoit été l'attaque *d*; on eût dit que les élémens s'étoient ligués avec les Romains pour détruire cette armée *e*; & que la mer & les vents ne vouloient presque laisser autre chose à faire à ceux-ci, que de se tenir tranquilles spectateurs du désastre de leur ennemi *f*. Tout cet hyver ne fut qu'une suite continuelle d'*orages* *g*. Cette flotte immense, cette armée superbe, fut entièrement fondue en une seule campagne. Il avoit bien perdu quarante mille hommes au siege par le fer ou par la maladie, & quinze mille tant déserteurs que prisonniers *h*. La retraite lui coûta beaucoup davantage en détail : de sorte qu'à la fin de l'hyver il ne restoit rien de cette prodigieuse armée dont on faisoit monter le nombre à près de trois cents mille hommes, tant combattans que gens de suite, dont la troupe est toujours fort considérable dans les armées asiatiques.

XLVIII.
Joie des Cyzicains. Lucullus poursuit l'ennemi jusqu'à Lampsaque.

A Cyzique, les premiers qui le lendemain de la retraite s'apperçurent du haut des tours, par l'abandon des postes, que l'ennemi s'étoit éloigné, & que les accès de la place étoient devenus libres, coururent y répandre cette heureuse nouvelle.

a Memnon.
b SALLUST. *fragm.* 38.
c Mithr. Epistol. ap. SALLUST. *fragm.* 5.
d Tit. Liv. Epitom. 95.
e Flor. ibid.
f Oros. ibid.
g SALLUST. *fragm.* 146.
h Memnon. ibid.

Chacun

Chacun fort de chez foi pour aller jouir par ses propres yeux d'un bonheur si long-temps desiré. *Une foule incroyable de Peuple se jette par tous les endroits évacués, & se répand hors de la Ville comme en pleine paix* [a]. On visite les quartiers; on se montre réciproquement où étoient les principales attaques; par quel endroit les machines se sont approchées; quelle action de marque s'est passée en tel endroit; en un mot, tout ce que la vue des lieux peut retracer au souvenir de tant de gens pleins de joie de leur délivrance. Le camp du Roi qu'on avoit laissé tout tendu, fut pillé; & les malades qu'on y avoit abandonnés, pris ou égorgés.

D'autre part Lucullus, attentif aux mouvemens de l'ennemi, se mit aux trousses de la premiere division, qui se retiroit du côté du Granique & de l'Esape: il étoit moins question pour les Romains de combat que de victoire, par-tout où l'on rencontroit ces troupes mortes de faim & découragées: il ne s'agissoit que de les atteindre. Le cours des rivieres enflé par les pluies, retarda leur passage. Même en tout temps celui du Granique n'est pas aisé; les eaux étant rapides, assez profondes & son bord escarpé. La cavalerie d'Alexandre avoit eu peine à le traverser [b]. Lucullus eut le temps de tomber sur l'arriere-garde ennemie, dont il fit un tel carnage, que les eaux des fleuves furent teintes de sang jusqu'à leur embouchure [c]. Le reste, après avoir pillé, chemin faisant, la ville de Priape & le riche Temple de Diane [d], se réfugia dans Lampsaque, où le Général romain vint mettre le siege sans perdre un instant. Mais le Roi envoya dans le port des vaisseaux qui retirerent de la place la garnison & même les habitans [e]: de sorte que Lucullus ramena son armée à Cyzique.

[a] Sallust. fragm. 184.
[b] Memnon.
[c] Flor. ibid.
[d] Plutarch. ibid.
[e] Appien.

XLIX. Entrée de Lucullus à Cyzique. Il rend compte à Rome de l'état des choses.

Son entrée dans la Ville fut un véritable triomphe. Tous les habitans sortirent au devant de lui, jusqu'aux femmes & aux enfans; *lui témoignant dans leurs acclamations la plus vive reconnoissance* [a] : ils instituerent en son honneur une fête publique, qu'ils continuent de célébrer aujourd'hui, & qu'on appelle les jeux Luculliens [b]. Lucullus, de son côté, embrassa Lysistrate, fit mille accueils aux principaux Citoyens, les combla tous d'éloge pour leur brave résistance, qu'il assuroit avoir encore plus contribué à faire échouer Mithridate, que le secours qu'il avoit amené [c]. Il est en effet constant que s'ils eussent montré moins de vigueur, Lucullus auroit eu peine à faire face aux forces prodigieuses de l'ennemi : mais il ne l'est pas moins que jamais Général n'a fait une plus belle campagne ni mieux conduite [d]. Il en écrivit au Sénat, & entoura ses lettres de laurier [e]. Le Sénat fit rendre aux Dieux de solemnelles actions de graces, pour le salut d'une Ville si belle, alliée de la République [f], préservée contre toute espérance de sa ruine totale [g]. On joignit un territoire considérable au district qu'elle possédoit déjà [h] : & l'on a depuis toujours continué de la traiter en Ville libre [i]. Lucullus fut loué & remercié des belles manœuvres par lesquelles il s'étoit assuré de la victoire sans exposer le sang romain [k]. On lui manda qu'on alloit tirer du trésor public une somme de trois mille talens pour lui équiper une flotte. Mais il fit réponse qu'il prioit le Sénat d'employer cet argent à d'autres besoins de l'Etat; que la guerre d'Asie devoit fournir à ses propres frais; & qu'au moyen des contributions qu'il tireroit, & du secours des Villes alliées, il auroit de quoi armer une escadre & chasser Mithridate de la mer [l].

[a] Sallust. fragm. 91.
[b] Appien.
[c] Tacit. annal. IV. 36.
[d] Cic. pro Muren. 15.
[e] Appien.
[f] Cic. ibid.
[g] Id. pro Archia. 9.
[h] Strab. L. 12.
[i] Tacit. ibid.
[k] Oros. ibid.
[l] Plutarch. ibid.

En effet, il ne séjournoit à Cyzique que pour prendre le soin de rassembler tout ce qu'il pourroit trouver de vaisseaux, grands ou petits, le long de la Propontide & dans les mers voisines. Il en réunit un assez bon nombre, dont les Insulaires de l'isle de Cio lui fournirent une partie en reconnoissance du service important qu'il leur avoit rendu. D'ailleurs *ils haïssoient mortellement le Roi* [a] ; & ils en avoient sujet. Ce Prince n'avoit jamais pu leur pardonner un événement qui avoit mis sa vie en danger, & qui peut-être n'étoit qu'au fond un accident involontaire. Dans un combat naval contre les Rhodiens, un gros navire de Cio faisant partie de la flotte royale, vint heurter celui de Mithridate si rudement, qu'il pensa le couler bas. Le Roi se persuada que ceci avoit été fait à dessein ; d'autant plus aisément, qu'il connoissoit les Ciotes pour être dans l'ame fort attachés au parti des Romains. Grand nombre des Citoyens de l'isle avoient quitté leur patrie pour se réfugier auprès de Sylla. Mithridate fit vendre leurs biens à l'encan. Non content de ceci, il envoya Zénobius avec une escadre qui, sous prétexte de faire voile en Grece, mouilla dans l'isle de Cio, & se saisit une nuit des portes & des endroits élevés de la Ville. Le lendemain matin il fit publier par un crieur que tous les étrangers eussent à se tenir tranquilles chez eux sans en sortir; & que les habitans vinssent à la place publique entendre les volontés du Roi. Il leur dit que son maître n'ayant que trop de sujet de les soupçonner d'un grand penchant pour le parti des Romains, le plus sûr moyen de le rassurer à cet égard, étoit de livrer leurs armes, & de donner pour ôtages les enfans des principaux de la Ville. En l'état où étoient les choses, l'obéissance devenoit un parti forcé pour les Ciotes : alors Zénobius leur ordonna d'attendre une lettre du Roi qui devoit leur arriver : elle étoit conçue en ces termes. « Je suis bien

L. L'isle de Cio fournit une flotte aux Romains. Haine des Ciotes contre le Roi. Traitement barbare qu'ils en avoient reçu.

[a] SALLUST. *fragm.* 524.

» informé que même aujourd'hui vous continuez de favoriser
» les Romains, chez qui plusieurs de vos Citoyens se sont
» retirés. Vous avez pris d'eux en bail à ferme quantité de
» terres, desquelles vous ne me payez point de tribut. Une de
» vos galeres a frappé la mienne au combat de Rhodes, & m'a
» pensé faire périr. Je rejetterois volontiers cette faute sur
» l'ignorance du pilote, si mon indulgence pouvoit vous rendre
» sages : mais vous venez encore de députer à Sylla les prin-
» cipaux de vos Citoyens : & ne dites pas qu'ils y sont allés à
» votre insu; car une telle démarche n'a pu se faire que du
» consentement public; sans quoi vous ne l'auriez pas soufferte.
» Cependant quoique mon Conseil vous ait jugés dignes de
» mort, comme ayant attenté à mon autorité & même à ma
» vie, je veux bien commuer cette peine en une amende de
» deux mille talens [1] ». Cette lettre foudroyante remplit de
terreur les malheureux Insulaires; ils demanderent d'envoyer
une députation à Mithridate; mais Zénobius leur en ayant
refusé la permission, quelle ressource leur restoit-il après avoir
livré ce qu'ils avoient de plus cher ? Ils prirent l'argenterie des
Temples & tous les joyaux de leurs femmes, dont ils firent le
mieux qu'ils purent la somme demandée. Zénobius les assembla
de nouveau dans le théâtre, environnés de soldats l'épée nue;
& sous prétexte qu'il manquoit quelque chose au poids de
l'argent, *il fit conduire sur un vaisseau toutes ces malheureuses
victimes* [a] : on les mena l'une après l'autre jusqu'au port, à
travers de leur Ville & au milieu des insultes d'une soldatesque
barbare. Leurs femmes & leurs enfans furent embarqués à part
sur d'autres bâtimens : les hommes furent remis enchaînés à
leurs propres esclaves, chargés de les transporter en Colchide
sur les bords de l'Euxin [b]. Mais comme ils passoient à la vue

---

[1] Un million d'onces d'argent.
[a] SALLUST. *fragm.* 543.
[b] *Appien. p.* 200. *Nicol. Damasc. fragm. in exc. Val. p.* 506.

ROMAINE. *LIVRE III.* 117

du port d'Héraclée, en faisant voile vers cette rive barbare, les Héracléotes se saisirent des vaisseaux commandés par Dorylas, & donnerent généreusement un asyle chez eux à ces malheureux captifs [a]. Peu après Lucullus, ramenant en Gréce, à Sylla son Général, les vaisseaux qu'il avoit rassemblés dans l'isle de Chypre, apprit le désastre des Ciotes: il vint aussi-tôt mouiller à Cio; en chassa la garnison de Mithridate, qui s'étoit mise en possession d'une partie des terres de l'isle [b]; envoya des bâtimens de transport rechercher les exilés, & les rétablit dans leur patrie. D'un autre côté, Zénobius ne porta pas loin la peine de sa cruauté: en voulant surprendre Ephése, il fut pris lui-même & mis à mort [c].

La flotte de Lucullus étant à peu près réunie, il en alla faire la revue en Troade, sur la côte de l'Hellespont. On lui avoit tendu un pavillon au bord de la mer, dans un Temple de Vénus. On raconte que la nuit cette Déesse lui apparut en songe, lui disant: *tu dors, lion généreux, & les cerfs timides sont à côté de toi* [d]. Si je rapporte ces sortes de bruits populaires, c'est qu'il est du devoir de l'Historien de tenir compte des opinions publiques, sans prétendre leur donner par-là plus de poids qu'elles n'en méritent. Le lendemain Lucullus reçut avis, par un exprès envoyé d'Ilion, que le gros temps avoit séparé la flotte royale, & jeté treize vaisseaux dans une anse de Ténédos, appellée le port des Grecs [1]; pendant qu'on voyoit le reste de la flotte faire voile du côté de Lemnos. Aussi-tôt Lucullus fit

LI. Lucullus poursuit en mer la flotte royale. Combat naval à Ténédos & à Lemnos. Ruine de la flotte royale. Marius est mis à mort.

---

[a] *Memnon.*
[b] *Plut. in Lucull.*
[c] *Appien.*
[d] *Plutarch.*

[1] Ainsi nommé sans doute, parce que la flotte d'Agamemnon se cacha dans cette anse de l'isle de Ténédos, lorsqu'elle feignit d'abandonner le siège de Troye. *Virgile* la décrit ainsi, Æn. II. 23.

Nunc tantùm sinus, & statio malefida carinis.
Huc se provecti deserto in littore condunt.

appareiller, passa le détroit de Dardane & surprit ces treize bâtimens. L'amiral Isidore fut tué dans cette rencontre. Delà le Général romain alla donner la chasse au gros de la flotte, composée d'environ trente-cinq voiles, qui avoit déjà doublé la pointe de Chersonese, & s'étoit mise à la cape sous une isle déserte voisine de Lemnos [a]. Les Officiers (c'étoit Marius, l'Eunuque Denys & le Capitaine Alexandre) voyant qu'ils alloient être attaqués, mirent leurs bâtimens serrés les uns contre les autres, les acculerent au rivage & les amarerent fortement contre terre avec des cables [b]. Lucullus détacha en avant deux de ses vaisseaux pour attirer l'ennemi au combat: mais il ne s'ébranloit pas. Les Romains fondirent sur lui à force de rames. Le choc leur réussit mal: la mer obéissant aux mouvemens, leurs navires à flot furent repoussés avec violence, en heurtant ceux du Roi, qui étoient stables & à demi échoués contre le rivage. Il fallut se battre en ligne, navire contre navire, & s'il est permis de s'exprimer ainsi, corps à corps: car le lieu ne permettoit pas d'environner l'ennemi. Les troupes royales, au nombre de dix mille hommes de ses meilleurs soldats, parmi lesquels étoit une partie du corps que Sertorius avoit envoyé d'Espagne, firent la plus vigoureuse défense; se battant de dessus le tillac, comme du haut d'une citadelle [c]. Romains & Barbares, tous montrerent une égale valeur dans une occasion où l'on étoit forcé de tenir pied ferme, & *où la timidité ne pouvoit mettre personne à couvert* [d]. Lucullus voyant qu'on lui tuoit beaucoup de monde, sans qu'il fût possible d'ébranler l'ennemi de ce poste, détacha quelques-unes de ses galeres, avec ordre de côtoyer l'isle, & de tenter la descente, si elle étoit praticable en quelque endroit. Elles reconnurent une petite baie, où, quoiqu'avec beaucoup de peine, on

[a] *Oros.*
[b] *Plutarch.* ibid.
[c] *Oros.*
[d] Sallust. *fragm.* 95.

débarqua une troupe d'élite qui vint prendre l'ennemi par derriere. Les soldats Romains *se jeterent dans la mer jusqu'à la ceinture* [a], & vinrent à l'abordage. Ceux du Roi partagés par cette diversion, firent encore une assez longue résistance. L'attaque d'une flotte assaillie du côté du rivage & bloquée du côté de la mer, fit une mêlée fort étrange dans ce combat moitié naval & moitié sur terre. Enfin, la vivacité de l'abordage força la flotte de couper ses cables & de démarer. Mais quand elle voulut se mettre en mouvement, ce ne fut qu'avec une extrême confusion. Les vaisseaux se froissoient les uns les autres : s'ils s'avançoient en mer, les galeres de Lucullus leur tomboient dessus, & les perçoient de leurs éperons. Ils prirent le parti de se couler le mieux qu'ils purent le long de la côte, & de serrer la terre [b]. Dans ce désordre, il y en eut beaucoup de tués, beaucoup de pris & encore plus de noyés. *Ces derniers même eurent le plus à souffrir : car à mesure qu'ils revenoient sur l'eau, ils étoient mis en pieces par les pointes des galeres ; ou les barques en passant les meurtrissoient & les replongeoient du fond* [c]. Le reste s'échoua à la côte ; & chacun se sauva dans l'isle comme il put [d]. Les trois Commandans furent pris ensemble dans une caverne où ils s'étoient cachés ; la même, à ce qu'on prétend, dans laquelle Philoctète, abandonné par les Grecs dans cette isle déserte, avoit fait sa demeure au temps du siege de Troye : on montre près delà le tombeau de cet ancien Héros, orné de sa statue de bronze, où il est représenté revêtu de sa cuirasse, l'arc & les fleches d'Hercule à la main, les jambes enveloppées de bandes aux endroits de ses plaies, & près de lui l'hydre de Lerne, premiere cause de ses souffrances. L'Eunuque Denys se voyant découvert, avala du poison & expira sur le champ. Alexandre fut réservé pour le triomphe du vainqueur : mais

---

[a] SALLUST. *fragm.* 328.
[b] Archias. *hist. bell. Pont. ap. Cic.* 9.
[c] *Vid.* SALLUST. *fragm.* 523.
[d] Eutrop. *L.* 6.

on tua Marius *a*. Le Proconful fit femblant d'en être fort irrité: car il avoit recommandé tout haut qu'on tachât de le prendre vivant; voulant, difoit-il, le mener en Italie, & le faire punir du dernier fupplice, comme déferteur & traître à fa patrie. Il avoit même donné fon fignalement avant le combat; & Marius étoit facile à reconnoître, ayant perdu un œil *b*. Mais, dans le vrai, le Général donna des ordres fecrets de le tuer; ne jugeant pas à propos de montrer à Rome un Sénateur romain enchaîné à la fuite de fon char; & encore moins un homme dont le nom avoit eu tant de partifans.

LII. Importance de cette victoire. Deftination de la flotte du Roi.

Cette victoire navale fut pour Rome un événement de la derniere conféquence. Il paffe pour conftant que la flotte d'Ifidore avoit ordre de faire voile droit en Italie *c*. Le Roi, du milieu de fes infortunes, ne rabattoit rien de fes grands projets. Aucun revers ne lui fit jamais perdre de vue le deffein qu'il avoit dès long-temps formé de porter la guerre, à l'exemple d'Hannibal, dans le fein même de l'Italie, & de fe délivrer des Romains, en les allant attaquer chez eux 1. Pour cette fois,

---

a Appien.
b Plutarch.
c Cic. pro Murena. 15.

1 MITHRID.   Enfin l'heure eft venue
Qu'il faut que mon fecret éclate à votre vue,
A mes nobles projets je vois tout confpirer,
Il ne me refte plus qu'à vous les déclarer.
Je fuis, ainfi le veut la fortune ennemie.
Mais vous favez trop bien l'hiftoire de ma vie,
Pour croire que long-temps foigneux de me cacher,
J'attende en ces déferts qu'on me vienne chercher.
La guerre a fes faveurs ainfi que fes difgraces,
Déjà plus d'une fois retournant fur mes traces,
Tandis que l'ennemi, par ma fuite trompé,
Tenoit après fon char un vain Peuple occupé,
Et gravant en airain fes frêles avantages,
De mes Etats conquis enchaînoit les images :
Le Bofphore m'a vu, par de nouveaux apprêts,

ROMAINE. *LIVRE III.*

il envoyoit l'élite de ses soldats se joindre aux Gladiateurs, dont la révolte venoit d'éclater. Marius & quelques autres gens proscrits par les loix de Sylla, y alloient avec eux, dans l'intention

Ramener la terreur du fond de ses marais;
Et, chassant les Romains de l'Asie étonnée,
Renverser en un jour l'ouvrage d'une année.
D'autres temps, d'autres soins. L'orient accablé
Ne peut plus soutenir leur effort redoublé.
Il voit plus que jamais ses campagnes couvertes
De Romains que la guerre enrichit de nos pertes.
Des biens des nations ravisseurs altérés,
Le bruit de nos trésors les a tous attirés ;
Ils y courent en foule ; & jaloux l'un de l'autre,
Désertent leur Pays pour inonder le nôtre.
Moi seul je leur résiste. Ou lassés, ou soumis,
Ma funeste amitié pese à tous mes amis.
Chacun à ce fardeau veut dérober sa tête.
Le grand nom de Pompée assure sa conquête.
C'est l'effroi de l'Asie. Et, loin de l'y chercher,
C'est à Rome, mes fils, que je prétends marcher.
Ce dessein vous surprend, & vous croyez peut-être
Que le seul désespoir aujourd'hui le fait naître.
J'excuse votre erreur. Et, pour être approuvés,
De semblables projets veulent être achevés.
   Ne vous figurez point que de cette contrée,
Par d'éternels remparts Rome soit séparée.
Je sais tous les chemins par où je dois passer ;
Et si la mort bientôt ne me vient traverser,
Sans reculer plus loin l'effet de ma parole,
Je vous rends dans trois mois au pied du Capitole.
Doutez-vous que l'Euxin ne me porte en deux jours
Aux lieux où le Danube y vient finir son cours ;
Que du Scythe, avec moi l'alliance jurée,
De l'Europe en ces lieux ne me livre l'entrée ?
Recueilli dans leurs ports, accru de leurs soldats,
Nous verrons notre camp grossir à chaque pas.
Daces, Pannoniens, la fiere Germanie,
Tous n'attendent qu'un Chef contre la tyrannie.
Vous avez vu l'Espagne, & sur-tout les Gaulois,
Contre ces mêmes murs qu'ils ont pris autrefois,

Tome II.   Q

de réveiller par leur préfence les reftes d'un parti redoutable attachés à ce nom fameux [a]. Il eft hors de doute que leur

[a] *V. Cic. Leg. Manil. 21. & pro Muren. 33.*

Exciter ma vengeance, &c, jufques dans la Grece,
Par des Ambaffadeurs accufer ma pareffe.
Ils favent que fur eux, prêt à fe déborder,
Ce torrent, s'il m'entraîne, ira tout inonder;
Et vous les verrez tous, prévenant fon ravage,
Guider dans l'Italie & fuivre mon paffage.
  C'eft là qu'en arrivant, plus qu'en tout le chemin,
Vous trouverez par-tout l'horreur du nom Romain;
Et la trifte Italie encor toute fumante
Des feux qu'a rallumés fa liberté mourante.
Non, Princes, ce n'eft point au bout de l'Univers
Que Rome fait fentir tout le poids de fes fers;
Et, de près, infpirant les haines les plus fortes,
Tes plus grands ennemis, Rome, font à tes portes.
Ah! s'ils ont pu choifir pour leur libérateur,
Spartacus, un efclave, un vil gladiateur;
S'ils fuivent au combat des brigands qui les vengent,
De quelle noble ardeur penfez-vous qu'ils fe rangent
Sous les drapeaux d'un Roi long-temps victorieux,
Qui voit jufqu'à Cyrus remonter fes aïeux?
Que dis-je! En quel état croyez-vous la furprendre?
Vuide de légions qui la puiffent défendre,
Tandis que tout s'occupe à me perfécuter,
Leurs femmes, leurs enfans pourront-ils m'arrêter?
  Marchons, & dans fon fein rejettons cette guerre
Que fa fureur envoie aux deux bouts de la terre.
Attaquons dans leurs murs ces conquérans fi fiers;
Qu'ils tremblent à leur tour pour leurs propres foyers,
Hannibal l'a prédit, croyons-en ce grand homme,
Jamais on ne vaincra les Romains que dans Rome.
Noyons-la dans fon fang juftement répandu.
Brûlons ce Capitole où j'étois attendu.
Détruifons fes honneurs, & faifons difparoître
La honte de cent Rois, & la mienne peut-être:
Et, la flamme à la main, effaçons tous ces noms
Que Rome y confacroit à d'éternels affronts.

arrivée en des circonstances, plus critiques encore pour l'Etat que le Roi ne le savoit, auroit jeté Rome dans un pressant danger. La diligence, l'habileté & le bonheur du Proconsul,

  Voilà l'ambition dont mon ame est saisie,
  Ne croyez point pourtant qu'éloigné de l'Asie,
  J'en laisse les Romains tranquilles possesseurs.
  Je sais où je lui dois trouver des défenseurs.
  Je veux que d'ennemis, par-tout enveloppée,
  Rome rappelle en vain le secours de Pompée.
  Le Parthe, des Romains, comme moi, la terreur,
  Consent de succéder à ma juste fureur,
. . . .
PHARNAC. Seigneur, je ne vous puis déguiser ma surprise.
  J'écoute avec transport cette grande entreprise;
  Je l'admire. Et jamais un plus hardi dessein
  Ne mit à des vaincus les armes à la main.
  Sur-tout, j'admire en vous ce cœur infatigable,
  Qui semble s'affermir sous le faix qui l'accable.
  Mais, si j'ose parler avec sincérité,
  En êtes-vous réduit à cette extrèmité ?
  Pourquoi tenter si loin des courses inutiles,
  Quand vos Etats encor vous offrent tant d'asyles;
  Et vouloir affronter des travaux infinis,
  Dignes plutôt d'un Chef de malheureux bannis,
  Que d'un Roi qui naguere, avec quelque apparence,
  De l'aurore au couchant portoit son espérance;
  Fondoit sur trente Etats son trône florissant;
  Dont le débris est même un Empire puissant ?
  Vous seul, Seigneur, vous seul, après quarante années,
  Pouvez encor lutter contre les destinées,
  Implacable ennemi de Rome & du repos,
  Comptez-vous vos soldats pour autant de héros ?
  Pensez-vous que ces cœurs, tremblans de leur défaite,
  Fatigués d'une longue & pénible retraite,
  Cherchent avidement, sous un Ciel étranger,
  La mort & le travail, pire que le danger ?
  Vaincus plus d'une fois aux yeux de la patrie,
  Soutiendront-ils ailleurs un vainqueur en furie ?
  Sera-t-il moins terrible, & le vaincront-ils mieux
  Dans le sein de sa Ville, à l'aspect de ses Dieux ?

sauverent la République de ce coup; comme si le bon génie du Peuple romain eût destiné cet endroit de la mer Egée à être le théatre continuel des triomphes de Lucullus : car c'étoit à peu près en ce même lieu qu'il avoit déjà remporté deux victoires navales considérables, dans le temps qu'il étoit Lieutenant de Sylla.

LIII. Le Proconsul envoie deux escadres commandées par Triarius & Après ce grand succès, il reprit par terre la route de Bithynie, partageant sa flotte en deux escadres, l'une sous le commandement de Triarius [1], l'autre sous celui de Voconius

> XIPHAR. Continuez, Seigneur. Tout vaincu que vous êtes,
> La guerre, les périls sont vos seules retraites.
> Rome poursuit en vous un ennemi fatal,
> Plus conjuré contr'elle, & plus craint qu'Hannibal.
> Tout couvert de son sang, quoique vous puissiez faire,
> N'en attendez jamais qu'une paix sanguinaire,
> Telle qu'en un seul jour un ordre de vos mains
> La donna dans l'Asie à cent mille Romains.
> . . . .
> Embrasez par nos mains le couchant & l'aurore,
> Remplissez l'Univers sans sortir du Bosphore.
> Que les Romains, pressés de l'un à l'autre bout,
> Doutent où vous serez & vous trouvent par-tout.
>
> *Mithrid. Act. III. Scen. I.*

---

[1] Triarius, de l'illustre Maison Patricienne Valéria, avoit été Gouverneur de Sardaigne; d'où nous avons vu qu'il repoussa Lépide, lorsque celui-ci, chassé d'Italie par Catulus, voulut s'y refugier. Il fut ensuite Amiral de l'une des flottes d'Asie sous Lucullus; puis Général de l'armée de Pont, à la tête de laquelle il fut défait par Mithridate à la bataille de Dadaza, & reçut le plus grand échec que les Romains aient essuyé en Asie, jusqu'au temps de Crassus. Lors de la guerre civile entre César & Pompée, il prit parti pour ce dernier, qui, connoissant sa longue expérience dans la marine, lui confia, ainsi qu'à Lélius, le commandement des flottes en Asie. Il périt dans le cours de cette guerre [*]. Cicéron étoit fort lié avec Triarius, & fut tuteur des enfans qu'il laissa de Flaminia sa femme [**]. « Je me plaisois » beaucoup, dit-il, dans la conversation » de cet homme, dont tous les discours se » ressentoient d'une vieillesse bien instruite. » La gravité étoit peinte sur son visage; » il ne sortoit rien de sa bouche que de » mûrement réfléchi. Aussi toutes ses pa-» roles étoient-elles d'un grand poids [†]».

[*] *Cæs. Comment. bell. civil.* 3.
[**] *Cic. ad Att.* 12.
[†] *Cic. in Brut.*

Barba, à qui il donna commission de croiser dans la Propontide, entre Chalcédoine & la côte de Thrace, pour couper chemin à Mithridate, s'il vouloit prendre le parti de rentrer dans l'Euxin par le Bosphore *a*. Le Roi, comme je l'ai dit, avoit ramené sa troupe à Nicomédie [1], dans l'espérance de se tenir le reste de l'hyver aux environs de cette place, sous laquelle il étoit campé, & dont les approches sont difficiles, par la quantité de vignes, de vergers & de ruisseaux dont le bas de la colline est entouré *b*.

par Barba, à la poursuite de Mithridate. Le roi se jete dans Nicomédie. Il y est assiégé par Cotta. Il s'échappe & se remet en mer.

Le Proconsul M. Cotta, qui, depuis sa défaite, étoit toujours à Chalcédoine, voulut essayer de prendre sa revanche : il sortit de la Ville, & vint camper à cent cinquante stades (18750 pas) de Nicomédie, sans oser cependant en venir aux mains. Triarius apprenant la marche de Cotta, mouilla sur la côte, mit son monde à terre, & vint de son propre mouvement le joindre à grandes journées. Alors le Roi se retira dans Nicomédie, où les deux Romains vinrent mettre le siege. Mais sur ces entrefaites, le Roi ayant su que le projet de diversion sur lequel il comptoit, venoit d'échouer par la défaite des deux escadres d'Isidore & de Marius, ne se crut plus en état de faire tête en Bithynie aux forces romaines *c*. Il remonta sur ses vaisseaux, & gagna le large. Trop foible pour combattre, il ne pouvoit guere éviter d'être pris par l'escadre de Barba, si celui-ci eût exécuté l'ordre qu'il avoit de se tenir en croisiere en cet endroit. Mais Barba, pendant qu'on carenoit ses navires à Lemnos, s'avisa d'aller perdre le temps dans l'isle de Samothrace, à célébrer la fête des Dieux Cabires, & à se faire initier à leurs mysteres : par où il donna au Roi le loisir de s'échapper *d*; & de tenter encore, chemin faisant, de s'emparer

---

[1] Aujourd'hui Is-nikmid.

a *Appien.* p. 222.
b *V. le Bruyn.* p. 60.
c *Memnon.* C. 44.
d *Plut.* ibid.

de Perinthe [1], où le coup fut manqué [a] : de sorte que le Roi reprit par force le chemin de l'Euxin, quoiqu'il fût à peine possible de tenir la mer, tant elle étoit grosse & agitée.

LIV. Naufrage du Roi. Il perd le reste de sa flotte. Il se sauve dans une barque de pêcheur.

Après avoir passé les détroits [b] du Bosphore & de Cyanées, il tourna la proue à l'orient, à la vue des côtes de Bithynie. Mais le destin n'étoit pas encore las de le persécuter : une nouvelle tempête élevée par un furieux vent du nord, abyma une bonne partie de ce qui avoit échappé au premier désastre [c]. L'Euxin est la plus mauvaise mer que l'on connoisse, à cause de l'irrégularité que le cercle des côtes dont elle est environnée de toutes parts, donne au mouvement de l'eau, en même temps que son étendue laisse un grand cours au vent. Le flot qui vient de la haute mer, choqué par celui que la terre repousse, éleve une lame terrible près du rivage, qu'il rend presque inabordable par un gros temps. Si l'on veut alors courir vers la terre, c'est là sur-tout qu'est le plus grand danger. La flotte du Roi fut bien plus maltraitée en cette occasion qu'elle n'eût jamais pu l'être par aucune déroute navale [d]. On tient que cette derniere tempête lui coûta près de dix mille hommes, outre soixante à quatre-vingts vaisseaux ou galeres à bec [e], & tout le reste de ses équipages de guerre & de ses provisions, qu'on fut contraint de jeter à la mer [f]. Pendant plusieurs jours, la côte fut couverte de corps morts & de débris du naufrage, que la tourmente y jetoit [g]. Le Roi n'avoit de sa vie couru un si grand péril : le vaisseau amiral qu'il montoit faisoit eau de tout côté : on ne pouvoit ni le gouverner dans un si violent orage, à cause de sa grosseur, ni lui faire tenir la mer, car il

---

[1] Perinthe est sur la côte d'Europe, du côté de Byzance.

[a] Memnon. C. 42.
[b] SALLUST. *fragm.* 518.
[c] *Mithr. Epist.*
[d] *Flor.* ibid.

[e] *Orof.* VI. 2.
[f] *Appien.*
[g] *Plut.* ibid.

étoit prêt à s'entr'ouvrir; ni l'approcher de terre sans s'y briser. Quelque fatigue que l'on prît à épuiser l'eau & à tenir le vaisseau droit, tout l'art des pilotes étoit à bout [a], *lorsque par bonheur on fit rencontre au milieu de la nuit d'un esquif de pêcheur* [b], qui faisoit ses efforts pour regagner le rivage. Mithridate, malgré les représentations & les gémissemens de ses amis, commit dans cette frêle nacelle sa personne & sa vie. Le pêcheur fendit adroitement la lame redoutable, & le mit à terre, contre toute espérance, & avec un danger infini. Quelques bâtimens de pirates avoient cherché un abri au même endroit [c]. L'un d'eux nommé Seleucus étoit connu du Roi, qui n'hésita pas à se confier à lui, & à lui demander du secours. Quand la tempête fut un peu calmée, il eut la constance de se remettre en mer avec eux, pour aller au devant des siens rassembler les débris du naufrage, & rassurer par sa présence des gens qui croyoient leur Souverain submergé, & n'attendoient pour eux-mêmes qu'un pareil sort. Il réunit le mieux qu'il put les restes épars de sa flotte, à l'embouchure du fleuve Hyppius [1], à quelques milles d'Héraclée : on remorqua les vaisseaux dans la riviere, où ils se trouverent à couvert [d]. Les Grecs du Pays ne manquerent pas d'attribuer les pertes réitérées que le Roi venoit de faire par les naufrages, à la colere divine, qui se vangeoit de ce que le Roi, en passant à Priape, avoit pillé le Temple de Diane, & enlevé la riche statue de la Déesse [e].

Le Roi fut en ce lieu que la cité d'Héraclée, Colonie grecque qui se gouverne par ses propres loix, venoit d'élire pour son premier Magistrat un de ses Citoyens nommé Lamachus, homme attaché de longue-main aux intérêts de Mithridate.

LV. Mithridate surprend la ville d'Héraclée pendant la fête des Bacchanales.

[1] Aujourd'hui *Anaplia.*

[a] Plut. ibid.
[b] SALLUST. *fragm.* 425.
[c] Oros. VI. 2.
[d] Memnon. C. 44.
[e] Memnon.

Ce Prince envoya une personne affidée l'avertir qu'il étoit là, & lui proposer de le recevoir dans la Ville avec ses troupes. La négociation fut bientôt conclue, au moyen d'une grosse somme d'argent que portoit l'émissaire. Lamachus promit de laisser ouverte la nuit une des portes de la Ville, pendant le festin public qu'il alloit donner aux habitans, à l'occasion de la fête de Bacchus : il se chargea d'enivrer le Peuple, & de l'amuser de bonne heure par des jeux, des mascarades, des danses & des courtisanes *a*; en laissant un libre cours à la licence ordinaire de cette journée, qui semble être en tout lieu consacrée au regne de la dissolution *b*. Le Roi prit ses mesures en conséquence : il se tint dès le soir en embuscade fort près d'Héraclée, avec un gros de gens résolus. *Dès qu'il vint à entendre le tumulte des Bacchanales* *c* [1], il se saisit de la porte &

a Vid. *Hospinian. & Pitisc.*
b *Varro.*

c Sallust *fragm.* 413.

[1] La fête des Bacchanales étoit chez les Grecs la même chose que le Carnaval est parmi nous. On dit qu'elle a pris naissance chez les Athéniens; mais il y a bien plus d'apparence que les Athéniens la tenoient des Thébains leurs voisins, & de la Colonie de Cadmus. Le culte du Dieu Bacchus, & la fête des Bacchanales, furent introduits dans la Grece, par la famille de Cadmus, au temps de Sémélé sa fille : ce qui a fait fixer à cette époque par les Mythologistes Grecs, la naissance d'un prétendu Bacchus le Thébain qui n'exista jamais. Quand les Grecs disent que tel ou tel Dieu est né dans leur Pays, si c'est un Dieu que l'on connoisse pour leur être étranger, & antérieur à la date qu'ils fixent à sa naissance, cette date doit être appliquée au temps où la nation a reçu son culte, & sa fête dans le nombre des cérémonies religieuses. Bacchus étoit une divinité orientale, dont le nom Bar-chush signifie le fils du midi, ou le fils de l'Arabie. Il y a grande apparence que par cette épithete, les Orientaux désignoient le fameux Sésostris, roi d'Egypte & de Nysse en Arabie, conquérant de l'Inde : & apothéosé après sa mort sous ce nom de Bacchus. Les Athéniens célébroient les Bacchanales par des jeux gymniques & par des mascarades. On se déguisoit en Nymphes & en Héros de l'antiquité. On couroit les rues avec des instrumens de musique, en dansant & faisant mille folies: on distribuoit au Peuple du vin, des gâteaux & des confitures : une vieille femme ivre, & faisant l'insensée, couroit ordinairement à la tête de la troupe : le Peuple s'attroupoit couronné de fleurs, pour voir passer les masques, & ne manquoit jamais

se trouva maître de la Ville avant qu'on y eût eu le moindre soupçon de son arrivée. Le lendemain matin il harangua le Peuple en termes pleins de bienveillance; le priant avec amitié de lui rester fidele; s'excusant de la surprise dont il avoit usé, sur la nécessité des circonstances, & sur l'envie de le garantir d'une invasion des Romains; l'assurant que ce n'étoit que pour maintenir sa liberté contre ces ennemis communs de celle de tous les Peuples, qu'il alloit laisser dans la place, aux ordres de leur République, quatre mille hommes de garnison commandés par Connacorix [1], Capitaine Gaulois. Là dessus il distribua en

de s'enivrer. La licence de ce badinage devint si grande, que des hommes & des femmes de tous les rangs se mêloient, courant ensemble comme des insensés, les cheveux épars, couronnés de lierre & un thyrse à la main, dont ils frappoient tous ceux qu'ils rencontroient [*]. La fête des Bacchanales fut établie en Etrurie pour la premiere fois, par un Grec, homme de peu de chose, qui se disoit Prêtre de Bacchus, & enseignoit à la célébrer selon de certains rites auxquels on n'initioit que peu de gens. Mais quelque temps après elle prit une grande vogue. On y joignit les divertissemens à la religion. Le vin & les grands repas y attirerent beaucoup de gens des deux sexes, & les firent dégénérer en licence épouvantable. Tout le monde s'en mêloit, hommes & femmes, jeunes & vieux. On portoit en cérémonie, comme il étoit toujours d'usage dans les fêtes de Bacchus, & dans la plupart de celles que les Grecs avoient empruntées des Orientaux, le *Phallus*, ou représentation du sexe masculin, dans tous les carrefours, pour lui rendre honneur. La

[*] *Hospinian.*

nuit, l'ivresse, le tumulte, le mélange des femmes avec les jeunes gens, donnoit lieu à des débauches de toute espece, & rendirent cette fête la plus scandaleuse qu'il soit possible de se figurer [*]. Les Athéniens la célébroient au mois de Novembre, & les habitans d'Héraclée plus tard, à ce qu'il semble : car il paroit que ce ne fut qu'au mois de Décembre ou de Janvier que Mithridate surprit Héraclée la nuit des Bacchanales. Les Romains ne la faisoient qu'au mois de Mars, à peu près au même temps que nous, ou un peu plus tard.

[1] Le nom de ce Capitaine montre assez qu'il étoit Gaulois; quoique l'histoire ne le dise pas. Mithridate avoit dans ses troupes grand nombre de Gaulois-Galates, de ceux qu'on appelloit aussi Gaulois-Grecs, descendus de la Colonie que les deux Capitaines Gaulois, Léonor & Lothaire, avoient mené en Asie, où l'on fut obligé de lui céder la contrée, qui a reçu delà le nom de Galatie. La terminaison *rix*, si fréquente dans les noms Gaulois, est un titre d'honneur, qui désignoit parmi eux un Chef, un Seigneur, une personne

[*] *Varr. & Tit-Liv. Liv. 39.*

Tome II. R

particulier beaucoup d'argent aux Magistrats municipaux ; & s'étant remis en mer sur les brigantins des pirates, il fit voile à Sinope, Capitale de ses Etats, emmenant avec lui Seleucus, dont il récompensa magnifiquement le secours *a*.

LVI. Réduction des Villes de Bithynie au pouvoir de la République. Fannius & Métrophanes s'égarent entre des volcans.

Lucullus s'étoit rapproché de Cotta son collegue, & traversant la Mysie, étoit venu s'emparer de la forteresse d'Azan, poste d'importance au dessous du mont Olympe *b*, vers la source du Rhyndaque. De là il suivit le cours de cette riviere jusqu'à son embouchure, côtoyant la Propontide à l'orient, à dessein de resserrer Mithridate dans Nicomédie, où il le croyoit encore. Il avoit d'autre part détaché Triarius pour faire le siege d'Apamée en Phrygie [1], grande & ancienne Ville des Colophoniens, rétablie depuis peu par Apama, femme de Prusias *c*. Cette Ville tenoit encore pour Mithridate, à qui elle étoit fort attachée par la reconnoissance des bienfaits qu'elle en avoit reçus, après un tremblement de terre qui pensa la renverser. Mithridate & Apama lui avoient à l'envi donné des secours dans son désastre. Tout son territoire fut alors bouleversé. Il se forma des lacs en des endroits où il n'y avoit jamais eu d'eau; un entr'autres d'une eau bleue & amere, dans laquelle on trouva des coquillages & des poissons de mer, quoique ce lieu en fût fort éloigné. *Les vents engouffrés dans les cavernes intérieures de la terre, d'où ils étoient chassés avec force par l'effet de la raréfaction subite, fendirent des montagnes & affaisserent des hauteurs* *d* [2]. Le renversement des terres couvrit plusieurs rivieres,

[1] Aujourd'hui Montania.

a Memnon. C. 45.
b Oros.
c Steph. Byz.
d SALLUST. fragm. 668.

puissante. Cette expression est la même, pour le mot & pour le son, que le latin *Rex*; quoique pour le sens la signification n'en soit pas si forte en Celtique qu'en Latin. Nous en avons tiré notre mot françois *riche*.

[2] Un très-ancien Roman grec intitulé *la Phrygie*, écrit en dialecte & caractéres

ROMAINE. LIVRE III.

& donna cours à de nouvelles *a*. Le changement qu'il fit au local en cette contrée, pensa devenir funeste aux débris de la cavalerie royale, échappée à la déroute du Rhyndaque, lorsque le Roi l'eut renvoyé du siege de Cyzique, sous les ordres de Fannius & de Métrophanes 1. Ces deux Commandans s'étoient

a Nicolas Damasc. hist. L. 104. ap. Athen. VIII. 2.

Phénico-Pélasgiques, que les Grecs n'entendoient déjà quasi plus, par Thymoetes, contemporain d'Orphée, attribuoit le désastre de cette partie de la Phrygie, qu'on appelloit Phrygie brûlée, à un monstre, forme de chevre, appellé l'égide, qui vomissoit du feu; le même, sans doute, qui a aussi donné lieu dans le même Pays au conte de la Chimere & de Bellérophon. Il fut tué par Minerve-Tritonide l'Africaine, qui couvrit son bouclier de la peau de cette chevre. « Cette fille (A-Théné, ou A-
» Neith, *hæc Virgo*) étoit très-courageuse.
» Elle s'adonna au métier des armes, &
» elle fit plusieurs actions mémorables.
» Elle tua l'égide, qui étoit un monstre
» horrible & tout-à-fait indomptable. Il
» étoit sorti de la terre, & sa gueule vo-
» missoit une épouvantable quantité de
» flammes. Il parut d'abord dans la Phry-
» gie, & il brûla toute la partie de ce Pays
» qui a tiré son nom de ce désastre. Il
» alla ensuite vers le mont Taurus, & il
» réduisit en cendres tous les bois qui se
» trouverent entre cette montagne & les
» Indes. Retournant du côté de la mer,
» il entra dans la Phénicie, & mit en feu
» la forêt du Liban. Ayant ensuite par-
» couru l'Egypte & traversé l'Afrique, il
» se rabattit du côté de l'occident: enfin
» il s'arrêta vers les monts Cerauniens,
» sur lesquels il fit le même ravage. Ayant

» désolé toute cette contrée, il s'attaqua
» aux habitans mêmes, dont il fit périr
» les uns, & effraya tellement les autres,
» qu'ils abandonnerent leur patrie, & s'en-
» fuirent en des Pays éloignés. Mais Mi-
» nerve qui surpassoit le commun des
» hommes en prudence & en courage,
» tua enfin ce monstre. Elle porta toujours
» depuis la peau de l'égide sur sa poitrine,
» comme une arme défensive, & comme
» une marque de sa valeur & de sa vic-
» toire * ».

1 Il avoit été Amiral de Mithridate ** en Grece durant la premiere guerre. Il conquit l'isle d'Eubée, Magnesie & Démétriade: mais Brutius-Sura, Lieutenant du Gouverneur de Macédoine, le défit avec une escadre fort inférieure à la sienne, & l'obligea de prendre la fuite. Ce Lieutenant, dit *Plutarque*, étoit un homme de grand sens & excellent Officier, qui auroit achevé de châsser de la Grece Métrophanes & Archelaüs, si Lucullus, Questeur de Sylla, ne fût venu lui dénoncer d'avoir à lui céder la place dans un lieu où il commandoit, & à se retirer dans son propre département. Brutius obéit sans hésiter, & sortit de la Béotie, quoiqu'il eût mis les affaires de Rome en si bon état, que tout lui succédoit au-delà de ce

* *Thimœt. fragm. ap. Diodor. L. 3.*
** *Appien. p. 189.*

R 2

sauvés comme ils avoient pu en Myſie, ſuivis de deux mille chevaux ſeulement. Pour ſe dérober à la pourſuite, ils ſe jeterent dans les déſerts de l'Iconie, où s'étant égarés entre les montagnes, ils tomberent dans *des vallons ſolitaires* [a] & brûlés, parmi des pointes de volcans & des quartiers de roches enfumées, répandus dans un terrein couvert de cendres. L'endroit étoit extrêmement dangereux, parce qu'on n'y appercevoit plus ni feu ni fournaiſe; & que les cendres mêlées de ſable y avoient recouvert trois profondes crevaſſes, du genre de celles que les Grecs appellent *phiſes*. Les eſcadrons fuyards ne ſe tirerent qu'avec la plus grande peine de ce nouveau danger. Ils furent prêts d'être enſevelis parmi ces ruines de la nature. Ce ne fut qu'après avoir ainſi erré dans l'Aſie, & par un long circuit, qu'ils rejoignirent enfin le Roi à Sinope [b]. Eumaque, autre Officier du Roi, s'y rendit comme eux par de longs détours. Il s'étoit jeté dans la Piſidie & dans l'Iſaurie, où il avoit fait maſſacrer les Citoyens romains, ſans épargner les femmes ni les enfans. De là ayant voulu entrer en Phrygie, le Tétrarque Déjotare l'avoit attaqué dans ſa marche mal réglée, & mis en fuite. Triarius prit vengeance de ſes cruautés ſur la garniſon d'Apamée, qu'il emporta malgré ſa vigoureuſe réſiſtance. Elle fut paſſée au fil de l'épée, dans les Temples même où elle cherchoit un aſyle [c].

Lucullus arrivé près de Nicomédie, apprit que le Roi en étoit parti. Sur le champ il envoya l'ordre à Triarius d'aller reprendre le commandement de la flotte, pour y intercepter les deux eſcadres que Mithridate rappelloit de Crete & d'Eſpagne [d]. Barba, qui avoit laiſſé échapper le Prince, fut

---

[a] Sallust. *fragm. 130.*
[b] Oroſ. Strab. L. 13.
[c] Appien. p. 222.
[d] Memnon. ibid.

qu'on auroit pu eſpérer, & que ſa valeur, ainſi que ſa bonne conduite, euſſent diſpoſé la Grece à changer, & à ſe déclarer pour les Romains.

ROMAINE. LIVRE III. 133

détaché pour recevoir la capitulation des villes de Prufiade [1], de Nicée [2] & de Cius, place maritime qui venoit de chaffer la garnifon royale. Celle de Nicée craignant quelque traitement plus fâcheux encore de la part des habitans qu'elle favoit affectionnés dans le cœur aux Romains, avoit pris le parti de s'enfuir d'elle-même au milieu de la nuit [a].

De cette manière la Bithynie fut entiérement évacuée & foumife à la domination de Rome. Le Sénat nomma dix Commiffaires, avec ordre de s'y transporter pour la réduire en Province romaine [b], laquelle feroit comprife dans le Gouvernement du Proconful d'Afie. A. Pompéius, Chef de la commiffion, en a tiré le furnom de *Bithynique* [c], & fut le premier Préteur en titre dans cette Province. Il fit tranfporter à Rome le mobilier du feu Roi Nicomede, dans lequel il y avoit beaucoup de belles ftatues; entr'autres cette excellente figure d'un jeune homme [3] qu'on a placée au Capitole [d].

LVII. Commiffaires du Sénat envoyés pour adminiftrer la Province. Querelle de Cotta avec fon Quefteur Oppius. Il le chaffe & le dénonce en Juftice.

La Bithynie avoit été jufques-là fort mal adminiftrée, tant par Cotta que par fon Quefteur Oppius. Tous deux y pilloient comme à l'envi [e]: mais le partage fur lequel ils n'étoient pas d'accord, étoit fans ceffe entr'eux une fource de querelle. Le Proconful trouvoit fort mauvais que fon Quefteur s'avisât de l'imiter; & lui fit une affaire fur ce qu'il appliquoit à fa propre fubfiftance une partie des rations deftinées aux légionnaires [f]. On prétend qu'Oppius, outré contre fon Chef, diftribua parmi les foldats une partie de l'argent qu'il avoit volé, pour les

---

[1] Aujourd'hui Burfe.   [2] Aujourd'hui Is-nik

[a] Appien. Memnon. Orof. Strab. L. 12.
[b] Plut. in Cefar.
[c] Eutrop.
[d] Feft. ⅴ. Rutrum.
[e] Dio-Caff. L. 36.
[f] Quintilian. V. 13.

[3] L'expreffion employée dans l'original femble défigner un de ces jeunes gens élevés dans les Sérails des Souverains de l'Afie, & que les Turcs appellent aujourd'hui Icoglans.

exciter à la révolte. Soit que la tentative ne lui eût pas réussi, soit par les sujets de crainte ou de mécontentement qu'il avoit d'ailleurs, il voulut absolument se retirer; prétendant qu'après avoir servi pendant le temps prescrit par l'usage, on ne pouvoit sans injustice le retenir malgré lui [a]. Déjà le Proconsul, ou par raison ou par humeur, lui avoit plus d'une fois refusé son congé, lorsqu'il vint le retrouver encore, résolu de l'obtenir à quelque prix que ce fût. Cotta étoit seul chez lui avec Vulscius son Secrétaire, occupé à expédier ses dépêches. Le Questeur lui parla de la façon du monde la plus pressante, employa successivement la soumission, les plaintes, les menaces & toutes les démonstrations que peut faire un homme réduit au désespoir. Cotta fut inexorable. *Enfin Oppius* [1] *voyant qu'il*

[a] *Cic. fragm. pro Oppio.*

[1] Ce fragment est un de ceux qui donnent lieu de présumer que Salluste entroit dans un grand détail sur tous les événemens de ce temps, puisqu'il n'a pas omis de faire le récit de cette affaire peu considérable, dont nous ne saurions d'ailleurs rien du tout, si Cicéron n'eût écrit pour la défense d'Oppius un plaidoyer dont il ne reste plus que quelques lignes citées par *Quintilien*. Le Proconsul l'accusoit dans sa lettre de trois crimes capitaux. 1°. d'infidélité dans son emploi de Questeur de la Province & de l'armée; 2°. d'avoir excité les troupes à la révolte; 3°. d'attentat pour avoir tiré l'épée contre son Chef. On le mit en justice. *Cicéron*, quoiqu'intime ami de toute la famille de Cotta, se chargea de sa défense par complaisance pour l'ordre des Chevaliers, qui, comme on sait, étoit entiérement attaché à ce grand homme, & dont Oppius étoit membre. Nous n'avons plus que quelques petits restes de son plaidoyer, par lesquels on voit que cette affaire criminelle se plaidoit par-devant les Chevaliers romains, qui venoient d'être remis en possession du droit de juger : que Cicéron se défend beaucoup sur la forme, soutenant qu'il est inoui qu'un homme soit mis en justice sur une simple lettre d'un accusateur absent : qu'une telle forme de procéder est odieuse, trop superbe pour un État populaire, & dangereuse pour tout l'ordre des Chevaliers, auxquels il importe sur-tout de ne le pas laisser introduire. Sur le fond, il dit qu'il y a une contradiction ridicule à soutenir qu'un même homme voloit les vivres du soldat & vouloit le corrompre, l'un n'étant pas assurément le chemin de l'autre : qu'il n'y a pas le moindre indice qu'Oppius ait voulu frapper son Général : que s'il a tiré une arme, c'étoit bien plutôt pour se tuer lui-même, réduit au désespoir comme il l'étoit, par la haine & par la dureté de

ROMAINE. LIVRE III. 135

n'obtenoit rien par prieres, tira, mais d'une main timide, un poignard qu'il tenoit caché sous son habit : Cotta & Vulscius se jeterent sur lui & le retinrent [a]. On n'a jamais su au juste si le dessein d'Oppius étoit de frapper le Proconsul, ou de se tuer lui-même, ou, comme il est plus vraisemblable, de forcer Cotta, le fer à la main, d'accorder ce qu'il lui refusoit [b]. Quoi qu'il en soit, le Proconsul le chassa de la Province comme concussionnaire & comme traître [c] : il écrivit en même temps contre lui à Rome, & le fit mettre en justice sur sa seule dénonciation par écrit.

Au départ des deux Proconsuls Lucullus & Cotta, on leur avoit désigné pour successeurs au Consulat Cassius-Varus [1] & M. Lucullus, frere du Général en Asie, mais qui avoit passé

M. Lucullus-Varro. C. Cassius-Varus. A. V. C. 680.

LVIII. M. Lucullus & Cassius-Varo, Consuls. Fuite & révolte des Gladiateurs à Capoue. Ils se retirent sur le mont Vésuve.

[a] SALLUST. fragm. 433.
[b] Cic. ibid.
[c] Dio-Cass. ibid.

Cotta : que s'il n'est pas vraisemblable que Cotta soit un calomniateur, il ne l'est pas davantage qu'Oppius soit un assassin : qu'il a tenu une très-bonne conduite en Bithynie, où il avoit peu de pouvoir pour faire du mal, & n'a fait usage de celui qu'on lui laissoit, que pour procurer à beaucoup de gens des biens & des honneurs. Nous ignorons quel fut le dénouement de cette affaire. Le Tribunal & l'Orateur peuvent faire présumer qu'il ne fut pas bien sévere contre Oppius.

[1] Cicéron appelle Cassius-Varus *clarissimum atque fortissimum virum* *. Nous devons croire, d'après lui, qu'il méritoit cet éloge. Mais nous pouvons aisément remarquer que Cicéron les prodigue si fort dans ses harangues, qu'ils ne forment pas un préjugé bien décisif. Il n'y nomme presque jamais une personne de marque, sans ajouter à son nom quelques épithetes

* *Cic. in Verrin.*

honorables : & probablement c'étoit à Rome un usage de politesse habituelle, lorsqu'on nommoit quelqu'un dans un discours public. Cassius fut du nombre de ceux qui s'éleverent à la dignité de Consul, sans avoir pu parvenir au Tribunat : ce qui n'est pas surprenant, vu la maniere de procéder aux élections pour ces deux Charges. La premiere étoit nommée dans les Comices par Centuries, où la premiere classe, toute composée des personnes les plus riches, ayant seule plus de la moitié des suffrages, étoit presque maîtresse des élections : au lieu qu'on nommoit les Tribuns aux Comices assemblés par Tribus, où tous les suffrages étant égaux, ceux du menu Peuple avoient autant d'influence que ceux des plus puissans Citoyens. Cassius-Varus eut, au sortir du Consulat, le Gouvernement de la Gaule Cispadane, où il fut battu par Spartacus près de Modene. Il vécut encore long-temps : car il fut

par adoption dans la maison Terentia des Varrons. L'Italie jouissoit depuis quelques années d'une pleine paix, sur-tout dans les Provinces étendues au-delà du Vulturne sur les deux mers *a*, lorsqu'un incident singulier y vint troubler tout d'un coup la tranquillité publique. Cet événement, digne à peine de faire le sujet d'une nouvelle hors du lieu où il arriva, eut des suites aussi terribles que le principe en fut honteux, & le progrès imprévu. Elles porterent en un instant la désolation dans ces Provinces intérieures; & bientôt après, dans la Capitale même, le plus grand effroi dont elle eût été remplie depuis la déroute de Cannes.

Un nommé Cn. Lentulus, que son métier avoit fait surnommer Batuatus ¹, c'est-à-dire le maître d'escrime, tenoit à Capoue une nombreuse école de Gladiateurs, dont il tiroit un profit considérable, en les vendant pour servir aux spectacles de l'amphitéatre, ou autres jeux publics. La plupart étoient Thraces ou Gaulois de naissance : il les exerçoit dans un vaste manege, dans lequel on les tenoit soigneusement renfermés. Quelques-uns d'eux comploterent de s'échapper. Le projet

a Eutrop. Liv. VI.

mis par les Triumvirs sur la liste des proscrits *. Il n'est pas le même que Cassius-Longinus, comme Sigonius l'a cru; faute de s'être rappellé que Longinus étoit un des compétiteurs de Cicéron pour le Consulat de 690, huit ans après que Varus eut été élevé à cette dignité.

* Ce Lentulus étoit peut-être quelque affranchi des Lentulus de la Maison Cornelia. Il n'y a pas d'apparence qu'il eût fait un pareil métier, s'il eût été lui-même de cette illustre Maison. Ainsi je crois que Pighi se trompe, lorsqu'il le met dans ses annales au nombre des Magistrats romains.

* *Appian. bell. civ. Liv. IV.*

Il le nomme *Vatia* au lieu de *Batuatus*; & veut s'appuyer sur le texte de Plutarque *, qu'il dit avoir été mal traduit en latin; en quoi il se trompe encore, ce me semble. Ce texte porte Λεντλυ Βατιαν, & se trouve mieux rendu par l'épithete *Batuatus*, que par le surnom *Vatia. Batuatus* ou *Batuator* (dérivé du vieux verbe latin *Batuo*) signifie un maître d'armes, un homme qui escrime avec le fleuret. *Batualia* sont les lieux ou salles d'escrime. Delà viennent nos mots françois *bataille*, *bâton*, *battre*, &c.

* *In Crass.*

fut

fut communiqué des uns aux autres ; & la partie étoit au moment d'être exécutée fans obftacle, fi les mouvemens qu'on apperçut parmi eux ne l'euffent fait foupçonner. Spartacus, l'un d'entr'eux, faifit affez jufte l'inftant où il reconnut lui-même qu'ils alloient être découverts, pour fe fauver avec fa femme, & faire évader foixante-treize de fes camarades par une breche fecrétement pratiquée à l'enceinte du parc. La breche donnoit au bout d'une rue de la Ville, pleine de charcutiers & de rôtiffeurs. Les fuyards fe jeterent dans les boutiques, où faififfant les broches, les couteaux & les couperets, ils revinrent, fans perdre une minute au manege, enlever le refte de leurs camarades qu'on fe hâtoit de refferrer plus étroitement. Ils fortirent ainfi de Capoue au nombre d'environ deux cents, *fans avoir en ce moment d'autre vue que de changer contre un meilleur fort le dur efclavage auquel ils fe voyoient réduits* [a], moins encore pour l'avoir mérité, que par l'injuftice du maître qui faifoit ce vil commerce. A quelque diftance de la Ville, le hafard leur fit rencontrer des charrettes chargées d'armes, prefque toutes armes de Gladiateurs qu'on amenoit à leur maître [b]. Ils s'en emparerent, & en pillant des vivres de Villages en Villages, ils gagnerent une hauteur fur le mont Véfuve, où ils fe cantonnerent fur une côte de rochers prefque de toute part inacceffibles [c]; tels qu'ils s'en trouve plufieurs fur cette montagne, qui, felon une très-ancienne tradition, jetoit autrefois des flammes, comme aujourd'hui le mont Etna. Et il eft vrai qu'on y apperçoit encore au fommet quelques traces comme d'un ancien embrafement, & que la campagne voifine du côté de Cumes portoit le nom de champ Phlegréen, ou de campagne brûlée au temps du paffage d'Hercule en Italie [d].

[a] Sallust. *fragm. 183.*
[b] Plutarch. in *Craff.*
[c] Vell-Paterc. ibid. & II. 30.
[d] Diodor. IV. 6. Strab.

LIX. Ils mettent Spartacus à leur tête. Caractere de ce Chef.

Tels furent les méprifables commencemens *a* d'un tumulte qui alluma bientôt au centre de l'Italie le feu le plus vif qu'on y eût reffenti *depuis le foulévement du Latium & des Villes Latines* *b* : tant il eft vrai que nulle puiffance ne peut fe croire à l'abri du péril, où les plus petits mouvemens peuvent la jeter, quand ils naiffent de fon propre fein. J'ofe à peine donner le nom de guerre à cette étrange & nouvelle efpece de tumulte, dont la honte, même indépendamment du malheur de tant de défaites, & des cruelles plaies qu'il fit à nos Colonies, a, ce me femble, été plus ignominieufe encore que celle que la révolte des efclaves en Sicile avoit imprimée au nom romain *c*. Car enfin les efclaves, tout fubalternes, dégradés & fujets qu'ils font au pouvoir d'autrui par le malheur de leur fituation, peuvent, en recouvrant leur liberté, participer de nouveau à la dignité de l'efpece humaine. Mais quel nom donner à une guerre où nous avons vu non-feulement les armes aux mains de nos efclaves, mais le commandement en celles des Gladiateurs ; où la plus vile de toutes les efpeces qui portent le nom d'hommes, a fait trembler la maîtreffe du monde jufques fur fes foyers *d* ? Si quelque chofe en peut diminuer l'opprobre, c'eft la grandeur d'ame du vainqueur de deux Confuls & de tant d'autres Capitaines ; de cet homme rare, dont le courage & les talens furent affez élevés pour avoir rendu recommandable la mémoire d'un Gladiateur même ; qui par fa fcience de l'art militaire, par les feules reffources de fon efprit & de fa vigilance conftante, par fon incroyable fageffe dans la conduite d'une troupe de malfaiêteurs, vint à bout de lutter pendant trois ans avec avantage, contre les forces de l'Italie, & (ce qui étoit bien plus pénible encore) contre l'indocilité, la défunion, le brigandage & la méchanceté de fa propre troupe.

a Cic. Paradox. IV. Philipp. IV, att. II. 6.
b SALLUST. Fragm. 109.
c Vell. Paterc. ibid.
d Flor. III. 20.

Spartacus qu'elle élut pour Chef, étoit né d'une famille de Pâtres Nomades à Spartaque en Thrace, petite ville dont il tiroit son nom *a*. C'étoit un homme d'une grande force d'esprit & de corps, en qui la nature avoit tout fait à défaut de l'éducation; sage & avisé, quoique prompt à prendre son parti, & à le prendre juste au moment de l'occasion; plus civilisé que ne le sont les gens de son pays; plus humain que ne le comportent les divers genres de vie où son destin l'entraîna tant qu'il vécut. *b*. Au rapport de Cæcilius d'Acté, dans sa relation de la guerre servile, il fut successivement pris à la guerre, vendu pour esclave à Rome, fugitif, soldat dans un corps auxiliaire, déserteur, voleur de grand chemin, ensuite Gladiateur *c*; & par-tout se distinguant toujours au-dessus de tout autre, jusqu'en cette basse profession, par sa force & par son adresse *d*. Devenu enfin Chef de brigands, si on s'en tient à l'apparence, mais en effet Général d'armée, si on en juge par ses actions, il fit voir dans ses dernieres années, que le reproche des premieres devoit être rejeté sur l'injustice du sort, qui le faisant naître dans un état abject, avoit associé sa fortune & le cours de sa vie à l'état de tant de misérables, pour la société desquels son cœur n'étoit pas fait. On raconte qu'au temps de son esclavage, on vit un soir un serpent entortillé autour de sa tête pendant son sommeil. Sa femme, de même nation que lui, qui jouoit l'inspirée, ayant été initiée en Thrace aux mysteres de Bacchus, & qui faisoit le métier de devineresse, prédit alors que ce présage annonçoit à son mari une surprenante & formidable puissance, dont la fin lui seroit très glorieuse. Cette femme qui ne le quitta jamais, ne lui fut pas inutile par ses prestiges & par son savoir faire, dans le cours d'une entreprise dont elle partagea fidélement avec lui l'honneur & les dangers.

---

a. Eratost. Gal. descript. ap. Steph. Byz.
b. Plut. in Crass.
c. Cæcil. Bell. serv. ap. Athen. VI. 21.
d. Florus. ibid.

LX. Le Préteur Clodius les bloque sur la montagne. Ils descendent par un précipice, & forcent le camp du Préteur.

D'abord après l'évasion des Gladiateurs, Batuatus s'étoit mis à leurs trousses, suivi de ses Prévôts, ainsi que d'une partie des forces municipales, & des bourgeois de Capoue assez bien armés. Les fugitifs qu'ils joignirent sur la route, non contens de leur faire tête, tomberent sur eux en déterminés, s'écriant d'une voix unanime, que puisqu'on les obligeoit à se battre, il valoit mieux que ce fût pour leur liberté, que pour le plaisir d'autrui [a]. Ils les chasserent après leur avoir enlevé leurs armes; bien joyeux de se voir à la main de bonnes épées de soldats, au lieu de leurs espadons d'escrime, qu'ils jeterent comme déshonorans, & trop propres à rappeller le souvenir de leur ancien métier. Ce premier succès grossit leur troupe d'un certain nombre de bandits & de montagnards. Il fallut que le Préteur Clodius-Pulcher vînt avec trois mille hommes des milices de la Province, les investir dans leur fort, en coupant le seul passage où les rochers escarpés laissoient la descente praticable [b]. Il sembloit impossible qu'ils pussent échapper, & que la faim ne les obligeât bientôt à se rendre à discrétion. Quoique le Vésuve soit la plus fertile montagne de l'Italie, toute revêtue de vignobles & de beaux vergers dans les pentes cultivées; l'esplanade assez spacieuse où ils s'étoient cantonnés, n'étoit couverte que de vignes sauvages, d'ailleurs coupée tout à l'entour à pic-de-roche, à l'exception de l'endroit gardé par Clodius. On se croyoit si bien assuré de les tenir, qu'on ne donnoit aucune attention à ce qu'ils faisoient dans le lieu de leur retraite [c]. Ils couperent une grande quantité de sarmens de vignes, les plierent, *les nouerent fortement en les assemblant comme autant d'anneaux d'une longue chaîne* [d], solidement attachée d'en haut au tronc d'un cep, & suspendue tout le long du roc jusqu'au bas du précipice. A l'aide de cette espece d'échelle, ils descendirent

[a] *Appian. Bell. civ. L.* 1, *p.* 423.
[b] *Oros. V.* 24.
[c] *Frontin.* 1. 5. 21.
[d] SALLUST. *fragm.* 623.

pendant la nuit à l'endroit le plus praticable, tous les uns après les autres, jusqu'au dernier, hormis un seul qui resta sur la cime pour leur tendre les armes attachées en faisceaux au bout d'un cordage de lianes *a*: après quoi il descendit lui-même. Aussi-tôt Spartacus reconnoissant qu'on n'avoit rien apperçu de leur manœuvre, les mit en ordre, les conduisit en grand silence au camp des Romains, *sur lesquels ils tomberent par derriere* *b*. L'épouvante d'une attaque nocturne si peu attendue, y mit le désordre en un clin d'œil *c*. Un camp de trois mille hommes fut pris par deux cents. Les Gladiateurs y trouverent des armes & des vivres en quantité.

De ce moment Spartacus prit de plus hautes pensées. Il conçut l'espérance de soustraire à la servitude tant de malheureux étrangers devenus esclaves par le sort de la guerre ou par le hasard de leur naissance, & dont le faste romain avoit rempli l'Italie. Les paysans de la contrée, les pâtres des montagnes venoient chaque jour en foule grossir sa troupe, attirés par l'ardeur de pillage: d'autant mieux que Spartacus partageoit toujours également entre tous, avec beaucoup de fidélité, la riche proie dont, en moins de rien, ils se virent possesseurs *d*. Par-tout il s'annonça pour le libérateur des esclaves & des prisonniers qui voudroient quitter leurs maîtres, ou pourroient rompre leurs fers. Il invectiva contre la mollesse & la tyrannie des maîtres qui, du sein de l'oisiveté, tiroient à eux tout le profit des travaux de tant de malheureux esclaves, sans les traiter avec moins de rigueur. « Quoi de plus aisé, crioit-il » sans cesse, que de surprendre & que d'accabler des lâches » énervés par l'opulence & par les plaisirs; *des gens dont tout* » *le savoir faire est de disputer entr'eux le prix du luxe dans les* » *festins où ils étalent les buffets & les coupes d'or, dont l'usage*

LXI. Les bandits & les montagnards se joignent à Spartacus. Il forme le projet de mettre tous les esclaves en liberté.

a Flor. ibid.
b SALLUST. *fragm. 660.*
c Plut. ibid.
d Appian. ibid.

» *devroit être uniquement réservé au culte des autels* [a] ! Notre
» aveugle & honteuſe ſoumiſſion a juſqu'ici fait toute leur
» force. Que pourront-ils contre nous & ſans nous, ſi vous
» voulez reprendre aujourd'hui la ſupériorité qui vous appar-
» tient ? Oui, braves camarades, elle nous appartient : la
» nature la donne à la force & au plus grand nombre. Ce
» n'eſt pas elle qui a fait naître les hommes plus riches les
» uns que les autres, mais plus adroits ou plus vaillans.
» Ce n'eſt pas d'elle que vient cette odieuſe diſtinction de
» maîtres & d'eſclaves, de grands & de Peuple. Elle n'a pas
» fait le fort pour obéir au foible, ni le petit nombre pour
» dominer ſur le grand. Suivons la loi de cette bonne mere
» commune : c'eſt la ſeule juſte, puiſque c'eſt la ſeule qui ſoit
» générale à tous les Pays & à tous les temps. Voyez vos
» noms à jamais célebres dans l'humanité, pour lui avoir rendu
» tant de malheureux qui languiſſent dans les mêmes fers où
» vous gémiſſiez. Voyez les richeſſes & l'abondance s'offrir à
» vous de toute part; ſi toutefois vous ne dédaignez de faux
» biens qui n'ont ſervi qu'à corrompre leurs poſſeſſeurs. Le
» vrai, le grand, l'unique bien de l'homme, eſt la liberté que
» les gens de cœur n'abandonnent qu'avec la vie, ſur-tout
» après l'avoir une fois recouvrée. Quel danger pourroit les
» effrayer à ce prix ? Allons, braves camarades, ſans tarder ni
» délibérer. *Le courage ne mérite plus ce nom, dès qu'il héſite* [a].
» Que ſi vous le voulez, toute cette contrée eſt à vous avec
» tout ce qu'elle contient. La terre appartient de droit au plus
» hardi ».

LXII. Il partage ſa troupe nombreuſe en quatre corps, ſous autant de chefs. Il enleve

De telles maximes, très-conformes au goût de ceux à qui on les débitoit, ainſi que les eſpérances qu'elles préſentoient à leur ſuite, étoient avidement écoutées. On accourut à lui en ſi grandes troupes, qu'il fallut partager cette multitude confuſe en pluſieurs

[a] SALLUST. *fragm.* 352.

bandes. On ne doit pas s'étonner de la voir si grande & si promptement attroupée. Les mêmes désordres qui avoient causé la révolte des esclaves en Sicile, régnoient en partie dans les montagnes du Bruttium & de la Lucanie. Les grands propriétaires en achetoient des bagnes entiers pour la culture de leurs terres ou de leurs chetels. Ils leur imprimoient leur marque avec un fer; ils les employoient ensuite aux travaux de toute espece, où ils les lâchoient dans les champs & dans les montagnes. Ces misérables mal nourris & mal vêtus s'en dédommageoient par le pillage sur lequel leurs maîtres avares fermoient les yeux. Ils détroussoient les passans quand ils les trouvoient seuls, & de plus en plus enhardis par la négligence ou par l'impunité, ils se mirent à dépouiller la nuit les métairies & les maisons de campagnes mal gardées, où ils alloient manger & s'enivrer tout à leur aise; de sorte qu'il n'y avoit presque plus de sûreté dans toute cette pointe de l'Italie. Ces brigans rustiques étoient forts & robustes, habitués à passer les jours & les nuits exposés aux injures de l'air. Ils s'armoient de gros bâtons noueux en forme de massues, ou de perches ferrées en guise de lances : ils se revêtissoient de peaux de loups ou de sangliers; ce qui leur donnoit l'extérieur effrayant d'une espece de milice barbare. De plus, ils avoient avec eux de gros chiens de bergers très-méchans. Ces gens farouches s'étoient répandus tout le long des montagnes : on n'osoit presque se plaindre de leurs excès, parce que les propriétaires étoient pour la plupart des Chevaliers romains, qui remplissoient eux-mêmes les fonctions de Juges dans les Tribunaux des Préteurs & des Commandans. Les servantes esclaves n'étoient guere mieux traitées par leurs maîtresses, qui les surchargeoient d'ouvrages, & quelquefois les traitoient outrageusement pour des fautes légeres. Tel est le point où le défaut de police publique, la

ou fabrique des armes, & se rend maître de la campagne.

dureté particuliere des maîtres, & la méchanceté naturelle des valets, avoient mis les choses en ces cantons *a*.

Parmi les Gladiateurs, les Gaulois faisoient le plus grand nombre. Quand on fit le partage de la troupe *b*, ils voulurent avoir des Chefs de leur nation, & choisirent Œnomaus & Crixus. Spartacus ne fit aucune difficulté de partager avec eux le commandement. On forma trois corps sous ces trois Chefs; mais toujours en conservant aux Gladiateurs, comme premiers auteurs de l'entreprise, la supériorité sur le reste des fugitifs. Déjà leur nombre montoit à plus de dix mille hommes. Spartacus les distribua par compagnies, armant les plus forts le mieux qu'il put : divisant les plus agiles en troupes légeres de coureurs & de batteurs de campagne *c*. Afin que rien ne leur manquât pour mériter le nom d'armée régulière & complete, il donna ordre à ses gens *d'enlever promptement par-tout les armes & les chevaux* *d* ; deux choses dont on avoit le plus pressant besoin pour la défense ou pour la fuite. Ils enleverent dans les Villages les chevaux d'agriculture & de charrois : ils s'emparerent des haras dans les pâturages; monterent une partie de leurs gens & les formerent en escadrons de cavalerie. Spartacus *se vit ainsi tout d'un coup maître de la campagne où l'on étoit sans défiance sur une telle irruption* *e*. Mais il ne trouvoit pas assez d'armes pour en fournir à tant de gens. L'industrie y suppléa. Les bergers des montagnes de Lucanie, gens habitués à mener une vie dure au sommet des rochers, l'étoient venu joindre en grand nombre *f*. Il tira d'eux un excellent service, soit pour armer sa troupe, soit pour la fournir de vivres, ou pour surprendre les postes dont on pouvoit tirer avantage. Ces

---

a Diodor. L. 34;
b Appian. Eutrop. ibid.
c Plut, ibid.
d SALLUST. fragm. 300.
e SALLUST. fragm. 158.
f Serv. in Æneid. VII. 632;

gens

gens étoient parfaitement au fait du Pays. Ils connoissoient jusqu'aux moindres fuites ou détours à travers les montagnes. Dans l'habitude où ils étoient de natter de l'osier pour en faire des ustensiles de campagne, ils se servirent adroitement de cet art pour fabriquer à leurs camarades de petites rondaches légeres à l'usage de la cavalerie, au lieu de boucliers effectifs qui leur manquoient [a]. Spartacus leur donna cette invention facile & commode, fort usitée parmi les Thraces, qui fabriquent ainsi leurs armes défensives [b]. Ils recouvrirent l'osier du cuir des bestiaux qu'ils pilloient dans les Villages, & qu'ils tuoient pour leur nourriture. *Les cuirs fraîchement écorchés & appliqués sur le champ, s'attachoient à l'osier sans autre préparation, comme si on les eût collés* [c]. Quant aux armes offensives, ils employerent jusqu'à leurs propres fers à forger des lames tranchantes & des pointes de traits.

Ayant ainsi fabriqué des armes, & *recouvré des chevaux de charge & de monture, ils s'empresserent de retourner à la Ville* [d], à dessein d'y braver les habitans de Capoue, à qui ils avoient si long-temps servi de jouet; peu contens d'avoir brisé leurs chaînes, s'ils ne se vengeoient des oppresseurs de leur liberté. Chemin faisant, ils forcerent plusieurs Villes de la Campanie, où ils ouvrirent les prisons; mettant par-tout en liberté les malfaiteurs & les esclaves [e]; grossissant, à mesure, leur troupe de tous ces misérables qui s'empressoient à prendre parti avec eux [f]. Ils manquerent leur coup sur Capoue, où l'on se tenoit en garde après l'échec reçu, dans la juste défiance que la fureur des fugitifs ne retombât principalement sur cette Ville. Hors d'état de l'attaquer en regle, ils étendirent leur brigandage sur toutes les contrées voisines, & pillerent les maisons de

LXIII, Saccagement des Villes de la Campanie. Rage & brigandage des esclaves.

---

[a] SALLUST. fragm. 434.
[b] Clem. Alexand. Stromat. I.
[c] SALLUST. fragm. 157.
[d] SALLUST. fragm. 388.
[e] Tit-Liv. Epit. 95.
[f] Athen. Deipnos. Liv. VI.

campagne *a*; fouillant avec soin les celliers remplis des bons vins que le Pays produit *b*. Ils pousserent jusqu'à Cora, ancienne Colonie des rois d'Albe, sur les confins des Volsques & des Herniques *c*. *D'autant plus ardens à mal faire, que le pouvoir de suivre en ceci leur inclination naturelle, étoit tout nouveau pour eux d*, ils saccagerent cette Ville ancienne, dont la fondation remonte jusqu'à Corax, frere de Tibur *e*, au point qu'elle n'a pu s'en relever depuis *f*.

Rien n'égale les horreurs qu'ils commirent à Nucere & à Nole en Campanie *g* 1. Cette derniere, autrefois peuplée par les Chalcidiens, puis accrue par les Toscans, ainsi que la plupart de celles de ce canton, étoit devenue une des plus jolies du pays *h*, & s'étoit remplie de familles d'une fortune commode. *Les esclaves répandus dans cette Ville* 2 *s'y déchaînerent avec une*

---

a *Appian*. ibid.
b *Horat. Od. III. 14.*
c *Coradini. Latium. C. II. p. 64.*
d SALLUST. *fragm. 280.*
e *Florus* ibid.
f *Kirker. Latium. vet. p. 242.*
g *Justin. XX. 1.*
h *Vell-Pat. 17.*

1 Cora, bourgade qui conserve aujourd'hui son nom dans les montagnes voisines de la ville de Rome.

Nola, petite ville de la terre de Labour, non loin du mont Vésuve.

Nocera, autre petite ville sur le bord de la riviere Sarno, dans la Principauté citérieure. Ces deux dernieres villes sont situées entre Naples & Salerne.

2 Ici commencent les lambeaux d'un manuscrit de l'Histoire générale de Salluste, dont une moitié, un peu moins délabrée que le reste, est connue depuis deux siecles, & l'autre moitié étoit restée presqu'entierement inconnue. Ils furent trouvés à la bibliotheque du Roi dans le seizieme siecle, &, à ce qu'il semble, avec un manuscrit du Commentaire de Servius sur Virgile.

André Schott en envoya une copie à Leyde à Juste-Lipse, pour être jointe à une nouvelle édition de Servius que Pierre Daniel préparoit alors; & dans laquelle néanmoins ces fragmens ne se trouvent pas; non plus que dans celle que Maswic a publiée en Hollande en 1717, sur un manuscrit de Servius, plus ample que ceux que l'on connoissoit, qui venoit de passer de la bibliotheque de St. Benigne de Dijon, dans celle du Roi, & dans lequel j'ai trouvé plusieurs passages cités de Salluste, qu'on ne connoissoit pas encore. Mais il y a peu d'apparence que ces lambeaux-ci eussent été insérés par Servius dans son Commentaire sur Virgile. Cet ancien Grammairien n'a pas coutume de rapporter d'aussi longs passages du grand nombre d'Auteurs qu'il cite.

ROMAINE. *LIVRE III.* 147

elle rage [a], qu'à peine peut-on se former une idée des indignités qu'ils y commirent. Chacun d'eux courut s'attacher aux objets

[a] SALLUST. *fragm. 325.*

Les trois feuillets ou six pages envoyées par Schott à Juste-Lipse, étoient quelques restes d'un manuscrit de l'Historien même, échappés à l'injure des temps. L'exemplaire de Schott passa entre les mains de Janus-van-der-Does, fort connu dans la littérature sous le nom de Douza, Gentilhomme de Leyde, & premier Bourg-mestre de la Ville. Comme il travailloit alors à rassembler plusieurs fragmens de Salluste, extraits des anciens Grammairiens, & à les éclaircir par d'assez bonnes notes, il joignit à la suite de son édition des fragmens, imprimée à Anvers en 1580, trois des pages de ces lambeaux, qu'il reconnut sans difficulté pour être de Salluste, & pour faire partie de son récit de la révolte des Gladiateurs. S'il y avoit quelque doute là-dessus, il seroit aujourd'hui levé par Nonius-Marcellus, chez qui l'on retrouve un passage cité, comme étant du troisieme livre de Salluste, & qu'on lit aussi dans une des trois pages que Douza ne fit pas imprimer alors. Il ne joignit même aucunes notes ni corrections aux trois pages qu'il imprimoit; se contentant de dire là-dessus, qu'il n'étoit pas assez adroit pour rendre le lustre à une étoffe si tachée. *Tot mendis ipse eluendis sat esse non possum ; neque enim fullonicam didici. Uti eapse exarata accepi, ita repræsentavi.* C'est probablement pour cette raison qu'il n'a donné que trois des six pages, & qu'il a négligé de faire imprimer les trois autres, comme plus défectueuses encore. Mais il est certain que Freinsheim en a eu à Strasbourg un exemplaire manuscrit complet qu'il a bien mieux su déchiffrer, & en faire un très-bon usage dans ses Supplémens de Tite-Live, où il a inséré en propres termes une partie de l'un des feuillets inconnus, contenant quelques circonstances de fait qu'on ne trouve nulle part ailleurs dans aucun ancien Ecrivain. Il cite en marge le manuscrit de la bibliotheque royale. On en a trouvé un autre exemplaire complet à Dijon, dans le cabinet de Jacques-Auguste de Chevanes, homme de lettres, qui avoit rassemblé beaucoup de choses curieuses en antiquités. C'est aussi dans le même cabinet qu'étoit la célebre & unique médaille de Midas, Roi de Phrygie, que M. l'Abbé Barthelemi a, depuis peu d'années, fait passer dans le médaillier du Roi. Jos. Bimard, Baron de la Bastie, se trouvant à Dijon en 1728, & ayant mal-à-propos pris les six lambeaux de Salluste pour autant d'inscriptions, en leva une copie figurée fort exactement, qu'il envoya à Modene à Muratori. Celui-ci l'a fait imprimer à Milan en 1739, dans le premier volume de son grand Recueil d'inscriptions, avec la lettre & les notes du Baron de la Bastie. La bibliotheque de Jacques-Auguste de Chevanes, mort en 1690, ayant passé à M. Thomas d'Islan son héritier, fut vendue & dispersée après le décès de ce dernier, il y a une trentaine d'années; & je n'ai pu encore découvrir entre les mains de qui avoit passé son exemplaire entierement conforme à celui qu'on trouve dans le Recueil de Muratori. Le fragment étoit en

de sa haine ou de son ressentiment personnel. Ils se jeterent d'abord sur ceux de qui ils avoient reçu quelques mauvais traitemens; non pour les massacrer en furieux, mais pour goûter à leur aise le plaisir de leur donner une mort aussi lente qu'affreuse; leur cruauté raffinée s'étudiant à les tourmenter par les plus douloureuses blessures : après quoi ils laissoient ces corps déchirés à demi mort, sans achever de leur ôter la vie, pour aller ailleurs jeter du feu sur les toits des maisons. Les esclaves du lieu même, que leur mauvais caractere donna bien vîte pour camarades aux fugitifs, arrachoient des endroits les plus secrets tout ce que leurs maîtres y avoient caché, ou leurs maîtres eux-mêmes. Rien ne fut sacré, ni ne fit horreur à la rage barbare & à la méchanceté du naturel servile. Spartacus ne pouvant contenir ces forcenés,

lettres capitales (ce qui marque une haute antiquité du manuscrit), de forme presqu'entiérement pareille à celui du 91e. livre de Tite-Live, que Bruns vient de trouver l'an passé au Vatican, mais beaucoup plus curieux pour l'histoire. Chaque page, ou du moins ce qui reste de chacune, est de dix-neuf lignes courtes d'environ vingt lettres, bien réguliérement espacées de même dans les pages, comme le sont les trente lignes par page du Tite-Live. Il faudroit avoir l'original autographe même, pour pouvoir dire s'il est écrit sur deux colonnes par page comme le Tite-Live; si les feuillets sont écrits au verso, comme il y a toute apparence, &c. Mais ce que je puis dire sur une matiere que j'ai bien examinée, c'est qu'il ne laisse aucun soupçon de supposition : que les pages ou feuillets, quoique très-voisins les uns des autres, ayant tous rapport à la même narration, pourroient ne pas avoir été immédiats & consécutifs : que s'ils l'étoient dans l'original, les pages ont été en partie coupées d'en haut ou d'en bas, y ayant lacune de l'une à l'autre : que l'ordre des feuillets, tel que la Bastie l'a coté, n'est pas trop vrai ni fort exact. Je conjecture même qu'en un endroit ou deux, ce qu'on trouve écrit de suite dans la même page, pouvoit n'être pas consécutif dans l'original. Peut-être André Schott, ou un autre, a-t-il transcrit de suite ce qu'il a trouvé de caracteres lisibles dans les feuillets séparés du vieux manuscrit. Je le donne ici dans le volume du texte latin exactement figuré sur l'exemplaire que je connois; avec les variantes tirées de la copie incomplete de Douza, imprimée par-tout, & du texte de Freishemius; avec les passages parallèles des anciens Historiens qui ont extrait leur narration du livre de Salluste; & par lequel le texte de notre Auteur est parfaitement bien expliqué en plusieurs endroits.

ROMAINE. LIVRE III.

après avoir vainement mis en usage les plus instantes prières, donna le mot à l'un des siens auquel il se fioit davantage: il lui dit de s'échapper secrétement de la Ville, comme s'il n'y fût pas entré, & de revenir en toute diligence avertir que les légions romaines approchoient, commandées par Varinius, & qu'il falloit s'échapper de la Ville au plus vîte, si on ne vouloit les avoir sur les bras [a].

Nole fut ainsi sauvée d'une destruction totale. Les fugitifs en sortirent à la hâte; & il étoit véritable en effet que l'armée romaine n'étoit pas éloignée. L'état des choses avoit commencé de paroître plus sérieux à Rome à la nouvelle de la prise du camp de Clodius. Le Sénat avoit décerné une commission extraordinaire au Préteur Varinius-Glaber [1], portant ordre de rassembler des troupes, & de se rendre en Campanie. Le Préteur mit sur pied, non une armée, car on ne jugeoit pas encore que ce brigandage méritât le nom de guerre; mais quelques milliers d'hommes levés sans beaucoup de choix & armés à la hâte [b], à la tête desquels il pressa son départ, accompagné de Furius qu'il prit pour Lieutenant, & d'un Officier nommé Cossinius, que le Sénat lui avoit donné pour Conseil, & même en quelque façon pour collegue [c]. Spartacus vouloit, à son approche, abandonner les plaines de la Campanie, ne jugeant pas qu'une multitude qui n'avoit que de la hardiesse sans expérience, y pût tenir en sûreté contre des corps disciplinés ou bien armés. Il proposa de se retirer en Lucanie, & de se mettre

LXIV. Varinius rassemble des troupes à la hâte; bat & tue Œnomaus l'un des Chefs des Gladiateurs.

---

[a] SALLUST. fragm. 325.
[b] Appian. ibid.
[c] Plutarch. ibid.

[1] Publius-Varinius-Glaber (c'est-à-dire sans barbe), que d'autres nomment Varenus & Varius, étoit un homme d'une famille Plébéïenne peu connue. Il étoit Préteur la même année que ceci se passoit, c'est-à-dire en 680 ou 81, & il venoit d'être nommé Gouverneur d'Asie. * Frontin le nomme mal-à-propos Proconsul, à moins qu'on ne lui eût donné le Gouvernement avec ce titre.

* Cic. pro Flacco, 19.

HISTOIRE DE LA RÉPUBLIQUE

à couvert derriere les montagnes de l'Apennin. Les Gaulois furent au contraire d'avis de faire tête, prenant confiance en leur grand nombre, fort supérieur en effet à celui des Romains; car Crixus seul avoit bien dix mille hommes à ses ordres, & Spartacus trois fois autant. L'événement ne justifia pas ce conseil. Un corps de trois mille fugitifs, à la tête duquel étoit Œnomaus, l'un des deux Commandans Gaulois, fut attaqué & complétement défait, laissant Œnomaus tué sur la place [a]. Alors, quoique tard, on revint au parti de la retraite. Les deux autres Chefs se rapprocherent au plus vîte de l'Apennin.

Varinius avoit détaché en avant sur leurs traces quelques corps de cavalerie, avec ordre d'inquiéter & de retarder leur marche. Spartacus les découvrit de loin, & se douta de l'événement. Avant que Varinius ne fût plus proche avec le reste de l'armée, il se jeta bien vîte avec ses meilleures troupes, à travers les montagnes, guidé par un des bergers esclaves, dans des chemins étroits qui le couvroient; & passant par les gorges des Picentins, puis par celle d'Ebure, il arriva sans être découvert, à Narès de Lucanie, au milieu de la nuit, & de là, vers la pointe du jour, à Popliforum [b] 1, où les fugitifs surprirent les habitans & les cultivateurs qui ignoroient leur approche. Ils y firent un pillage continuel, & commirent, comme ils avoient fait ailleurs, tous les désordres, toutes les violences dont de telles gens peuvent s'aviser, malgré ce que put dire ou faire leur Chef [c]; à qui, si l'on en excepte la bassesse de sa condition, il ne manquoit, ainsi que je l'ai dit,

LXV. Spartacus se retire derriere l'Apennin. Il surprend les villes de Lucanie. Varinius le resserre dans un désert. Il s'échappe.

[a] Oros. V. 24.
[b] Vid. Tabul. Peuttinger.
[c] SALLUST. fragm. 325.

1 Narès & Popliforum étoient deux bourgades ou petites Villes mentionnées dans l'itinéraire. La premiere y est nommée Narès de Lucanie, & la seconde Forum Popli, sur les confins de la Lucanie. Il est aussi fait mention de cette derniere bourgade dans Ptolomée & dans Frontin, qui lui donne le titre de Colonie romaine. Certainement cette Ville n'étoit pas du côté de Capoue, où Ptolomée semble la placer. Voyez la carte ancienne de Peuttinger.

aucune des qualités qui font le grand Capitaine. Ces insensés gâtoient ou dissipoient tout le butin, sans prévoyance de l'avenir. Le canton fut en peu de jours si bien ravagé, qu'il fallut s'écarter au loin pour faire subsister cette multitude indocile. Le Préteur à son tour passa les montagnes : mais la disette des vivres l'ayant obligé d'étendre aussi ses postes, Spartacus surprit celui du Lieutenant Furius, & mit entièrement en déroute un corps de deux mille hommes. Varinius y accourut, après avoir au plus vîte rassemblé ses quartiers ; averti par ce premier échec de se tenir plus serré & mieux en garde contre un ennemi si alerte, & bien plus redoutable qu'on ne l'avoit cru. Il donna la chasse aux fugitifs ; & dans le cours des mouvemens irréguliers de cette guerre sans ordre, il manœuvra assez heureusement pour venir à bout de les renfermer dans un terrein stérile, barré par les montagnes & par les cours d'eau qui en descendent pour aller tomber dans le golfe de Tarente. Il y a dans la Lucanie plusieurs de ces cantons incultes, où le terrein fort blanc n'est que de la craie. Delà vient que les Grecs Œnotriens, autrefois maîtres du pays, lui ont en leur langue donné le nom de Lucanie [1] ou de pays blanc ; antérieurement même au temps où les Samnites, peuple d'Italie, s'en emparerent sur eux, & sont, après de longues guerres, venus à bout de s'y maintenir contre les anciens

---

[1] La Lucanie faisoit autrefois partie de la Grece, depuis la riviere Sillarus jusqu'à la riviere Laüs, sur la mer inférieure, & depuis Métaponte jusqu'à Thurium, sur la mer supérieure. On appelle le Pays Lucanie, non pas du nom de Lucius, prétendu Chef de la Colonie grecque, mais plutôt, selon l'opinion de *Festus*, à cause des bois (*luci*), dont le Pays étoit couvert alors : ou plutôt encore, comme il le dit aussi, parce que les montagnes & le terrein sont de craie blanche, du mot *Leuca* ou λευκος, commun aux langues Grecque & Celtique, & qui me paroît parallele au mot latin *lux*, *lucis* : la couleur blanche étant à peu près celle de la lumière : ainsi *lux* est le primitif dont tant de dérivés, comme λευκος (*albus*) ; *Leuca* (lieue), marque blanche servant chez les Celtes à régler la mesure des distances : *Lutetia* (Leuc-tit), terre blanche, à cause de la montagne de plâtre à Mont-Martre : *Lucania* (Pays blanc), & une infinité d'autres, ont tiré leur origine.

possesseurs *a*. Varinius y tint les fugitifs fort resserrés, & souffrant extrêmement de la disette qui leur enlevoit chaque jour beaucoup de monde. Les cohortes romaines occupoient les hauteurs: il n'y avoit pas moyen de les attaquer avec tant de désavantage. Cependant Spartacus étoit entouré de maniere à n'oser décamper en présence de l'ennemi, sans risquer de se perdre. Les fugitifs manquoient de vivres, ayant consumé tout ce qu'ils avoient de provisions, & n'en pouvant plus tirer du voisinage. On les voyoit habituellement aux portes de leur camp monter les gardes militaires, poser des sentinelles, ou s'acquitter des autres fonctions du soldat. Une nuit, à la seconde veille ou relevée de la garde [1], ils sortirent tous en grand silence, laissant un trompette dans le camp, où ils avoient attaché de distance en distance, à des pieux dressés, un pareil nombre de corps nouvellement morts, tout armés & habillés, formant ainsi de loin un simulachre de sentinelles & de gardes avancées. La trompette sonnoit de moment en moment *b*. Spartacus fit allumer de grands feux aux environs; & ayant ainsi trompé l'ennemi par cette vaine image *c*, il fit défiler tout son monde par derriere, à la faveur de l'obscurité, par un endroit impraticable si on lui eût opposé quelqu'obstacle.

LXVI. Il s'avance vers la mer, surprend & taille en pieces un détachement de l'armée romaine.

Sorti de ce pas dangereux, il s'achemina vers la mer supérieure, où plusieurs villes riches dont la côte est garnie, offroient aux révoltés l'occasion d'un grand butin; & à leur Chef, dont les pensées ne se bornoient pas à de tels objets, la faculté de se ménager une place de refuge, & d'y rassembler des subsistances. Cossinius fut détaché pour couvrir les places situées sur la côte septentrionale, en même temps que le Préteur marchoit lui-même pour mettre hors d'insulte celles du midi. Le premier vint camper aux bains des salines dans la Pouille, entre

[1] Après neuf heures du soir.

a Strabon. L. VI. Plin. L. III.
b Sallust. fragm. 325.
c Frontin. stratagem. I. 22.

ROMAINE. *LIVRE III.* 153

les deux rivieres du Cerbale & de l'Aufide. Spartacus saisit l'instant de l'attaquer ainsi séparé du reste de l'armé. Laissant le gros de sa troupe aux ordres de Crixus, pour faire tête en cas de besoin, il fit avec les plus agiles une marche forcée, ou, pour mieux dire, une course que des troupes en regle auroient eu peine à faire, mais beaucoup moins difficile pour des montagnards légérement armés, ou même sans armes, sans vivres ni bagages. Il passa l'Aufide avant le coucher du soleil, en un endroit à peine guéable, que les Lucaniens lui montrerent, & fit douze milles jusqu'aux salines avec une diligence incroyable, sans que le Romain fût averti de son approche; les paysans du pays étant, selon le génie de la populace, plus portés en faveur des rebelles, gens à peu près de même état qu'eux. Ils tomberent ainsi à nuit close sur le camp ennemi. *En ce moment Cossinius* 1 *étoit à prendre le bain dans la fontaine voisine* a. Il eut à peine le temps de se sauver tout nud, & n'alla pas loin sans être atteint & tué dans sa fuite. Son bagage, son camp furent pillés avec perte de la plus grande partie du détachement b.

Ce second échec répandit la terreur dans l'armée romaine, & lui fit perdre toute confiance en son Chef, à qui le soldat imputoit le malheur des événemens. Il étoit cependant injuste.

LXVII. Les révoltés marchent en force contre Varinius. Déroute

---

a SALLUST. *fragm. 575.*   b *Plutarch. ibid.*

1 Cossinius étoit d'une famille originaire de Tibur, qui avoit acquis depuis peu le titre de bourgeoisie à Rome. Il étoit intime ami d'Atticus, qui en donna la connoissance à Cicéron, & fit naître une liaison fort intime entre Cossinius & ce dernier, qui en parle comme d'un homme qui avoit du talent & de l'éloquence *. Il paroît fort touché de sa mort. Les salines où Cossinius fut surpris, forment aujourd'hui un étang d'eau salée, assez voisin de la mer, appellé
* *Cic. pro Balbo. 23.*

lago salso, entre les rivieres du Cervaro & de l'Aufante. Cossinius laissa un fils qui fut Chevalier romain, &, comme son pere, ami de Cicéron, qui en fait assez souvent l'éloge *. Pighi, dans ses annales, place en l'an 675 la Questure de Cossinius, qu'il nomme Canutius, peut-être trompé pour avoir lu avec peu d'attention le fragment de Salluste, où il est nommé Cossutius par erreur du Copiste.
* *Cic. ad Attic.*

Tome II.   V

&fuite des Romains. On porte les ornemens du Préteur à Spartacus, qui s'en revêt.

de taxer Varinius d'imprudence, pour avoir, à deux reprises, divisé ses forces, dans la nécessité où il étoit de couvrir avec peu de monde plusieurs endroits à la fois contre l'incursion d'un ennemi très-actif & supérieur en nombre. Les révoltés suivirent leur avantage avec chaleur. Spartacus se jugea pour-lors en état de se mesurer ouvertement avec les Romains, & de leur livrer bataille en forme. Jusques-là tout s'étoit passé en surprises & en coups de main. Pour cette fois ils marcherent contre Varinius en quelqu'ordre militaire, & passablement armés pour le combat. A la vérité toutes les armes qu'ils avoient prises, achetées ou forgées, tout ce qu'ils en avoient pu enlever aux vaincus, n'avoit suffi que pour en fournir une partie de la troupe. Le reste s'étoit armé de faux, de fourches, de rateaux, de cognées, de fléaux ou autres instrumens des travaux de la campagne, tels que des pâtres ou des bouviers les pouvoient aisément trouver; ou à défaut de ceci, de pieux aiguisés, de grosses perches, de masses ou autres outils de bois durcis au feu, qui, *après leur avoir donné la pointe ou le tranchant nécessaire, étoient propres à porter des coups presqu'aussi dangereux que le sont ceux des armes de fer* [a]. Spartacus, pour jouer de tout point le rôle de Général, fit aux siens, avant l'attaque, une courte harangue, les exhortant à se comporter en vrais soldats, au début d'une véritable guerre, *où l'événement de ce premier combat alloit servir d'augure à tous les autres* [b]; où ils ne pouvoient se soutenir que par des succès sans interruption d'aucun revers; où il n'y avoit pas de milieu pour eux entre une victoire continuelle & une mort infame dans les plus cruels supplices. Une acclamation générale fut la réponse des fugitifs. Ils marcherent à la charge. Le succès du combat fut entièrement à leur avantage. Les cohortes romaines, après une légere résistance, lâcherent

[a] SALLUST. fragm. 325.   [b] SALLUST. fragm. 193.

ROMAINE. *LIVRE III.* 155

honteusement le pied, abandonnant leur Général. Varinius, renversé de cheval, n'échappa qu'avec peine *a*. Un Préteur se vit au moment d'être le captif d'un Gladiateur : son cheval, sa casaque de pourpre, ses Licteurs, les haches, les faisceaux de verges & autres marques de sa dignité, tombérent entre les mains des vainqueurs, qui les porterent à Spartacus, en poussant des hurlemens de joie. Ils lui servirent depuis d'ornemens à lui-même, comme Général d'armée : il releva sa dignité aux yeux du Peuple des Provinces, en faisant porter les faisceaux devant lui chaque fois qu'il marchoit *b*.

Sa victoire lui ayant ouvert l'accès aux places méridionales, il conduisit les vainqueurs, au sortir du champ de bataille même, vers Métaponte *c*, assez bonne Ville, d'origine grecque, autrefois fondée par Nestor, chef des Pyliens, au temps de la guerre de Troye *d*. C'est à ce siecle que les principales Villes bâties sur la mer Ionienne rapportent leur origine ; lorsque les Chefs de la ligue Hellénique formée par les Atrides, ruinés par leur propre conquête, se virent contraints à venir chercher en Italie un domicile qu'on leur refusoit à leur retour dans leur propre patrie, où ils étoient fort haïs, comme étrangers Asiatiques & nouveaux usurpateurs, & où les anciens Doriens avoient repris le dessus pendant leur longue absence. Spartacus, après avoir traversé le Mont-Vautour, fit alte dans la plaine *pour faire prendre quelque repos à sa troupe e* ; & sur-tout pour prier ses gens, avec les dernieres instances, de se modérer à la surprise d'une place dont la conservation leur étoit de la derniere importance, pour avoir un accès sur la mer ; & de ne pas effaroucher, comme ils avoient fait ailleurs, les habitans d'un Pays naturellement portés pour eux, & dont le secours leur étoit à

LXVIII. Surprise & ruine de Métaponte. Ancienne célébrité de cette Ville.

---

a Appian. ibid.
b Florus. ibid.
c Oros. V. 24.
d Justin. L. X.
e Sallust. fragm. 142.

chaque inſtant néceſſaire. Au lever du ſoleil, ils arriverent ſous les murs de Métaponte, où on les croyoit encore vers les bords de l'Auſide, contenus par le Préteur, dont on ignoroit la défaite. *Les portes étoient ouvertes: les campagnes pleines de cultivateurs* [a]. Une partie des habitans ſortis de la Ville pour vaquer à leurs travaux ordinaires, devenoient infailliblement les victimes de la moindre réſiſtance que ceux du dedans auroient voulu faire. La Ville fut ainſi ſurpriſe à l'improviſte, ſans avoir eu aucun ſoupçon du malheur qui la menaçoit. *Auſſi-tôt les fugitifs* [1], *au mépris de tout ce que leur Chef leur avoit ſi expreſſément recommandé, ſe mirent à violer les filles & les femmes mariées, ſans diſtinction d'âge ni de condition* [b]; à remplir toutes les rues de ruines & de maſſacres [c]. Toute repréſentation fut inutile auprès de ces ames baſſes, dont le ſuccès & la victoire nourriſſoient l'inſolence, & qui goûtoient avec avidité le plaiſir de faire à des gens d'un état ſupérieur plus de mal encore que ceux-ci ne leur avoient ci-devant inſpiré de crainte. De toutes les places dont les révoltés ſe ſont rendus maîtres dans le cours de ce brigandage, Métaponte eſt celle qui a le plus ſouffert [d]. Cette journée eſt devenue l'époque de la ruine d'une Ville recommandable, pour nous avoir, l'une des premieres, tranſmis les ſciences & la philoſophie grecque. Car au temps où la puiſſance romaine, encore en ſon enfance, s'occupoit à diſputer à ſes voiſins un territoire étroit au centre de l'Italie, vers l'extrêmité du même Pays, les Grecs qui s'y étoient rendus en diverſes bandes après la priſe de Troye, y faiſoient fleurir les arts, la magnificence Aſiatique, & les ſciences ſublimes qu'ils avoient puiſées chez les nations plus anciennes qu'eux. Pythagore,

[a] Sallust *fragm.* 202.
[b] Sallust. *fragm.* 411. & 325.
[c] *Flor.* III. 20.
[d] *Oroſ.* ibid.

[1] Cet endroit du texte appartient peut-être plutôt à la deſcription du ſac de Popliforum, qu'à celle du ſac de Métaponte.

ROMAINE. LIVRE III.

instruit de la doctrine des Egyptiens & des Gymnosophistes, après avoir long-temps tenu son école à Crotone, s'étoit retiré de cette Ville en celle de Métaponte, qui devint ainsi le berceau de la secte que nous nommons Italique. Il y continua ses leçons & y finit ses jours *a* dans un âge fort avancé : laissant après lui son école à ses disciples, qui en instituerent plusieurs autres à peu près sur les mêmes principes, dans les principales Villes du voisinage : Philolaus, à Métaponte ; Alcméon, à Crotone ; Archytas, à Tarente ; Timée, à Locres ; & en Lucanie, Ocellus, dont Aristote a depuis suivi les dogmes, & dont la famille étoit sortie de Troye dès le regne de Laomédon *b*.

Métaponte n'étoit plus propre à servir de place de sûreté dans le triste état où les ravages des brigands venoient de la réduire. Leur Chef forma le dessein de s'avancer à l'autre angle du golfe de Tarente, & de s'emparer de la ville de Thurium *r*, plus grande encore & plus propre à son objet : d'autant mieux que quelques années auparavant elle avoit été d'une grande utilité aux esclaves révoltés en Sicile, sous la conduite d'Athénion. Quoique bien inférieure en richesses & en magnificence à l'ancienne & somptueuse ville de Sybaris, du débris & près de laquelle elle a été rebâtie par une Colonie d'Athéniens, Thurium ne laisse pas que d'être une assez grande & belle Ville, avantageusement située pour le commerce & pour la sûreté, vers l'embouchure de plusieurs rivieres qui en rendent les

LXIX. Prise de Thurium. Spartacus s'y établit.

---

a Tit-Liv. I. 18.   *b* Plat. Epist. ad Archyt. 12. Diog. Laërt.

r Aujourd'hui *Torre di Mare*, dans la Basilicate.

Thurium, dont les ruines sur le golfe de Tarente conservent aujourd'hui le nom de *Torrana*. Tous ces lieux, à présent déserts & ignobles, faisoient autrefois, & bien avant la célébrité de Rome, les plus riches & les plus florissantes contrées de l'Europe, tant par les arts que par la puissance & la magnificence des Villes dont elles étoient remplies, parmi lesquelles Sybaris a long-temps tenu le premier rang.

Ebure n'est aujourd'hui qu'un Village appellé Eboli, près de la riviere Sello (Sillarus), dans la terre de Labour.

accès faciles à garder *a*. L'entreprife réuffit heureufement fur cette place. On parvint même à engager les pillards à fe contenter du butin, fans y joindre les horreurs de tant de meurtres & de dégâts : du moins ils n'y en firent pas autant qu'ailleurs. Spartacus y forma fon établiffement : & dès-lors il ne fut plus queftion de le regarder comme le Chef d'une bande de voleurs, mais comme un guerrier très-grand & très-redoutable.

LXX. Il s'efforce d'établir quelque regle parmi les fiens. Il publie une affociation entre tous les efclaves. Il fait des loix. Il prohibe l'ufage de l'or & de l'argent.

Il s'occupa férieufement à mettre dans fa troupe nombreufe quelqu'efpece de police & de regle de gouvernement capable d'ennoblir cet amas de fugitifs, en lui donnant une forme d'état républicain armé pour fa liberté. Il arrêta le défordre dans Thurium, en tirant fes gens de la Ville, & les faifant camper dans la plaine, entre les deux rivieres. Il annonça aux commerçans & vendeurs de denrées, qu'ils pouvoient en fûreté venir trafiquer à fon camp, où il auroit foin de les mettre à l'abri de l'infulte. *Il fit lui-même des marchés à prix d'argent avec plufieurs bouchers, cabaretiers & autres pourvoyeurs de toute efpece, journellement néceffaires à une grande multitude* *b*. Il invita par une nouvelle publication tous les efclaves des Villes & de la campagne ; tous les gens que le fort & les mauvais traitemens des perfonnes puiffantes rendoient malheureux, à venir avec lui défendre fous de meilleurs aufpices la caufe commune de l'humanité. Il dreffa & fit afficher des loix & des ftatuts propres à maintenir, autant qu'il feroit poffible, l'ordre public parmi cette foule de gens fans aveu, au moyen des avantages confidérables que ces mêmes réglemens leur procuroient d'ailleurs. Son ordonnance n'avoit d'abord été faite que pour la Lucanie, où il la publia. Bientôt après, voyant qu'on accouroit à lui des Provinces les plus éloignées, il l'étendit à toute l'Italie. Il annonça,

a Florus. ibid.   *b* SALLUST. fragm. 386.

par une seconde affiche, que tous les fugitifs des Cités Latines Etrusques ou Gauloises, qui voudroient entrer dans la ligue, y jouiroient des mêmes avantages : *déclarant que la loi Lucanienne seroit commune à tous ceux qui habitoient en deçà du Pô : qu'ils participeroient aux mêmes privileges, & seroient également admis dans la confrairie* ª. Le terme de *confrairie* est celui dont le Peuple se sert dans la Pouille & aux environs de Naples, où le langage est encore fort mêlangé de grec, pour désigner ce que nous appellons à Rome Tribus ou Curies *b*.

Tout abondoit dans son camp par l'affluence de ce qu'on y apportoit de côté & d'autre, & par le butin que ses gens faisoient en course *c*. Cette profusion même lui déplut bientôt. Il auroit mieux aimé n'avoir que le nécessaire étroit, s'il eût été possible de régler les choses à ce juste degré. Affligé des abus qui naissoient du pillage, & témoin du danger d'introduire parmi tant de gens déréglés une abondance propre à les énerver ; trop certain que l'esprit de liberté ne se maintiendroit parmi eux qu'autant qu'on y pourroit conserver l'habitude & le goût de la pauvreté, il tâchoit de les entretenir dans le genre de vie dure auquel ils étoient faits, & sentoit assez l'impossibilité de soutenir leur force, à moins d'une discipline austere, à laquelle il étoit tout aussi mal-aisé de les assujettir. Il prit le parti de proscrire totalement l'or & l'argent, premiers objets de la cupidité humaine. Par un édit exprès, *défenses furent faites, sous de grosses peines, à tout soldat ou autre en faisant les fonctions* ᵈ, d'avoir, tenir ou faire entrer dans le camp aucune monnoie, effet ou matiere de cette espece : & à tout marchand, d'y en apporter. Il étendit même la prohibition aux métaux quelconques, autres que le bronze & le fer nécessaires à forger

---

ª Sallust. *fragm.* 578.
ᵇ *Varr. Ling. Lat. L. IV. Strab. L. V.* p. 246.
ᶜ *Appian.* ibid.
ᵈ Sallust. *fragm.* 205.

des armes. Quant à ceux qui voulurent apporter de ces dernieres matieres, il les reçut, ainsi que les artisans qui les savent mettre en œuvre, avec l'accueil le plus favorable, & rendit ce trafic si bon pour eux, qu'en peu de temps il eut des atteliers sur pied, une sorte d'arsenal établi, & assez d'armes pour en fournir convenablement toute la troupe. Il s'exécuta le premier sur son ordonnance : distribuant aux misérables qui avoient le plus souffert du pillage, tout ce qu'il avoit eu d'or & d'argent pour sa part du butin. Plusieurs des siens suivirent son exemple : en quoi ils montrerent une ame plus noble que la plupart de nos Généraux, qui ne font la guerre que pour s'enrichir à tout prix *a*. On peut croire qu'il ne fut pas imité par le plus grand nombre. Les Gaulois sur-tout ne purent se résoudre à faire un tel sacrifice.

LXXI. Foiblesse & lâcheté des troupes romaines. Varinius reçoit un renfort.

Cependant Varinius, spectateur de tant de désordres commis par les fugitifs, se voyoit dans l'impuissance de les réprimer. *Les maladies communes en automne accabloient une partie de son armée déjà fort affoiblie par sa défaite. Aucun de ceux qui avoient pris la fuite à la derniere action, n'étoit venu rejoindre les étendards, malgré l'ordonnance du Préteur, qui leur enjoignoit de s'y rendre sous de graves peines ; & le peu de soldats qui lui restoient en état de combattre, refusoient, avec autant de lâcheté que d'obstination, de faire le service. Dans cette extrémité, il avoit envoyé à Rome C. Thoranius* 1 *son Questeur, pour y faire connoître au vrai l'état des choses par un témoin oculaire. En attendant son retour, il prit quatre cohortes de meilleure volonté que les autres, avec lesquelles* b il alla lui-même du haut des montagnes

---

a Plin. XXXIII. 14.
b Sallust. fragm. 325.

1 C'est probablement le même qui fut dans la suite tuteur de l'Empereur Auguste, & que cet ingrat fit mettre au nombre des proscrits. Le grand Corneille, dans la tragédie de Cinna, suppose qu'Emilie, l'un des principaux personnages de sa Piece, étoit fille de Thoranius. C'est là-dessus qu'il fonde le ressentiment & la conspiration d'Emilie contre l'Empereur.

reconnoître

reconnoître la position de l'ennemi. A la vue d'un camp placé d'une maniere qui ne sentoit ni le Gladiateur ni le Barbare, il ne prévit que trop l'inutilité de tout ce qu'il pourroit entreprendre en ce moment contre un tel adversaire, avec des troupes tout-à-fait rebutées. Il revint sur ses pas, regrettant plus que jamais de s'être chargé d'une expédition dont la réussite ne lui auroit procuré que peu de gloire, & dont le mauvais succès l'exposoit aux plus grands reproches. Car il n'ignoroit pas qu'on blâmoit hautement sa conduite à Rome, & qu'on y traitoit d'exagération le rapport que son Questeur avoit fait des ressources & de l'habileté d'un esclave Thrace. On lui avoit néanmoins accordé quelques nouvelles levées. Ces nouveaux corps, imbus du préjugé qui régnoit dans la Capitale, arriverent dans l'Abbruzze, ne parlant qu'avec mépris d'une vile canaille qu'il falloit remettre aux fers : & dans la pleine confiance qu'ils alloient à la premiere vue dissiper ce ramas de bandits. Leurs bravades firent au moins l'effet d'inspirer aux anciennes troupes quelque honte de leur lâcheté passée, & de relever un peu leur courage abattu. Mais, d'autre part, ils perdirent bientôt eux-mêmes cette premiere chaleur, au même degré qu'ils l'avoient communiquée aux autres. Cette ardeur, si vive de loin, s'éteignit de près à mesure qu'ils furent mieux à portée de connoître quels gens ils avoient en tête. Ils en rabattirent beaucoup, après le portrait que leurs camarades en firent comme d'autant de furieux, déterminés à tout : & par malheur, les ravages qu'ils avoient sous les yeux ne vérifioient que trop cette peinture.

Varinius, à l'aide de ce renfort, résolut de faire quelque tentative pour délivrer Thurium. Il s'approcha de la place, mais sans oser risquer une affaire avant que ses soldats fussent mieux habitués à revoir de près un ennemi qui leur avoit inspiré tant de frayeur. Le Préteur étoit lui-même d'un caractere plus réservé qu'entreprenant. Il se troubloit dans l'ame, LXXII. Le Préteur veut secourir Thurium. Ses soldats perdent courage. Il reçoit un nouvel échec & se retire.

en songeant qu'une seconde action, si son armée y faisoit aussi mal qu'à la premiere, attireroit tout ce brigandage au cœur de l'Italie, où l'on n'avoit pas en ce moment d'autres forces à lui opposer. Il se contenta donc de resserrer les Gladiateurs dans leurs incursions, & de leur interdire, par un camp bien fortifié, l'accès de la Lucanie, s'ils vouloient y rentrer. Il enlevoit de grands avantages à Spartacus, en lui ôtant cette communication. Celui-ci, dans le dessein de la rétablir; curieux d'ailleurs d'accoutumer ses gens à faire la guerre en regle, marcha pour débusquer le Préteur. Mais, à l'aspect des retranchemens du camp romain, désespérant de la réussite, & du savoir faire de sa troupe dans une attaque de cette nature, il se retira sans avoir rien entrepris.

Quelques jours après nos soldats, contre leur ordinaire, se mirent à montrer plus de hardiesse & à parler plus haut que de coutume. Varinius, échauffé lui-même de ce premier mouvement qu'il n'attendoit guere d'eux, conduisit avec trop peu de précaution, vers le camp des fugitifs, ses nouvelles levées non encore mises à l'épreuve, & mal revenues de l'effroi que leur inspiroit le malheur passé de leurs camarades [a]. L'assurance avec laquelle il les voyoit partir, lui en donnoit à lui-même. Mais ce ne fut plus la même chose quand elles apperçurent de loin la troupe des fugitifs rangée en bon ordre sur la rive ultérieure du Sybaris, dont elle défendoit le passage. Car leurs Chefs informés de la marche du Préteur s'étoient avancés à lui, bien résolus de livrer bataille. Les cris menaçans des Barbares causerent parmi les nôtres un mouvement de mauvais augure. Ils continuerent cependant à marcher: mais *en rallentissant déjà le pas, en gardant le silence, & ne se présentant plus au combat du même air qu'ils avoient en le demandant* [b]. Au moment où les cohortes de la premiere ligne s'engageoient au passage de la riviere, Crixus

---

[a] Sallust. fragm. 325.   [b] Sallust. Id. fragm. 325.

qui l'ayant d'avance traverſée lui-même un peu plus haut à notre inſu, s'étoit embuſqué dans le lit d'un torrent creux, en ſortit bruſquement, & vint faire une charge ſur notre ſeconde ligne à la tête de ſes Gaulois. Les Romains ſoutinrent mollement le choc. Ils ſe rallierent cependant en perdant du terrein; & Varinius voyant ſa premiere ligne en danger d'être attaquée pendant le déſordre où étoit la ſeconde, fit auſſi-tôt rappeller ſes cohortes, dont les premieres traverſoient déjà l'eau. Les Gaulois ſe retirerent à leur tour pour n'être pas pris entre les deux lignes. On n'engagea pas l'action plus avant. Les deux partis reſterent pendant pluſieurs jours à s'obſerver d'un bord de la riviere à l'autre; chacun des Chefs ſe défiant, l'un du peu de courage, l'autre du peu d'expérience de ſa troupe, aucun des deux n'oſa tenter le paſſage en préſence de ſon adverſaire. Enfin, le Préteur voyant que ſa retraite alloit être barrée par les neiges qui tombent de bonne heure dans ces montagnes, les repaſſa, ſe retirant en Lucanie, & abandonnant aux rebelles toute la pointe de l'Italie juſqu'au détroit. Ainſi ſe termina cette premiere campagne, dont le ſuccès apprit à Rome, ſi on avoit jugé ſainement des choſes, en traitant cette révolte de tumulte paſſager occaſionné par une poignée de bandits.

A Rome, après tant d'intrigues, de querelles & de demandes, l'affaire du Tribunat ſembloit enfin tendre à ſa maturité. Le Peuple avoit cette année pour Tribun Licinius-Macer, plus propre à la pouſſer à ſa fin, qu'aucun de ceux qui s'en étoient mêlé juſqu'alors. C'étoit un homme entreprenant, d'une véhémence extrême, ſans égards pour perſonne, ſans décence dans ſes manieres, non plus que dans ſes mœurs; du reſte, rempli de talens, & capable des plus grands ſoins pour les choſes dont il ſe chargeoit [a]. Malgré ſa haute naiſſance, il s'étoit déclaré l'implacable ennemi de la nobleſſe, & tourné tout-à-fait du

LXXIII. Le Tribun Licinius-Macer remue de nouveau l'affaire du Tribunat.
An. 680.

[a] Cic. Brut. 67.

côté du Peuple, dont sa façon de vivre, sa physionomie dure & son extérieur grossier le rapprochoient déjà *a*. Accoutumé à ne pas plus ménager les grands en leur parlant en face *b*, que quand il parloit d'eux, il avoit renouvellé cette grande question, & réchauffé la querelle au point d'être fort près de la faire décider en sa faveur. Le Sénat, forcé de promettre au Peuple tout ce qu'il avoit voulu, reculoit de tout son pouvoir l'effet des promesses, sous prétexte d'attendre le retour de Pompée. Ce motif fut adroitement imaginé & mis en avant. Le Tribun savoit à quoi s'en tenir, ainsi que tous les gens éclairés. Mais l'illusion gagnoit le Peuple, toujours extrêmement prévenu, dès qu'on prononçoit devant lui le nom de Pompée. Il y eut de vifs débats tant sur le fond que sur cet incident. Des deux parts on en parla beaucoup; Macer entr'autres, soit au Sénat, soit sur la Tribune au Peuple assemblé : car la Tribune est sur-tout la scene où les intérêts de la République sont discutés : c'est en même temps la source des fortunes particulieres & des espérances publiques. Et comme Macer fut un des hommes de son temps, à qui sa maniere ardente & rapide de traiter les affaires, a donné le plus de réputation, je ne crois pas inutile de transcrire ici l'une de ses harangues, pour donner une idée de son éloquence véhémente : *& je choisis de préférence le discours que dans cette occasion il tint au Peuple en ces termes* ! *c*:

---

a Cic. ibid.
b SALLUST. *fragm. orat. Macer. ap. Nonn.*

c SALLUST. *fragm.* 529. & 656.

[1] Cette piece originale & singuliere, où la liberté de l'esprit démocratique se développe avec tant de hardiesse & d'énergie, est un des écrits de l'antiquité le plus difficile à entendre, tant par le fond des choses que par le style, & sur-tout par la maniere dont les Copistes l'ont horriblement défiguré. Les manuscrits fourmillent de fautes. On est venu à bout de les corriger : mais ce qui étoit plus pénible encore à rectifier, c'est la ponctuation vicieuse par laquelle le sens étoit brouillé tout-à-fait. Il faut, pour entendre ce discours, être parfaitement au fait du Gouvernement intérieur de la République, tel qu'il étoit en ce moment, & de divers

ROMAINE. *LIVRE III.* 165

Citoyens, si vous ne sentiez pas combien il y a loin des droits LXXIV.
que vous ont transmis vos ancêtres, à l'état de servitude où Sylla Son discours
vous a plongés, il me faudroit de longs discours pour vous instruire, au Peuple.

événemens particuliers & récens, auxquels le Tribun fait allusion. Son style est coupé, décousu, véhément, précis & serré, beaucoup plus encore que celui de Salluste, qui a volontiers consigné dans son histoire cette harangue écrite d'un ton qui lui plaisoit fort. Souvent on démêle que de deux ou trois choses que l'Orateur a dans l'esprit, il en dit une, & supprime le reste; comme se jugeant suffisamment entendu de ceux qui l'écoutent. Aussi me suis-je vu quelquefois obligé de mettre des liaisons, & de paraphraser un peu pour le faire entendre. Sa harangue faisoit partie du troisième livre de Salluste : ce qui achève de prouver qu'elle a été prononcée l'an 680, sous le Consulat de Varron & de Cassius. Les faits de cette année se trouvent compris dans ce troisième livre. La date est d'ailleurs fixée avant le temps où Pompée revint d'Espagne, & après celui où Quinctius abandonna l'affaire du Tribunat dont il s'agit ici : & même précisément à l'année qui suivit ce dernier événement arrivé en 679. L'auteur parle de plusieurs faits antérieurs & récens, tels que le tumulte de Lépide, le grand pouvoir mis entre les mains de Catulus, les tentatives de Sicinius pour le rétablissement du Tribunat, sa mort, la tyrannie de Curion, l'adoucissement mis à la loi Cornélienne par Cotta, la distribution de grains qu'on venoit d'ordonner, l'opposition de Lucullus au Tribun Quinctius, &c. Il ne parle pas de l'affaire de Palicanus, arrivée en 681, quoiqu'elle eût tant de rapport à son sujet & à celle de Quinctius : grande marque qu'elle n'étoit pas encore arrivée. Ainsi il ne reste aucun doute sur l'époque telle que je l'ai fixée.

Le Tribun C. Macer étoit de la même Maison que Lucullus & que Crassus; mais, comme on le voit, dans un parti bien opposé au leur : il sortoit de la branche des Calvus, l'une des plus anciennes de cette illustre Maison Licinia. Il étoit fils de L. Licinius-Macer, homme connu par ses annales historiques, que *Tite-Live* & *Denys d'Halycarnasse* citent assez souvent. Cependant Cicéron paroît n'en faire aucun cas. « Macer vaut-il la peine, dit-il,
» d'être compté dans le nombre de nos
» Historiens : son style diffus a quelques
» pointes d'esprit, & quelques saillies;
» mais plutôt dans le goût de nos petits
» Ecrivains latins, qu'à l'imitation de
» l'heureuse & savante abondance des
» Grecs. Dans ses harangues, il étoit de
» même diffus & dénué d'art jusqu'à l'im-
» pertinence * ». Nous avons les fragmens de ses annales rassemblés par Ausonius-Popina. L'Historien Macer étoit ami & contemporain de l'Historien Sisenna.

Son fils le Tribun fut un homme d'une éloquence véhémente, ardent à la sédition, du reste sans mœurs & mal famé dans le cours de sa vie. Cicéron fait un tout autre cas de ses talens que de ceux de son pere. « C. Macer n'a, dit-il, jamais eu beau-
» coup de crédit : il donnoit cependant
» un soin extrême aux affaires qu'on lui
» confioit. Il se seroit fait un plus grand
» nom parmi les Orateurs, si sa vie, ses

* *Cic. de Legibus,* I, 2.

pour vous apprendre combien de fois & pour quelles injures le peuple armé s'est séparé du Sénat, & s'est enfin acquis, dans la personne des Tribuns, des manutenteurs de ses droits. Je n'ai autre chose

» mœurs, ses façons & sa physionomie
» même n'eussent fait tort à la bonne
» opinion qu'il donnoit de son esprit. Son
» éloquence, sans être abondante, n'étoit
» ni pauvre, ni stérile : son style, sans être
» poli, n'étoit ni rude ni agreste : il n'avoit
» aucune grace dans le geste ni dans le
» débit : mais son invention étoit bonne :
» sa composition & sa méthode d'une
» merveilleuse exactitude. Je ne crois pas
» même avoir jamais connu personne qui
» l'égalât en ce dernier point. Il avoit à
» cet égard une routine excellente qui lui
» tenoit lieu de travail. Quoiqu'on fît
» grand cas de sa maniere de traiter les
» affaires publiques, on le prisoit encore
» plus dans celles des particuliers * ». Il
avoit publié un livre de ses harangues,
parmi lesquelles, outre celle qu'on lit ici,
nous en connoissons deux autres citées par
les anciens Grammairiens latins : l'une
prononcée dans le Sénat, l'autre au Barreau, pour les Toscans, au sujet de laquelle
on a remarqué que l'envie de servir cette
nation, lui avoit fait avancer plusieurs faits
peu véritables. Nous voyons, par un
fragment de celle qu'il prononça dans le
Sénat, qu'il y parloit avec autant de hardiesse que devant le Peuple, & avec aussi
peu de ménagement pour la faction des
nobles. « Il y a des gens, dit-il, à qui il
» ne sied de parler ni de leurs mœurs,
» ni des miennes : eux qui, si l'on veut
» examiner leur vie de ce côté-là, ont le
» corps si couvert de cicatrices, qu'on n'y

* Cic. in Brut. 67.

» peut trouver place pour leur faire une
» nouvelle blessure * ».

Je n'ai pas besoin de répéter ici ce que j'ai déjà remarqué à l'égard de plusieurs autres discours directs de différens Orateurs, auxquels Salluste a donné place dans son histoire, qu'ils sont originaux & non pas feints par l'Historien. Il n'en faut d'autre preuve pour celle-ci, & pour plusieurs autres, sinon que les discours de Macer étoient en original entre les mains de Salluste, & dans celles de tout le monde, puisque le livre subsistoit encore au temps des Grammairiens Nonius & Priscien. On ne peut se figurer qu'un Ecrivain fabrique de fausses harangues pour le public, qui a dans ses mains les véritables. Si nos Historiens n'avoient pas, assez mal-à-propos, perdu l'usage d'insérer dans leurs histoires des discours directs, que diroit-on de celui qui s'aviseroit de fabriquer sous le nom de Bossuet une Oraison funebre de Henriette d'Angleterre, ou des remontrances sous celui du Parlement de Rouen, au lieu de donner les véritables qui sont publiques entre les mains de tout le monde ? Il seroit superflu d'insister plus au long sur une chose si claire.

Le nom de Macer ne se trouve dans aucun des catalogues de Magistrats dressés par *Pighi*, cet annaliste d'ailleurs si exact & si savant. Il fut cependant Questeur en 675, Tribun du Peuple, comme on le voit ici, en 680, & ensuite Préteur. Nous

* Licin. Macer. ap. Nonn.

à faire qu'à vous guider, en marchant le premier dans la route tracée pour le soutien de sa liberté. Ce n'est pas que j'ignore qu'en formant le projet de sapper la tyrannie, il me faudra lutter seul &

avons les monnoies frappées pendant sa Questure, portant l'empreinte de son nom, où l'on voit, d'un côté, un buste de femme lançant un dard à trois pointes, de l'autre une Pallas dans un char à quatre chevaux, tenant d'une main son bouclier, & portant de l'autre un coup de lance. Voyez la médaille, n°.....

Macer fut ennemi juré de Rabirius, ce grand instrument de la faction des nobles, & le même qui avoit tué le turbulent Tribun Saturninus, dans les temps des troubles civils de Marius. Lorsque trente-six ans après, Rabirius fut poursuivi pour ce meurtre au Tribunal des Décemvirs, où le crime fut qualifié de leze-Majesté au premier chef, comme attentat à la personne sacrée d'un Tribun du Peuple, Labienus se prévaloit de l'autorité de Macer & des poursuites qu'il avoit, à ce qu'il semble, commencées de son vivant contre l'accusé : & Cicéron, qui plaidoit la cause de Rabirius devant le Peuple, où elle fut portée par appel après que les Décemvirs l'eurent condamné, réfutoit son antagoniste par des préjugés qui avoient, selon lui, éteint cette poursuite, & par la haine déclarée de Macer contre l'accusé *.

Macer, au sortir de sa Préture, fut lui-même accusé de péculat, & poursuivi criminellement au Tribunal de Cicéron, alors Préteur de Rome. Crassus, son parent, s'intéressoit vivement pour lui. Quoique de faction contraire, ils étoient toujours restés dans une liaison fort particuliere. Voici ce que *Plutarque* raconte de ce

jugement si fatal à Macer. « Cicéron, » dans tous les jugemens qu'il rendit du- » rant l'exercice de sa Charge, se con- » duisit avec beaucoup de droiture & » d'intégrité. On dit que Licinius-Macer, » qui avoit un grand crédit par lui-même, » & qui étoit encore appuyé de tout celui » de Crassus, ayant à son Tribunal une » affaire où on l'accusoit de vol, eut tant » de confiance en son crédit & dans les » fortes sollicitations qu'on faisoit en sa » faveur, que lorsque les Juges furent sur » le point d'aller aux opinions, il courut » promptement chez lui, se rasa la tête, » prit un habit blanc, comme s'il avoit » déjà été absous, & reprit le chemin de » la place. Mais Crassus qui venoit au » devant de lui, l'ayant rencontré comme » il sortoit de sa cour, lui apprit qu'il » avoit été condamné tout d'une voix. » Macer fut si frappé, qu'il rentra chez » lui, se mit au lit & mourut. Cette affaire » fit beaucoup d'honneur à Cicéron, pour » avoir tenu la main à ce que tout se » passât dans les regles * ». *Valere-Maxime* raconte autrement la mort de Macer : son récit est plus circonstancié & plus vraisemblable. « Macer, pere de Calvus, » & qui avoit eu la dignité de Préteur, » étant accusé de péculat, monta sur une » haute terrasse pendant que les Juges » étoient assemblés, pour voir où l'on en » étoit de son affaire. Il vit que Cicéron, » qui présidoit au jugement & prenoit les » voix, quittoit sa robe prétexte ; il en- » voya au plus vite lui dire qu'il n'étoit

* *Cic. pr. Rabir.* 11.

* *Plutar. in Cic.*

sans autre puissance qu'une ombre de magistrature, contre toutes les forces de Grands ; ni que je ne sache que tant de misérables qu'ils protegent, trouveront plus de sûreté qu'un homme de bien quand il entreprend de faire seul une action honnête. Mais l'espérance que j'ai en vous surmonte mes craintes. De plus, je pense en homme de cœur, qu'il vaut mieux être battu pour sa liberté, que rester sans combattre. Je ne suis pas de l'avis de la plupart des gens mis en place pour soutenir vos droits. Corrompus par la faveur, par l'espoir ou par les récompenses, ils ont tourné contre vous la force & la puissance que vous leur aviez mises en main : ils ont trouvé qu'il valoit mieux être payé pour mal faire, que de faire le bien gratuitement. C'est ainsi que tout a couru se ranger du côté d'une petite troupe de Nobles qui, à l'abri du nom de Généraux d'armée,

» plus dans le cas d'être jugé, parce qu'il
» étoit mort ; & dans l'instant il enfonça
» dans sa bouche son mouchoir qu'il tenoit
» à la main, & fut suffoqué. En préve-
» nant ainsi sa condamnation, il mourut
» en possession de son état, quoiqu'accusé :
» ce qu'il fit pour éviter la confiscation
» de ses biens, lesquels passerent à Calvus
» son fils. Ainsi la tendresse paternelle
» sauva, d'une maniere bien étrange, ce
» fils si célebre par son bel esprit & par
» son éloquence, de l'indigence & de la
» honte domestique. Car Cicéron ayant
» appris cette nouvelle, ne voulut pas
» prononcer le jugement, quoique déjà
» rendu * ». Cicéron lui-même parlant
de ce jugement, dit que ce ne fut pas, à
proprement parler, un jugement de condamnation, mais une espece d'expédient
(*Non damnationem, sed transactionem*):
Il écrit à son ami Atticus ; « Le Peuple
» étoit porté d'une incroyable & singuliere
» affection pour Macer, dont l'affaire étoit

» pendante à mon Tribunal. J'ai trouvé
» moyen d'accorder la justice avec l'é-
» quité, & j'ai retiré plus de fruit de la
» réputation de droiture, que la condam-
» nation de l'accusé m'a donnée parmi le
» Peuple, que je n'en aurois retiré de sa
» faveur, en renvoyant le coupable ab-
» sous ».

Licinius-Calvus, fils de Macer, ressuscita le nom de cette ancienne branche de la Maison Licinia : il surpassa de beaucoup son pere & son aïeul. On le mettoit quasi de pair avec Cicéron pour l'éloquence. Il fut Poëte, homme d'esprit, homme à bons mots, & de plus homme de bien. Sa vie fourniroit la matiere d'un mémoire assez curieux. C'est à son occasion, & après qu'il eut plaidé contre Vatinius, avec un applaudissement général des auditeurs, que l'accusé s'écria si plaisamment: *Messieurs, parce que cet homme-là est éloquent, est-ce à dire qu'il faille me condamner ?*

* *Val. Max. IX, 12. 7.*

ROMAINE. *LIVRE III.* 169

se sont emparés du trésor, des légions, des royaumes & des provinces. Ils se sont fait de vos propres dépouilles un rempart contre vous : tandis que la foule des citoyens va se mettre sous la verge de l'un ou de l'autre d'entr'eux, auquel il se donne en jouissance & propriété, comme un chetel appartient à son maître ; sans que de tout ce que possédoient vos ancêtres, il vous en reste autre chose que le droit de vous donner vous-mêmes, non des chefs, comme autrefois, mais des tyrans. Aussi tout le monde s'est-il jeté de leur côté : on ne voit guere de gens assez courageux pour se roidir contre la faction accréditée ; presque tous s'attachent au plus fort. Mais reprenez ce qui vous appartient, vous les verrez tous revenir. Pensez-vous que des gens qui vous ont craint, assoupis & inactifs comme vous l'étiez, osent vous traverser quand vous irez au même but d'une volonté unanime. Car enfin, nul autre motif que la crainte n'a porté le Consul Cotta, qui se donne pour Chef d'une espece de tiers parti, à rendre aux Tribuns quelques-unes de leurs prérogatives. Quoique nous ayions vu Sicinius, pour avoir le premier osé remettre sur pied cette grande question de la puissance tribunitienne, accablé par ses ennemis, sans autre secours de votre part que des murmures impuissans ; cependant vos antagonistes ont été plutôt las de vous faire injure, que vous de la souffrir. Citoyens, c'est en vérité de quoi on ne peut trop s'étonner.

Vous sentez qu'il n'est plus question aujourd'hui de compter sur l'avenir. On croyoit que la mort de Sylla seroit la fin de nos maux & de la servitude : Catulus qui lui a succédé, a été pire encore. Que de troubles, que de tumultes sous le Consulat de Brutus & de Mamercus ! Après eux Curion a porté la tyrannie jusqu'à se défaire, par un assassinat, d'un Tribun irréprochable. Vous avez vu l'an passé la fougue de Lucullus contre L. Quinctius ; & vous voyez aujourd'hui toutes les affaires qu'on me suscite. Feroit-on tant de mouvemens, si l'on n'étoit encore plus résolu à perpétuer votre esclavage, que vous n'êtes patiens à le supporter ? Des intérêts personnels

Tome II. Y

partagent quelquefois la faction régnante : mais quand elle tourne ses armes contre elle-même, ce n'est pourtant jamais que dans la vue de vous dominer. Les motifs ont varié : tantôt la licence, tantôt l'avidité ou les haines ont fait éclore le feu de la discorde. Mais il y a un principe qui est toujours demeuré stable & uniforme. La puissance tribunitienne est l'arme de la liberté, dont on veut émousser à jamais le tranchant.

Faites, je vous prie, une sérieuse attention à tout ceci, & n'allez pas lâchement changer la vraie signification des choses, en donnant le nom de repos à votre esclavage. Et comment jouirez-vous de cet état de repos imaginaire où vous êtes sans condition, si leur méchanceté vient à se mettre au-dessus de tout sentiment honnête ou naturel? Et où en seriez-vous aujourd'hui, si vous vous étiez toujours tenus dans ce prétendu repos? Observez donc que si l'on n'arrête le mal, il fait journellement des progrès. Plus l'injure est grave, plus l'injustice est à couvert, & se met à portée d'opprimer plus durement.

Que faut-il donc faire, m'allez-vous dire? D'abord, vous défaire de la coutume de beaucoup crier & de ne point agir ; de perdre de vue la liberté en même temps que la tribune aux harangues. Non que je cherche à vous ramener à ces actions de vigueur par lesquelles vos ancêtres se sont procuré des Magistrats de votre ordre ; puis sans distinction toutes les magistratures curules que les Patriciens se réservoient ; & ensuite une forme libre de donner vos suffrages, & de tenir vos assemblées indépendantes des auspices[1], que les Patriciens se disent seuls en droit d'expliquer.

---

[1] Autrefois le Peuple ne pouvoit tenir des assemblées sans deux préalables : l'un, que la tenue de l'assemblée eût été approuvée par le Sénat ; l'autre, qu'on eût pris des Auspices ; c'est-à-dire examiné, selon les formes de prédire l'avenir, prescrites & consacrées par la religion, si le jour & l'heure étoient favorables pour tenir les Comices. On les tenoit alors de deux manieres, par Curies ou par Centuries. Le Peuple nommoit les grandes Magistratures de la seconde maniere, & les inférieures de la premiere ; mais la tenue de l'assemblée dépendoit toujours, non

ROMAINE. *LIVRE III.* 171

Mais puisque toute la force de l'Etat réside en vous, pourquoi ne vous pas attribuer à vous-mêmes celle que vous donnez aux autres ? Ordonnez pour vous comme vous exécutez pour autrui en vertu de vos ordres ; ou mettez-vous du moins en état d'agir ou de n'agir pas. Vous n'avez besoin d'attendre ni Jupiter, ni ses auspices. Il est clair que c'est vous qui expliquez les auspices, en exécutant les ordonnances du Consul & les décrets du Sénat. C'est de là qu'ils reçoivent leur autorité : c'est ainsi que vous allez précipitant contre vous-mêmes la licence & le despotisme. Encore un coup, ce n'est pas à la vengeance, c'est à la tranquillité que je vous porte. Je ne veux pas, comme on m'en accuse, perpétuer, mais finir les discordes. C'est pour cela que je réclame aujourd'hui le droit des gens. S'ils s'obstinent à vous le refuser, je ne vous conseille ni d'armer, ni de vous séparer ; mais seulement de ne

seulement de l'ordonnance préliminaire du Sénat ; mais encore de la volonté des Patriciens, qui prétendant seuls posséder la science augurale, se maintinrent dans le droit exclusif de prendre les Auspices & de consulter le vol des oiseaux, sans qu'aucune personne de famille Plébéienne, quelqu'illustre qu'elle fût, ait jamais été admise à ce droit. Une telle prérogative contrarioit infiniment le Peuple, & lui donnoit souvent du mécontentement. Publilius-Volero, l'un de ses Tribuns, inventa un expédient pour y remédier, & dressa un requisitoire (*rogationem*), où il proposoit au Peuple l'introduction d'une troisieme maniere de tenir l'assemblée par Tribus, lorsqu'il seroit question de nommer les Magistrats populaires *. On fit une loi conforme, appellée la loi Publilia, du nom de son auteur. La chose présentée d'une maniere simple, n'avoit pas d'abord

* *Dion. Halic. 19.*

paru de grande conséquence. Mais les Patriciens ne tarderent pas à s'appercevoir que cette nouvelle forme qui ne se trouvoit assujettie ni au préliminaire de l'ordonnance du Sénat, ni à celui des Auspices, ne les rendroit plus maîtres de prendre leur temps & de faire leurs brigues, pour faire tomber les places à des gens à leur dévotion, par le moyen des suffrages de leurs cliens : ils s'opposerent de toute leur force à la publication de la loi. Le Peuple la pressoit avec plus d'ardeur encore, & enfin demeura le plus fort, comme il arrive presque toujours. Applus, Chef de la noblesse, fut obligé de donner son consentement : la loi passa ; & les Tribuns qui n'étoient encore alors que deux, furent pour la premiere fois nommés aux Comices assemblés par Tribus **.

** *Tite-Live. II. 56.*

plus prodiguer votre sang pour eux. Qu'ils gouvernent : qu'ils exercent le commandement à leur guise : qu'ils cherchent matiere à leur triomphe : qu'ils envoient à la poursuite de Mithridate & de Sertorius, ces statues de leurs ancêtres dont ils font parade : eh ! pourquoi participerez-vous au travail, puisque vous n'en partagez pas le fruit ? A moins cependant que vous ne vous croyiez assez payés de vos bienfaits par la derniere ordonnance, portant une distribution de grains [1] *; & que vous ne trouviez votre liberté bien vendue pour cinq boisseaux de bled. En ceci on vous traite*

---

[1] C'étoit un ancien usage à Rome de faire de temps en temps au Peuple des distributions de bled, gratuites ou à fort bas prix. Le Sénat en prit l'habitude presqu'aussi-tôt après l'expulsion des Rois, pour se concilier sa bienveillance. On en chargeoit les Ediles, & cette libéralité n'avoit d'abord été que volontaire & sans retour fixe. Mais les Tribuns trouverent bientôt qu'il n'y avoit pas de meilleur moyen d'augmenter leur crédit, & de faire leur cour au menu Peuple, que de solliciter ou d'exiger même souvent de telles distributions. Ils voulurent les rendre fixes & perpétuelles. De toutes les loix des Gracques, il n'y en eut pas de plus agréable à la populace, que celle qui fixoit la quantité de grains qu'on seroit obligé de lui fournir tous les ans à prix modique & aux frais du trésor public. De ce moment le Peuple ne parla plus de C. Grachus, que comme de son pere nourricier. Il y a grande apparence que le Dictateur Sylla révoqua cette loi en même temps qu'il abrogea les prérogatives du Tribunat. La révocation dura jusqu'à ce temps de famine où le Peuple, qui souffroit beaucoup de la disette, murmuroit très-haut contre le Gouvernement, & demandoit qu'on rétablît les prérogatives de ses Magistrats. Le Sénat prenoit, pour soulager les besoins, toutes les mesures que j'ai rapportées dans le texte. Les Consuls Cassius & Varron ordonnerent, entr'autres, une distribution de cinq boisseaux de grains par tête ou par famille. Le boisseau (*modius*) étoit un tiers du quadrantal ou de l'amphore, mesure quarrée d'un pied cubé [*]. Seize setiers ou demi-litrons faisoient le boisseau, quarante-huit faisoient l'amphore. Varron compte que l'on semoit six boisseaux par arpent (*jugera*) [**], & Quintilien donne pour la mesure de l'arpent, une surface de deux cents quarante pieds de long, sur cent vingt de large [†]. On voit que le Tribun se plaint ici d'une chétive libéralité. Cependant *Juste-Lipse* pense que c'étoit par mois, & remarque qu'en effet on en donnoit autant aux esclaves pour leur nourriture. Mais ces soulagemens passagers ne faisoient cesser ni la famine ni les murmures. A chaque fois qu'on crioit pour le pain, on ne manquoit pas de crier en même temps au sujet du Tribunat.

[*] *Fannius.*
[**] *Varr. R. R. L. I.*
[†] *Quint. L. I. 9.*

comme les prisonniers auxquels on en donne autant. C'est justement ce qu'il faut pour les empêcher de mourir, & pour affoiblir leurs forces. Cette libéralité, trop légere pour vous délivrer des soins domestiques, suffira pour détourner les gens sans cœur de se procurer un grand avantage par la crainte de perdre un petit profit. Quand il seroit grand, ne seroit-ce pas toujours le prix de la servitude ? Ne seroit-ce pas le comble de la sottise, que de leur savoir gré de vous faire, en esprit d'injure, un présent de ce qui est à vous ? Le piege est grossier : mais ils n'ont garde d'attaquer, autrement que de biais, une force telle que la vôtre.

Aujourd'hui ils vous en tendent un plus adroit. Ils veulent vous adoucir par de belles promesses : ils en different l'effet jusqu'au retour de Pompée, homme qu'ils ont élevé au-dessus de leurs têtes dès qu'il leur a fait peur, & déchiré si-tôt que leur crainte a cessé. N'ont-ils pas honte, ces prétendus soutiens de la liberté publique, de n'oser, tous tant qu'ils sont, faire droit ou grace sans un seul homme. Non que je ne sache fort bien qu'un jeune homme aussi estimable que Pompée, aimera mieux tenir de vous le premier rang parmi un peuple libre, que de partager la tyrannie dans leur faction ; & qu'il sera le premier à proposer le rétablissement de la puissance tribunitienne. Cependant, Romains, c'est la loi de l'Etat, qu'un particulier doit la recevoir du public, & non le public d'un seul. Il n'a jamais été jusqu'à ce jour, au pouvoir d'un seul mortel, d'ôter ou de donner pareils droits.

C'en est assez là-dessus : car ce ne sont pas ici de ces choses dont on puisse prétendre cause d'ignorance. Mais je ne sais quel engourdissement vous a saisis. Ni l'honneur, ni la honte ne vous touchent plus. Votre lâcheté actuelle change en vous jusqu'aux idées des choses. Vous vous croyez libres, parce que vous avez la faculté de marcher à droite ou à gauche, & parce que vos maîtres ne vous battent pas. Mais les citoyens de la campagne ne jouissent pas même de cet avantage : ils sont exposés à toute la mauvaise *humeur des Grands.* Quand on donne ici une province à un Commandant, on lui donne en même temps tous les habitans pour esclaves. Ainsi le peuple, à force de vaincre, s'est asservi lui-même en conquérant pour la Noblesse, & s'asservira de jour en jour davantage : car je les vois bien plus ardens à vous arracher ce reste de liberté, que vous ne l'êtes à ne le retenir [a].

LXXV. *L'affaire est renvoyée au retour de Pompée.*

Mais à mesure que le Tribun animoit les esprits, le Sénat trouvoit le secret de les rallentir, en faisant entendre le nom de Pompée. « N'est-ce pas, disoit-on, manquer de prudence, » que de refuser d'attendre le prochain retour d'un homme » également cher aux deux ordres, dont le sentiment sage & » modéré trouvant par-tout une condescendance réciproque, » va produire sans peine une conciliation générale ». Pompée lui-même le desiroit ainsi, toujours ardent à faire passer par ses mains toutes les grandes affaires. Sur ces entrefaites, on reçut de lui fort à propos des lettres à Rome, portant *que si le Sénat & le Peuple ne pouvoient s'accorder là-dessus avant son retour, il travailleroit en personne à régler cette affaire si-tôt qu'il seroit arrivé* [b]. Le Peuple aussi n'étoit pas fâché d'attendre un homme qu'il avoit en toute occasion trouvé fort complaisant pour ses desirs. Il se jugea plus assuré de la réussite en sa présence, vu que Pompée, sur ceci & sur beaucoup d'autres articles, *avoit déjà donné de grands soupçons qu'à son retour il feroit tout ce qui plairoit au plus grand nombre* [c]. La question resta donc encore en suspens : l'éclat finit plus doucement qu'on n'auroit osé l'espérer de la chaleur avec laquelle il avoit commencé. Le Sénat y gagna deux ou trois ans de délai. Mais l'événement tourna contre lui-même sa fausse politique : comme il arrive presque toujours à ceux qui, pour faire réussir leurs subterfuges, mettent en avant des propositions qui les menent

[a] SALLUST. *fragm.* 6.
[b] SALLUST. *fragm.* 637.
[c] SALLUST. *fragm.* 375.

plus loin qu'ils ne veulent ou qu'ils ne penfent; & fe trouvent ainfi engagés par leur propre fait, lorfqu'ils fe croient encore les maîtres de gouverner l'affaire.

Metellus ne jugea rien de plus important à faire dans le cours de cette année, que de s'affurer folidement la poffeffion de la Celtibérie maritime, contre les entreprifes de Sertorius, afin d'être au befoin toujours à portée de la mer & du paffage des Pyrénées [a] : & il y réuffit. Prefque toutes les places furent réduites, à l'exception de Tarragone & d'Hemerofcopium, dans lefquelles Sertorius tint bon jufqu'à fa mort. Ses affaires, déjà moins brillantes la derniere campagne qu'elles ne l'avoient été dans les précédentes, commencerent à décliner fort fenfiblement dans celle-ci. Plus d'une caufe concouroit à les faire décheoir, malgré fes talens & fes fuccès. Le fond principal de fes forces ne confiftoit qu'en troupes barbares, excellentes pour la petite guerre, la feule qui lui procurât des avantages réels, mais paffagers. Il n'y avoit pas moyen qu'elles puffent réfifter à la longue contre les forces difciplinées & renouvellées d'une immenfe puiffance, telle que celle de Rome. Quel autre que Sertorius auroit même pu tenir auffi long-temps la fortune en balance dans une fi grande inégalité de poids? Mais l'envie & l'aveugle ambition des Romains de fa fuite tourna contre lui-même fes propres fuccès. Les Sénateurs & autres Magiftrats réfugiés en Efpagne depuis la profcription de Sylla, n'eurent pas plutôt conçu l'efpérance de faire tête à leurs ennemis, furtout avec les fecours promis par Mithridate, & au moyen de la puiffante diverfion qu'il faifoit en Orient, que la crainte fit dans leurs cœurs place à de folles jaloufies du pouvoir de leur Chef. Une partie de ceux-ci étoient des gens de nom, ou conftitués en dignité, qui dédaignoient dans l'ame de fervir

LXXVI. Les affaires de Sertorius commencent à décliner. Jaloufie de Perpenna & des autres Officiers contre lui.

An. 680.

[a] *Strabon.*

sous un Chef d'une extraction fort inférieure. Perperna [1] surtout n'avoit pas oublié l'injure que ses propres légions lui avoient faite à son arrivée en Espagne, en lui préférant un homme qu'il jugeoit fort au dessous de lui. Fier de sa naissance

[1] On, selon la prononciation vulgaire & plus douce, *Perpenna*. Je suis ici la façon de prononcer de Sallufte, qui s'attache beaucoup à l'ancienne orthographe originale. Tous les Historiens nous disent que M. Perperna étoit d'une ancienne noblesse; & nous en avons la preuve, en ce qu'il semble avoir été fils ou frere de Perpenna, Censeur en 647, avec Philippe. On n'élevoit à ce comble des dignités que des gens d'un état ou d'une naissance très-considérable. Un Perperna étoit Conful en 623, lors de la guerre d'Ariftonic. Au temps même dont Sallufte écrit l'histoire, une fille de ce nom étoit Vestale sous le grand Pontificat du Proconful Metellus-Pius.[*] Mais aucun de ces personnages n'est nommé autrement que par son surnom, même la Vestale, quoique cela ne soit pas ordinaire aux filles, qu'on a presque toujours appellées du vrai nom de leur Maison. De sorte qu'il n'est pas possible de savoir à quelle famille ils appartiennent. Ceux d'entre les modernes qui l'appellent Marius-Perperna, n'ont pas fait attention que la famille des Marius étoit toute nouvelle & d'une noblesse des plus récentes. *Plutarque* l'appelle Perperna-Vento : ce qui n'est qu'un second surnom. Le hasard conserve aujourd'hui à Rome le nom de cet homme si peu connu, dans le quartier qu'il habitoit, au pied du mont Viminal, & au milieu de la longue rue qui va de la colonne Trajanne à Sainte-Marie majeure. On a bâti sur l'emplacement de sa maison une Eglise dédiée à Saint-Laurent, que le menu Peuple appelle par corruption *panis perna* (pain & jambon). Et en effet, nous tenons de *Macrobe* que le furnom de Perperna, semblable en ceci à quantité d'autres furnoms romains, tiroit son origine du mot *perna* (jambon), dont peut-être cette famille avoit fait l'apprêt ou le commerce. *Pighi* juge que les Perperna descendoient d'une famille assez obscure sortie de la nation des Sabins [*]; & nous voyons en effet que lorsque Julius-Pennus, Tribun du Peuple en 687, eut fait une loi contre les étrangers, portant que tous les alliés & les Villes d'Italie seroient obligés de rappeller chez eux leurs Citoyens qui s'étoient établis à Rome sur le pied de Romains, Marcus-Perperna, quoique pere de celui qui avoit été Conful en 623, fut exilé pour s'être depuis si long-temps porté pour Citoyen romain, bien qu'il fût étranger [†]. Cependant l'élévation de son fils à la premiere dignité de l'Etat, marque assez qu'on le regardoit, même alors, comme un personnage confidérable. Il falloit que notre Perperna, qui croyoit que sa naissance le devoit mettre à la tête du parti, en eût une grande opinion, s'il croyoit valoir mieux que Fabius & qu'Antoine, deux Sénateurs Officiers de Sertorius & des plus illustres Maisons de Rome. Je conjecture qu'il s'appelloit *Aufidius*. Il avoit été Préteur en 669.

[*] *Macrob. Saturn. III, 3.*

[*] *Pigh. annal. ad an. 698.*
[†] *Val. Max. III. 4.*

&

& de l'accroiffement qu'il avoit donné au parti, en y amenant les débris de l'armée de Lépide, il fe croyoit affuré d'être, au défaut de Sertorius, mis à la tête de la faction. *Quel mauvais génie*, s'écrioit-il avec fes amis, *nous entraîne ainfi de mal en pis? Nous avons dédaigné d'obéir à Sylla, l'homme du plus grand nom & le maître de la terre. Nous avons quitté nos maifons* [1] *où*

---

[1] Corneille met ce difcours dans la bouche d'Aufide, qui combat les remords dont Perpenna fe fent combattu en projetant de commettre un fi grand crime.

AUFID. Et depuis quand, Seigneur, la foif du premier rang
Craint-elle de répandre un peu de mauvais fang?
Avez-vous oublié cette grande maxime,
Que la guerre civile eft le regne du crime;
Et qu'aux lieux où le crime a plein droit de régner,
L'innocence timide eft feule à dédaigner :
L'honneur & la vertu font des noms ridicules.
Marius ni Carbon n'eurent point de fcrupules;
Jamais Sylla, jamais.....

PERP.   Sylla, ni Marius
N'ont jamais épargné le fang de leurs vaincus :
Tour à tour la victoire autour d'eux en furie
A pouffé leur courroux jufqu'à la barbarie,
Tour à tour le carnage & les profcriptions
Ont facrifié Rome à leurs diffenfions ;
Mais leurs fanglans difcords qui nous donnent des maîtres
Ont fait des meurtriers, & n'ont point fait de traîtres ;
Leurs plus vaftes fureurs jamais n'ont confenti
Qu'aucun verfât le fang de fon propre parti ;
Et dans l'un ni dans l'autre, aucun n'a pris l'audace
D'affaffiner fon Chef, pour monter en fa place.

AUFID. Vous y renoncez donc, & n'êtes plus jaloux
De fuivre les drapeaux d'un Chef moindre que vous?
Ah ! s'il faut obéir, ne faifons plus la guerre,
Prenons le même joug qu'a pris toute la terre;
Pourquoi tant de périls? Pourquoi tant de combats?
Si nous voulons fervir, Sylla nous tend les bras,
C'eft mal vivre en Romain, que prendre loi d'un homme:
Mais tyran pour tyran, il vaut mieux vivre à Rome.

*nous pouvions vivre à l'aise, pour venir au bout du monde, non
pas jouir de la liberté que nous cherchions, mais nous faire les
satellites d'un banni; y porter un vain titre de Sénateurs, dont on
se moque, & y trouver en effet la même servitude que les Barbares
dont nous nous sommes faits camarades.* Le pouvoir du Chef
étoit si redoutable, & l'affection des Espagnols pour lui si
marquée, qu'on n'avoit encore osé former une conspiration

PERP.   Vois mieux ce que tu dis quand tu parles ainsi.
   Du moins la liberté respire encore ici,
   De notre République à Rome anéantie
   On voit fleurir ici la plus noble partie,
   Et cet asyle ouvert aux illustres proscrits
   Réunit du Sénat les précieux débris.
   Par lui Sertorius gouverne ces provinces,
   Leur impose tribut, fait des loix à leurs Princes,
   Maintient de nos Romains le reste indépendant :
   Mais comme tout parti demande un Commandant,
   Ce bonheur imprévu qui par-tout l'accompagne,
   Ce nom qu'il s'est acquis chez les peuples d'Espagne,....

AUFID.   Ah ! c'est ce nom acquis avec trop de bonheur
   Qui rompt votre fortune & vous ravit l'honneur.
   Vous n'en sauriez douter, pour peu qu'il vous souvienne
   Du jour où votre armée alla joindre la sienne.
   Lors......

PERP.   N'envenime point le cuisant souvenir
   Que le commandement devoit m'appartenir.
   Je le passois en nombre, aussi-bien qu'en noblesse,
   Il succomboit sans moi sous sa propre foiblesse ;
   Mais si-tôt qu'il parut, je vis en moins de rien
   Tout mon camp déserté pour repeupler le sien,
   Je vis par mes Soldats mes aigles arrachées,
   Pour se ranger sous lui, voler vers ses tranchées :
   Et pour en colorer l'emportement honteux,
   Je les suivis de rage, & m'y rangeai comme eux.
   L'impérieuse aigreur de l'âpre jalousie,
   Dont en secret dès-lors mon ame fut saisie,
   Grossit de jour en jour sous une passion
   Qui tyrannise encor plus que l'ambition.

réglée. Mais le feu couvoit fous la cendre. On cabaloit de toute part contre fa gloire & contre fes jours. On tâchoit d'aliéner de lui l'efprit des nationnaux, toujours léger & crédule chez les Peuples barbares. On ruinoit fourdement fes affaires auprès d'eux, *en le décréditant par mille difcours; en donnant une tournure finiftre à tous les événemens actuels ou paffés; en imputant fes fuccès à fa témérité, fon bonheur au hafard, fes pertes à de mauvais deffeins cachés* [a]. Ceux qui commandoient de fa part dans les Provinces, accabloient de maux les habitans, auxquels ils impofoient de groffes taxes, & de févéres punitions pour les moindres fautes, en difant toujours que c'étoit par fon ordre. Delà naquirent une infinité de tumultes & de rebellions dans les Villes. Les Commandans, loin d'appaifer le défordre, irritoient les femences de révolte, & attifoient le feu au lieu de l'éteindre.

Il auroit fallu quelquefois, pour contenir les Efpagnols dans l'obéiffance, leur donner des Commandans tirés de leur propre nation. Ils commençoient à n'être pas contens de fe voir toujours fubordonnés, foit au camp, foit dans leurs propres Villes. Sertorius fe tenoit trop roide à ne s'écarter en rien des loix ni des coutumes romaines. Quoiqu'il ne foutint la guerre qu'avec les armes, les Villes, l'argent & les denrées des Efpagnols, jamais il ne voulut entendre à leur céder la moindre partie de l'autorité, pas même à les flatter là-deffus de quelqu'efpérance, non plus qu'à prendre ni les Gouverneurs des places, ni les Quefteurs, Lieutenans ou Tribuns de l'armée, que parmi les membres de fon Sénat : difant « qu'il n'étoit venu que pour » affurer en Efpagne la fupériorité de Rome, non pour accroître » & fortifier les Efpagnols à fon préjudice : & qu'il étoit auffi » incapable de la moindre baffeffe pour fes amis, que contre » fes ennemis [b] ».

LXXVII. Fautes de Sertorius.

[a] SALLUST. *fragm. 403.*   [b] *Plut.* ibid.

180 HISTOIRE DE LA RÉPUBLIQUE

On peut encore lui reprocher d'autres fautes. Il s'adonnoit depuis peu à la table & aux femmes. Usé par l'âge, les soins & les travaux; consumé au dedans par des chagrins secrets (car il n'ignoroit pas les sentimens d'envie que ses propres compagnons lui portoient), il sentoit affoiblir sa constance : il cherchoit une diversion à ses peines dans des amusemens indignes de lui : ce qui lui fit perdre une partie de son activité guerriere, dont le rallentissement lui donna dans la suite plus d'une fois du dessous dans les actions militaires *a*. Devenu par sa gloire même l'objet de l'envie de ses compatriotes; entouré de cabales; contraint de se tenir en défiance de ceux mêmes qu'il avoit sauvés, l'amertume de son cœur croissoit encore, en considérant que ce n'étoit que pour eux qu'il s'étoit, malgré lui, jeté dans la guerre civile; & que l'opiniâtre persécution d'une faction ennemie l'avoit forcé à se faire Chef de parti, lorsque son caractere naturel ne le portoit qu'aux douceurs d'une vie paisible. En butte aux entreprises du parti contraire, & du sien propre, il laissa connoître qu'on l'avoit aigri; il se rejeta tout-à-fait du côté des Espagnols, dont il espéroit plus de fidélité.

LXXVIII. Il s'éloigne de ses compatriotes, & donne toute sa confiance aux Espagnols.

Il choisit parmi eux, selon l'ancien usage des Chefs de la nation espagnole, une compagnie composée de gens d'élite, dont il se fit, pour sa propre sûreté, une garde qui l'accompagnoit presque toujours, & servoit à le mettre à couvert des complots des Romains *b*. Ces gens étoient de ceux que les Gaulois appellent Soldurs [1], c'est-à-dire *dévoués*, parce qu'ils

---

a Appien. bell. civil. L. II.

b Plut. in Sertor. 1059.

[1] Voici ce qu'en rapporte l'Historien *Nicolas de Damas*, L. 116. « On raconte » qu'Adiatome, Roi des Sontiates, nation » gauloise, avoit autour de sa personne » une garde de six cents de ces hommes » choisis, que les Gaulois appellent en » leur langue, Soldurs (*Soldats*). Ce sont » des gens qui se dévouent à la personne » du Roi pour vivre & mourir avec lui. » En revanche, ils participent en quelque » façon à la royauté; ils mangent avec le » Roi, & sont en tout entretenus de » même. Mais quand le Roi vient à mou- » rir ou de maladie, ou à la guerre, ou

ROMAINE. LIVRE III. 181

se dévouent pour leur Roi, & refusent absolument de lui survivre s'il vient à perdre la vie a. Les nations Celtiques sont renommées

a SALLUST. fragm. 164.

» en un mot de quelque manière que ce » soit, il faut qu'ils meurent avec lui; & » l'on n'a jamais ouï dire qu'aucun d'eux » ait refusé ce sacrifice ». Les Soldurs sont les mêmes que la langue espagnole nommoit aussi Varons (*viri fortes, strenui, virtuosi*), emphatice (*viri*) (les hommes). Ils étoient les hommes par excellence, les braves de la nation. Ce mot de l'ancienne langue espagnole, *Varon*, est le même que le latin *vir*, également dérivé de la ŗ. celtique *ur*, ou de la scythique *æor* qu'on lit dans *Herodote*. Le mot est répandu fort au loin en Europe & en Asie. En gallois, *gwr*: en teuton, *ar, var*: en grec, ανηρ: en francisque, *bar, wara*: en allemand, *wer*: en gothique, *wair*: en arménien, *air*: en irlandois, *fair, fear*: en françois, *garou*, où il reste dans le mot *loup-garou*, c'est-à-dire, *loup-homme*, Λυκανϑρωπος; & toujours synonyme du latin *vir*. Les Chefs espagnols & même les Gouverneurs romains, prenoient une garde formée des principaux de la nation, qui étoient ces braves ou barons, comme *Hirtus* le raconte de *Cassius*, Gouverneur d'Espagne *. *Concurritur ad Cassium defendendum: semper enim Barones compluresque evocatos cùm telis secum habere consueverat.* Quoique l'Espagnol *Isidore* les qualifie mercenaires, à cause des récompenses (*mercem*) qu'ils recevoient, ce titre ne doit pas être pris en mauvaise part. *Acceptâ mercede servientes mercenarios, eosdem & Barones dictos quod sint fortes in laboribus.* † Dans

* Bell. Alexandr. I. 53.
† Isidor. origin. L. IX.

tous les pays de l'Europe on donna dans la suite des Bénéfices & Grands-Fiefs à ces principaux guerriers: ainsi les Barons y furent les Grands Seigneurs dans chaque Etat. Mais il paroît au contraire que chez les Romains, où cette prononciation espagnole de leur mot *vir* avoit passé dès le tems de la République, le terme, comme barbare, y étoit pris dans une signification de moquerie & de mépris. *Baro, vir stolidus, stultus, ferox.* Et il s'est encore conservé dans ce sens en la langue italienne. *Barone; una baronacciata.*

Baro simplement n'est que *vir*. *Bar* & *vir* ne sont que le même mot diversement prononcé, selon les différens dialectes; aussi se prend-il simplement pour mari, l'homme d'une femme: & c'est avec raison que M. *Jault* en a dérivé le mot latin *paricida* (meurtre d'homme), plutôt que de *patricida*; car ce mot en latin ne signifie pas comme chez nous, *meurtre d'un pere*, mais en général d'homme quelconque. La vieille loi de *Numa* porte: *Si quis hominem liberum dolo sciens morti duit, paricida esto.* Et nous voyons chez les Romains, que les actions criminelles de simple meurtre sont qualifiées de paricide: ce qui est très-essentiel à observer dans leur histoire. Le même Auteur croit aussi avec beaucoup de vraisemblance, que *Bar* (*vir*) est la même chose que le latin *par*, quand il est question des *Pairs* d'un Royaume, qui sont les *Barons*; & que notre mot *Pair* de France vient plus immédiatement du celtique *bar*, que du latin *pares*.

par un attachement inviolable à leur Chef. C'est une coutume connue parmi les Espagnols & parmi les Gaulois, que la cohorte qui a coutume d'entourer le Général ou le Souverain, doit périr avec lui jusqu'au dernier soldat, s'il meurt dans le combat. En récompense, tant qu'ils subsistent, ils partagent avec le Prince les agrémens & les utilités du pouvoir suprême. Ils vivent avec lui & comme lui, ayant fait vœu d'y mourir. Ils sont armés, traités & nourris de même *a*. Fortune ou malheur, tout leur est commun. Il n'y a pas d'exemple que de mémoire d'homme aucun des Soldurs ait voulu survivre à la perte de son Souverain *b*.

LXXIX. Pompée veut porter la guerre dans la Gallaicie.

Il n'y avoit plus en Espagne qu'un seul canton qui fût resté jusqu'alors à couvert des malheurs de la guerre, & où aucune des armées n'eût encore pénétré. C'est l'angle du continent qui forme l'extrêmité du globe terrestre sur le vaste Océan, entre l'Ourse & le soleil couchant. Cette contrée montueuse, en grande partie bordée par la grande mer & par le fleuve Dourho qui la sépare de la Lusitanie, est d'un accès difficile. Les habitans sont les Callaïques & les Astures, deux nations guerrieres, non moins habiles à fabriquer les armes qu'à les manier: ayant chez eux des mines d'excellent fer, auxquelles l'eau de la riviere Bilbilis donne une trempe admirable. Ils en font plus de cas que de toutes les autres especes de mines dont le sein de leur terre est rempli: il y en a de plomb, de Cinabre ou de Minium, dont une des principales rivieres d'Espagne a tiré son nom: il y en a d'or si riches, & si faciles à exploiter, que quelquefois le soc de la charrue retourne en labourant des mottes de terre qui en sont empreintes. Elles abondent sur-tout dans une montagne dont ces Peuples sauvages ont fait l'objet de leur culte divin. Ils la regardent comme sacrée, & se feroient scrupule

a Nicol. Damasc. L. CXXVI.   *b Cæs. bell. gall. L. III.*

ROMAINE. LIVRE III.

l'en ouvrir le sein : assez satisfaits de ramasser comme un présent de la divinité le minerais que les coups de tonnerre très-fréquens en ces climats font écrouler en frappant & entre-ouvrant les rochers *a*. Chez ce Peuple les femmes sont seules chargées des travaux domestiques & de ceux de l'agriculture *b*. Les hommes ne s'adonnent qu'à la guerre, & qu'à exercer leurs chevaux qui sont si fins & vont si vîtes, que la fable du Pays est que les cavales y sont fécondées par le vent seul, en se tournant de son côté.

Pompée résolut de tourner sa marche vers ce canton, dont la conquête passagere avoit autrefois mérité au Consul Decimus-Brutus le surnom de Callaicus *c*, par la prise des trente Villes, & par la gloire singuliere d'avoir le premier d'entre les Généraux romains, atteint les bornes du monde vers l'Occident *d*. Sur l'avis que Sertorius eut de sa marche, il détacha du même côté un gros corps de troupes *sous les ordres de Perperna, qui se rendit maître de Calé* 1, *ville principale de la Callaicie* *e*, située

---

a Justin. XLIV. 3.
b Sil. Ital. III. 352.
c Vid. fast. VI. 472.
d Flor. II. 7. Tit-Liv. Epit. 55.
e SALLUST. fragm. 265.

1 Calé, aujourd'hui *Puerto*, à l'embouchure du Dourho en Portugal, sur les confins de la Galice. Ce mot *cale*, dans l'ancien langage de l'Europe occidentale, signifie *port*, lieu maritime. Les Latins le traduisent par *portus*, comme ici ; comme dans Calais, *portus-icius* (mot métif qui signifie *port glacé*); comme dans *portugal*, port de Calé, ou port-cale, en rejoignant les deux expressions du même terme dans les deux langages, par un pléonasme fort commun en géographie. D'autres fois ils le conservent dans sa langue originale, comme dans *burdi-cala* (Bourdeaux), port-bâton ou port ma- drague. Delà est venu le nom de callaïques ou gallæques, c'est-à-dire *riverains*, aux peuples habitans des côtes occidentales sur l'Océan. Le nom simple est resté à la *Gallice*, & le nom double avec la traduction latine, au *Portugal*. Le mot *calé* de l'ancien langage de l'Europe sauvage, est resté sans altération dans celui de nos mariniers, qui nomment une *cale*, les petits ports ou lieux d'abri qu'ils rencontrent sur la côte. L'expression *calé* désigne en général le rivage maritime couvert de ce gros gravier ou pierres rondes, que les riverains nomment *gallet*, & la langue françoise *cailloux*. Le terme *cale*, qui est

sur le rivage du grand Océan, avec un bon port d'où elle a tiré son nom, qu'elle a donné à tout le Pays; Calé, dans le langage des naturels, signifiant *port*.

de la langue d'occident, a servi à désigner les régions occidentales voisines de la mer Atlantique. Il a introduit les noms de *gallia* & de *galli*, qui en sont en effet dérivés dans beaucoup de contrées qui n'ont rien eu de commun avec les *Gaules* ni avec les *Gaulois*. Ici, par exemple, *Servius* dit peut-être mal-à-propos, en citant Sallufte, que Perpenna prit *Calem Galliæ civitatem* : il auroit dû dire *Gallæciæ civitatem*. Je ne voudrois pas dire cependant qu'il y eût faute dans Servius ; car Sallufte s'étoit peut-être aussi servi du mot *Gallia* en parlant de la Galice. Pompée, dans sa lettre au Sénat, emploie la même expression (s'il n'y a faute au texte, comme je le soupçonne) : *recepi Galliam* pour *Gallæciam ;* puisque, selon toute apparence, il veut parler de la Galice dont il venoit de faire sortir Perpenna durant cette campagne. Les erreurs de cette espèce sont fort communes : c'en est une que d'admettre sur la seule apparence du nom *Gallia* ou *Celtæ*, qui ne désigne que la position maritime du peuple ou de la contrée, une émigration des *Gaulois* dans une contrée ; à moins qu'elle ne soit d'ailleurs prouvée par l'histoire, ainsi que l'est celle dans la *Galatie asiatique ;* ou très-raisonnablement présumée, comme l'est celle de *Gallipoli* (ville gauloise) sur la Propontide, par le séjour que les Capitaines gaulois Léonor & Lothaire firent sur cette côte de Thrace, avant que de passer en Asie. Une grande partie des nations occidentales de l'Europe vers l'Océan, ont porté les noms de *Galli*, *Caletæ*, *Celtæ*.

Strabon, L. III, nomme des Celtes en Andalousie vers les Algarves. On trouve tout de suite, en suivant la côte, le Portugal, la Galice, les Celt-Ibéres, c'est-à-dire les Occidentaux d'au-delà (des Pyrénées) : en Angleterre, le pays de Galles & les peuples Gwelches, la Cornouaille ou *Cornu-Walliæ* : dans la Flandre occidentale, les Wallons : en France, les *Caletes* & le pays de *Caux* entre la Seine & la Somme. Les Grecs appelloient les Européens occidentaux en leur langue, Καλητοι, Κελται, Γαλαται : les Latins, *Celtæ*, *Caleti*, *Galatæ*, *Galli*. Mais la grande & célebre nation qui a porté ce nom de Celtes proprement, est celle qui habitoit entre la Seine & la Garonne. Il est possible que le nom particulier de la nation des *Caletes* (pays de Caux), se soit étendu à toutes les autres nations, par un usage vulgaire & très-commun en géographie, comme les noms d'Indiens, d'Ethiopiens, d'Africains, se sont étendus à tant de régions & de peuples si distans du fleuve Indus, de l'Ethiopie & du Promontoire Apher. Il est possible, si le mot *gallet* vient du Phénicien *kaled* (*durescere*) ; comme nous le voyons par une infinité d'autres dérivés de ce même mot, tous relatifs à la même idée, que les Phéniciens, qui les premiers ont fait connoître aux autres peuples les *Gaules* dont ils ne fréquentoient que les côtes, les aient désignées sous le simple nom générique analogue aux côtes maritimes.

Strabon nomme les peuples de Galice dans le nombre des plus célebres de l'Es-

Pompée

ROMAINE. *LIVRE III.* 185

Pompée se voyant prévenu, tourna ses pas du côté de la Lusitanie, *vers la ville de Léthé* [a], voisine d'une petite riviere *à qui l'on avoit de même donné ce nom de l'oubli* [b]. Mais il fut arrêté tout court en ce lieu par un accident singulier, qui avoit également fait obstacle à D. Brutus [c]. Les Romains, frappés de ce nom d'*oubli* que portoit la riviere, & de la tradition populaire qu'on disoit y avoir donné lieu, se crurent perdus s'ils alloient au-delà, & refuserent absolument de la passer. On racontoit en effet que dans des siecles fort antérieurs, il étoit deux fois arrivé qu'une troupe de la nation des Turdules, & ensuite une autre de celle des Lusitaniens méridionaux, étant en course du côté de cette riviere, avoient été tout d'un coup, dès qu'elles l'eurent traversée, saisies, sans aucune cause, d'un trouble d'esprit qui leur fit oublier leur patrie, leurs familles, le but de leur voyage: tellement qu'ils resterent tous dispersés dans cette contrée, dont ils ne revinrent jamais [d]: ce qui fit donner à la riviere le nom de Léthé [1] (oubli), comme au fleuve

LXXX. Il marche vers la Lusitanie. Terreur de ses soldats au passage du Léthé. Ils refusent d'aller plus avant.

[a] SALLUST. *fragm.* 644.
[b] SALLUST. *fragm.* 181.
[c] *Tit-Liv.* ibid. *Plut. quest. Rom.* 34.
[d] *Strab. L. III.*

pagne. Ils étoient divisés en plusieurs petites nations, selon l'usage constant de tous les peuples sauvages, tant anciens que modernes. L'Europe barbare étoit alors à cet égard sur le même pied où nous avons trouvé l'Amérique. *Justin* [*] leur donne faussement une origine grecque, en les faisant descendre d'une colonie que Teucer, frere d'Ajax & fils de Telamon, amena au sortir du siege de Troye, d'abord dans l'isle de Chypre où il bâtit Salamine, puis en la côte d'Espagne vers Carthagene, & ensuite en Galice.

[1] On sent assez tout le fabuleux d'une tradition qui s'appuie sur des faits qui
[*] *XXXXIV.* 3.

n'ont par eux-mêmes rien de fort singulier, pour en tirer l'origine de ce nom de lethé (oubli), non des langues celtibérienne ou punique, vulgaires dans ce pays, mais de la langue grecque qui n'y étoit pas en usage. Les rivieres du nom de Lethé, sont en grand nombre. Il y en a une autre dans la Bétique, province d'Espagne, qui conserve son nom de Guada-Leté (riviere Lethé) [*]. Elle entre dans la mer près de Cadix [**]. Il y en a en Afrique [†], en Crete [¶], en Macé-

[*] *Bochart. Chan. I.* 34.
[**] *Baudran. Dict. géogr.*
[†] *Lucan. IX.* 335.
[¶] *Vib. Sequest. de Flumin.*

infernal *a*, au lieu de ceux de Liméa qu'elle avoit chez les naturels du Pays *b*, & de Bellione, que les Colonies Phéniciennes lui avoient impofé. Cette fable avoit fait une telle impreffion fur les foldats de Pompée, qu'il n'y eut pas moyen de les faire paffer outre. Dans le défordre où les avoit jetés cette terreur imaginaire, ils reçurent même un échec de la part des nationaux qui tomberent fur eux. *Pompée, ainfi repouffé du voifinage de la ville de Léthé* *c*, ramena fes troupes du côté de Calé, que Perperna tenoit inveftie. Il apprit en route la reddition de la place. Il continua néanmoins fa marche; & après plufieurs avantages obtenus fur le Lieutenant de Sertorius, il l'obligea de fe retirer du Pays.

LXXXI. Curion paffe les montagnes de la haute Mœfie, & découvre le fleuve du Danube.

La même année C. Curion partit de la Macédoine au commencement du printemps, à la tête de fon armée, pour fe rendre en Dardanie, où il leva les contributions qu'il avoit ordonnées, fur tous ceux dont il put venir à bout de fe faire payer *d*. Car parmi les Peuples de cette contrée nouvellement foumife, il n'y avoit encore que les plus expofés aux armes romaines, qui vouluffent obéir. Tous ceux qui, cantonnés dans leurs montagnes ou dans leurs bois, s'y maintenoient les armes à la main, refufoient de reconnoître les ordres du Proconful: ce ne fut que lentement & à grandes peines qu'on vint à bout de les foumettre. L'événement le plus remarquable de cette campagne, fut la premiere découverte de ce grand fleuve à qui les gens du Pays donnent

---

a Mela. III. Sil. Ital. I. 235.
b Varron. ap. Plut. IV. 35.

c SALLUST. fragm. 645.
d SALLUST. fragm. 390.

doine*, en Afie †: toutes font même dans des lieux qui ont fervi de théâtre aux événemens de cette hiftoire. De forte que l'application de ce fragment devenoit embar-

* *Theagen. in Macedonic. ap. Steph. Byz.* *Harpocration. ap. Plin. 36.*
† *Strab. L. 12. & 54.*

raffante, fi Sallufte ne l'eût décidée lui-même, en faifant mention d'une ville de même nom. Cette ville eft *Ponte-di-Lima*, entre le Minho & le Dourho; & la riviere dont *Varron*, cité par *Pline*, indique le placement, eft le *Lima* qui a repris fon ancien nom celtibérien.

ROMAINE. *LIVRE III.* 187

le nom de Danube a. Curion, épris de la gloire de parvenir le premier aux bords de cette riviere fameuse b, & de donner son cours pour limites aux conquêtes romaines, s'engagea, non sans beaucoup de risques, dans les défilés de la branche septentrionale des monts Borées. L'âpreté des rochers, le défaut de connoissance du local, la difficulté du transport des vivres, les Barbares assemblés en hâte sur les sommets au bruit de sa marche, tout sembloit le menacer d'un sort pareil à celui de Caton, dont l'armée entiere avoit été, quarante ans auparavant, ainsi interceptée par les Scordisques c. Il falloit, quoiqu'à regret, renoncer à une entreprise témérairement hasardée par vaine gloire, lorsqu'un léger incident vint à son secours & le tira d'embarras. *Un soldat des troupes de Ligurie* 1, *sorti du camp*

---

a SALLUST. *fragm.* 340.
b *Sext. Ruf.* ibid.
c *Tit-Liv. Epitom.* 63. *Frontin.* III. 10. 7.

1 Notre Auteur se plait à raconter l'intrépidité des Liguriens à gravir les montagnes, & à courir les mers sur de petites barques. Il a déjà rapporté plusieurs faits de cette espece. Diodore décrit fort bien leur aptitude à cet égard, & leurs travaux qui ne ressemblent pas mal à ceux des Génois d'aujourd'hui. « La contrée qu'ha-
» bitent les Liguriens, est très-âpre & très-
» stérile. Cependant forcée par les travaux
» immenses de ses habitans, elle leur
» rapporte des fruits, quoiqu'en très-petite
» quantité. C'est pour cela que tous les
» Liguriens sont de médiocre taille; mais
» d'ailleurs ils deviennent très-vigoureux,
» à cause des violens exercices auxquels
» ils sont condamnés par la nature de leur
» terroir; & l'éloignement où ils se trou-
» vent des voluptés de la vie, leur donne
» une force & une agilité surprenantes
» dans les combats. Comme la terre qu'ils
» cultivent demande beaucoup de soins
» & de labour, les femmes même sont
» accoutumées à partager avec les hommes
» tous leurs travaux. Dans un canton
» sauvage & stérile ils menent une vie
» misérable, travaillant assidument à des
» ouvrages rudes & fâcheux. Comme leur
» pays est couvert d'arbres, ils sont obli-
» gés de passer tout le jour à les couper.
» Pour cet effet, ils se servent de haches
» extrêmement fortes & pesantes. Ceux
» qui travaillent à la terre, sont le plus
» souvent occupés à casser les pierres qu'ils
» y rencontrent : car ce terroir est si in-
» grat, qu'il seroit impossible d'y trouver
» une seule motte de terre qui fût sans
» pierre. Cependant quelque rudes que
» soient leurs travaux, la longue habi-
» tude les leur fait paroître supportables.
» Ils achetent une très-petite récolte par
» beaucoup de peines & de fatigues.

HISTOIRE DE LA RÉPUBLIQUE

pour quelques besoins naturels [a], se retira à l'écart derriere une roche avancée, qui déroboit la vue d'une ravine assez roide, creusée par la chûte des eaux de la cime en bas. Comme les gens de son Pays sont enclins par habitude & fort adroits à gravir dans les passages difficiles, le Ligurien grimpa jusqu'au dessus, où il fut surpris d'avoir à découvert le coup d'œil de la plaine, dont on se croyoit encore si loin. Il remarqua que la montagne, fort escarpée en deçà, s'étendoit de l'autre côté en une pente plus facile & plus allongée : de sorte qu'il ne s'agissoit,

[a] SALLUST. *fragm.* 12.

» L'assiduité au travail & le défaut de
» nourriture les rend extrêmement mai-
» gres, mais en même temps très-ner-
» veux...... Comme dans leurs chasses ils
sont obligés de passer sur des montagnes
couvertes de neiges & par des lieux très-
escarpés, leurs corps en deviennent plus
forts & plus agiles. « Ils conservent la
» premiere & plus ancienne façon de
» vivre. On peut dire en général, que
» dans la Ligurie les femmes y sont aussi
» fortes que les hommes, & que les
» hommes y ont la force des bêtes fé-
» roces. Aussi leur entend-on souvent
» dire, qu'à la guerre le plus foible Li-
» gurien ayant appellé à un combat sin-
» gulier le Gaulois le plus grand & le
» plus fort, ce dernier a presque toujours
» été vaincu & tué. Les Liguriens sont
» armés plus à la légere que les Romains.
» Ils portent un bouclier à la gauloise,
» & une épée d'une médiocre grandeur.
» Pardessus leur tunique ils mettent un
» ceinturon, & leurs habillemens sont
» de peaux de bêtes fauves. Cependant
» quelques-uns d'eux ayant servi sous les
» Romains, ont changé l'ancienne forme
» de leurs armes, pour se conformer aux
» usages de leurs Chefs. Ils font paroître
» leur courage non-seulement dans la
» guerre, mais encore dans les rencontres
» périlleuses de la vie. Ils courent des
» risques infinis, lorsqu'ils vont négocier
» dans les mers de Sardaigne & d'Afrique;
» ils s'exposent aux plus horribles tem-
» pêtes, dans des barques ordinaires, &
» qui n'ont point les agreils nécessaires à
» la navigation *. Tite-Live nous décrit la
maniere dont ils grimpent en troupe dans
des endroits que d'autres auroient cru inaccessibles. « Ceux, dit-il, qui sont les plus
» alertes, ou qui à force d'exercice ont
» acquis le plus d'agilité, grimpent les
» premiers, portant avec eux de gros
» clons de fer; ils les fichent comme au-
» tant d'échelons, dans les lits d'assises des
» roches qui se trouvent trop lisses ou
» trop en saillies : au moyen de quoi
» ceux d'en haut tendant la main à ceux
» qui montent, que ceux d'en bas sou-
» levent par derriere, ils se guindent ainsi
» tous jusqu'au dessus †.

* *Diod. IV. & V. 26. trad. de Terrasson.*
† *Tit-Liv. XXVIII. 20.*

pour franchir ce pas, que de rendre la ravine un peu moins impraticable. De retour au camp, il en rendit compte à son Tribun. Celui-ci le conduisit vers Curion. Sur son rapport, *le Général adopta le projet [a], si l'état des lieux étoit conforme à la description*. Le même soldat fut chargé d'aller en faire un nouvel examen : *& Curion, après l'avoir comblé d'éloges & bien encouragé par l'espoir des récompenses, lui donna commission de prendre avec lui les gens qu'il voudroit choisir, & de retourner sur la place [b]*; pour essayer si le passage étoit accessible aux plus hardis, dont l'exemple entraîneroit les autres; & pour faire écrouler les quartiers de pierre qui le barroient en quelques endroits. La chose réussit au gré de ses desirs. Les cohortes grimperent par cette gorge presque verticale, à l'aide des pointes de rochers dont elle étoit hérissée, & qui servirent de points d'appui pour l'escalade : chacun s'animant lui-même de plus en plus, par ses propres efforts pour animer les autres, comme il arrive dans les occasions difficiles, & personne ne voulant rester où ses camarades avoient passé. L'armée pénétra ainsi de l'autre côté. Les Barbares se disperserent d'eux-mêmes sans coup férir, pleins d'étonnement & d'épouvante, si-tôt qu'ils apperçurent nos étendards flottans dans la plaine. Revenus cependant de leur première surprise, ils commencerent à se réunir dans l'enceinte de Sardique, assez bonne place vers les frontieres de la haute Mæsie. Le Proconsul eut lieu de craindre que s'il leur laissoit le temps de s'y rassembler en grand nombre, ils ne vinssent facilement à bout de le barrer dans son entreprise, ou de lui couper chemin au retour. Il détacha son avantgarde, commandée par *L. Catilina son Lieutenant, avec ordre de marcher à grandes journées pour former l'investissement de la place & commencer le siege [c]*. Il le suivit avec une diligence

---

[a] SALLUST. *fragm.* 15.
[b] SALLUST. *fragm.* 401.
[c] SALLUST. *fragm.* 353.

presqu'égale; la Ville attaquée par une armée entiere, fut bientôt emportée. On ne rencontra plus d'obftacle, & la premiere aigle romaine plantée fur le bord du Danube, fit tourner à la gloire du Proconful une tentative plutôt digne d'un coureur de bois.

LXXXII. Il domte les Dalmates, revient à Rome & triomphe.

De là il fe replia fur la Dalmatie, mal & feulement en partie foumife. La nation des Dalmates eft une de celles qui ont le plus long-temps donné de la peine aux Romains. Il n'y a pas moins d'un fiecle que Scipion-Nafica étant Conful pour la feconde fois [1], prit Dalminium leur Ville principale [a], de laquelle ce Peuple a tiré fon nom [b]. Il la ruina au point qu'elle n'eft plus aujourd'hui qu'un lieu de pâturage. On y comptoit beaucoup d'autres Villes ou bourgades de marque. Car la nation autrefois compofée de peuplades nombreufes, à préfent fort diminuées, s'étoit d'abord exercée à la guerre & à la marine. Elle avoit un port à Salone; une place d'armes bien fortifiée à Andretium, lorfque les Romains, qui en avoient reçu quelques injures [c], la forcerent d'abandonner les côtes maritimes, & de s'adonner au dedans des terres à l'agriculture, à laquelle leur contrée montueufe & ftérile n'eft pas néanmoins fort propre [d]. Les uns y habitent des Villes, les autres plus fauvages fe tiennent cantonnés dans les forêts [2], du fond defquelles

[1] En 598.

[a] Zonar. annal.
[b] Verlius-Long. de orthogr.
[c] Polyb. in excerpt. Appian.
[d] Strab. L. VII.

[2] Il faut faire attention à cet ufage, dont on trouve des traces fréquentes dans la Géographie & dans l'Hiftoire ancienne, & qui peut nous paroître fort extraordinaire, n'ayant rien de pareil fous nos yeux & dans nos mœurs. De notre temps, les peuples policés font dans certaines régions, & les peuples fauvages dans d'autres. Autrefois il n'étoit pas rare de voir enfemble dans la même contrée, des habitans à demi policés, & d'autres très-fauvages; des gens qui habitoient des villes, & d'autres près de là qui n'habitoient que des cavernes ou des forêts. Les émigrations plus fréquentes alors, pouvoient avoir produit cet effet, fi les nouveaux colons étoient habitués à vivre en police, & y avoient accoutumé quelques naturels du pays; tandis que le plus grand nombre gardoit fes vieilles mœurs bar-

ROMAINE. *LIVRE III.* 191

ils infestent le voisinage de leurs courses *a*. Ces Peuples n'ont, comme beaucoup d'autres barbares, aucun usage de l'argent monnoyé. Mais ils ont une loi agraire qui leur est particuliere: ceux qui possedent les terres en font une répartition nouvelle tous les huit ans. Curion passa deux années, tant à remettre les Dalmates & les Mœsiens déjà domptés, sous l'obéissance, qu'à y faire quelques nouvelles conquêtes *b*. Il voulut même attaquer les Japides, voisins de la Dalmatie, nation guerriere, mêlée de Gaulois & d'Illyriens, qui s'étendent depuis le cours de la Save jusqu'à la mer, de côté & d'autre du mont Albius. *Mais bientôt après être entré sur les frontieres de la Japidie* [c] **1**, & y avoir remporté quelques légers avantages, il revint sur ses pas. Ayant appris qu'on lui donnoit M. Lucullus pour successeur au Gouverneur de Macédoine, il ne jugea pas à propos d'aller plus loin, ni de s'exposer à la férocité très-redoutée de cette partie de la nation qui habite au revers du mont Albius, le long de la riviere Colapis *d*. A son retour à Rome, on lui décerna l'honneur du triomphe **2 3**, pour la conquête de la Dardanie *e*.

2 En 681.

a Flor.
b Sext. Ruf. Breviar.
c SALLUST. *fragm. 159.*
d Strab. ibid. Appian. bell. Illyr.
e Fast. triumphal.

bares: c'est ce que l'Histoire nous montre ici dans la Mœsie, dans la Dalmatie, en beaucoup d'autres endroits; & nous voyons encore aujourd'hui quelques exemples à peu près pareils dans la Sibérie, où les Russes occupent une petite partie, & habitent les villes, pendant que les Indigenes restent dans les bois: de même en Canada, &c.

1 L'ancienne contrée des Japides, plus ordinairement appellée Liburnie, s'étendoit, à ce qu'il paroit par un passage de *Virgile*, depuis les confins de la Dalmatie, jusqu'à la riviere du Timave; ce qui comprend la Croatie, partie de la Carniole & de l'Istrie. Sa principale ville étoit *Metulum*, aujourd'hui Meteling. La riviere Calapis, ou, comme nous l'appellons, Kulpé, tombe de la montagne Albienne, qui est une branche orientale des Alpes, & va se rendre dans la Save. Tous les peuples de ces contrées, Croates, Morlaques, Dalmates, Albanois, Uscoques, Montenegrins, sont encore au nombre des moins civilisés de l'Europe.

3 Curion triompha en 681. Nous avons

LXXXIII.
Progrès de l'armée romaine en Asie. Elle s'avance vers le royaume de Pont.

An. 681.

L'hyver n'avoit pas interrompu les opérations de la guerre en Asie. Beaucoup de gens conseilloient à Lucullus de prendre du repos après une si glorieuse campagne, & d'en donner à ses troupes. Ce n'étoit pas son avis. Il ne songeoit qu'à profiter de ses avantages, pour abattre entiérement un ennemi ébranlé par tant de revers. Il joignit à son armée les cohortes amenées par Cotta son collegue : tous deux ensemble résolurent d'entrer dans le Pont, avant que le Roi n'eût le temps de se reconnoître. Mais au moment qu'ils alloient se mettre en marche, ils reçurent la nouvelle de la surprise d'Héraclée, sans être informés de la maniere dont la Ville avoit été livrée. Ils crurent que toute cette République s'étoit volontairement jetée dans le parti du Roi : ce qui les fit changer de plan, & diviser leurs forces. On convint que Cotta iroit faire le siege d'Héraclée : & que Lucullus prendroit sa route par la Cappadoce & par les Provinces intérieures, pour aller attaquer Mithridate dans ses propres Etats *a*. Avant de partir, il se rendit maître de la ville d'Apollonie, près du Rhyndac. Il en enleva & fit transporter à Rome l'énorme colosse d'argent que Lucullus-Varron son frere a dédié en son nom au Capitole. C'est un ouvrage du fondeur Calamis. On peut juger des prodigieuses richesses de ce Pays, par la grandeur & le prix de cette statue d'Apollon, haute de trente coudées, & du poids de cinq cents talens [1].

L'armée romaine traversa donc la Bithynie, la Paphlagonie, qu'elle soumit, & ensuite la Galatie, à dessein d'entrer dans le royaume de Pont. *Mais, par les précautions que le Roi avoit prises, Lucullus, au bout de quelques jours de marche, se trouva*

---

a Memnon. C. 45.

une médaille de son triomphe, représentant d'un côté la tête de Jupiter Capitolin ; de l'autre, une victoire posant une couronne sur un trophée au-dessus d'un captif enchaîné, avec l'inscription Cn. Scribonius Curio. Voy. n°. xii.

[1] Quarante-cinq pieds de haut ; 250000 onces, faisant entre 30 & 31 mille marcs.

fort

fort embarrassé de remédier à la disette des vivres, & de faire trouver des subsistances à ses troupes aux endroits marqués pour la route *a* : car le Roi, en se retirant, n'avoit pas oublié de laisser de bons ordres de ruiner le Pays & de brûler les magasins partout où l'ennemi voudroit passer. Le Général romain fut obligé d'en tirer de plus loin, & de faire suivre son armée par trente mille Galates, habitans du Pays, portans chacun sur leurs épaules une charge de cinq boisseaux de bled : au moyen de quoi il gagna, sans s'arrêter, un terrein considérable. A mesure qu'il avançoit, il soumettoit les petites Villes de la Province qu'il traversa jusqu'aux plaines qu'arrose le Thermodon, excellent Pays qui n'avoit encore rien souffert des miseres de la guerre. L'armée se trouva pour-lors dans *une contrée si abondante en vivres, en fourrages* [b] *& en bestiaux*, que les troupes y trouverent à profusion tout ce qu'elles pouvoient desirer. Un bœuf n'y coûtoit qu'une drachme [1]; un esclave que quatre drachmes ; le menu bétail, chevres, moutons, les habillemens, les étoffes, & tout le reste à proportion ; c'est-à-dire presque pour rien. Il y avoit tant de butin, qu'on ne daignoit quasi le ramasser. Mais le soldat, qui par-tout met son plaisir dans le désordre, & ne semble né que pour mal faire, gâtoit de gaieté de cœur ce qu'il ne pouvoit emporter : car chacun étoit si rempli, qu'on ne trouvoit rien à vendre, même au plus vil prix [c]. On ne s'arrêta sur les bords du Thermodon, qu'autant qu'il le fallut pour faire le dégât aux environs de Themiscyre [d] : après quoi l'armée continuant sa marche, *les Romains, au bout de trois mois, arriverent dans le Pont* [2], beaucoup plutôt que Mithridate ne l'avoit compté [e].

[a] Sallust. fragm. 607.
[b] Sallust. fragm. 192.
[c] App. & Plut. in Lucull. 913.

[d] Arch. Poët. ap. Cic. 9.
[e] Sallust. fragm. 516.

[1] La drachme pese à peu près un gros d'argent, ou la huitieme partie d'une once.

[2] Le royaume de Pont s'étend le long de l'Euxin, qu'il a au Septentrion jusqu'au

LXXXIV. Le Roi munit ses places principales. Il se retire chez les barbares au-delà de l'Euxin, où il forme une nouvelle armée.

Ce Prince, hors d'état de tenir la campagne devant les Romains, reculoit à mesure qu'ils approchoient, ne songeant qu'à mettre à couvert ses principales places. Il renforça la garnison de Sinope du corps des pirates Ciliciens qui l'avoient suivi, à la tête desquels il mit Seleucus, devenu l'un de ses favoris, depuis l'aventure du naufrage. Leurs vaisseaux furent laissés dans le port avec ceux qui y étoient déjà pour la sûreté de la place *a*. Delà il vint à Amise, qu'il pourvut de même pour un long siege; puis à Eupatoria, ville qu'il avoit bâtie & appellée de son surnom d'*Eupator*. Enfin l'armée romaine gagnant du terrain de plus en plus, il se retira chez les Lazes dans la Colchide. Presque toutes ses forces étoient détruites: mais il avoit des ressources inépuisables dans sa constance: son courage sembloit s'accroître en même proportion que ses infortunes. Il commença d'y former une nouvelle armée *b*; il prit une partie des sujets de son fils Machares, Roi du Bosphore Cimmérien, & appella à son secours les Iberes, les Caspiens, les Lesges [1], les Peuples de l'Albanie, & autres nations du Nord qui habitent le mont Caucase entre les deux mers; enveloppant ainsi dans son désastre, d'abord tout le Septentrion, & peu après une

---

a *Oros. VI. 3. Freinshem.*   *b* *Appien.*

fleuve Halys, ou plutôt jusqu'au fleuve Sangar qui le borne à l'Occident. L'Asie proprement dite le confine au Midi. Du côté de l'Orient, le pays est habité par plusieurs petites nations barbares qui s'étendent bien avant vers le Nord dans la Colchide, & autres régions montueuses entre les deux mers *. Il faisoit la principale partie des Etats de Mithridate, & le royaume héréditaire de ses ancêtres, qui l'avoient d'abord tenu en Satrapie, tributaire des Rois de Perse, & ensuite en couronne indépendante. Cette contrée a reçu le nom de Pont, du voisinage du Pont-Euxin. Nous l'appellons aujourd'hui Amasie, du nom d'une de ses principales villes. Les Turcs à qui elle appartient, l'appellent *Roum*, parce qu'elle appartenoit autrefois aux Romains.

[1] Les Tartares-Lesgues, dit *Pietro della Valle*, habitent le mont Caucase dans le terrain qui sépare les deux mers Noire & Caspienne, au Nord du fleuve de Phase dans le pays de Dadian *.

* *Vide Strabon & Ptolomée.*

* *Tom. III. p. 174.*

grande partie de l'Orient *a*, qu'il preſſoit d'entrer avec lui dans une ligue générale contre la puiſſance romaine. Il ſollicita fortement les Scythes, les Medes & le roi des Parthes *b*, près de qui ſa demande n'eut d'abord aucun ſuccès ; ni même auprès de Tigrane ſon gendre *c*, quoiqu'il eût choiſi pour agent un homme très-bien venu de ce Prince. Lucullus cependant recevoit à compoſition toutes les places qui vouloient ſe rendre de bonne grace : ce qui déplaiſoit fort aux ſoldats, ſur-tout à ceux des légions Valériennes, mal ſatisfaites de ce que la capitulation de tant de Villes ennemies ne leur offroit ainſi aucune occaſion de s'enrichir par le pillage. Leur Général, peu touché d'une plainte ſi déraiſonnable, continua de les mener ſans relâche à la pourſuite de Mithridate, perſuadé avec raiſon que tout le fort de la guerre étoit attaché à la perſonne de ce Prince ; qu'il valoit mieux ne le pas perdre de vue, que de s'arrêter à réduire des places qui tomberoient avec lui. *En vain, diſoit-il, les armes romaines ſe rendront-elles maîtreſſes d'un Etat dont la conquête n'aura rien d'aſſuré, tant qu'on laiſſera un homme infatigable & que les revers n'abattent jamais, à portée de revenir du lieu de ſa retraite fondre ſur les Provinces que nous lui aurons enlevées.* Sur ce principe, il détacha de ſon armée un corps ſuffiſant pour contenir les garniſons aſſez nombreuſes de deux ou trois places fortes qu'il laiſſoit en arriere, & s'avança juſqu'à Céraſe, ville maritime ſur l'Euxin, à quelques journées des frontieres de Colchide. Ce fut de cette contrée, qu'attentif à ce que les climats étrangers pouvoient produire d'utile au ſien, il envoya à Rome des plants d'un arbre qui produit un excellent fruit précoce, & que nous avons appellé *ceriſier*, du nom de la Ville d'où il nous eſt venu. Son fruit, qui commence à devenir commun en Italie, n'y étoit pas connu avant le Conſulat de Gellius & de Lentulus-Clodianus *d*.

a Flor. III. 5.   *b* Memnon. 32.   *c* Memnon. 45.   *d* Plin. XV. 30.

HISTOIRE DE LA RÉPUBLIQUE

LXXXV. Lucullus veut le suivre en Colchide. Confidérations qui l'en détournent. Il revient affiéger Amife.

L'armée murmuroit encore plus haut de ce qu'on la faifoit marcher en Colchide : elle ne quittoit qu'à regret une contrée riche & fertile, pour s'enfoncer dans les déferts inconnus des Tibareniens [a]. Le Proconful lui-même changea de penfée, quand il vit de plus près en quel climat il alloit s'engager : non que la mutinerie du foldat eût aucune part à fon changement de réfolution : c'eft une chofe dont il ne fit jamais aucun cas, & que fa grande fermeté dans le commandement lui faifoit même trop méprifer. Mais il fit réflexion qu'on auroit plus de difficulté qu'il n'avoit cru d'abord, à forcer Mithridate dans ces régions barbares, où les rochers du Caucafe & les déferts immenfes lui pouvoient fournir vingt retraites inacceffibles l'une après l'autre; où l'armée n'auroit aucune reffource en cas d'échec; les places ennemies qu'elle laiffoit derriere elle, pouvant alors devenir dangereufes : que même en chaffant tout-à-fait le Roi des lieux de fa retraite, fi l'on y pouvoit parvenir, on ne feroit que le pouffer dans les bras de Tigrane, & qu'engager les Romains dans une guerre longue & pénible, contre toutes les forces de l'Arménie. Lucullus n'ignoroit pas que le Roi répugnoit au fond de l'ame, à chercher un afyle chez fon gendre; démarche qu'il regardoit comme indigne de fon courage & de fa grandeur; ayant honte de montrer à l'Afie qu'il étoit au bout de fes reffources, & contraint d'aller mendier le fecours d'autrui. Le Proconful craignit donc de faire trop bien connoître à Mithridate qu'il ne lui reftoit que cette voie, mais certaine, d'entretenir la guerre : il voulut lui laiffer des efpérances en lui-même, & dans les nouvelles levées qu'il faifoit alors en Colchide ; aimant mieux que les Romains euffent encore à faire aux Cappadociens & aux Tibareniens qu'ils avoient déjà vaincus, qu'aux troupes inconnues des Arméniens & des Medes; qu'à un Roi puiffant, vainqueur du Parthe & du Syrien, deftructeur des Villes grec-

[a] *Plut.* ibid.

ques, dont il avoit tranfplanté les Citoyens des bords de la mer, au centre de la Médie, & qui, jaloux dès long-temps de la gloire de Rome, ne pouvoit trouver, pour fe déclarer, de prétexte plus légitime & plus honnête, que celui de fecourir un Roi fon beau-pere refugié dans fes Etats. De tout ceci, Lucullus conclut qu'il étoit plus à propos de laiffer un peu Mithridate raccommoder feul fes affaires, & de l'attirer de nouveau à la défenfe de fon Royaume, par quelqu'entreprife d'importance qui engageroit une action, dont peut-être il ne pourroit échapper. Il s'expliqua de fes motifs au Confeil [1], lorfqu'il y déclara la réfolution qu'il avoit prife de retourner fur fes pas [a]. Ce fut auffi la raifon qu'il donna depuis de fa conduite à des Officiers qui lui repréfentoient que toute cette campagne fe paffoit à des chofes peu dignes d'occuper une armée victorieufe. *N'empéchons pas Mithridate de revenir*, leur difoit-il, *nous en tirerons meilleur parti de près que de loin*. Il vint mettre le fiege devant Amife, grande & riche Ville que le foldat regardoit déjà comme une proie qu'il alloit bientôt envahir. Ce n'étoit pas l'intention du Général: il tiroit exprès le fiege en longueur, à deffein de donner au Roi l'envie de la venir fecourir.

En effet, le Roi rentra dans le Pont, vint prendre fes quartiers à Cabire, ancienne Capitale du Royaume, où il forma de nouveaux magafins d'armes & de provifions de bouche pour la nouvelle armée de quarante mille hommes, & de quatre à cinq mille chevaux qu'il raffembloit aux environs de cette place [b].

LXXXVI. Voyage de Mithridate dans le Pays des Sauvages. Digreffion fur le circuit de l'Euxin.

Ce puiffant renfort, fi promptement mis fur pied par un Prince auffi actif qu'indomptable, avoit été par lui raffemblé

---

[a] *Lucull. orat. ap. Plutarch.*   [b] *Appien.*

[1] Plutarque rapporte en entier le difcours qu'il tint. Je ne doute pas qu'il n'ait tiré de Salluste ce difcours direct; cependant n'en ayant pas de preuve démonftra- tive, je n'ofe l'inférer ici comme fragment original de notre Auteur, & je me contente d'en donner la fubftance.

dans des pays & chez des peuples sauvages, dont à peine nous connoissions alors le nom. Il avoit fait une marche inouïe à travers ces régions sauvages, pour se rendre dans ses Etats du Bosphore. La perte de sa flotte le mettant dans l'impuissance de faire la route par mer avec des forces capables de le garantir du risque d'être pris dans la traversée, il fut contraint de faire le tour par terre. Il suivit le rivage avec une fatigue extrême, *par des routes désertes* [a], partie à pied, partie en bateau, pendant près de quatre mille stades [1], tout le long de cette côte orientale, traversée par la riviere du Phase, jusqu'au pays des Zigéens, où il n'osa passer, à cause de la difficulté des chemins, & de l'extrême férocité de la nation, *qui n'étoit pas de ses amies* [b]. Il arriva enfin chez les Achéens, qui le reçurent bien, & le reconduisirent sur les frontieres du Bosphore [c]. Ce fut là qu'il travailla avec tant d'activité à rétablir ses affaires, au moyen des secours qu'il pouvoit tirer d'un pays *dont les forces n'étoient pas encore entamées* [d].

De tous les événemens de cette guerre, celui-ci est le plus curieux, & n'est pas le moins important. Nous pouvons regarder ce moment comme étant, du moins à notre égard, celui de la découverte d'une nouvelle partie de la terre, dont nous n'avons commencé qu'alors d'acquérir la connoissance, & dont la description appartient spécialement à mon récit. J'abandonne ici pour un temps la suite & les détails des faits militaires, pour m'arrêter sur ceux des pays mêmes & de la mer, peu connue jusqu'alors, qu'ils environnent. L'histoire ne fait pas moins son objet de la connoissance des pays conquis, que de la gloire des peuples conquérans.

[1] Environ 170 lieues.

[a] SALLUST. *fragm.* 130.
[b] SALLUST. *fragm.* 524.
[c] Strab. L. IX. & XI.
[d] SALLUST. *fragm.* 512.

SUITE
DU TROISIEME LIVRE.

LE PÉRIPLE
OU
CIRCUIT DU PONT-EUXIN.

Avertissement de l'Auteur du Supplément.

Les Ouvrages de Sallufte offrent des preuves fréquentes de fon goût particulier pour la Géographie, fur laquelle il étoit fort exact. On voit qu'en écrivant fes divers morceaux d'hiftoire, il n'a pas craint de s'engager dans de longues & fréquentes digreffions, lorfqu'il trouvoit occafion d'inftruire fes Lecteurs de la fituation des régions barbares; de l'origine, des émigrations & des mœurs de plufieurs peuples fauvages, dont on n'avoit eu jufqu'alors que fort peu de connoiffance à Rome. Il n'y a pas de doute que celle qu'il avoit inférée à fon hiftoire, contenant la defcription fuivie des côtes de la mer noire, n'y foit venue à l'occafion de la conquête que les Romains firent fur Mithridate des Provinces fituées le long des rives méridionales de l'Euxin, de la retraite de ce Prince chez les peuples habitans à l'orient & au nord de cette mer, ainfi que des fecours qu'il en tira. Il eft fingulier que parmi un affez grand nombre de fragmens qui nous reftent de cette curieufe digreffion géographique, le numéro du livre de Sallufte qui la contient, ne fe trouve mentionné qu'à la citation d'un feul de ces fragmens: c'eft dans l'endroit où Sallufte parle du voyage de Jafon en Colchide. Mais les manufcrits de Prifcien varient tellement à cet égard, que les uns citent en cet endroit le fecond, les autres le troifieme, les autres le quatrieme livre de Sallufte. Ceci eft un exemple, entre cent autres, du peu de fonds qu'on peut faire fur les numéros des livres de Sallufte cités par les anciens Grammairiens. Ceux qui ont, avant moi, recueilli une partie de ces fragmens, ont jufqu'à préfent adopté le fecond livre, pour y placer le *périple* de l'Euxin. Dans le doute, on ne pouvoit plus mal choifir. Affurément il ne s'eft engagé dans cette longue defcription

AVERTISSEMENT.

de l'Euxin & des peuples sauvages qui l'environnent, que lorsque la suite de son récit a demandé qu'il les fît connoître. La longue marche de Mithridate, faite presque sans suite ni secours, à travers tant de montagnes impraticables & de nations inconnues, avoit, à ce qu'il semble, engagé Salluste à la décrire, comme faisant partie des événemens dont il donnoit l'histoire; & l'avoit en même temps déterminé à suivre son goût naturel pour la géographie, en faisant connoître aux Romains cette mer intérieure, jusqu'alors peu connue d'eux. Ils ne connoissoient pas mieux les peuples & les contrées qui l'environnoient, dont une partie venoit d'être nouvellement conquise par les armes romaines: ainsi je ne doute guere que ce ne fût en cet endroit de son histoire qu'il avoit inséré cette digression. Or, dans l'ordre des faits, ceci ne peut se présenter que vers le commencement du quatrieme livre de son histoire, ou au plus tôt sur la fin du troisieme.

Il nous reste un certain nombre de fragmens de cette description, tous assez courts; mais capables néanmoins de guider, & de servir de liaison pour la rétablir en son entier. On voit clairement, qu'après avoir en général parlé de cette mer, de son étendue, de sa position, de sa nature particuliere, il commençoit la description des terres voisines, à main droite en entrant du Bosphore de Thrace dans l'Euxin, par les côtes de Bithynie, en faisant le tour du rivage, sans oublier le circuit du marais Méotide, & rentrant par le côté de la Thrace dans ce même Bosphore; pour revenir dans la Propontide.

Cette partie géographique de l'histoire de Salluste a reçu des anciens Ecrivains les plus grands éloges. Ils y louent la force & les graces du style, l'exactitude des recherches, la fidélité du récit, la vivacité des peintures. Ils conviennent que, sur cette matiere, l'autorité de Salluste a coutume de servir de préjugé. « La belle description » de cet excellent Ecrivain semble, dit Aviénus Festus, mettre les lieux mêmes qu'il » décrit, sous les yeux du Lecteur ». Elle a été souvent consultée & même copiée par les Ecrivains postérieurs, tels que Strabon, Méla, Pline, Arrien, Denys le Géographe & son Commentateur Eustathe, Ammien Marcellin, Priscien, Aviénus Festus & autres. Quelques-uns de ceux-ci ont même, d'après Salluste, entrepris la même tâche. Aviénus Festus nous apprend qu'il avoit inséré la description de notre Auteur presque entiere, dans son Poëme des côtes maritimes: par malheur cet endroit du Poëme est aussi perdu: cependant les livres anciens fournissent, en beaucoup d'endroits, d'assez grandes facilités de rétablir ce curieux morceau. On peut assurer, sans grande crainte de se tromper, qu'il en reste, dans les livres que nous avons, des fragmens considérables, où le nom de l'Auteur ne se trouve pas joint. On n'a pas de peine à reconnoître quelquefois ses tours de phrases & ses expressions dans les Ecrivains postérieurs, qui le copient sans le citer. Lui-même paroît s'être beaucoup aidé de la lecture de plusieurs anciens Historiens grecs, qui subsistoient de son temps, tels qu'Hellanicus, Hecatée, Straton & Damastès. Il semble avoir eu en vue d'imiter Hérodote, qui a traité fort au long de la Scythie Cimmérienne & Sarmatique, dans son quatrieme livre; & même aussi Polybe, dont nous avons un long discours sur l'histoire physique de la mer noire.

La

AVERTISSEMENT.

La façon dont il traite de pareils sujets, nous est assez souvent indiquée dans ses écrits. On voit qu'il recherche les bornes des pays, la situation des côtes, la nature & les productions du terroir, le caractere & les mœurs des habitans; quels sont les peuples naturels du pays, les plus anciennes colonies étrangeres & les plus récentes, & ce qui a résulté de leur mélange, tant pour les mœurs que pour le langage; l'origine du nom des nations, la forme de leurs établissemens; la fondation des principales villes, la suite des lieux d'un bout de la côte à l'autre; sous quels Souverains & sous quel genre de gouvernement, chaque contrée se trouvoit, au temps où les Romains y porterent leurs armes. Cet Historien ayant son style & sa maniere propre dont il ne s'écarte guere, il y a beaucoup d'apparence qu'il s'étoit attaché à ces mêmes points, mais en leur donnant ici beaucoup plus d'étendue. Ainsi, en rétablissant cette description, je m'arrête sur-tout aux objets auxquels mon Auteur paroît avoir donné la préférence, autant néanmoins que je trouve à m'appuyer de l'autorité, soit des Historiens antérieurs à Salluste & qu'il a pu suivre, soit des Ecrivains postérieurs, qui avoient son ouvrage entre les mains. J'ajouterai encore, à l'égard de ceux qui ont écrit avant lui, que je prends à tâche dans ce morceau, ainsi que dans divers autres endroits de la même histoire, d'insérer, outre les fragmens de Salluste, plusieurs autres fragmens qui nous restent d'Historiens très-anciens, aujourd'hui perdus, mais qui subsistoient alors, & que je suppose qu'il a pu voir & consulter. Cette occasion m'a paru favorable pour rassembler ces petits lambeaux dispersés. Je présume, à la vérité, que Salluste n'étoit pas dans l'usage de citer par leurs noms les Historiens antérieurs à lui, aussi souvent qu'il le fait ici, dans le discours que je lui prête. Mais en même temps que je remplis l'obligation où je suis de nommer les garants des faits que j'allegue, je conserve la vraisemblance, en ne lui faisant citer que des Auteurs plus anciens que lui, & qu'il a dû connoître en effet. Et quant aux citations, quoiqu'avant l'invention de l'Imprimerie, on n'ait pas pu être aussi exact à cet égard, que nos modernes le sont ou doivent l'être, on voit néanmoins que parmi les anciens, l'usage en est familier aux meilleurs Ecrivains, qui veulent donner des garants de leur fidélité. Plutarque en contient cinq à six cents; Strabon plus de trois cents; Denis d'Halicarnasse environ soixante-dix. Pline cite à tout moment, ainsi qu'Athenée, Eusebe, le Syncelle, Aulugelle, & quantité d'autres : Cicéron fort fréquemment. Ceci fait voir, comme je le dis ailleurs, qu'un travail plus praticable qu'on ne le croit, & très-utile à la littérature, seroit celui de rassembler les restes d'anciens Auteurs ainsi épars en citations, de les combiner, & de rétablir un peu l'ouvrage perdu, en les remettant en ordre avec quelque liaison.

Ce morceau de géographie auroit dû naturellement être inséré dans la narration historique; mais voyant qu'il y formoit une digression trop longue au récit des faits, j'ai cru plus à propos de la donner à part en forme d'*appendix*, entre le troisieme & le quatrieme livre. Toute longue qu'elle est, je suis persuadé que celle de Salluste contenoit plus de faits & de choses; mais en moins de mots. Les restes d'un bâtiment détruit occupent beaucoup plus de terrein que ne faisoit le total, lorsqu'il étoit sur pied. Quelque soin qu'on se donne à rajuster les morceaux d'une piece brisée, à les

AVERTISSEMENT.

remettre en place, à suppléer les intervalles par de nouvelles liaisons, on ne vient pas à bout de la reftreindre à fon premier volume. Je l'aurois inutilement tenté, dans le plan auquel je m'attache de n'omettre aucun des fragmens parvenus jufqu'à nous, même les plus courts; car, à mon gré, le travail de rétablir cette hiftoire auroit été imparfait, difons auffi qu'il auroit été plus facile, fi l'on n'eût fait qu'employer les morceaux un peu confidérables, en abandonnant tout le refte : rien n'eft à négliger, & tout peut être regardé comme précieux, venant d'un Ecrivain fi célebre. Cette loi, que je me fuis faite dans le refte de l'ouvrage, je l'obferve de même ici : j'ai voulu marcher exactement fur les traces de mon Original, en les fuivant pas à pas. Je vois, par exemple, deux fragmens où il parle d'une ville, d'un peuple ou d'une contrée du rivage de l'Euxin; puis d'une autre, affez diftante de celle-là. Il ne refte rien du texte fur les régions intermédiaires; mais je n'en fuis pas moins affuré qu'elles étoient décrites. Le texte me montre ailleurs que mon Auteur ne franchiffoit pas ainfi les intervalles. Il a donc fallu une longue liaifon pour rejoindre deux fragmens de cette efpece ; & auffi dans d'autres endroits, où le fragment ne contient qu'une légere circonftance d'une defcription détaillée en fon entier, comme lorfqu'il dit, *tel eft le circuit & la fituation du marais Méotide* : conclufion qui marque affez qu'il venoit d'en donner tous les détails. Ma tâche étoit de le faire après lui : peut-être en ai-je quelquefois dit plus qu'il n'avoit fait : à coup fûr j'en dis moins encore que je n'en omets, & avec regret, dans une matiere fi curieufe & fi peu connue. J'ajouterai que trouvant l'occafion de joindre à mon texte quelques autres fragmens d'anciens Auteurs, égarés çà & là, & relatifs aux mêmes objets, ils m'ont, en certains endroits, engagé à des excurfions propres à les amener, & que mon Original n'avoit peut-être pas faites.

Le ftyle de Sallufte eft fort ferré : cet Hiftorien, le premier de l'antiquité, portoit l'art de la précifion jufques dans fes defcriptions géographiques. Un fi grand talent n'eft donné qu'à lui. Ainfi, quoique Sallufte foit introduit ici comme parlant lui-même, le ftyle qu'on va lire a moins de reffemblance avec le fien, qu'avec celui de Strabon. J'ai tâché feulement de donner le ton de l'antique à ce morceau de géographie ancienne, &, puifque j'ofois me préfenter moi-même fous un nom fi fameux, d'offrir un tableau qui raffemblât les principaux traits de ce qu'on favoit & de ce qu'on penfoit fur l'hiftoire naturelle & morale de ces climats éloignés, au temps où les Romains en firent la conquête. Et comme Sallufte, dans fa defcription de l'Afrique, s'étoit, dit-il, attaché à faire connoître certaines opinions moins répandues dans le vulgaire ; à fon exemple, je rapporte ici des chofes qu'on ne trouve pas dans le commun des Ecrivains, & quelquefois affez piquantes par leur fingularité. En un mot, ce n'eft pas Sallufte ; c'eft feulement ce qui peut tenir lieu de ce qu'il avoit écrit fur cette matiere.

LE PÉRIPLE,
OU
CIRCUIT DU PONT-EUXIN.

LE Pont-Euxin eft une mer éloignée, que peu de gens parmi nous font à portée de voir. Là commence le golfe immenfe de nos mers intérieures, étendu, d'orient en occident, entre tous les Pays de la domination romaine, depuis le pied du mont Caucafe jufqu'au détroit de Gades : celle-ci en fait elle-même une partie confidérable, circonfcrite dans fes propres bornes, & plus merveilleufe qu'aucune autre, par les fingularités de fa forme, de fa pofition & de fa nature [a] : elle n'eft pas moins curieufe à connoître par le nombre, la diverfité & les mœurs particulieres des Peuples qui entourent fon rivage. Les conquêtes de Lucullus & de Pompée viennent de mettre au pouvoir de la République une grande partie des Provinces fituées fur fes bords ; où l'on trouve, même dans les régions barbares, plufieurs Villes renommées, tant par l'étendue de leur commerce, que par la nobleffe de leur origine grecque. L'occafion de parler de quelques-unes de ces Villes fe préfentera fouvent dans cette hiftoire ; &, puifque la fuite des événemens, & la marche extraordinaire de Mithridate en ces climats fauvages, m'a naturellement conduit en des contrées jufqu'à préfent fi peu connues, il eft, ce me femble, convenable de les décrire ici, d'une maniere qui en donne une notion fuffifante. En effet, le devoir d'un Hiftorien, qui veut fe rendre à la fois utile &

LXXXVII. Raifons qui engagent à faire cette digreffion

[a] *Herodot. L. IV.*

agréable à sa patrie, ne consiste pas seulement à transmettre à la postérité le récit des campagnes militaires & la gloire des conquêtes; mais encore à faire connoître au Peuple victorieux les nations nouvellement soumises à son Empire, leur origine, leurs forces & leurs mœurs; la fondation & les antiquités des Villes célebres; l'étendue, les bornes, les frontieres de chaque région différente, les singularités dignes de remarque qu'on y rencontre; la nature & les productions du climat, ainsi que les ressources qu'on en peut tirer. Indépendamment de la satisfaction qu'une curiosité bien placée trouve en ces sortes d'objets, les vraies maximes de notre Gouvernement demandent que l'histoire des Pays soit jointe à celle des hommes & des faits. Il ne suffit pas d'acquérir de nouvelles Provinces à l'extrêmité de l'Univers, si l'on ignore, au centre de l'Etat, quel genre d'utilité Rome peut tirer du nouvel accroissement de sa puissance. Je n'hésiterai donc pas à m'étendre assez au long sur cette matiere intéressante; & sans crainte d'être taxé de m'écarter ici de mon sujet, par une description qu'il semble au contraire demander, je rapporterai non-seulement les choses qu'en ont dites les Ecrivains du Pays même, mais aussi plusieurs autres, quelquefois assez différentes de l'opinion commune *a*, & dont j'ai pris soin de m'instruire avec autant d'exactitude qu'il m'a été possible de faire.

LXXXVIII. Bosphore de Thrace. Circuit & étendue de l'Euxin.

La mer dont je veux parler, n'a de communication avec les autres mers que par un étroit canal, qui sépare le continent d'Europe de celui d'Asie. Ce détroit, la seule issue par où l'immense amas des eaux se dégorge dans la Propontide, est long de cent vingt stades, & n'en a qu'environ sept dans sa commune largeur *b*. Il s'ouvre dans un recoin de l'Euxin, entre la pointe appellée *Hiéron*, à cause du sacrifice que les Argonautes, à leur retour, y offrirent aux douze grands Dieux, &

---

a Vid. Sallust. in Jugurth. 17.   *b* Plin. lib. IV. n°. 24.

le promontoire d'Europe, où est le Temple de Sérapis en Thrace.[a] Il se courbe dans sa longueur sur divers angles, & vient aboutir entre Byzance & Chalcédoine, en forme d'entonnoir un peu plus grand que son ouverture. On le nomme *Bosphore* ou *trajet du bœuf*, parce que cet animal le peut aisément traverser à la nage, & que, selon les anciennes fables, la fille d'Inachus, lorsque Junon, dans sa jalousie, l'eut métamorphosée en vache, s'enfuit par ce passage de la Grèce en Ionie [b]. En effet, au lieu le plus resserré du canal, vers le promontoire Hermée, où est le Temple de Mercure, il y a si peu de distance d'un bord à l'autre, que le chant des oiseaux & les cris des animaux s'y font entendre, & que les hommes même peuvent se parler du rivage d'Asie à celui d'Europe. Ce fut en cet endroit, large de cinq cents pas [c], que Darius, roi de Perse, fit jeter un pont pour passer son armée, lorsqu'il alloit faire la guerre aux Scythes. L'eau de l'Euxin coule dans ce canal d'un cours presqu'uniforme, depuis son ouverture jusqu'en ce lieu, où se trouvant resserrée par les continens qui se rapprochent, elle acquiert pendant quelques stades une extrême rapidité jusqu'à une baie un peu inférieure, *où les détroits de l'embouchure de l'Euxin commencent à se rélargir* [d] *;* alors l'onde ne trouvant plus dans la côte d'angles aigus qui la forcent, rallentit son cours pour tomber sans violence dans la Propontide, dont la vague & la masse d'eau contribuent encore à la contenir. Son cours est continuel de l'Euxin dans la Propontide, & jamais en sens contraire : ce qui vient, selon la remarque de Diogene-Apolloniate, de ce que l'eau plus dense des climats froids & septentrionaux, pousse & se porte d'elle-même contre l'eau plus raréfiée des climats chauds, qui lui oppose moins de résistance [e].

---

[a] *Polyb. L. IV.*
[b] *Amm-Marcell. XXII. 8.*
[c] *Plin. Polyb.*
[d] SALLUST, *fragm.* 210.
[e] *Diogen-Apolloniat. ap. Senec. quæst. nat. Plin. IV. 2.*

La surface de cette mer, la seule que l'on connoisse ainsi renfermée de toutes parts au milieu des terres, est pareille à celle d'une immense plaine, entre un cercle de montagnes, presque par-tout plus étendue que la vue ne peut porter de toutes parts du centre à la circonférence *a*. Sans la crainte d'abuser des termes, on pourroit dire que c'est une isle d'eau dans le milieu du continent. Les rapports varient assez considérablement sur ses dimensions; Hécatée de Milet & Eratosthène *b*, qui ont autrefois recherché cette matiere avec exactitude, lui donnent vingt-trois mille stades de circuit, pour ceux qui navigeroient sans suivre les contours des caps; en quoi ils sont assez d'accord avec Polybe, qui le porte à vingt-deux mille. D'autres lui en donnent davantage : mais Varron, le plus savant homme de notre temps, en met beaucoup moins, & mentionne les mesures parties par parties : on peut voir son rapport détaillé, ainsi que ceux d'Artémidore & d'Agrippa *c*. Hérodote estime sa longueur à onze mille cent stades, & sa plus grande largeur à trois mille deux cents ; ce qu'il évalue à près de neuf journées de navigation depuis le Bosphore à l'embouchure du Phase, & à deux jours & demi depuis la Scythie jusqu'à Thémiscyre, sur le Thermodon; sans comprendre dans ces mesures le lac Méotide, qui se décharge dans l'Euxin, & qu'il dit n'être guere moins grand *d*. Mais soit qu'il ait été mal informé, soit que depuis son siecle il s'y soit fait quelque grand changement, ce qui n'est guere probable en si peu de temps, il est certain qu'il n'y a nulle comparaison de l'étendue du lac Méotide à celle de l'Euxin.

LXXXIX. *Forme des côtes. Caps & courbures.* Vers l'ouverture du Bosphore, les côtes s'écartent extrêmement de côté & d'autre, faisant une large place aux eaux de ce vaste abyme, & courant par de longs détours se recourber

---

a *Amm-Marc.*
b *Hecat. & Eratosth. ap. Amm-Marc.*
c *Plin. Lib. IV. n°. 24.*
d *Herodot. IV. 85.*

en circuit, mais sans sinuosité notable dans la partie méridionale, si ce n'est à l'endroit où le rivage de Paphlagonie s'avance dans la mer, entre l'Ourse & le Soleil levant, pour former le promontoire Carambis, le plus avancé de cette côte de la mer [a]; comme *dans la côte opposée, celui qui s'approche le plus des promontoires de la Paphlagonie, est un rocher de la Chersonèse Taurique, que les Grecs ont nommé en leur langue Criou-métopon,* c'est-à-dire *front de bélier* [b] [1], par la ressemblance que les navigateurs lui trouvent avec la tête de cet animal. Ils l'appellent aussi *Parthenion* ou cap-Vierge, à cause du Temple de Diane [c]. Ces deux caps, les principaux de cette mer, se trouvent placés vis-à-vis & à trois journées de navigation l'un de l'autre [d], au milieu des deux grandes côtes du septentrion & du midi, divisant en quelque façon l'Euxin en deux mers ; l'une occidentale, étendue depuis Byzance, à l'embouchure du Borysthène, de deux mille huit cents stades de longueur sur deux mille de large ; l'autre orientale & plus oblongue : car les côtes s'alongent & se recourbent en se serrant vers Dioscuriade, tellement qu'en cet endroit elle n'a guere plus de six cents stades de traversée sur deux mille cent de l'autre sens [e]. La tête de bélier s'avance si loin vers le midi, faisant sa pointe vis-à-vis d'Amastris en Paphlagonie, & du cap de Carambis, que les navigateurs qui passent entre deux, peuvent en même temps voir les deux promontoires [f]. On a remarqué que les bandes de grues, lorsqu'elles veulent traverser cette mer, ont soin de se rassembler sur l'un des promontoires, pour tirer droit à l'autre par l'endroit de la mer le plus étroit [g].

[1] Aujourd'hui cap *Carosci*, en Krimée, nommé par les Turcs *Karadje burnu*.

[a] *Strab.* Liv. *II.* pag. *125. Mela. I. 19.*
[b] SALLUST. *fragm.* 420.
[c] *Mela. II. 1.*
[d] *Dion-Periég. de situ orbis. 139.*

[e] *Strab.* Lib. *II.* pag. *125.*
[f] *Idem. L. VII.* pag. *309.*
[g] *Plin. X. 23. Solin. 20.*

Cette longue saillie du *Criou-metopon* forme ce que les Géographes appellent *la pointe* ou *le pli de l'arc*; car pour suivre l'usage où ils sont de comparer le contour des terres & des mers à quelqu'autre figure connue [1], nous dirons, après eux, *que le contour de l'Euxin a la forme d'un arc à la Scythe* [a], c'est-à-dire, comme l'explique Agathon, ancien Poëte tragique, celle d'un *sigma* grec [2], dont les deux branches seroient un peu recourbées en dedans; l'arc des Scythes étant ainsi fait [b], à la différence des autres arcs, dont les deux bouts où tient la corde sont recourbés en dehors. Ainsi il faut se représenter l'Euxin comme un arc bandé, dont la corde, formée par la côte méridionale, depuis le Bosphore jusqu'à la Colchide, fait son angle au fond du golfe d'Amise. Le reste des côtes figure le bois de l'arc courbé en deux endroits, à droite & à gauche de la pointe rentrante que les arcs ont à leur sommet. La tête de bélier fait ce pli rentrant, ayant à l'orient & à l'occident deux courbures, l'une plus élevée & plus ronde, l'autre plus basse & moins contournée; c'est-à-dire, qu'à la sommité de l'arc, de

[a] SALLUST. *fragm.* 236.

[b] *Plin. Strab. Mela. Ammian. Dionys. Perieg. &c.*

[1] C'est ainsi qu'ils donnent à la Sardaigne, la ressemblance de la plante du pied d'un homme; à la Mésopotamie, celle d'un vaisseau; à la presqu'isle d'Achille, celle d'un glaive; au Péloponèse, celle d'une feuille de platane; à la mer Caspienne, celle d'un caillou. Grand nombre d'anciens Ecrivains parlent de cette forme de l'Euxin, en arc à la Scythe, d'après Salluste, qu'ils ont presque tous copié.

[2] Il faut entendre le *sigma* majuscule ainsi figuré Σ, non comme on le figure autrement C, comme il semble qu'*Ammien-Marcellin* l'ait mal-à-propos entendu, en disant, *effigiem lunæ decrescentis ostendunt*;

d'ailleurs il a raison d'expliquer que le bout des branches doit être recourbé en dedans, *circumductis utrimquè introrsùs pandis & patulis cornubus*: ainsi il faut se figurer le *sigma* de cette sorte Σ. Quoique le caractere C, pour figurer le *sigma*, soit très-ancien dans l'écriture grecque, le P. Hardouin juge, sur le passage du Poëte *Agathon*, dans sa piece de *Telephe*, que le caractere Σ, aujourd'hui en usage, est encore plus ancien, d'autant mieux, ajoute-t-il, qu'il approche davantage de la figure du *schin* Chananéen, dont il est dérivé *.

* Vid. Hard. in Plin. IV. 24. & Voss. in Mela.

SUITE DU LIVRE III.

chaque côté de la pointe rentrante, il y a deux golfes. Celui d'Europe, vers le Borysthène, entre dans les terres beaucoup plus avant que l'autre [a]. C'est vers la jonction de ces deux courbures que le grand lac septentrional, qu'on appelle *marais Méotide* & *mere de la mer*, se dégorge en abondance dans l'Euxin par le Bosphore Cimmérien [b]. Quant aux courbures intérieures des deux bouts de l'arc Scythique, il faut supposer l'une vers la ville de Trapezunte, & l'autre vers Salmydesse [c], ou au promontoire Hiéron du Bosphore de Thrace.

Toute cette mer, ainsi renfermée dans un vaste cercle de montagnes presque par-tout fort élevées, si ce n'est aux environs de l'embouchure de l'Ister, & du côté du midi où les côtes s'abaissent insensiblement vers le rivage en pente plus douce, est sujette à être chargée de nuages. Les vapeurs qui s'en élevent sans cesse, retenues entre les montagnes, s'épaississent dans l'air, & couvrent l'Euxin de brouillards [d]; sa surface est presque toujours embrumée, à moins qu'elle ne soit battue des vents : alors les vagues y sont mauvaises, courtes, variées, inégales dans leur fluctuation, à cause de la fréquence & de la proximité tant des côtes que des courans; dangereuses sur-tout lorsqu'il y souffle un vent de nord, dont l'effet est de presser les ondes l'une sur l'autre [e], tandis que le choc du rivage en renvoie d'autres en sens contraire. Leur rencontre éleve des lames rapides & serrées, si dangereuses *au troisieme flot* [f], où la contrariété des mouvemens est la plus vive, qu'il n'y a point de barque qui, lorsqu'il faut aborder à la côte, puisse en soutenir le choc bizarre sans être renversée, à moins que le bâtiment ne soit fort petit, & conduit par un rameur habitué à la maniere de fendre avec l'aviron cette troisieme lame, pour y ouvrir

XC. Nature des eaux & des vents.

---

[a] *Strab. Lib. II. pag. 125.*
[b] *Herodot.* ibid. *Dion. Per.*
[c] *Mela.* ibid.
[d] *Amm-Marcell.*
[e] SALLUST. *fragm.* 172.
[f] SALLUST. *fragm.* 173.

Tome II.　　　　　　　　　　　　D d

passage à la barque. Quoique le fond de l'Euxin soit limoneux en pleine mer, & chargé en divers endroits de bancs de graviers, ses côtes sont sans vase ni sable; les ancrages y sont rares, & l'eau n'étant pas profonde, les flots sont par-tout agités & violens [a] 1.

Son eau est blanchâtre, étant fort mêlée d'eau de riviere *qui lui donne cette couleur; aussi est-elle bien moins amere & moins salée que celle des autres mers.* Tous les Peuples qui habitent sur son rivage, y menent abreuver leurs bestiaux : on pré-

[a] *Mela. I. 9.*

[1] *Tournefort* n'a pas trouvé que cette description, faite par les Anciens, fût bien juste : « La mer Noire, dit-il *Lett. XVI.* n'a quasi rien de noir que le nom; les vents n'y soufflent pas avec plus de furie, & les orages n'y sont guere plus fréquens que sur les autres mers. Il faut pardonner ces exagérations aux Poëtes anciens, & sur-tout aux chagrins d'Ovide. En effet, le sable de la mer Noire est de même couleur que celui de la mer Blanche, & ses eaux en sont aussi claires. En un mot, si les côtes de cette mer, qui passe pour dangereuse, paroissent sombres de loin, ce sont les bois qui les couvrent, ou le grand éloignement, qui les font paroître comme noirâtres. Le Ciel y fut si beau & si serein pendant tout notre voyage, que nous ne pûmes nous empêcher de donner une espece de démenti à Valérius-Flaccus. Ce Poëte assure que le Ciel de la mer Noire est toujours embrouillé, & qu'on n'y voit jamais de temps bien formé. Pour moi, je ne disconviens pas que cette mer ne soit sujette à de grandes tempêtes, & je n'aurois pas de bonnes raisons pour le nier, car je ne l'ai vue que pendant la plus belle saison de l'année. Mais on a beau dire que les vagues de la mer Noire sont courtes, & par conséquent violentes, il est certain qu'elles sont plus étendues & moins coupées que celles de la mer Blanche, laquelle est partagée par une infinité de canaux qui sont entre les isles. Ce qu'il y a de plus fâcheux pour ceux qui navigent sur la mer Noire, c'est qu'elle a peu de bons ports, & que la plupart de ses rades sont découvertes.

» La navigation de la mer Noire, dit *Duban*, est aussi douce & sûre dans la belle saison de l'été, qu'elle est rude & dangereuse dans les autres temps. Le grand danger qu'il y a à naviger sur cette mer, vient de la quantité de bas-fonds, & de son peu d'étendue, ce qui rend les vagues si hautes, & en même temps si courtes, que les meilleurs bâtimens résistent à peine à leurs coups redoublés, & qu'il n'y a point d'année qu'il ne s'en perde un grand nombre [*] »

[*] *Duban, Lett. des Mission.*

SUITE DU LIVRE III.

tend même que cette eau, chargée d'un léger degré de falure, leur est plus faine & meilleure que l'eau douce. Par la même raifon, les grands froids la gèlent aifément; & le lac Méotide encore plus vîte, comme Hérodote l'a remarqué, ce qui vient de ce que ce lac, dans fa petite étendue, eft en grande partie formé des groffes *rivieres qui s'y déchargent* [a], & qui, venant des Pays froids, charient dans leurs cours jufqu'à l'Euxin une quantité de grands glaçons. Dans l'Euxin même, la quantité d'eau fluviale eft confidérable, en proportion de la véritable eau maritime & falée; quafi toute la fuperficie de cette mer n'eft que d'eau douce, qui furnage fur l'autre comme plus légere. C'eft cette eau fluviale qui gele, & non l'eau amere, qui ne gele pas facilement, même dans les mers expofées, comme l'eft celle-ci, aux vents violens du feptentrion.[b]

C'eft une chofe digne d'être obfervée, que cette mer reçoit elle feule plus de grands fleuves que tout le refte de nos mers intérieures enfemble. L'Ifter y porte toutes les eaux du continent occidental, depuis la racine des Alpes jufqu'à la Mœfie; le Tanaïs, le Boryfthène & le Danafter y amenent, de différens côtés, toutes celles des vaftes régions Hyperboréennes, toujours couvertes de neiges; fans parler de l'Hypanis, du Phafe, de l'Halys, du Sangar, & d'une multitude innombrable d'autres moindres rivieres, qui s'y rendent de l'orient & du midi. Cette énorme quantité d'eau, qui tombe fans ceffe dans ce prodigieux baffin, n'a pour fe vuider que l'unique iffue du Bofphore [c], moindre qu'un feul des grands fleuves que je viens de nommer. Cependant on ne s'apperçoit pas que cette mer groffiffe, ce qui peut faire juger de la prodigieufe évaporation qu'elle éprouve dans fa large furface, par l'action de l'air & du foleil.

XCI. La profondeur de cette mer femble diminuer de fiecles en fiecles.

---

[a] Sallust. *fragm.* 236. 72. 314. 326. 471. 450. &c.
[b] Vid. Arrian. in *Peripl.* Valer-Flacc.
Argon. L. IV. Herodot. apud Macrob. Macr. *Saturn. IV.* 12.
[c] Vid. Voyag. de Tournefort. Lett. XXV.

Le Philosophe Straton a cru qu'autrefois elle n'avoit point de déchargeoir, mais que la violence des eaux fluviales qui s'y dégorgent s'étoit ouvert un passage ¹ près de Byzance, pour aller se jeter dans les bas-fonds de la Propontide & de l'Hellespont *a*; conjecture assez relative, non-seulement à ce que les anciennes traditions nous rapportent d'un déluge, qui autrefois a submergé une partie des terres de la Grece, mais encore à la forme actuelle de ce grand nombre d'isles de la mer Egée, que l'on voit n'être plus aujourd'hui que les sommets isolés d'une quantité de montagnes inondées ². Il semble que ce Philosophe

a Strat. ap. Strab. Lib. 1.

¹ Une partie des Anciens paroît avoir été dans cette opinion, que l'Euxin étoit une nouvelle mer, formée par quelque révolution considérable. Mais au lieu que Straton conjecturoit que les eaux des fleuves s'étoient ouvert un passage par le Bosphore, pour se jeter dans la mer Egée, Pline semble croire au contraire, que la mer Méditerranée avoit forcé ce passage pour inonder les grandes vallées du mont Caucase. Voici comme il s'exprime, dans son style beaucoup trop poétique : « La jalousie » particuliere de la Nature contre le con- » tinent, & sa complaisance sans bornes » pour l'avidité de la mer, l'ont laissée se » jeter entre l'Europe & l'Asie, & y for- » mer le Pont-Euxin. Comme si ce n'étoit » pas assez que l'Océan eût environné le » monde habitable, & en eût absorbé une » partie, les eaux insatiables, après avoir » dévoré le territoire de l'Hellespont & » de la Propontide, n'ont pas été contentes » qu'elles n'eussent envahi le large espace » de l'Euxin, pour s'emparer du lac Méo- » tide. Mais les fréquens & longs détroits » qu'on trouve en ces contrées, montrent » assez que ce n'est que malgré lui que le » continent a donné passage à la mer: il » rapproche autant qu'il peut ses parties » séparées, comme pour faire voir qu'il » veut rester uni malgré cette division * ». Il n'est pas besoin d'avertir qu'aucune de ces conjectures n'est vraisemblable, & que puisque les eaux des grandes rivieres ont coulé de tout temps, de tout temps aussi le creux où elles tombent a été plein d'eau, & tel à peu près qu'il est aujourd'hui. Du moins, pour donner quelque probabilité à de telles suppositions, auroit-il fallu ajouter que tous les fleuves, depuis la Scythie jusqu'à l'Archipel, venoient, avant cet événement, se réunir en un seul lit, qui se déchargeoit dans la mer Méditerranée.

² Dans l'opinion où Pline paroît être, les isles de l'Archipel seroient au contraire les sommets d'autant de montagnes autrefois sous l'eau, que la mer auroit laissé à découvert, en se jetant dans les vallées du mont Caucase. Mais de telles conjectures méritent peu qu'on s'y arrête.

* *Plin. Lib. VI. cap. 1.*

SUITE DU LIVRE III.

n'ait regardé l'Euxin que comme une vallée immense, que les rivieres ont remplie jusqu'au niveau de la plus basse sortie des montagnes, par où l'eau s'échappe à présent. Il est certain que puisqu'il y a dans le bassin une continuelle affluence d'eau, elle doit aussi continuellement couler par le Bosphore; mais outre cette cause évidente, les pluies & les vents précipitant sans cesse les sables des montagnes dans le lit des grands fleuves, qui les portent dans le creux, ces sables en élevent le fond, & par conséquent le niveau de l'eau, qui se trouve toujours plus à portée de couler par le déchargeoir [a]. L'Euxin est la moins profonde de toutes les mers; il est même constant que son bassin se comble un peu tous les jours, & peut-être à l'avenir sera-t-il tout-à-fait comblé, si le cours habituel des choses n'est dérangé par aucune révolution : car enfin, quelque vaste que soit le bassin, quelque petite que soit la quantité de limon que les fleuves y déposent à la fois, il faudra bien que le gouffre soit à la fin rempli, puisque le temps est infini, & que le bassin ne l'est pas. Mais cette quantité, loin d'être petite, est fort considérable, & les choses sont déjà même assez avancées [1]. Il s'en faut peu que le bassin du lac Méotide ne soit plein; presque par-tout sa profondeur n'est que de cinq à sept brasses, & les grands bâtimens n'y peuvent naviger sans un pilote qui connoisse les fonds : cependant tous les anciens Ecrivains sont

---

[a] *Strab. Lib.* 1.

[1] « Les causes que je rapporte ici, dit » *Polybe*, sont fondées sur des preuves » physiques, & sur la nature même de la » chose, indépendamment du récit des na- » vigateurs. J'insiste exprès là-dessus; je » m'y arrête pour ne pas faire comme la » plupart des Historiens, qui ne s'arrêtent » point assez sur les effets physiques, que » les bons esprits veulent connoître. Ce » ne seroit pas les satisfaire aujourd'hui, » que de ne leur alléguer, en pareil cas, » que l'autorité des Poëtes & des fables » anciennes. On veut des raisons plus » concluantes, que ne le sont des témoi- » gnages peu dignes d'être reçus, & qu'on » a jusqu'à présent employés, sur des cho- » ses qu'il ne faut pas ignorer ».

d'accord qu'il ne faifoit autrefois qu'une même mer avec l'Euxin. Aujourd'hui ce n'eft plus qu'un lac d'eau douce, féparé des eaux falées, depuis que les terres, entraînées au large, ont formé des digues qui ont circonfcrit cette partie de la cuve en un baffin particulier *a*; en quoi véritablement elles ont été aidées par les grandes branches de montagnes qui s'avancent de ce côté-là. La même chofe arrive dans l'Euxin, dont le fond eft extrêmement limoneux, plein de fyrtes, de baffes eaux, de courans & de tournans *b*, occafionnés par la rencontre des grands cours d'eau qui y tombent, en différens fens, affez près les uns des autres. Mais la vafte étendue de fa coupe rend le fait moins remarquable pour le commun des hommes. Cependant il fuffit d'une médiocre attention pour s'en appercevoir: on en verra la preuve dans ce que je rapporterai de la barre du Danube, & des bancs de fable de la côte occidentale, où la mer commence à fe changer en lac, vers Salmydeffe *c*. D'ailleurs, il ne faudroit qu'obferver quels effets produit à la longue le cours d'un petit torrent; comment il creufe de profondes ravines à travers des rochers fort durs, dont il va dépofer les débris, fur fon paffage, dans les lieux bas, & en éleve ainfi la furface. Ici les effets fe remarquent aifément, parce qu'ils font prompts & les lieux petits: mais ils montrent que par une néceffité phyfique, la même chofe doit s'opérer dans des gouffres énormes, où il eft difficile de s'en affurer qu'au bout d'une longue fuite de fiecles. Ceci, fans doute, arrive par-tout: par-tout les intempéries de l'air détruifent les fommets des montagnes, jettent la terre, le fable, la pierre, le bois & les cailloux dans la plaine, & dans le lit des courans, qui les portent à la mer. Mais les effets qui réfultent de ce déplacement, peu fenfibles dans de plus grandes mers, le feront beaucoup à la longue dans celle-

a Polyb. Liv. IV.
b Amm-Marc.
c Polyb. ibid. Strab. Liv. 1.

SUITE DU LIVRE III.

ci, qui est une mer ronde & fermée. Les Naturalistes alleguent encore un autre indice de ce changement à venir: les eaux Méotides sont plus douces que celles de l'Euxin, *la mer du Pont-Euxin est elle-même plus douce que les autres mers* [a], & le décroissement d'amertume est en même proportion que la grandeur des deux mers relativement entr'elles. Tout ceci donne lieu à Straton, à Polybe & à quelques autres célebres Ecrivains Grecs de conclure, d'après les observations des navigateurs, qu'à la longue l'Euxin s'adoucira comme le Méotis, à force d'eau fluviale qui y survient sans cesse, & qui entraînant à sa sortie une partie des eaux maritimes auxquelles elle se mêle, gagne toujours en proportion sur la quantité, plus grande aujourd'hui, de celles-ci: qu'il deviendra une véritable espece de lac, peut-être même à la suite des siecles un bas-fond, comme le Méotis [b]; & que les temps nécessaires pour produire de tels effets, seront entr'eux comme la différence des bassins; eu égard néanmoins au nombre, à la grandeur & à la rapidité des rivieres qui se déchargent dans l'un & dans l'autre.

Le Méotis, l'Euxin & la Propontide nourrissent une extrême abondance de poissons [c]: il y grossit plus vîte qu'ailleurs. Ceux des autres mers y vont en foule dans le temps du frai, attirés par la douceur de l'eau [d] & par la commodité des retraites que leur offrent les rochers caverneux, où ils sont à couvert de la voracité des monstres marins [e]. On n'en trouve que peu ou point du tout dans l'Euxin; il ne contient même guere d'autres gros poissons, que des thons en quantité, quelques veaux marins & des dauphins, encore ceux-ci y sont-ils de petite taille [f]; les cétacées d'une grande espece ne s'y plairoient pas. Le poisson qui est allé frayer dans ces mers, passe l'hyver

XCII. Poissons de cette mer.

---

[a] SALLUST. *fragm.* 585. 647. &c.
[b] Strat. & Polyb. ibid.
[c] Avien. Fest. in ora maritim.
[d] Plin. Lib. IX. Arist. hist. Animal. VI. 17.
[e] Amm-Marcel. XXII. 8.
[f] Isidor. XIII. 16.

dans l'Euxin & dans le lac Méotide [a], où il s'engraisse beaucoup sous la glace, dans les ténebres des vastes cavernes souterreines [b]: le froid l'engourdit & le rend extrêmement paresseux; mais lorsque les glaces sont fondues, il se remet en mouvement au retour de la belle saison, *temps auquel il sort de l'Euxin une prodigieuse quantité de poissons* [c], qui vont chercher les rayons du soleil dans les mers plus méridionales: ils passent en colonnes par le Bosphore de Thrace, en suivant la côte d'Europe plutôt que celle d'Asie, à cause des brisans sous l'eau qu'ils rencontreroient de ce côté, tant à leur entrée qu'à leur retour. La pêche est très-abondante à Byzance, où il se fait un grand commerce de salaisons [d].

XCIII. Du nom de l'Euxin. Navigation des Argonautes sur cette mer.

On a dit que dans les premiers temps, cette mer n'étoit pas navigable, tant par l'extrême rigueur du froid, qu'à cause de la férocité des Peuples habitans sur ses bords, qui égorgeoient les étrangers & buvoient dans leurs crânes. Il est du moins certain qu'étant alors regardée comme un second Océan, séparé de notre mer intérieure (ce qui lui fit donner le surnom de *Pontus*, comme si l'on eût voulu, par une telle expression, désigner *la mer par excellence*), ceux qui se hasardoient d'y naviger, n'étoient pas regardés comme moins hardis, ni comme moins aventurés, que ceux qui osoient faire voile au-delà des colonnes d'Hercule [e]. De plus, elle étoit infestée par les Tyrrhéniens, espece de pirates vagabonds, d'origine Asiatique, selon Myrtil de Lesbos [f]: en effet, ceux-ci défendirent l'entrée de l'Euxin contre les Argonautes, par un sanglant combat qu'ils leur livrerent dans la Propontide, comme le raconte Posis, au IIIe. livre de l'Amazonide [g]. On prétend que toutes

---

[a] *Vet. Scholiast. Juven. IV. 39.*
[b] *Senec. qu. natur. III. 19.*
[c] SALLUST. *fragm. 240. & 346.*
[d] *Aristot. hist. Animal. VI. 17. Tacit.* *Annal. L. XII. Strab. Lib. III.*
[e] *Strab. Lib. I. p. 21,*
[f] *Mirtyl. apud Dion. Halic.*
[g] *Posis. ap. Athen. Deipn. VII. 12.*

SUITE DU LIVRE III.

ces raisons porterent les Grecs à donner à cette mer le nom d'*Axenos*, c'est-à-dire *incommerçable*; au lieu qu'après que les Ioniens y eurent fondé un grand nombre de Colonies, ils la nommerent au contraire *Euxenos* [a]. Cette origine du nom de l'Euxin est une fable Grecque, ainsi que ce que l'on dit qu'Hercule l'avoit ainsi nommée lorsqu'il la traversa par ordre d'Euristhée, pour aller sur le Thermodon enlever le baudrier de l'amazone Hyppolite [b]. Les Orientaux, naturels du Pays, ont de tout temps appellé *Ascanienne* une certaine contrée de Bithynie & de Phrygie, ainsi que la riviere & le lac qui l'arrose. Par la même raison, ils appelloient la mer voisine *Asken*, nom que les Grecs, par une légere altération [1], ont changé en ceux d'*Axenos* & d'*Euxenos*. Une divinité des Lydiens, qui, de la maniere dont on la représente, paroît être un des astres, est ainsi appellée parmi eux; & ce nom d'*Ascan* est aussi celui que portoit le fils du Chef de la Colonie

---

[a] *Strab. Lib. VII. Diodor. Mela. Plin. &c.*   [b] *Diodor. IV. y.*

[1] Le mot *Euxin* paroît n'être qu'une légere transposition du nom oriental *Askenes*, qui est, à ce qu'il semble, l'ancien & le véritable nom de la mer Noire, ainsi que de l'*Ascanie* des Bithyniens, située sur cette mer, du lac & du fleuve *Ascanius*, qui s'y jettent. On trouve ce nom [*] dans le dénombrement géographique de tous les Peuples & Pays connus pour-lors en Chanaan, à l'endroit où il est fait mention des Peuples Cimmériens, & ce sont ceux qui habitoient aux environs de la mer Noire. Quel meilleur guide pourroit-on suivre, lorsque les noms se trouvent à peu près pareils, & que la position des lieux y convient? *Les fils de Gomer*, est-il dit, *sont Askenes, Riphat, &c.* Il s'agit ici de la [*] *Genes. X. 3.*

division du monde septentrional, ou de la partie de Japhet. Gomer est le pere des Cimmériens, que l'auteur sacré divise en *Riphéens*, ou Hyperboréens des monts Riphées, en *Ascaniens* de Bithynie (d'où la mer voisine a tiré son nom), &c. Ce sont, en effet, les deux Peuples qui demeurent à l'un & à l'autre bord de cette mer. Ceux de la région méridionale, dont il s'agit ici, adoroient le Dieu *Askenos*, dont on voit la figure sur quelques médailles de Sardes. Il est représenté debout, sur une Lune en croissant, coëffé d'un bonnet à la Phrygienne, recourbé en devant, avec l'inscription grecque MHN AΣKENOΣ. Cette divinité paroît être la même que le *Deus Lunus* des Orientaux [*].

[*] *Voy. Spanheim.*

Troyenne que Rome reconnoît pour son fondateur. Il est tout naturel que le nom donné à cette mer, en la langue originale du Pays, ait été adopté par les Grecs, lorsque les Argonautes y commencèrent leur course mémorable, par la contrée qu'on désigne plus particulièrement sous le nom d'*Ascanie*.

Ce n'est que par cette expédition, antérieure à celle de Troye, d'un petit nombre de générations, qu'ils ont pris quelque connoissance circonstanciée des rivages & de l'étendue de l'Euxin. Les Grecs, autrefois vagabonds & sauvages, vivoient dans les forêts & dans les montagnes, à la maniere des autres Peuples barbares ; jusqu'à l'expédition des Argonautes, ils n'ont eu que peu d'usage du commerce maritime, & ils n'en avoient aucun des grandes navigations. Si les Thraces & les Macédoniens en avoient fait plusieurs dans l'Euxin avant le temps dont je parle, elles étoient probablement inconnues aux Grecs proprement dits, dont le nom ne s'étendoit pas jusqu'à la Macédoine ; *car Jason fut le premier qui, parmi eux, osa se frayer une route nouvelle à travers les mers, lorsqu'il alla violer l'hospitalité qu'on lui avoit donnée dans la maison du roi Æëta* [a]. Le goût de cette entreprise lui fut inspiré par l'établissement que Phryxus, fils d'Athamas, avoit fait en Colchide : ce Prince Thébain, forcé de confier sa vie sur un petit bâtiment à la merci des flots [b], pour la dérober aux fureurs d'Ino sa marâtre, avoit été poussé sur ce rivage étranger, où le Roi barbare l'avoit accueilli, & lui avoit donné Chalciope sa fille en mariage. Soit que le bruit de cet heureux succès, & des richesses acquises par Phryxus en cette terre éloignée, riche en or, en bestiaux, en toisons & en fourrures précieuses, excitât l'émulation des Grecs ; soit que les enfans du Thébain implorassent le secours de leur patrie [c], pour se tirer d'un Pays

[a] SALLUST. *fragm.* 600.
[b] Pindar. *Pyth.* IV.
[c] *Diodor.* L. IV.

SUITE DU LIVRE III.

où leur nouvelle puissance devenoit suspecte aux barbares & à leur aïeul même, Jason rassembla *a*, près de Magnésie, pour ce voyage, l'élite des héros de la Grece. On fabriqua au promontoire de Pagaze *b*, dans le golfe Pélasgique, un vaisseau long, à vingt-cinq ou trente rameurs de chaque côté, sur le modele de celui que Danaüs avoit amené d'Orient en Grece, & qu'on appelloit *argo* *c*; car c'est le nom que les Orientaux, beaucoup plus habiles en navigations que les Grecs, donnoient à leurs bâtimens longs *d*. Jusqu'alors les Grecs n'avoient eu que de petits vaisseaux ronds pour la marchandise; Jason fut, au rapport de Philostephanus, le premier qui navigea sur une galere longue *e*. D'autres disent que le navire fut nommé *argo*, à cause de la légéreté que lui donnoit sa forme (ἀργὸς, *velox, celer*) *f*, ou à cause qu'il étoit monté par des Argiens, c'est l'opinion d'Ennius *g*. Un Bœotien natif de Tipha, un peu plus entendu que les autres en l'art de la marine, en fut le pilote *h*, & toute la troupe des aventuriers s'embarqua pour ce périlleux voyage, à l'endroit qui en a depuis, dit Hellanicus, toujours retenu le nom d'*Aphetes*, c'est-à-dire *le lieu du départ* *i*. Chacun de ces héros sauvages mit la main à la rame, selon l'usage d'un siecle où les entreprises étoient conduites plutôt par la force que par l'habileté, & où un bras vigoureux étoit prisé au moins autant qu'une bonne tête *k*. Cette circonstance, attestée par les anciens auteurs, donne lieu de croire que la troupe des navigateurs n'étoit composée que d'environ soixante personnes, & qu'ils n'avoient d'autre bâtiment que le seul navire

---

a *Homer. Odyss. XII.*
b *Vet. Scholiast. Apollon. L. I.*
c *Apollodor. L. I. Theocr. in Hyla. Tzetz. German. in Arat. Phænom.*
d *Bochart. Chan. II. 2.*
e *Philosteph. ap. Plin. VII. 56.*
f *Vet. Scholiast. Euripid. in Med. Serv. in Virgil. Eclog. IV.*
g *Fragm. Ennii. in Medea.*
h *Pausan. Bœotic. 32.*
i *Hellanic. ap. Steph. Byz.*
k *Vid. Sallust. præf. Catil.*

argo ; quoiqu'il soit d'ailleurs assez difficile d'imaginer comment ils ont pu s'écarter en tant de climats inconnus, & y laisser des monumens de leurs traces qui subsistent encore, si, comme le disent d'autres narrateurs, il n'ont eu plusieurs navires, & une troupe nombreuse de Minyens, dont l'ancienne histoire n'a nommé que les Chefs.

Telles furent la cause & le début d'une entreprise qui fit connoître aux Grecs la mer & les côtes de l'Euxin. Les fruits utiles & glorieux qu'ils ont su tirer de cette découverte, seront aujourd'hui un puissant aiguillon pour le Peuple romain ; nous pouvons, avec beaucoup plus de facilité, tirer de nos nouvelles conquêtes des avantages encore plus considérables, puisqu'il n'y a nulle proportion entre les forces actuelles de notre Etat, & celles qu'ils y pouvoient employer. Les Grecs, & nos ancêtres à leur exemple, sont par degrés venus à bout de faire de grandes choses avec de petits moyens. C'est en ceci qu'ils me paroissent véritablement illustres, & que les siecles reculés portent à bon droit le nom d'héroïques. Tout étoit merveilleux dans cette petite expédition des Argonautes, parce que tout y étoit pour eux inconnu, inusité & effrayant.

La nouveauté du projet, la constante intrépidité de l'exécution, ses dangers, qui n'avoient pas besoin des fables ni des exagérations dont au retour on en chargea le récit ; les établissemens qu'on y fit alors, les Colonies qui marcherent peu après sur les mêmes traces, tout contribuoit à donner à cette course un air de célébrité qui, d'un événement assez commun, si ce n'étoit les circonstances du temps & du lieu, en a fait une des plus mémorables époques de l'antiquité. Orphée, l'un des navigateurs, en écrivit l'histoire en vers, selon l'usage de son temps ; du moins l'ouvrage, s'il n'est de lui [1], remonte chez les

---

[1] Il y a tout lieu de croire que les Poëmes grecs attribués à Orphée, ont été anciennement supposés sous son nom par Onomacrite, au temps de Pisistrate. De ce

SUITE DU LIVRE III.

Grecs à une date fort ancienne, moindre cependant que n'eſt le poëme d'Épiménide le Crétois, ſur le même ſujet *a*. Pluſieurs Hiſtoriens ont parlé de cette expédition, &, de nos jours, le ſavant Varron n'a pas jugé qu'il fût indigne de ſa plume de raſſembler & d'éclaircir tout ce qu'on avoit anciennement écrit ſur une ſi curieuſe navigation *b*. Si le narré des Anciens ſe trouve chargé de faits ſuppoſés, de merveilles impoſſibles, & même de groſſieres erreurs géographiques *c*, les circonſtances fabuleuſes dont on s'eſt aviſé d'embellir ce voyage, ne doit pas faire rejeter ce qu'il eut de réel & d'effectif. On en trouve tant de preuves dans les contrées que je vais décrire, que je n'ai pu m'empêcher de dire un mot d'avance d'une expédition dont les monumens vont plus d'une fois ſe retrouver ſur la route.

Une des meilleures marques de la vérité du fait, eſt l'ardeur que les cités Grecques, ſoit de l'Europe, ſoit de l'Ionie, montrerent à ſuivre l'exemple des Argonautes, auſſi-tôt que Jaſon eut fait l'ouverture du commerce, en nettoyant cette mer des Corſaires qui l'infeſtoient, en exterminant quelques brigands de la côte qui s'oppoſoient au paſſage des vaiſſeaux *d*; dès-lors elles ſe mirent à fréquenter l'Euxin, & y vinrent enſuite fonder un très-grand nombre de Villes. Non-ſeulement la côte méridionale en eſt pleine, mais l'on trouve auſſi quelques-uns de

---

a Diog. Laërt. l. 3.
b Varr. ap. Prob. in Virg. Georg.
c Vid. Strab. L. I. p. 45.
d Plutarc. in Theſ.

nombre eſt le Poëme de l'expédition des Argonautes, qui contient beaucoup de choſes curieuſes, accompagnées d'un grand nombre de fables, moindre cependant qu'on n'en trouve dans les Poëmes, fort poſtérieurs, d'Apollonius de Rhodes & de Valérius-Flaccus. Plus on eſt allé en avant, plus on a enchéri ſur le premier récit, en y joignant de nouveaux épiſodes, avec un plus grand nombre de fables imitées d'ailleurs, que chaque Auteur a regardées comme autant d'ornemens qu'il ajoutoit à ſon Poëme. Celui d'Apollonius, compoſé ſous le regne de Ptolémée-Evergete, doit avoir été fort connu à Rome dans le temps de Salluſte.

leurs établissemens répandus au milieu des petites nations barbares du nord. A l'exception de quelques colonies Athéniennes, presque toutes ces Villes doivent leur fondation aux Colonies venues de la ville de Milet en Ionie; & même celles-ci peuvent rapporter leur premiere origine à la ville d'Athenes, d'où les Milésiens eux-mêmes avoient été amenés par Nilée, fils du roi Codrus, qui se dévoua pour sa patrie lors de la guerre des Doriens [a].

Mais après avoir donné une idée générale de la forme & des propriétés du Pont-Euxin, entrons en quelque détail sur le Pays dont il baigne les côtes, sur les contrées du midi, sur leurs principales villes Grecques & leur commerce, pour venir ensuite, en faisant le circuit total, à donner quelque connoissance de plusieurs petits Peuples sauvages qui habitent la partie septentrionale vers le lac Méotide, & qui ne laissent pas que d'être assez différens entr'eux de mœurs & de langage.

XCIV. Isles Cyanées. Bithynie. En entrant de la Propontide dans l'Euxin, on laisse à gauche la côte de Thrace, voisine de Byzance; à la droite, on a celle de Chalcédoine, faisant partie du royaume de Nicomede [b]. A la sortie du Bosphore, on rencontre les isles Cyanées, qui ne sont que deux amas de rochers, assez voisins les uns des autres, pour ne laisser qu'un passage difficile. Les flots, en s'y brisant avec fracas, élevent en l'air un nuage d'eau en forme de fumée: à mesure que l'on change d'aspect, ces écueils irréguliers paroissent se séparer ou se rejoindre. La fable a raconté qu'ils étoient flottans dans la mer, qu'ils se resserroient pour écraser les vaisseaux, lorsqu'ils passoient entre deux; raison pour laquelle on les a nommés Symplegades (*concurrentes, conflictatæ*) [c], & qu'ils ne devinrent fixes qu'au moment du passage de Jason. En effet,

---

[a] *Amm-Marc.* XXII. 8.
[b] *Strab. L.* XII. p. 541.
[c] *Plin.* IV. 13.

SUITE DU LIVRE III.

le passage, dès qu'il fut connu, cessa d'être redouté; les Argonautes l'envoyerent découvrir par une barque, & ne laisserent pas en traversant que de heurter de la pouppe & de briser leur gouvernail [a].

Si delà on commence à parcourir la côte pour s'avancer vers l'Orient, *la premiere contrée de l'Asie que l'on rencontre au dedans de l'Euxin, est la Bithynie*, auparavant appellée de divers autres noms, car c'est la même région qu'on appelle aussi grande Phrygie, d'abord nommée Bébrycie, ensuite Mygdonie, & plus récemment Bithynie, du nom du roi Bithynus [b], qu'on dit avoir été fils de Jupiter, & de la Nymphe Thracé, fille de l'un des Titans [c]; cette Nymphe avoit aussi, dit-on, eu de Saturne Dolionée, que l'on donne pour auteur de la petite nation des Doliones, voisins de Cyzique [d]: on raconte encore au sujet du nom de Bébrycie, que Bébryce, fille de Danaüs, fuyant la colere de son pere, irrité de ce que malgré son ordre elle avoit sauvé la vie à son mari Lyncée, fils d'Egyptus, vint sur cette côte intérieure de l'Euxin, où elle poliça les barbares du Pays, & leur enseigna les sciences de l'Egypte, & qu'en reconnoissance toute la contrée adopta le nom de cette Princesse [e]. Mais il faut écarter toutes ces traditions peu fideles, pour s'appuyer sur des faits plus authentiques. L'histoire de la navigation des Argonautes, ne nous dépeint pas les Bébryciens comme instruits des arts de l'Egypte: de plus, tant d'origines des noms de Pays, tirées de prétendus Rois inconnus, dont l'existence est tout-à-fait ignorée d'ailleurs, sont, à mon sens, des fables peu dignes que l'on s'y arrête. Les différens noms de la Bithynie, que je n'ai pas rapportés sans dessein, s'accordent tous à prouver que les habitans de cette contrée sont des Colonies successivement venues de la

---

[a] *Apollodor. L. II. Banier. Mythol.*
[b] *Isidor. XV. 13.*
[c] *Sallust. fragm. 249. & 669.*
[d] *Steph. Byz. de urbib.*
[e] *Id. & Eustath. in Dionys.*

224   HISTOIRE ROMAINE.

Thrace & des confins de la Macédoine : les Thyniens de l'Europe, nom qui en la langue de ces barbares septentrionaux, désigne en général les habitans d'une contrée, comme parmi eux le mot *tan* signifie un lieu près de l'eau, un canton habité, passerent de leur climat sauvage en cette région de l'Asie, voisine d'eux, ainsi qu'avoient fait les Brygiens ou Bryciens, les Mœsiens & les Mygdoniens ou Macédoniens, car on trouve également dans les deux Pays tous ces noms de leur propre patrie, qu'ils donnerent aux nouvelles contrées qu'ils vinrent occuper : ils s'établirent non-seulement sur le rivage de l'Euxin, mais aussi dans les Pays voisins de la Propontide, que nous appellons Mysie & Phrygie. Quoiqu'en général ils portassent tous le nom de Thyniens, on distinguoit ceux de la côte intérieure [1] de l'Euxin, depuis le Bosphore jusqu'au fleuve Sangar, sous le nom de Bithyniens, & sous celui de Mariandyniens, ceux qui s'étendoient delà vers l'Orient [a] : Xénophon parle des Peuples de ce canton comme de la plus brave nation de l'Asie [b].

[a] *Mela. I. 19. Plin. VI, 32.*   [b] *Xenophon. apud. Arian. in Peripl.*

[1] Sur ces deux passages de Pline & Mela, qui disent qu'on appelloit *Bithyniens* ceux qui habitoient la côte intérieure, Bochart* se détermine à croire que Bithynie signifie à la lettre, *région intérieure*, de l'oriental *bithan*, *interius* ; mais ce savant homme ne faisoit pas attention, en ce moment, à ce que *Strabon* & tant d'autres répetent si souvent, que les Thyniens & les Bithyniens sont, ainsi que les autres habitans de cette région, des peuplades venues de la Thrace, où le reste de la nation subsistoit encore de son temps sous le même nom. La racine *tan*, qui, dans les anciennes langues d'Europe & des Pays septentrionaux, désigne une région, une contrée habitée, & aussi une riviere, un lieu près de l'eau, est devenue extrêmement commune par toute l'Asie, dans les noms de Pays, depuis qu'elle est possédée par les Peuples du nord ; *Turkestan, Daghestan, Farsistan, Indostan*, &c. Nous voyons que les Peuples Thyniens de la Thrace se distinguoient entr'eux par l'addition mise à leur nom de *Bi-thyniens* & de *Marianithyniens*, sans que nous sachions au juste ce que signifioit cette addition. Mela place sur cette même côte la petite nation des *Moranes*, que *Vossius* * croit être les mêmes que les Marian-dyniens ; &, en effet, leur nom paroit être l'assemblage un peu altéré des deux noms de *Moranes* & de *Thyniens*. Quant à la syllabe prépositive *bi* ou *bé*, mise au devant du nom des Bi-thyniens & des Bébryciens, peut-être n'est-elle qu'un article,

* *Chanaan. I. 19.*   * *In Mel. I, 2.*

SUITE DU LIVRE III.   225

Ce fut en Bithynie que les Grecs du navire Argo firent un de leurs premiers débarquemens. Le jeune Hylas, envoyé pour puiser de l'eau, s'y noya dans une fontaine: accident qui devint l'occasion de quelques établissemens dans cette contrée. Hercule, allant à la recherche de son favori, se sépara du reste de la flotte, suivi de Polyphème & de Télamon: le premier resta sur la côte, où il fonda la ville de Cius dans un golfe de la Propontide *a*. Hercule avec Télamon alla saccager Troye, dont il tua le roi Laomédon, & mit sur le trône, à la priere d'Hésione, Podarcès, surnommé Priam; c'est-à-dire, *le captif* ou *le racheté*, le plus jeune des fils de ce Roi. Il ne faut pas confondre la ville de Cius, dont je viens de parler, avec une autre du même nom, dans le même Pays, aussi fondée par un autre Argonaute, compagnon d'Hercule, appellé Cius, qui ne la bâtit qu'au retour de Colchide *b*; c'est la principale de la Bithynie, la même qu'on appelle aujourd'hui *Pruse* *, du nom du roi Prusias, à qui elle doit son agrandissement.

Mais antérieurement à tout ceci, la Colonie des Brygiens étoit déjà passée d'Europe en ce canton. Au rapport d'Hérodote, les anciens Macédoniens rendoient témoignage de cette émigration *c*, & assuroient que ce Peuple, tant qu'il avoit habité le voisinage de la Macédoine, avoit porté le nom de Bryges ou de Brygiens ¹, légérement changé en celui de Phrygiens,

XCV. Phrygie. Mygdonie. Mysie.

* Aujourd'hui Boursa.

a Apollodor. L. II.
b Strab. XII. p. 564. Eustath. in Dion-Perierg.
c Herodot. VII. 73.

¹ Etienne le Géographe ajoute que les Macédoniens continuent de les appeler ainsi, & qu'ils appellent *Brigia* la Troade, du nom d'un Macédonien appellé *Briga*. Hérodien les nomme *Brigantes*. Je crois trouver ici la raison pour laquelle ce canton de l'Asie est quelquefois appelé par les Romains *Barbarie*,

Græcia Barbariæ lento collisa duello,
Horat. epist. I. 2.

comme étant possédée par des barbares de l'Europe, & non, comme le reste de l'Asie.

Tome II.   Ff

depuis son établissement en Asie: *Bria* ou *Briga* est en effet un terme de la langue des Thraces, qui signifie *une Ville* [a]: mais il semble plus naturel de suivre l'opinion du savant roi Juba [b], en tirant le nom de ce Peuple Nomade de *Briges*, autre mot de la même langue, qui signifie *libres, Peuple libre* [1]. Ceux d'entr'eux qu'on distingua par le nom de Bébryciens, habitoient au temps des Argonautes une campagne fertile & propre au labourage, sous le gouvernement de leur roi Amycus, que Pollux vainquit au combat du Ceste [c]: ils s'étendoient autrefois jusqu'à la ville d'Abydos, ainsi que les Dryopes, autre petite nation, faisant partie des Pœoniens de Macédoine [d]; mais par succession de temps leur nom s'est aboli, & entièrement confondu avec celui des Phrygiens.

Les Macédoniens ne tarderent pas à suivre l'exemple de leurs voisins, sur-tout ceux de l'intérieur du Pays [e], qu'on appelle plus particuliérement Mygdonie [2]: & dans un siecle, que les circonstances font juger plus récent, *Midas, roi des Dardaniens,*

[a] *Strab. L. VII. Steph. Byz.*
[b] *Juba, apud Hesych.*
[c] *Valer-Flacc. Argon. IV. 99.*
[d] *Strab. L. XIII. & XIV.*
[e] *Strab.*

par des Peuples policés de l'Orient. *Strabon* rapporte * qu'ils étoient si sauvages, que dans leur Pays natal ils habitoient dans des cavernes & dans des trous qu'ils creusoient sous terre; que cependant ils étoient passionnés pour la musique; qu'ils avoient des instrumens à vent & à cordes, dont ils porterent l'usage en Orient.

[1] Cette signification du nom des Phrygiens, donnée par Juba, montre qu'il est dérivé de la même racine que les mots *Frey, Frisiens, Frisons, Francs, &c.* Quelques gens, induits par la ressemblance de nom & de signification, ont cru que les Francs de Germanie étoient originaires de
* *Lib. VII.*

Phrygie; mais il est plus judicieux de dire qu'une façon de vivre semblable, a fait donner des noms pareils à différens Peuples; puisque c'est une chose assez connue, que les nations barbares ont souvent reçu leurs noms de leur genre de vie; tels sont les Nomades, les Getes, les Phrygiens, &c. qui n'ont que ceci de commun avec les Numides, les Goths, les Francs, &c.

[2] *Mygdonia* & *Macedonia* sont le même mot, avec une très-légere différence de prononciation; on voit que la premiere des deux s'étoit exactement conservée dans le canton de la Macédoine, voisin du fleuve *Axius*. Hésychius nomme la Macédoine tout simplement *Macetia*, & s'approche par-

SUITE DU LIVRE III.

nation Brygienne, qui habitoit au feptentrion de la Macédoine & du mont Boréas, chaffé de fon Pays par Caranus, l'un des Héraclides, traverfa l'Hellefpont, vint occuper la *Phrygie*, & donna le nom de *Dardanie* à la contrée *a* où eft fituée la célebre ville de Troye. Ces Peuples apporterent en Afie leur langue, fort différente de celle des Orientaux *b*; leur religion, leurs rites, & même leur mufique barbare *c*, dont le mode rude & déplaifant aux Lydiens naturels du Pays, fit taxer d'ignorance le roi Midas, & donna lieu à la fable affez connue. Ce Prince, dont les Mythologues ont défiguré l'hiftoire, fut un Roi fameux, tant par fes grandes richeffes qu'il avoit tirées des mines, découvertes de fon temps dans le mont Bermius *d*, & qui ont fait dire, que tout ce qu'il touchoit fe convertiffoit en or, que par le foin qu'il eut de policer fes fujets, & de les inftruire en la connoiffance de divers arts dont il avoit, dit-on, lui-même pris des leçons d'Orphée fur le mont Piérus. S'étant fait initier aux myfteres facrés, il bâtit des Temples aux Dieux, inftitua des cérémonies religieufes & funebres, & fe maintint dans fon nouvel établiffement, plus encore par la religion que par la force. On lui attribue la fondation de la ville d'Ancyre en Galatie, & à fa femme Hermodique l'invention de l'art de frapper la monnoie de métal. Leur poftérité a régné long-temps dans la grande Phrygie *e*, qui s'étend jufqu'à la Pifidie, du

---

a *Juftin. VII.* 1. *Herodot. VIII. 138. Conon. narrat.* 1. *apud Phot. 186.*
b SALLUST. *fragm.* 211.

c *Strab. L. VII.*
d *Conon.* ibid.
e *Euftath. & Dionyf.* 810.

là davantage de la prononciation des Orientaux, qui l'appelloient *Macetthim, habitation des Cetthins*. (*Ma* eft une clef ou formule générale en forme d'affixe, fervant à défigner l'*habitation*). Ce Peuple eft nommé * parmi les defcendans de Javan, dans la divi-

* *Genef. X.* 4.

fion des peuplades de Grece & d'Ionie: *Filii autem Javan, Elifa, Cetthim, &c.* & la Bible nomme Alexandre, roi de Macédoine, *le roi des Cetthins*. Il y a dans la Méfopotamie, près de Nifibe, une contrée appellée par les anciens Géographes *Mygdonie*, où les Macédoniens s'étoient établis.

Ff 2

côté du midi, & qui alors comprenoit, du côté du septentrion, tout le territoire que les Gaulois, partis de l'extrêmité du continent, sont venus envahir à travers tant de terres & de mers: mais ceci est arrivé dans un temps fort postérieur & assez connu, dont je n'ai pas dessein de parler. Au reste, les Brygiens ne passerent pas tous en Asie: une partie de la nation resta dans son Pays natal, où depuis elle se rendit célebre par la défaite de Mardonius, Lieutenant du roi de Perse. Voilà pour ce qui regarde les peuplades de la Phrygie & de la Troade; & ceci suffit pour faire tomber la fable, qui dit que la Phrygie fut ainsi nommée pour avoir été ravagée par la Chimere [a], monstre indomptable en forme de chevre, qui jetoit du feu par la bouche *. Quant à la Mysie, on voit assez qu'elle a retenu le nom des Mœsiens, habitans au nord du mont Hæmus, qui vinrent s'y fixer entre le cours du Caïque, la Troade & le mont Olympe [b].

XCVI. Ascanie. Mariandyniens. Paphlagonie.

D'autre part, les Thyniens & les Bithyniens [c], dont une partie habite encore la Thrace, étant partis des environs du cap Thynias, entre Apollonie & Salmydesse, traverserent aussi la mer, & étant abordés à une petite isle, à laquelle ils donnerent le nom de Thynias, vers le promontoire Calpe, ils se placerent sur le continent dans l'Ascanie, *qui s'étend toute au-delà & le long de la riviere & du lac* [d], qu'Euphorion & Apollodore nomment *Ascan*, entre la mer, le fleuve Sangar [1] & le mont Olympe. A l'égard des Mariandyniens, quand on ne sauroit pas au juste d'où ils sont venus, comme ils ressemblent en tout aux Bithyniens, sans aucune différence de mœurs ni d'usages, il seroit aisé de juger

* De Φρυγεῖν, *torrere*.

[a] Diodor. L. III. p. 142.
[b] Strab. L. XIII. p. 542.
[c] Strab. ibid.
[d] Sallust. fragm. 333.

[1] La Bithynie fait aujourd'hui partie de la Natolie; les villes de *Burse*, *Is-nikmid* & *Erekli*, y retiennent leur ancien nom. de *Pruse*, *Nicomédie* & *Héraclée*, ainsi que la riviere *Sakaria*, autrefois *Sangar*.

SUITE DU LIVRE III.

qu'ils ont la même origine [a]. Sur ceci, une tradition constante porte que Phinée [1], Chef d'une troupe de Mariandyniens venue de Salmydesse, occupa un canton de la Paphlagonie, auparavant habité par les Hénètes. On lui donne pour fils Paphlagon, dont on prétend que la contrée a tiré son nom [b]; mais ce nom signifiant en la langue des Orientaux, la *côte des Pélasges* ou *des Vagabonds* [2], il est plus simple de penser que les naturels du Pays auront ainsi appelé une région occupée par les coureurs barbares venus de la Thrace. Théopompe écrit que Mariandyn, possesseur du territoire où les Milésiens ont depuis bâti la ville d'Héraclée, se jeta sur les terres des Bébryciens où il s'établit; laissant son nom au Pays qu'il venoit de quitter [c] : mais ce nom ne viendroit-il pas plutôt du mélange des Moranes, petite nation de la contrée, avec les Thyniens [d] ? Les peuplades ont toujours été fort mélangées dans tout ce canton de l'Asie. En deçà du fleuve Halys, *tout le territoire est si bon, si riant, si fertile en fruits & en pâturages* [e], sur-tout près des bords de l'Euxin, qu'il a sans cesse été exposé aux invasions des étrangers d'au-delà des mers. Les voisins mêmes se chassoient les uns les autres de leurs possessions : en un mot, ce n'est qu'un flux & reflux d'invasions & d'émigrations. Les Grecs se mêlerent aux Barbares, & suivirent le même usage. *La navigation qui se perfectionna chez eux, vers le temps de la guerre de Troye, les mit à l'envi dans le goût d'occuper des terres étrangeres* [f]. Le voyage des Argonautes & quelques autres établissemens anté-

---

[a] *Strab. L. VII. & XII.*
[b] *Euseb. Chronic. ad ann. 594. Vid. Strab. & vet. Scholiast. Apollon. Rhod. Conft. Porphyr. them. VII.*
[c] *Theopomp. ap. Strab. l. XII.*
[d] *Mela. I. 2. & Voss. in Mel.*
[e] SALLUST. *fragm.* 514.
[f] SALLUST. *fragm.* 185.

[1] Il ne faut pas confondre Phinée, dont il est ici parlé, & qui portoit un nom assez commun chez les Thraces, avec Phœnix, fils d'Agénor, comme Eusebe paroît l'avoir fait en sa Chronique, *loco cit.*
[2] Pea-phaleg, *plaga dispersorum* †.
† *Vid. Bochart. Chan.*

rieurs, n'avoient été qu'un effai de leurs forces : mais dès-lors les Barbares les avoient prévenus ; accoutumés, comme ils étoient de tout temps, à courir les contrées de l'Europe ; & ce que je rapporte ici de leurs établiffemens en Afie, eft, pour la plus grande partie, antérieur au fiecle de la guerre de Troye *a* 1. Lycus régnoit fur les Mariandyniens, lorfque les Argonautes arriverent en cette contrée, où ils perdirent Tiphys leur pilote : ils mirent en fa place un Phénicien nommé *Ancée*, bon aftronome & habile marin, dont la fable a fait un fils de Neptune *b*, & qui avoit une connoiffance de cette mer qui manquoit à fon prédéceffeur.

On convient que les divers établiffemens de ces petites nations ont donné l'origine à la diftinction actuelle des différentes Provinces. Mais comme il feroit difficile d'en affigner les bornes, d'une maniere précife, entre des guerriers barbares qui n'avoient pas de demeure abfolument fixe, & qui ufurpoient fans ceffe les uns fur les autres *c*, auffi n'a-t-on pas ceffé dans la fuite de difputer fur les véritables confins de chaque Etat. Cette incertitude eft devenue un continuel fujet de querelle entre les poffeffeurs, depuis que toute cette région s'eft partagée entre un certain nombre de petits Souverains ambitieux & defpotiques, qui, en fuivant les mœurs Afiatiques de leur climat, vouloient en même temps fe prévaloir des effets que les mœurs vagabondes des Européens y avoient autrefois produits. Les conteftations fans nombre nées entr'eux à ce fujet, & leurs petites jaloufies,

a Strab. l. XII.
b Orph. Argon. verf. 205.
c Strab. l. XII, p. 564.

1 Strabon* ajoute, pour nouvelle preuve de ceci, qu'Homere fait mention des Caucons & des Lélèges, qui porterent du fecours aux Troyens affiégés, fans venir d'au-delà des mers. Les Caucons étoient une des ces petites nations barbares ; ils avoient leur habitation entre Héracléc & le cap de Carambis : mais, felon le témoignage du même Strabon, cette nation étoit tout-à-fait détruite au temps dont Salluste écrit l'hiftoire.
* *L. XII.*

SUITE DU LIVRE III.

y ont enfin attiré les armes romaines. La République a si bien couvert le tout de sa vaste puissance, qu'il n'est plus question des limites, ni de ceux qui disputoient là-dessus: grande matiere à réflexions, sur lesquelles il n'est pas à propos de trop s'arrêter: il suffira de dire ici, qu'après les Mariandyniens on trouve la Paphlagonie jusqu'au fleuve Halys, & ensuite le royaume de Pont jusqu'à Colchos: qu'au temps dont j'écris l'histoire, Mithridate étoit souverain de presque toute cette rive droite de l'Euxin, de Colchos à Héraclée: & que le reste, jusqu'à Chalcédoine, étoit de la domination du roi de Bithynie [a].

XCVII. Fleuve Sangar. Ville d'Héraclée.

Le fleuve Sangar * faisoit autrefois le confin entre les deux Colonies distinguées sous les noms de *Bithyniens* & de *Mariandyniens*. Cette riviere, qui fournit une pêche abondante aux habitans de son rivage [b], sort du mont Dindyme, vers Pessinunte, dans la bourgade de Sangias, à qui le fleuve a donné son nom, plutôt qu'il ne l'a reçu d'elle; car le nom de *Sangar* est commun à quantité de rivieres en différens Pays. Ce n'est que par des travaux modernes que cette riviere, quoiqu'assez fameuse dans l'antiquité, est devenue navigable depuis l'endroit de sa jonction avec d'autres rivieres. Vers son embouchure, l'Euxin commence à s'enfoncer dans les terres, pour former un petit golfe, dont la ville d'Héraclée fait l'autre borne. Tout ce rivage, ou, pour mieux dire, toutes les côtes méridionales jusqu'à Trapezunte, sont admirables par leur verdure & par l'aspect des beaux bois étendus dans les terres, plus loin que la vue ne peut porter [c].

La célebre ville d'Héraclée [1], *à couvert jusqu'alors des horreurs*

* Aujourd'hui Sagari & Ava.

---

[a] Strab. ibid. p. 541.
[b] Tit-Liv. lib. XXXVIII. 18. Strab. l. XII. p. 543.
[c] Voyag. de Tournef. lettr. XVI.

[1] Aujourd'hui *Eregri* & *Penderachi*, nom corrompu de *Ponti Heraclea*. On attribue sa fondation à Hercule l'Argonaute. « On prétend, dit *Pline, XXVI. 44.* que
» les deux vieux chênes qui existent encore
» vers l'autel de Jupiter-Guerrier, ont été
» pour-lors semés de glands par ce héros.
» Près d'Héraclée, au port d'Amique, on

de la guerre ª, & gardant une sage neutralité entre les différens partis, se maintenoit en République gouvernée par ses propres Magistrats, au milieu de deux puissans Souverains, Mithridate & Nicomede, à qui elle servoit de commune barriere. L'opinion populaire attribue son origine & son nom à l'Hercule Argien, qui sortit des enfers par la caverne Acheruse, profonde de deux stades, sous le promontoire voisin, traînant après lui le chien Cerbere, dont l'écume empoisonna les plantes de ce lieu *ᵇ*. La quantité d'aconit qu'on trouve au bord de la caverne *ᶜ*, a donné lieu, sans doute, à cette fable. Ce qu'on connoît d'assuré sur la fondation d'Héraclée, est qu'elle fut bâtie par une Colonie venue de Mégare, à laquelle se joignit une peuplade de Bœotiens natifs de Tanagre *ᵈ*. Cette troupe Grecque se jeta sur les Mariandyniens, que les habitans de Milet, survenus peu après, maltraiterent encore plus : ils les réduisirent en servitude, & les conquérans prirent l'habitude de faire entr'eux un commerce des habitans du Pays, qu'ils se vendoient les uns aux autres; de sorte que les anciens propriétaires demeurerent esclaves dans leurs propres possessions. La nouvelle Colonie ainsi mêlangée de Grecs & d'Ioniens *ᵉ*, s'établit & se maintint en République jusqu'au temps où Cléarque s'empara de la tyrannie, sous le regne d'Artaxerce en Perse *f*. Les Héracléotes, asservis sous les successeurs du tyran pendant plus d'un siecle, tourmentés ensuite par l'invasion des Gaulois, recouvrerent enfin leur liberté par l'adresse de Nymphis l'historien, natif d'Héraclée, qui trouva le moyen de délivrer sa patrie *ᵍ*. Ils ne la reperdirent que dans

---

ª Sallust. *fragm.* 482.
ᵇ Mela. *l.* 19. Eustath. in Dionys. 791.
ᶜ Strab. ibid.
ᵈ Xenoph. Anab. lib. V. Pauf. Eliac. l. 26.
ᵉ Strab. ibid. p. 542.
f Memn. hist. Heracl. c. 2. *ᵍ* Id. c. 25.

» voit encore le laurier qui fut planté sur
» le tombeau du roi Bebrix, après qu'il
» eut été tué par les Argonautes. Les ma-
» telots prétendent que si on en porte quel-
» que branche sur un vaisseau, il y a des
» querelles perpétuelles entre ceux qui le
» montent, jusqu'à ce qu'on ait jeté la
» branche dans la mer : raison pour laquelle
» ils ont donné à l'arbre le nom de *laurelle*
» *folle* ».

l'occasion

SUITE DU LIVRE III.

l'occasion que j'ai racontée, où Mithridate preffé par Lucullus, s'empara de leur Ville par furprife & fous couleur de protection; événement qui mit enfuite Héraclée au nombre des conquêtes Romaines, ainfi que je le dirai dans fon lieu. Elle eft bâtie à vingt ftades au-delà du petit fleuve Lycus [a], fur une côte élevée, qui, dominant la mer, femble faite pour commander à tout le Pays [b]. Son port eft affez commode, au moyen d'un long mole qui le met à couvert des vents de nord. Son Peuple nombreux & fes fréquentes navigations dans l'Euxin, l'ont mife en état d'y fonder de nouvelles Colonies, entr'autres Cherfonefe dans la Taurique, & Calatis en Mœfie. On peut juger de fa puiffance maritime par les fréquens fecours qu'elle a donnés aux plus grands Souverains. Durant la guerre de Ptolémée contre Antigonus, Héraclée fournit au roi d'Egypte une flotte auxiliaire de navires à cinq & fix rangs de rameurs : mais rien n'y parut plus admirable que la galéaffe à double gouvernail, appellée la *Lionne*, le plus grand & le plus fuperbe bâtiment qu'on ait encore vu en mer : il avoit huit rangs de chaque côté, cent rameurs de file fur chaque banc, en tout feize cents, dont huit à chaque rame ; douze cents foldats combattoient par les ouvertures de ce château flottant, à qui Ptolomée dut principalement fa victoire. Les Héracléotes ont aidé Rome même de leur marine, pendant onze ans, contre les Marrucins, nation Africaine [c]; mais ni ce fervice, ni le traité d'alliance offenfive & défenfive, conclu entre les deux Républiques [d], que nous lifons infcrit fur des tables de cuivre dans le Temple de Jupiter-Capitolin [e], n'ont pu détourner le Conful Cotta, de l'indigne projet de s'enrichir par le pillage de cette grande & belle

---

[a] *Arrian. in Peripl.*
[b] *Tournef.* ibid.
[c] *Memnon.* c. 14.
[d] Idem. c. 31.
[e] Idem. c. 28.

Ville ¹, sous le prétexte qu'elle n'avoit pu souffrir les exactions que les publicains de Rome y vouloient exercer. Avant le cruel traitement qu'il a fait éprouver à Héraclée, on y vantoit la bibliotheque considérable rassemblée par le tyran Cléarque, qui des écoles de Platon & d'Isocrate, dont il avoit été disciple, n'avoit retenu qu'un goût marqué pour les Lettres *a*. On y voyoit les Temples & les lieux publics ornés d'une infinité de belles statues. Cotta en enleva la meilleure partie, lorsqu'il saccagea la Ville, entr'autres la magnifique statue d'Hercule, élevée dans la grande place, l'un des plus superbes monumens de l'Asie, dont la peau de lion, la massue & le carquois étoient en entier d'un or très-pur & d'un travail exquis *b*. L'avide Général romain en avoit tellement chargé ses vaisseaux, qu'ils coulerent bas presque tous. La mer a puni son avarice ; mais ces chefs-d'œuvre de l'art n'en ont pas moins été perdus pour le genre humain.

XCVIII.
Téium. Cap Carambis.

En continuant de suivre la côte, depuis le golfe d'Héraclée au promontoire Carambis, *la premiere Ville que l'on trouve sur la frontiere de Paphlagonie, est Téium* *c*, Colonie Grecque-

---

a Memnon. c. 2.   *b* Id. c. 54.   *c* SALLUST. fragm. 343.

¹ « Héraclée devoit être une des plus belles villes d'Orient, s'il en faut juger par ses ruines, & sur-tout par les vieilles murailles, bâties de gros quartiers de pierre, qui sont encore sur les bords de la mer. Pour l'enceinte de la ville, qui est fortifiée d'espace en espace par des tours quarrées, elle ne paroît être que du temps des Empereurs grecs. On découvre de tous côtés des colonnes, des architraves & des inscriptions fort maltraitées. Du côté de terre, il reste encore une ancienne porte toute simple, construite de grosses pieces de marbre. On nous assura qu'il y avoit encore plus loin d'autres restes d'antiquité. Je crois que le vieux mole, qui est entièrement ruiné, & que l'on croit être l'ouvrage des Génois, avoit été bâti sur les fondemens de quelqu'autre mole ancien, qui mettoit à couvert du vent de nord les vaisseaux des Héracléens ; car la rade, qui formé la langue de terre ou la presqu'isle d'Achérusias, est trop découverte, & n'est pas même d'un grand secours pour les Saïques, bien loin de pouvoir servir de port à des vaisseaux de guerre. Cependant *Arrien* dit positivement que le port d'Héraclée étoit bon pour ces sortes de bâtimens. *Xénophon* assure que les Héracléens en avoient beaucoup ». *Tournef. lett. XVI.*

SUITE DU LIVRE III.   235

Ionique, fur la petite riviere Billis, à trois cents foixante-dix ftades d'Héraclée. Selon l'opinion commune, elle doit fon nom & fon origine à Tios, Prêtre Miléfien; cependant Démofthene, en fes Bithyniaques, en rapporte la fondation à Patarus, qui, après s'être emparé de la Paphlagonie, établit en ce lieu le culte de Jupiter, rit facré d'où la Ville a reçu fon nom [a]. Son territoire étoit autrefois partie de celui des Caucons, nation Scythe, aujourd'hui détruite [b]. Le fleuve Parthénius * en faifoit la borne [1], à diftance à peu près égale de Téium & d'Amaftris: car cette derniere eft de quatre-vingt-dix ftades plus orientale que le fleuve; & Ménippe, en fa defcription de la Paphlagonie, en compte deux cents de l'une des deux Villes à l'autre [c]. Téium étoit ci-devant plus confidérable qu'il n'eft à préfent. Lors de la deftruction de l'Empire des Perfes, Amaftris, fille d'Oxyathrès, frere de Darius, & femme de Denys, tyran d'Héraclée, fe retira dans ce canton, où elle entreprit de former un petit Etat, par la réunion de quatre Villes, dont la plus confidérable prit le nom de cette Princeffe. Téium, l'une des quatre, reçut de cette union un affez grand degré d'accroiffement. Ce fut à peu près en ce temps que Philétære, Chef de la race des Princes Attaliques de Pergame, y prit naiffance. Mais la ville de Téium ayant voulu fe féparer de la ligue dans laquelle les trois autres refterent fermes, elle eft depuis extrêmement déchue [d].

Les trois autres villes de cette tétrapole, étoient Séfame, Cytore & Cromna. Séfame †, autrefois bâtie par Phinée, en

* Aujourd'hui Parteni & Dolap.   † Aujourd'hui Amaftro.

[a] Mela. I. 20. Arrian. Peripl. Philo. ap. Steph. Byz. Demofthen. in Bithyniac. ibid.
[b] Strab. L. XII.
[c] Arrian. Menipp. Peripl. Paphlag. ap. Steph.
[d] Strab. L. XII.

[1] « Si Strabon revenoit au monde, il » trouveroit cette riviere auffi belle qu'il » l'a décrite: fes eaux coulent encore » parmi ces prairies qui lui avoient attiré » le nom de *Vierge*, qui lui fut donné à » l'occafion de Diane, que l'on adoroit » fur fes bords * ».
* Tournef. lett. XVI.

fut la Capitale, & reçut le nom de la reine Amaſtris [1], comme étant la plus confidérable des quatre : elle a un port aſſez bon pour les vaiſſeaux de guerre, une place publique bien ornée, & l'une des plus vaſtes que l'on connoiſſe [a]. Cytore eſt le lieu d'un marché confidérable pour tous les gens du territoire de Sinope. La montagne voiſine produit le plus beau buis du monde, & le mieux veiné. Ephore l'hiſtorien attribue la fondation de cette Ville à Cytor, fils de Phrixus [b]. La tétrapole fut ſoumiſe aux tyrans d'Héraclée : mais lorſqu'Heraclée eut ſecoué le joug, Amaſtris tomba au pouvoir d'Euménès, qui en fit préſent à Ariobarzane, fils de Mithridate.

XCIX. Sinope.
Fleuve Halys.

Quand on a doublé le promontoire Carambis, on trouve une petite preſqu'iſle, formant un cap aſſez remarquable, joint au continent par un iſthme, ſur lequel Sinope s'offre en perſpective à la vue des navigateurs, de quelque côté qu'ils arrivent. Je ſerai bientôt dans le cas d'avoir à parler plus au long de cette ancienne Ville, la plus ſuperbe de la côte méridionale, & l'une des plus belles conquêtes de Lucullus. Son territoire s'étend juſqu'au fleuve Halys, ſi renommé dans les anciennes hiſtoires, pour avoir été la barriere réciproque des Empires des Medes & des Lydiens [c]. De toutes les rivieres qui arroſent l'Aſie, entre l'Euphrate & la mer, celle-ci eſt la plus confidérable : elle ſort du mont Taurus, ſur les frontieres de Cilicie, dans la grande Cappadoce, à peu de diſtance de la mer de Chypre [d], dont elle s'éloigne auſſi-tôt, coulant d'abord à l'occident; puis

---

[a] *Steph. Byz. Strab.* ibid. p. 544. *Plin.* VI. 2.

[b] *Arrian. Plin. Jun. epiſt.* X. 99. *Virgil. Georg.* II. 437. *Ephor. ap. Strab.* L. XII.

[c] *Herodot.* I. 72.

[d] *Plin.* V. 2.

[1] « Amaſtro n'eſt plus aujourd'hui qu'une méchante ville : ſa ſituation eſt avantageuſe, car elle ſe trouve dans l'iſthme d'une preſqu'iſle, dont les deux échancrures forment autant de ports. Du temps d'Arrien, il y avoit un fort bon port pour les vaiſſeaux de guerre; tous les deux ſont remplis de ſable aujourd'hui [*] ».

[*] *Tournef. lett.* XVI.

se redressant au septentrion, elle coupe en deux quasi toute l'Asie, traverse la Cappadoce & la Galatie, sépare dans son cours la Paphlagonie du Pont, & va se rendre dans l'Euxin au golfe d'Amise : mais les sables qu'elle entraîne ayant formé une barre à son embouchure, elle est forcée de se courber de nouveau à l'occident, pour chercher une issue au bout de cette digue. Le lit de ce fleuve est large : son eau contracte un goût d'amertume en passant sur les sels fossiles, dont la campagne est tellement imprégnée, qu'on le ramasse dans les chemins & dans les champs labourés [a] ; de-là vient, sans doute, qu'on a nommé ce fleuve *Halys*, c'est-à-dire riviere *salée*. *Son rivage, fertile & d'une beauté charmante* [b], nourrit, sur-tout du côté d'Ancyre* en Galatie & des landes d'Amise, une quantité de chevres & de brebis, dont la laine est admirablement moëlleuse & bien fournie ; chose d'autant plus remarquable ici, que ces espèces d'animaux sont fort rares par-tout ailleurs en ce Pays-là [c] ; & que cette beauté du poil, dont on fait des étoffes si recherchées, y est commune à tous les autres animaux.

La possession de cette contrée, & même celle de toute la Paphlagonie, fut long-temps disputée entre les rois de Pont & ceux de Bithynie. Le traité de Dardane avoit, à cet égard, réglé les choses de maniere à faire cesser leurs prétentions réciproques. Mais, malgré la décision du Sénat, qui portoit que ce Pays resteroit libre & neutre entre les deux Rois, Mithridate n'avoit pas tardé à se mettre en possession de toute la partie maritime, & même d'une portion de la partie montueuse. J'ai déjà dit comment ses ancêtres avoient ci-devant joint à leurs Etats paternels le canton de Sinope & toute la côte, auparavant

* *Aujourd'hui* Angora.

[a] *Strab.* ibid. p. 546. *Tournef.* ibid. *lett.* XVII.
[b] SALLUST. *fragm.* 182.
[c] *Strab.* ibid.

habitée par les Cappadociens ou Leuco-Syriens, aux environs du fleuve Halys, jusqu'au fond du golfe d'Amise [a].

C. Le Pont. Amise. Amasie.

Le royaume de Pont proprement dit [1], s'étend donc sur la mer, depuis l'embouchure de l'Halys jusqu'à la Colchide, habitée par les Chaldéens & par les Lazes. On y rencontre d'abord la grande & belle ville d'Amise, sur le bord occidental du golfe, à qui elle a donné son nom. C'est, après Sinope, la seconde ville du royaume de Pont. Son enceinte est d'un grand circuit. Mithridate [b] venoit encore de l'augmenter de sa nouvelle ville d'Eupatoria [c], si voisine qu'elles se touchoient, avec un Palais pour lui-même, où il faisoit sa demeure une partie de l'année [d]. Tant de richesses rassemblées en un même lieu, & livrées à l'avarice des légions romaines, n'ont pu satisfaire leur fureur. Amise étoit déjà la proie des flammes, qui alloient la consumer en entier, *si un nuage noir & élevé, qui couvroit le Ciel en ce moment* [e], fondant tout-à-coup en un déluge d'eau, n'eût arrêté l'incendie. Il a fallu que le hasard ait fait, pour sauver cette belle Ville, ce que toute l'autorité & toutes les prieres de Lucullus n'avoient pu obtenir de la brutalité du soldat [f].

Au-delà d'Amise, le golfe continue de s'avancer encore un peu dans les terres : ce qui lui donne une assez grande profondeur, en la comptant de la pointe du cap Carambis jusqu'ici. C'est la seule sinuosité bien remarquable qu'offre la côte méridionale dans toute sa longueur : à cela près elle approche assez de la ligne droite. Ainsi, puisqu'on la compare à la corde d'un arc Scythique, disons, pour en rendre au vrai l'image, que cet

---

[a] *Strab.*   [b] *Cicer. leg. Manil. 8.*   [c] SALLUST. *fragm.* 412.
[c] *Strab.* ibid.   [d] *Plin.* ibid.   [f] *Plut. in Lucull.*

[1] Le royaume de Pont semble avoir tiré son nom du voisinage du Pont-Euxin; mais en ce cas, ce ne seroit pas le nom oriental de ce pays, le mot étant formé des langues grecque & latine : c'est aujourd'hui une partie de l'Amasie. Les Turcs l'appellent *Roum*, parce que c'étoit autrefois une province romaine, & *Erze-roum*, l'ancienne ville d'Arzé, qui en fait le confin ultérieur vers l'Arménie.

arc est bandé, & que le pli de la corde est à l'angle du fond de ce golfe, formé par la réunion de deux rivieres, l'Iris & le Lycus, qui s'y dégorgent en un même canal, justement à l'extrêmité de cette pointe. La ville d'Amasie, l'une des plus considérables du Pont, s'éleve près de là, au bout d'une large vallée qu'arrose l'Iris. Le territoire est agréable & la ville bien ornée; elle s'offre en amphithéatre d'un & d'autre côté de la riviere; tellement que chacune des deux parties a l'autre pour aspect en gradins & en perspective [a]. On pourroit faire une bonne forteresse au-dessus d'un rocher fort escarpé sur la riviere, où les rois de Pont ont bâti un Palais & élevé divers autres monumens, *rejoints à la Ville par une longue enceinte de murs de briques, hauts de...... pieds* [b][1], qui va du sommet de la montagne à la riviere [c]. On a fabriqué un double conduit, au moyen duquel on fait remonter l'eau de la riviere au-dessus de la montagne.

Plus avant, ce sont les campagnes Thémiscyriennes, qu'occuperent les Amazones, lorsqu'elles prirent le parti de quitter les bords du Tanaïs, sans qu'on en sache bien au juste la raison [d], qui pourroit fort bien n'être autre que l'inconstance naturelle aux Peuples septentrionaux, & l'habitude où ils sont d'errer de climats en climats. Tout ce qu'on raconte de cette nation de femmes est si extraordinaire, si incroyable, & au fond si généralement attesté, quoiqu'avec une grande diversité dans les circonstances, que je ne puis me défendre de m'arrêter un peu sur cette curieuse matiere. L'histoire des Amazones a ceci de particulier & de différent de toutes les autres, que le temps fabuleux n'y est jamais séparé du temps historique : car l'histoire, aussi bien l'ancienne que la moderne, ne reçoit que des faits au moins vrai-

CI. Pays des Amazones. De l'origine & de l'existence de ce Peuple.

[1] *Ap. Arusian. verb. altus.* Le nombre manque dans le texte de Salluste.

[a]. *Busbeq. epistol.*
[b] SALLUST. *fragm. 531.*
[c] *Strab. L. XII. p. 561.*
[d] SALLUST. *fragm. 307.*

femblables, & n'admet que peu, ou point du tout, le merveilleux. Mais celle des Amazones fe trouve, dans tous les fiecles, également mêlée de circonftances furprenantes & tout-à-fait difficiles à croire. Se perfuadera-t-on qu'il puiffe y avoir une nation, une République, une armée entiérement compofée de femmes, fans aucun homme? Cependant, foit que le fait foit réel, foit que cette fable fe préfente naturellement à l'invention des hommes *a*, on veut trouver des Amazones dans tous les

a Strab. L. XI.

* Cela eft fi vrai, qu'on a de même trouvé des hiftoires d'Amazones dans une partie des pays nouvellement découverts: on prétend que vers le *Monu-Emugi*, au centre de l'Afrique, il y a une nation d'Amazones qui font une guerre perpétuelle aux Jaggas, le peuple le plus féroce que l'on connoiffe dans l'univers *. La Cacique d'une des ifles Caraïbes dit à l'Amiral Chriftophe Colomb, que l'ifle où elle demeuroit n'étoit habitée que par des femmes fort légeres à la courfe, & qui alloient à la guerre armées d'arcs & de fleches; que les hommes y venoient en un certain temps de l'année, & qu'après avoir été quelques jours avec elles, ils s'en retournoient : elle lui ajouta que la même coutume avoit lieu dans l'ifle de *la Matiline*: en un mot, elle lui conta à peu près les mêmes chofes que les anciens Hiftoriens racontent des Amazones †. La fameufe riviere des Amazones, qui traverfe l'Amérique, n'a tiré fon nom que de ce que l'on a raconté qu'une partie de fon rivage étoit ci-devant habitée par des femmes guerrieres, qui ne fouffroient point d'hommes ¶.

* *Rec. génér. des Voyag. tom. V. p. 100.*
† *Vie de Colomb. tom. II, ch. 1.*
¶ *La Condamine, relat. p. 101.*

A la vérité on n'y trouve pas aujourd'hui la moindre trace de cette nation, vraie ou fabuleufe; ce qui néanmoins n'eft pas une preuve qu'elle n'ait jamais exifté; car une nation toute d'un feul fexe, ne pourroit, quelque précaution qu'elle prît, ni s'empêcher d'être bientôt anéantie, ni même fe maintenir que fort peu de temps fous cette forme bizarre. L'hiftoire des femmes de l'Afrique, ou de celles du Maragnon, peut être vraie au fond, ainfi que celle des femmes d'Afie; mais je ne puis croire que nulle part les Amazones aient jamais fait une nation durable ni en forme; les raifons en font en grand nombre & affez fenfibles: divers événemens ont pu détruire à la fois tous les mâles d'une petite nation fauvage & vagabonde; des femmes Barbares, Scythes ou Américaines, fort maltraitées de leurs maris, ont pu fe fauver & faire bande à part après une tranfmigration: ceci a pu arriver plus d'une fois parmi les peuples errans des climats feptentrionaux. De-là viennent tant de chofes inconciliables en apparence, dans ce que l'on raconte des Amazones, parce qu'on les veut appliquer à une même nation & à un même pays. Ajoutons que l'hiftoire d'un peuple de femmes, offrant

climats

SUITE DU LIVRE III.

climats barbares, en Scythie, à Lemnos, en Lybie [a], au-delà du lac Tritonide, & jufqu'au rivage Ethiopien de l'océan atlantique, où l'on dit qu'Hannon, Général Carthaginois, en faifant le tour de l'Afrique, combattit contre celles qu'on appelle Gorgonnes [b]. Il peut arriver, parmi des Peuples fauvages & vagabonds, qu'un événement faffe périr tous les mâles dans quelque courfe militaire, & qu'il ne refte que les femmes de la nation, lefquelles menent habituellement à peu près la même vie que les hommes. Lorfque Marius eut détruit les Cimbres dans les Gaules, fi leurs femmes, au lieu de fe tuer elles-mêmes comme elles firent, euffent pris le parti de refter affemblées en un corps, & de continuer à courir & à dévafter le Pays, ce qu'elles pouvoient aifément faire, n'étant ni moins féroces, ni moins guerrieres que les mâles de cette nation, il s'en feroit formé un Peuple d'Amazones qui, pendant le peu de temps qu'il auroit duré, n'eut pas manqué de rendre fon nom très-célebre. Mais on fent affez qu'une nation qui n'a qu'un fexe, ne peut pas être de longue durée. Auffi, ce qu'il y a de plus furprenant ici, c'eft qu'on parle des Amazones Thémifciriennes comme d'une nation qui fubfifte, fous la même forme, depuis une haute antiquité, à travers tant de Pays & de climats qu'elles ont fucceffivement parcourus; c'eft qu'il ne s'agit pas feulement des fiecles reculés, où l'on ajoute toujours plus aifément foi aux chofes extraordinaires. De notre temps, & en dernier lieu, lorfque Pompée, pourfuivant Mithridate fugitif dans les rochers du Caucafe, s'eft approché de l'endroit où on dit qu'elles

---

[a] *Vid. Diodor. L. III.* à l'efprit un fujet agréable & fingulier, fe trouve naturellement fufceptible d'être embellie de quantité de circonftances inventées à plaifir, & qu'on s'eft avifé de répéter toutes les fois qu'il a été queftion

[b] *Vid. Hannon. Peripl. Afric.* d'Amazones en quelque endroit du monde. N'a-t-on pas dit, par exemple, que celles d'Amérique fe coupoient une mamelle? rêverie européenne copiée des Auteurs grecs.

habitent, on a parlé à peu près de même de l'exiſtence & du gouvernement de ce Peuple féminin. Sans m'arrêter au nombre infini de fables débitées ſur leur compte, je vais choiſir, dans ce que j'en ai lu ou ouï dire, les traits les moins connus & les moins éloignés de la vraiſemblance: j'aurai l'attention de citer mes auteurs, ſans me rendre garant de leur rapport [a].

La nation dont il s'agit ici, étoit originairement du nombre des Peuples Scythes mêlés de Sarmates, habitans les forêts voiſines de l'embouchure du Tanaïs: c'étoient des femmes féroces, que les Scythes nommoient en leur langue *Œorpates*, c'eſt-à-dire *meurtrieres d'hommes* [b] [1]. Hellanicus, Hérodote & Eudoxe s'accordent à dire que leur plus ancienne demeure étoit entre le Boryſthene & le Tanaïs [c]. Voici, à ce qu'on raconte, par quels événemens elles furent forcées de ſe retirer de leur Pays natal, & vinrent enfin, après diverſes ſtations, ſe fixer dans la campagne de Thémiſcire [d]. Ces femmes guerrieres, après avoir ravagé les Pays voiſins de leur premier ſéjour, pouſſerent leur courſe plus loin, défirent quantité de nations, & vinrent attaquer les Athéniens, qui les vainquirent à leur tour, leur enleverent leurs chevaux, & les tuerent toutes. Elles en vouloient, dit-on, ſur-tout aux Athéniens, dont le roi Théſée avoit enlevé Antiope leur reine, de qui il avoit eu un fils nommé Hyppolite. Il eſt du moins conſtant qu'il y a dans l'Attique un canton qu'on appelle le camp des Amazones. Celles qui étoient reſtées dans le Pays, ſe voyant expoſées à la vengeance des Peuples voiſins qu'elles avoient inquiétés, prirent, après bien des malheurs, le parti de s'y dérober par la fuite. Elles traverſerent le Tanaïs [e], & entrant dans ce large

---

[a] *Vid. Salluſt. in Jugurth.* 17.
[b] *Herodot.*
[c] *Hellan. Herod. Eudox. ap. Strab. L.* XII.
[d] *Servius. Æn.* XI. 659.
[e] *Amm-Macerb.* XXII. 8.

[1] D'*Œor*, *vir*, & de *pata*, *occidere*. C'eſt l'explication que donne Hérodote de ces deux mots de la langue ſcythique

SUITE DU LIVRE III.

isthme qui sépare l'Euxin de la mer Caspienne, elles firent quelque séjour à l'occident d'une grosse riviere des régions hyperboréennes, appellée le *Rha* *, qu'on dit être un des plus grands fleuves du monde [a]. De-là continuant leur route le long du rivage occidental de la mer Caspienne, elles vinrent, au rapport de Métrodore & d'Hypsicrate, Géographes dignes de foi, & bien au fait du Pays [b], habiter en Albanie †, près des sources du fleuve Alazonius, parmi les Gargariens, les Lesges, les Geles, & autres petites nations Scythes, que le voisinage de cette riviere fait nommer *Scythes-Alazones*. Cette riviere coule au bas de la chaîne du mont Céraune, l'une des branches du Caucase, & va se jeter dans le Cyrus: c'est de-là probablement que cette nation de femmes a reçu le nom d'*Amazones*; & pour preuve, dans le dénombrement des troupes venues au secours de Troye, Homere, mieux instruit & presque par-tout plus fidele que les Ecrivains postérieurs, met les Alazones, ou, comme il les appelle, les *Alizones*, en leur vraie place, après les Paphlagoniens: ce qui fait bien voir que cette nation Scythe des Alazones s'étoit dès-lors établie vers Thémiscyre, sur la frontiere de Paphlagonie; qu'elle n'est pas différente des Amazones; que c'est mal-à-propos que Scepsius a voulu changer quelque chose dans les vers d'Homere [c]; & qu'il faut mettre au rang des fables tout ce que les Grecs ont débité sur les différentes origines de ce nom. [1].

* Aujourd'hui le Volga. † Aujourd'hui le Schirvan.

[a] Plin.
[b] Metrod. Scepf. Hypficrat. ap. Strab. L. XI.
[c] Vid. Strab. ibid.

[1] Si la remarque étymologique de Strabon, sur le nom du fleuve Halys, est juste, le nom d'Alizone, comme celui d'Halys, ne signifie autre chose que *riviere salée*. La différence des deux noms pourroit n'être que paragogique; mais on sait que la terminaison *ona*, *anis*, &c. dans un grand nombre de langues anciennes, désigne *une riviere*. Voilà au juste, sans recourir à des fables, ce que signifie le nom géographique *Alis-ona* (*falsum flumen*).

Les Amazones arrivées en Albanie, ne firent presque qu'une même nation avec les Gargariens. Dans la suite, les deux nations vinrent ensemble occuper, d'abord la côte de l'Euxin, vers Trapezunte *a*, & ensuite, un peu plus à l'occident, les rives du Thermodon. Mais là, ceux-ci se brouillerent avec les Amazones, & même leur firent la guerre à l'aide des Thraces & des Eubéens. Par la convention qui la termina, on demeura d'accord qu'il n'y auroit plus entre les deux nations d'autre commerce que celui sans lequel ce Peuple de femmes auroit bientôt pris fin, & qu'elles vivroient d'ailleurs séparément. Tel est en substance le récit de Métrodore, qui avoit long-temps vécu à la cour de Mithridate, dans la faveur de ce Prince, & qui a suivi l'histoire des deux nations, jusqu'à leur retour vers le fleuve Alazonius, dont elles étoient parties *b*, comme je le dirai bientôt en son lieu.

D'autres racontent d'une autre maniere à quelle occasion les Amazones quitterent leur Pays natal, & furent réduites à n'être plus qu'un Peuple de femmes. Vers le milieu du temps, disent-ils, où l'Asie fut tributaire des Scythes pendant quinze siecles [1], deux jeunes hommes du sang royal des Scythes, nommés Ilinus & Scolopite, chassés de leur pays par une faction puissante, emmenerent avec eux une nombreuse jeunesse : ils envahirent la côte maritime de la Cappadoce, vers l'embouchure du Thermodon, où ils vivoient de rapines sur les peuples voisins. Ceux-ci s'unirent à la fin contre ces nouveaux venus, & les tuerent presque tous dans une embuscade. Leurs femmes se voyant

---

a *Strab.* ibid.

[1] C'est au milieu de cette longue période, que *Justin* place l'émigration des Amazones, & il met la fin des quinze siecles au regne de Ninus, qui affranchit l'Asie du tribut qu'elle payoit aux Scythes : ainsi l'invasion des Amazones seroit, selon

b *Plut. in Lucull.*

lui, antérieure de sept siecles & demi au regne de Ninus, ce qu'on ne croira pas facilement. Au reste, Justin regardoit les Scythes comme le plus ancien peuple de la terre, même plus que les Egyptiens ni que les Assyriens.

exposées à tous les malheurs du veuvage, joints à ceux de l'exil, prirent les armes, chasserent les assaillans de leur territoire, & porterent même la guerre jusques chez eux. Leur férocité naturelle s'augmenta par le succès : elles ne voulurent plus entendre parler de mariage, disant que ce lien n'étoit qu'une servitude pour leur sexe ; & pour rendre la condition égale entre toutes, elles tuerent les hommes de leur nation qui avoient échappé au premier désastre. Enfin, elles entreprirent la chose du monde la plus extraordinaire, & elles en vinrent à bout : ce fut de former sans hommes une république puissante. Ayant bientôt réduit, par la force des armes, leurs voisins à demander la paix, elles prirent l'habitude d'avoir commerce avec eux, de peur que leur race ne vînt à s'éteindre ; & de tuer les enfans mâles qui leur naissoient : elles n'éleverent que les filles, non dans l'oisiveté, ni aux ouvrages ordinaires de leur sexe ; mais aux exercices des armes, de la chasse & du cheval, après leur avoir dans l'enfance brûlé la mamelle droite, de peur qu'elle ne leur nuisît à tirer de l'arc ; ce qui, dit-on, les a fait nommer *Amazones* [a]. L'opération se fait avec un instrument d'airain destiné à cet usage, & leur rend, à ce qu'on prétend, le bras droit plus libre pour tous les mouvemens du corps [b]. Mais je ne puis dissimuler que j'ajoute peu de foi à cette particularité de la mutilation du sein, quoiqu'il faille avouer qu'elle est rapportée par presque tous ceux qui ont parlé d'elles, du nombre desquels est le célebre Hippocrate. Il dit nettement que l'inustion de la poitrine faite aux filles dans leur premiere jeunesse, portant l'accroissement du corps sur l'épaule & sur le bras, donne une vigueur beaucoup plus grande à ces parties.

Quoi qu'il en soit, le temps le plus brillant de leur histoire, est celui de leur long séjour dans la contrée dont je parle. Elles

---

[a] *Justin. XI. 6.* c'est-à-dire sans teton (*a sine*, μαζος *mamilla*).

[b] *Vid. Eustath. in Dion. Hippoc. de aëre & aquâ. Serv. Æn. I. 494. &c.*

HISTOIRE ROMAINE.

avoient leur camp dans la plaine, étendue, selon le rapport d'Hécatée, depuis Chadisia jusqu'au Thermodon [a]. Cette riche campagne de Thémiscire, éloignée d'onze cents stades d'Héraclée, & de soixante seulement de la ville d'Amise [b], est baignée d'un côté par la mer, & s'avance de l'autre vers des montagnes pleines de beaux bois & d'excellentes eaux, dont la réunion va former dans la plaine la riviere du Thermodon. Les prairies, toujours couvertes d'herbe, fournissoient aux Amazones d'excellens pâturages [c]. On continue d'y élever aujourd'hui de nombreuses troupes de chevaux & de bêtes à cornes. Le territoire n'y est pas moins propre à la culture des fruits & des grains. Quelque seche que soit la saison, jamais la récolte n'y peut manquer ; les eaux s'y trouvant en telle abondance & si heureusement disposées, qu'on peut arroser la campagne autant qu'on le veut. D'ailleurs, pour garantir le pays de la famine, il suffiroit des fruits que les arbres des montagnes y produisent naturellement à profusion & de toute espece, sur-tout de l'espece à coquille. Ils se succedent si bien les uns aux autres, qu'en presque tous les temps de l'année, lorsqu'on va dans ces forêts, on en trouve à cueillir sur les arbres, ou à ramasser par terre, dans un tas de feuilles tombées, parmi lesquelles ils se conservent. Les animaux, que la fertilité du terrain attire en quantité dans ces bois, les rendent en tout temps un excellent pays de chasse. Thémiscire [1] vers

---

[a] *Hecat. geneal. L. II. ap. Steph. Byz. vers.* Chadis.

[b] *Arrian.*

[c] *Vid. Sallust. fragm.* 303.

[1] *Thémiscire* signifie *ville de Thémis*, & peut-être *Thermodon* n'est-il que la prononciation rude & barbare de *Thémo-don, riviere de Thémis*. Thémis est la même chose que Vesta, le feu ou le soleil ; car les Scythes, ainsi que les Orientaux, adoroient les élémens, les astres & autres dieux naturels & immortels [*]. Les mots orientaux *tham-est*, signifient *justus* ou *perfectus ignis*. Hérodote dit que les Scythes appelloient Vesta *Thabit* ; ce qui ne s'éloigne pas beaucoup de *Thamist*. La riviere du Thermodon conserve aujourd'hui son ancien nom, *riviere Thermé* : elle arrose l'Amasie ou le pays de *Roum*.

[*] *Voy. Banier, Mythol. VII.* 12.

l'embouchure de la riviere, & Sidene un peu plus à l'orient boréal, font les deux principales Villes de la contrée.[a] La premiere étoit, dit-on, la Ville royale des Amazones[b], à qui l'on ne manque pas d'en attribuer la fondation, quoiqu'il y ait peu d'apparence qu'un peuple Scythe, accoutumé à vivre fous des tentes, fe foit occupé à bâtir des villes. Cependant, comme fi ce n'étoit pas affez de dire qu'elles ont bâti celles du lieu de leur réfidence, on veut qu'elles foient venues à l'autre extrêmité de l'Afie, & jufques dans la mer Egée, s'occuper de pareils travaux, fi peu conformes à leurs mœurs. Les plus célebres villes de l'Ionie, Ephefe, Smyrne, Cume, Myrine, Pitane, Mytilene & même Paphos, reconnoiffent les Amazones pour leurs fondatrices, & veulent fe faire honneur de cette origine[c] : mais on eft fi peu d'accord à cet égard, que les uns font venir ces femmes du Thermodon; au lieu que l'Hiftorien Denys de Mytilene les amene au contraire au nombre de trente-deux mille, fous la conduite de Myrine leur reine, des extrêmités de la Lybie & du mont Atlas, en Syrie & en Afie, où elles étendirent leurs conquêtes jufqu'au bord du Caïque[d] ; ce qui eft une fable encore plus mal conçue. Cet Hiftorien, qui a extrait de beaucoup d'autres très-anciens, une hiftoire curieufe & fort détaillée des Argonautes & des Amazones Africaines, nous les donne pour fort antérieures à celles du Thermodon, ainfi qu'au fiege de Troye, & beaucoup plus célebres. Je pafferai de même fous filence tout ce qu'on débite, foit de la guerre qu'Hercule leur vint faire fur le Thermodon, où il tua les plus braves d'entr'elles[e], & enleva, par ordre d'Euriftthée, le baudrier de leur reine Hyppolite; foit du fecours qu'elles amenerent au fiege de Troye, où l'on prétend qu'Achille

---

[a] Strab. Lib. XII.
[b] Diodor. IV. 26.
[c] Strab. L. XI.
[d] Dionyf. Mytilen. apud Diod. III. 27.
[e] Diodor. L. IV.

acheva de détruire le reste de la nation *a*. Malgré cette destruction totale, on les fait reparoître, grand nombre de siecles après, au temps d'Alexandre : car on raconte comment Thalestris, reine de tout le pays d'entre le Phase & le Caucase, vint à cheval & armée de deux lances dans la main droite, trouver ce conquérant : on décrit même l'habillement des trois cent femmes guerrieres de sa suite. Ce vêtement, qui ne leur couvre que la moitié du corps ¹, dont toute la partie gauche reste à nud, se releve d'en bas à un nœud rattaché au dessous du genou *b*. Toute cette partie de leur histoire, où il peut y avoir au fond quelque chose de vrai, est trop mêlée de fables dans ses circonstances ; & je suis même bien éloigné de penser que ce que j'en ai dit jusqu'ici, en soit exempt, malgré l'attention que j'apporte à dégager les traditions les plus probables de celles qui le sont moins. On convient assez que les Amazones acquirent un haut degré de puissance & de renommée durant leur séjour sur le Thermodon, où leur postérité s'accrut prodigieusement ; qu'elles faisoient de fréquentes irruptions dans les diverses parties de l'Asie ; & c'est à cette époque qu'on place la prétendue fondation de tant de Villes en Ionie. Ayant enfin été défaites & chassées de Thémiscire par les Grecs, elles retournerent dans leur Pays natal, où elles continuerent à mener le même genre de vie, & se rendirent aussi redoutables que jamais à leurs voisins *c*. Il paroît que cet événement divisa la nation en deux

---

a *Serv. Æn. I*, 494.
b *Q. Curt. VI.* 5.

c *Ammian-Marc.*

¹ C'est probablement une fable, que cette prétendue histoire de Thalestris, qui, sur le bruit de la renommée d'Alexandre, vint le trouver pour avoir de la race de ce héros parmi les Amazones. Cependant on peut observer que leur habillement, tel qu'il est décrit dans ce récit, est le même que portent encore aujourd'hui les Tartares & les Circasses du même pays. Ils se vêtissent, pour tout habit, d'un demi-manteau de feutre, qui leur couvre un côté du corps, & laisse l'autre nud. Ils tournent alternativement ce manteau du côté d'où vient la pluie ou le vent. *Chardin* en a donné la figure dans ses Voyages.

peuplades,

peuplades. Toutes celles qui purent échapper à la victoire des Grecs, prirent le parti de retourner en Albanie avec les Gargariens. Métrodore parle ainsi de leurs mœurs actuelles. Elles s'occupent, dit-il, à cultiver les arbres & le grain, & à faire paître des troupeaux; elles élevent une quantité d'excellens chevaux, qu'elles montent avec beaucoup de vigueur pour aller à la chasse ou à la guerre. [a]. Leurs armes sont l'arc & les fleches, une épée appellée *sangar*, & un petit bouclier peint & échancré par-dessous, appellé *pelta* [b]. Elles portent pour habillement des caleçons, des manteaux & des casques de peaux de bêtes fauves. Elles persistent dans l'ancien usage de donner rendez-vous aux Gargariens leurs voisins, sur une certaine montagne, où chaque nation s'étend rendue de son côté, on y passe ensemble les deux plus beaux mois du printemps. Là, après avoir offert des sacrifices communs, chaque mâle emmene une femme à l'écart [1], prenant sans choix la premiere qui lui tombe sous la main. Lorsque ces femmes croient être devenues grosses, elles s'en retournent chez elles. Après être accouchées, elles gardent les filles, & ramenent l'année suivante les mâles aux Gargariens. Chacun de ceux-ci prend sans difficulté l'enfant qu'on lui présente, & sur cette seule offre le reçoit pour son fils, ne pouvant s'en assurer autrement. Je n'oserois affirmer ce récit de Métrodore comme une chose suffisamment vérifiée, quoique les armes romaines aient depuis peu pénétré jusqu'en Albanie. Cependant Théophanes, qui a suivi Pompée à cette expédition, parlant de deux petits Peuples Scythes de cette contrée, les Lesges & les

---

[a] *Metrodor. ap. Strab. loc. cit.*

[b] *Vid. Virg. Æn. XI. 659.*

[1] Servius dit qu'elles alloient, à des jours marqués, s'accoupler avec les peuples Sinthiens. Thucydide fait mention des Sinthiens entre les peuples Thraces : mais il semble que dans le passage de Servius, où on lit *stato die solitas Sinthiis coire*, il faille plutôt lire *Scythicis* ou *Sindicis*. La Sindique Scythienne est sur la rive orientale du Bosphore Cimmérien.

Geles, nous apprend qu'ils sont placés entre les Amazones & les Albaniens, & séparés des premieres par le cours du fleuve Mermadalis *a* 1. Le bruit a couru que les Amazones s'étoient trouvées 2 avec leurs compatriotes à la bataille où Pompée défit Cosis, Chefs des barbares d'Albanie. Il est au moins certain

a Theophan. ap. Strab. L. XI. & apud Plutarc. in Pomp.

1 Voilà les Amazones existantes encore, selon l'apparence, en Albanie & vers les sources du fleuve Alazone, au temps de Pompée ; mais on est bien surpris de les retrouver de notre temps au même lieu, c'est-à-dire vers le petit royaume de Kaket, au nord de l'ancienne Albanie, entre le Schirvan, la Géorgie & le Daghestan. « Je n'ai vu, dit *Chardin*, personne en » Géorgie qui ait été dans le pays des » Amazones ; mais j'ai ouï beaucoup de » gens en conter des nouvelles. On me » fit voir, chez le Prince, un grand ha- » bit de femme, d'une grosse étoffe de » laine & d'une forme toute particuliere, » qu'on disoit avoir servi à une Ama- » zone, qui fut tuée auprès de Kaket, » durant les dernieres guerres. J'eus une » fois à ce sujet, un entretien assez long » avec le fils du prince de Géorgie : il » me dit qu'au-dessus de Kaket, à cinq » journées de chemin vers le septentrion, » il y avoit de grands peuples qu'on ne » connoissoit presque point, & qui étoient » continuellement en guerre avec les Tar- » tares Kalmouques ; qu'ils étoient fort » sauvages, n'ayant ni religion, ni loix, » ni police. Je rapportai à ce jeune prince » ce que les histoires grecques & romaines » racontent des Amazones. Son avis fut » que ce devoit être un peuple de Scy- » thes errans, comme les Turcomans & » les Arabes, qui déféroient la souverai- » neté à des femmes, comme font les » Achinois ».

2 Plutarque ne nie pas qu'il n'y eût encore des Amazones en ce même lieu, au temps de Lucullus, de Pompée & de Salluste : mais il s'embrouille fort ici en les faisant descendre des montagnes du Thermodon, pour venir combattre les Romains en Albanie, sans égard à la grande distance qui est entre les deux pays ; & de même lorsqu'il dit « qu'elles » vont passer deux mois tous les ans sur » les bords du Thermodon (ce qui assu- » rément n'arrivoit pas au temps dont il » parle), après quoi elles habitent la partie du » mont Caucase, aboutissant à la mer » d'Hyrcanie (Caspienne) : qu'en ce can- » ton elles vivent à part, sans la compa- » gnie d'aucun homme, à côté des Lesges, » des Geles & des Albaniens ». On voit que Plutarque a tiré de Théophane une partie de ceci, qu'il a mêlé avec ce qu'il avoit déjà dans l'idée, sur la demeure des Amazones vers le Thermodon. *Méla* dit, avec plus de netteté, que les Caspiens & les Amazones habitent sur la mer Caspienne, mais que celles-ci sont celles qu'on nomme Sarmates ; par où il semble que *Méla* reconnoisse qu'il y a eu plus d'une nation d'Amazones.

SUITE DU LIVRE III.

qu'après la victoire, les Romains trouverent sur le champ de bataille des chauffures & des boucliers tels qu'en portoient les Amazones; mais on n'a pas appris qu'en dépouillant les morts on ait trouvé un feul corps de femme [a].

L'autre peuplade des Amazones fe retrouva placée fur la côte feptentrionale de l'Euxin, par un événement fingulier, que l'on rapporte ainfi. Après la grande victoire que les Grecs remporterent fur elles près du Thermodon, ils les emmenerent captives en auffi grand nombre qu'il en put tenir fur trois vaiffeaux. Ces femmes intrépides conjurerent contre leurs vainqueurs, vinrent à bout de fe rendre maîtreffes des navires en pleine mer, & maffacrerent tous les Grecs : mais, quand elles furent feules, ignorant la manœuvre de la marine, elles fe virent forcées, faute de favoir gouverner les vaiffeaux, de les laiffer aller au gré de l'onde & du vent [b], qui les porta fur un rivage du marais Méotide, habité par les Scythes. Elles y prirent terre, & s'acheminant pour trouver des habitations, elles rencontrerent une troupe de chevaux dans une prairie, monterent deffus, & fe mirent à piller la campagne. Les Scythes fort étonnés, car ils n'avoient eu aucune nouvelle de leur débarquement, crurent que le dégât avoit été fait par des hommes. La prife de quelques Amazones les ayant tirés d'erreur, ils ne voulurent plus fe battre contre des femmes, & jugerent à propos d'employer, pour les réduire, des moyens plus doux & plus convenables à leur fexe. Hérodote raconte fort au long comment ils envoyerent vers elles les mieux faits de leurs jeunes gens, avec qui les Amazones furent bientôt d'accord, & comment ceux-ci leur perfuaderent de quitter ce canton & d'aller tous enfemble habiter de l'autre côté du Tanaïs [c]. Son récit, il faut l'avouer, fe reffent moins du ton de l'hiftoire, qu'il n'a l'air d'un de ces contes agréables que ce fameux Ecrivain

---

[a] *Plut. in Pomp.* 1165.
[b] *Vid.* SALLUST. *fragm.* 357.
[c] *Herodot. IV.* 110.

fait si bien faire. Cependant il ajoute que dans l'endroit qu'elles habitoient de son temps, entre le nord & l'orient du Tanaïs, à trois journées du fleuve, & à pareille distance de la mer, ces femmes avoient conservé leurs anciennes coutumes. Elles s'habillent, dit-il, comme les hommes, montent à cheval, vont à la chasse & à la guerre avec eux ou sans eux. Elles parlent mal la langue des Scythes, qu'elles ont corrompue dès leur arrivée en ce climat étranger. Leur coutume pour le mariage, est que nulle fille ne peut se marier qu'elle n'ait tué un ennemi de sa main: aussi plusieurs d'entr'elles meurent-elles vieilles, sans avoir été mariées, faute d'avoir pu satisfaire à la loi [a].

S'il faut à présent dire mon opinion sur cette histoire singuliere, j'observerai d'abord que parmi les Peuples septentrionaux, les femmes aussi féroces que leurs maris, partagent avec eux les travaux & les périls de la guerre [b]: que même dans une partie de l'Orient, les femmes montent à cheval comme les hommes, & aussi bien, & qu'elles marchent armées de poignards à la ceinture [c]. Et comme on dit que parmi les Scythes errans il y en a qui déferent la souveraineté à des femmes, c'est ceci peut-être qui a donné lieu de débiter tant de merveilles à ce sujet. Pour moi, je ne puis croire que par quelqu'événement que ce soit, il ait subsisté, du moins pendant long-temps, une nation de femmes sans mêlange d'hommes; mais plutôt que la nation étoit commandée par une Reine qui alloit à la guerre, où elle se faisoit accompagner par un gros de personnes de son sexe, guerrieres comme elle, & qui la suivoient par-tout. La singularité de cet usage, joint à l'amour qu'on a pour le merveilleux, aura fait mettre sur leur compte les exploits militaires de la nation, comme si elles eussent seules fait tant de guerres & d'invasions, & aura donné naissance à tout ce qu'il a fallu imaginer

[a] *Hippocrat. de aëre, aquâ & loc.*
[b] *Plat. de Legib. l. 17.*
[c] *Voy. Chardin. voyage de Colch. t. I. p. 121.*

SUITE DU LIVRE III.

d'extraordinaire pour rendre possible une telle supposition. Mais c'en est assez, peut-être même trop, sur cet article.

La campagne Thémiscirienne finit à Sidene, où le Pays commence à n'être plus si bon ni si bien arrosé [a]. La côte est fort garnie de petits châteaux jusqu'au promontoire & à la riviere, qui conservent encore le nom de *Jason* [*]. Cette pointe sépare la baie d'Amise, de celle de Cérasus [b], ainsi nommée d'une jolie petite ville Grecque [†], qu'une peuplade venue de Sinope fit bâtir au fond d'une anse, entre deux rochers escarpés qui la défendent. Pharnace, aïeul de Mithridate, agrandit la ville de Cérasus, lui fit prendre son nom [c], & la peupla d'une troupe de barbares de la Colchide, tirée de la nation qu'on nommoit autrefois les *Chalibes*, & qu'on appelle aujourd'hui les *Chaldéens* [d]. Mithridate y envoya ses femmes durant le fort de la guerre. C'est en ce lieu que la malheureuse Monime a fini sa vie, *en nouant en laqs coulant* [e] le diadême royal autour de son cou. L'aspect de Cérasus & de son territoire plein d'arbres fruitiers, est fort agréable, en y arrivant par mer. On y a trouvé un petit fruit précoce, succulent & fort sain [f], que nous ne connoissons en Italie que depuis la conquête de cette Ville, & que nous appellons *cerasus* (cerise); lui ayant laissé le nom du lieu d'où il nous est venu. Lucullus, attentif aux utilités comme à la gloire de sa patrie, en envoya les premiers plans à Rome [g]. d'où ils commencent à se multiplier peu à peu par toute l'Italie.

De Cérasus, autrement Pharnacie, la côte court entre le septentrion & le levant [h], vers l'extrêmité orientale de la baie,

CII. Cap Jason. Cerasus. Trébizonde.

---

[a] *Strab. Lib. XII. pag. 548.*
[*] *De même aujourd'hui* cap Yasoun.
[b] *Plin. VI. 4. Arrian.*
[†] *Aujourd'hui* Kirisonto.
[c] *Arrian.*
[d] *Strab.*
[e] SALLUST. *fragm. 628.*
[f] *Plin. XV. 25.*
[g] *Amm-Marcell. XXII. 8.*
[h] *Scylax.*

où la ville grecque de Trapézunte * s'éleve fur la plate-forme d'un rocher trapeze ou quarré long, entouré & dominé par d'autres rochers plus escarpés, couverts de hautes futaies. Trapézunte eft une Colonie de Sinope [a]. La Ville eft grande & fait un commerce confidérable [b], quoique fon port ne foit propre qu'aux petits bâtimens. Ici finit l'ancien royaume de Pont, & commence la Colchide, à l'endroit où l'on place la courbure intérieure du bout de l'arc Scythique [c]. On peut compter pour la longueur de la corde fix mille fix cents ftades, de Chalcédoine au point où nous fommes, & huit mille en tout, fi l'on va jufqu'à l'embouchure du Phafe [d].

**CIII.
Colchide.**

La Colchide forme feule toute le rivage oriental de l'Euxin. On s'apperçoit en y entrant, d'un changement total de climat & de mœurs. La côte devient de plus en plus ferrée entre les montagnes & la mer. Les grands bois, les rochers pleins de mines métalliques, fuccedent aux plaines cultivées [e]. On reconnoît qu'on a quitté la police des nations afiatiques, pour d'autres Peuples incultes & nomades, dont le genre de vie fauvage annonce le caractere & les mœurs des nations feptentrionales. On commence à trouver ici des hommes qui vivent de gland, qui habitent fur des arbres, qui empoifonnent leurs fleches en les frottant d'herbes venimeufes, dont le fuc porte dans les plaies une infection épouvantable [f]. Cependant le Pays ne laiffe pas que d'avoir fon utilité; & Mithridate, qui l'avoit conquis en grande partie, en tiroit des fecours confidérables pour l'entretien de fa puiffante marine. On y trouve une quantité de bois de conftruction, du chanvre pour les voiles & cordages, des réfines & de la cire pour le calfat. Mais le miel de cette cire

* *Depuis Trébizonde, aujourd'hui Tarabofan.*

[a] Plin.
[b] Xenoph. Anab. Lib. IV.
[c] Tacit. Hift. III. 47.
[d] Strab. ibid. p. 548.
[e] Strab. Liv. XII. p. 549.
[f] Ibid. p. 499.

SUITE DU LIVRE III.

ne vaut rien; il est même dangereux, car il trouble l'esprit. Nos soldats Romains en ont fait plus d'une fois la funeste expérience, ayant été massacrés par les barbares qui les surprenoient dans cette espece d'ivresse. Les fruits de la terre y sont bons, quoiqu'en petite quantité, à l'exception du chanvre & du lin qu'elle produit en abondance, & dont on fait des ouvrages qui se portent à l'étranger [a]. Les habitans sont partagés en plusieurs petites nations plus ou moins sauvages; telles que les Chaldéens, les Mosques & les Zoannes dans les montagnes; les Tibaréniens & les Lazes le long de la mer, jusqu'au fleuve du Phase, probablement ainsi nommé par les Syriens voisins; car ce mot en leur langue signifie une *riviere* [b].

Avant que d'arriver à cette riviere, on trouve la petite isle d'Arès, dont les habitans sont excellens archers. Jason y rencontra les quatre enfans de Phrixus, qui se retiroient à Colchos, où il les ramena. Ils eurent à combattre les Insulaires, & penserent être accablés d'une grêle de fleches emplumées [c]. La fable a fait de ces Insulaires des oiseaux qui lançoient leurs plumes contre les Argonautes [d].

L'embouchure du Phase forme le fond du grand golfe oriental de l'Euxin. Sur son bord, à quinze milles de la mer, est située la ville d'Æa. Scepsius & Mimnerme la placent sur les bords de l'Océan [e], ce qui est une grande erreur de leur part, s'ils n'ont été abusés par ce faux nom que l'antiquité donnoit à l'Euxin, comme j'en ai déjà fait la remarque. Ne seroit-ce pas aussi cette fausse attribution du nom d'*Océan* qui nous fait regarder comme absurdes tant de circonstances des anciennes relations du voyage des Argonautes, lorsque nous entendons du véritable Océan hyperboréen, ce qu'elles n'ont dit que de l'Euxin, alors vulgai-

---

[a] *Strab. L. XII. p. 499.*
[b] *Bochart. Phaleg. IV. 31. p. 327.*
[c] *Diodor. L. IV.*
[d] *Apollon. Rhod. L. II.*
[e] *Scepf. & Mimnerm. ap. Strab. L. I. p. 46.*

rement défigné fous ce nom? Mais il faut convenir qu'il y en a un plus grand nombre encore qui ne font pas même fufceptibles de cette excufe. Selon la commune tradition du Pays, la ville d'Æa doit fon origine aux courfes d'un fameux conquérant Egyptien [1], qui, après avoir avec fon armée parcouru toute l'Afie, vint en Colchide, où il laiffa une Colonie, & fit élever des piliers de pierre, fur lefquels on graya les noms & la pofition locale des régions qu'il avoit traverfées [a].

Æa fut autrefois célebre pour avoir été la demeure du roi Æéta [b], & le théatre des aventures de Médée fa fille [c]. La mémoire n'en eft pas éteinte en ce même lieu. La tradition porte que l'enlévement de cette Princeffe par Jafon fut une des plus anciennes fources de querelle entre l'Afie & la Grece [d]. Le Pays eft riche en oifeaux rares, en beftiaux, en peaux d'animaux étrangers, en métaux de toute efpece, airain, argent & or [e]. Les torrens entraînent l'or des riches mines que deux fucceffeurs d'Æéta, Sélauces & Efubope, rois de Colchos, firent dans la fuite ouvrir dans la montagne des Zoannes, & les habitans le ramaffent en dépofant dans les cours d'eau des vafes percés de fort petits trous, & des toifons de brebis fur lefquelles les paillettes d'or s'arrêtent [f]. Æéta avoit, par ce moyen, ramaffé des richeffes confidérables, que lui ravirent les Grecs. Sa fille Chalciope, veuve de Phrixus, féduifit en leur faveur Médée fa fœur. Elle leur fournit les moyens de forcer les murs & les ferrures du tréfor, qu'ils enleverent, & s'enfuirent auffi-tôt avec les deux filles du Roi. Ils n'échapperent qu'après un fanglant

[a] Apollon. Rhod. L. IV.
[b] Plin. VI. 4.
[c] Strab. L. I. p. 45.
[d] Herodot. I. 2.
[e] Ifidor. L. III.
[f] Strab. L. I. p. 46. & L. XI. p. 499. Appian. Bell. Mithr.

[1] Les voyages du fameux Séfoftris, roi d'Egypte, & l'établiffement qu'il fit en Colchide, font affez bien conftatés par le rapport des anciens hiftoriens.

combat

SUITE DU LIVRE III.

combat contre les troupes de ce Prince, composées partie de soldats nés dans cette terre même, partie de Taures, Peuples barbares du voisinage. Tel est le fait simple de cette fameuse conquête, dégagé de mille circonstances fabuleuses [1], dont on a coutume d'en orner le récit, & auxquelles je n'ai garde de m'arrêter ici. Je dirai seulement qu'il est assez visible que les prétendus taureaux à cornes d'airain & vomissant des flammes, n'étoient pas autres que les Taures barbares, qui parurent sans doute aux Grecs *les plus redoutables de tous, & qui sont en effet la plus féroce des nations du Pays* [a]. Au reste, on n'est pas trop d'accord de ce que c'étoit que ce fameux trésor enlevé par Jason. L'opinion la plus commune est qu'il consistoit réellement en une grosse quantité d'or; mais notre savant Varron juge que cette toison d'or n'étoit autre chose que les laines & les fourrures précieuses du Pays. Il croit que l'établissement d'un commerce de cette espece fut le but principal du voyage des Argonautes. On peut induire du récit d'Hérodote qu'il pensoit de même, lorsqu'il dit que les Grecs, après avoir terminé à l'amiable les affaires qui les amenoient, enleverent à leur départ la fille du Roi [b]. Chacune de ces opinions peut être vraie, elles peuvent

---

[a] *Vid.* SALLUST. *fragm.* 348. *infr.* [b] *Herodot.* ibid.

[1] Bochart explique fort bien, à son ordinaire, les prétendues merveilles que l'on a débitées sur les obstacles que Jason eut à surmonter, lorsqu'il voulut enlever la toison d'or, gardée par un dragon & par des taureaux. Toutes ces fables ne sont nées que du mauvais sens que l'on a donné à certaines expressions des langues orientales, où *gaza* signifie également un trésor & une toison; *saur*, une muraille & un taureau; *nachas*, de l'airain & un dragon. Il y a tout lieu de conjecturer aussi que ces prétendus taureaux à cornes d'airain, qui jetoient du feu par la bouche & par les narines, n'étoient autres que les Taures, Peuples barbares armés de feu & d'airain. Ils parurent sans doute les plus redoutables de tous aux Grecs, qui les combattirent. En effet, Salluste les dépeint ici comme la plus féroce des nations de ce Pays. Quant aux soldats nés de la terre, cette expression, que la fable prend à la lettre, est commune dans l'antiquité, où elle ne signifie autre chose que natif de la contrée même, en grec *autochtones*, en latin *indigenes*, c'est-à-dire naturels du Pays.

Tome II.   K k

même l'être toutes deux ensemble. L'expédition des Argonautes doit être regardée comme une course d'un Peuple vagabond, qui avoit à la fois pour objet la curiosité, la rapine, le trafic & le desir de former de nouveaux établissemens. S'ils partirent de Grece avec un seul navire, on ne peut douter qu'ils n'en aient fabriqué beaucoup d'autres dans le cours de leur route. Plusieurs d'entr'eux, séparés de la flotte par divers obstacles qui es empêcherent de la jamais rejoindre, s'égarerent dans des contrées lointaines où il fallut se fixer. Telles sont les Colonies des Tyndarides, des Hénioques & autres, que je détaillerai bientôt *a*. Des établissemens de cette espece, supposent nécessairement un certain nombre d'hommes & de vaisseaux.

La Colchide * a eu long-temps des Rois de la race d'Æéta, ou du moins de son nom ; c'est même un nom encore aujourd'hui assez commun aux gens du Pays. C'est celui que portoient ses Rois au temps de la domination des Perses *b*. Enfin elle étoit tombée au pouvoir de Mithridate, qui en donna le gouvernement au satrape Moapherne *c* 1. Mais les Colches voulant avoir leur Souverain chez eux, demanderent que la couronne fût mise sur la tête d'un des fils de Mithridate : demande dont il fut si fort irrité, qu'il fit mourir le jeune Prince, après l'avoir chargé de chaînes d'or, ce qui occasionna la révolte des Colches *d*. On montre dans la ville d'Æéta un vieux Temple du Dieu Mars, appellé, en langue barbare, *Théritas*, dont Castor & Pollux enleverent la statue, qu'à leur retour ils consacrerent en Laconie *e* : un autre Temple dédié à Phrixus, & un bois où l'on prétend

* Aujourd'hui Mingrélie.

1 Moapherne étoit grand-oncle de *Strabon* le Géographe.
a *Eustath. in Dionys. Perieg.* 686.
b *Xenoph. Anab. L. V.*
c *Strab. L. XII.*
d *Appian.*
e *Pauf. in Lacon.*

SUITE DU LIVRE III. 259

que la Toifon étoit fufpendue à un arbre. Le refte de la Ville eft peu de chofe, depuis que Thémiftagoras le Miléfien en a fondé une autre, plus commode pour le commerce, vers l'embouchure du Phafe, dont elle a pris le nom *a*.

Ce fleuve, affez confidérable, fort d'une branche du mont Caucafe, habitée par la nation des Mofques. Il eft capable de porter de fort grands bâtimens jufqu'à près de quarante milles au deffus de fon embouchure *b*, & de moindres pendant un plus long efpace. Phrixus pouffa jufqu'ici fes courfes. Il bâtit, chez les Mofques, le riche Temple de Leucothée, qui vient d'être pillé par le fils de Mithridate. Il y établit un Oracle, & fonda, fur la frontiere de Colchide, une Ville qui a long-temps porté le nom de ce Héros Grec; mais qu'on appelle aujourd'hui Idéaiffe *c*. A fon exemple, les Argonautes Caftor & Pollux bâtirent, fur les bords du Phafe, une Ville qui a retenu d'eux le nom de Tindaris *d*. Jafon le remonta jufqu'aux montagnes voifines de l'Arménie. De là s'avançant dans les terres avec fes compagnons, il parcourut l'Ibérie, l'Albanie & la Médie. Il fit alliance avec les Albaniens, limitrophes de la mer Cafpienne. Hécatée de Milet avance qu'il remonta la riviere jufqu'à l'Océan oriental, par où il entend fans doute la mer d'Hyrcanie ou Cafpienne. Mais il fe tromperoit même en ce cas, puifqu'il eft aujourd'hui bien avéré que le Phafe ne communique pas avec cette mer, dans laquelle on ne peut fe rendre fans quitter cette riviere, & gagner par terre le cours du fleuve Cyrus. Il eft vrai que la diftance eft petite entre les deux rivieres. Toutes deux arrofent le Pays des Mofques, & coulent, l'une à l'Occident, vers l'Euxin; l'autre à l'Orient, vers la mer Cafpienne. C'eft au nord du grand ifthme, qui fépare les deux mers, qu'eft la plus haute

CIV. Fleuve du Phafe.

---

a Méla. I. 19.
b Plin. VI. 4.
c Strab. L. XI. p. 498.
d Euftath. in Dionyf. 686.

chaîne du mont Caucafe, dont les branches s'étendent au midi vers l'Albanie, l'Ibérie, Colchos & le Pays des Hénioques. *Les fommets de cette chaîne* ¹ *paffent de deux milles en hauteur les autres montagnes qui l'environnent* ᵃ, & reftent éclairés des rayons du Soleil, fort long-temps après qu'il eft couché. Ceux qui l'habitent viennent commercer à Diofcuriade, pour s'y fournir de fel. Les uns demeurent au-deffus de la montagne, & les autres dans des forêts plus baffes. Ils vivent de la chaffe, de fruits fauvages, de lait. Le fommet des rochers eft tout-à-fait inacceffible pendant l'hyver: mais l'été ils grimpent, en attachant fous leurs pieds des efpeces de tambours ou raquettes de cuir de bœuf, armés de pointes, pour pouvoir marcher fur la neige fans y enfoncer. Quand il faut defcendre, ils fe pofent affis fur une large peau avec leur bagage, & fe laiffent gliffer.

En tirant vers le nord, le Pays eft moins élevé, & s'adoucit davantage à mefure qu'on approche de la campagne des Siraques, qui produit quelques grains. Cependant il y a dans cette contrée des Troglodytes, qui habitent dans les cavernes des rochers, à caufe du grand froid. Depuis là jufqu'au lac Mœotide, tous les Peuples font Nomades. Mais les Siraques & les Aorfiens font des Peuples étrangers, autrefois chaffés de leur Pays natal. Ils

ᵃ Sallust. *fragm.* 517.

¹ Ce font les montagnes que les Arabes appellent *montagnes de Raf;* ce qu'on en dit ici paroît un peu exagéré. Les Géographes modernes ne leur donnent en tout que deux milles de hauteur perpendiculaire *. Peut-être même que fi nous avions en entier la phrafe de Sallufte, nous verrions qu'il n'a pas voulu lui donner un autre fens, & que le mot *præminet,* au lieu d'être joint à ceux qui fuivent, *omnes qui circum funt*

* *Voy.* Varen. Géogr. II. 30.

præminet altitudine millium paffuum duorum; en doit être ainfi féparé par la ponctuation, *omnes qui circum funt præminet; altitudine millium paffuum duorum;* en telle forte que la hauteur de deux milles ne défigne que la hauteur totale de la montagne depuis le fol. Les montagnes de Raf ne feroient-elles pas les véritables monts Riphées des Anciens, fur la pofition defquels ils ont tant avancé de fables & commis d'erreurs?

SUITE DU LIVRE III.

avoient des Souverains particuliers, alliés du roi de Pont. Ils pouvoient mettre fur pied une cavalerie redoutable. Spidanes, roi des Aorfiens, en envoyoit un corps auxiliaire à Mithridate & à Pharnace. Abéacus, roi des Siraques, fourniffoit près de vingt mille chevaux. Les Aorfiens s'étendent depuis le Tanaïs fort avant le long du bord feptentrional de la mer Cafpienne. Ils commercent en or & en autres marchandifes de l'Inde & de Babylone, que les Medes & les Arméniens leur tranfportent fur des chameaux *a*.

Jafon laiffa, dans ces vaftes contrées, des monumens de fon féjour, plus durables que n'ont été ceux de Bacchus & d'Hercule, qui, dit-on, les avoient foumifes avant lui. Les édifices bâtis par les Argonautes, le grand nombre de petits Temples dédiés à Jafon, à qui les habitans du Pays rendent les honneurs divins, le nom de Jafonia, donné à une montagne au deffus & à gauche des portes Cafpiennes, & enfin plufieurs vieilles coutumes que les habitans paroiffent avoir prifes des enfans de Phrixus ou des compagnons de Jafon, font autant de preuves de la vérité de fon voyage, confirmées par d'anciens mémoires nationaux. Les Hiftoriens Grecs, toujours paffionnés pour la gloire de leur patrie, à laquelle ils veulent tout attribuer, ont encore ajouté à ceci qu'Arménus le Theffalien, l'un des Argonautes, natif d'Ormene près de Lariffe, fe fépara du Chef avec une partie de la troupe, & alla fonder le royaume d'Arménie, auquel il donna fon nom *b*.

En remontant le long de la côte, depuis le Phafe vers le feptentrion, à l'angle où elle commence à courir à l'occident, on trouve la ville de Diofcuriade, autrefois fi commerçante, qu'on y voyoit aborder des gens de foixante & dix nations de langage différent *c*, & même d'un beaucoup plus grand nombre

CV. Hénioques.Achéens.

---

a Strab. Lib. XI. p. 506.
b Juftin. XLII. 3. Strab. Lib. I. p. 45.
Lib. XI. p. 503. & 526.
c Strab. L. XI. p. 498.

encore, si l'on s'en rapporte à la relation de Timosthene a. Amphite & Cercius ¹, deux Lacédémoniens conducteurs des charriots des Dioscures, Castor & Pollux, ayant été préposés par Jason sur ce canton de la Colchide, y bâtirent sous le nom de leurs maîtres, cette Ville maritime dans le Pays des Dandariens & des Hénioques b. De là jusqu'au Bosphore, le Pays est peuplé d'une quantité de petites nations Scythes mélangées d'anciens Grecs. Je vais faire connoître les principales, sur-tout celles à qui les Grecs se mêlerent autrefois. Ils y ont tellement éprouvé l'influence de l'exemple & du climat, qu'ils ne sont ni moins errans ni moins farouches que les vrais naturels du Pays. Mithridate a vainement tenté de soumettre *ces races naturellement guerrieres & tout-à-fait incapables d'endurer aucune espece d'assujettissement* c. N'ayant pu joindre à ses Etats le terrein qu'ils occupent, par lequel son royaume du Bosphore se trouvoit séparé de ses conquêtes en Colchide, il avoit pris le parti de rechercher l'amitié d'une partie de ces nations, & de se tenir en garde contre l'autre.

D'abord la nation des Hénioques reconnoît pour ses auteurs les deux Lacédémoniens dont j'ai parlé, conducteurs des charriots de Castor & Pollux d. En effet, le nom d'*Hénioque*, en langue grecque, signifie *Cocher* *. La côte qu'ils habitent au-delà de

* Ἡνίοχεω, *aurigo*.

---

a. *Timosthen. ap. Plin.* VI, 4.
b. *Amm-Marc.* XXII. 8.

¹ *Justin* les nomme Phrudius & Amphistrate; *Pline*, Amphitus & Thelchius; *Strabon*, Réca & Amphistrates. Ces variations sur le nom des premiers Auteurs de la Colonie Héniochienne, parmi tant d'Historiens qui en parlent, marquent que l'on regardoit comme une chose constante l'ori-

c *Sallust. fragm.* 481.
d *Ammian.* ibid.

gine grecque de cette nation, & que les Ecrivains qui le rapportent ainsi, ne se sont pas copiés les uns les autres. On ne peut douter que Salluste n'ait tenu là-dessus le même langage : cependant il est difficile de se dissimuler que le fait est peu vraisemblable.

Pitiuse, autre Ville du rivage, est presque par-tout montueuse & inabordable, à cause des racines du Caucase qui s'étendent dans la mer *a*. Ces Peuples vivent de pirateries. Ils ont des barques appellées *kamares*, propres à leur rivage, légeres, étroites, faites de planches minces, capables de contenir au plus vingt-cinq à trente personnes. Ils en forment de petites flottes avec lesquelles ils infestent la mer, pillent les vaisseaux marchands, surprennent les campagnes, & même quelquefois les Villes. Les habitans du Bosphore leur donnent retraite, & les fournissent des choses nécessaires, pour lesquelles ils achetent d'eux à vil prix ce qu'ils ont volé. De retour en leur Pays, ils chargent les barques sur leurs épaules; ils les vont porter au fond des bois, où ils font leur demeure, & autour desquels ils cultivent, tant bien que mal, quelques terres assez stériles. Quand le temps est redevenu propre à la navigation, ils les rapportent au rivage & se remettent en mer. Souvent ils en usent de même lorsqu'ils ont fait une descente en terre étrangere, où, après avoir caché leurs barques dans des forêts qu'ils connoissent fort bien, ils se répandent par la campagne, enlevent les habitans, se retirent en lieu de sûreté, & envoient avertir du lieu où ils sont, afin qu'on vienne racheter les hommes, pour lesquels ils se contentent d'une rançon médiocre. Ces petites nations de pirates ne s'épargnent pas même entr'elles; elles s'attaquent les unes les autres, si elles se rencontrent, & s'enlevent hommes & barques. Quelquefois on obtient justice de leur Chef, quand les voleurs sont d'une tribu soumise à quelque forme de Gouvernement. Les Hénioques, par exemple, en avoient quatre au temps dont j'écris l'histoire, lorsque Mithridate, fuyant de son royaume de Pont dans celui du Bosphore, traversa leur Pays par cette marche étonnante, qui m'a conduit moi-même à

---

a Strabon. Artemidor.

parler ici de tant de nations sauvages, jusques-là presque inconnues dans notre occident.

On raconte que les Achéens du Bosphore descendent d'une peuplade venue d'Orchomene [1] en Bœotie, qui, après une fort ancienne guerre en Troade, s'égara dans ces quartiers, sous la conduite de Jalmene [a]. Transplantée dans ce rude climat, en un siecle où les Grecs même n'étoient guere éloignés d'un genre de vie sauvage, elle y perdit bientôt tout-à-fait sa langue, ses loix, ses usages & son culte. Les Orchoméniens y devinrent de vrais barbares. Ils sont même à cette heure les plus brutes de toute la contrée. Ascalphe leur Roi les avoit menés à cette guerre de Troye, antérieure à celle entreprise au sujet d'Helene. Ayant voulu, après la prise de Troye, revenir chez eux par le Pont-Euxin, la tempête les poussa sur la rive septentrionale, où ils firent naufrage & furent fort maltraités par les habitans [b]. Ils se cantonnerent comme ils purent, au bord de la mer, en attendant un secours de vaisseaux qu'ils avoient envoyés demander dans leur patrie, & qu'on leur refusa [c]. Une telle dureté les remplit de rage: ils résolurent de s'établir par force dans le Pays, d'y prendre les mœurs des Scythes, & d'égorger tous les Grecs qui tomberoient entre leurs mains [d]. Persécutés par

[a] Strab. L. IX.
[b] Dion-Halic. L. I. Dionys. Af. de situ orbis. 658. Amm-Marc. XXII, 8.
[c] Senec. Consol. ad Helv. c, 6.
[d] Appian. Bell. Mithr.

[1] Je ne peux guere m'empêcher de regarder comme des fables une partie de ces origines grecques, adoptées par les Anciens. Mais, d'autre part, je ne puis douter qu'elles n'aient été adoptées par Salluste, dans son histoire; car, en conférant le fragment de notre Auteur sur les Achéens, avec un long passage d'*Ammien-Marcellin* sur les mêmes Achéens & sur les Hénioques, il est visible que celui-ci a extrait ou même copié Salluste presque mot pour mot. Cependant, à vrai dire, il me paroît plus naturel de croire qu'il n'y a rien de commun entre les Achéens de la Grece & ceux de la Scythie, qu'une conformité de nom, &, que, sans avoir besoin de recourir aux Cochers des Tindarides, pour y trouver la cause du nom des *Hénioques*, il suffit que l'exercice ordinaire des Scythes soit de conduire des chevaux, pour que les anciens navigateurs Grecs les aient ainsi appellés en leur langue.

SUITE DU LIVRE III.

les naturels du Pays, ne trouvant par-tout qu'ennemis, & nulle part de demeure affurée, ils fe réfugierent enfin fur le haut des montagnes couvertes de neige. Là, féparés du refte des hommes par la rigueur du climat, fans autre reffource pour vivre, que celle du pillage, qui armoit tout le monde contr'eux, ils en vinrent bientôt à furpaffer en férocité les plus cruelles nations du Pays même *a*. *Car il eft de fait qu'entre tous les Peuples compris fous le nom de Scythes, les plus féroces, même aujourd'hui, font les Achéens & ceux de la Tauride ; ce qui vient, à ce que je préfume, de ce que la ftérilité de leur terrein les a de longues mains accoutumés à vivre de rapines b. Un brigandage perpétuel pratiqué dès l'enfance par des gens guerriers & fauvages c,* les avoit familiarifés avec le meurtre, dont l'habitude les fit parvenir au dernier degré d'inhumanité. On dit qu'autrefois ils égorgeoient tous les étrangers, fans diftinction; que dans la fuite ils choifirent les mieux faits pour les immoler aux Dieux du Pays; & que plus récemment encore, ils ont borné le facrifice à une feule victime, dont le fort décide *d*. Au refte, cette coutume tient peut-être plus aux ufages qu'au caractere même. On ne doit pas être furpris que les Taures épargnent fi peu les étrangers, eux qui dans l'occafion font le facrifice volontaire de leur propre vie. Au décès de leur Souverain, fes meilleurs amis s'immolent fur fa tombe. Le Souverain lui-même n'eft pas exempt de leur rendre la pareille par une plus légere offrande; s'il perd un d'entr'eux, il coupe une partie de fon oreille, ou même l'oreille entiere, felon la dignité du mort ou l'affection qu'il lui portoit *e*.

Au milieu de tant de Peuples fauvages, le petit royaume du Bofphore-Cimmérien s'eft maintenu depuis plus de quatre fiecles, fous une forme de Gouvernement régulier, malgré le mélange

CVI. Bof- phore-Cimmé- rien.

---

a Ammian. ibid.
b Sallust. fragm. 348.
c Sallust. fragm. 487.
d Appian.
e Fragm. Nicol. Damafc. ap. Stob. in excerpt. Vales. p. 527.

Tome II. Ll

& les incursions des Barbarés. Il occupe les bornes de l'Europe & de l'Asie, depuis les montagnes des Achéens jusqu'au golfe Carcinite; espace dans lequel se trouvent plusieurs Villes considérables & commerçantes, tant sur la côte orientale du lac Mœotide, que sur celle de la Chersonèse-Taurique, toutes deux comprises dans l'étendue de ce royaume. Mais cet espace ne laisse pas que d'être en partie peuplé par diverses nations Scythes, telles que les Sindes, les Cimmériens & les Ases. Ces deux dernieres étendent leurs peuplades bien loin vers le septentrion, où elles font, à ce qu'on dit, des courses jusqu'au nord de la Germanie. Le premier Roi du Bosphore fut Archœanax. Il ne possédoit quasi que le petit territoire de la Ville de Phanagore, vers la bouche d'une riviere appellée *Vardan* en la langue des Barbares, & *Hypanis* en celle des Grecs. Après l'extinction de sa race, la Couronne passa à Spartacus [a]. Ses successeurs agrandirent leurs limites, s'emparerent d'une partie de la Taurique & de Panticapée, dont ils firent la Ville capitale de leur Etat, & favoriserent le commerce, accordant des privileges considérables aux marchands qui viendroient s'établir à Théodosie *; ce qui a rendu cette Ville-ci l'une des plus riches & des plus peuplées de l'Euxin. Ils donnerent aux Athéniens une entiere liberté de commerce dans toute l'étendue de leur domination. Ils leur fournirent des grains dans un temps de famine [b]. Le traité d'alliance conclu entre les Athéniens & les Rois du Bosphore, qu'on lit sur une colonne près du Temple des Argonautes en Taurique, porte que les habitans de chacune des nations jouiront réciproquement chez l'autre, des droits de naturalité [c].

* Aujourd'hui Caffa.

[a] *Vid. Diodor. L. XII. & XIV.*
[b] *Demosth. cont. Leptin.*
[c] *Lysias. orat. XV.*

SUITE DU LIVRE III.

Ce traité fut fait par le roi Leucon 1, de qui les Souverains de cette dynastie ont pris le nom de *Leuconiens* ᵃ. Le Philosophe Chrysippe rapporte que plusieurs personnages célebres de la ville d'Athenes se rendoient à sa Cour, pour être témoins de sa magnificence, & avoir part à ses libéralités ᵇ. Les Athéniens, de leur côté, éleverent chez eux des statues de bronze aux rois du Bosphore, & regardoient la puissance de ces Princes comme une barriere utile à la Grece contre les invasions des Barbares ᶜ.

Malgré tant d'avantages, les Rois n'ont pu se maintenir par eux-mêmes contre l'essaim des Barbares dont ils étoient environnés. Après avoir été quelque temps assujettis à payer un tribut aux Scythes, Pœrisades, le dernier roi Leuconien, hors d'état de satisfaire aux nouvelles & excessives demandes de Scilirus leur Chef, céda sa Couronne à Mithridate, pour mettre les Barbares aux prises avec un voisin tout autrement capable de leur faire tête. Celui-ci les mit à la raison, & les contraignit enfin à lui payer eux-mêmes le tribut qu'ils exigeoient. Il prit sous sa protection tous les petits Peuples qui voulurent y avoir recours, entr'autres la ville de Chersonese, libre alors, mais qui se donna à lui pour être défendue contre les incursions ᵈ. Il défit Palac, fils de Scilirus, quoique les Scythes eussent un renfort de cinquante mille Rossolans *, nation belliqueuse, qui habite une vaste région, entre le Borysthène & cet autre grand fleuve sep-

* Aujourd'hui les Russes.

ᵃ *Ælian. var. hist.*
ᵇ *Chrysipp. apud Plutarch.*

ᶜ *Dinarch. orat. contr. Demosth.*
ᵈ *Strab. L. VIII. p. 308.*

¹ Athénée rapporte un mot bien remarquable du roi Leucon. Un délateur lui ayant un jour fait un faux rapport contre un de ses courtisans : *Méchant*, lui dit Leucon, *je te ferois mourir, si les Rois n'avoient toujours besoin de quelque scélérat tel que toi.*

Dans le Cabinet royal des médailles, il y en a une du roi Pœrisades, dont il va être parlé, frappée dans la ville de Panticapée. Elle est gravée dans les Mémoires de l'Académie des Belles-Lettres, *tome VI. p. 552.*

268   HISTOIRE ROMAINE.
tentrional *a* qu'ils appellent le *Rha* *. Ce Peuple mal armé & mal difcipliné, ne put tenir contre les troupes aguerries du roi de Pont. Diophante fon Général les détruifit tous avec Tafius leur Chef [b].

CVII. Palus Mœotides. Le lac Mœotide a fon iffue dans l'Euxin, au milieu des Etats du Bofphore, dont les côtes maritimes bordent en partie ce vafte lac. Il fe décharge à grands flots dans l'Euxin, par le détroit Cimmérien, entre Phanagore en Afie & Panticapée en Europe. Le détroit fait ici la divifion des deux parties du Monde. Sa plus grande largeur eft de foixante-dix ftades. Dans la moindre, à l'endroit où eft le Temple d'Achille, il n'en a pas plus de vingt. Dans le temps des glaces, on le traverfe à pied & en voitures. C'eft un chemin fi battu, qu'on y eft quelquefois incommodé de la boue [c]. Hérodote & Scylax fe trompent, en donnant au Mœotis plus d'étendue qu'à la moitié de l'Euxin. Contentons-nous de dire, avec plus de vérité, que c'eft le plus grand lac du Monde. Son circuit eft d'environ neuf mille ftades. Son rivage eft prefque droit tout le long de l'Afie [d] : de forte qu'il n'y a guere plus de chemin à faire en le côtoyant par terre, qu'à traverfer tout droit par mer, au lieu qu'il y en a trois fois plus à fuivre par terre la côte d'Europe, laquelle eft d'ailleurs tout-à-fait déferte. L'autre au contraire eft affez bien peuplée. Elle l'étoit même autrefois davantage. Orphée nomme depuis le Phafe jufqu'au Tanaïs, une quantité de nations inconnues de nos jours. La plus puiffante étoit jadis celle des Cimmériens, de qui le Bofphore a reçu fon nom. Elle infefta Sinope & toutes les régions voifines de l'Euxin, jufqu'en Ionie. Mais les Scythes-

* Le Volga.

a *Poffidonius & Apollonid. apud Strab.* ibid.
b *Strab.* ibid. p. *306.*
c Ibid. p. *307.*
d *Arrian. Strab.*

SUITE DU LIVRE III.

Nomades, originaires d'Asie, poussés par les Massagetes, traverserent le fleuve Araxe & vinrent la chasser de son propre territoire, comme ils l'ont eux-mêmes été depuis par les Colonies Grecques, fondatrices des Villes maritimes [a]. Aujourd'hui la nation principale est celle des Mœotes, habitant sur le cours des deux rivieres, le grand & le petit Rhombite, où ils font une pêche prodigieuse de poissons plats. Ils cultivent aussi la terre, & ne laissent pas que d'être aussi bons guerriers que les autres Nomades. Toute cette côte orientale est de la dépendance du royaume du Bosphore, cédé à Mithridate par ses propres Souverains. En général, les Peuples les plus reculés y sont les plus féroces. Les mœurs des autres sont un peu adoucies par le voisinage des Villes Grecques.

Parmi les naturels du Pays, le nom du lac est *Temerinde*, c'est-à-dire *mere de la mer* [1], à cause de la quantité d'eau qu'elle fournit à l'Euxin, lequel paroît en sortir de deux côtés, non-seulement par le détroit, mais aussi par le fond du golfe Carcinite [b]. *Mœotis* est une espece de traduction du nom de *mere de la mer*; car *maïa* signifie *nourrice* ou *accoucheuse*. Les Scythes,

---

[a] *Herodot. IV. 11. Strab. L. XI.*

[b] *Plin. VI. 7. Dionys. Perieg.*

[1] Del Rio prétend que Témérinde signifie plutôt *le bout de la mer* que la *mere de la mer*. Nous l'appellons aujourd'hui mer d'Azoff & mer Zabache, qui est le nom d'un poisson qu'on y pêche en abondance. Elle a environ deux cents lieues de circuit, & si peu de hauteur, qu'elle n'est navigable qu'aux petites barques. La ville de Tanaïs est l'importante place d'Azoff, forteresse des Russes sur cette mer. J'ai marqué en marge les noms modernes des autres Villes de la presqu'isle, à mesure que j'en parlois. C'est dans celle de Nymphée, aujourd'hui *Kalati*, que le Poëte Racine a placé la scene de sa tragédie de Mithridate. Toute la presqu'isle Taurique, qu'on appelloit autrefois *petite Scythie*, porte à présent le nom de petite Tartarie ou de Crimée, qui lui vient de l'ancienne ville de *Cimmerium*, autrement Cremnos, c'est-à-dire *escarpée*, *suspendue sur un rocher*. C'étoit le marché le plus considérable de la Tauride du temps d'Hérodote. Ferrand dit qu'on voit encore dans la Krimée les restes & murs de l'ancienne ville de Krim, qu'on dit avoir été autrefois la Capitale de la Cimmérie *.

* *Ferr. relat. de Krimée.*

HISTOIRE ROMAINE.

toujours fur la même idée, nomment en leur langage l'eau Mœotide *Karpalouk*, comme fi elle accouchoit des poiffons, dont elle produit en effet une quantité furprenante *a*. Les Mœotes de la côte le font fécher. C'eft pour eux un gros commerce avec les Grecs. Les thons fur-tout viennent dans le temps du frai 1 chercher l'eau douce du Mœotis. Quand le jeune thon, que les Grecs appellent *pelamide*, a pris un peu de force dans cette eau, il fort en bandes prodigieufes par le détroit, prenant fa route à gauche, tout le long de la côte d'Afie, jufques vers les villes de Trapézunte & de Cérafus, où l'on commence d'en faire la pêche. Elle n'eft pas encore bien bonne en cet endroit, parce que le poiffon n'a pas pris toute fa croiffance. Elle eft meilleure à Sinope, où le thon ayant acquis fa jufte grandeur, fa chair commence à bien prendre le fel; car ce poiffon grandit fi vîte, qu'on le voit, pour ainfi dire, croître d'un jour à l'autre. Au débouquement du Bofphore de Thrace dans la Propontide, la colonne des thons effrayée par la blancheur des rochers de Chalcédoine, fe jette fur la rive oppofée, & fe trouve naturellement pouffée par le flot, dans un petit bras de mer divifé en ramifications comme un bois de cerf, qu'on appelle *la corne de Byzance*. C'eft là qu'on en fait une pêche prodigieufe, avec tant de facilité, qu'on les prend même à la main *b*.

L'eau du lac eft blanche, peu falée, prefque par-tout médiocrement profonde, & même fi peu dans fa partie occidentale,

---

a Procop. Bell. Gothic. Stephan. Byz. Euftath. in Dion. Tzetz. Chiliad. VIII. 224.
b Vid. Sallust. fupr. fragm. 240. & 346. Strab. L. VII. p. 320. Plin. IX. 15. Ariftotel. hift. Anim. VI. 17. Tacit. Annal. XII. 63.

1 Je fuis ici le rapport de Strabon, & celui du fcholiafte de Juvénal, qui allegue le paffage de Salluste; mais je dois obferver que le rapport d'Ariftote y eft directement oppofé. Il prétend, au contraire, que les thons fortent de l'Euxin pour aller frayer; qu'en automne les mâles fuivent les femelles dans les mers méridionales, & qu'au printemps ils rentrent enfemble dans l'Euxin *.

* Vid. Arift. hiftor. Anim. VI. 17.

SUITE DU LIVRE III.

qui s'engage de quatre mille stades au milieu des terres, & qu'on appelle le *marais Vafart* *, qu'à peine en cet endroit est-il navigable aux petites barques, tant le fond y est sujet à changer, lorsque la violence des vents pousse le limon d'une place en une autre *a*. Une langue de terre, longue & étroite, sépare le marais de l'eau plus amere du grand lac. De l'autre côté, il est séparé du golfe Carcinite, faisant partie de l'Euxin, par l'isthme large de onze stades, qui rejoint la Chersonese-Taurique au continent de l'Europe. A l'endroit le plus serré de l'isthme, on a bâti la ville de Taphré. Callistrate en attribue la fondation à une troupe d'esclaves du continent. Ayant eu commerce avec les femmes de leurs maîtres, long-temps retenus à la guerre contre les Thraces, la crainte d'être découverts se joignit *au desir naturel de troquer leur servitude contre une meilleure situation* *b*. Ils s'enfuirent au retour de leurs maîtres, se réfugierent sur l'isthme, & s'y fortifierent, en le coupant d'un fossé profond *c*, dont la Ville qu'ils ont bâtie a tiré † son nom [1]. Depuis peu, Mithridate a fait construire par son Lieutenant Diophante, à quelque distance de-là, dans la presqu'isle, une autre forteresse nommée *Eupatorium*, du nom de ce Prince *d*.

* Putris Palus.   † Τάφρος; fossa, vallum.

a Strab. L. VII. p. 308.
b SALLUST. fragm. 183.
c Callistrat. ap. Steph. Byz.
d Strab.

[1] Le nom grec *Taphré* n'est qu'une traduction du mot barbare *Pzrécop*, c'est-à-dire *fossé*; c'est encore le nom actuel de cette Ville de l'isthme de Crimée. Cette Ville qui défend aujourd'hui le détroit, s'appelle aussi Porte-Or, en Turc Or-Kapi. C'est un poste plus propre à tenir la douane, qu'à soutenir un siege, n'ayant pour défense qu'une redoute, & un boyau ou ligne qui traverse toute la largeur de l'isthme. Cette ligne est probablement l'ancienne fossé qui avoit fait donner à la place le nom grec *Tafros*. Cependant sur la fin du siecle dernier, le Prince Galitsin l'ayant assiégée avec une armée de cent mille Russes, & battue avec trente pieces de canon, ne put la prendre. Elle fut secourue par Kalga-Guiray, fils du Sultan Selim-Guiray, Kan des Tartares, qui repoussa les Russes & s'empara de leur artillerie *.

* Ferrand. relat. de Krimée.

CVIII. Fleuve Tanaïs. Sarmates, & autres nations du Nord. Monts Riphées.

Toute la mer Mœotide n'est, à vrai dire, que l'embouchure du grand fleuve Tanaïs, élargie & retenue par les deux becs des terres d'Europe & d'Asie qui se rapprochent pour former le détroit Cimmérien. Les naturels du Pays nomment en leur langue *Silis* le fleuve que les Grecs appellent *Tanaïs* [a], ajoutant la terminaison habituelle de leur idiome [1] au mot *tan* ou *dan*, qui chez les Barbares signifie en général une *riviere*. Nicanor blâme avec raison cet usage qu'ont les Grecs, de réduire les termes barbares à la forme de leur propre langue [b]. Le Tanaïs vient de l'orient d'été, se recourbant tout d'un coup vers le midi, après avoir traversé, du couchant au levant, les campagnes des Sarmates, au sortir de celles des Thyrsagetes, où il prend sa source. Son cours est si rapide, qu'il ne gele jamais, malgré l'extrême rigueur du climat, qui couvre de glace les autres rivieres, les eaux du lac, & même une partie de celles de l'Euxin. Sa rive est habitée par les Sarmates, qu'on dit être une émigration de Medes fugitifs. Ils forment une nation divisée en plusieurs Peuples de différens noms.

L'un d'eux, voisin du lac, est gouverné par des femmes qui commandent à leurs maris, & vont comme eux à la guerre. On les dit autrefois sorties du sang des Amazones, lorsqu'ayant quitté le Thermodon, elles se joignirent aux Sarmates, à qui elles engendrerent cette race belliqueuse [c]. Parmi elles, les

---

[a] *Plin. VI. 7.*
[b] *Nican. apud Steph. Byz. verf.* Tanaïs.
[c] *Ammian. XXII. 8.*

[1] Aujourd'hui la riviere a perdu cette terminaison grecque, & conserve son véritable nom de *Tan*, *Dan* ou *Don* (car ce n'est qu'une variété de prononciation), comme ce n'est qu'un terme générique qui désigne *une riviere*; on le trouve souvent dans la composition des noms de fleuves. Le Tanaïs servoit autrefois de bornes aux parties du monde, que les Anciens divisoient en trois, l'une orientale, séparée des deux autres par une ligne d'eau continue, dont le cours du Tanaïs & le cours du Nil faisoient les deux extrêmités; l'autre à l'occident du Tanaïs; la troisieme à l'occident du Nil: toutes trois bornées, tant par les mers intérieures que par l'Océan extérieur, dont les bornes sont inconnues.

hommes

SUITE DU LIVRE III.

hommes tirent de l'arc & combattent à pied. Les femmes font à cheval fans armes à la main; elles y tiennent feulement une corde en nœud coulant, qu'elles jettent fort adroitement fur l'ennemi, & le tirent après elles. Elles ne peuvent fe marier qu'elles n'aient pris un ennemi, & offert le facrifice accoutumé; mais quand elles font mariées, elles ne montent plus à cheval que dans les cas de néceffité.

Les Budins, nation nombreufe, dont les cheveux font roux & les yeux verts, ont d'excellens pâturages, qui ne produiroient rien en autre culture : ils vivent de chair & de lait [a]. Les Gélons habitent une Ville bâtie en bois : ils ont des Temples & des jardins fermés. Leur langue, différente des langages voifins, eft mélangée de la Scythique & de la Grecque. Les Neures font quelquefois contraints d'abandonner leurs habitations, à caufe de la quantité de ferpens qui viennent du défert en leur contrée. On dit que la pierre précieufe appellée *adamas*, fe trouve chez les Aga-thyrfes ou Thyrs-agetes leurs voifins. Ceux-ci & les Turcs font leur demeure dans de vaftes forêts, & vivent de la chaffe, montant fur de grands arbres, d'où ils percent le gibier; tandis que leur chien & leur cheval font ftylés à fe tenir tapis dans le bois, au pied de l'arbre, en attendant que leur maître vienne les mener à la pourfuite de l'animal bleffé [b]. Ils ont en commun leurs femmes & leurs enfans, tenant pour principe que cet ufage entretient une plus grande union entre les Tribus. Les Mélanchléniens portent des vêtemens noirs; ils parlent une langue particuliere, & font antropophages. Les Iffédons & les Arimafpes font célebres dans le voyage d'Ariftée de Proconefe, qui en raconte beaucoup de fables peu dignes d'avoir place ici [c]. Plus avant, ce ne font que des rochers affreux dans un Pays défert & impraticable, jufqu'à la contrée habitée par les Arymphéens.

[a] *Mela. Plin.* ibid. *Hippocrat. de aqu. & loc.*
[b] *Ammian.* ibid.
Arift. Procon. ap. Herodot. IV. 13. 22.

Tome II.   M m

Ceux-ci sont renommés par leurs bonnes mœurs: ils n'ont d'autre habitation que les bois, ni d'autre nourriture qu'un petit fruit sauvage à noyau, qui croît sur un arbre nommé *pontique*, de la grosseur du figuier: ils en expriment un suc noir & épais, qu'ils boivent mêlé avec du lait : ils en mettent le marc en pains pour le manger. Les gens de cette nation, mâles & femelles, ont le menton long, le nez large & plat, la tête & le corps sans aucun poil. Ils sont vêtus comme les Scythes, mais ils parlent une langue particuliere. On les regarde dans le Pays comme un Peuple sacré, & leur contrée comme un asyle pour ceux qui veulent s'y réfugier; tellement qu'au milieu de tant de nations féroces, personne ne s'avise de leur faire injure. Au-delà, c'est le mont Riphée [a].

Voilà ce qu'on en raconte; mais, à dire vrai, il y a peu de fond à faire sur tout ce qu'on débite *des régions si lointaines, & qui sont même fort distantes les unes des autres* [b]. On ne connoît bien ni les monts Riphées, ni le véritable cours du Tanaïs, ni les Peuples de son rivage, si ce n'est vers l'embouchure. Ces Nomades vagabonds ont leur séjour dans un climat si rigoureux, qu'il n'y a que l'habitude d'y vivre qui puisse leur en faire supporter le froid. Les étrangers ne peuvent le soutenir. De plus, une nombreuse & puissante partie de ce Peuple ne voulant point de commerce avec les autres, rompt les avenues praticables, & embarrasse le cours de la riviere dans les endroits où l'on pourroit la traverser; c'est ce qui fait que son cours est si mal connu, que Théophane de Mitylene a cru qu'elle sortoit du mont Caucase, & qu'après avoir long-temps couru du sud au nord, elle se recourboit tout d'un coup, pour couler en sens contraire. D'autres prétendent, avec encore moins de vraisemblance, que le Tanaïs est un bras du Danube. Si l'on veut en croire l'ancien poëme donné sous le nom d'*Orphée*, il y a dans le cours du Tanaïs, un

[a] Herodot. ibid. Mela. 1. 19.   [b] SALLUST. fragm. 464.

SUITE DU LIVRE III. 275

détroit très-difficile, qui communique avec l'océan du septentrion, & par lequel les Argonautes passerent à leur retour. Mais si ce détroit existe en effet, chose à laquelle il n'y a nulle apparence, il est absolument inconnu de nos jours. Timée rend le fait plus vraisemblable, en disant que les navigateurs transporterent leurs bâtimens [1] par terre, jusqu'à un nouveau canal qui leur donnoit entrée dans l'Océan [a]. Il est du moins constant que le Tanaïs, à l'angle de sa plus grande courbure, s'approche fort près de ce grand fleuve Rha que j'ai déjà nommé, & qui va se jeter dans une mer plus orientale.

Les deux embouchures du Tanaïs sont distantes l'une de l'autre de soixante à soixante-dix stades [b]. La plus septentrionale n'est guere fréquentée à cause des glaces. Les Grecs du Bosphore ont bâti sur l'autre une Ville appellée *Tanaïs* comme la riviere. C'est le marché commun de tous les Nomades, tant de l'Asie que de l'Europe. Ils y amenent des pelleteries & des esclaves qu'ils échangent contre des étoffes & du vin [c]. On tient le marché dans la petite isle d'Alopécia, à cent stades de la Ville. *Tel est l'état & la situation du grand lac Mœotide* [d], ainsi que des régions qui l'environnent. Revenons au Bosphore, dont il me reste à parcourir les côtes étenduës sur l'Euxin.

La presqu'isle Taurique est à peu près de la grandeur & de la forme du Péloponese [e]. Elle a deux principaux promontoires, la

CIX. Chersonese-Taurique. Peuples Taures.

---

[a] *Tim. ap. Strab.*
[b] *Strab. L. VII.*
[c] *Id. L. XI.*
[d] *Sallust. fragm. 76.*
[e] *Strab.*

[1] « Je me représente, dit *Lafiteau*, la célebre expédition des Argonautes, comme un petit parti d'Iroquois ou d'Abénaki, allant en course bien loin sur leurs canots, en faisant des portages d'une riviere à une autre, lorsqu'il en est besoin. Ces fameux conquérans de la Toison d'or, ces demi-Dieux, rendus immortels par les Poëtes, sont assez bien représentés par une troupe de gueux & de misérables sauvages. Le navire Argo a pour ancre une pierre attachée à une corde de racines; les Héros sont eux-mêmes les rameurs, & il ne leur faut que des avirons de sapin. Quand on prend terre, on cabane, ou l'on couche à la belle étoile ».

M m 2

Tête-de-bélier, dont j'ai parlé, & le Parthénion, sur lequel sont élevés le Temple & la statue de la Déesse du Pays: celui-ci fait face à l'occident. Elle est remplie de deux sortes d'habitans; les uns barbares, épars dans les montagnes, les autres ayant l'usage de la langue & des mœurs Grecques. Ceux-ci ont une demeure fixe, s'adonnent au labourage, & vivent des fruits de la terre *a*. Depuis le détroit jusqu'aux montagnes, qui divisent le royaume du Bosphore de la Taurique sauvage, la contrée est garnie de Villages & produit des grains. Elle est même si fertile, à l'exception des rochers dont la mer est bordée, qu'avec un peu de culture on y recueille trente pour un. Le transport des bleds y est l'objet d'un grand commerce avec la Grece. On a dit qu'Osiris, Souverain de l'Egypte, durant son séjour à Colchos, avoit poussé sa découverte jusqu'en Tauride, où il avoit enseigné aux sauvages à labourer la terre avec des taureaux *b*. Les Scythes eux-mêmes prétendent que le joug & la charrue sont des instrumens qu'un Dieu fit tomber du Ciel en leur faveur *c*. Mithridate en tiroit tous les ans un tribut de cent vingt mille mines de grains, & deux cents talens d'argent *d* 1. Les Villes y sont assez heureusement placées pour la navigation. Panticapée, Colonie Milésienne *, est bâtie sur une petite colline bien peuplée. Elle a une forteresse & un port capable de contenir trente vaisseaux. Elle est à cinq cents trente stades de Théodosie; & sur la route, on trouve Nymphée, autre Ville avec un bon port. Celui de Théodosie contiendroit au moins cent navires. La Ville est dans une jolie campagne, faisant la borne des Etats du roi Pœrisades. De-là, jusqu'à Chersonese †, Colonie d'Héraclée,

* Aujourd'hui Jéni-Calé. † Aujourd'hui Topetorkan.

1 Sept cents vingt mille boisseaux de bled, & deux cents mille onces d'argent.
a Ammian. ibid.
b Steph. Byz.
c Herodot. IV. 5.
d Strab. L. VII.

SUITE DU LIVRE III.

la côte est plus rude, montueuse, & fort battue des vents du nord. On y trouve, après avoir doublé la Tête-de-bélier, le port Symbole *, dont l'entrée est fort difficile. C'est le refuge ordinaire des brigands de la nation des Taures [a].

Les hautes montagnes ne sont plus ici du royaume du Bosphore, étendu dans la plaine. Elles appartiennent à la Tauride sauvage, où l'on compte trente petites nations deçà & delà l'isthme. Les montagnes s'appellent en général du nom de *Taurs* [b], que les barbares d'Europe donnent à toutes les choses grandes & fortes. On distingue la région jusqu'au Borysthene, sous celui de *petite Scythie*. Quoiqu'on l'appelle *petite*, elle ne laisse pas que d'être de grande étendue, les sauvages s'étant, dans leurs courses jusqu'au-delà du Tyras, vers le Danube, rendus maîtres du terrain abandonné par les Thraces, trop foibles pour leur résister. D'ailleurs le Pays n'est qu'un marécage qui ne vaut rien du tout [c]. Cependant l'air est si âpre dans les montagnes, les vents en certaines saisons s'y font sentir avec tant de furie, qu'hommes & bestiaux y périroient bientôt, s'ils n'alloient alors chercher quelqu'autre asyle [d].

La Tauride est dès long-temps fameuse par ses horribles sacrifices humains [e]. Thoas, ancien Roi du Pays, immoloit les étrangers sur l'autel de sa Divinité, au dessus du rocher Parthénion, du haut duquel il les précipitoit en les frappant d'un coup de massue, *comme s'il eût voulu faire subir à ses malheureuses victimes un double genre de trépas* [f]. On connoît assez l'histoire d'Oreste & de Pylade. *Leur sang alloit souiller le Temple & l'Autel des Dieux qu'ils étoient venus implorer* [g], lorsqu'Iphigénie,

* Aujourd'hui Iambol, autrement Boluklava.

[a] Ibid.
[b] Steph. Byz.
[c] Strab. ibid.
[d] Dionys. Af. de situ orbis.
[e] Lactant. Inst. Div. Justin. L. I.
[f] SALLUST. fragm. 161.
[g] SALLUST. fragm. 214.

Prêtreffe du Temple, les reconnut & s'enfuit avec eux, enlevant la ſtatue de Diane, qu'elle vint conſacrer dans le Temple d'Aricie *a*. En un mot, les Taures ſont au rang des Peuples les plus cruels de l'Univers. On les compte, ainſi que les Achéens & les Hénioques, dans le nombre des nations que la férocité de leur naturel porte à vivre ſans répugnance de chair humaine, & qui ſont parvenus à cet excès de barbarie par une longue habitude du brigandage *b*. C'eſt un vieil uſage parmi plus d'une nation Scythe, de ſacrifier ſur l'autel du Dieu de la guerre, la centieme partie des priſonniers faits dans un combat; & cet autel n'eſt autre choſe qu'un prodigieux monceau de fagots, au deſſus duquel un vieux cimeterre debout tient lieu de Divinité. A la guerre, ils boivent le ſang du premier ennemi qu'ils tuent. Chacun doit apporter au Chef les têtes de ceux qu'il a mis à mort dans le combat; au moyen de quoi tout ce qui appartient aux morts devient le butin du vainqueur: ſans cela il n'y peut prétendre aucune part. Le guerrier place enſuite ces têtes au bout d'une pique ſur le haut de ſa tente, ou bien il en écorche les peaux, en les cernant autour du front & des oreilles; puis il les arrache avec la chevelure, & les pend à la bride de ſon cheval, comme autant de marques de ſa gloire. On dit qu'ils ſe ſervent auſſi de peaux humaines, paſſées comme des peaux d'animaux, ſoit pour couvrir leurs boucliers ou leurs carquois, ſoit pour revêtir la croupe de leurs chevaux en guiſe de houſſe. Ils préferent pour cet uſage la peau des hommes, non-ſeulement pour faire parade de leur victoire, mais auſſi parce qu'elle eſt plus épaiſſe & plus blanche que les autres. Quant aux crânes des ennemis qu'ils ont tués, ils les conſervent après les avoir nettoyés, pour s'en ſervir comme de coupes à boire dans leurs feſtins guerriers. Les plus riches ornent ces coupes d'un cercle d'or, ou y enchâſſent

---

a Vet. Scholiaſt. Juven. Sat. XV. 116.
Vid. SALLUST. fragm. 348.

b Ariſt. Politic. VIII. 4.

quelques pierres précieuses. Chaque Chef donne tous les ans un festin public à sa tribu, pendant lequel il présente à boire dans sa propre coupe aux plus braves de sa nation : mais il faut avoir tué plusieurs ennemis de sa main, pour participer à cet honneur. C'est aussi leur usage, lorsqu'ils veulent faire quelqu'alliance, de se tirer du sang du corps avec leur cimeterre, & de le mêler avec du vin qu'ils boivent ensemble, après y avoir trempé leurs haches & leurs fleches [a].

CX. Scythes & Nomades.

Quoique l'on comprenne sous le nom de Scythes tous ces Peuples de la Chersonese & au-delà, entre le Tanaïs & le Borysthene, ils n'ont pas tous la même origine. Les uns sont Scythes, les autres Sarmates; les uns viennent d'Asie, d'autres se disent issus de Targitas, fils de Jupiter & d'une Nymphe du Borysthene.[b] Il y en a qu'on distingue des Nomades par le titre des *Géorgiens*, parce qu'ils ont une demeure un peu plus stable, & qu'ils cultivent la terre ; au lieu que les autres n'ayant que des troupeaux, ne s'arrêtent en un même endroit qu'autant qu'il leur fournit du pâturage [c]. Car tous ces Scythes & Sarmates ne menent pas un même genre de vie. Parmi eux, une nation se nourrit de grains, une autre de poissons, une autre de laitage ; les uns, quoiqu'adonnés à la guerre, ne le sont pas beaucoup à la rapine. Il y en a qui labourent quelques terres ; d'autres les donnent à cultiver à leurs voisins pour un tribut de vivres assez médiocre ; n'en exigeant que leurs alimens nécessaires du jour à la journée. Ils ne prennent les armes qu'à défaut de paiement, aussi Homere les a-t-il appellés *un Peuple juste & qui vit de peu* : ils ne songent qu'à se maintenir en liberté, exempts eux-mêmes de tous tributs envers d'autres nations, & assez braves pour ne redouter aucune attaque étrangere. Ceux-ci sont fort renommés dans les anciennes histoires. Ephore vante leur modération, leurs

---

[a] *Herodot. IV. 62.*
[b] *Herodot. IV. 5.*
[c] *Mela. II. 1. Hippocrat. ibid.*

bonnes mœurs, leur fobriété *a*. Leurs chariots, dit Héſiode, leur ſervent de maiſons: ils mangent peu, vivent de lait, & ne ſont pas avides de gain; ils menent entr'eux une vie fort juſte, ayant en commun leurs femmes, leurs enfans & leurs ſerviteurs; ils font invincibles par leur propre force, & encore plus par leur modération, ne ſe ſouciant nullement d'aucune des choſes dont le deſir porte les hommes à s'aſſujettir aux volontés d'autrui *b*. On voit donc que ſi ce climat produit des nations aſſez féroces pour vivre de chair humaine, il en a d'autres auſſi qui s'abſtiennent même de manger des animaux. Au reſte, la barbarie des premiers peut même avoir été fort exagérée par quelques Ecrivains, qui ont cru ſe rendre plus curieux en racontant des choſes terribles, capables de faire frémir le lecteur. On peut élever des doutes ſur leur récit, puiſque le même Pays fournit l'exemple tout oppoſé de certaines nations dont on a loué la vie ſimple, équitable & modérée *c* 1. Ce n'eſt pas du moins ſans quelque juſtice qu'on a fait autrefois l'éloge de cette groſſiere ſimplicité de mœurs qui banniſſoit de chez elle la fraude & l'eſprit d'intérêt. Ces Peuples, ſi cruels envers leurs ennemis, ſi décriés dans l'Univers par leurs brigandages, étoient entr'eux juſtes, généreux, fideles à leurs paroles, même honnêtes & affables pour les étrangers qu'ils vouloient bien recevoir chez eux. Car c'eſt une choſe aſſez digne de remarque, que les Peuples brigands au dehors, ſont pour l'o rdinaire hoſpialiers

---

a Strab. L. VII. Ephor. de Europ. ap. Strab.

b Heſiod. de circuit. terr. apud Strab.
c Strab. ibid.

1 Il y a probablement de l'exagération dans ce qu'on raconte de l'anthropophagie des Taures, mais on rabattra beaucoup auſſi de ce grand éloge, que les Anciens font des Scythes, ſi on compare leur vie à celle des Tartares Circaſſes & Nogais de ce Pays, dont les mœurs, abſolument les mêmes que celles des Scythes leurs peres, ſont très-mauvaiſes & très-féroces. Ainſi je penſe que les éloges faits par les Anciens appartiennent bien moins aux Scythes qu'aux Hyperboréens qu'il ne faut pas confondre avec eux. Ceux-ci ſont les nations Sibériennes, Peuples doux, ſimples, & purement renfermés dans leur genre de vie champêtre.

dans

dans leurs maisons; comme au contraire, chez les nations civilisées, on trouve plus de politesse extérieure que de bonne volonté dans l'ame. Si les Nomades ne paroissent pas aujourd'hui répondre au portrait que les Anciens ont fait d'eux, n'en pourroit-on pas attribuer la cause à la marine, à laquelle ils se sont depuis adonnés; elle a produit quelque changement dans leurs mœurs, mais en les rendant pires qu'elles n'étoient; ils sont devenus trompeurs & pirates, sans perdre presque rien de leur ancienne férocité. Aussi Platon, dans sa République, appelle-t-il la mer une école de méchanceté, & conseille-t-il à toute nation qui voudra se conserver droite & honnête, de ne pas habiter sur ses bords, crainte de séduction. Le commerce varié & plus étendu que les hommes ont entr'eux, & qui sembleroit fait pour adoucir leurs mœurs, n'y produit quelquefois qu'un nouveau degré de corruption, lorsqu'il ne fait que leur apprendre à substituer la ruse à la grossiéreté franche & toute ouverte [a].

Depuis la ville de Taphré sur l'isthme, au fond du golfe Carcinite, & depuis la riviere du Gerrh * jusqu'au Borysthène, *le Pays est occupé par des Scythes-Nomades ou vagabonds, qui ont leurs tentes sur des chariots propres à les transporter de place en place* [b]. Ils sont à quatre roues, tirés avec des colliers par des bœufs qui n'ont point de cornes, ce qu'on attribue au grand froid du climat. Les tentes sont d'un gros feutre battu, quelquefois enduit de terre glaise. Ces logemens portatifs, souvent divisés en deux ou trois petites chambres, leur servent d'abri commode pour leurs femmes, leurs enfans & le peu d'ustensiles qu'ils possedent [c]. Il n'en faut pas davantage à des gens accoutumés à une vie dure & *tout-à-fait agreste* [d]. Ils font de longues courses sur ces chariots, traversant même la mer Mœotide lorsqu'elle

* Aujourd'hui Calenza.

[a] *Strab. L. VII. p. 301.*
[b] SALLUST. *fragm. 344.*
[c] *Hippocrat. de aqu. & loc. Strab. ibid.*
[d] SALLUST. *fragm. 453.* Lucan. Phars. *II. 641.*

est gelée; car la glace y est si solide, qu'on a vu Néoptolème, Lieutenant de Mithridate, défaire au milieu de l'hyver la cavalerie des Barbares, en la même place où l'été précédent il avoit gagné contr'eux un combat naval. Le Gerrh coule entre les Nomades & les Basilides [a], nation puissante & si fiere, qu'elle regarde le reste des Scythes comme ses esclaves. C'est chez elle que sont les sépultures des Chefs de chaque nation. Lorsqu'un Chef meurt, on l'embaume avec une certaine composition aromatique, la même dont les femmes parmi eux se frottent le corps pour embellir la peau. On place le cadavre sur un chariot, accompagné d'une concubine & de quelques esclaves, destinés à mourir & à être enfermés dans le même tombeau, pour aller servir le défunt. On y joint au même effet ses chevaux, ses armes, quelques vases & ustensiles ou autres choses dont on se figure qu'il pourroit avoir besoin. A mesure que l'équipage funebre passe de contrée en contrée, les habitans de chaque endroit viennent le recevoir, & témoigner leur deuil en se cicatrisant la tête & les bras, & se traversant de fleches la main gauche. Arrivés au lieu de la sépulture, on range sur le corps de grandes pieces de bois que l'on charge de terre, en forme d'un tertre élevé, au dessus duquel on plante des javelines. On étrangle quelques chevaux & quelques esclaves, &, après leur avoir rempli de paille & recousu le ventre, dont les intestins ont été tirés, on place autour du tertre les hommes à cheval, empalés dans de longs pieux de bois, qui les retiennent assujettis dans cette posture. Telle est la forme des sépulcres des Chefs. Ils sont placés entre le Gerrh & l'endroit où le Borysthène recommence à devenir navigable, au dessous des Cataractes. La contrée ultérieure est couverte de grandes forêts, jusqu'au cours de la riviere Panticapes [1], laquelle sépare les

[a] *Strab.* ibid. p. 307.

[1] C'est peut-être aujourd'hui la même que le *Kockasoff* ou le *Kouscawoda*, rivieres des Cosaques, qui se rendent dans le Borysthène au dessus des sauts.

SUITE DU LIVRE III. 283

Nomades des Géorgiens [a]. Parmi ces Nomades mêmes, il y en a qui exercent un peu l'agriculture; mais ils n'ont ni bornes ni clôture à leurs terres, qu'ils ne cultivent que pour un an. Ils en changent toutes les saisons, & les laissent, après la récolte, à qui veut s'en emparer [b]. Les autres, sans se donner aucune espece de soin, vivent de chair de cheval, de fromage & de lait de jument qu'ils font aigrir, & qui, au moyen d'une certaine préparation, leur sert de liqueur forte & d'assaisonnement. Delà vient qu'Homere désigne tous les Peuples de ce climat sous le nom de *Galactophages* (vivans de lait) [c]. Lorsqu'ils veulent traire leurs jumens, ils leur font entrer dans l'intérieur du corps le bout d'un tuyau d'os en forme de flûte. Un esclave souffle par l'autre bout, forçant ainsi le lait à couler en plus grande abondance [d].

CXI. Fleuve Borysthène. Isles Leucé ou d'Achille.

Le Borysthène, appellé par quelques sauvages *Danaper* *, est le plus beau fleuve de la Scythie-Sarmatique, dont il fait quasi la borne occidentale. Il nourrit quantité de gros poissons. Ses eaux sont claires & bonnes à boire, quoiqu'il coule souvent parmi des pâturages gras & fangeux. Ses bords offrent de belles moissons aux endroits cultivés, & dans ceux qu'on néglige, de larges prairies où l'herbe croît à une grande hauteur [e]. Son cours, durant lequel il reçoit plusieurs grosses rivieres, est de quarante journées de navigation, en le remontant jusqu'aux montagnes des Neures, où l'on a découvert sa source, ci-devant inconnue. Mais en s'approchant de la mer, il n'est plus navigable, à cause d'un grand nombre de rochers rangés à la file tout en travers, comme autant de chaînes les unes au dessous des autres, d'où l'eau se précipite en cataracte. Plus bas, il reprend son cours

* Aujourd'hui Dnieper.

[a] Herodot. IV. 71. Id. ibid. 20. & 54. Mela. II. 1.
[b] Acr. & Porph. in Horat. ibid.
[c] Strab. ibid.
[d] Herodot. IV. 2.
[e] Herodot. IV. 53. Mela. II. 1.

ordinaire, & en entrant dans l'Euxin, en un endroit où il y a de bonnes salines naturelles, il se joint à l'Hypanis * 1, moindre riviere, dont l'eau contracte un goût d'amertume insupportable par le seul mélange d'un ruisseau si amer, qu'il a suffi pour la corrompre. Cette derniere sort d'un grand marécage appellé le *pere de l'Hypanis*, qui nourrit une belle race blanche de chevaux sauvages *a*. Au confluent des deux rivieres, les Milésiens ont bâti Olbia 2, Ville grecque de grand apport. C'est de tant de Villes bâties par les habitans de Milet, qu'est venu l'ancien proverbe, *actif comme un Milésien b*. On montre dans cette contrée une cuve d'airain, de six doigts d'épaisseur, capable de contenir quatre-vingts muids. Les gens du Pays racontent à ce sujet, qu'Ariante, Chef des Scythes, voulant faire le dénombrement de sa nation, avoit ordonné à chacun d'apporter au même endroit une pointe de fleche, dont on avoit fait ce prodigieux vase, pour tenir lieu à l'avenir de mémoire & de monument.

Soit que le Borysthène, en amoncelant des sables dans la mer, durant une longue suite de siecles, y ait formé une barre qui a forcé son cours à se recourber, pour aller plus loin chercher une entrée dans l'Euxin, soit par quelqu'autre effet naturel ; à l'orient de l'embouchure du fleuve, la côte de Scythie se trouve revêtue, à soixante stades en avant dans la mer, d'une bande de terre sablonneuse fort élevée sur le niveau des eaux,

* Aujourd'hui le Bog.

a Strab. Steph. Byz.

1 Il me paroît qu'*Hypanis* est un nom mélangé de grec & de barbare, qui signifie *la riviere basse* ou *la riviere inférieure*, d'ὑπὸ, *sub*, & d'*anis*, mot très-commun dans tous les langages & dialectes Européens-barbares, pour désigner en général *une riviere* ; delà vient le latin *Amnis*. Les uns prononcent *Anis* (l'Ain), les autres

b Athen. Deipn. XII. 5.

Ænus (l'Inn), Rhenus, Rhodanus; Eridanus ; d'autres, Ana, Ona, comme Sacona, Icona, Divona, Garumna, Sequana, &c. Je pourrois citer des exemples à milliers de cette racine générale & primitive.

2 Olbia étoit placée un peu au dessus de l'endroit où est aujourd'hui Oczazoff

longue de sept cents cinquante, ou même, selon d'autres, de mille stades, large d'une à deux seulement, étendue comme une lame d'épée le long du continent, auquel elle ne tient que dans son milieu, par une étroite langue de sable [a]. Ce banc, de forme singuliere, & la petite isle Leucé, qui est en haute mer en tirant vers la côte occidentale, sont le théatre de beaucoup de merveilles, qui donnent aux navigateurs la curiosité d'y descendre, quoique l'abord en soit difficile. On prétend qu'*Achille, le plus grand des Capitaines Grecs* [b], ayant traversé l'Euxin sur une flotte guerriere, dans le dessein d'aller chercher Iphigénie enlevée de l'Aulide, s'étoit arrêté là pour y célébrer sa victoire avec les siens, par des jeux, des combats d'amusemens & des courses, où ils se disputoient le prix. Thétis sa mere voyant qu'il se plaisoit en ce lieu, lui en fit don [c]. Cependant Alcée dit que cet Achille n'étoit pas le Thessalien, mais un autre Achille, roi des Scythes, qui devint amoureux d'Iphigénie & l'épousa [d]. Quoi qu'il en soit, l'endroit porte le nom de *carriere d'Achille.* Son Temple, sa sépulture & sa statue sont d'ans l'isle Leucé ou l'isle Blanche. *Toute l'isle est de peu d'étendue, déserte & sans cultivateurs* [e], servant seulement de retraite à une innombrable quantité d'oiseaux blancs, lares, felouques, mouettes & alcyons. C'est en cette isle, consacrée aux héros, que leurs ombres, selon la croyance du Pays, font leur demeure avec celle d'Achille, dans certaines vallées où Jupiter place les ames des hommes célebres [1] qui ont bien vécu. Les oiseaux ont soin du Temple:

---

[a] *Agripp. apud Plin. IV. 26.*

[b] SALLUST. *fragm. 170. Eustath. in Dion. Lycophr. in Cassandr.*

[1] On voit ici une notion du Pays des ames, où les guerriers vont habiter après leur mort, occupés, avec leurs camarades, des mêmes exercices qu'ils ont aimés durant leur vie. Cette idée, où sont aujourd'hui

[c] *Mela.* ibid.

[d] *Alceus. apud Stuck. in Arrian.*

[e] SALLUST. *fragm. 658. & 650.*

les Sauvages modernes de l'Amérique, étoit aussi celle des anciens Sauvages de l'Europe, Celtes, Thraces, Scythes & Ases septentrionaux.

aucun d'eux ne vole pardeffus fans s'y arrêter. Ils le nettoient tous les matins avec leurs aîles, & l'arrofent d'eau qu'ils vont prendre à la mer. L'intérieur du Temple eft rempli d'offrandes vouées, & de riches préfens qu'on y a fufpendus, comme flacons, anneaux, pierres précieufes, avec des infcriptions grecques ou latines à la louange d'Achille ou de Patrocle [a]. Bien des gens y vont exprès, menant avec eux quelques chevres, dont ils facrifient les unes en l'honneur d'Achille, & lui offrent les autres, qu'ils abandonnent vivantes dans l'ifle. Quant aux navigateurs que leur route conduit dans le voifinage de l'ifle, ils ne paffent guere fans y aller vifiter les reftes d'antiquités qu'elle contient, le Temple & les beaux préfens offerts au héros [b]. On dit qu'Achille apparoît quelquefois dans le fommeil à ceux qui s'en approchent, pour leur indiquer le lieu du débarquement. On affirme même qu'on l'a vu paroître avec Patrocle, non en fonge, mais à des gens bien éveillés, fous la même forme que les Diofcures apparoiffent au deffus des mâts de navires, fans autre différence, finon que les Diofcures apparoiffent par-tout dans la mer, au lieu qu'on ne voit Achille qu'en ce feul endroit. Après le débarquement, on va confulter l'oracle, pour favoir fi le héros veut agréer un facrifice, & quel prix on donnera de l'animal qu'on prendra fur les lieux pour l'offrir. On pofe l'argent devant l'autel, y ajoutant toujours quelque chofe, jufqu'à ce que la divinité faffe connoître qu'elle eft contente du prix. Alors l'animal vient fe préfenter de lui-même. De cette forte il y a toujours dans le Temple une groffe quantité d'argent donné pour le prix des victimes, lequel y refte ainfi expofé à l'abandon, fans qu'on y touche; ce qui ne feroit pas une des moindres merveilles de ce lieu. Les voyageurs ne doivent pas

[a] Strab. L. VII. Dion. Perier. 545. Avien. Feft. Antigon. vel Ariftot. in admirand. cap. 34. Plin. X. 41.
[b] Amm-Marc. XXII. 8.

SUITE DU LIVRE III. 287

manquer de retourner *le foir* [a] à leurs vaiffeaux [b]; car ils ne pourroient paffer la nuit dans l'ifle fans y courir rifque de la vie. Voilà les prodiges qu'on raconte de ce lieu écarté; il ne manque pas de gens qui fe donnent pour en être les témoins oculaires. Je les rapporte comme des chofes peu connues; quelle que foit la foi qu'elles peuvent mériter.

De l'autre côté du Boryfthène, les Sarmates-Bafilides occupent encore une partie du territoire. Au-delà, toujours en fuivant le rivage maritime, c'eft la nation des Getes, & la grande plaine déferte où ils font leurs courfes. Plus avant dans les terres, la nation des Baftarnes s'étend fort au loin vers le feptentrion, divifée en plufieurs peuplades, dont quelques-unes s'étant rejetées vers l'Euxin, font venues s'établir au bord du Danube [c]. Les Getes ne tiennent pas un grand terrein le long de la côte, mais leurs poffeffions prennent une étendue confidérable dans le milieu des terres. Ceux qui font dans la partie occidentale, en remontant le Danube, font connus fous le nom de *Daces*. On appelle plus proprement *Getes*, ceux qui demeurent à l'orient, non loin de l'Euxin, & *Tyrigetes* ceux qui habitent le long du fleuve Tyras. Mais les uns & les autres parlent un même langage; au lieu que les Baftarnes, établis dans la même contrée vers l'embouchure du Danube, parlent la langue des Peuples Germains, dont probablement ils faifoient autrefois partie. Quant aux Getes, les Grecs les croient fortis de la nation des Thraces. Cependant leur vie eft encore plus femblable à celle des Scythes & des Sarmates. C'eft la même façon de camper, de changer de lieu, de fe nourrir de lait de jument. Ils ne connoiffent pas l'ufage de la monnoie, ni l'art de placer leurs biens en revenus annuels. Tout le commerce, chez les nations dont j'ai parlé, fe fait en troc de marchandifes. On

CXII. Getes.
Fleuve Tyras.

---

[a] SALLUST. *fragm.* 467.
[b] Arrian. in peripl. Euxin.
[c] Strab.

ajoute seulement qu'il y a dans ce Peuple-ci des troupes entieres qui ne souffrent point de femmes dans leur compagnie. Au reste, toutes ces nations errantes se mêlent sans cesse les unes aux autres. Les Getes au-delà du Danube, avec les Scythes, les Sarmates & les Bastarnes; ceux d'en deçà, avec les Mœsiens & les Thraces. En tous ces climats, le territoire appartient pour le moment au plus fort, aussi long-temps que l'avantage de la supériorité lui reste *a*.

Le Tyras, nommé ¹ par d'autres *Danaster* *, est une belle riviere, dont le cours lent & profond est commode à la navigation. Les bâtimens chargés le remontent assez haut. Il y croît de hautes plantes aquatiques, dans lesquelles le poisson se plaît & se retire. La pêche de cette riviere paisible pourroit devenir la matiere d'un commerce avantageux. Ainsi ces lieux, jusqu'à présent négligés, & trop long-temps regardés comme le rebut de la terre habitable, ne laissent pas que d'offrir à l'industrie des objets d'utilité *b*. C'est à dessein de l'inciter, à la vue des productions de chaque terroir, & d'ouvrir de nouvelles routes à l'accroissement de la puissance publique : c'est aussi pour satisfaire la curiosité morale, par la peinture des nations restées dans leur premier état, sans arts, loix ni connoissances, que depuis long-temps je m'arrête à la description de tant de climats, devenus voisins de notre empire par les victoires de Lucullus. Loin que de tels détails soient des écarts à l'histoire, ils tendent au contraire à remplir son but le plus noble, qui est de faire connoître la Nature & les hommes.

* Aujourd'hui Dniester.

a Strab. p. 300 & 305.

b Fragm. Scymn. Chii.

¹ Le mot *Tyras* est une prononciation particuliere du mot Européen-barbare *dwr* ou *dour*, c'est-à-dire *eau*, *riviere*, auquel on a joint une terminaison grecque. Les barbares ne donnent souvent aux rivieres que le nom générique. Aujourd'hui les Turcs appellent, la plupart du temps, les rivieres simplement *sou*, eau, ou *sousou*, grande eau,

Vers

SUITE DU LIVRE III.

Vers l'embouchure de la riviere, les *Tyrigetes* tiennent trois petites Villes [a], Niconie, sur la rive orientale; Ophiuse, bâtie vis-à-vis par les Milésiens; & Hermonacte, au bord de la mer [1]. Du Tyras au Danube, une bonne partie du territoire n'est qu'une grande plaine de neuf cents stades *, déserte & sans eau douce, coupée seulement par deux lacs voisins du rivage, l'un desquels a son issue dans la mer, & l'autre non. Darius y pensa périr de soif avec toute son armée, lorsqu'il vint faire la guerre aux Scythes. Lysimaque, un des successeurs d'Alexandre, s'y étant engagé avec la même imprudence, erra *dans ces déserts* [b], où l'on ne reconnoît pas sa route, & fut obligé de se livrer aux mains de Dromichoetès, roi des Barbares, qui, après lui avoir fait montre de la pauvreté du Pays, comme ailleurs on étale l'opulence, le remit en liberté; le plaignant de s'être donné tant de peine pour envahir une région où il n'y avoit rien [c].

On raconte que les Getes avoient pris des sentimens plus humains que les autres Barbares, & reçu quelque commencement d'instructions par un hasard heureux, qui ayant jeté dans l'esclavage un de leurs compatriotes, le fit tomber aux mains du Philosophe Pythagore [d]. Cet homme nommé *Zamolxis*, doué d'un génie peu commun parmi les sauvages, s'instruisit à l'école de son maître, & voyagea en Orient, où il apprit l'astronomie & les sciences de l'Egypte. De retour en sa patrie, on l'y regarda comme un homme merveilleux, parce qu'il annonçoit les mouvemens célestes. Il mit son étude à inspirer à ses compatriotes des mœurs plus douces & plus conformes aux usages des Pays policés qu'il avoit parcourus. Il fit bâtir une

* Aujourd'hui Budziak ou Bessarabie.

[1] Aujourd'hui *Ak-erman*, appellée par les Cosaques *Bialogorod* (Blanche-Ville).
[a] Herodot. IV. 51.
[b] Vid. SALLUST. fragm. 130.
[c] Strab. ibid.
[d] Diogen. Laërt. VIII. 2.

grande maison où il rassembloit les principaux du Pays, leur enseignant durant le repas, qu'il faut s'abstenir de manger la chair des animaux, selon la doctrine de Pythagore; que la mort ne seroit pour eux qu'un passage à une autre vie qu'ils iroient mener en un endroit où ils jouiroient de toute sorte de biens. Cependant il creusoit une caverne souterreine dans laquelle il se tint caché durant trois ans, & se déroba à la vue des Getes, qui le regretterent & le pleurerent comme mort; mais la quatrieme année il se montra de nouveau, & l'on n'hésita plus à donner une entiere croyance à ce qu'il avoit enseigné. Alors il n'eut pas de peine à persuader au Roi de l'associer au pouvoir souverain, en lui faisant comprendre quel avantage il pouvoit tirer d'un homme qui passoit pour connoître la volonté des Dieux, & qui pouvoit la déclarer au Peuple [a]. De cette maniere, il devint le Législateur de sa nation, ayant d'abord été nommé Grand-Prêtre de la Divinité du Pays, & bientôt regardé lui-même comme une espece de Divinité. Il vécut retiré dans un antre du mont Cogœon, où il ne se communiquoit presqu'à personne qu'au Roi & à ses familiers, qui rapportant de sa part au Peuple les volontés divines, comme émanées du Ciel même, le trouvoient beaucoup plus docile qu'il ne l'avoit ci-devant été. Cette méthode a paru si bonne, qu'elle s'est perpétuée jusqu'à ce jour. Le roi des Getes tient toujours dans la caverne du Cogœon, nommé de là le *Mont sacré*, un confident intime, qui lui tient lieu de Ministre secret, & que la nation regarde comme un Dieu [b]. Selon l'apparence, on substitue ce confident secret à un homme de la nation, choisi au sort tous les cinq ans, pour l'envoyer à Zamolxis, avec charge de lui représenter les besoins du Peuple. On prend cet homme, après l'avoir instruit de ce qu'il doit demander, & on le jette de haut sur des javelines droites. C'est là ce qu'ils appellent faire des immortels. S'il

---

[a] *Herodot. IV. 95.*   [b] *Posidon. apud Strab. L. VII.*

SUITE DU LIVRE III.

n'expire promptement, on le regarde comme un méchant que Zamolxis refuse pour envoyé, & on lui en dépêche un autre [a].

De tous les fleuves dont le cours tombe dans les mers intérieures qui baignent les côtes soumises à la domination Romaine, le plus grand, après le Nil, est l'Ister [b] [1]. C'est ainsi que les Grecs, les Besses de la Thrace, & à leur exemple les Getes, nomment près de son embouchure cette fameuse riviere, que les Daces & les Pannoniens, qui habitent beaucoup plus haut le long de son cours, appellent le Danube [c] [2]. Soit qu'il change ainsi de nom à sa jonction avec la Save, soit en Pannonie *, [d] soit à l'endroit des cataractes, soit au coude qu'il fait en Mœsie, vers Axiopolis †, pour se retourner au nord, (car les rapports varient beaucoup sur ce point), il est certain qu'on le connoît sous le nom de *Danube* dans sa partie supérieure occidentale, & sous celui d'*Ister* dans l'inférieure orientale [e]. Les Scythes l'appellent *Matoas*, c'est-à-dire *sans danger*, parce qu'il n'est périlleux ni dans sa traversée ni dans sa navigation [f]. Il sort du mont Abnobe en Germanie [g], parcourant d'immenses contrées, grossissant son cours de celui de quantité de belles rivieres, & arrive dans la Scythie Européenne, d'où

CXIII. Fleuve Danube ou Ister. Isles Peucé, Bastarnes.

* Vers Vienne. † Aujourd'hui Galacz.

---

[a] Herodot. ibid. 94.
[b] Sallust. fragm. 34.
[c] Strab. L. VII. p. 305.
[d] Sallust. fragm. 340.
[e] Agathemer. II. 4. Strab. ibid. Ptolom. III. 8.
[f] Steph. Byzant.
[g] Plin. IV. 12.

[1] « Voilà ce que dit Sallusté, en parlant des fleuves qui se jettent dans la mer intérieure ou méditerranée. *Varron* nomme le Rhône comme le plus considérable après ces deux-ci, par où il semble avoir voulu mettre le Rhône en parallele avec le Nil *. »

[2] J'ai déjà remarqué que *dan* signifioit
* *Aulu-Gell.* X. 7.
en général *riviere*, dans le langage des barbares de l'Europe, comme *danubius*, *danaster*, *dan-aper*, *danaïs*, *duina*, *borysdenes*, *rho-danus*, *heri-danus*, & quantité d'autres : de même, en langue Celtique, *toun*, *vnda*, *tonog*, *undosus* ; de là vient le françois *tonne*, *tonneau*, vase à tenir de l'eau.

tournant sa route de l'orient au septentrion, il vient tomber dans l'Euxin par autant de bouches que le Nil en a. Trois de ses bouches sont petites, quatre sont navigables; sur-tout la bouche boréale & la bouche sacrée, vers la frontiere de Mœsie, distantes entr'elles de trois cents stades, sont beaucoup plus considérables que les autres.

Celle-ci sort d'un bras de cent vingt stades de long, à le remonter depuis la mer jusqu'à l'endroit où Darius fit jeter un pont sur le fleuve. Ici le Danube, en se partageant en branches, a formé, comme le Nil, une espece de Delta, qu'on appelle l'*isle Peucé* ¹. Elle est faite en triangle, dont la base est étendue sur la mer, & l'angle le plus aigu à la séparation des bras du fleuve, vers le pont de Darius. Son nom de *Peucé* vient de ce qu'elle est couverte d'arbres résineux.* ᵃ. Eratosthène croit qu'elle égale l'isle de Rhodes en étendue ᵇ. Elle est habitée par les Bastarnes Peucins, Peuple sale & nonchalant, qui fait en ce lieu sa résidence fixe, sans errer comme les autres, *& ne sortant même que rarement de ses confins* ᶜ. Son langage & ses usages sont, ainsi que je l'ai remarqué, ceux des Germains. Cependant les Chefs en s'alliant avec les filles des Sarmates, en ont pris l'habillement, ce qui commence à rendre méconnoissable l'origine de la nation ᵈ. Outre l'isle Peucé, beaucoup plus vaste & plus connue que les autres, il y en a plusieurs petites, comprises entre les moindres bras du Danube ᵉ. Les navigateurs Grecs ont donné à chaque bras un nom qui le distingue. La *bouche dormante*, la *belle bouche*, la *fausse bouche*, la *bouche étroite* ᶠ. La

* Πεύκη, pinus.

¹ Aujourd'hui *Tatarski-pole* (la plaine des Tartares.).
ᵃ Apollon. IV. 309.
ᵇ Eratost. Georg. L. III. ap. vet. Schol. Apollon.
ᶜ SALLUST. *fragm.* 216.
ᵈ Tac. German. c. 46.
ᵉ Mela. II. 12.
ᶠ Amm-Marcel. XXII. 8.

SUITE DU LIVRE III.

plupart des marins s'accordent à en compter sept ou au moins six, quoiqu'Ephore n'en compte que cinq; mais les eaux depuis son siecle ont pu s'en ouvrir de nouvelles [a].

A quelqu'autre fleuve qu'on veuille comparer le Danube, on n'en connoît aucun sur la terre qui l'égale en abondance d'eau. Si le Nil tient le premier rang, c'est qu'il ne reçoit en son sein aucune autre riviere, au lieu que le Danube est formé de la réunion d'une infinité d'eaux; car son bassin est le fond de cuve d'une vallée fort large & prodigieusement longue, dont la pente s'étend depuis les Alpes jusqu'au mont Caucase. Il n'a pas, comme le Nil, un débordement réglé. La hauteur de ses eaux est à peu près la même en été qu'en hyver, seulement un peu plus grande en été; ce qui vient, à ce que je crois, de ce qu'il sort d'un Pays froid où la neige tombe en abondance & ne fond qu'en été; joint à ce qu'il pleut aussi davantage l'été que l'hyver; car plus le soleil a de force, plus il attire & laisse tomber de vapeurs [b]. Le peu de connoissance que les Grecs ont eu de son cours, a donné créance à des choses fabuleuses ou du moins fort incertaines. La plupart des Ecrivains avancent que les Argonautes revinrent en leur patrie, en remontant le Danube; soit qu'on veuille dire par-là qu'ils firent un portage de leur bâtiment depuis le cours de ce fleuve jusqu'à l'une des rivieres qui se jette dans la mer Adriatique; soit qu'il y ait eu jadis, comme l'ont dit quelques Géographes, un canal de communication du Danube à cette mer, dont il ne subsiste plus aucune trace [c]; soit enfin que quelques-uns de ces Ecrivains, du nombre desquels sont Théopompe & Timagete, dans son livre des ports de mer, aient cru que le Danube, non loin de sa source, se partageoit en deux branches, l'une desquelles venoit tomber dans la mer des Gaules, tandis que l'autre se rendoit à l'Euxin [d].

---

[a] *Ephor. apud Strab.*
[b] *Herodot. IV. 49.*
[c] *Strab. & Schol. Apollonar. apud Ban.*

Voy. Mém. de l'Acad. des Bell. Lettr. t. XII. p. 135.
[d] *Theop. & Timaget. apud Strab. p. 317.*

HISTOIRE ROMAINE.

CXIV. Côte depuis le Danube au Bosphore. Salmydesse. Les barres de sables ou Stéthai.

On attribue la fondation de la ville d'Iſtropolis, à cinq cents ſtades de l'embouchure ſacrée, à une troupe envoyée par le roi de Colchos à la pourſuite des Argonautes qui lui avoient enlevé le jeune Abſyrthe ſon fils. On dit qu'ils le maſſacrerent & le mirent en pieces près de Tomes, où ils étoient campés [a]: mais il y a peu de fonds à faire ſur les récits de ce temps-là. Iſtropolis, aujourd'hui fort déchue, étoit une Ville très-puiſſante au temps où les Miléſiens tenoient l'empire de cette mer. Plus avant, on trouve Calatis *, Colonie d'Héraclée, & *Byzone* [b] [1], depuis peu ruinée par un tremblement de terre. *La violence de la ſecouſſe interne ouvrit ici un gouffre vaſte & profond* [c], qui engloutit en partie cette malheureuſe Ville. On en voit les reſtes à la pointe d'un promontoire, qui, entrant fort avant dans la mer, forme avec un autre cap voiſin du Boſphore de Thrace [d], les deux bornes du golfe occidental de l'Euxin. Il eſt vis-à-vis du golfe oriental, & de forme ſemblable, ſi ce n'eſt que l'occidental eſt un peu moins large & beaucoup moins profond [e]. On compare ces deux golfes aux deux bouts de l'arc à la Scythe, courbés en dedans. Les deux pointes de terres formant l'entrée de celui-ci, ſont des branches du mont Hœmus & du mont Rhodope, qui s'alongent dans la mer en pluſieurs endroits de cette côte. La racine principale de l'Hœmus s'avance entre la ville d'Odeſſe **, derniere Colonie des Miléſiens, & Méſembria †, Colonie de Mégare, bâtie par Méné, qui la nomma de ſon nom, *Ménébria*, ville de Méné [f]. Les montagnes ſéparent ici la Mœſie ¶,

[a] Iſidor. origin. IX. 2. Ovid. Triſt. III. 9. Strab. L. VII. Amm-Marc. XXII. 19. Fragm. Scymni Chii.
[b] SALLUST. fragm. 544.
[c] Mela. II. 1. Plin. IV. 12.
[d] SALLUST. fragm. 398.
[e] Mela. ibid.
[f] Strab. L. VII. p. 319.

* Aujourd'hui Gallegi.
** Aujourd'hui Warna.
† Aujourd'hui Meſiviria.
¶ Aujourd'hui Bulgarie.
[1] Il faut qu'en l'ancienne langue des Thraces, le mot ou racine *biz* ait eu une ſignification générale, relative à la Géographie; car on la trouve très-fréquemment jointe aux noms de lieux dans cette contrée. J'en ai rapporté un grand nombre dans mes notes latines, ſur cet endroit du texte de Salluſte.

SUITE DU LIVRE III.

nouvellement conquife par M. Lucullus, de la Thrace, que je ne m'arrêterai pas à décrire, comme trop connue. Depuis long-temps le Pays des Nomades ne s'étend plus au-delà du mont Hœmus.

L'extrêmité du mont Rhodope eft vers Salmydeffe *, Ville affez confidérable, fameufe dès les premiers fiecles, pour avoir été la demeure du vieux roi Phinée. Ce Prince aveugle & caffé, fe voyoit fans ceffe expofé fur fon rivage, aux defcentes & à la rapine de trois corfaires [1], fort connus dans les fables des

* Vers Stagnara.

[1] M. le Clerc explique autrement la fable des Harpies. Selon lui, c'étoient des nuages de fauterelles, qui ravageant & dévorant tout dans le Pays de Phinée, y caufoient la famine par leurs dégâts, & une puanteur infupportable lorfqu'elles venoient à crever. Toutes les circonftances de la fable des Harpies cadrent avec cette explication. *Harbeh*, en langue orientale, fignifie *fauterelle*. Les noms de ces trois monftres font *Ocypete*, volante; *Celæno*, obfcurité; *Aëllo*, tempête; dénominations très-convenables aux fauterelles, qui volent en nuages fi épais, que l'air en eft obfcurci, & qui font amenées par des vents orageux qui les pouffent tantôt fur une contrée, tantôt fur une autre. Auffi les Poëtes les dépeignent-ils toujours comme des monftres de l'air, engendrés de la terre & de l'eau, ainfi que le commun des infectes. Selon d'autres, elles font des filles de Typhon, c'eft-à-dire de l'orage. Elles viennent des nues comme une tempête, dit *Apollonius*, & fe jettent fur les viandes avec grand bruit: c'eft ce qui arrive aux fauterelles, qui font un bruit effroyable en volant & en mangeant. Elles font invulnérables, & reviennent toujours quoiqu'on les chaffe. En effet, lorfqu'un fléau de cette efpece tombe fur un Pays, la multitude des fauterelles que le vent y jette eft fi effroyable, qu'on ne peut ni les tuer, ni s'en délivrer. Les Mahométans difent, en proverbe, que Dieu eft le feul maître des fauterelles. Il faut qu'un nouveau coup de vent les emporte & les précipite dans la mer, où elles périffent fouvent, comme il arriva cette fois, lorfqu'elles furent chaffées de la côte de Salmydeffe, & pouffées jufques dans la mer d'Ionie par les enfans de Borée, c'eft-à-dire par les vents du nord. Cette explication eft très-naturelle, très-ingénieufe, & fe rapporte à la fable dans toutes fes parties; mais les anciens Poëtes & Hiftoriens n'en ont probablement eu aucune idée. J'ai fuivi, dans le texte, une autre explication, fort vraifemblable auffi, que donne l'Abbé *Banier*, dans fon hiftoire des Argonautes, l'un des meilleurs morceaux & des plus complets que l'on ait jamais écrit fur les événemens des fiecles héroïques.

Poëtes, sous le nom des trois *Harpies*. Ils enlevoient tout dans la maison, jusqu'aux mets qui lui servoient de nourriture; & quoique souvent chassés, ils revenoient toujours faire de nouveaux pillages. Sur ces entrefaites, les Argonautes arriverent à Salmydesse, où le vent les jeta lorsqu'ils alloient de Bithynie en Colchide. Phinée eut recours à eux. Deux d'entr'eux, Zéthes & Calaïs, le défirent enfin de ces hôtes incommodes, en leur donnant la chasse jusques dans la mer Egée, où, à l'aide d'un bon vent du nord, ils prirent & coulerent à fond deux des trois corsaires, l'un vers l'embouchure du Tigrès, sur les côtes du Péloponese, l'autre vers les isles Echinades. Ils poursuivirent le troisieme jusqu'aux Strophades, dans la mer Ionienne [a]. En récompense de cet important service, Phinée donna aux Argonautes d'utiles instructions sur la route qu'ils avoient à faire; leur apprit qu'ils trouveroient en Colchide des représentations du Pays où ils alloient, gravées sur des tables de pierre, par ordre d'un Prince Egyptien, & les fit guider jusques-là par une de ses barques [b].

La côte occidentale jusqu'aux isles Cyanées, est presque partout en écores, d'un abord difficile, & exposée au vent du nord [c]. Ils ont déterminé de ce côté-là les courans, tant ceux de la mer que ceux des grandes rivieres, dont l'abondance & la rapidité des eaux prolongent le cours assez avant dans la mer, après qu'elles y sont entrées; c'est ce qui a rassemblé à la longue ces grands monceaux de sable qu'on rencontre à la distance d'une petite journée de la côte, vers l'embouchure du Danube, vers Salmydesse, & dans l'intervalle. Les courans les déposent, le vent les pousse, la vague, en venant de la haute mer & en retournant du rivage, les forme en éminences au dessus de l'eau. Les mariniers Grecs les appellent Stethé (*pectora*), les nôtres *Dorsa* [d], par

[a] *Apollodor. L. II.*
[b] *Serv. in Æn. III.*
[c] *Strab. L. VII, p. 319.*
[d] *Idem. lib. I. p. 50. Ammian. XXII. 30. Virg. Æneid. I. 13.*

comparaison

comparaison avec la partie du corps humain qu'on voit hors de l'eau quand un homme nage. Le Danube sur-tout en fournit beaucoup, & de même les rivieres supérieures, à proportion de ce qu'elles sont rapides ou limonneuses. Ces barres sablonneuses retenant les eaux en stagnation entre la digue qu'elles forment & le continent, réduisent cette partie de l'Euxin en une espece de lac. Elles s'accroissent de jour en jour, au rapport de Polybe, qui les a fort bien décrites *a*. Il observe que l'impétuosité du courant des grands fleuves soutient les terres & les limons charriés par les eaux, long-temps encore après qu'ils sont entrés dans la mer, & ne les y dépose qu'à une certaine distance de la côte, lorsque leur cours est tout-à-fait ralenti; mais que dans les petites rivieres ou dans celles dont le cours est paisible, la barre se forme beaucoup plus près du rivage. Son existence, ajoute-t-il, n'est que trop connue par le rapport des navigateurs qui vont quelquefois donner dessus, lorsqu'ils voguent en pleine mer durant la nuit. En un mot, on voit par-tout que la terre gagne sur la mer. Il est facile de le remarquer à la basse terre, à l'embouchure du Phase, vers Sidene, dans la campagne des Amazones, où se jettent l'Iris & le Thermodon, & en divers autres endroits des côtes de l'Euxin, où les rivieres font le même effet d'accroissement que le Nil fait en Egypte *b*. S'il étoit vrai, comme Straton l'a conjecturé, que l'Euxin n'eût point eu de communication avec la Propontide, jusqu'à ce que le poids immense des eaux fluviales, accumulées dans son bassin, eût rompu les terres vers Byzance, pour se jeter dans la mer Egée, il seroit encore plus facile de rendre raison de l'accroissement progressif des terres sur ses côtes. On pourroit supposer, avec beaucoup de vraisemblance, que le bassin étoit alors plus rempli, & qu'en se dégorgeant, il

---

a Polyb. L. IV.   *b* Strab. lib. I. p. 52.

a laiſſé beaucoup de terres à ſec dans tout ſon circuit. On ne ſeroit plus ſurpris de rencontrer des lacs d'eau ſalée au milieu des terres en Phrygie, en Arménie, en Médie. On n'auroit aucune peine d'aſſigner une cauſe ſenſible à ce que raconte Xanthus le Lydien, qu'au temps d'Artaxerce, en fouillant la terre dans ces climats, on avoit trouvé diverſes eſpeces de coquillages de mer pétrifiés à une grande diſtance de l'Euxin.[a]

[a] *Vid. Straton. & Xant. ap. Strab. lib. I. p. 49. & ſeq.*

PLANCHE IV. *Tom. II. P. 298.*

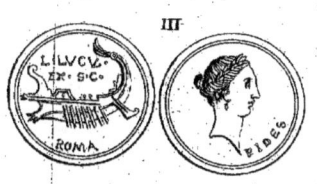

Voy. T. 1. p. 637. et T. II. p. 186.

NICOMEDES REX BITHYN.
Voy. T. 1. p. 644. et T. II. p. 35.

HISTOIRE
DE LA RÉPUBLIQUE ROMAINE.

LIVRE QUATRIEME.

LE relâche, que la rigueur de la saison donnoit aux armées dans le Pont, fut employé des deux parts aux négociations avec les puissances voisines. Le Roi envoya deux ambassades; l'une en Scythie, par Dioclès, qui, au lieu d'y aller, vint se rendre aux Romains, & garda de grosses sommes d'or & de riches présens qu'on lui avoit confiés pour gagner les petits Souverains du Pays *a*; l'autre en Arménie, vers Tigrane, pour laquelle il choisit Métrodore, homme renommé par son éloquence, connu de ce Prince & vivant dans sa familiarité. Métrodore le pressa vivement de prendre enfin parti dans une guerre si inté-

I. Suite de la guerre de Pont. Ambassade du Roi vers Tigrane.

a Appian.

reſſante, & de ne pas laiſſer opprimer un Roi dont il avoit épouſé la fille. Mais tout ce qu'il put dire ne fit pas grande impreſſion ſur l'eſprit de l'Arménien, qu'il trouva peu ſenſible au malheur de ſon beau-pere. Les liaiſons que les mariages produiſent entre Souverains, ne forment nulle part un lien bien étroit, encore moins parmi les Orientaux, où la tendreſſe d'un mari, partagée entre un grand nombre de femmes, n'eſt bien vive pour aucunes d'elles. On ne voit pas d'ailleurs que Cléopatre ait jamais eu grande part à l'affection de ſon époux. Tigrane, tranquille dans ſes Etats, orgueilleux & fortuné, ſe croyoit inébranlable ſur ſon trône : il étoit trop ſuperbe, trop gâté par les proſpérités, pour imaginer qu'on fût jamais aſſez oſé pour l'attaquer, & il répugnoit à quitter ſon faſte & ſon repos, pour s'engager dans une guerre laborieuſe. « Il y auroit de la » folie, dit-il un jour à l'Ambaſſadeur, de s'aller jeter dans le » feu quand on ne l'a pas chez ſoi ». Oui, repliqua Métrodore, « *mais ne ſavez-vous pas que quand on laiſſe brûler la maiſon de* » *ſon voiſin, ſans y porter de l'eau, il eſt preſqu'infaillible qu'on* » *aura bientôt le feu dans la ſienne* [a] *?* Croyez-vous pouvoir » reſter ſpectateur oiſif de l'incendie qui dévore le royaume de » Pont ? N'êtes-vous pas aſſez averti, par le péril d'autrui, de » celui qui vous menace ? » Tigrane & l'Ambaſſadeur avoient à ce ſujet de fréquentes converſations. Enfin le Roi lui dit un jour : « mais vous qui êtes mon ancien ami, parlez-moi natu- » rellement, le feriez-vous ſi vous étiez en ma place ? » Alors l'Ambaſſadeur, oubliant le ſeul perſonnage qu'il devoit faire en cette occaſion, lui répondit imprudemment ; « ſi vous me le » demandez de bonne foi comme à votre ami, non, je ne vous » le conſeille pas, en l'état où ſont les choſes ». Cette parole infidelle coûta cher dans la ſuite à Métrodore, par l'indiſcrétion de Tigrane [b]. Le Proconſul romain envoya auſſi Clodius ſon

[a] SALLUST. fragm. 458.   [b] Plut. ib. 925.

beau-frere en ambaſſade auprès du roi d'Arménie, pour le porter à faire alliance avec la République, ou du moins pour le détourner de prendre des engagemens contraires. Mais comme il n'eut audience que long-temps après Métrodore, je remets à parler de ce qui s'y paſſa dans le récit des événemens des années ſuivantes.

Pendant celle-ci on avoit mis les Conſuls L. Gellius & Cn. Lentulus à la tête de la République. Ils furent les auteurs de la Loi Gellia-Cornelia, qui donna pouvoir à Pompée d'accorder, de l'avis néanmoins de ſon Conſeil, le droit de bourgeoiſie romaine aux Eſpagnols, qui auroient rendu d'importans ſervices à l'Etat: Loi dont, comme je l'ai dit, il fit uſage en faveur du Gaditain Cornélius-Balbus [a], de ſon frere & de ſes enfans [b].

II. Conſulat de Gellius & de Lentulus. Les fugitifs révoltés ſe cantonnent dans l'Abruzze. Spartacus propoſe de ſortir de l'Italie.

A. V. C. 681.

Cn. Cornélius-Lentulus-Clodianus. L. Gellius. } Coſſ.

Dans le cours de l'hyver, les fugitifs avoient pouſſé leurs courſes juſqu'à Crotone, ſur l'une des mers, & juſqu'à Cozence, vers l'autre. Leur appareil de guerre étoit conſidérablement renforcé. Spartacus ſe voyoit en état de tenir la campagne avec une ſorte d'avantage [c]. Cette proſpérité rapide ne l'aveugloit cependant pas ſur la durée qu'il en devoit attendre. Il étoit trop ſenſé pour ne pas prévoir l'impoſſibilité de ſe ſoutenir à la longue en Italie contre les forces de la République. Un ſeul échec à la ſuite de vingt victoires, ſuffiſoit pour le perdre. Et le moyen de ne s'y pas attendre, avec une troupe de miſérables ſans honneur & ſans mœurs, dont la dépravation naturelle empiroit encore par l'ivreſſe d'une fortune momentanée! Il ſongeoit à ſortir d'affaire de quelque maniere praticable. Sa premiere idée fut de s'adreſſer aux Pirates de Cilicie; ſoit pour ſe joindre à eux, ſoit pour retirer ſes compagnons, à l'aide de leurs vaiſſeaux, de ce recoin de l'Italie où ils étoient acculés de toute part contre la mer. Mais les gens qu'il avoit envoyés

---

[a] *Cic. pro Balb.*
[b] *Plin. V. 5.*
[c] *Flor. III. 20.*

traiter avec eux, tardant trop à revenir, il fit part à ses compagnons d'un autre projet raisonnable autant que modéré.

Après les avoir assemblés à l'entrée de la campagne, & leur avoir exposé le danger de rester ainsi dans le Bruttium, où on les mineroit peu à peu, enfermés comme ils l'étoient, il leur repréfenta que le meilleur ufage à faire de leur victoire étoit de fortir d'une pofition dont les avantages ne compenfoient pas les rifques; de profiter de l'épouvante paffagere où ils avoient jeté les Peuples, pour traverfer à grandes journées l'Italie, en marchant ferrés & réunis de leur mieux, afin de forcer tout ce qui voudroit faire obftacle, & gagner au plutôt les Alpes : qu'alors chacun, Gaulois, Thrace ou Germain, fe retireroit fans bruit dans fon Pays natal, avec ce qu'il avoit amaffé [a] : content d'avoir affuré fa fortune & fa liberté, & affez glorieux de ne la devoir qu'à fon propre courage; fans afpirer à des entreprifes trop vifiblement au deffus de leurs forces.

III. Les Chefs Gaulois & Germains rejettent cet avis. Son avis fut peu goûté. Crixus le combattit avec chaleur. *Trop enflé de folles efpérances, & ne fe poffédant plus* [b], depuis le fuccès perfonnel qu'il avoit eu l'année précédente contre les Romains, en les repouffant au paffage du Sybaris, perfuadé qu'il alloit mettre l'Italie entiere au pillage, auffi facilement qu'il y avoit mis quelques Villes municipales, il la regardoit déjà, & Rome même, comme fa proie : ne prétendant pas moins que renverfer en peu de temps ce coloffe de la puiffance romaine, qui opprimoit l'Univers. Les Gladiateurs Germains parlerent du même ton. On a prétendu que quelques émiffaires de Mithridate, arrivés fecrétement vers les fugitifs, nourriffoient leur audace par la promeffe d'un puiffant fecours. Mais, à dire vrai, tous ces gens, d'un naturel avide & féroce, étoient incapables d'aucun projet raifonné. Ils s'occupoient du butin préfent, fans trop envifager les fuites. Chacun infifta fortement fur fon avis.

[a] *Plut. in Craff.* [b] SALLUST. *fragm. 533.*

ROMAINE. LIVRE IV.

On se sépara sans rien conclure, & on se mit en marche. Jusqu'alors ils n'avoient, de quelque nation qu'ils fussent, formé qu'un seul corps, quoique partagé sous plusieurs Chefs, marchant & campant pour l'ordinaire tous ensemble ; ce qu'ils continuerent à faire encore au début de cette campagne. Mais divisés d'opinion sur cet article important, *ils commencerent dès-lors à n'être plus d'accord entr'eux, & à ne plus tenir conseil en commun.*[a], sur les opérations à faire. De sorte qu'on alloit en avant, sans trop savoir où, & sans autre vue que de piller sur la route.

Ce dangereux soulévement n'étoit plus regardé du même œil à Rome. Ce ne fut pas seulement la honte & l'indignation d'une telle révolte, ce fut la juste crainte de voir toutes les Provinces intérieures mises à feu & à sang, qui porterent le Sénat à commettre les deux nouveaux Consuls à la fois [b], au soin d'une guerre désormais regardée comme une des plus vives & des plus inquiétantes qu'on eût encore eue à soutenir [c]. On décida que les nouveaux Consuls marcheroient tous deux contre les révoltés [d] : qu'ils auroient chacun une armée complete : qu'ils pourroient agir conjointement ou séparément, selon l'occurence ; s'il y avoit lieu d'attaquer les fugitifs de deux côtés, & au cas qu'ils fussent sortis de leur retraite, comme on venoit d'en répandre le bruit : qu'en tout cas l'armée de Gellius marcheroit à eux ; & que celle de Lentulus se tiendroit postée pour les barrer à tout événement. Le Consul L. Gellius fut chargé de faire les levées, & de pourvoir aux subsistances. Mais comme les frais qu'il avoit fallu faire pour soulager le Peuple dans le temps de la cherté des bleds, l'entretien des armées employées à tant de guerres étrangeres, & l'invasion actuelle de l'Italie, avoient épuisé les finances de l'Etat, & même arrêté les subsides ordinaires, Gellius trouva le trésor public mal fourni. Là-*dessus*

IV. Les Consuls reçoivent ordre de marcher tous deux contr'eux. Dissention entre les fugitifs ; ils se séparent.

---

[a] Sallust. fragm. 532.
[b] Oroz. V. 24.
[c] Plut. in Crass.
[d] Fast. Capitol.

Cn. Lentulus [1] son collegue, celui qui portoit le surnom de Clodianus, & qui étoit de maison Patricienne, s'avisa (sans qu'on puisse dire s'il fut en ceci plus inconsidéré ou plus infidele à ses

[1] Le fragment où Salluste parle de Lentulus-Clodianus, est un de ceux où il est le plus difficile, non-seulement de reconnoître de quel fait il s'agit, mais même de démêler le véritable sens des expressions : ce qui n'est pas étonnant aujourd'hui, puisque dès le temps d'*Aulugelle* on citoit ce passage de notre Historien, comme n'étant bien entendu que d'un petit nombre de Gens de Lettres. Expliquons d'abord ce qu'il dit, que Lentulus étoit de maison Patricienne. Il en étoit en effet par adoption, mais de famille Plébéienne par naissance ; son vrai nom étant Publius-Clodius-Marcellus. Ce point n'est pas sans embarras dans les généalogies romaines. Voici ce que j'y peux démêler de plus vraisemblable. Marcus-Marcellus, de la maison Plébéienne Clodia, le même de qui Cicéron a dit * qu'il apportoit au barreau, non pas les talens d'un Orateur, mais beaucoup de pratique & de facilité de parler, eut trois fils. L'aîné, Marcellus-Æserninus, resta dans la famille Clodia, qu'il continua. Les deux autres furent adoptés dans la maison Cornelia, par Cn. Lentulus, Consul en 656. Tous deux quitterent leur nom & même leur prénom, pour prendre celui de leur pere adoptif, & se firent appeller Cn. Lentulus. Seulement les deux freres, pour se distinguer entr'eux, y ajouterent chacun un surnom différent, tiré de leur propre famille native. L'un se fit surnommer Marcellinus ; l'autre Clodianus, & c'est celui dont il s'agit ici.

Lentulus-Clodianus fut Questeur en 668, Edile en 673, Préteur en 676 *. On le nomma Consul en 681, avec L. Gellius, & pendant leur magistrature, ils firent quelques loix, de l'une desquelles il s'agit ici. Par malheur, c'est celle que nous connoissons le moins ; car nous savons qu'il y en a eu une à l'occasion de Sthenius, contenant un réglement sur la forme des affaires criminelles, par lequel il étoit défendu de mettre en justice un Magistrat absent pendant le temps de sa résidence dans son département ** ; & une autre à l'occasion de Balbus, au sujet des concessions du droit de bourgeoisie romaine, que Pompée avoit fait à quelques Espagnols †. Encore cette derniere ne fut-elle faite par les deux Consuls que plusieurs années après leur Consulat, lorsqu'ils furent aussi tous deux Censeurs ensemble. J'ai donc donné à celle dont parle Salluste, l'occasion la plus probable qu'il m'a été possible de conjecturer. Il blâme ouvertement Clodianus à ce sujet. Les termes dont il se sert paroissent très-durs. *Per incertum stolidior an vanior.* Mais *Aulugelle* leur donne un sens un peu différent de celui qu'ils semblent présenter. « Quelque temps après avoir fini mes études, » dit-il, je me rencontrai un jour dans » une boutique de Libraire rue des San- » dales, avec Sulpitius-Appollinaris, » homme fort lettré. Nous trouvâmes dans » cette boutique une espece de Grammai- » rien qui faisoit le docteur, & se vantoit

* Pigh. annal.
** Cic. in Verrin. II. 39.
† Cic. pro Balbo. 8.

* Cic. in Brut. 36.

maximes)

ROMAINE. *LIVRE IV.* 305

maximes) de mettre en avant une loi portant qu'on exigeroit des acheteurs des biens des proscrits, le paiement de toutes les sommes dont Sylla leur avoit fait la remise [a]. Rien n'étoit plus contraire

[a] SALLUST. *fragm. 41.*

» entr'autres choses, que personne n'entendoit comme lui l'Historien Sallufte, & n'avoit si bien pénétré le véritable sens de ses expressions. Sur quoi Sulpicius le pria de lui expliquer un endroit qu'il ne comprenoit pas bien, & de lui dire ce que signifioient ces mots employés par l'Historien dans son quatrieme Livre, en parlant de Clodianus; *per incertum stolidior an vanior*. L'autre répliqua qu'on le prenoit pour un écolier, en lui demandant une pareille bagatelle : qu'il s'attachoit aux termes difficiles, vieillis, ou hasardés pour plus d'énergie, & que c'étoit alors que, sans s'arrêter à l'écorce, il savoit percer jusqu'au fond de la pensée de l'Auteur, pour en tirer le sang & la moëlle. Nous nous prîmes à rire, & lui marquâmes de plus en plus notre envie d'entendre éclaircir la question par un si habile homme. Il vit bien que nous nous moquions de lui, & sortit. Alors Sulpicius nous dit que l'épithete *vanus* ne signifioit pas seulement, comme on l'entend pour l'ordinaire, un homme léger ou de peu de sens, mais aussi un homme menteur & de peu de foi : que *stolidus* se disoit non-seulement d'un sot & d'un esprit lourd, mais aussi d'un homme fâcheux, maussade & fatigant. Il nous fit voir le point de grammaire discuté dans le livre de *Nigidius*; qui prouve que tel étoit le véritable sens qu'on donnoit autrefois à ces expressions [*].

Malgré l'adouciffement qu'*Aulugelle* semble mettre ici aux traits dont notre Historien s'est servi pour peindre le caractere de Lentulus, ils paroîtront toujours trop durs, en les comparant au témoignage avantageux que ses contemporains ont rendu de lui. *Cicéron* l'appelle [†] un excellent homme d'Etat, digne de la haute considération qu'il avoit acquise, & du comble des honneurs auxquels on l'éleva. Il paroît en effet que les mauvais succès des Consuls à la guerre contre les fugitifs, furent plutôt imputés au malheur, qu'à l'incapacité, & ne leur firent pas long-temps perdre l'estime publique. En effet, quelques années après, la charge de Censeur leur fut conférée à tous deux ensemble, dans un temps où ce choix ne pouvoit manquer d'être fort honorable, puisqu'on renouvelloit alors les fonctions de cette magistrature, interrompue depuis trois lustres. Ils s'en acquitterent avec beaucoup d'honneur & de distinction. Leur Censure fut une des plus célebres.

Voici le portrait que Cicéron nous a laissé de Lentulus, comme Orateur. « Sa maniere de débiter donnoit, dit-il, plus d'idée de ses talens qu'il n'en avoit en effet. Il s'en falloit beaucoup qu'il n'eût autant d'esprit que sa phisionomie & l'air de son visage en annonçoient. Il n'avoit

[*] *Aulugel. XVIII.* 4.
[†] *Leg. Manil.* 23.

HISTOIRE DE LA RÉPUBLIQUE

à la profession publique qu'il avoit toujours faite, d'être inviolablement attaché à la forme de Gouvernement établie par le Dictateur, ni plus hors de propos que d'aller dans une circonstance si critique porter la main à cette sensible plaie de l'Etat. Il mécontentoit par-là tout le monde à la fois : la noblesse qui ne pouvoit souffrir qu'on voulût toucher aux loix Cornéliennes : les propriétaires actuels qui s'étoient crus paisibles possesseurs : & même le Peuple qui n'aimoit pas leur voir acquérir par le paiement un titre en quelque façon plus légitime. Les Jurisconsultes soutenoient même que, quoique la proposition du Consul eût une apparence d'équité, puisque les acquéreurs de ces biens qui les avoient achetés à trop vil prix, ne devoient pas

» pas même de véritable éloquence ; mais il savoit à merveille faire illusion sur ce point. Le pathétique de ses exclamations, l'art de ses silences, sa voix sonore & séduisante, son assurance & sa chaleur dans l'action, occupoient assez l'auditeur, pour ne pas laisser desirer ce qui lui manquoit. Son pere, Marcellus, s'étoit fait une réputation, sans avoir autre chose que de la facilité. Curion a tenu un rang parmi les Orateurs, sans autre talent qu'une abondance véhémente. Lentulus, à qui cette partie manquoit, a de même tenu au barreau un rang distingué, pour avoir su couvrir la médiocrité de ses compositions, par l'art avec lequel il les débitoit : & véritablement il excelloit en ce point *». Paulmier de Grantemenil attribue à Lentulus-Clodianus certains Poëmes anciens que Varron tourne en ridicule, dans une lettre à Fufius **. Mais Paulmier n'a pas fait attention que l'Auteur de ces Poëmes

* Cic. in Brut. 36 & 66.
** Varr. fragm. Epist.

ne pouvoit être notre Consul, mais seulement un de ses esclaves ou affranchis : vu qu'ils portent le nom de Quintipor-Clodianus. Quintipor (valet de Quintus, *Quinti puer*), est le nom d'un domestique, & non pas celui d'un homme de qualité. Lentulus-Clodianus laissa un fils qui fut Lieutenant de la Gaule †. C'est probablement à ce fils qu'il faut attribuer la médaille ci-jointe, où nous ne voyons rien qui puisse convenir au pere. D'un côté, une Victoire ailée à mi-corps : de l'autre, Bellérophon monté sur Pégase, & lançant une javeline, avec l'inscription CN. LENT. CLODIAN. (Voy. la médaille n°. 1.) *Glandorpe* & *Vaillant* se sont fort trompés dans l'explication de cette médaille ; qu'ils attribuent à Lentulus, Consul en 656, & pere adoptif de notre Consul. Car il n'y avoit certainement alors aucune personne dans la branche des Lentulus de la maison Cornélia, qui portât le surnom de Clodianus.

† Cic. ad Att. I. 19.

ROMAINE. *LIVRE IV.* 507

à plus forte raison les avoir pour rien, elle n'étoit cependant pas juste au fond. Car on ne pouvoit nier que le Dictateur n'eût eu le pouvoir de faire aux acheteurs la remise du prix, sans nier aussi qu'il eût eu celui de faire vendre ces biens à l'encan, & de bannir de la Ville les partisans de Marius. Soutenir sans détour une pareille these, c'étoit en ce moment souffler le feu de la discorde sur tous les ordres. Un cri si général s'éleva de tous côtés contre la loi, qu'il fallut renoncer bien vîte à ce moyen dangereux. On eut recours à d'autres ressources. Chacun s'y prêta comme il put, vu le péril pressant & l'intérêt personnel; & les forces suffisantes furent mises sur pied.

Bientôt on apprit au camp des rebelles que les deux armées romaines étoient en mouvement. Spartacus revint encore à son avis, persistant à soutenir que dans une conjoncture si pressante, il n'y avoit rien de bon à faire qu'une retraite glorieuse au-delà des Alpes. Il annonça qu'il y étoit déterminé avec ceux qui le voudroient suivre; quelque parti que prissent les autres. Là-dessus la dispute s'échauffa par de grands cris entre les Chefs & leurs troupes de chaque côté : tellement que, quoique résolus d'un commun accord à combattre à outrance pour leur liberté, ils furent prêts d'en venir aux mains les uns contre les autres. Crixus & ceux de sa nation, Gaulois & Germains, s'obstinèrent à vouloir marcher à l'ennemi. Spartacus au contraire *ᵃ*, sans se départir de son premier sentiment, leva ses étendards pour suivre sa route. Les fugitifs se séparèrent ainsi : Thraces, Getes, Daves & Lucaniens, avec Spartacus : Germains & Gaulois, avec Crixus; à l'exception d'un certain nombre de cette derniere nation, qui étoient toujours restés attachés à leur premier Capitaine.

V. Dissention entre les fugitifs. Ils se séparent.

Celui-ci se mit en marche le long des gorges de l'Apennin, qu'il avoit résolu de traverser dans toute sa longueur : faisant route avec beaucoup de circonspection, sans s'écarter des mon-

VI. Spartacus se retire le long de l'Apennin. Crixus marche au Consul Gel-

ᵃ SALLUST. *fragm.* 325.

Qq 2

lius & le bat. tagnes qui le tenoient couvert; s'efforçant toujours, mais souvent
Les fugitifs pil- en vain, d'empêcher que ses gens ne s'éloignassent & ne com-
lent le camp
romain. missent quelque désordre. Crixus marcha droit au Consul
Gellius, par la Lucanie & par la Pouille. Les deux armées se
rencontrerent sur les frontieres des Samnites. Le Gaulois avoit
bien trente mille hommes [a]. Mais la discipline des légionnaires
auroit aisément compensé l'avantage du nombre, s'ils y eussent
apporté la même bravoure. On ne peut refuser de justes éloges
à tout ce que Crixus montra de valeur & de conduite en cette
action. Il avoit bien su choisir un terrein avantageux, dont les
Romains, qui commencerent l'attaque, tenterent vainement
jusqu'à deux fois de le déloger. Deux fois ils furent vigoureusement repoussés, & contraints à reculer avec perte. *Le soldat
commença de perdre cœur par le mauvais succès de cette tentative.
Il ne revint pas à la charge avec vivacité, ni en tenant ses armes
serrées comme au début de l'action; mais lâchant les rangs* [b], &
retournant en mauvaise contenance à cette nouvelle attaque.
Crixus, qui jusques-là ne s'étoit pas ébranlé, en profita pour
faire lui-même une charge si vive, que l'armée romaine lâcha
le pied, laissant l'ennemi maître du champ de bataille. Les
Gaulois lui donnerent la chasse jusqu'à son camp, qu'elle abandonna de même; & de là jusqu'aux montagnes voisines, où la
nuit arrêta leur poursuite.

VII. Ils se li- *Le lendemain ils revinrent au camp, où ils trouverent quantité de
vrent à la dé- choses que les circonstances & la précipitation ne leur avoient pas
bauche: sont
surpris & tail- permis d'emporter la veille. Mais pendant qu'ils s'y livroient
lés en pieces. ensemble à la joie, s'invitant les uns les autres à bien boire & à
Mort de Cri-
xus. faire bonne chere* [c], ils fournirent aux légions une belle occasion
de retomber sur eux avec avantage. Caton, si fameux depuis,
& qui servoit en qualité de volontaire sous Cépion, Tribun

[a] *Appian. Bell. Civ. L. I. p.* 424. [c] SALLUST. *fragm.* 399.
[b] SALLUST. *fragm.* 382.

militaire, son frere aîné, qu'il suivoit par-tout, les avoit ralliés sur la hauteur. Le Consul lui donna là-dessus de grandes louanges : il voulut même lui décerner des récompenses militaires. Mais Caton les refusa; disant qu'elles n'étoient pas dues en pareil cas, & que personne n'en avoit mérité dans cette journée *a* : discours qui contribua dès-lors à lui donner la réputation d'un homme dur & singulier. Gellius, dans l'attente d'être attaqué le jour suivant, s'étoit retranché à la hâte pendant la nuit. Mais n'appercevant plus les révoltés dans la plaine, il conjectura sans peine ce qui étoit arrivé : & que l'ennemi, après quelque poursuite, *prenant aussi-tôt une confiance aveugle en son avantage* *b*, l'auroit abandonné pour courir au pillage du camp romain. Assuré qu'il ne se trompoit pas, sur le rapport qu'on lui fit du tumulte & des huées qu'on entendoit de loin dans le camp, il les laissa toute cette journée se livrer à la débauche; & marchant en silence à l'entrée de la nuit, il les surprit plongés dans le vin & dans la dissolution. L'épouvante fut générale, ainsi que la fuite. Le Préteur Arrius se mit à leurs trousses avec une partie des légions. Crixus, pénétré de douleur d'une faute capitale qu'il n'avoit pas assez pris soin de prévenir, & qu'il n'auroit probablement pas été le maître d'empêcher, rassembla les fuyards le mieux qu'il put, sur le mont Gargan, vers la pointe de la Daunie, où il se battit en désespéré, tant qu'il lui resta un souffle de vie *c*. Sa mort acheva d'abattre le courage des siens. Leur déroute fut complete *d*. Arrius en fit un tel carnage, qu'à peine un tiers de cette grosse bande échappa au massacre *e*. Une partie alla rejoindre Spartacus par divers chemins détournés. Le reste se dispersa & ne reparut plus.

a *Plut. in Caton.*
b Sallust. *fragm.* 542.
c *Oroz.* ibid.
d *Tit-Liv. Epitom.* 96.
e *Appian.* ibid.

VIII. Spartacus est resserré entre les deux armées consulaires. Il les bat toutes deux dans le même jour.

Cependant Spartacus filoit en diligence entre les montagnes, tâchant d'éviter d'être atteint par l'une des armées, & de rencontrer l'autre. Celle de Lentulus avoit gagné les devants, & se tenoit campée en travers pour lui intercepter le passage. Le Consul avoit posté ses forces de côté & d'autre, sur la croupe des hauteurs, entre lesquelles les fugitifs étoient obligés de défiler [a]. C'étoit dans la branche de l'Apennin, qui borde l'Etrurie, non loin du cours de l'Arno. Sa manœuvre, quoique convenable au dessein qu'il avoit de les arrêter, peut néanmoins être regardée comme une faute assez considérable. Il eût mieux valu sans doute laisser échapper un ennemi qui ne montroit pas alors de plus forte envie que celle de se retirer, & délivrer ainsi le centre de l'Etat d'une plaie interne que son séjour ne fit qu'envenimer. Les fuyards, échappés au massacre du mont Gargan, apporterent bientôt à Spartacus la nouvelle de leur désastre & de la marche de l'autre armée qui le suivoit en queue. Il redoubla ses efforts pour se rendre maître du passage, ou pour attirer Lentulus au combat. *Il fit donc harceler de divers endroits les légions dès long-temps postées sur la montagne* [b]. Mais le Consul s'obstina toujours à rester dans ses retranchemens. Jugeant l'affaire plus assurée, par la combinaison des deux armées, *il voulut attendre Gellius, & donner cette marque de déférence à un collegue qui, lui étant inférieur en âge & en naissance, lui avoit jusques-là marqué à lui-même les plus grandes déférences* [c]. Enfin Spartacus, informé de son approche, partagea sa troupe en deux corps : l'un destiné à faire une vive attaque du côté de Lentulus, pour s'ouvrir le chemin de la retraite : le second, à empêcher, mais sans combat, s'il étoit possible, l'autre Consul d'effectuer la jonction projetée, ou de prendre la premiere troupe par derriere durant la bataille. En effet, les

[a] *Plut.* ibid.
[b] SALLUST. *fragm.* 626.
[c] SALLUST. *fragm.* 537.

ROMAINE. LIVRE IV.

Gladiateurs firent si bien, à force de tranchées & d'abattis de bois dans les défilés, qu'ils arrêterent Gellius tout court; même à la vue du combat de l'autre armée, que Spartacus attaquoit avec la plus grande vigueur. Car *en ce même temps Lentulus, qui, avec ses deux corps, s'étoit toujours tenu sur la défensive, quoiqu'avec grande perte des siens, dans le poste élevé qu'il avoit pris, ayant apperçu du haut de la montagne les piques de bagages chargées de casaques [1] de pourpre, & découvert ensuite les cohortes de l'avant-garde* [a], qui débouchoient dans le vallon; certain alors de l'approche des autres légions, & de l'arrivée du Consul Gellius en personne, il descendit des côteaux, & vint à son tour charger l'ennemi; afin de favoriser par cette diversion l'approche de son collegue. Mais le succès répondit mal à ses vues. Il éprouva ce que c'étoit que d'avoir affaire à des gens audacieux & sans ressource [b] Il fut battu à plate couture, avant que Gellius [2] n'eût eu le temps de surmonter les obstacles mis à leur jonction.

[a] SALLUST. *fragm. 430.*
[b] *Tit-Liv. Epit. 96. Flor. III. 20.*

[1] Il y a quelqu'apparence que l'on implantoit au dessus des chariots de bagage du Général de l'armée, des piques portant une casaque rouge, qui faisoit connoître ces chariots, comme portant les équipages du Général: ainsi que l'on reconnoît dans nos armées, par les diverses couvertures des fourgons, à quel Officier Général ils appartiennent. Ce fut à ces marques que Lentulus reconnut de fort loin que l'autre Consul son collegue arrivoit en personne. On ne voit pas d'une maniere claire dans le fragment, s'il est ici question de chariots de bagages, ou de bagages portés sur des perches, tels qu'on en voit la représentation dans les bas-reliefs de la colonne Trajane, ainsi que de diverses enseignes & ornemens de dignités portés de même dans la marche de l'armée au devant du Général. J'entendrois plus volontiers le texte de cette maniere; car il n'est pas ordinaire de faire précéder l'avant-garde d'une armée par des chariots de bagages, sur-tout dans des chemins aussi étroits que ceux-ci. Le Général d'armée portoit la casaque de pourpre, appellée *Paludamentum*, pardessus sa cuirasse en forme d'épitoge, comme on le voit dans un grand nombre de statues des Empereurs romains: c'étoit la marque distinctive des Généraux. Ils ne la portoient qu'à l'armée.

[2] Lucius-Gellius, surnommé Popli-Cola, c'est-à-dire ami du Peuple, Questeur en 665, Edile-Curule en 671, Préteur en

HISTOIRE DE LA RÉPUBLIQUE

A l'inſtant même Spartacus, laiſſant à l'un de ſes Thraces, commandant ſous lui, la commiſſion de ſuivre Lentulus dans ſa déroute, avec une partie de la troupe victorieuſe, courut avec

676, fut élevé au Conſulat avec Lentulus-Clodianus *. Nous avons deux médailles, l'une de ſon Edilité, rapportée par *Pighi*, où l'on lit L. Gellius. L. F. Popli-Cola. Œd. Cur. Ex. S. C. L'autre de ſon Conſulat, rapportée par *Goltzius*, où l'on lit L. Gellius. L. F. Cos. (Voyez la médaille n°. 2.) *Havercamp* la regarde, non ſans de bonnes raiſons, comme fort ſuſpecte de ſuppoſition. Lorſqu'il fut élevé au Conſulat, il revenoit de Grece, dont il avoit eu le Gouvernement au ſortir de ſa Préture. Atticus raconte † que Gellius, pendant ſon ſéjour à Athenes, s'étoit aviſé d'y convoquer tous les principaux Philoſophes, & de former le projet ſingulier de mettre fin à tant de diſputes & de controverſes nées entre les Sectes: leur repréſentant qu'ils paſſoient leur vie à perdre le temps en argumens ſophiſtiques; & leur offrant ſon entremiſe pour ſe mettre d'accord en ſa préſence ſur tous les points controverſés entr'eux; ou du moins, ſi cela ne ſe pouvoit, pour convenir de n'en plus parler. Cette entrepriſe n'étoit pas médiocre. Auſſi n'eut-elle d'autres ſuccès que d'exciter dans Athenes une grande riſée ſur ſon auteur.

Ce que nous lirons ici des talens militaires de Gellius & de Lentulus ſon collegue, n'en donnera pas beaucoup d'idée. Il paroît que Salluſte faiſoit aſſez peu de cas de ces deux hommes, ſur-tout de Lentulus, dont il parle avec mépris dans un autre fragment. Il faut cependant qu'ils

aient eu l'eſtime ou la faveur du public, ou qu'on ait reconnu dans la ſuite qu'il y avoit plus de malheur que de mal-habileté dans le mauvais ſuccès qu'ils avoient eu pendant leur Conſulat; car on les éleva encore quelques années après tous deux enſemble à la dignité de Cenſeurs, qu'on regardoit à Rome comme le complément des honneurs pour les anciens Magiſtrats. Quant aux talens de Gellius pour le barreau, voici le jugement qu'en porte *Cicéron* *. « Il ne fut pas, dit-il, un Orateur » fort priſé parmi ceux de ſon temps. » Cependant on auroit eu peine à dire » ce qu'il y avoit à déſirer en lui: car il » ne manquoit ni de ſavoir, ni de vivacité » d'invention, ni de connoiſſance des af» faires publiques, ni de facilité à parler; » mais il tomba dans un temps trop fer» tile en génies qui l'effaçoient: & comme » il vécut fort âgé, ſa gloire eut à ſouf» frir de la concurrence ſucceſſive d'un » trop grand nombre de gens célebres. » On peut néanmoins dire de lui qu'il a » ſouvent été utile au public & à ſes » amis ».

Ce fut Gellius qui, dans une aſſemblée du Sénat, fut d'avis de récompenſer Cicéron par une couronne civique, après la découverte de la conſpiration †. Il lui rendit ce témoignage en plein Sénat, que ſi tout autre que lui avoit été Conſul alors, c'étoit fait de la République. Ce jugement dit beaucoup de la part d'un homme qui

* *Faſt. Capit.*
† *Ap. Cic. de Ligib. I. 20.*

* *In Brut. 47.*
† *Cic. in Piſon: 3. Gellius, noct. attic. V. 6.*

ROMAINE. LIVRE IV. 313

le reste joindre le corps qu'il avoit opposé à Gellius. Il ordonna aux montagnards de grimper sur les rochers à droite & à gauche de la barricade d'arbres abattus : ce qu'ils exécuterent d'une maniere aussi agile qu'intrépide. Ces gens tomberent sur l'armée romaine avec la rapidité de la foudre ; la mirent en fuite ; prirent tout le bagage, & firent un grand nombre de prisonniers [a], dont trois cents Citoyens romains. Spartacus traîna le tout à sa suite, & reprit sa route vers les Alpes, avec la même promptitude.

Deux victoires signalées dans un même jour porterent au plus haut degré la renommée du Gladiateur, & l'épouvante des Citoyens [b]. Ce fut encore pis quand on sut que le Préteur Cn. Manlius, & le Proconsul Cassius, Commandans de la Gaule Cispadane, ayant rassemblé dans leur Province une dixaine de mille hommes pour opposer une digue à ce torrent [c], avoient été défaits l'un après l'autre ; le camp de ce dernier forcé vers Modene [d] ; & lui-même percé de coups, dont il mourut peu après, n'ayant qu'à grande peine échappé aux mains des Barbares [e]. Le Sénat, mécontent des deux Consuls, les avoit

IX. Spartacus, par-tout victorieux, traverse l'Italie. Il force les Citoyens romains à jouer le rôle de Gladiateurs.

---

[a] *Appian.* ibid.
[b] *Tit-Liv. Epit. id.*
[c] *Flor.* ibid.
[d] *Oros.* ibid.
[e] *Plut.* ibid.

paroît avoir été mieux qu'aucun autre au fait de toute cette trame, & de la grandeur du péril que la République avoit couru [*]. J'en parlerai dans le Catilina. Gellius étoit frere de Gellia, femme de Philippe, Prince du Sénat. Il fut marié deux fois ; la premiere à Polla, dont il eut pour fils Gellius, Consul en 717. Son second mariage ne fut pas heureux. On soupçonna un commerce criminel entre sa femme & son fils du premier lit. On prétendit même qu'ils avoient porté le crime jusqu'au point de comploter de se défaire de lui. Les présomptions furent assez fortes pour donner lieu à une accusation formelle. Gellius supplia le Sénat de prendre en corps connoissance de cette affaire ; & ayant exposé les preuves résultantes de l'information, il prit lui-même la défense de son fils, le justifia publiquement, & le fit absoudre [*]. J'ignore si l'accusé étoit le même qui fut depuis Consul en 717.

[*] *Cic. post redit. I. 7.*
[*] *Val-Max. V. IV. 1.*

Tome II. R r

rappellés à Rome, avec ordre de remettre la conduite des légions au Préteur Arrius, en attendant qu'on les pourvût d'un nouveau Chef. Le propos tenu par Caton avoit fait impreffion dans toute la Ville, où, dès fes premieres années, il avoit joui d'une confidération fort au deffus de fon âge. On favoit qu'au milieu de la molleffe & de la négligence qui régnoient dans cette armée, il avoit fait fes efforts pour y rétablir le courage, l'ordre & la difcipline, avec une prudence & une fermeté digne de l'ancien Caton fon bifaïeul ; & que fi fa valeur & fa bonne volonté n'avoient pas eu de plus grands effets, il ne falloit s'en prendre qu'au peu de capacité du Général.*a*.

Cependant Spartacus, n'ayant plus d'ennemi en tête, continuoit à marcher vers le Pô. Mais avant que de le traverfer & de quitter l'Italie, il voulut fignaler fa retraite par un fpectacle d'éclat, qui fervit à la fois de monument à fa vengeance & à fon amitié. Il fit élever deux bûchers funebres ; l'un en l'honneur de Crixus ; l'autre pour le corps d'une Dame qui venoit de fe tuer après avoir été la victime de la brutalité de ces infolens, qui continuoient à remplir les lieux où ils paffoient, de meurtres, de viols & d'incendies *b*. Il célébra les obfeques de fon compagnon d'armes avec la même pompe ufitée à celle des Généraux romains. Il voulut, dit-il, comme ces tyrans de la vie des hommes, donner auffi des jeux funebres : & *rejettant fur eux la même efpece d'infamie* *c*, dont ils l'avoient autrefois couvert, il força les Citoyens romains, qu'il avoit faits prifonniers, à combattre à mort au tour des bûchers 1, à la maniere des Gladia-

---

a Plut. in Caton.
b Oroz.

c SALLUST. fragm. 584.

1 « Il crut fans doute, dit *Florus* en fon ftyle affecté, qu'il laveroit fa honte paffée, fi, d'acteur qu'il avoit été dans cette efpece de fpectacle infamant, il » devenoit fpectateur à fon tour, & s'érigeoit en diftributeur des éloges ou des récompenfes, à ceux qui auroient fait le mieux ».

teurs *a*. Quatre cents captifs *furent ainsi contraints, non pour aucun crime qui leur eût fait mériter d'être livrés à la mort en spectacle public, mais par le seul malheur de leur situation, à se déchirer & à s'entr'égorger eux-mêmes* *b*. Athénion, Chef des esclaves révoltés, avoit avant lui fait quelque chose de semblable en Sicile *c*. Mais qui auroit pu craindre que des Citoyens romains se vissent jamais exposés à subir un sort, dont l'opprobre surpassoit encore l'inhumanité ?

Arrivé sur les bords du Pô, il le trouva considérablement enflé par les pluies tombées au dessus de son cours; & pas une barque pour le traverser. La terreur avoit à son approche fait fuir les habitans à l'autre bord; emmenant avec eux tous les bacs, que les gens de la rive ultérieure avoient eu grand soin d'enlever ou d'enfoncer sous l'eau, de peur qu'on ne les ramenât pour arriver de leur côté. On ne peut dire si ce fut cette raison, ou légéreté d'esprit, ou excès de présomption, ou condescendance aux desirs de sa troupe, qui lui fit abandonner le parti de la retraite, au moment où il avoit franchi les plus grandes difficultés de l'exécution. J'ai quelque lieu de conjecturer qu'il reçut en ce moment un message secret de la part de Mithridate, portant avis que la flotte de ce Prince, commandée par Isidore, faisoit voile en Italie pour y faire une descente. Quoi qu'il en soit, au lieu de persister dans la résolution de gagner les Alpes, il prit tout d'un coup celle de rebrousser chemin, & de marcher à Rome pour la réduire en cendres *d*. Il y a quelque apparence qu'enivré à la fin par l'orgueil de tant de succès si fort au delà de ses espérances, il crut avoir rendu possible ce qui lui avoit jusques-là paru chimérique; & qu'il vint à s'égarer à son tour dans les mêmes projets qu'il avoit sagement rejettés un

X. Il rebrousse chemin & marche à Rome pour y mettre le feu.

---

a *Flor. ap. Oroz.*
b SALLUST. *fragm. 114.*
c *Cic. de Harusp. resp.*
d *Flor.*

peu auparavant. Il éprouvoit que la révolte prenoit de nouvelles forces à mesure qu'il cheminoit. Il se voyoit suivi de soixante à soixante-dix mille hommes [a]. Quelques relations en portent même le nombre jusqu'à cent vingt mille [b], tous gens intrépides, téméraires, en qui on pouvoit prendre une entiere confiance pour la prompte exécution d'un coup rapide. Les armées romaines délabrées, saisies de terreur, au point de ne plus oser tenir devant lui, laissoient la carriere ouverte à ses progrès. Il n'ignoroit pas que Rome étoit dans la consternation, & ses habitans aussi effrayés que si Hannibal eût été à leurs portes [c]. Il se crut assez grand pour venger l'Univers, ou assez heureux pour en avoir trouvé le moment. Il fit brûler tous les bagages comme superflus, massacrer les prisonniers jusqu'au dernier, & même égorger les bêtes de somme; ne voulant rien souffrir qui pût ralentir sa marche dans une expédition, où tout dépendoit de la promptitude à mettre à profit l'instant d'épouvante. Quoiqu'une quantité de nouveaux transfuges vinssent s'offrir à lui chaque jour, il n'en voulut plus recevoir. Il congédia même tout ce qui n'étoit pas en état de le suivre avec célérité : ne conservant que ce qu'il avoit de gens agiles & robustes, à la tête desquels il reprit le chemin qu'il venoit de faire.

XI. Il défait le Préteur Arrius en bataille rangée. Affreuse consternation dans Rome. Crassus offre ses services. On lui donne le commandement.

Arrius avoit recueilli les débris des légions dans le Picenum [*]. Il vint à la rencontre des fugitifs. Ce ne fut pas pour cette fois une affaire de stratagême ou de coup de main : ce fut une bataille rangée en bon ordre [d], telle que des troupes exercées aux évolutions militaires sont capables de la donner. La honte de nos pertes multipliées, ne me permet pas d'insister plus au long sur les détails de cette action, où l'armée romaine fut entiérement défaite.

[*] La marche d'Ancône.

[a] *Eutrop. L. VI.*
[b] *Appian. ibid.*
[c] *Eutrop. ibid.*
[d] *Tit-Liv. Epitom. id.*

ROMAINE. LIVRE IV. 317

Tant de malheurs coup sur coup avoient, même avant cette derniere défaite, répandu dans Rome un effroi si général, que le jour de procéder à l'élection des nouveaux Préteurs étant venu, qui que ce soit ne se présenta, pour ces places importantes, à l'assemblée des Comices [a]. Sur-tout personne ne vouloit se charger du département de la Ville, qui est celui du premier Préteur, dans un moment où elle étoit à la veille d'être saccagée. Le bruit de la marche du Gladiateur avoit renversé toutes les têtes. On eût dit qu'il étoit déjà maître des portes : l'épouvante n'avoit pas été plus vive, quand les Gaulois s'en emparerent autrefois. Ce n'étoit plus ces Romains qui redoubloient de courage & de constance, à mesure que le péril devenoit plus grand ou plus voisin. On peut juger, par la consternation des Grands, du trouble où l'attente de ce prochain désastre avoit jeté la populace innombrable de cette Ville immense. On n'entendoit par-tout que cris confus & que gémissemens. La foule des Citoyens, des femmes & des enfans éperdus dans les rues, *se jetoit aux pieds des Sénateurs* [b], pour les conjurer de détourner une tempête si terrible & si pressante. Enfin le tumulte fut un peu calmé par l'offre que Crassus [1] vint faire au champ de Mars,

---

[a] *Appian.* ibid.   [b] SALLUST. *fragm. 186.*

[1] M. Crassus, de l'une des plus illustres branches de la Maison Licinia, est le même qui fut Triumvir avec Pompée & César, & qui périt dans son expédition contre les Parthes. Il étoit fils du célebre Crassus, que Marius & les Tribuns firent massacrer, ainsi que ses autres enfans. Celui-ci échappa en se sauvant en Espagne, où Vibius-Pacianus, ami de sa maison, le tint caché pendant huit mois, dans une caverne éclairée & commode, près les bords de la mer. Il lui envoyoit tous les soirs un fort bon souper, & mit avec lui deux esclaves jeunes & jolies, pour amuser ce jeune homme dans sa solitude. L'une d'elles se plaisoit dans la suite à faire à l'Historien *Fenestella* le récit de leur vie solitaire en cette retraite. Après la mort de Cinna, il sortit de sa caverne & se rendit maître de la ville de Malaga, où les Mémoires du temps l'accusoient d'avoir fait un grand pillage : fait, qu'il nioit fort : se plaignant de l'infidélité ou de la malice de ces Ecrivains. Il vint en Afrique joindre Metellus-Pius, avec qui ne s'accordant pas bien, il alla en Italie retrouver Sylla,

HISTOIRE DE LA RÉPUBLIQUE

d'accepter la Préture de Rome. On reprit cœur en voyant un personnage aussi distingué par sa naissance, par ses richesses, par son crédit, venir volontairement s'offrir en une conjoncture si

depuis peu revenu de la Grece. Sylla lui donna commission d'aller faire des levées de troupes chez les Marses. Comme il falloit traverser un Pays ennemi, Crassus lui demanda une escorte. *Je te donne pour escorte*, reprit brusquement Sylla, *les ombres de ton pere & de ton frere, dont je veux venger la mort*. Crassus se piqua d'honneur, réussit dans sa commission, eut ensuite la principale part au gain de la bataille de la porte Colline, contre les Samnites, commandés par Ponce-Télésin, & demeura toujours fort attaché au Dictateur. Il étoit cependant jaloux des préférences que Sylla donnoit à Pompée, & de la grande faveur que celui-ci acquéroit sur l'esprit des Romains. Quand on l'appelloit devant lui *le Grand Pompée*, il demandoit, *combien a-t-il donc de haut ?* Il n'aimoit pas non plus César. Lorsque celui-ci fut pris par les Pirates, son premier mot fut de s'écrier : *Voilà Crassus bien aise*. Cependant il se trompoit ; Car en cette occasion & en beaucoup d'autres, Crassus, qui étoit d'une richesse extrême, lui prêta toujours, ou lui fit prêter sur son cautionnement tout l'argent dont il eut besoin, & jusqu'au montant de près de deux millions & demi. Ce furent pourtant ces trois hommes, intérieurement assez mal disposés les uns pour les autres, qui se réunirent ensuite en Triumvirat pour gouverner leur Pays & opprimer les restes expirans de la liberté populaire. Ces trois d'une part ; de l'autre Catulus, Cicéron & Caton, tous trois fort hommes de bien, étoient alors dans l'Etat les personnages les plus puissans & les plus accrédités. Mais Catulus étoit homme très-modéré, & Cicéron moins ambitieux qu'avide de renommée. Quant à Caton, sa gloire étoit plus grande que son pouvoir, & sa vertu plus admirée que suivie.

Les richesses prodigieuses de Crassus ne passoient pas pour bien acquises, & son insatiable avarice a tout-à-fait terni sa réputation. On les attribuoit à l'empressement peu délicat qu'il avoit eu de s'enrichir des biens des exilés au temps des proscriptions, & à la facilité que sa faveur auprès de Sylla lui avoit donnée à cet égard. Il étoit né avec environ trois cents mille écus de patrimoine. Et son bien, lorsqu'il en fit le dénombrement avant de partir pour l'Asie, où il périt, montoit encore à près de sept millions & demi d'écus, malgré les fondations considérables, & les dons immenses qu'il avoit faits au Peuple romain. Aussi disoit-il, qu'un homme ne doit pas se juger riche s'il n'a de quoi entretenir une armée sur pied. La véritable & principale source de sa fortune, fût l'attention continuelle qu'il donnoit au bon ordre économique de ses affaires, & la facilité qu'un gros argent comptant lui donnoit, pour profiter des bons marchés. Dans les incendies il achetoit au hasard les maisons du voisinage, qu'on lui vendoit à bon compte, & en tout temps les édifices dont les réparations pressantes devenoient à charge aux propriétaires : tellement qu'une partie considérable des maisons de Rome lui appartenoit. Mais il n'entreprenoit point de bâtimens lui-même ;

critique. On n'hésita pas à lui déférer en même temps le commandement de l'armée *a* : d'autant mieux que le Peuple

a Oroz. ibid.

disant que ceux qui bâtissent n'ont pas besoin d'autre ennemi pour être ruinés. Il avoit un nombre infini d'esclaves, les uns laboureurs, occupés à la culture de ses terres ; les autres artisans de toute espece, pour l'entretien de ses bâtimens ; les autres élevés dans des professions plus relevées, où il les faisoit instruire avec grand soin, surveillant lui-même à leurs progrès, & il les revendoit bien chers; d'autres enfin faisoient la banque à son profit. On croit qu'il étoit aussi mêlé dans les affaires des Publicains d'Asie, gens fort mal famés & très-exacteurs ; comme nous le verrons plus bas dans cette histoire, & qu'il les soutenoit dans la demande qu'ils faisoient d'un rabais sur leur bail *.

On devroit ce me semble taxer, moins, comme on l'a fait, d'une sordide avarice, que d'un désir excessif du gain, un homme qui faisoit habituellement une forte dépense. Outre ses libéralités publiques & considérables, il prit chez lui la veuve & les enfans de son frere, tué pendant les massacres, qu'il y entretint toujours selon leur état. Il tenoit à Rome une maison ouverte, & une table pour les étrangers, pour les gens de sa connoissance, & pour les Citoyens de tous rangs qui vouloient y venir. Sa chere étoit simple, mais propre, & son accueil toujours très-gracieux. Il prêtoit de l'argent à tous ses amis sans intérêt, mais il vouloit qu'on le lui rendit très-exactement au terme promis : ce qui le brouilla quelquefois avec eux. Il étoit

fort obligeant pour tout le monde, & très-affable pour le menu Peuple, ne rencontrant dans la rue si petit Citoyen qu'il ne saluât par son nom : il cherchoit aussi à s'attirer autant d'accueil qu'à Pompée, qui, avec sa figure noble, gardoit toujours un certain air d'importance & de gravité dans son extérieur, & se montroit difficile à rendre de bons offices, réservant son crédit pour lui-même. Aussi Crassus, par son accès facile, étoit-il aussi bien venu que l'autre au dedans de la Ville même. Celui-ci, ne se dissimulant pas que la réputation militaire de Pompée surpassoit la sienne, tâchoit de prendre sa revanche dans les affaires civiles, en se montrant toujours prêt à servir avec beaucoup de civilité les moindres personnes qui venoient le prier de se charger des leurs. Il acceptoit celles dont Pompée, César, ou Cicéron même n'avoient voulu ou osé se charger ; & quelques petites qu'elles fussent, il écoutoit avec la même condescendance, & travailloit avec le même soin. Nous connoissons les deux causes célebres qu'il défendit pour Balbus & pour Murena *. « Quoi- » qu'il n'eût, dit *Cicéron*, que médiocre- » ment d'acquit, il en avoit encore plus » de talent naturel. Mais l'attention, » le travail qu'il mettoit aux causes, sa » complaisance pour les parties, sa pré- » venance à leur offrir de se charger de » leurs intérêts, l'avoient mis dans le rang » de nos premiers Orateurs. Ses discours » sont d'un homme qui parle bien sa

* Cic. ad Att. I. 17.

* Cic. pro Balb. 7. pro Muren. 23.

n'avoit que peu de confiance aux deux Confuls défignés, Cn. Aufidius-Oreftes, & P. Lentulus-Sura, qui n'en méritoient pas en effet beaucoup, fur-tout ce dernier. On régla qu'outre les

» langue. Le ftyle en eft noble, mais fans
» fleurs ni éclat. Il ne manquoit pas d'é-
» nergie dans les penfées, mais il avoit
» peu de force dans la voix. Il débitoit
» tout du même ton, comme fi tout fon
» difcours eût été le même fujet & la
» même compofition * ».

Il eut fouvent des querelles avec Cicéron & avec Pompée. Mais fon fils, jeune homme d'un très-grand mérite, & conftant admirateur de Cicéron, dont il étoit l'éleve, prit toujours foin de les raccommoder **. Céfar, qui avoit pour vue de former en Triumvirat une ligue de puiffance avec Pompée & avec lui, s'employa d'abord à les remettre bien enfemble; lui repréfentant que leur défunion ne pouvoit que les abaiffer, & élever au deffus d'eux l'autre Triumvirat de Cicéron, de Catulus & de Caton.

Il n'étoit ni bien folide ami, ni fâcheux ennemi, paffant affez facilement, felon fes intérêts ou felon le cours du crédit public, de la brouillerie à la liaifon. Avec ces fentimens peu ftables, il lui eft arrivé plus d'une fois de foutenir les mêmes caufes, les mêmes loix, les mêmes gens auxquels on l'avoit vu oppofé : & de quelque côté qu'il fe mît, il y ajouta toujours un grand poids. Sylla & lui, dit Cicéron, étoient gens à tout fouffrir, ou à ne rien paffer, felon qu'il convenoit à leurs vues.†. Quoique très-avare, il ne pouvoit fupporter ceux qui l'étoient : & quoique très-habile

* Cic. in Brut. 66.
** Voy. les Not. du Catilin.
† Cic. offic. I. 30.

à gagner les gens par la flatterie, il s'y laiffoit prendre lui-même tout le premier. Tout appliqué à fes affaires & à celles d'autrui, il étoit fobre, réglé dans fa conduite & peu adonné aux femmes. On fit pourtant beaucoup de bruit de fon intrigue avec la Veftale Licinia fa parente, à qui cette liaifon attira une fâcheufe affaire, à caufe de fon état religieux. Mais quand le fait eut été approfondi, il fut avéré que Craffus ne lui faifoit la cour que pour avoir d'elle à bon marché une jolie maifon de campagne qu'elle avoit près de la Ville.

Craffus avoit la tête chauve, l'oreille dure *, affez de dignité dans l'extérieur, l'air honnête, l'abord prévenant & les manieres infinuantes. Son efprit étoit cultivé, il favoit à fond l'hiftoire, & affez bien la philofophie; il s'étoit fort appliqué à la lecture des livres d'Ariftote, & tenoit chez lui Alexandre, Philofophe Péripatéticien, qui lui fervoit de Maître. Il le menoit toujours avec lui à la campagne; & comme on ne portoit point de chapeau à la Ville, il lui en donnoit un pour la campagne, mais il le reprenoit au retour. *Plutarque*, ce Peintre par excellence de la nature humaine, comme chez nous les deux grands Philofophes, Montaigne & Moliere, n'a pas négligé de rapporter ce petit trait qui peint l'homme, fon efprit d'ordre économique & de propriété. Alexandre fe foucioit fi peu de la fortune, qu'entré pauvre au fervice d'un homme fi riche, il y refta toujours tel qu'il y étoit entré.

* Cicer. Tufcul. V. 40.

anciennes légions Confulaires, il en auroit encore fix autres à fes ordres; à la levée ou au complet defquelles on procéderoit fans délai & fans diftinction de privilégiés. Qui l'eût pu croire, qu'il fallût une infurrection de toutes les forces romaines, pour venir à bout d'un Mirmillon [a]!

[a] *Flor. III. 20.*

Il étoit né vers l'an 637 ou l'an 638; il fut Quefteur en 672, Membre du College des Pontifes [*], Préteur de Rome en 681, titre fous lequel il prit le commandement de l'armée contre les fugitifs. Après leur défaite, C. Furnius, fon Lieutenant, fit frapper la médaille, où l'on voit d'un côté une tête d'Apollon, M. CRAS. IMP. de l'autre, l'aigle d'une légion, entre deux enfeignes militaires, C. FURNIUS. LEGatus Pro Prætoris. EX. S. C. (Voy. n°. VI.) Celle que l'on peut rapporter à l'un de fes deux Confulats, ou à fon Triumvirat, a d'un côté une tête de Rome; de l'autre, une Minerve tenant d'une main fa lance renverfée, de l'autre le manche du gouvernail d'une galere à l'ancre, fur laquelle elle met un pied, & l'autre pied fur un globe. M. CRASSUS. P. F. ROMA. (Voy. la médaille n°. III.) Il fut Conful une premiere fois avec Pompée en 683, Cenfeur avec Catulus en 688, puis Conful une feconde fois encore avec le même Pompée en 698. Avec l'appui de Céfar, ils briguerent tous deux fcandaleufement cette dignité. On trouva fort étonnant qu'ils vouluffent y rentrer, pendant qu'elle étoit demandée par des perfonnes confidérables qui n'y étoient pas encore parvenues; & qu'ils vouluffent y rentrer enfemble, comme fi perfonne autre n'avoit été digne d'être leur collegue. Ils uferent en cette occafion de grandes violences contre Domitius, l'un des prétendans, & contre Caton. Car Craffus, malgré fes manieres polies, ne laiffoit pas de s'emporter quelquefois. Il battit bien fort un jour en plein Sénat, à coups de poing, le Sénateur Analius, qui contrarioit fon avis. Au fortir du fecond Confulat, il eut le Gouvernement de Syrie, qu'il ambitionnoit à l'excès, dans le defir de faire la guerre aux Parthes, de conquérir l'Orient jufqu'aux Indes, de furpaffer la gloire de Lucullus, & de revenir encore plus chargé que lui des richeffes de l'Afie.

On trouvera dans le texte de cette hiftoire le récit des actions de Craffus, qui y font relatives. Les autres font hors de mon fujet. Sa vie a été curieufement écrite par Plutarque. Il m'a fuffi d'en tirer ce qui peint fon caractere perfonnel, felon mon ufage, conforme à celui de Sallufte, de m'arrêter principalement fur le naturel des principaux acteurs de cette hiftoire, & fur le degré d'influence qu'ils avoient dans les affaires publiques. Il avoit époufé Licinia-Tertulla, fille de M. Lucullus-Varron, Gouverneur de Macédoine, dont il eut un fils, P. Craffus, jeune homme plein de courage, d'efprit & de connoiffances, qui donnoit les plus grandes efpérances, lorfqu'il périt avec fon pere dans la malheureufe expédition contre les Parthes. Sa jeune veuve Cornélie, fille de Scipion, fe remaria à Pompée. Le grand Corneille l'a rendue célebre fur nos théatres.

[*] *Cic. de har. refp. 6.*

XII. Craffus fait des levées, & rappelle les vétérans.

Dès le lendemain, Craffus fit porter fon Tribunal au Forum; où, après avoir exhorté le Peuple à reprendre courage & à fe prêter de bonne grace à un enrôlement néceffaire qu'il avoit lui-même demandé, il fit publier fon édit fur la confection des nouvelles levées. L'édit portoit que pour cette fois les levées ne feroient pas faites à la maniere ordinaire : que dans ce danger éminent, où il n'y alloit pas moins que de la ruine de l'Italie & de Rome même, l'âge, la condition ni les fervices paffés, n'exempte-roient perfonne d'être enrôlé de nouveau : *invitant tous ceux qui, dans un corps déjà vieux, portoient encore un cœur militaire* [a], à venir d'eux-mêmes s'offrir à la défenfe de leurs propres foyers. La proclamation eut beaucoup d'effet, venant d'un homme pour qui le Peuple avoit une extrême confidération, & ne manquoit pas de bienveillance. Car Craffus, malgré fon caractere férieux, étoit affable & populaire. Il n'abordoit jamais aucun Citoyen, même du moindre étage, fans le faluer, en l'appellant par fon nom. Il ne refufoit aucune des caufes qu'on venoit le prier de défendre; travaillant avec un foin égal les petites comme les grandes. Sa maifon étoit ouverte à tout le monde, ainfi que fa table abondante fans luxe. Quoique dans le temps des prof-criptions il eût montré trop d'ardeur à s'enrichir, & plus d'une fois par des moyens mal-honnêtes, on fupportoit en lui ce grand attachement aux richeffes, par la facilité qu'il avoit à prêter fon argent, fans intérêt dans le befoin, pourvu qu'on fût exact à le rendre au temps prefcrit [b]. Mais fur-tout on étoit infiniment touché de fa réfolution de faire tête à l'orage. Beau-coup de gens de tout âge vinrent fe préfenter : les vieux guerriers, attirés par la bonne opinion qu'ils avoient de lui; le Peuple, par fa fermeté au milieu de l'abattement général; les jeunes gens, fur-tout ceux de la meilleure nobleffe en grand nombre, par les liaifons que fa naiffance lui donnoit avec les

[a] Sallust. fragm. 613. [b] Plut. in Craff.

premieres maisons de la Ville. Il tria *sur cette multitude tous les vétérans & les Centurions des cohortes* [a], qui, après avoir servi leur temps & reçu leur congé, s'étoient retirés dans leurs familles ; & choisit parmi le reste ceux qui lui parurent le plus propres au service. Il eut avis en même temps que les Villes Latines assembloient une troupe d'élite, *qui, dans peu de jours, se trouveroit réunie & bien armée* [b] au lieu du rendez-vous, entre Amiterne & Réate; & de-là viendroit le joindre sur sa route. Ses richesses, son crédit, hâterent le surplus des préparatifs. Il fit sa revue hors de la porte Salaria, & prit le chemin de l'Ombrie.

Ce fut là qu'il apprit la nouvelle défaite du Propréteur Arrius. Aussi-tôt il détacha en avant deux légions commandées par Mummius son premier Lieutenant, avec ordre de recueillir les débris de l'armée vaincue, de gagner les défilés des montagnes, & de s'y tenir en côtoyant toujours Spartacus, sans jamais engager le combat, ni faire même aucune attaque avant qu'il ne l'eût rejoint. Mummius suivit mal sa leçon. A la premiere lueur qu'il entrevit d'un succès dont il espéroit se faire honneur, il présenta la bataille & fut mis en déroute avec grosse perte. Les troupes firent très-mal. La terreur habituelle des légions Consulaires, qui faisoient le plus grand nombre, gagna les autres. La plupart se sauverent : entr'autres un corps de cinq cents hommes de la premiere ligne, jeta ses armes à terre tout à la fois, & prit la fuite. Ce fut un bonheur que Crassus n'eût pas perdu un moment à suivre son Lieutenant : il rencontra les fuyards; eut à recueillir deux armées vaincues au lieu d'une; & fit assez de diligence pour se rendre, le premier, maître des défilés, avant que Spartacus n'eût le temps de s'en saisir.

XIII. Il marche en Ombrie. Son avantgarde prend la fuite. Châtiment sévere de cette lâcheté.

Il reçut fort mal Mummius, & lui fit une vive réprimande. Quant aux troupes, le Préteur, irrité à l'excès de cette derniere

[a] SALLUST. *fragm.* 206. [b] SALLUST. *fragm.* 577.

lâcheté, à la suite de tant d'autres, résolut d'en faire un si rude châtiment, qu'il n'arrivât plus rien de pareil à l'avenir. A cet effet, il remit en vigueur une ancienne loi militaire inusitée depuis plusieurs siecles, mais autrefois mise en usage à l'armée, lorsqu'on vouloit *augmenter la honte des coupables par le genre du supplice* [a]; sur-tout dans le cas où un corps avoit abandonné son Chef [b]. Il mande à la tête du camp les cohortes, qui, au dernier combat, avoient fui les premieres & jeté leurs armes [c]; & les ayant décimées, les fait dépouiller de l'habit de soldat, & *assommer à coups de bâton tous ceux sur qui le sort étoit tombé* [d] 1.

---

[a] SALLUST. *fragm. 584.*
[b] *Hirt. bell. Hisp. Cic. Philip. 3.*

[c] *Plutarch.* ibid.
[d] SALLUST. *fragm. 256.*

1 Le supplice à coups de bâton étoit l'ancienne peine du soldat qui avoit quitté son étendard ou son poste en sentinelle, abandonné son Général, ou commis quelque crime extraordinaire. On mettoit une différence entre le Romain & l'auxiliaire, en battant le premier à coups de sarment, & l'autre à coups de bâton *. « Voici, » dit *Polybe*, la maniere d'y procéder. » On assemble le Conseil de Guerre, où » le Tribun préside. Si l'accusé est con- » damné, le Tribun prend une canne, » dont il frappe le premier légerement le » coupable : à l'instant les soldats légion- » naires l'assomment à coups de bâton. » L'exécution se fait pour l'ordinaire dans » l'intérieur du camp. Quelquefois le cri- » minel n'en meurt pas, mais ceux qui » en échappent, &c. » *comme dans le texte.* « On y condamne ceux qui ont » commis des vols dans le camp; qui ont » porté un faux témoignage, en accusant » un autre soldat de quelque faute grave

* *Tit-Liv. L. 17. Hirtius. bell. Hispanic. Cicero de Philipp. III.*

» pardevant son Officier; qui ont abusé » de leur jeunesse par un commerce in- » fame avec leur camarade; qui ont déja » été punis trois fois de quelqu'autre » maniere, pour le même genre de faute; » qui, par lâcheté, ont quitté leur poste, » ou jeté leurs armes, & pris la fuite » pendant le combat. Si c'est un corps » qui a commis la faute, on ne fait pas » mourir tous les soldats; mais on les met » sans distinction dans le cas de subir la » peine, d'une maniere très-propre à les » contenir tous. Le Tribun fait amener » les coupables à la tête de la légion; & » après la plus sanglante réprimande, il » les fait tirer au sort, au nombre de » cinq, de dix, de vingt, plus ou moins, » selon la faute & selon le nombre, c'est- » à-dire que sur dix coupables, il y a » toujours un billet noir. Le malheureux » sur lequel il tombe, est exécuté sans » rémission, comme je le viens de dire. » On fait camper les autres hors du camp » & des lignes, & on les réduit au pain » d'orge, au lieu du pain de froment. On

Ce genre de peine couvre le foldat d'une telle ignominie, que ceux qui en réchappent (ce qui arrive quelquefois) n'en font guere mieux. Ils ne peuvent jamais reparoître : qui que ce foit, pas même leur plus proche parent, n'oferoit leur donner afyle en fa maifon [a] : on regarde comme mort celui qui a une fois fubi ce fupplice infame. Il condamna ceux que le fort avoit épargnés, à faire tous les jours les travaux de fatigue dans le camp, en tunique & fans armes : leur déclarant qu'aucun d'eux n'auroit de nouvelles armes, fans donner entre fes mains une caution de les garder mieux qu'il n'avoit fu faire [b]. A l'égard du refte des légions, il les tança aigrement; ordonna qu'elles feroient féqueftrées, & camperoient à part hors des lignes; les réduifit au pain d'orge pendant le refte de la campagne; leur annonça qu'à la premiere faute pareille, il infligeroit à tous les coupables, fans exception & fans les faire tirer au fort, en quelque nombre qu'ils fuffent, la même punition dont ils venoient d'être témoins. Il finit par leur dire que puifqu'ils étoient des lâches gouvernés par la crainte, pour forte que fût celle qu'ils avoient du Gladiateur, il fauroit bien leur en donner encore davantage de leur Général [c]. A ces mots il rentra brufquement dans fa tente, laiffant les foldats pénétrés de honte & de frayeur.

[a] *Polyb. L. VI. pag. 482.*
[b] *Plut. ibid.*
[c] *Appian. ibid.*

» ne fauroit croire à quel point cette crainte » de rencontrer le billet fatal, contient » les foldats dans leur devoir; jufques-là » qu'on en a fouvent vu, après avoir été » forcé dans leur pofte, s'y faire tuer » plutôt que de le quitter ».

Si l'on en croit *Appien*, le châtiment que Craffus fit infliger aux coupables, s'étendit beaucoup plus loin que Plutarque ne le rapporte. Selon fon récit, il fit décimer, non pas feulement le corps de cinq cents hommes, mais toutes les légions Confulaires. D'autres difent, ajoute-t-il, que Craffus ayant mené toutes les légions réunies au combat, où elles firent très-mal, il les fit décimer fans exception, ni fans être détourné de donner un tel exemple de févérité par le grand nombre des coupables; car on dit qu'il en fit mourir ainfi environ quatre mille *.

* *Appien. p. 425.*

Mais le lendemain sa colere s'étant appaisée, il les assembla de nouveau & les reconforta par des propos plus doux & capables de faire impression sur des cœurs honnêtes *ᵃ* : les assurant que s'il étoit exact à maintenir la discipline avec la derniere sévérité, il le seroit encore plus à récompenser les braves gens qui feroient leur devoir avec honneur ; & à donner le premier l'exemple de ce qu'il prescrivoit.

XIV. Il s'empare des défilés de l'Apennin, & ne s'attache qu'à couvrir Rome sans combattre. Spartacus se retire en Lucanie.

Dans tout le reste de cette campagne, il ne changea rien au plan qu'il avoit à son arrivée dicté à Mummius. Il se tint dans les gorges, soigneusement occupé à garder les passages, & sans combattre ; regardant comme un premier point essentiel pour le salut public, de rassurer Rome effrayée contre la crainte que les fugitifs ne vinssent à pénétrer du côté du Latium. Crassus, en s'emparant de l'Apennin, leur enlevoit, pour ainsi dire, leur citadelle. C'étoit-là qu'ils avoient souvent tiré leur avantage, & la facilité de leurs manœuvres, en se tenant couverts des montagnes, comme d'une forteresse. Le Préteur ne dédaigna pas d'imiter un exemple de bonne conduite donné par le Gladiateur. En vain celui-ci fit diverses marches & contre-marches. Crassus le côtoya toujours, observant ses pas avec une vigilance sans relâche ; opposant par-tout un rempart impénétrable ; ne campant jamais *sans tirer de chaque cohorte un détachement de tout ce qu'elle avoit de soldats le mieux en état de servir, qu'il postoit en gardes avancées au devant de son camp* ᵇ, toujours occupé en même temps *à y faire manœuvrer les troupes selon l'ancienne discipline* ᶜ. Spartacus se repentit plus d'une fois de ne s'en être pas tenu à son premier projet. Il sentit combien sa seconde démarche étoit inconsidérée. Rien sur-tout ne le surprit davantage que le secours envoyé contre lui par les Villes Latines. Le souvenir

---

ᵃ Sallust. *fragm.* 614.
ᵇ Sallust. *fragm.* 316.
ᶜ Sallust. *fragm.* 250.

assez récent de la guerre sociale & de ce qui s'étoit passé au temps de Pompédius-Silo, lui avoit mis dans l'esprit que ces Villes, tyrannisées sous le joug de la République, souhaitoient la ruine de Rome presqu'autant que lui-même : que l'effet naturel de sa destruction étant de rendre aux cités d'Italie leur ancienne liberté, elles verroient sans peine un tel événement, si même elles n'y concouroient à l'approche d'un guerrier qu'elles avoient elles-mêmes honoré du surnom d'Hannibal. Il fut étonné de remarquer que bien qu'à mesure qu'il avançoit, quantité de gens vinssent dans le Pays s'offrir à lui, ce n'étoit jamais que des esclaves ou des étrangers ; & qu'aucun notable habitant ne vouloit de son bon gré lui prêter la main ni lui fournir aucun secours [a]. Dépourvu de machines & de l'appareil nécessaire à un siege, il ne s'étoit jamais flatté de se rendre maître de Rome, autrement que par surprise. Il n'en étoit plus question depuis que la diligence du Sénat avoit prévenu la sienne. Enfin, ayant reçu nouvelle que les Pirates avoient envoyé leurs gens sur la côte pour traiter avec lui, il reprit le chemin de la Lucanie [b].

Cependant Perperna, revenu de la Gallaicie, ne perdoit pas de vue le projet de se défaire de Sertorius. Déjà il se croyoit presqu'assuré que dix mille hommes de l'armée, tant Romains qu'étrangers, le reconnoîtroient pour Chef, lorsque la trame fut découverte. Mais on n'en découvrit pas l'auteur ; soit fortune ou prudence de sa part. De ceux qui avoient manœuvré pour ce plan de révolte, les uns furent punis de mort, les autres prirent la fuite. Perperna, échappé à ce péril contre toute apparence, n'en fut que plus ardent à suivre l'exécution de son projet [c]. Ce que cette premiere tentative eut de plus fâcheux, fut la défection d'une partie des Villes Celtibériennes, qui,

XV. Conspiration contre Sertorius. Les Celtibériens l'abandonnent. Il s'aigrit & s'emporte à d'horribles cruautés.

An. 681.

[a] *Appian.* ibid.
[b] *Plutarch.* ibid.
[c] *Appian.* ibid.

de leur propre mouvement, ouvrirent leurs portes à Metellus, & se donnerent aux Romains. A la nouvelle de cette infidélité, la colere & la douleur aigrirent tellement l'esprit de Sertorius, qu'il envoya sur-le-champ massacrer ou vendre comme esclaves les enfans de ces Villes qu'il faisoit élever dans son académie d'Osca : action injuste & atroce, qui souille d'une tache éternelle la mémoire de ce grand homme. Dès-lors son armée se remplit de murmures, d'aigreurs, de divisions, soit contre lui, soit de sa part, soit aussi de nation à nation. Tous les jours quelques-uns de ses Romains se retiroient du côté de Metellus, cherchant de bonne heure à faire leur condition meilleure aux dépens d'un parti qui déclinoit. L'associé, comme l'ennemi, l'attaquoit en trahison aussi-bien qu'à force ouverte. Aigri de tant d'ingratitude, il ne conservoit plus, même chez lui, la premiere douceur de son caractere. Les intrigues continuelles formées autour de lui, le tenant dans une juste défiance de tout ce qui l'environnoit, effaroucherent son humeur, au point qu'elle devint impétueuse & cruelle. Au moindre soupçon, la garde barbare dont il étoit entouré tomboit sur les gens suspects, dont le sort ne fit qu'inciter davantage ceux qui resterent à précipiter sa perte. Ses ennemis ont voulu inférer de-là qu'il n'avoit jamais eu de véritable modération dans le caractere, & qu'il n'en avoit affecté les dehors que pour l'intérêt de ses affaires. Mais on se persuadera difficilement qu'une vertu si pure, si long-temps soutenue, & qui se démentit si tard, ne fut qu'un effet de l'artifice. L'humeur la plus douce peut changer, à force d'être mise aux épreuves de l'ingratitude & des persécutions. Les revers & les infidélités vinrent à bout de la constance de Sertorius. Il devint méchant pour des hommes injustes, & méchans eux-mêmes [a].

[a] *Plut.* ibid.

Le

ROMAINE. *LIVRE IV.* 329

Le déclin de son crédit rendoit Metellus plus entreprenant ; voyant que les Dieux sembloient lui retirer leur protection [a]. Les deux Proconsuls attaquerent de divers côtés les Villes & les nations qui continuoient à tenir pour lui. Leurs progrès mettoient de jour en jour ses affaires en plus mauvaise posture. Ces médiocres avantages n'étoient cependant pas capables de décider du sort d'un homme encore loin d'être abattu. Il détacha de côté & d'autre des corps de troupes pour faire face à l'ennemi. Il sut tourner à son avantage, auprès de celles qu'il conduisoit en personne, un de ces phénomenes naturels qui, ayant un air de prodige, effraient les esprits des barbares. Après une marche nocturne, les cavaliers Espagnols virent au retour de la lumiere, leurs boucliers & le poitrail des chevaux tachés de rouge, comme de marques sanglantes. L'épouvante qu'ils en eurent fit bientôt place à l'intrépidité, lorsque Sertorius leur eut fait observer que c'étoit au contraire un présage certain de la victoire, puisque le sang, qui ne tache qu'à l'extérieur les armes & les habits, ne peut provenir que d'un ennemi blessé [b]. Après cette assurance, les escadrons continuerent hardiment leur route : & Sertorius vint établir son quartier général dans la ville d'Osca [c] [1], où il étoit à portée d'envoyer ses ordres, & de porter les secours par-tout où sa présence seroit nécessaire.

XVI. Progrès de Metellus. Succès divers des deux partis.

[a] *Appian. ibid.*
[b] *Jul. obseq. de prodig. Frontin. I.* 12. 4.
[c] *Vell-Pat. II. 30.*

[1] *Velléius* dit dans la ville d'Etosca ; d'autres d'Heosca. Je doute que ces noms, un peu différens, soient autres que celui de la ville d'Osca, l'une des plus connues de l'ancienne Espagne ; celle où Sertorius avoit établi un College académique pour les jeunes gens. *Velléius* aura écrit Etosca pour Enosca, qui est le véritable nom espagnol de cette Ville ; Huesca dans l'Arragon, entre Jacca & Lérida. Quant à l'initial *il*, ajouté par d'autres (il-Eosca), il y a grande apparence qu'elle répond au *civitas* des Latins ; étant si commun dans les noms de villes d'Espagne : Illiberis (Elvire, près de Grenade) ; Ilerda (Lérida) ; Ilergetes, Ilicitan (Alicante, ou Elche) ; Iliturgis, Ilurco, &c. Au reste, il peut y avoir eu plus d'une Ville du nom d'Huesca. *Pline* nomme séparément Osca & Escua. Près d'Huesca, dans l'Arragon, il y a une autre petite Ville appellée Exca.

Tome II.   Tt

HISTOIRE DE LA RÉPUBLIQUE

XVII. Perperna, Chef des conjurés. Leur complot.

Ce fut en ce lieu que les conjurés acheverent de former, & mirent à fin leur malheureux complot. Perperna avoit engagé beaucoup de gens dans la conspiration, entr'autres Man. Antoine & Fabius, tous deux hommes de grand nom, & des principaux Officiers de l'armée. Antoine cherchoit à plaire à un beau jeune homme, à qui beaucoup de gens faisoient la cour. Pour lui donner une preuve de son attachement sans borne, il lui confia la conspiration, en le pressant de s'attacher à lui seul, parce qu'il seroit bientôt en état de lui faire une fortune éclatante. Le jeune homme alla rendre aussi-tôt cette confidence à Aufide, pour qui il avoit plus d'inclination. Aufide étoit de la conspiration, sans savoir qu'Antoine en fût aussi : il demeura fort étonné ; & plus encore quand le jeune homme lui eut nommé Perperna, Grœcinus & quelques autres qu'il savoit bien être du complot. Il fit semblant de n'y ajouter aucune foi ; exhortant fort le jeune homme à mépriser les propos d'un fanfaron qui cherchoit à le séduire sous de fausses espérances. Mais il courut au plus vîte chez Perperna son parent, lui faire part du danger qu'ils couroient tous. On convint unanimement que le temps pressoit [1], & qu'il n'y avoit plus un moment à perdre pour

---

[1] PERP.   De cette mort la suite m'embarrasse ;
Aurai-je sa fortune, aussi bien que sa place ?
Ceux dont il a gagné la croyance & l'appui,
Prendront-ils même joie à m'obéir qu'à lui ?
Et pour venger sa trame indignement coupée,
N'arboreront-ils point l'étendard de Pompée ?

AUFID.   C'est trop craindre, & trop tard. C'est dans votre festin
Que ce soir, par votre ordre, on tranche son destin ;
La treve a dispersé l'armée à la campagne,
Et vous en commandez ce qui nous accompagne ;
L'occasion nous rit dans un si grand dessein,
Mais tel bras n'est à nous que jusques à demain.
Si vous rompez le coup, prévenez les indices,
Perdez Sertorius, ou perdez vos complices.
Craignez ce qu'il faut craindre. Il en est parmi nous
Qui pourroient bien avoir même remords que vous.

l'exécution *a*. La difficulté étoit de le trouver : car Sertorius, presque toujours entouré de sa garde, n'étoit pas aisé à surprendre *b*.

Sur ces entrefaites il arriva un courier, portant à Sertorius des lettres d'un de ses Lieutenans, avec la nouvelle d'un avantage considérable que sa cavalerie venoit de remporter sur les Romains. Sertorius offrit, selon sa coutume, un sacrifice d'actions de graces, pendant lequel Perperna prenant occasion de cet événement favorable, le pria de venir souper chez lui, pour célébrer tous ensemble cette heureuse journée. A l'instant il envoya dans sa maison des ordres secrets *pour en faire occuper toutes les avenues par des gens armés qui étoient du complot* *c*. Sur le soir le Général se rendit chez son ami, accompagné de quelques Officiers généraux & de deux personnes de sa suite. Ils se mirent à table ¹. Sertorius s'assit en bas sur le lit du milieu,

XVIII. Sertorius est assassiné dans un festin.

a Plutarq. 16.
b Appien. ibid.
c SALLUST, fragm. 621.

¹ On sait que les Romains ne mangeoient pas, comme nous, assis sur des chaises autour de la table, quoique dans les premiers temps c'eût été leur usage *; & que leurs tables à manger n'étoient pas, comme les nôtres, tout d'une piece, mais en espece de fer à cheval, ou plutôt en forme des trois côtés d'un quarré, laissant ouvert l'espace du quatrieme, & un vuide au milieu, très-commode pour faire servir & découper les viandes par le maître d'hôtel. Ils appelloient cette table, en leur langue, *triclinium* (triple couchette). Autour des trois côtés de la table, on disposoit trois lits de repos, sur lesquels les convives se plaçoient, le corps couché d'en bas, soulevé d'en haut, appuyé par derriere sur des coussins; la tête appuyée de la main gauche sur le coude: on la posoit sur le coussin quand on ne vouloit plus manger. Ils buvoient & mangeoient dans cette posture qui nous paroîtroit & qui doit être en effet assez incommode: mais tout dépend de l'habitude; outre qu'ils n'étoient pas dans l'usage de couper dans les plats, ni de se servir sur leurs assiettes. Le maître d'hôtel, de bout au milieu, s'acquittoit de cet office. Ils prirent des Grecs cette coutume de manger couchés *: Mais les femmes garderent l'habitude d'être assises à table : la posture couchée paroissoit mal-séante à leur sexe **. Chaque lit contenoit trois places : l'usage le plus ordinaire étant d'être neuf à table ; nombre convenable, pour qu'on puisse aisé-

* Varron. de vit. pop. Rom.
* Manut. de accumb. ration.
** Isidor. XX. 11.

ment se voir & s'entendre dans la conversation, sans ennui ni cohue. Quand le nombre étoit plus grand, on se serroit de plus près sur les lits des deux bouts. Quelquefois il y avoit moins de convives, & les lits n'étoient pas remplis, comme ici, où ils n'étoient que sept à souper. Autrefois la place d'honneur étoit sur le lit du milieu, & au milieu de ce lit. C'étoient celle que prenoient les Rois à Rome. Par cette raison, les Consuls qui leur succéderent, voulant montrer qu'ils n'affectoient en rien les honneurs ni les prérogatives de la royauté abolie, ne prirent plus à table cette place du milieu, mais celle d'en bas, sur le même lit, c'est-à-dire celle qui touchoit au lit de la droite, où le maître de la maison se plaçoit assez souvent tout en haut; de sorte qu'il se trouvoit à côté & à la droite du plus honorable des convives. Les deux lits laissoient entr'eux, au dehors, un intervalle angulaire, par où les domestiques pouvoient s'approcher du maître pour prendre ses ordres, ou les survenans, parler, soit au Général, soit au Consul, s'ils apportoient quelque nouvelle. La place d'honneur étoit donc celle d'en bas, sur le lit du milieu. *Plutarque* le dit expressément, & l'appelle la place consulaire *. Les deux personnes le plus qualifiées se plaçoient ensuite sur le même lit. On appelloit *lit d'en haut* celui de la gauche, où la place supérieure étoit celle du bout, & l'infé-

* *Plut. quæst. Convivat. I. 3.*

rieure celle qui touchoit au lit du milieu: & *lit d'en bas*, celui de la droite, où au contraire la place voisine du lit du milieu étoit la place supérieure, & l'inférieure étoit celle du bout. Le maître de la maison se mettoit, comme je l'ai dit, à la supérieure ou à celle du milieu, sur le lit d'en bas, ayant sa femme assise au dessous de lui, ainsi que ses enfans, quand ils étoient du festin; sinon cette place étoit destinée aux *ombres*, c'est-à-dire à ceux qui venoient à la suite de l'un des convives demander à souper sans en être priés. La table étoit disposée de façon, que le lit du milieu se trouvoit en face de la porte d'entrée de la salle à manger, & le lit d'en haut (qui est celui de la gauche), à main droite en entrant dans la salle. Cette disposition des convives à table, assez disputée entre les antiquaires, & dont mes notes latines sur Salluste contiennent les raisons plus détaillées, sera facilement entendue par la figure ci-jointe.

Elle n'est, comme le remarque *Saumaise*, nulle part plus clairement expliquée que dans ce fragment de notre Historien, sur lequel nous avons un excellent commentaire de ce même *Saumaise*, à qui une profonde érudition, jointe au génie, assure un des premiers rangs dans la littérature, malgré le mépris que quelques beaux esprits se sont avisés d'affecter pour lui sans le connoître ni l'avoir lu *. Mais il auroit pu observer qu'il y avoit un dessein prémédité dans la maniere dont on avoit dis-

* *Saumaise est un pédant que personne ne lit.*

C'est-à-dire que M. de Voltaire ne le lit pas. Mais les gens qui veulent être instruits, & sur-tout instruits des antiquités quand ils écrivent sur l'histoire, lisent Saumaise, Scaliger, le P. Pétau, Bochart, J. Lipse, Manuce, Muret & beaucoup d'autres excellens critiques, & ne les trouvent ni des pédans ni des gens méprisables.

ROMAINE. *LIVRE IV.* 333

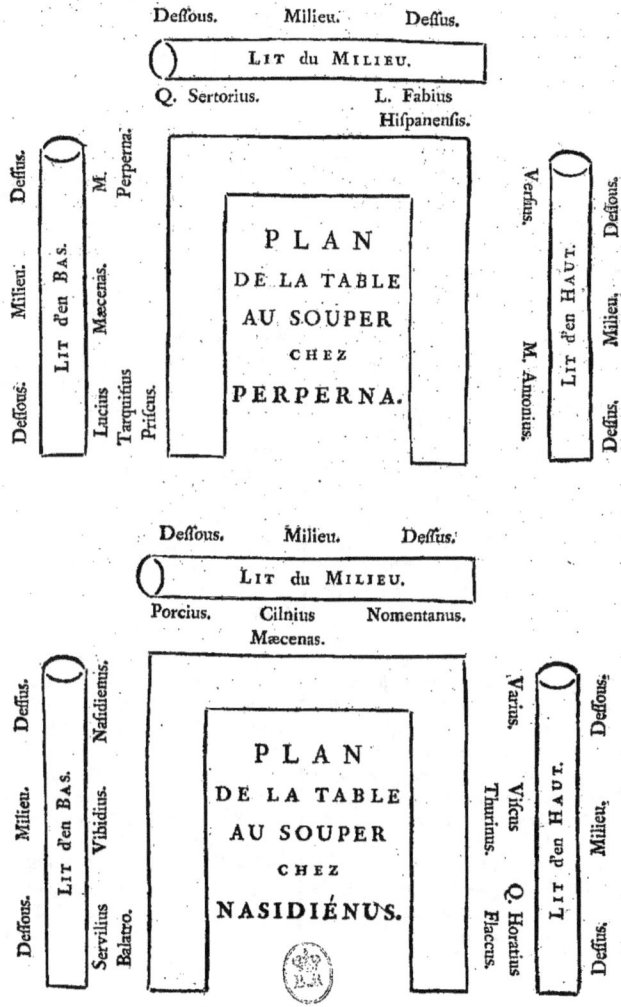

ayant au dessus & à côté de lui L. Fabius [1], *surnommé l'Espagnol, l'un des Sénateurs proscrits.* Man. *Antoine* [2] *étoit sur le lit d'en*

posé les places au souper chez Perperna. Il nous reste quelques autres passages des anciens sur ce point d'usage. Dans l'Enéide, la Reine Didon s'assied au milieu du canapé, entre Enée, à sa droite, & Achate à sa gauche, comme cela se pratiquoit autrefois. *Cicéron* mande dans une de ses Lettres : « Nous nous mîmes à » table sur les neuf heures chez Volu- » minus-Eutrapele. Atticus étoit au dessus » de moi, & Verrius au dessous ; Eutrapele » étoit sur le lit d'en bas, avec Cythéride.» (soit la Comédienne Cythéride ou la femme d'Eutrapele qui portoit peut-être ce nom *). *Horace* décrit ainsi l'ordre du souper qu'il fit chez Nasidienus. « Je m'assis sur le lit » d'en haut ; Thurinus étoit à côté de moi, » & Varius en bas. Sur l'autre lit étoit » Vibidius, & Servilius-Balatron, deux » ombres que Mæcenas avoit amenés. » Mæcenas étoit placé au milieu, entre » Nomentanus, au dessus, & Porcius, au » dessous ** ».

Voilà les neuf personnes, en comptant Nasidienus chez qui l'on soupoit, & qui étoit sans doute assis au dessus du lit d'en bas, avec les deux ombres. Dans les festins nombreux, la table & la couchette étoient tout d'une pièce, en véritable fer à cheval, ou demi ovale. C'étoit aussi l'usage à certains repas de cérémonie. Alors la place d'honneur étoit tout au bout du côté gauche, & ainsi de suite, jusqu'à la derniere, à l'autre bout du côté droit. Ainsi dans les festins sacrés des *Epulons*, ou du *Lectisternium*, le Roi des sacrifices étoit

* *Cic. Epist. ad fam. L. 9.*
** *Horac. Serm. II.*

au bout du côté gauche, à la premiere place. Après lui, le Prêtre de Jupiter (*flamen Dialis*) ; ensuite le Prêtre de Quirinus ; puis celui de Mars. Le Souverain Pontife étoit à la cinquieme place, & ainsi de suite. Il y a eu des Empereurs qui, quand ils donnoient à souper, se mettoient eux-mêmes à la derniere place, à droite, voulant faire chez eux les honneurs aux conviés *. Delà vient que dans les tables à trois couchettes, la place de celle de la gauche, tout au bout, étoit la place du dessus, puis celle du milieu, puis celle du dessous : & la plus voisine, en suivant au lit du milieu, recommençoit d'être celle du dessus : de même en suivant au lit d'en bas ; comme la figure le montre.

[1] Fabius, de l'illustre Maison Patricienne *Fabia*, dont j'ai parlé dans les notes du Catilina, & qui commençoit alors d'être sur son déclin, étoit un des Sénateurs proscrits par Sylla. Sertorius le prit pour son Questeur. On le surnomma *Hispaniensis* (l'Espagnol). Cette branche de la grande Maison *Fabia*, n'est connue que par ce trait de l'histoire, & par les monnoies d'argent qu'il fit frapper en qualité de Questeur, dont il nous en reste encore un assez grand nombre (Voy. la médaille à la fin du Liv. II. n°. III.). Au premier coup d'œil on pourroit croire qu'elles font allusion aux victoires de Sertorius, & qu'elles sont frappées de l'autorité du Sénat romain, en Espagne. D'un côté, une Victoire courant sur un char à quatre chevaux, une palme à la main. L. FABIUS. fils de L. HISP. Questeur. Mais on voit

* *Sidon. Apoll.*

ROMAINE. *LIVRE IV.* 335

haut, à la premiere place, & au dessus de lui Versius, Secretaire de Sertorius. Mæcenas 3, *autre Secretaire de Sertorius, se trouvoit assis sur le lit d'en bas, entre Tarquitius* 4 *& Perperna, maître de*

de l'autre côté une tête de Junon-Moneta, avec la légende L. ANNIUS. fils de T. petit-fils de T. Proconsul par ordre du Sénat. Il est assez difficile de dire pourquoi on trouve là le nom d'Annius, que Sylla avoit d'abord envoyé commander en Espagne contre Sertorius; à moins que Fabius n'eût d'abord été son Questeur, & n'eût fait alors frapper ces monnoies, & qu'il n'eût ensuite quitté son parti pour prendre celui de Sertorius : cause pour laquelle Sylla l'auroit ajouté au nombre des proscrits.

² Sa Maison est assez connue. Tous ces gens de haute naissance souffroient beaucoup, de se voir éclipsés par un homme de basse extraction, aux ordres de qui ils étoient. Manius-Antoine fut le premier à qui Perperna s'ouvrit du projet de ce lâche assassinat. Ce fut aussi lui qui porta le premier coup, & qui étoit, dit *Plutarque*, assis au dessus de Sertorius; par où on pourroit entendre, à côté de lui, sur le même lit. Mais Salluste, qui rapporte exprès la disposition des choses, à cause des vues qu'on avoit en la suivant, explique clairement qu'il étoit à trois places de distance, sur le lit d'en haut. Manius-Antoine, qui étoit assis au bout du lit, se trouvoit en pleine liberté de se lever dans la chaleur de la dispute, & d'entrer dans le vuide de la table, d'où il y a grande apparence qu'il tira son épée, & porta le coup.

³ Mæcenas est un surnom Etrusque, que plusieurs familles ont porté. Il y a peu d'apparence que le Secretaire de Sertorius fût, comme le favori d'Auguste, de l'ancienne Maison *Cilnia*, descendue, à ce qu'on croyoit, d'une branche royale, quoique ce favori ne fût que simple Chevalier. Mæcenas est un surnom local (ainsi que tous ceux qui ont cette terminaison en *as*, *Carinas*, *Ufenas*, comme *Cujas*, *nostras*, &c.), tiré de la bourgade de Mæcene en Toscane, dont le territoire produisoit, au rapport de *Pline*, des vins de très-bonne qualité, qu'on appelloit vins Mecenates *.

⁴ Est nommé dans les manuscrits, tantôt Q. Tarquinius, tantôt L. Tarquitius-Priscus. Et comme, après l'expulsion des Tarquins, rois de Rome, leur nom devint si odieux, que personne de ceux qui resterent de cette famille, ne voulut ou n'osa plus le porter, on a cru qu'ils pouvoient l'avoir légèrement altéré par celui de Tarquitius ; d'autant mieux que le surnom *Priscus* est commun aux deux noms †. Cette conjonture donneroit à notre Tarquitius-Priscus la plus illustre origine. Mais il est certain que la famille Tarquitia étoit Plébéienne ; car Tarquitius, pere de celui-ci, étoit un des Tribuns du Peuple de la faction de Drusus. Le fils fut Questeur de Sertorius, & l'un de ses Officiers de confiance. Il commandoit la cavalerie à l'affaire de Lauron, & eut la plus grande part au succès de cette journée. Nous avons des monnoies qu'il fit battre étant Questeur-

* *Plin. XXIV. 6.*

† *Fulv. Ursin. & Ciaconn.*

la maison *a*. Celui-ci, sans qu'il y parût d'affectation, avoit ainsi disposé les choses, de maniere que le Général, qui étoit assis à la place d'honneur, & les deux Secretaires qui auroient pu lui porter du secours, se trouvoient chacun placés entre deux conjurés. Sur la fin du repas, Antoine commença la querelle en adressant à Tarquitius, ami d'Aufide, quelques railleries assez piquantes sur le compte de son ami, qui prétendoit lui enlever le cœur du beau garçon dont il étoit aimé. *Tarquitius lui répondit avec aigreur* *b*, mêlant à sa réponse tous les propos licencieux & dissolus qu'un tel sujet pouvoit amener. Sertorius le regarda, fort surpris *de le voir sortir du ton de retenue qu'on avoit coutume de garder en sa présence* *c*. Car Sertorius regardoit la table comme un plaisir honnête, auquel on doit garder un certain respect. Il n'y vouloit entendre aucun propos qui sentît la débauche. Il aimoit la bonne chere; mais il avoit accoutumé ceux qui mangeoient avec lui, à s'égayer sans insolence, & à s'amuser sans dissolution. Cependant la conversation s'échauffant entre les convives, dégénéra bien vîte en injures & en obscénités tout-à-fait grossieres. Sertorius sentit aisément qu'on cherchoit à lui faire prendre part dans la dispute : ce qu'il se garda bien de faire. Et s'appercevant que les convives n'étoient pas si ivres qu'ils affectoient de le paroître, il se douta, mais sans porter le soupçon jusqu'à la vérité, qu'on avoit un dessein prémédité de

---

a SALLUST. *fragm.* 200.
b SALLUST. *fragm.* 107.
c SALLUST. *fragm.*

teur, lesquelles sont entiérement semblables à celles qu'on vient de voir de Fabius son collegue. Il n'y a que le nom de différence. Q. TARQUITIUS. *fils de P. Questeur.* Celui du Proconsul *Annius* se trouve de même au revers ; ce qui fait croire de plus en plus que Fabius & lui étoient tous deux partis de Rome avec Annius, en qualité de ses Questeurs, & qu'après sa défaite ils prirent parti auprès de Sertorius, qui leur conserva la même dignité (Voyez la médaille Liv. II. n°. 11.). D'autres médailles nous font voir que cette famille *Tarquitia* continuoit de fleurir sous les Empereurs. *Tacite* la nomme plus d'une fois,

l'aigrir,

l'aigrir, en s'écartant à ce point du respect qui lui étoit dû. Il prit le parti de ne rien entendre; & pour paroître ne vouloir ni souffrir une telle indécence, ni gêner la liberté des convives, il feignit d'être accablé de sommeil; & changeant son attitude à table, comme un homme qui ne vouloit plus ni manger ni boire, il se renversa de l'autre côté sur le lit, faisant semblant de dormir. Le moment d'après, Perperna remplit de vin sa coupe, & la laissa tomber en buvant. C'étoit le signal convenu. A l'instant Man-Antoine tire son épée, & s'élançant en travers de la table (car il n'étoit pas à côté de Sertorius), il lui en porte un coup. Sertorius frappé se retourne & veut se relever. Mais les traîtres se jettent sur son estomac & lui saisissent les mains, pendant que d'autres le massacrent sans qu'il puisse se défendre [a]. Ses deux Secrétaires furent tués avec lui [b].

Ainsi périt, au bout de la huitieme année de son commandement, ce fameux Capitaine qui avoit si long-temps tenu tête à nos deux Généraux: souvent égal à tous deux; plus souvent vainqueur: à la fin abandonné & lâchement trahi par les siens même [c]. Il eut le même sort que Viriate, cet illustre Chef des Lusitaniens, qui périt, comme lui, par la trahison des siens, laissant aux Romains une victoire sans honneur [d]. Les Espagnols ont conservé l'habitude de le comparer à ce guerrier, le plus célebre de leur nation, ainsi qu'à Hannibal, avec qui ils lui trouvoient aussi un trait de ressemblance corporelle: car ils avoient tous deux perdu un œil. Sur quoi on a remarqué cette singularité, que les quatre Capitaines les plus renommés que l'on connoisse dans l'art des ruses de la guerre, Philippe de Macédoine, Antigone, & ces deux-ci, étoient tous quatre dans ce même cas. Sertorius a sur eux l'avantage d'avoir été plus réglé dans ses mœurs que Philippe, plus fidele à l'amitié qu'Antigone,

XIX. Son éloge.

[a] *Vel-Pat. Plut. in Sertor. Eutrop. L. VI.*
[b] *Appien. ibid.*
[c] *Tit-Liv. Epitom. 96.*
[d] *Oros. L. VI.*

plus réfléchi que Pyrrhus, plus humain pour les ennemis qu'Hannibal. On peut même, en ce qui regarde les exploits militaires, le mettre, à certains égards, au dessus de Pyrrhus & d'Hannibal; en ce qu'il a soutenu la guerre contre toutes les forces de la République, dans un siecle où elles étoient parvenues à un bien plus haut degré de puissance; & qu'il l'a soutenue pendant plusieurs années, sans aucune des ressources qu'avoient ces deux guerriers célebres. *Car la terre & la mer en fournissoient d'effectives à Pyrrhus & à Hannibal* [a], l'un, maître d'un puissant royaume; l'autre, Chef d'un opulent Etat maritime : au lieu que Sertorius, étranger au milieu d'un Peuple barbare, dont une bonne partie obéissoit à ses ennemis, n'avoit, à vrai dire, de ressources que celles qu'il trouvoit dans son propre génie; tout ce qu'il a pu tirer d'ailleurs, soit par sa petite flotte, soit par son alliance avec Mithridate, méritant à peine d'être mis en ligne de compte. Il fut, non pas moins habile qu'aucun des Capitaines à qui on le compare, mais moins heureux; ayant eu à lutter sans relâche contre la fortune, & contre de célebres antagonistes à qui les moyens ne pouvoient jamais manquer. Malgré cela, il tint tête à l'expérience de Metellus, à l'entreprenante activité de Pompée, au bonheur de Sylla, à la puissance de Rome; tout banni qu'il étoit, & Chef étranger d'une troupe de barbares qui l'avoit choisi par hasard. De tous les guerriers des siecles précédens, celui qui lui a le plus ressemblé, c'est le grec Eumenes, qui fut, comme lui, un savant & rusé Capitaine; comme lui, chassé de sa patrie, & Général d'un Peuple étranger; & qui ayant trouvé, comme lui, la fortune souvent contraire & enfin marâtre, périt, comme lui, par les mêmes mains auxquelles il avoit dû ses victoires. Les traits qui caractérisoient le mieux Sertorius, dans la force de son âge, sont un cœur inaccessible à la crainte, peu capable d'être séduit par les voluptés; une ame modérée dans la

[a] Sallust. *fragm.* 125.

bonne fortune, & qui ne perdit jamais rien de fa nobleffe ni de fa dignité dans la mauvaife; un efprit fort adroit, fort prompt à tirer de chaque circonftance des avantages que d'autres n'auroient pas apperçus; une humeur peu févere pour les fautes, magnifique jufqu'à l'excès dans les récompenfes. Comme guerrier, il étoit excellent un jour de bataille. Mais s'il falloit dérober une marche, prévenir un deffein, faifir un pofte, ruiner l'ennemi fans fe commettre, trouver de la reffource dans un moment défefpéré, employer la furprife ou la diligence, la rufe ou le coup de main; c'eft en cela qu'il n'eut jamais d'égal [a].

Il ne laiffa point de poftérité. Quelque temps après fa mort, un jeune homme voulut fe faire paffer pour fon fils. Quelques Efpagnols s'attrouperent autour de lui, fous l'ombre de ce nom qui leur étoit fi cher: tellement perfuadés de la vérité du fait par le defir qu'ils en avoient, qu'ils en vinrent jufqu'à vouloir obliger par force la veuve de Sertorius à le reconnoître. Mais ni les menaces ni les violences ne purent l'empêcher de démentir l'impofteur: fi bien que ce bruit n'eut aucune fuite [b].

XX. Douleur & foulévement des Efpagnols à fa mort. Perperna s'empare du commandement.

L'horreur fut prefque générale au bruit de cet affaffinat. Une partie de l'armée fe fouleva contre le parricide. La haine de ceux qui avoient à fe plaindre de lui, fe tourna tout auffi-tôt en regrets: comme il arrive toujours à la mort de ceux qui nous ont fait quelques maux qu'on ne reffent plus, & de grands biens dont on fe trouve privé. On oublia fes dernieres cruautés, pour ne fe fouvenir que de fa fin malheureufe & de fa haute capacité, à laquelle le falut de la patrie étoit attaché. On étoit tombé dans le plus preffant danger. Perperna méprifé n'infpiroit fur ce point aucune efpece de confiance. On favoit que tout le fuccès des armes, toute la force du parti, tenoit à la perfonne

[a] *Plut. in Sertor.*   [b] *Val-Max. XV. 9. 4.*

de Sertorius. L'affection des Barbares éclatoit dans cette occasion, sur-tout celle des Lusitaniens qui l'avoient les premiers accueilli & reconnu pour Chef. Pompée lui-même, à cette nouvelle, montra publiquement son indignation ; & dit tout haut qu'il ne pensoit pas que les meurtriers d'un Citoyen romain vinssent auprès de lui chercher des récompenses refusées aux meurtriers de Viriate *a*. Mais lorsqu'à l'ouverture de son testament on entendit qu'il nommoit l'assassin au nombre de ses héritiers, *on ne peut exprimer à quel point tous les cœurs furent soulevés* *b*, contre un traître qui venoit d'égorger son Général, son ami, son bienfaiteur. On courut en foule pour lui faire le même traitement. Il alloit être mis en pieces, s'il ne se fût dérobé bien vîte à la fureur du Peuple. Enfin, à force de présens & de promesses, ainsi qu'en vertu de l'autorité que sa qualité de Chef lui donnoit pour se défaire des plus animés, il vint à bout de calmer ¹ un peu le soulèvement. Il parcourut les Cités espagnoles ; délivrant par-tout ceux que Sertorius avoit fait mettre aux fers ; rendant les ôtages en chaque canton ; haranguant les bourgeois, & cherchant par toutes sortes de voies à capter la faveur populaire *c*. Mais

a Oros. V. 21.
b SALLUST. fragm. 365.
c App. ibid.

¹ Ces tigres, dont la rage au milieu du festin,
  Par l'ordre d'un perfide a tranché son destin,
  Tout couverts de son sang courent parmi la ville,
  Emouvoir les soldats & le peuple imbécille ;
  Et Perperna par eux proclamé Général,
  Ne vous fait que trop voir d'où part ce coup fatal.

Il faut remarquer que *Glandorp* a cru que *Strabon* rapportoit, Liv. III, p. 161, que *Sertorius* étoit mort de maladie en Espagne. Mais le genre de sa mort étoit trop public & trop connu, pour que *Strabon* ait pu être dans l'erreur sur ce point. *Glandorp* n'a pas fait attention qu'il y avoit une lacune en cet endroit du texte de *Strabon* ; & qu'après avoir parlé des dernieres campagnes de *Sertorius*, il ajoutoit quelque chose dans l'endroit qui manque, concernant la mort de quelqu'autre personne que nous ne pouvons savoir.

une partie des Villes lui refuferent leurs portes ; préférant de fe foumettre à Metellus ou à Pompée, à qui elles envoyerent des députés [a]. Le plus grand nombre des bandes efpagnoles fe retira de l'armée : le refte des troupes s'habitua de peu à peu à lui obéir, en fa qualité de Propréteur & de fucceffeur de Sertorius, quoiqu'au fond les efprits ne fuffent point appaifés. Lui-même n'avoit eu qu'une feinte douceur. Dès qu'il crut fon pouvoir établi, il montra fans déguifement fon ame baffe & cruelle, en faifant mourir trois perfonnes confidérables qui l'étoient venu trouver de Rome, & même un fils de fon frere [b].

Il tenta quelques expéditions : elles ne fervirent qu'à prouver qu'il n'étoit pas plus capable de commander que d'obéir. Pompée, alors campé dans le Pays des Vafcons, marcha feul contre lui. Metellus étoit allé, d'un autre côté, s'emparer de Dianium, fachant bien que l'autre armée fuffiroit pour achever la défaite d'un pareil ennemi [c]. Perperna recula devant Pompée [1] jufques vers le haut du cours du Tage, où il s'arrêta, n'ayant pas de bateaux pour paffer le fleuve : car il n'eft plus guéable en cet endroit. Il prit un camp affez avantageux, quoique fort embarraffé d'ailleurs, & ne fachant plus trop où il en étoit.

XXI. Pompée le pourfuit & le taille en pieces.

[a] *Plut. in Sertor.*
[b] *App. ibid. 682.*
[c] *Strab. & App.*

[1] Auf. à Perp.   Seigneur, Pompée eft arrivé.
Nos foldats mutinés, le peuple foulevé,
La porte s'eft ouverte à fon nom, à fon ombre ;
Nous n'avons point d'amis qui ne cedent au nombre.
Antoine & Manlius déchirés par morceaux,
Tout morts & tout fanglans ont encor des bourreaux;
On cherche avec chaleur le refte des complices,
Que lui-même il deftine à de pareils fupplices.
Je défendois mon pofte, il l'a foudain forcé,
Et de fa propre main vous me voyez percé :
Maître abfolu de tout, il change ici la garde ;
Penfez à vous, je meurs, la fuite vous regarde.

Cependant il ne manquoit encore ni de forces ni de moyens, s'il en eût su faire usage. Les deux adversaires resterent dix jours en présence, à se tâter réciproquement, sans engager d'affaire sérieuse, comme pour essayer leurs forces; résolus néanmoins tous deux à décider dans peu l'événement par une bataille : Pompée, parce qu'il faisoit peu de cas de son ennemi : Perperna, dans la crainte que ses troupes ne l'abandonnassent. Le dixieme jour, avant le soleil levé, Pompée dispersa dans la plaine semée de broussailles, quelques petits corps en mauvais ordre, comme s'ils se fussent mal-adroitement mis en embuscade. Perperna voulut les déloger. Ils se leverent hors de propos tout effrayés. En faisant leur retraite, ils attirerent l'ennemi dans une position où l'armée romaine étoit préparée à l'attaquer de front, & par les deux flancs *a*. Il n'y eut pas de résistance : le Général étoit ignorant : les troupes sans vigueur ni confiance : les soldats ne firent pas mieux que leur Chef. Une partie fut passée au fil de l'épée, le reste mit bas les armes & se rendit à discrétion.

XXII. Perperna est pris & amené à Pompée, qui refuse de l'entendre, & le fait mettre à mort.

Perperna, après avoir quitté toutes les marques qui pouvoient le faire reconnoître, s'enfuit du côté du Tage avec quelques autres Officiers, pour le traverser à la nage. Mais à peine furent-ils engagés un peu avant dans l'eau, *qu'il leur sembla tout-à-coup que les eaux du Tage* ¹ *s'enfloient subitement* *b* *sous eux, comme prêtes à se déborder*; soit que l'épouvante leur grossît les objets, soit que les eaux crussent réellement alors ou

---

a Frontin, II. 5. 6.
b SALLUST. fragm. 288.

¹ Le Tage, le plus célebre des fleuves d'Espagne, portoit autrefois dans la langue des nationaux, le nom de *Perka* ou *Perkes*, dont celui de Tage n'est peut-être qu'une traduction. Il y a grande apparence qu'il reçut ce dernier des Phéniciens, en la langue desquels il signifie *poissonneux* (dag, *piscis*). Les Poëtes latins le caractérisent par cette épithete *. Et en effet, dit *Strabon*, il fournit une très-prodigieuse quantité de poissons & de coquillages. Ne seroit-ce pas de ce mot *perka* (poisson) de l'ancienne langue espagnole, que le poisson que nous appellons *perche*, auroit tiré son nom ?

* *Martial*. X. 78.

naturellement, ou, comme le débitent les Espagnols, par un effet de la vengeance céleste contre des traîtres. Octavius-Græcinus, & Tarquitius, ne laisserent pas que de pousser en avant leurs chevaux, & traverserent sans accident. Perperna, suivi des autres, regagna le rivage. Ils virent un gros de cavaliers galopper de leur côté, sans discerner si c'étoit des fuyards de leur faction, ou des troupes de l'armée victorieuse. Mais Perperna ne craignoit guere moins ses propres soldats, que ceux de Pompée. Ils se cacherent dans des buissons, où ils furent découverts & saisis, sans que l'on sût néanmoins que le Général étoit du nombre des prisonniers. *Ce fut le muletier d'un entrepreneur des vivres qui, venant à passer par hasard sur ces entrefaites, reconnut Perperna* [a]. Sur le champ on le conduisit au quartier général, au milieu des huées & des imprécations de ses propres soldats prisonniers [b], qui s'écrioient de toutes parts en le voyant passer, « Le voilà donc ce méchant qui a tué notre » pere »! Il demanda d'être mené à Pompée, à qui il avoit des choses de la derniere importance à révéler. Dans l'espérance de sauver sa vie, il lui remit les papiers [1] de Sertorius, dont il étoit

---

[a] SALLUST. *fragm.* 342.　　[b] *Appien.* ibid.

[1] PERP. Seigneur, vous aurez su ce que je viens de faire :
　　　Je vous ai de la paix immolé l'adversaire,
　　　L'amant de votre femme, & ce rival fameux
　　　Qui s'opposoit par-tout au succès de vos vœux.
　　　Je vous rends Aristie, & finis cette crainte
　　　Dont votre ame tantôt se montroit trop atteinte,
　　　Et je vous affranchis de ce jaloux ennui
　　　Qui ne pouvoit la voir entre les bras d'autrui.
　　　Je fais plus, je vous livre une fiere ennemie,
　　　Avec tout son orgueil & sa Lusitanie ;
　　　Je vous en ai fait maître, & de tous ces Romains
　　　Que déjà leur bonheur a remis en vos mains.
　　　Comme en un grand dessein, & qui veut promptitude
　　　On ne s'explique pas avec la multitude,

HISTOIRE DE LA RÉPUBLIQUE

nanti; lui déclarant que c'étoient des lettres, toutes originales & écrites de la main de plusieurs personnes consulaires & des plus puissantes de l'Etat, lesquelles entretenoient des intelligences secretes avec Sertorius, & le pressoient de venir en Italie changer la face du Gouvernement présent. En cette occasion délicate, Pompée fit l'action, non d'un jeune homme de son âge, mais d'une tête de grand sens & d'une prudence con-

   Je n'ai point cru, Seigneur, devoir apprendre à tous
   Celui d'aller demain me rendre auprès de vous;
   Mais j'en porte sur moi d'assurés témoignages :
   Ces lettres de ma foi vous seront de bons gages,
   Et vous reconnoîtrez par leurs perfides traits,
   Combien Rome pour vous a d'ennemis secrets,
   Qui tous pour Aristie enflammés de vengeance,
   Avec Sertorius étoient d'intelligence,
   Lisez...,
    Mais, ah grands Dieux! Seigneur, qu'allez-vous faire?

POMP.   (*après avoir brûlé les lettres sans lire.*)
Montrer d'un tel secret ce que je veux savoir.
Si vous m'aviez connu, vous l'auriez su prévoir.
 Rome en deux factions trop long-temps partagée,
N'y sera point pour moi de nouveau replongée;
Et quand Sylla lui rend sa gloire & son bonheur,
Je n'y remettrai point le carnage & l'horreur.
Oyez Celsus,....
   (*Il lui parle bas.*)
  Sur-tout empêchez qu'il ne nomme
Aucun des ennemis qu'elle m'a faits à Rome.
   (*A Perperna.*)
Vous, suivez ce Tribun; j'ai quelques intérêts
Qui demandent ici des entretiens secrets.

PERP. Seigneur, se pourroit-il qu'après un tel service,...

POMP. J'en connois l'importance, & lui rendrai justice.
Allez.

PERP.   Mais cependant leur haine....

POMP.   C'est assez,
Je suis maître, je parle, allez, obéissez.....

           sommée.

étoit connu pour un homme qui ne sembloit être au monde que pour dissiper de l'argent sans raison ni mesure, incapable d'aucuns soins qui eussent précédé le moment où il étoit forcé d'agir [a]. Il étoit aisé de prévoir qu'il porteroit dans les affaires publiques la même foiblesse, le même dérangement qu'il avoit mis dans sa maison. Mais il étoit aimé du Peuple, chez qui son naturel prodigue étoit pris pour l'effet d'un caractere [1] bienfaisant [b]. Au

[a] SALLUST. fragm. 9.
[b] Plut. in Ant.

La branche aînée, du surnom de *Merenda*, étoit Patricienne, & a donné un Décemvir au temps de l'établissement des Loix. La branche cadette encore plus illustre dans la suite, & si souvent alliée aux premiers Césars, étoit Plébéïenne; soit qu'elle fût déjà séparée de l'autre au temps des rois de Rome, lorsqu'ils donnerent à celle-ci entrée au Sénat; soit qu'elle fût volontairement devenue Plébéïenne, pour pouvoir exercer les magistratures populaires, comme il est arrivé à quelques autres anciennes Maisons. Dès le commencement du cinquieme siecle, cette branche avoit été honorée de la charge de Général de la cavalerie, sous la Dictature de Cornélius-Rufinus. Marc-Antoine, depuis surnommé, par dérision, le Crétique, étoit l'aîné des deux fils du fameux Marc-Antoine l'Orateur, un des principaux personnages de son temps, & l'homme le plus estimé qu'il y ait eu dans la Maison des Antoines, par ses talens & par ses vertus. Ses deux fils, Marc-Antoine & C. Antoine, Consuls avec Cicéron l'année de la conspiration, ne ressemblerent guere à leur pere. L'aîné, dont il s'agit ici, fut Questeur en 673, & Préteur en 678. Au sortir de cette Charge, on lui donna le Gouvernement de Sicile, & peu après le commandement contre les Pirates, qui recommençoient leurs brigandages. Antoine avoit épousé en premieres noces Numitoria, fille de Q. Numitorius-Pullus-Fregellanus, & en secondes, Julia, fille de Jules-César, Consul en 663, la plus vertueuse & la plus estimable femme de son temps. Il en eut trois enfans, l'aîné desquels fût le fameux Marc-Antoine le Triumvir. Cette femme si honnête ne fut pas heureuse en maris: s'étant remariée, après la mort du premier, à Lentulus-Sura, qui périt par la main d'un bourreau, comme complice de la conjuration de Catilina.

[1] *Plutarque* dit de lui qu'il étoit très-dérangé, mais cependant d'un bon naturel & d'une humeur obligeante. Il en rapporte ce trait. « Un de ses amis s'étant adressé
» à lui dans un besoin d'argent, Antoine,
» qui n'avoit jamais le sol, ne put lui en
» prêter; mais il appella un de ses domes-
» tiques, & lui fit apporter de l'eau
» dans un grand bassin d'argent, pour se
» faire la barbe; il le fit poser sur une
» table, & renvoya le domestique; crai-
» gnant que sa femme Julie, qui tenoit
» son ménage en bon ordre, & tâchoit,
» autant qu'elle pouvoit, de réparer par
» sa bonne conduite le dérangement de
» son mari, ne fût informée du fait. Il
» donna le bassin d'argent à son ami, pour
» l'aller vendre. Julie ne tarda pas à s'ap-

348 HISTOIRE DE LA RÉPUBLIQUE

Sénat, il avoit pour lui sa haute naissance, la grande réputation de son pere, le respect infini qu'on portoit à Julie sa femme, la plus estimable de son temps. Il y a grande apparence qu'on ignoroit encore à Rome les concussions [1] de toute espece qu'il commettoit, ou laissoit commettre dans son Gouvernement [a], ainsi que les plaintes élevées contre lui en Sicile, où il prenoit d'une main pour dissiper de l'autre. Non-seulement *le commandement maritime lui fut donné contre les Pirates, mais encore avec un plein pouvoir sur les mers & sur les côtes, dans toute l'étendue de l'Empire romain* [b], peu différent de celui que nous avons vu quelques années après accorder à Pompée [c].

XXV. Injustices & concussions de ce Préteur. Il envahit l'isle de Crete.

Avant de quitter la Sicile, il débuta par abuser plus que jamais de cette puissance illimitée contre les Peuples de son Gouvernement [d]. Il en alla faire autant chez nos alliés, sur les côtes de Grece & d'Asie, sous prétexte d'en tirer des secours [e]. Ce fut à quoi se bornerent à peu près ses premiers exploits, malgré le renfort considérable que les Byzantins lui avoient envoyé [f]. On ne vit de lui, contre les Pirates, aucune entreprise digne d'être rapportée : *sans qu'on puisse dire si ce fut par une suite de sa nonchalance habituelle ; ou si, comme on le soupçonne, il étoit secrétement d'intelligence avec les brigands qui lui faisoient une part dans le butin* [g]. Il est du moins certain qu'il chargea ses vaisseaux d'une infinité de dépouilles ramassées de toutes parts [h].

[a] *Cic. Verrin. III. 91.*
[b] SALLUST. *fragm. 347.*
[c] *Vell-Pat. II. 31.*
[d] *Cic. Verrin. II. 3.*

[e] *Vet. Scholiast. Juvenal.*
[f] *Tacit. annal. XII. 62.*
[g] SALLUST. *fragm. 385.*
[h] *Juvenal. Satyr. VIII. 10.*

» percevoir que la piece de vaisselle man-
» quoit, fit grand bruit dans la maison,
» & s'en prenoit aux domestiques, lorsque
» son mari vint d'un air très-embarrassé
» lui avouer le fait *».

[1] « Est-il possible, s'écrie Cicéron

[2] *Plutarq. in Anton. 209.*

» parlant contre Verrès, que vous vou-
» liez vous appuyer sur l'exemple de Marc-
» Antoine ; c'est donc là le modele détes-
» table que vous avez choisi parmi tant
» de Chefs & de Magistrats du Peuple
» romain * ».

* *Cic. Verrin. III. 91.*

ſommée. A l'inſtant il jeta le paquet au feu, ſans l'ouvrir, ni permettre que perſonne portât la vue deſſus. Et pour empêcher Perperna de parler ni de nommer, il le fit ſur le champ mettre à mort *a* 1.

Telle fut la fin infame & bien méritée d'un lâche meurtrier *b*. C'eſt à tort que quelques gens taxent là-deſſus Pompée d'ingratitude, envers un homme qui lui avoit ci-devant rendu de grands ſervices en Sicile. On ne peut trop le louer au contraire de la grandeur d'ame à laquelle il ſacrifia ſes reſſentimens perſonnels, & les armes qu'on lui mettoit à la main, s'il eût voulu ſe venger. Il agit en vertueux Citoyen, en étouffant ces indices de complicité, qui alloient prolonger les haines civiles, & produire une fermentation, plus grande peut-être que celle qu'on venoit d'éteindre *c*. Des autres complices de Perperna, les uns avoient été tués dans le combat *d*, d'autres furent pris & traités comme leur Chef: le reſte reçut ailleurs la juſte punition d'un tel crime. Tous périrent malheureuſement. Tarquitius & Grœcinus, après avoir erré quelque temps en Bétique, paſſerent le détroit & ſe ſauverent en Afrique, où les Maures les tuerent à coups de fleches. Aucun n'échappa, que le ſeul Aufide: d'abord inconnu, puis dédaigné, parce qu'on n'en tenoit aucun compte. Il vieillit dans une mauvaiſe bourgade, accablé de miſere & de pauvreté, objet de la haine & du mépris général *e*.

XXIII. Fin miſérable des autres conjurés.

a Plut. in Sertor. Zonar. ann. L. X.
b Vell-Pat. II. 30.
c Plut. in Pomp.
d Zonar. ann. L. X.
e Plut. in Sertor.

1 POMP. En eſt-ce fait, Celſus?
CELS.   Oui, Seigneur, le perfide
A vu plus de cent bras punir ſon parricide,
Et livré par votre ordre à ce Peuple irrité,
Sans rien dire . . . . .
POMP.   Il ſuffit, Rome eſt en ſûreté,
Et ceux qu'à me haïr j'avois trop ſu contraindre,
N'y craignant rien de moi, n'y donnent rien à craindre.

XXIV. Les Pirates recommencent leurs courses. Marc-Antoine est envoyé contre eux avec un plein pouvoir.

An. 678.

Le retour de la flotte de Servilius en Italie, avoit été le signal au reste des pirates échappés à sa poursuite, de sortir de leurs cavernes, de se rassembler & de réparer leurs forces délabrées. Les brigandages s'étoient renouvellés, & les plaintes avec eux. Le Consul Octavius, qu'on avoit nommé pour aller, au sortir de sa magistrature *, succéder à Servilius dans le Gouvernement de Cilicie, se trouvoit hors d'état, par la foiblesse de sa santé, de remplir une place qui demandoit un homme plus actif qu'on ne l'avoit cru, en l'y nommant. Il avoit fallu jeter les yeux sur une autre personne. Le Tribun Céthégus, alors tout puissant par sa faction, employa son crédit au Sénat & vers le Peuple, pour faire tomber le choix sur Marc-Antoine son ami, fils du célebre Marc-Antoine l'Orateur, & en ce moment Préteur de Sicile. Il fit entrer dans ses vues le Consul C. Cotta, collegue d'Octavius [a]. On allégua qu'Antoine étoit plus à portée qu'un autre de se mettre en mer, ayant déjà sous ses ordres en Sicile une partie des vaisseaux nécessaires à l'expédition : que son pere en ayant déjà été chargé avec succès, son nom seroit plus redoutable qu'un autre aux corsaires : qu'il étoit d'ailleurs personnellement intéressé à venger sur eux l'injure faite à sa maison par l'enlévement d'Antonia sa sœur. Ces foibles motifs entraînerent Cotta, homme bien intentionné, mais d'un caractere doux, peu capable de résister à la fougue de Céthégus, & à son ascendant sur l'esprit du Peuple, que Cotta vouloit ménager. Mille raisons devoient détourner de ce mauvais choix, qui couvrit le nom Romain d'un sanglant opprobre. Marc-Antoine [y]

* En 678.

[a] Asc-Ped. de Jurisprud. & Pret. Sicil.

[y] La Maison des Antoines, l'une des plus anciennes & des plus illustres de Rome, prétendoit tirer sa source & son nom d'Anton, fils d'Hercule. Elle étoit originaire du Latium même, & sortoit de l'ancienne petite nation des Aborigenes.

eurent le temps de rassembler quelques troupes avec lesquelles ils vinrent fondre sur les Romains dispersés. Ils les chasserent devant eux jusqu'au rivage, les obligerent à regagner leurs vaisseaux & à prendre le large.

L'alarme ainsi donnée, les Crétois coururent de toute part à la défense : ils mirent promptement en état leur marine, en quoi consistoient les principales forces de l'Isle. Cependant Marc-Antoine faisoit voile à la côte septentrionale, vers l'endroit où elle tourne à l'orient, en vue d'y faire une seconde descente mieux ordonnée, & de se rendre maître d'Héraclée, port des Gnossiens, près de la ville de Matium, le meilleur de l'Isle *a*. Lasthene pénétrant son dessein par la route que tenoit la flotte, porta ses forces de ce côté. *Il joignit à ses vaisseaux de guerre quelques bâtimens marchands & quelques brigantins des Pirates* *b*, avec lesquels il n'hésita pas à se réunir contre l'attaque de l'ennemi commun. Il vint se tenir en croisiere à l'entrée du détroit que la petite isle de Dia forme vers la côte ; ne montrant qu'une partie de ses navires, dont il tenoit le plus grand nombre caché dans les anses voisines. On entendra mieux la distribution qu'il fit de ses forces, *quand j'aurai dit quelque chose de la position de l'isle* *c*, dont la singularité a fourni une ample matiere aux fables des Grecs, & qui devint réellement dans cette occasion si avantageuse à la flotte Crétoise.

XXVI. Défense des Crétois. Ils assemblent leur flotte vers l'isle de Dia.

L'isle de Dia 1, opposée au rivage oriental de la Crete, vis-à-vis de Matium, & de la plaine appellée campagne

XXVII. Position de l'isle de Dia. Fables qu'on en raconte.

---

a Strab.
b SALLUST. *fragm.* 426.
c SALLUST. *fragm.* 118.

1 Cette isle se nomme aujourd'hui Standia ; elle est vis-à-vis de la ville de Candie, qui est l'ancienne Matium ou l'ancienne Héraclée, si ces deux villes (au moins fort voisines l'une de l'autre) n'étoient pas la même. Les vaisseaux des Vénitiens se tenoient souvent dans le port de cette isle, pendant qu'ils étoient maîtres de l'isle de Candie. « Le port de Candie n'est bon » que pour des barques. Les vaisseaux se » tiennent à l'abri de l'isle de Dia, située » presque vis-à-vis de la ville au nord-est,

HISTOIRE DE LA RÉPUBLIQUE

Othienne, n'est, à vrai dire, qu'un grand écueil, un long amas de roches, couvertes de bois à mi-côte, nues vers le sommet, où elles sont comme entassées en forme bizarres : ce qui a donné lieu aux anciens Poëtes de feindre que les Dieux les avoient renversées à coups de foudre sur les Aloïdes, assez audacieux pour avoir tenté d'escalader le Ciel, à l'aide de ces rochers qu'ils avoient arrachés & amoncelés les uns sur les autres [a]. Car on raconte (& je le répéterai ici, en conséquence du plan que je me suis fait dans cette histoire, d'expliquer en peu de mots les antiquités des Pays où la domination romaine s'est pour la premiere fois étendue de mon temps) qu'Alœus [1], un des anciens

[a] *Virgil. & Serv. Æn. VI.*

" & que les Francs appellent mal-à-propos Standia du grec εἰς τὴν Δίας. Les Sarrasins ont bâti Candie sur les ruines de l'ancienne ville d'Héraclée. Elle se trouve, comme le dit *Strabon*, près d'une baie ou port de mer des Gnossiens, vis-à-vis de l'isle de Dia. Elle est sans contredit la Candace des Sarrasins : *Chandax*, en langue de ces Peuples, signifie un retranchement, & certainement ce fut là que les Sarrasins se retrancherent au temps de l'Empereur Michel-le-Begue. On croit que cette Ville est l'ancienne Matium, ce qui ne s'éloigne peut-être pas trop de la vérité, si Matium & Héraclée, Villes au moins très-voisines l'une de l'autre, ne sont pas réellement la même sous deux noms différens : peut-être que dans *Pline*, qui rapporte ces deux noms tout de suite, il faut lire *Matium-Heraclea* sans virgule. Au moins il n'y a pas de doute que Candie ne soit Héraclée, puisque *Strabon* dit positivement qu'Héraclée étoit le port de mer des Gnossiens, le plus puissant Peuple de Crete, & que Candie est le seul port de mer considérable dans ces quartiers. Au temps des Vénitiens, Candie étoit bien peuplée, marchande, riche & très-forte. Depuis qu'elle a été prise par les Turcs, ce n'est plus que la carcasse d'une grande Ville, dont les murailles sont encore bonnes & bien terrassées. Le dedans n'est qu'un désert, à l'exception du quartier du marché. Depuis le siege, tout le reste n'est que masures [*] ".

[1] Alœus eut pour femme Iphimédie, fille de Triops ; elle alloit tous les jours au bord de la mer, où elle prenoit de l'eau dans ses mains pour se laver la gorge. Neptune en devint amoureux, & en eut deux enfans jumeaux, Othus & Ephialtes, fameux sous le nom des deux Aloïdes ; ils croissoient tous les ans d'une aune de long, & d'une coudée de large ; ils n'avoient encore que neuf ans, lorsque

[*] *Tournefort, Lettr. I.*

Chefs

Mais auſſi mal-habile à ménager ſes gains, que peu délicat ſur les moyens d'acquérir, il ne lui reſta bientôt plus rien de cette opulence. Il fallut avoir recours à de nouvelles reſſources. Antoine crut les avoir trouvées dans le projet qu'il forma de tomber en pleine paix ſur l'iſle de Crete: projet odieux, inoui, contraire à tout principe du droit des gens & de la bonne foi *a*.

Antoine, homme, à vrai dire, plutôt foible que méchant, étoit entouré de gens pires que lui, qui le ruinoient & le gouvernoient. Ils lui mirent dans l'eſprit qu'il alloit ſe combler de biens & d'honneur, en ajoutant à la domination romaine cette iſle ſi célebre & ſi puiſſante: ils lui en repréſenterent la conquête comme infaillible; les Crétois étant ſans préparatifs, comme ſans défiance. Vainement la foi publique réclamoit-elle en faveur d'une nation qui avoit toujours maintenu la paix & la bonne intelligence avec nous; qui n'avoit jamais été ſoumiſe à aucune puiſſance étrangere; qui ſe gouvernoit de temps immémorial par ſes propres loix, ſi anciennes, qu'elles avoient ſouvent ſervi de modele aux Légiſlateurs des Peuples voiſins. On prit pour prétexte qu'elle avoit ſourdement fourni contre la République des ſecours à Mithridate *b*; que les Crétois ne s'étoient pas moins que tant d'autres inſulaires, rendus coupables des mêmes brigandages qui faiſoient le ſujet de la guerre actuelle. Il faut avouer que ce dernier reproche n'étoit pas tout-à-fait dénué de fondement. Auſſi Polybe a-t-il dit d'eux, que de tous les hommes il n'y a que les Crétois qui ne trouvent aucune eſpece de gain ſordide *c*. La Crete [1] étoit, comme les autres

---

a Aſcon-Ped. in divinat.
b Flor. III. 7.
c Polyb. L. VI.

[1] « Quand *Virgile* dit que l'iſle de Crete eſt placée au milieu des mers, il faut, dit *Servius*, entendre, comme Salluſte le rapporte, qu'elle eſt éloignée du continent. Mais le Poëte a voulu de plus déſigner ſa poſition ſinguliere ſur les bornes de pluſieurs mers: car on ne convient pas dans laquelle l'iſle eſt ſituée.

isles de cette mer, fort exposée aux incursions des pirates Ciliciens, & *la plus éloignée du continent* [a]. Ils s'étoient établis sur une partie des côtes, d'où ils alloient en course, quelquefois sous le nom des nationaux, quelquefois même avec eux [b] : car la contagion de l'exemple avoit facilement gagné. Il passoit pour assez constant que plusieurs vaisseaux marchands enlevés dans la mer Egée, l'avoient été par une escadre de sept bâtimens réellement montés par des Crétois [c]. Ceux-ci avoient même eu à ce sujet une querelle avec les Rhodiens, mécontens de leurs rapines. Mais le grand motif déterminant fut l'espoir très-prochain du pillage de tant de riches & puissantes Villes sans défense.

La descente des Romains sur la côte les rendit maîtres, sans coup férir, de la contrée voisine & d'un ample butin. Les habitans pris au dépourvu, & ne s'attendant à rien moins qu'à cette injuste invasion, coururent se mettre à couvert sur les montagnes ou dans les Villes murées. Celles-ci fermerent leurs portes; laissant la plaine, qu'on ne pouvoit défendre, à la discrétion du soldat. Quoique les assaillans eussent dessein de former des sieges, ils s'occupoient bien moins des préparatifs nécessaires à cet objet, que du pillage facile des campagnes abandonnées. Lasthene & Panares, deux Chefs de la nation Crétoise,

---

[a] SALLUST. *fragm.* 222.
[b] *Strab. L. X.*

[c] *Diodor. in excerpt. Vales.* p. 225.

» Elle est entre les mers de Lybie, d'E-
» gypte, de Grece & d'Ionie; au point
» où toutes quatre aboutissent, & c'est ce
» que *Virgile* a voulu faire entendre * ».
Eudoxe, dit *Strabon,* la place mal-à-propos dans la mer Egée. Elle est entre la Cyrenaïque & la Grece, à sept cents stades seulement (87500 pas) du cap Malée en Laconie †. La terre continue sous les eaux,

* *Serv. Æn. III. 104.*
† *Eudox. ap. Strab. L. 10.*

d'un côté, depuis ce cap jusqu'à l'isle de Cythere, puis jusqu'au mont Cimmare, le dernier des sommets de la chaine du mont Cadisque en Crete, isle fort allongée par la chaine des montagnes de son centre; de l'autre côté, par les isles Carpathio & de Rhodes, jusqu'à la côte Ionique du continent de l'Asie. C'étoit un terrain bas que la mer Egée a submergé, & dont les sommets seulement sont restés à découvert,

ROMAINE. *LIVRE IV.* 353

Chefs du Pays, eut de fa femme Iphimédie deux fils gemeaux, Othus & Ephialtes, d'une ftature & d'une force fi prodigieufe, qu'orgueilleux de leur taille gigantefque, ils oferent déclarer la guerre à Jupiter, fouverain des Cieux, que les Crétois difent avoir auffi régné ici-bas dans leur Ifle. Ils voulurent ravir de fa Cour Diane & Junon *a* : & pour prix de leur folie, *ils furent enfevelis fous ces roches, comme Encelade l'avoit été fous le mont Æthna b.* Le plus haut fommet a confervé depuis le nom de mont Othus [1], qui, à fon tour, a fait donner celui de campagne

a Apollodor. Bibliot. L. I.

b Serv. ex Salluft. VI. 582. & 578.

fe voyant hauts de neuf aunes, ils oferent projeter de faire la guerre à Jupiter, ils entafferent le mont Offa fur le mont Olympe, menaçant d'efcalader le Ciel, & fe vantant qu'à force d'arracher des montagnes, ils feroient de la terre la mer, & de la mer la terre. Les deux freres prétendoient qu'on leur donnât en mariage, Junon à Ephialtes, & Diane à Othus. Ils enchaînerent le Dieu Mars & le jeterent dans une obfcure prifon, dont Mercure le fit enfin fortir par fon adreffe. Diane vint à bout de faire périr ces deux méchans par une rufe; elle fe changea en biche, ils coururent pour lui couper chemin, & lui ayant lancé leurs dards lorfqu'ils furent vis-à-vis l'un de l'autre, ils fe tuerent tous deux *.

Les Aloïdes enchaînerent le Dieu Mars, & le tinrent pendant treize mois lié dans une tour d'airain. Il y auroit péri, fi Euribée leur belle-mere, n'eût indiqué à Mercure l'endroit de fa prifon. Celui-ci eut l'adreffe de l'en faire fortir dans le temps qu'il étoit prêt à fuccomber fous le poids de fes chaînes & de fa captivité **.

* *Apollod. L. I. p. 26.*

** *Homer. Iliad. V. 385.*

[1] Ce n'eft qu'avec répugnance que je place ici, dans le texte, cette digreffion déplacée fur les Aloïdes & fur le mont Othus; ne fachant comment expliquer ou rétablir autrement ce que Sallufte avoit dit de cette montagne en Crete, ou dans le voifinage de la Crete, Nul Hiftorien ou Géographe ancien, autre que Sallufte, n'a parlé du mont Othus. On ne le connoît que par ce paffage cité par *Servius*: & je croirois que Servius s'eft trompé ou qu'il a mal cité, comme il y eft fort fujet, s'il ne levoit tout foupçon d'équivoque en infiftant, & critiquant Sallufte en ces termes. « Com-
» ment fe pouvoit-il faire qu'Encelade
» fût enfeveli fous les montagnes de Si-
» cile, & Othus fous celles de Crete,
» comme le dit Sallufte, puifque ce fut
» en Theffalie, dans les champs de Phlé-
» gra, que les géans fe battirent contre
» les Dieux ». *Pline* rapporte * qu'il a ouï dire qu'une montagne de l'ifle de Crete ayant été fendue par un tremblement de terre, on y avoit trouvé un fquelette debout, haut de quarante-fix coudées, qu'on avoit pris pour le corps d'Othus ou pour celui d'Orion. *Paufanias* place en Béotie,

* *VII. 16.*

Tome II. Yy

354   HISTOIRE DE LA RÉPUBLIQUE

Othienne [a] aux plaines du territoire de Gnoſſe, étant, de l'autre côté, ſur la grande iſle, vis-à-vis de cette pointe. Cette prétendue tentative d'eſcalader le Ciel & de détrôner les Dieux, eſt réduite aux termes de la vérité par Varron, ſi bien inſtruit des antiquités hiſtoriques, lorſqu'il nous apprend que dans le cours des premiers ſiecles, une inondation ayant rempli le baſſin qui ſépare aujourd'hui le mont Othus *de la Crete, dont la partie la plus élevée eſt en effet celle qui regarde l'orient* [b], une partie des habitans ſe réfugia ſur les montagnes, dont ils voulurent ſeuls reſter les maîtres. La poſſeſſion leur en fut diſputée par les gens de la plaine : ce qui occaſionna des combats entre les deux partis, où les gens de la montagne, aidés de la ſupériorité du lieu, eurent enfin l'avantage. Les vieilles traditions ont appelé ceux-ci les Dieux, parce qu'ils habitoient les lieux élevés, & ont donné aux gens du Pays bas le nom de géans, c'eſt-à-dire d'enfans de la terre. Elles ont même feint qu'ils avoient les pieds faits en ſerpens, parce qu'ils rampoient contre les rochers pour gravir & gagner les hauteurs [c]. Quant à ce que raconte Homere, qu'Othus enchaîna le Dieu Mars & le retint dans une dure captivité [d], c'eſt ce que les Hiſtoriens rapportent plus ſimplement de l'invaſion qu'un Chef des Thraces fit dans l'iſle [1], d'où les Aloïdes le chaſſerent. Mais ils périrent

---

[a] SALLUST. *fragm. 237.*
[b] SALLUST. *fragm. 257.*
[c] *Fragm. Varron. ap. Serv.*
[d] *Homer. Iliad. V. 385.*

près d'Anthedon, le tombeau des Aloïdes, qui furent, dit-il, tués par Apollon dans l'iſle de Naxe. Il ſe trompe, ainſi que *Diodore*, en prenant l'iſle de Naxe, qu'on nomme auſſi Dia, pour la petite iſle de Dia, voiſine de la Crete : mais ce qu'ils diſent ici l'un & l'autre, indique qu'il y avoit dans les traditions hiſtoriques un rapport entre Othus & l'iſle de Dia, lequel a pu donner lieu à Salluſte de faire quelque mention, dans ſon hiſtoire, du mont Othus, ou du prétendu géant Othus, ou même de tous deux enſemble.

[1] L'iſle de Naxe fut d'abord nommée Strongyle (ronde). Les Thraces y firent la premiere invaſion à l'occaſion que voici : les femmes de la Thrace avoient enlevé pluſieurs perſonnes, du nombre deſquelles étoient deux Dames conſidérables, Iphimédie, femme d'Aloeus, & Pancratis ſa

ROMAINE. *LIVRE IV.* 355

ensuite eux-mêmes, la discorde s'étant mise entr'eux ª. Quoi qu'il en soit, les deux freres sont en grande vénération dans le Pays où on les honore du culte qu'on rend aux héros. Le Peuple ne doute pas que par une force plus qu'humaine, ils n'aient déplacé & mis ainsi en monceaux les roches aiguës de l'isle de Dia.

Le pied des montagnes, en s'avançant dans la mer, du côté de la grande isle, forme dans le détroit quatre petites baies où le fond est bon, & l'eau assez profonde. Une partie des vaisseaux Crétois s'y tiennent en station, & les bâtimens passagers y viennent souvent relâcher, y trouvant un bon mouillage à l'abri des vents du nord. *Toute l'isle n'est que de peu d'étendue, déserte, sans culture & sans habitans* ᵇ : elle en avoit eu ci-devant quelques-uns qui se nourrissoient de leur chasse, les bois étant fort peuplés de bêtes fauves. Ils n'avoient guere de commerce avec les autres Insulaires, que pour troquer une partie de leur gibier contre quelques autres choses des plus nécessaires à la vie ᶜ. Mais voyant les Pirates aborder sans cesse à leurs ports, qui offroient une retraite commode pour se cacher & se tenir aux aguets, ils avoient depuis peu pris le parti d'abandonner tout-à-fait ce terrein, trop exposé aux incursions des brigands.

ª *Diodor. L. V. p.* 324.
ᵇ SALLUST. *fragm.* 658.
ᶜ *Olf. Dapper. Archipel.*

fille. Elles revinrent à Strongyle avec leur proie, chasserent Buta roi de l'isle, mirent en sa place Agathemen, & le marierent à Pancratis, fille d'une rare beauté. Deux des principaux Chefs du Pays, Sicule & Hecatere, s'étoient déja battus pour l'avoir, & s'étoient tués tous deux. Le nouveau roi l'épousa donc, & maria Iphimédie à l'un de ses favoris. Cependant Aloeus ayant envoyé ses deux fils, Othus & Ephialtes, à la recherche de la mere & de la fille, ceux-ci aborderent à l'isle Strongyle, défirent les Thraces, & prirent la Ville. Leur sœur Pancratis mourut sur ces entrefaites. Les deux freres, après avoir chassé les Thraces, resterent en possession de l'isle, à laquelle ils donnerent le nom de Dia. Mais quelque temps après ils se brouillerent, & se firent une guerre où ils furent tués tous deux, avec une quantité d'autres gens. Les habitans du Pays les ont en grande vénération, & leur rendent le culte qu'on rend aux héros *.

* *Diodor. L. V. p.* 324.

Yy 2

XXVIII.
Combat naval.
Défaite totale
des Romains:
les vainqueurs
font pendre
leurs prisonniers.

Marc-Antoine redoubla de confiance & de vanité en découvrant la petite flotte de Lasthene, si inférieure à la sienne. Etonné qu'avec ce peu de forces on osât lui disputer l'entrée du détroit, il jugea qu'en cette rencontre il faudroit moins d'armes que de chaînes & de cordes, pour attacher les prisonniers. Il s'avança comme à une victoire assurée [a]. Le début du combat le confirma dans son idée. Lasthene n'opposa qu'une foible défense, se retirant peu à peu en arriere, & reculant dans le canal, jusqu'à ce qu'il eût dépassé les rochers & les baies de Dia, où la plus grande partie de ses forces se tenoit cachée. Les vaisseaux embusqués ne se montrerent ni ne firent aucun mouvement, qu'après qu'ils eurent vu l'ordre de la flotte romaine tout-à-fait dérangé par la chaleur de la poursuite. En ce moment on vit sortir de quatre endroits différens des essaims de barques armées. Elles entourent nos vaisseaux séparés : elles répandent sur tous à la fois la surprise & l'effroi : elles viennent à grands cris à l'abordage, & s'en emparent sans beaucoup de résistance. La victoire fut complette. Plus des deux tiers de la flotte romaine tomba au pouvoir des ennemis. Ils furent surpris de trouver cette quantité de cordes qu'on y tenoit prêtes. Bientôt ils en furent la destination. A l'instant, tournant contre nous la honte qu'on leur avoit préparée, ils saisissent les prisonniers romains, les font passer sur leurs bords, & de ces mêmes cordes *les attachent aux mâts de leurs navires, les bras derriere le dos* [b]. En cet état d'opprobre, après les avoir accablés d'injures & de reproches sur leur avarice & sur leur perfidie, ils leur annoncent que puisqu'ils ont voulu traiter en esclaves un Peuple libre, ils ne doivent attendre pour eux-mêmes en ce moment que le même fort & le même genre de supplice. Le Préteur & le reste des Officiers ou soldats romains échappés à la furie des vainqueurs

[a] *Flor. III. 7.* [b] SALLUST. *fragm.* 281.

sur le peu de navires qui avoient pu se dégager, furent forcés d'être témoins de ce spectacle d'ignominie, avant que d'avoir eu le temps de s'éloigner des vaisseaux Crétois, sur lesquels les plus considérables des Officiers ou autres personnes de leurs connoissances, liés au mât des vaisseaux, étoient battus de verges, mutilés ou pendus, les uns aux vergues, les autres à d'infames gibets dressés sur la proue *a*. La flotte victorieuse entra dans le port en cet appareil; étalant aux yeux de la nation, comme autant de trophées, les cadavres suspendus des malheureux romains *b*.

Cependant l'imprudent Marc-Antoine avoit fui en haute mer; le cœur dévoré de honte & de regrets; aussi inquiet de son sort, qu'incertain du lieu où il iroit cacher sa défaite. Il n'osoit, dans sa foiblesse actuelle, ni rester dans la mer de Crete, exposé aux mêmes outrages dont on venoit de le rendre témoin, ni aller montrer à nos alliés de quelle maniere la Crete les avoit vengés de ses vexations: bien moins encore retourner à Rome qu'il venoit de couvrir d'un tel opprobre; pour y recevoir la peine due à sa conduite, ou (ce qu'il redoutoit pardessus tout) pour y soutenir, dans l'intérieur de sa maison, les regards de la vertueuse Julie *c*. Une fievre ardente le saisit au milieu de ces cruelles agitations *d*, & termina, trois jours après, *une vie qui flétrissoit le nom* 1 *d'une race si féconde en grands personnages* *e*.

XXIX. Fuite & mort de Marc-Antoine.

a SALLUST. *fragm.* 402.
b Flor. ibid.
c Asc-Ped. in divinat.

d Vet. scholiast. Juven. ex SALLUST. *fragm.* 347.
e Flor. ibid.

1 Le scholiaste de Juvénal, qui rapporte cet endroit de notre Historien, dit: *Cet Antoine dont parle Salluste, qui flétrit la gloire des trois illustres Antoines*, &c. Il me paroît qu'il cite ici Salluste, plutôt en général qu'en propres termes. Les trois Antoines qu'il a en vue, sont A. Antoine, vainqueur de Persés roi de Macédoine; M. Antoine, l'un des plus vertueux hommes de son siecle, & le fameux M. Antoine l'Orateur, pere de celui dont il s'agit ici. Marc-Antoine le Crétique laissa un fils de Julia sa femme. C'est Marc-Antoine le Triumvir, si connu dans l'histoire.

358 HISTOIRE DE LA RÉPUBLIQUE

Le Peuple lui a donné, par dérifion, le furnom de Crétique. L'habitude a prévalu dans l'ufage. On continue de le défigner par ce faux titre qui perpétue le fouvenir de notre malheur & de fa folie. Sa flotte délabrée rentra dans les ports de l'Italie, où tout retentiffoit contre lui des cris, excités peut-être autant par le mauvais fuccès, que par l'injuftice de fon entreprife [a].

XXX. Blocus d'Amife. Les deux armées viennent camper vers Cabire.

Cn. Aufidius-Oreftes.
P. Cornélius-Lentulus-Sura.

An. 682.

Pendant tout cet hyver, Lucullus tenoit la ville d'Amife plutôt bloquée qu'affiégée. Aux approches de la belle faifon, il laiffa deux légions à Murena pour continuer le blocus, & marcha vers Cabire, par les montagnes, avec trois autres légions. Le Roi avoit difpofé fur les hauteurs de petits corps pour garder les paffages, & pofté des fentinelles, chargées de donner avis de la marche des Romains, en allumant des feux de place en place. Phénix, iffu du fang royal, commandoit ces détachemens: il fit bien les fignaux convenus à l'approche de l'ennemi; mais en même temps il déferta de fon côté avec fes troupes: tellement que le Général romain traverfa les défilés fans obftacle, & fe rendit dans la plaine de Cabire, où l'armée royale étoit campée [b]. Le Roi avoit reçu de Scythie un nouveau renfort de quatre mille hommes d'excellente cavalerie, en laquelle il avoit grande confiance, & que du lieu de fa retraite, il avoit fait abondamment pourvoir fur la route de toutes fortes de munitions de guerre & de bouche : tant l'extrêmité où il fe trouvoit étoit peu capable de rien diminuer en lui de fon attention à tous les détails [c].

Il paffa le premier le fleuve Lycus, & vint attaquer la cavalerie romaine, qui faifoit l'avant-garde, comme elle débouchoit dans la plaine. Il y eut là un combat de cavalerie affez vif, où les Romains furent battus & repouffés dans la montagne. Un Officier nommé Pomponius, après s'être défendu avec beaucoup

[a] *Flor.* ibid.
[b] *Appien.*
[c] *Ibid.*

de valeur, demeura fur le champ de bataille dangereufement bleffé : il fut pris & amené au Roi, qui lui fit un bon accueil. Le Roi lui dit : « Seras-tu de mes amis, fi je te donne la vie, » & te fais guérir de tes bleffures ? Oui, repliqua Pomponius, » fi vous devenez l'ami des Romains ; finon je ferai votre » ennemi tant que je vivrai ». Le Roi fe contenta de dire, « c'eft un brave homme; qu'on en prenne foin *a* ».

D'autre part, Lucullus, après cette épreuve de la fupériorité de la cavalerie royale fur la fienne, fe tint quelque temps campé dans la montagne, évitant de redefcendre dans la plaine par le même lieu, & cherchant à y rentrer par quelqu'autre endroit où il ne fût pas forcé de combattre : mais le chemin pour y arriver étoit trop long, couvert de bois & très-dangereux. Le Roi, après fon premier avantage, s'étoit avancé jufqu'à la gorge des vallons. Tous les jours il rangeoit fon armée en bataille, à deffein d'engager, par cette efpece de défi, le Général romain à defcendre. Lucullus ne vouloit ni donner la bataille, ni demeurer dans un lieu où il ne pouvoit rien entreprendre d'utile. Comme il étoit dans cet embarras, on lui amena quelques chaffeurs montagnards pris par hafard dans une caverne où ils s'étoient refugiés. Ces gens connoiffoient dans cette contrée difficile des détours que nul autre ne fréquentoit. L'un d'eux, nommé Appollodore, Grec de nation, s'offrit à lui fervir de guide, pour le conduire à travers les rochers par un chemin beaucoup plus court, qui n'étoit pratiqué que d'eux, jufqu'à un château facile à furprendre, qui faifoit un lieu très-sûr pour affeoir un camp dominant fur toute la plaine de Cabire. Lucullus envoya reconnoître la route ; & le rapport qu'on lui en fit ayant confirmé le récit du chaffeur, il fe mit en marche à l'entrée de la nuit, après avoir fait allumer quantité de feux autour de l'ancien camp. Le château fut furpris fans aucune peine, & le

XXXI. Lucullus fe faifit d'un bon pofte, & remporte un avantage.

a Plut. ibid. *915.*

Proconsul rangea le matin son armée, immédiatement sur la tête du camp ennemi, dans un lieu fort avantageux, s'il vouloit combattre, *& si assuré, que quoique les deux camps se touchassent, pour ainsi dire, la situation naturelle du terrein empêchoit qu'on n'en pût venir aux mains* [a], s'il ne le vouloit [b]. Les deux Chefs resterent là quelque temps à s'observer, sans rien entreprendre de considérable; cherchant à s'épuiser l'un l'autre, par le défaut de subsistances. Il y avoit seulement de fréquentes escarmouches où les deux partis faisoient l'essai de leurs forces [c], & où la fortune n'étoit pas toujours du même côté, plus souvent néanmoins favorable aux Romains. Le hasard en engagea une fort vive à l'occasion d'un cerf que quelques soldats asiatiques lancerent entre les deux camps, & se mirent à poursuivre. D'autres soldats romains coururent à mi-côte pour leur couper le retour: il en sortit d'autres du camp royal pour soutenir les premiers; & de même de l'autre côté: de sorte que les deux partis étant incessamment fortifiés par de nouvelles troupes accourues des deux parts, il y eut là un rude combat où les Asiatiques remporterent l'avantage. Les Romains en étoient spectateurs du haut de leur camp. Honteux & irrités de la fuite de leurs camarades, ils coururent à Lucullus, le pressant à grands cris, & même avec murmure, de les mener contre l'ennemi [d]. Lucullus leur enjoignit de se tenir en repos: il leur dit qu'il alloit leur apprendre à ne jamais désespérer de leurs compagnons d'armes, & leur montrer quel est l'effet de la présence du Général. A l'instant, après leur avoir expressément défendu de sortir des retranchemens, il descend dans la plaine, & saisissant de la main les premiers fuyards qu'il rencontre, il leur ordonne de tourner tête & de le suivre; ils obéissent: tous suivent leur exemple, se rallient, reviennent à la charge, poussent l'ennemi à leur tour,

[a] Sallust. fragm. 400.
[b] Plut. & App.
[c] Memnon. C. 45.
[d] Tit-Liv. epitom.

&

ROMAINE. LIVRE IV. 361

& le menent en déroute jusqu'à son camp. Lucullus, de retour dans le sien, fait prendre les armes aux légions, commande aux fuyards de quitter leur habit militaire, de prendre une beche & de creuser un fossé en simples tuniques, en présence de leurs camarades. C'est ainsi que le soldat romain veut être contenu & discipliné, moins par des châtimens corporels, que par des choses indifférentes auxquelles on attache une honte publique. Je ne dois pas omettre que ce même fait est raconté dans d'autres relations, d'une maniere très-différente, mais, ce me semble, moins vraisemblable. On prétend que cette affaire-ci fut engagée à l'occasion d'un corps de cavalerie macédonienne auxiliaire des Romains, qui, le premier, s'étoit avancé, dans le dessein de déserter à l'ennemi : que Lucullus s'apperçut à l'instant du projet, ou le soupçonna : qu'avec une extrême présence d'esprit, il fit sur-le-champ sonner la charge, & avancer d'autres troupes pour soutenir celles-ci, comme s'il eût ordonné une attaque. A ce mouvement, la cavalerie ennemie chargea celle des Romains, qui s'approchoit d'elle : & cette derniere chargée en face par l'ennemi, serrée en queue par ses propres légions, fut bien vîte obligée de quitter son premier projet, & de combattre ceux qu'elle alloit joindre *a*.

Mais, peu de jours après, Mithridate eut un pareil avantage, même plus considérable, & précisément de la même maniere. Car la cavalerie romaine étant allé faire un fourrage à l'entrée de la plaine, fut attaquée par la cavalerie royale, qu'elle mit d'abord en déroute. Le Roi y courut, & tança si vigoureusement les siens, qu'ils tournerent bride, & firent une telle charge sur les Romains, qu'ils enfoncerent les escadrons. Ceux-ci ne pouvant se rallier, prirent l'épouvante & se sauverent çà & là à travers les montagnes, sans s'arrêter, même après qu'on eut cessé de les poursuivre, prenant ceux qui fuyoient après

XXXII. Mithridate prend sa revanche. Disette de vivres. Détachemens faits pour amener ou intercepter des convois.

a Frontin. 8.

eux, pour autant d'ennemis qu'ils avoient à leurs trouffes. Le Roi fit un grand trophée de l'avantage qu'il eut en cette rencontre, ainfi que du premier fuccès qu'il avoit eu à l'ouverture de la campagne : il en écrivit de tous côtés un faftueux détail [a]. Cependant ces chocs divers n'avoient rien de décifif. L'effentiel étoit que, depuis que les deux Chefs épioient à qui feroit obligé le premier de quitter prife & de décamper faute de vivres, la difette commençoit à fe faire fentir dans les deux camps, mais fur-tout dans celui de Lucullus [b]. Il prit le premier le parti de defcendre dans la plaine, pour avoir plus de facilité à tirer des convois du Pays d'Ariobarzane, qu'il avoit alors derriere lui, & qui n'étoit pas mangé. Il fe campa dans le bas, toujours avec la même attention d'éviter les lieux avantageux à la cavalerie: il mit devant lui un grand marais, & appuya fon aîle à la montagne [c]. Mithridate en effet comptoit beaucoup plus fur fa cavalerie que fur tout le refte de fes nouvelles levées. La voyant fort animée des deux fuccès qu'elle avoit eus, il en détacha une bonne partie, pour aller fur le chemin de la Cappadoce intercepter les convois des Romains. C'étoit un fort bon projet: car Lucullus n'en pouvoit tirer d'ailleurs : tellement que le Roi comptoit le réduire bientôt aux mêmes extrêmités où lui-même s'étoit vu réduit par le Général romain, au fiege de Cyzique [d]. Le Proconful ayant détaché d'un côté Sornatius avec dix cohortes, & d'un autre Adrien avec une plus groffe troupe, pour affurer les paffages des convois [e], Mithridate fit auffi fortir de fon camp deux corps proportionnés à ces deux-ci ; le premier, commandé par Ménandre ; le fecond, par Diophante & par Taxile. Il leur ordonna de tourner les montagnes par la plaine, & de fe porter fur la route que les Romains devoient

[a] *App.*
[b] *Mithr. epiftol.*
[c] *App.* p. 224.
[d] Ibid.
[e] *Plut.* ibid.

tenir au retour. Sornatius diffipa, fans grand effort, la troupe conduite par Ménandre. Du côté d'Adrien, les chofes eurent des fuites tout-à-fait décifives, comme je le dirai bientôt.

Sur ces entrefaites, Lucullus penfa périr de la main d'un transfuge apofté par Mithridate pour le tuer; du moins à ce que l'on a toujours cru. Il ne dut fon falut qu'à un hafard fingulier: le fommeil, qui en a fait furprendre tant d'autres, lui fauva la vie. Voici comme on raconte le fait. Il y avoit à la Cour du Roi un Officier Scythe, nommé Olcaba [1], de la Tribu Thartarienne, qui habite près des marais Méotides; jeune homme bien fait, hardi & d'une grande force, plus propre au commerce du monde, & meilleur courtifan qu'on ne l'auroit attendu de quelqu'un de cette nation. L'envie de s'avancer dans la faveur du Roi, produifoit fans ceffe entre les principaux Officiers un combat d'émulation à qui lui tiendroit les difcours les plus capables de lui plaire. Un jour que chacun vantoit fon zele en préfence du Roi, & racontoit ce qu'il feroit prêt d'entreprendre pour fon fervice, Olcaba dit qu'il feroit un coup plus hardi que tous ceux-là. Le Roi l'ayant tiré à part, il lui offrit, à ce qu'on prétend, d'aller tuer Lucullus au milieu de fon armée. Le deffein en fut concerté entr'eux. Quelque temps après le Roi l'outragea publiquement pour un léger fujet. Le Scythe exhala fon reffentiment avec violence, & déferta vers les Romains [a].

XXXIII. Olcaba, transfuge, tente de tuer Lucullus.

[a] Plut. ibid. 916.

[1] *Appien, Plutarque* & *Frontin* racontent tous trois cette hiftoire, & font très-bien d'accord fur le récit, mais nullement fur le nom du Capitaine Scythe. Le premier l'appelle Olcaba, le fecond Otalque, & le troifieme Adathas; noms qui n'ont à l'oreille aucune reffemblance. Il eft pourtant très-certain qu'ils parlent tous trois de la même perfonne: ce qui ne furprendra que ceux qui ne favent pas que chez les Orientaux anciens, auffi-bien que chez les modernes, une même perfonne portoit plufieurs noms fort différens. C'eft néanmoins fous ce prétexte qu'on voudroit fufpecter l'autorité de plufieurs Ecrivains, de *Ctéfias*, par exemple, parce que les noms qu'on y lit ne font pas les mêmes que ceux qu'on lit dans *Hérodote* & dans la Bible.

Lucullus, fachant que c'étoit un Officier de réputation, le reçut fort bien, & lui donna de l'emploi dans la cavalerie. Il le faifoit cependant veiller de près, fans qu'on s'en apperçût, ne voulant ni donner trop de confiance à un transfuge, ni détourner d'autres Commandans de l'armée royale de venir avec lui [a]. Dans la fuite (car ceci fe paffoit au commencement de la campagne) ayant éprouvé que cet homme fervoit très-bien à la tête des troupes légeres, qu'il étoit prompt de la main & intelligent, il y prit plus de confiance. C'étoit lui qui, au dernier combat de cavalerie, avoit fauvé une partie de nos troupes, & fait la retraite en homme entendu dans le métier. Au retour, le Général l'avoit beaucoup careffé ; & comme c'étoit un homme d'efprit & infinuant, Lucullus, depuis ce temps, l'admettoit volontiers à fa table, au confeil, & dans fon cabinet [b]. Quand le barbare fe crut affez bien avec lui, pour avoir occafion d'exécuter le coup prémédité, il vint un jour au quartier général, fans autre arme qu'un petit poignard qu'il portoit d'ordinaire à fa ceinture. *C'étoit l'heure de la plus grande chaleur*[c] *du jour* : les gardes venoient d'être relevées, & tout en ce moment étoit en filence dans le camp. Il entra dans la tente de Lucullus, & voulut paffer jufqu'à la piece où étoit le Général, comme il avoit coutume de faire avec affez de familiarité, fans qu'on lui en refufât jamais l'entrée. Les domeftiques de la chambre l'arrêterent, en lui difant que leur maître repofoit, & qu'après avoir extrêmement fatigué, il ne faifoit que de s'endormir un peu. Olcaba répondit qu'il le réveilleroit, & qu'il falloit abfolument qu'il lui parlât en ce moment même, ayant un avis important & très-preffé à lui communiquer en fecret. Sur quoi un valet de chambre appellé Ménédeme, repliqua brufquement : *Voulez-vous qu'il tombe malade ? Il n'y a rien de*

---

[a] Frontin. II. 5. 30.
[b] App.
[c] SALLUST. fragm. 505.

plus important ni de plus preſſé que la ſanté du Général, qui a travaillé toute la nuit & toute la matinée à expédier des ordres ; & comme, malgré cela, le Scythe tout en colere s'obſtinoit à forcer la porte, les domeſtiques le pouſſerent aſſez rudement hors de la tente. A l'inſtant, ſoit qu'il ſe tînt outragé de ce traitement, ſoit, comme on l'a débité depuis, qu'il ſe crût ſoupçonné, il monta ſur un excellent coureur qu'on lui tenoit tout prêt à la porte, & piqua tout d'une traite au camp de Mithridate, à qui il dénonça un autre Officier Scythe, nommé Sobadaque, qui projetoit de déſerter tout de bon du côté des Romains *a*.

Taxile & Diophante avoient un corps ſéparé du gros de l'armée royale, deſtiné, comme je l'ai déjà dit, à couper les vivres que les Romains recevoient de la Cappadoce. Adrien leur amenoit un convoi conſidérable, eſcorté par ſon détachement, lorſqu'il fut rencontré par une troupe de deux mille chevaux du corps de Taxile, forte du double en infanterie, qui s'étoit miſe en embuſcade dans les montagnes, pour enlever le convoi. Adrien, en habile homme de guerre, mit promptement ſon monde en ordre de bataille, dans la meilleure diſpoſition que le terrein lui pouvoit fournir. Les cohortes ſoutinrent le premier choc ſans s'ébranler, & chargerent enſuite. Toute l'infanterie barbare lâcha le pied, laiſſant à découvert ſa cavalerie. Celle-ci n'étoit pas fort redoutable aux légionnaires, dans un terrein inégal, où les chevaux ne pouvoient manœuvrer à leur aiſe; & ce fut une grande imprudence aux Chefs, comme le remarqua Mithridate, d'avoir fait leur attaque en cet endroit, au lieu d'attendre que le convoi eût défilé dans la plaine *b* : il eſt certain que leur mauvaiſe conduite, ainſi que le trop d'empreſſement des Barbares à piller les chariots, fit manquer le coup, & entraîna la perte des affaires du Roi. Les cohortes

XXXIV. Combat à l'occaſion des convois, entre Taxile & Adrien. Déroute de Taxile.

a App. *b* Ibid.

romaines, ayant pour elles l'avantage d'un terrain coupé & escarpé, détruisirent toute cette cavalerie, dont une partie fut taillée en pieces, & l'autre précipitée dans les ravines. La victoire n'en demeura pas là. De nouvelles cohortes, que Lucullus envoyoit au devant du convoi, sur l'avis de son arrivée, voyant les Barbares fuir de toute part vers le camp de Taxile, les poursuivirent jusques-là : *attaquerent le camp, & le forcerent d'emblée sans perdre un seul homme* [a]. Ceux qui le gardoient, effrayés de la fuite des leurs, & assaillis dans un temps où ils ne s'attendoient à rien moins qu'à ceci, ne firent aucune résistance. Tout ce qui échappa au massacre, s'enfuit sans ordre, çà & là, jugeant tout perdu, & les Commandans comme les autres.

XXXV. *Le Roi se détermine à la retraite. Embarras. Tumulte nocturne. Le roi est entraîné dans la fuite.* Deux d'entr'eux, Menemaque & Myron, se croyant seuls échappés de la défaite, arriverent les premiers à grande course de cheval, au camp du Roi, qui fut bien plutôt informé de son désastre, que Lucullus ne put l'être de son succès. Ils lui firent le mal, déjà très-grand par lui-même, encore plus fort qu'il n'étoit. Alors le Roi voyant sa cavalerie détruite, jugea sans peine, que Lucullus, au moment qu'il en seroit instruit, viendroit l'attaquer dans son camp. Il assembla les principaux Chefs dans sa tente, où il fut résolu de se retirer incessamment dans la forteresse de Cabire. En public, le Roi dissimula sa perte, & dit seulement dans le camp qu'il étoit arrivé un petit échec au corps de Taxile, par l'incapacité de ses Lieutenans qui avoient attaqué mal-à-propos [b]. Cependant le soupçon que la perte n'étoit pas médiocre, commença d'être répandu dès le même soir par le rapport de quelques soldats, qui dirent avoir vu de loin passer une quantité de chariots tout chargés de vivres & de dépouilles, qui défiloient du côté du camp ennemi. Mais, tout au sortir du Conseil, les Officiers généraux, sans attendre

[a] SALLUST. *fragm.* 296. [b] *Plut.*

qu'on eût donné l'ordre, se mirent à faire charger leur bagage; & pour gagner les devants, voulurent le faire sortir du camp pendant la nuit; tellement qu'en moins de rien il y eut aux portes un embarras épouvantable de fourgons, de chameaux & de mulets. A l'instant ceci mit par-tout l'alarme : la crainte, déjà répandue de quelque funeste événement, se confirma dans toute l'armée. Le soldat, saisi d'une terreur soudaine, courut en foule, & voyant les chariots des Commandans tout chargés & attelés, s'indigna de ce qu'on ne lui donnoit pas l'ordre comme aux Officiers généraux : il se figura qu'on vouloit l'abandonner : chacun d'eux voulut passer aussi. Les Chameliers les repousserent rudement. Les uns & les autres se prirent de querelle & se battirent. L'embarras devint un effroyable tumulte. Les Barbares se mirent à piller les chariots, à tuer les conducteurs, & même les maîtres. Le Mage Herméas fut foulé aux pieds : Doryale, un des Lieutenans du Roi, fut tué pour avoir son habit de pourpre. Ceux qui ne purent percer la foule, arracherent les palissades du camp, & se répandirent dans la campagne, sans enseignes, sans Officiers, & sans se soucier d'aucun commandement. Au bruit de cet affreux désordre, le Roi sortit au plus vîte de sa tente pour aller parler aux soldats. Mais il ne put se faire entendre de personne : & le flot grossissant toujours, l'enveloppa pêle-mêle avec les fuyards, & l'entraîna, seul, à pied, sans Ecuyer ni valet autour de lui, sans même qu'on s'apperçût qu'il étoit là. A la fin l'Eunuque Ptolomée le reconnut, poussé & balotté dans la foule : il le tira de la mêlée, & lui donna son cheval, sur lequel Mithridate s'enfuit du côté de la montagne, suivi de fort peu de gens *a*.

Lucullus, avant le soleil levé, apprit à la fois & la grande victoire remportée par l'escorte d'Adrien, & la frayeur subite qui s'étoit emparée du camp royal. Il détacha bien vîte M. XXXVI. Il est vivement poursuivi, & s'échappe par adresse.

a Plut. App.

Pompéius, avec un gros corps de cavalerie aux trouffes des fuyards : & marcha fur-le-champ lui-même avec cinq mille des légionnaires, pour envelopper ce qui reftoit de troupes dans le camp royal, & paroiffoit y pouvoir encore faire quelque défenfe [a]. Il recommanda de fon mieux aux fiens de ne pas s'amufer au pillage, jufqu'à ce qu'ils n'euffent plus d'ennemis en tête. Mais le foldat ne put fe contenir à la vue de tant de vaiffelle d'or & d'argent, de tant de riches habits & de butin de toute efpece abandonné dans les tentes. Calliftrate, premier Secretaire de Mithridate, y fut pris. Lucullus fentant toute l'utilité qu'il en pouvoit tirer, envoya ordre de le lui amener auffi-tôt. Mais ceux qui le conduifoient, s'étant apperçus qu'il avoit une quantité de pieces d'or coufues dans fa ceinture, le tuerent pour les prendre : Lucullus y eut un extrême regret. Si le Roi même échappa, ce ne fut pas faute de diligence. Ceux qui le manquerent le tenoient, pour ainfi dire, en leurs mains : la feule avarice leur fit perdre cette proie qu'ils pourfuivoient depuis fi long-temps avec tant de travaux, de dangers & de combats, & priva Lucullus du prix de toutes fes victoires [b]. Quelques cavaliers gaulois, de ceux qu'on avoit envoyés après les fuyards [c], s'attacherent à lui fans le connoître, voyant un homme de grande apparence, *bien monté & richement vêtu* [d]. Ils le fuivirent à toute bride : le Roi pouffoit fon cheval d'une grande viteffe, autant que les obftacles dont le chemin étoit embarraffé pouvoient le permettre. Il ne perdoit pas la tête ; & appercevant au milieu du chemin un des mulets de fon tréfor, il le pouffe entre fon cheval, & ceux qui étoient au moment de l'atteindre [e], criant au muletier de couper promptement les facs [f]. Les foldats fe jettent pour ramaffer l'or

---

[a] Memn. C. 47. Introp. I. 6.
[b] Plut. ibid.
[c] Memn. ibid.
[d] SALLUST. fragm. 294.
[e] App. p. 226.
[f] Poliœn. ftratag. Liv. 7.

qui tomboit par terre: & le Roi échappe, tandis qu'ils se battent à qui en auroit *a*.

Il se réfugia ¹ dans un endroit inaccessible, à deux cents stades de Cabire. La nature n'a presque pas eu besoin du secours de l'art, pour faire de ce lieu une forteresse imprenable. Le terrein montueux qui l'environne est à plus de quinze mille pas à la ronde, par-tout rapide, inégal, plein de bois fourrés & absolument sans eaux. Mais, au milieu de la montagne, & tout au dessus, il y a une large roche escarpée, du sommet de laquelle jaillit une grosse source d'eau qui se précipite dans une fente de rocher où elle s'abyme, & va pardessous terre former, à ce qu'on croit, la source d'une petite riviere qui, du pied de la montagne, coule dans la plaine. On a fait environner la roche d'une forte muraille; & quand même elle seroit moins forte, de la maniere dont elle est située, les machines n'y pourroient rien. De plus, il n'est pas possible d'asseoir un camp autour de ce fort, à cause de la disette d'eau. Il y a dans l'enceinte un château pour le logement, des forges, & d'autres

XXXVII.
Il se réfugie dans un château fort. Reddition de Cabire.

a Flor. III. 5.

¹ MITHR. Les rangs de toutes parts mal pris & mal gardés,
　　Le désordre par-tout redoublant les alarmes,
　　Nous-mêmes contre nous tournant nos propres armes,
　　Les cris que les rochers renvoyoient plus affreux,
　　Enfin toute l'horreur d'un combat ténébreux;
　　Que pouvoit la valeur dans ce trouble funeste?
　　Les uns sont morts, la fuite a sauvé tout le reste;
　　Et je ne dois la vie en ce commun effroi,
　　Qu'au bruit de mon trépas que je laisse après moi.
　　Quelque temps inconnu, j'ai traversé le Phase,
　　Et de là pénétrant jusqu'au pied du Caucase,
　　Bientôt dans des vaisseaux sur l'Euxin préparés;
　　J'ai rejoint de mon camp les restes séparés.
　　Voilà par quels malheurs, poussé dans le Bosphore, &c.
　　　　　　Mithrid. Act. II. Scen. III.

rouages qui, par la chûte de l'eau, font tourner une pierre servant à moudre le grain *a* : c'eſt une rare machine de fort belle invention. Le Roi tenoit au fond des tours de ce château, une groſſe partie de ſon tréſor, dans des urnes d'airain reliées de cercles de fer *b*. Son premier mouvement, quand il prit la fuite, fut de venir ſe réfugier en ce lieu, où il ſavoit bien qu'on ne le prendroit pas [1]. Il y fut quelque temps caché, ſans que les

---

a Strab. L. 12.   *b* Appien.

[1] Pour donner une idée au lecteur, des fortereſſes de l'Orient, telles que Mithridate pouvoit les avoir autrefois dans cette partie du monde, où les manieres & les uſages n'éprouvent preſqu'aucun changement pendant un grand nombre de ſiecles, je vais décrire ici la fortereſſe de Doltabad, telle qu'on la voit aujourd'hui ſur un rocher à trois lieues d'Aurengabad. Elle a d'abord, comme preſque toutes les villes fortifiées du pays, pour entrée aſſez ſemblable aux ponts-levis croiſés & tournans dans les ouvrages de nos villes de guerre, un maſſif de maçonnerie en terraſſes, attenant au mur d'enceinte, & communiquant au rempart en forme d'ouvrage avancé en quarré long, au milieu duquel eſt le paſſage large de vingt pieds, pour arriver à la porte, fait en zigzag, tout rempli de fréquens détours coupés à angles droits. Le rocher a quatre enceintes de murs crenelés. Ceci rappelle le ſouvenir de ce que raconte *Hérodote* des ſept enceintes de la fortereſſe d'Ecbatane, bâtie par Dejoces, Roi de Médie. Tous les murs, ouvrages & terraſſes ſont garnis d'artillerie moderne, à laquelle le lecteur peut ſubſtituer les machines de défenſe des places, uſitées au temps de Mithridate. Deux des enceintes ſont conſtruites ſur le penchant du roc. La quatrieme ou intérieure renferme un magaſin de grains & une citerne abondante d'une eau très-vive & très-fraîche. Sur la cime du rocher, il y a un maſſif d'ouvrage garni d'artillerie. Plus bas que cette enceinte ſupérieure, une terraſſe tournante & crenelée; des logemens; puis un chemin en eſcalier, dont les murs ſont garnis de creneaux; une plate-forme; puis la troiſieme enceinte, hors de laquelle eſt le château du Souverain ou du Commandant; un chemin tournant autour de la montagne, garni de tours, de maſſifs & de baſtions ronds; une porte par laquelle on deſcend du chemin ſur une plate-forme plus baſſe de quinze toiſes, d'où les machines battent la ſeconde & la premiere enceinte. En retour, un eſcalier qui deſcend à la ſeconde enceinte. Continuant à deſcendre par un autre eſcalier, on trouve un trou creuſé ſous terre, dans le roc, fermé par une trappe de fer de trois pouces d'épaiſſeur. La trappe levée, on marche dans l'excavation du roc, par un canal large de quatre aunes, & haut de huit, mais qui a, de temps en temps, des tournans longs de quinze cannes, & large d'une ſeulement; par où on arrive à un chemin voûté qui conduit au foſſé, large de neuf cannes,

ROMAINE. *LIVRE IV.*

siens même fussent informés du lieu de sa retraite *a*. Mais apprenant que toute son armée, après cette fatale déroute, s'étoit dispersée sans se rallier, & que la ville de Cabire avoit capitulé, il en sortit secrétement *b*, laissant le château à la garde de Stratonice [1] sa favorite, la seule de ses femmes qu'il épargna pour-lors.

Stratonice le garda plusieurs années, sans qu'on le pût prendre. Ce ne fut que long-temps après qu'elle trahit enfin le Roi comme les autres, & livra la place, avec les trésors,

---

a Memn. C. 46. *b Eutrop. L. 6.*

escarpé, coupé à pic dans le roc, garni au milieu, d'espace en espace, d'ouvrages massifs qui défendent la descente. On le passe sur un pont défendu par une fortification avancée, & par une petite place d'armes. Après quoi on trouve la première enceinte extérieure, qui a trois portes. Le magasin de Doltabad pouvoit contenir des vivres pour plus de cent hommes pendant un an, & donner le temps aux secours d'arriver. La place est imprenable autrement que par surprise ou trahison. Les murailles sont trop hautes pour être escaladées, & trop fortes pour céder au canon. De plus, dix hommes placés au dedans, entre la seconde & la première enceinte, au dessus la trappe de fer, n'ont qu'à l'entretenir brûlante, pour rendre le passage inaccessible *.

[1] Elle étoit mere de Xipharès. De toutes les femmes de Mithridate, c'étoit celle qui avoit le plus de crédit sur son esprit. Elle étoit fille d'un vieux Musicien fort pauvre. Le Roi ayant un jour fait venir cette jeune fille à son souper, elle y chanta avec tant de graces, que Mi-

* Voy. d'Anquetil aux Indes.

thridate voulut l'avoir dès la nuit même. On renvoya le pere, qui sortit fort mécontent de ce que le Roi gardoit sa fille sans lui en avoir fait dire un seul mot. Mais le lendemain matin, lorsqu'il vit arriver chez lui une quantité de domestiques, de chevaux, de vaisselle d'argent, de meubles & de riches habits, il crut d'abord qu'on se moquoit, & voulut s'enfuir. Quand on lui eut dit que ce qu'il voyoit n'étoit que la moindre partie d'une succession très-opulente qui venoit d'échoir au Roi, & dont il lui faisoit présent, il se revêtit d'habits de pourpre, monta à cheval, & courut toute la ville, suivi de ses nouveaux domestiques, portant étalées les richesses qu'on venoit de lui donner. Il crioit tout le long des rues : tout ce que vous voyez est à moi. Chacun se prit à rire, & se moqua; sur quoi il leur dit : ce n'est pas des extravagances que je fais, que vous devez être surpris; mais de ce que la vue de tant de richesses m'ayant tourné la tête, ne m'a pourtant pas rendu assez insolent pour vous jeter des pierres à tous *.

* Plut. in Pomp.

à Pompée [1]. Celui-ci en a fait démanteler un côté, afin qu'on ne s'en fervît plus à l'avenir comme d'un lieu de refuge. On y a depuis bâti quantité d'habitations : de forte que c'eft aujourd'hui une petite Ville, que les Grecs appellent *Diopolis*, Ville du foleil [a] : c'eft à peu près ce que fignifie le nom de *Cabire* [b], en la langue du Pays. La Ville de ce même nom venoit de fe rendre à Lucullus par compofition, après quelques jours de fiege [c]. C'eft l'ancienne Capitale du royaume de Pont. Les Rois prédéceffeurs de Pharnace y faifoient leur réfidence dans un Palais embelli de grandes pieces d'eau, & de parcs remplis de bêtes fauves. La Ville eft à cent cinquante ftades du mont Paryadris, vers le midi [d]. Son nom fignifie, à la lettre, *grande* ou *puiffante* : c'eft auffi le nom des principales Divinités du Pays, le foleil, la lune & les étoiles, ces grands Dieux Cabires [2], dont les

[a] *Plut. in Pomp.*
[b] Ibid.
[c] Memnon. C. 46.
[d] *Strab. Liv.* 12.

[1] Hélas ! ce fut encor dans ce temps odieux,
Qu'aux offres des Romains ma mere ouvrit les yeux :
Ou pour venger fa foi par cet hymen trompée,
Ou ménageant pour moi la faveur de Pompée,
Elle trahit mon pere, & rendit aux Romains
La place & les tréfors confiés en fes mains.
Mithrid. Act. I. Scen. I.

[2] Cubar, *magnus, maximus, potens*, eft un des principaux titres d'honneur que les peuples Sabéiftes donnoient au Soleil. La ville portoit ce nom, foit comme capitale, foit comme confacrée au Soleil, principale Divinité du fabéifme, ou religion des Guebres ignicoles, qui, de tout temps, rempliffoit l'Orient. Peut-être que Pompée ne fit, pour ainfi dire, que traduire en langue grecque le nom de cette ville, en la nommant Diopolis, c'eft-à-dire ville du Soleil, ville de la lumiere. Le nom d'Augufte qu'elle eut enfuite, l'a fait nommer par la plupart des Géographes, Sebafte, ce qui eft la même chofe ou le même mot en langue grecque, que celui d'Augufte en langue latine. La reine Pythodorice poffédoit cette ville au temps de l'Empereur Augufte [*], & lui donna le nom de ce Prince. Les richeffes de Cabire furent portées au Capitole, où Pompée fit la cérémonie de les dédier.

[*] *Strabon. Liv. XIII.*

navigateurs ont porté le culte de l'Orient dans la Grece, où il s'eſt ſur-tout établi dans l'iſle de Samothrace, ſi fameuſe par les myſteres qu'on y célebre en leur honneur.

Mithridate erra quelque temps dans la contrée voiſine de Comane, où il avoit pluſieurs foreterreſſes, cherchant à raſſembler quelques débris de ſon armée. De près de ſoixante mille hommes qu'il avoit au commencement de la campagne, il ne put rejoindre que deux mille chevaux, avec leſquels il ſe retira dans le château de Talaure. Il comptoit encore ſur un détachement nombreux, qu'avant ſa déroute il avoit envoyé pour lever des contributions du côté de la Phrygie [a]. Ce parti fut taillé en pieces par Déjotare, Tetrarque de la Galatie, qui prit ainſi vengeance des anciennes cruautés de Mithridate à ſon égard. Car le roi de Pont l'avoit autrefois tenu dans les fers avec la plupart des principaux Gaulois, qu'il fit tous tuer, au nombre de près de ſoixante, pour s'emparer de leurs poſſeſſions. Trois d'entr'eux ſeulement, deſquels étoit ce même Déjotare, alors fort jeune, & que nous avons vu il y a quelques années à Rome, eurent le bonheur de ſe dérober, par la fuite, au maſſacre général des Princes de leur nation [b]. D'un autre côté, Mithridate ne ſe croyoit pas en ſûreté, même de la part de ſes propres courtiſans. Il ſoupçonnoit Dorylaüs, Gouverneur de Comane, de traiter ſourdement avec les Romains : il le jugeoit aigri dans l'ame, par le meurtre récent de deux de ſes plus proches parents; & l'événement fit voir que cette crainte n'étoit que trop fondée [c]. Mais en ce moment il n'étoit plus en état de le ſacrifier à ſes ſoupçons, comme tant d'autres.

Ainſi ce malheureux Prince, abandonné, trahi de tous côtés, portoit la peine de ſon naturel ſanguinaire, de ce caractere défiant auquel il avoit immolé tant de victimes, même parmi ſes propres

XXXVIII. Inquiétude & ſoupçons de Mithridate. Il ſe ſauve en Arménie.

[a] *App.* 226. *Tit-Liv. Epit.* 69.
[b] *App.*
[c] *Strab. L. XII.*

enfans [1]. Il voyoit que son infortune pesoit à tout ce qui étoit autour de lui; & lisoit dans l'ame de chacun la crainte d'être enveloppé dans son désastre, & l'empressement d'aller vendre ses bienfaits au vainqueur. Il eut tout lieu de se convaincre que la flatterie de ses courtisans n'avoit d'autre principe que leur bassesse & leur avidité; & qu'un Roi qui veut user d'un pouvoir absolu sur la vie ou sur les biens de ses sujets, doit renoncer de leur part à tout sentiment d'amour & de fidélité. Aussi passoit-il les jours & les nuits dans une perpétuelle agitation, livré à *lui-même*, *à la violence de son naturel féroce* [a], à l'inutile fermentation de ses chagrins & de ses craintes. Si l'accablement lui fermoit un moment les yeux, *soudain son sommeil étoit interrompu par des cris, des saisissemens* [b], & par des effets de terreur interne. Tous les jours il changeoit de demeure, ne sachant à quels lieux, ni à quels gens se fier [c]. Enfin, apprenant que Lucullus marchoit vers Comane, il sortit de ses Etats, & se retira en Arménie vers Tigrane son gendre [d].

XXXIX. Il envoie un de ses courtisans vers Pompée. On ne peut guere douter que Mithridate, accablé de tant de revers, ne desirât sincérement la fin d'une guerre si malheureuse. Il fit alors à cet égard une démarche singuliere. Bien informé du grand crédit de Pompée dans la République, il essaya de se le rendre favorable, en lui adressant jusqu'en Espagne un de ses courtisans, sous le titre d'envoyé, chargé de conférer avec lui des conditions de la paix. Il ne seroit pas aisé de dire si son dessein étoit d'en traiter tout de bon avec Pompée;

---

[a] SALLUST. *fragm.* 541.
[b] SALLUST. *fragm.* 475.
[c] App. p. 226.
[d] Tit-Liv. Epitom. 96.

[1] Mithridate revient! Ah! fortune cruelle!
Ma vie & mon amour, tous deux courent hasard,
Les Romains que j'attends, arriveront trop tard,
Mithridate revient peut-être inexorable:
Plus il est malheureux, plus il est redoutable.
 Mithidr. Act. I. Scen. V.

s'il ne cherchoit qu'à le flatter par une déférence si peu commune ; ou s'il vouloit seulement connoître au juste l'état des affaires d'Espagne, & combien elles pourroient encore tenir nos forces occupées. Quoi qu'il en soit, le Général romain fit beaucoup d'accueil à l'envoyé, qu'il traita toujours sur le pied de Ministre d'un Prince étranger. Mais ceux qui ne trouvoient pas bon qu'on se fût ainsi adressé à Pompée en particulier, sur la décision d'une affaire d'Etat de telle importance, ne voulurent jamais regarder l'envoyé que comme un espion de Mithridate [a].

Avant son départ, le Roi signala sa retraite par une affreuse exécution. Il envoya dans son Palais l'Eunuque Bachidas, avec ordre de faire mourir ses sœurs, ses femmes & ses concubines [b]. L'orgueil n'eut pas moins de part à cette barbarie, que la jalousie, le désespoir & la cruauté. En Orient, les femmes d'un rang considérable vivent sans communication avec les personnes de l'autre sexe ; étroitement confinées dans un serrail, sous la garde d'un grand nombre de malheureux, à qui on n'a laissé que le nom d'hommes, & que la rage & l'impuissance rendent les plus cruels tyrans de leurs prisonnieres. Le préjugé a fait pour elles un point d'honneur & de vanité, de n'être vues à visage découvert par personne autre que par leur pere ou par leur époux. Si elles sont obligées de sortir, ce n'est qu'avec les plus grandes précautions, soigneusement voilées de la tête aux pieds, & renfermées dans une litiere. Tout doit s'éloigner à leur passage : on se couche le visage contre terre : si quelqu'un les avoit apperçues, même par hasard & sans dessein, il seroit mis à mort sans rémission. Comment donc Mithridate n'auroit-il pas envisagé le danger où il les voyoit, de devenir la proie du soldat romain, comme le comble du déshonneur pour elles & pour lui-même ? On avoit transféré ces malheureuses Princesses, loin du théatre actuel de la guerre, à Pharnacie, Ville

XL. Il fait mourir ses femmes & ses sœurs.

---

[a] *Memnon. cap. 46.*   [b] *Cic. Leg. Manil.*

maritime voisine de la Colchide. Quand l'Eunuque leur apporta l'ordre fatal, Roxane, sœur du Roi, vomit un torrent d'imprécations contre son frere, qui lui arrachoit la vie, après la lui avoir fait passer dans une triste prison : car elle n'avoit jamais été mariée; & elle avoit alors près de quarante ans. Au contraire, Statira son autre sœur, loin de proférer un seul mot indigne de son courage & de sa naissance, chargea Bachidas de remercier le Roi de ce qu'en un si pressant danger de sa personne, il n'avoit pas oublié celui qu'elles couroient d'une honteuse captivité, & avoit songé à les faire mourir libres, avant que d'avoir souffert aucun outrage de leurs ennemis. Toutes deux avalerent du poison, ainsi que Bérénice, native de Cio, l'une des femmes du Roi. La mere de celle-ci, qui ne l'avoit pas quittée, se jeta toute en pleurs sur sa fille, & obtint, à force de prieres, de partager le breuvage mortel. Comme elle étoit âgée, le poison fit son effet sur elle en peu de temps. Mais la dose se trouva trop foible pour Bérénice, jeune femme vigoureuse, qui lutta long-temps contre la mort avec des efforts violens. Le barbare Eunuque, voulant passer à d'autres exécutions, la pressoit de finir : elle tendit le cou & fut étranglée. Mais rien ne fut plus touchant que le sort de la belle Monime, fille Milésienne, d'une condition libre, *qui joignoit à une rare beauté toutes les graces qui en font l'ornement* [a]. Le Roi l'avoit voulu voir, sur le seul bruit de ses charmes & de son esprit, répandu dans toute l'Ionie. Il en étoit devenu amoureux, & lui avoit inutilement envoyé de superbes présens, & jusqu'à quinze mille pieces d'or en une seule fois, sans pouvoir la porter à répondre à sa passion, jusqu'à ce qu'il lui eût envoyé le diadême [1], &

---

[a] SALLUST. *fragm.* 144.

[1] XIPHAR. Il la vit : mais au lieu d'offrir à ses beautés
Un hymen & des vœux dignes d'être écoutés,
Il crut que sans prétendre une plus haute gloire,

qu'il

ROMAINE. *LIVRE IV.* 377

qu'il l'eût déclarée Reine, en l'époufant folemnellement à Stratonicée en Carie [a]. Depuis ce temps, la malheureufe Monime avoit paffé fes jours dans une triftefle continuelle [b] : pleurant fa funefte beauté, qui, au lieu d'un époux, lui avoit donné un maître ; & au lieu d'une fociété conjugale dans une maifon

[a] SALLUST. *fragm. 144.* [b] *App.*

> Elle lui céderoit une indigne victoire.
> Tu fais par quels efforts il tenta fa vertu ;
> Et que laffé d'avoir vainement combattu,
> Abfent, mais toujours plein de fon amour extrême ;
> Il lui fit, par tes mains, porter fon diadême.
> Juge de mes douleurs, quand des bruits trop certains
> M'annoncerent du Roi l'amour & les deffeins ;
> Quand je fus qu'à fon lit Monime réfervée,
> Avoit pris avec toi le chemin de Nymphée.
> *Mithrid. Act. I. Scen. I.*

MONIM.
> Mithridate me vit. Ephefe & l'Ionie
> A fon heureux empire étoit alors unie.
> Il daigna m'envoyer ce gage de fa foi ;
> Ce fut pour ma famille une fuprême loi.
> Il fallut obéir. Efclave couronnée,
> Je partis pour l'hymen où j'étois deftinée.
> Le Roi qui m'attendoit au fein de fes Etats,
> Vit emporter ailleurs fes deffeins & fes pas :
> Et tandis que la guerre occupoit fon courage,
> M'envoya dans ces lieux éloignés de l'orage.
> *Ibid. Act. I. Scen. III.*

MITHRID.
> Songez de quelle ardeur, dans Ephefe adorée,
> Aux filles de cent Rois je vous ai préférée ;
> Et négligeant pour vous tant d'heureux alliés,
> Quelle foule d'Etats je mettois à vos pieds.
> *Ibid. Act. IV. Scen. IV.*

[1] *Plutarque* dit ici, que depuis fon mariage elle avoit paffé fa vie dans une trifteffe continuelle ; ce qui cependant ne s'accorde guere avec ce que le même Auteur dit ailleurs, que Pompée trouva dans le Château-Cainon (Château-neuf), plufieurs papiers fecrets de Mithridate, parmi lefquels il y avoit une fuite de lettres que Monime lui écrivoit, ou qu'il écrivoit à Monime ; les unes & les autres pleines d'idées & d'expreffions lafcives [*].

[*] *Plut. in Pomp.*

Tome II. B b b

commode, une garde de barbares dans une prison magnifique; loin de la vue de sa patrie & de la douce liberté dont elle jouissoit dans la Grece; biens réels qu'on lui avoit fait quitter pour un fantôme d'honneur, & pour une servitude effective, sous l'ombre d'une grandeur apparente. Apprenant que pour toute grace on lui laissoit le choix du genre de mort, elle arracha de sa tête le bandeau royal, & *le noua en laq-courant pour s'étrangler* [a]. Mais le diadême s'étant rompu du premier effort, elle le jeta par terre, cracha dessus, & le foula aux

[a] Sallust. *fragm. 628.*

PHŒD. Madame, où courez-vous? Quels aveugles transports
Vous font tenter sur vous de criminels efforts?
Hé quoi! vous avez pu, trop cruelle à vous-même,
Faire un affreux lien d'un sacré diadême?
Ah! ne voyez-vous pas que les Dieux plus humains
Ont eux-mêmes rompu ce bandeau dans vos mains?
Mithrid. Act. V. Scen. I.

MONIM. Et toi, fatal tissu, malheureux diadême,
Instrument & témoin de toutes mes douleurs,
Bandeau que mille fois j'ai trempé de mes pleurs,
Au moins en terminant ma vie & mon supplice,
Ne pouvois-tu me rendre un funeste service?
A mes tristes regards, va, cesse de t'offrir,
D'autres armes sans toi sauront me secourir;
Et périsse le jour & la main meurtriere
Qui jadis sur mon front t'attacha la premiere.
Id. Ibid.

Si tu m'aimois, Phœdime, il falloit me pleurer,
Quand d'un titre funeste on me vint honorer;
Et lorsque m'arrachant du doux sein de la Grece,
Dans ce climat barbare on traîna ta maîtresse.
Retourne maintenant chez ces peuples heureux;
Et si mon nom encor s'est conservé chez eux,
Dis-leur ce que tu vois, & de toute ma gloire,
Phœdime, conte-leur la malheureuse histoire.
Id. Act. V. Scen. II.

ROMAINE. LIVRE IV. 379

pieds, en difant, *miférable bandeau, tu n'es pas bon feulement à me rendre ce trifte office!* Après quoi elle tendit la gorge au poignard de l'Eunuque *a*. Toutes les concubines du Roi périrent ainfi en un même jour, par le poifon, par le fer ou par le cordeau. Elles étoient en grand nombre; le fafte des Rois afiatiques confiftant en partie dans la quantité de femmes qu'ils entretiennent & traînent à leur fuite; comme parmi nous les gens riches mettent le leur à avoir une maifon nombreufe en efclaves & en équipages.

Tant de morts toucherent au dernier point Lucullus, homme d'un naturel doux & humain. Il s'avança vers Comane, à la pourfuite du Roi, qui n'étoit parti du château de Talaure que depuis quatre jours, quand le Général romain y arriva *b*. Dorylaüs [1], Gouverneur de Comane, avoit en effet fecrétement traité avec le Proconful *c*, *pour lui remettre entre les mains tous les châteaux où étoient les tréfors du Roi.* Il lui en livra quinze, où l'on trouva des richeffes infinies. Le Quefteur de l'armée mit un mois entier à dreffer l'inventaire du feul tréfor de Talaure. On y compta plus de deux mille coupes, fioles, flacons ou autres vafes de table de pierres précieufes montées en or; des trônes, des lits de parade, ou autres meubles en broderie de la plus grande magnificence; des harnois, felles,

XLI. Dorylaüs livre aux Romains Comane & le riche mobilier du Roi.

a Plut. in Lucull. 919.
b Plut. Dorylaüs. not. 131.
c SALLUST. *fragm. 310.*

[1] Dorylaüs, par les titres & les dignités dont il étoit revêtu, tenoit un rang confidérable à la Cour de Mithridate. Sa haine contre le Roi fut caufée par le meurtre de deux de fes proches parens, Thibius & fon fils Théophile. Ce fut en vengeance de leur mort, qu'il livra les places de fon Gouvernement aux Romains. Dorylaüs avoit une fille qui fut mere de Strabon, natif d'Amafie, le plus excellent Géographe de l'antiquité, & auquel aucun de nos modernes n'eft encore comparable; foit que l'on en juge par l'étendue & la grande variété de fes connoiffances, par l'exactitude & les agrémens de fon récit en une matiere naturellement fi feche; foit que l'on confidere la juftefle & l'érudition de fa critique. Strabon eft pour la géographie, ce que Polybe eft pour l'art militaire, & Plutarque pour la peinture du cœur humain.

Bbb 2

caparaçons & équipages de chevaux, tous garnis d'or & de pierreries. Ces immenses richesses venoient en partie du superbe mobilier de Darius, roi de Perse, qu'Artaban, son fils aîné, avoit eu en partage, même le trône, le sceptre, le char & le lit de parade du Roi *a*, & que ses descendans avoient soigneusement conservés comme une marque certaine de leur illustre origine : en partie des anciens Rois de Pont, & de ce que Mithridate avoit lui-même acquis & ramassé de toute part, étant fort curieux de riches ameublemens : en partie aussi du trésor des Ptolomées, rois d'Egypte, que la reine Cléopatre avoit mis en dépôt dans l'isle de Cô, où Mithridate s'en étoit emparé *b*, sous prétexte que les Insulaires de Cô avoient marqué de la partialité contre lui. En effet, ils avoient en plus d'une rencontre signalé leur foi pour la République, contribué par leur secours à ses victoires *c*, & donné asyle aux Citoyens romains, lors du massacre, dans leur Temple d'Esculape *d*. C'est de là que venoit la casaque brodée d'Alexandre-le-Grand, dont Pompée, qui se piquoit de ressembler à ce fameux conquérant, eut la vanité de se revêtir le jour de son triomphe, où il fit son entrée à Rome, monté dans le char de Darius. Toutes ces richesses furent étalées dans les deux pompes triomphales de Lucullus & de Pompée. Le nombre en étoit si grand, qu'il y auroit eu de quoi parer un autre triomphe des seules choses qu'on n'eut pas le loisir de passer en revue *e*.

XLII. Siege de Samosate. Feux de Naphte.

La Cappadoce fut ainsi réduite sous l'obéissance romaine, à l'exception de la seule ville de Samosate, qu'il fallut attaquer en forme. Le siege en fut dangereux, par l'usage des feux de Naphte *f* 1, que les habitans employerent à leur défense *g*. C'est

a Appian.
b Ibid.
c Tacit. annal. XII. 61.
d Tacit. annal. IV. 14.
e Plut. in Pomp.
f Sallust. fragm. 563.
g Valer. Prob. in Catholic. p. 1195.

1 Ce que les anciens Auteurs nous disent ici & en divers autres endroits, des feux de naphte qui brûloient dans l'eau, est une preuve que la composition du feu

une espece de limon combustible, assez semblable, selon les uns, à la térébenthine du cedre *a*; selon les autres, au bitume.

a Eratosth. App. Strab. Liv. 15.

grégeois n'est pas, comme on le dit, une invention trouvée par le Grec Callinique, au temps de Constantin Pogoniate ; & que Callinique, natif d'Héliopolis en Orient, en tenoit le secret des Orientaux même qui l'avoient depuis long-temps. Ce secret passe aujourd'hui pour être perdu ; peut-être cependant ne seroit-il pas bien difficile de le retrouver. Les Musulmans en firent grand usage contre les Francs, au temps des croisades. Dans la description que je donne ici de la maniere dont on l'employoit à la défense des places, j'ai emprunté quelques circonstances de ce qui se passa au siege de la Massoure, du temps de Saint Louis. Joinville décrit ainsi celui qu'on lançoit avec le mortier. « Il sembloit un » grand dragon volant par l'air, & répan- » doit si grant clarté, qu'il faisoit aussi » clair dedans notre ost, comme le jour, » tant il y avoit grand flamme de feu. » Un soir avint que les Turcs amenerent » cet engin, terrible engin à mal faire, » par lequel ils nous jettoient le feu gré- » geois a planté, qui étoit la plus terrible » chose que onques jamais je veisse. Adonc, » s'écria le bon Chevalier Messire Gau- » thier mon compagnon, Seigneurs, nous » sommes perdus à jamais sans nul re- » mede ».

Naphte est un mot des langues orientales, que *Salluste* a le premier fait passer dans la langue latine. Il signifie en arabe, *bitume, huile de pétrole, source inflammable*. La meilleure naphte vient de la Médie & de l'Hyrcanie septentrionale, sur le bord de la mer Caspienne. Cette liqueur distille des rochers, claire & liquide comme l'eau, & s'épaissit dans la suite, conservant sa blancheur plus ou moins, selon l'exposition des rochers d'où elle sort : car de ceux qui sont exposés au couchant & au nord, l'huile en demeure toujours blanche ; au lieu que celle qui sort des autres, s'obscurcit avec le temps *, « Sur » la route de Mosul à Bagdad, à deux » lieues de Kierkiouk, est une colline » appellée Kiourkiour Baba, où on trouve, » en creusant dans le sommet à peu de » profondeur, une matiere qui s'enflamme » à l'air jusqu'à faire bouillir l'eau ; mais » la flamme disparoit dès qu'on la couvre » de terre. A une petite distance delà, » trois sources de naphte forment un ruis- » seau. Si on jette dans ces sources du » coton ou des morceaux de toile allu- » més, on entend un bruit effroyable. Il » sort d'abord de la flamme qui s'eleve » fort haut. La source reste après couverte » de fumée, jusqu'à ce que la matiere » soit entierement consumée : alors le feu » s'éteint. On trouve aussi tout auprès, » une source d'où il sort de la résine qui » s'écoule dans la plaine. Si quelqu'un par » mégarde passe dessus, il y est tellement » empêtré, qu'il ne peut s'en retirer. Un » des divertissemens que l'on prend dans » la navigation sur le Tigre, est de mettre » le feu au naphte, qui après être sorti » de sources auprès de Mosul & plus bas, » se répand sur la surface du fleuve : il » semble alors que la riviere soit enflam- » mée ** ».

* *Chardin. descr. de Perse. t. 2. ch. 16.*
** *Otter. Voyag. t. 1. cap. 14.*

liquide de Babylone; ou, selon la description qu'en fait Eratosthène, à celui qu'on trouve en Susiane. On le ramasse, après qu'il a neigé, sur la superficie d'un lac voisin de Samosate: en l'incorporant avec du soufre & de l'eau de ce même lac, on en fait la plus terrible composition du monde. Médée en fit usage, à ce qu'on prétend, pour brûler la nouvelle épouse de son mari, au moyen d'une couronne qu'elle lui envoya pour en parer sa tête à la célébration de ses noces, & qui prit feu lorsque Créüse se courba vers l'autel [a]. La Naphte est si gluante, & s'attache si bien à tout ce qu'elle touche, qu'on ne peut venir à bout de s'en débarrasser. On en distingue de deux especes, de la noire & de la blanche: celle-ci est la plus inflammable: elle s'allume au moindre feu; on dit même qu'elle attire la flamme lorsqu'elle en est proche; elle brûle dans l'eau, qui même redouble son activité [b]. On prétend que rien ne peut l'éteindre qu'un mélange de glu, de vinaigre & d'eau d'alun [c]; d'autres disent de vinaigre & d'urine : mais le plus court moyen est de l'étouffer avec du sable de terre [d]. L'assiégé, dès qu'on tentoit l'escalade, ou qu'on approchoit de la muraille, en jetoit du haut du rempart avec des arbaletes de fer, au bout des pieux, ou dans des pots de terre : on dit même qu'on en souffloit dans de grands tuyaux de cuivre. Ces feux *venant à tomber sur des corps découverts* [e], (car le soldat avoit quitté son armure, pour monter à l'escalade avec moins d'embarras) lui inspiroient la plus vive terreur. Il voyoit ses habits embrasés, & son casque même en flamme [f] : il prenoit la fuite en poussant des hurlemens affreux. Cependant, comme la place n'étoit pas forte d'ailleurs, elle fut emportée; & Lucullus alla tout de suite soumettre la petite Arménie [g], qui faisoit partie des Etats du royaume de

[a] Plin. L. 2. cap. 105. Apul. as. aur. L. I.
[b] Possidon. ap. Strab. ibid.
[c] Voy. Ducange sur Joinville, p. 71.
[d] Strab. ibid.
[e] Sallust. fragm. 478.
[f] Plin. L. 2. c. 104.
[g] Eutrop. L. 6.

Pont. Les Chaldéens & les Tibaréniens furent auſſi ſubjugués *a*. Preſque tous les Commandans s'empreſſoient de ſuivre l'exemple du Gouverneur de Comane *b*. Il ne reſta quaſi de fideles au Roi, que les Gouverneurs des grandes Villes maritimes *c*.

Lucullus accorda des honneurs & des bienfaits conſidérables aux Officiers qui ſe donnerent à lui. Mais depuis, Pompée ſon ſucceſſeur leur enleva toutes ces graces. Sa haine contre Lucullus s'étendit à ceux que ce Général avoit favoriſés : il empêcha, par ſes menées, le Sénat de ratifier ce que ſon prédéceſſeur avoit fait pour Dorylaüs & pour eux; ſous prétexte qu'il n'étoit pas juſte que Lucullus diſtribuât les récompenſes des ſervices dans une guerre qu'un autre avoit terminée *d*. On trouva par-tout les priſons des foitereſſes pleines de Princes, de Seigneurs de la Cour, & de Citoyens Grecs, que ce Roi terrible & ſoupçonneux y avoit confinés, ſouvent ſur de légeres cauſes. La plupart n'y attendoient que la mort, ou une perpétuelle captivité plus triſte que la mort même : l'arrivée de Lucullus fut pour eux une ſeconde vie : il les mit tous en liberté. Moyſa, ſœur du Roi & veuve de Nicomede, fut de ce nombre : ſon frere la retenoit priſonniere, dès le temps de l'autre guerre de Bithynie. Ce fut un grand bonheur pour elle d'être tombée des premieres aux mains du Proconful, ſans quoi elle n'auroit pas évité le ſort de ſes deux autres ſœurs, Roxane & Statira *e*.

XLIII. Bienfaits accordés par Lucullus.

En Bithynie, Cotta [1] chargé de faire le ſiege d'Héraclée [2], raſſembla ſes troupes à Pruſiade, & prit ſa route le long du

XLIV. Cotta forme le ſiege d'Héraclée.

---

a Plut.
b Memnon. c. 47.
c App.

d Strab. L. 12.
e Plut. ibid. 919.

[1] Marcus-Aurélius-Cotta. J'ai déjà parlé de ſa famille à l'occaſion de C. Cotta ſon frere, Conſul l'année précédente. C'étoit en tout un homme très-inférieur à ſon frere. Il penſa ruiner les affaires de la République par ſon peu de courage, & il ruina en effet la province de Bithynie par ſes rapines *. On trouvera dans le texte

* Cic. pro Muren. 15.

rivage maritime. Les Héracléotes se confierent assez dans la force de leur position, pour ne pas défendre les approches. Cotta, maître des hauteurs, campa tout près des murs de la

de cette histoire, tout ce qu'il fit pendant qu'il en eut le gouvernement. Au retour, Carbon, Tribun du peuple, l'accusa de concussion, & le fit condamner. Le succès du Tribun dans son accusation, lui valut le gouvernement de Bithynie, où on l'envoya en place de Cotta, quoique ce fût une province qu'on ne donnoit qu'à des Proconsuls. Carbon ne s'y conduisit pas avec plus d'intégrité que son prédécesseur, si bien que le fils de Cotta le mit en Justice à son tour, & le fit tout de même condamner pour concussion. Telles étoient les mœurs de ce temps *. Nous avons une médaille de M. Cotta, où l'on voit d'un côté, la tête de Rome. COTTA; au revers, une figure d'Hercule dans un char de triomphe, traîné par deux centaures, portans en main des branches de verdure. M. AURELIUS. ROMA. Ce qui paroît faire allusion à la prise d'Héraclée par ce Proconsul †. (*Voy. la méd.* n°. 4.)

‡ Héraclée, ville maritime de l'Euxin dans la province des Mariandyniens en Bithynie, sur les frontieres du royaume de Pont, & sur la rive orientale du Lycus, étoit une ville Grecque, au rapport de *Scylax. Strabon* dit que c'étoit une colonie des Milésiens; & *Pausanias* ¶ que c'étoit une colonie des Mégariens, qui s'étoient associés aux Tanagréens pour fonder cette ville. « Les Mariandyniens ha- » bitent une ville qui leur a été donnée,

* *Dio-Cass. Liv. 36.*
† *Havercamp.*
¶ *In Eliac.*

» à ce que porte la tradition, par Hercule » d'Argos. Le nom d'Héraclée qu'elle porte, » est en ceci d'accord avec la tradition. Le » commerce & la fertilité du terroir contri- » buoient également à rendre cette ville » riche & puissante : c'est à quoi ses mé- » dailles font allusion. La ville y est re- » présentée, d'un côté, sous l'emblême or- » dinaire d'une femme coëffée de tours : » elle tient sur le bras une corne d'abon- » dance, remplie de fruits. De l'autre cô- » té, un Mercure tient d'une main sa » caducée, de l'autre une bourse pleine. » ΗΡΑΚΛΗΟΤΩΝ. (*Voyez la médaille* » n°. 5.) Il y a près delà un lac appelé » Achéron, qui, dit-on, communique avec » les enfers, & par où Hercule tira Cer- » bere jusques sur la terre». * Xénophon dit aussi que c'est une colonie des Mégariens; & *Pline*, qu'elle étoit située sur le bord du Lycus. Du Lycus à Héraclée, ville Grecque, il y a vingt stades (deux mille cinq cents pas). Elle conserve aujourd'hui son ancien nom, Erekli, Les naturels du pays l'appellent aussi *Panderaky*, par corruption de *Ponti-Heraclea*. Les bords du lac produisent une herbe venimeuse nommée aconit, du nom d'Acone, bourgade voisine : ce qui peut avoir donné lieu de croire que c'étoit en ce lieu qu'Hercule avoit tiré Cerbere des enfers, par une caverne profonde & voisine de ce lieu, dont les bords sont garnis de cette herbe, devenue venimeuse, à ce que dit la fable, par l'écume que le chien infernal jetta dessus.

* *Mela. I. 19. Xenophon. Anab. L. VI.*

plus

Ville, auxquels il fit donner un assaut général. L'action fut vive. Après une défense opiniâtre qui coûta beaucoup de monde de part & d'autre, Cotta fit sonner la retraite, retira son camp plus loin de la Ville, & la tint si bien investie, qu'elle ne pouvoit plus recevoir de rafraîchissement du côté de la terre. La Ville, quoiqu'abondamment fournie, étoit si peuplée, que la disette n'auroit pas tardé de s'y faire sentir, sans les secours que ses barques lui amenoient des Villes alliées & des Colonies voisines. Les attaques particulieres succéderent pendant quelques temps aux attaques générales. Cotta mettoit les Bithyniens auxiliaires en premiere ligne, & les Romains, qu'il vouloit ménager, en seconde. Notre manœuvre de former la tortue, assez nouvelle pour les assiégés, leur causa beaucoup d'étonnement. Cependant elle eut peu de succès. Le grand nombre de gens que nous perdions à ces petites attaques, fit prendre au Proconsul le parti d'attaquer la place avec des machines. On battit à plusieurs reprises avec le bélier, une tour plus foible en apparence que les autres; mais, contre l'opinion de tout le monde, il n'y fit aucun effet. Les assiégés sentirent ranimer leur courage; Cotta commença de mal augurer de son entreprise, sur-tout lorsqu'ayant voulu faire un dernier effort au même endroit, avec un plus grand nombre de machines, il les eut vu se briser contre la tour sans y avoir fait breche. Dans son dépit, il fit brûler les béliers & couper la tête aux ouvriers. Il convertit le siege en blocus. Avec le reste de son armée, il alla faire le ravage dans la campagne de Lycie, où il donna des quartiers à ses légions, après avoir enlevé tous les vivres de ce riche Pays : ce qui commença de mettre une grande misere dans Héraclée. Réduits à s'en pourvoir au loin, les Citoyens tirerent quelque subsistance de Théodosie * en Chersonese, des petits Etats du Bosphore & de la Scythie. Ils n'avoient pas

* Aujourd'hui Caffa.

moins à souffrir de leurs maux internes, que de ceux qu'on leur caufoit au dehors. Les foldats de la garnifon, quoique témoins que l'habitant avoit à peine de quoi foutenir fa vie, l'accabloient de coups, croyant le forcer à fournir ce qu'il n'avoit pas : & le Gaulois Connacorix leur Commandant, loin de réprimer ces violences, les autorifoit ouvertement.

Cotta, de retour au fiege l'année fuivante, ordonna de nouvelles attaques, auxquelles fes troupes, découragées par les mauvais fuccès des précédentes, ne fe porterent que foiblement. Il fut mieux fervi par Triarius, Commandant de la flotte, à qui il avoit mandé de venir bloquer le port d'Héraclée, pour lui couper les fubfiftances qu'elle recevoit du côté de la mer. Triarius venoit de remporter un avantage confidérable fur la flotte royale, rappellée par Mithridate de Crete & d'Efpagne. Inftruit qu'elle revenoit vers le Pont, forte d'environ quatre-vingt bâtimens, après avoir beaucoup perdu par la guerre & par les naufrages, il fortit du port de Nicomédie avec foixante-dix navires, l'attaqua vers la hauteur de Ténédos, & la défit entiérement. Cet échec acheva de dépouiller Mithridate de tout ce qui lui reftoit de forces navales en Afie.

XLV. Triarius bat l'efcadre royale & celle d'Héraclée. Il bloque la Ville du côté de la mer.

Triarius, fur l'ordre reçu du Proconful, entra dans l'Euxin avec quarante-trois bâtimens, y compris vingt galeres de Rhodes. Dès qu'il parut à la hauteur d'Héraclée, les légions s'en approcherent auffi : les affiégés virent la flotte & l'armée de terre s'avancer en même temps. Pleins d'effroi, ils firent en hâte fortir de leur port trente bâtimens, mais foiblement montés, vu la néceffité de laiffer une partie des forces à la défenfe de la muraille. Les Rhodiens, poftés en premiere ligne, comme les meilleurs marins que l'on connoiffe, commencerent le combat naval. Trois de leurs bâtimens, & cinq de ceux d'Héraclée, furent coulés bas à ce premier choc. La flotte romaine vint à la charge au milieu de ce défordre : elle difperfa la flotte ennemie, non fans avoir elle-même beaucoup perdu de fon côté. Elle la contraignit à fe réfugier dans le port intérieur, avec perte de quatorze vaiffeaux : elle entra elle-même dans le port extérieur.

L'attaque du côté de terre n'eut pas autant de fuccès. Mais la prife du premier port refferroit la Ville à tel point, que prefque tout ce qu'on fe hafardoit d'y vouloir introduire du côté de la mer, étoit intercepté. Les vivres y devinrent fi chers, que la mefure d'un chœnix y coûtoit quatre-vingt drachmes attiques. La pefte fe joignit aux autres maux, caufée, foit par la corruption de l'air, foit par la mauvaife qualité des alimens : les rues étoient jonchées de mourans fuccombans à la faim, à la fievre & à la contagion. La mort s'attachoit à ces malheureux fous toutes fortes de formes à la fois [a]. Sur trois mille foldats qui reftoient de la garnifon, elle en enleva au moins le tiers. Lamachus, Préfet de la Ville, en mourut dans de longues & affreufes fouffrances ; jufte prix de la perfidie avec laquelle il avoit attiré un tel défaftre fur fa patrie, en la livrant à Mithridate. Connacorix, excédé de tant de maux, prit la penfée de livrer la Ville aux Romains, & de facrifier les Citoyens au falut de la garnifon. Il en fit le complot avec Damophile, nouveau Préfet de la Ville, homme du même caractere que Lamachus fon prédéceffeur. Ils ne jugerent pas à propos de traiter avec Cotta, connu pour homme emporté, difficile & de peu de foi. Ils s'adrefferent à Triarius, avec qui, étant convenus de certaines conditions qui affuroient leur fortune aux dépens du public, ils fe préparerent à mettre en exécution leur mauvais deffein. On eut quelque vent de leur trame. Britagoras, le plus accrédité des Citoyens, convoqua l'affemblée du Peuple, où il fit prier les Commandans de fe rendre. Là, s'adreffant à Connacorix, il lui repréfenta dans les termes les plus forts les

XLVI. Mifere dans Héraclée, complot des Commandans, qui livrent la Ville à Triarius.

[a] *Voy.* SALLUST, *fragm.* 112. & 161.

extrêmités auxquelles la Ville se trouvoit réduite, & lui demanda s'il ne seroit pas d'avis de s'adresser à Triarius pour obtenir une capitulation. Connacorix s'éleva fortement contre une telle proposition. Il soutint *qu'il falloit continuer à se défendre, & combattre jusqu'au bout pour la liberté : que rien n'étoit désespéré : qu'il avoit reçu avis que Mithridate avoit été bien reçu par Tigrane : & que le secours que les deux Rois alloient amener, ne pouvoit tarder.* Plus l'un insista sur la nécessité de capituler, plus l'autre mit d'impudence à soutenir l'avis contraire. Il joua si bien son rôle, que les Héracléotes, disposés dans l'ame à penser ainsi, demeurerent persuadés de sa bonne foi, & de la fausseté des bruits que l'on avoit répandus. Peu de jours après, Connacorix tira sourdement ses troupes de la Ville à nuit close. La convention avec Triarius portoit qu'il pourroit se retirer en sûreté dans quelques Villes du Pays, lui & les siens, avec tous leurs effets. Il les embarqua sur des vaisseaux qu'on tenoit tout prêts, & abandonna ainsi Héraclée.

XLVII. Pillage d'Héraclée. Horreurs commises par les Romains.

En même temps Damophile livra aux Romains la porte du côté de la mer. Ils entrerent en foule; les uns par la porte, les autres en grimpant aux créneaux des murailles. Tout fut à l'instant mis au sac & au pillage. Les Romains, acharnés à leur proie, irrités des pertes qu'ils avoient essuyées au combat naval, rendus plus impitoyables par le souvenir des travaux & des peines essuyées à ce long siege, traiterent les habitans avec la derniere inhumanité. Une partie de ces malheureux, surpris en trahison, étourdis d'un événement si imprévu, ne sachant où fuir une mort inévitable, se précipiterent des murailles ; & se répandant au milieu de la nuit dans la campagne, vinrent tomber dans le camp de Cotta. Celui-ci entra dans une fureur inconcevable, quand il apprit que Triarius avoit surpris Héraclée. Il y courut avec ses légions, furieuses contre leurs camarades, de ce qu'ils pilloient la Ville sans elles. C'étoit, crioientelles, les fruftrer méchamment de leur gloire, de leur conquête & du prix de leurs travaux. Les deux armées romaines alloient s'entr'égorger, fi Triarius, entendant les menaces des arrivans, n'eût été promptement les appaifer, en affurant Cotta que tout le butin déjà fait feroit fidélement rapporté pour le partager en commun. Le pillage & le maffacre recommencerent pis qu'auparavant. Cotta ne voulut faire aucun quartier. On ne fauroit exprimer ni croire toutes les horreurs commifes dans le cours de cette nuit épouvantable. Les miférables Citoyens furent pourfuivis jufques dans l'afyle des Temples, & égorgés, fans diftinction de fexe ni d'âge, fur les autels mêmes qu'ils tenoient embraffés. Réduits au dernier défefpoir, ils fe barricaderent en quelques cantons de la Ville, où ils défendirent jufqu'au bout leur vie avec une opiniâtreté qui tenoit de la rage; ils furprirent en d'autres endroits les foldats, plus occupés du pillage que de leur propre fûreté; ils leur rendirent cruauté pour cruauté : *en un mot, ils commirent & fouffrirent mille excès plus horribles encore, que ne le comportoit la conjoncture même de cette affreufe cataftrophe* [a].

XLVIII. Avarice de Cotta. Il met le feu dans la Ville.

Dès le lendemain, le Proconful envoya Triarius chaffer Connacorix des villes de Thios & d'Amaftris, où l'on favoit qu'il s'étoit retiré [b]. Triarius remit ces deux Villes fous l'obéiffance romaine. Mais il tint au Chef des Gaulois la capitulation faite avec eux, en les laiffant aller en liberté. Cotta, refté feul dans Héraclée, fe mit à faire le dénombrement des prifonniers & des effets pillés. On fouilla de nouveau les lieux les plus fecrets. On n'épargna pas les plus facrés. On enleva des Temples, des lieux publics & particuliers, les tableaux, les belles ftatues, les pieces curieufes qui y étoient en très-grand nombre. On dépouilla de fes ornemens, l'Hercule & la grande pyramide de la place publique, l'un des plus riches & des plus merveilleux

---

[a] Sallust. *fragm.* 635.   [b] Sallust. *fragm.* ...

ouvrages de l'Afie, tant par la grandeur du monument, que par l'excellence du travail, & par les fommes prodigieufes qu'il avoit coûtées. La peau de lion, la maffue, l'arc, les fleches & le carquois de l'Hercule, étoient d'or fin frappé au marteau, & cifelé au burin. Toutes ces richeffes furent chargées fur la flotte. Après qu'on eut pillé tout ce qu'il fut poffible de trouver ou de prendre, Cotta fit mettre le feu dans plufieurs quartiers de la Ville. Tel fut le fort de la malheureufe Héraclée, après deux ans de fiege & de courageufe réfiftance. Cotta, preffé d'aller jouir du fruit de fes odieufes rapines, congédia fes troupes auxiliaires, laiffa les légions aux ordres de Triarius, & partit fur la flotte pour s'en retourner à Rome. Mais on avoit fi fort chargé les vaiffeaux, que les uns coulerent bas prefqu'en mettant à la voile, à la vue même du rivage; d'autres, contrariés par les vents, furent pouffés fur les bas-fonds, où il fallut jeter à la mer une bonne partie de leur charge & du butin volé.

XLIX. Il retourne à Rome. Il eft mis en juftice & puni. Le Peuple romain rend la liberté aux Héracléotes.

Cotta, de retour à Rome, y fut d'abord reçu avec acclamations, & décoré du furnom de Pontique, en mémoire de fa conquête. Bientôt, lorfqu'on fut mieux informé de fon odieufe conduite, le cri général s'éleva contre lui. Les richeffes immenfes qu'il étaloit ne firent que l'accroître. En vain, pour appaifer l'envie, il en remit une bonne partie au tréfor public. Les efprits ne s'adoucirent pas: on demeura perfuadé qu'il en gardoit beaucoup plus qu'il n'en reftituoit. Carbon le mit en juftice. Oppius, qu'il avoit fi mal traité, s'empreffa de fournir des preuves, & les avoit en main. Le Peuple ordonna, par un premier décret, que les captifs d'Héraclée feroient préalablement remis en liberté. Alors Trafymede, l'un d'entr'eux, fe porta pour accufateur: il fit au Peuple un difcours très-pathétique. Il expofa les diverfes marques d'attachement que fa patrie avoit données à la République. Il rejeta fort adroitement tout ce qui

ROMAINE. *LIVRE IV.* 391

s'étoit passé de contraire sur les artifices de Mithridate, & sur les infidélités du Préfet d'Héraclée, qui avoit trompé ou forcé par violences la volonté du Citoyen. Il peignit des couleurs les plus vives, le pillage, la désolation, l'incendie de cette Ville magnifique, la profanation de ses Temples, le massacre des habitans, l'enlévement des statues, des ornemens publics, des sommes immenses d'or & d'argent, dont Cotta, joignant la rapine à la cruauté, avoit fait son profit particulier. A mesure qu'il parloit, une foule de captifs d'Héraclée qui accompagnoit Trasymede, hommes ou femmes du premier rang, & leurs petits enfans, tous vêtus de deuil, fondans en larmes, remplissoient l'air de gémissemens, & tendoient vers les Juges des branches d'olivier qu'ils portoient à la main. Cotta, à son tour, parla pour sa défense. Carbon lui demanda si le Peuple romain l'avoit envoyé pour conquérir la Ville ou pour la brûler : chacun lui tint à peu près le même langage : il méritoit au moins d'être puni par l'exil, & c'étoit l'opinion générale. Mais à Rome on traite avec indulgence les rapines publiques. Les Juges y sont rarement séveres sur des peines qu'ils sont bien résolus d'encourir à leur tour. Ils se contenterent de priver Cotta des marques de la Magistrature & de sa place au Sénat. On rendit aux Héracléotes leur territoire, leurs ports & la souveraineté de leur mer. Ils furent tous renvoyés chez eux. Sur les requisitions expresses du Tribun du Peuple, on fit défenses d'en traiter aucun comme captif, ni de le retenir comme tel [a].

Cependant Spartacus, toujours suivi de près par l'armée romaine aux ordres de Crassus, continuoit de reculer, au grand mécontentement des fugitifs. Ils ne pouvoient renoncer au projet de piller Rome. Cette perspective, devenue le but de tous leurs desirs, ne les abandonna même jamais, depuis qu'ils se furent une fois leurrés de l'espoir de devenir tous par-là

L. Spartacus se fortifie dans l'Abruzze. Il projette de passer en Sicile.
A. V. C. 682.

---

[a] Memnon. *hist. Héracl. cap. 49. jusqu'à 61.*

puissamment riches en un seul jour. Leur Chef n'en sentoit que trop alors toute la vanité. En regagnant son ancienne retraite dans l'Abruzze, il avoit en tête un dessein mieux concerté. Au moyen de l'avance qu'il avoit sur l'armée romaine, il étoit assuré de s'emparer le premier de l'Apennin, vers l'extrêmité du continent, où *tout ce qui reste de l'Italie n'est plus qu'une étroite chaîne de montagnes, coupée par un golfe profond en deux branches, qui forment les deux longs promontoires de Salente* ¹ *& de l'Abruzze* ᵃ. Malgré l'épreuve qu'il avoit déjà faite de la gêne de cette position, close de toute part entre l'isthme, le détroit & les deux mers, elle avoit du moins l'avantage de n'y pouvoir être prise ni en flanc ni par derriere ; la République n'ayant de flotte en ce moment sur l'une ni sur l'autre mer. *A tout événement, on pouvoit prolonger long-temps la guerre en ce terrein étroit* ᵇ. Mais Spartacus n'avoit pas résolu de s'y tenir. Il comptoit passer en Sicile sur les vaisseaux des Pirates, arrivés à la côte pour traiter avec lui, & transporter dans cette isle le théatre de la guerre, en y rallumant les cendres encore fumantes de la derniere révolte. Son plan n'étoit pas mal conçu. Il n'y avoit que peu d'années que les esclaves s'étoient soulevés en Sicile sous la conduite de deux d'entr'eux, Salvius & Athénion. Les pâtres, les montagnards, s'étoient joints aux esclaves comme en Campanie. Maîtres des montagnes au centre du Pays, ils l'étoient devenus de tout le bord septentrional de l'isle, depuis Messine jusqu'au cap Lylybée. Leur rébellion, que nous appellons la guerre servile ², eut de longues & fâcheuses suites.

ᵃ Sallust, *fragm.* 228.

¹ On sait assez que Salente est une Colonie de Crétois. Tout son territoire, depuis Tarente, s'avance fort avant dans la mer, & s'approche des monts Cérannes, en Epire, formant une espece de détroit qui termine la mer adriatique, & com-

ᵇ Sallust, *fragm.* 252.

mence la mer Ionienne ou de Sicile *. Le promontoire de Salente, aussi nommé pointe d'Yapigie, s'appelle aujourd'hui cap Leuca.

² Ce fut en cette occasion que Bocchus, roi de Mauritanie, nouvel allié des

* Strab.

Aquilius

ROMAINE. *LIVRE IV.* 393

Aquilius ne parvint qu'à grande peine à l'éteindre. On avoit depuis ufé des dernieres rigueurs, pour en prévenir le retour. La contrainte exceffive où les Magiftrats romains tenoient le menu Peuple de l'ifle depuis cet événement, avoit aigri tous les cœurs *a*. En ce moment, les grands comme les petits étoient également vexés par Verrès, homme d'ailleurs à tout faire pour de l'argent : ce que Spartacus favoit fort bien. Il eft certain que fi dans ces circonftances les fugitifs étoient venus à bout d'y paffer, feulement au nombre de deux ou trois mille, le feu mal éteint ne demandoit qu'une légere amorce pour reprendre avec autant de vivacité que jamais *b*. Ils auroient été bientôt maîtres de l'ifle; peut-être même de concert avec le Gouverneur, déjà fort fufpect de s'entendre fous main avec les corfaires *c* 1.

---

a Cic. *Verrin. V.* 2.
b Plutarc. *in Craff.*

c Voy. SALLUST. *fragm.* 385. & Cic. *Verrin. IV.* 25.

Romains, voulant leur donner une marque de fon attachement, envoya de fon propre mouvement en Sicile, au bruit de la révolte des efclaves, un corps de troupes Maures au fervice des Romains, commandé par Gomon, l'un de fes meilleurs Officiers, qui vint débarquer au cap Lylybée *.

1 Cicéron parle ainfi de la tentative des fugitifs, de la conduite de Verrès, alors Préteur de Sicile, & de la vanité que ce méchant homme voulut tirer du mauvais fuccès des Gladiateurs dans leur projet. « Ne dites-vous pas, Verrès, » que par votre bonne conduite vous avez » garanti la Sicile au temps des efclaves ? » De quelle guerre parlez-vous ? Nous » ne connoiffons en Sicile aucun mouve- » ment de cette efpece, depuis le temps » de la révolte réprimée par Aquilius.

* Diodor. *fragm. in excerpt. Valef.*

» Mais il y en a eu une en Italie ? J'en » conviens, & même des plus grandes & » des plus dangereufes. Prétendez-vous » en partager la gloire avec Craffus ou » avec Pompée ? J'ai peine à croire que » votre impudence puiffe aller jufques-là. » Vous avez mis obftacle au paffage que » l'armée des fugitifs vouloit tenter d'Italie » en Sicile. C'eft la premiere fois que » nous entendons parler d'un pareil fait. » Nous favons, à la vérité, que Craffus » a fi bien fait par fa vigilance, fa valeur » & le bon ordre qu'il mettoit à tout, » que les fugitifs ont échoué dans leur » deffein de paffer à Meffine fur des ra- » deaux. Craffus n'auroit pas été dans le » cas de fe donner tant de foin pour l'em- » pêcher, fi vous aviez en effet eu celui » de placer de bons corps de gardes fur » la côte, pour s'oppofer à la defcente. » Sur quoi prétendez-vous qu'il leur fût fi

394 HISTOIRE DE LA RÉPUBLIQUE

LI. Les fugitifs se cantonnent dans la forêt Sila. Description du Pays.

L'intention de Spartacus étoit de rentrer à Thurium, & de tenir ferme à l'angle du golfe, où les Ciliciens l'attendoient. Mais il n'y eut pas moyen, tant Craſſus le ſerra de près. L'expérience n'avoit pas rendu les Gaulois plus ſages. Jaloux des Thraces & des Lucaniens, ils ne vouloient obéir qu'à des Chefs de leur propre nation [a]. Spartacus eut encore la condeſcendance de leur en laiſſer choiſir trois, Caſtus, Granic & Cannimac, à la place de ceux qu'ils avoient perdus : après quoi ils ſuivirent le gros des fugitifs, plutôt entraînés par le torrent que de bonne volonté [b]. Tous enſemble tournerent leurs pas vers Cozence, qu'ils forcerent. Mais le Gladiateur ne pouvant tenir avec tant de monde, & ne voulant pas même courir les riſques d'être inveſti dans une place de mauvaiſe défenſe, ſe contenta d'enlever avec promptitude une partie des habitans & toutes les

---

[a] *Frontin. II. 4. 7. Tit-Liv. Epitom. 97.* [b] *Oroz. ibid.*

» facile d'y aborder? Ils n'avoient ni vaiſ-
» ſeaux ni rien qui pût leur en tenir lieu.
» Il leur étoit auſſi aiſé d'entrer dans l'o-
» céan, que d'arriver au cap Pélore. Ne
» ſavons-nous pas que depuis la défaite
» des eſclaves par Aquiliùs, il y avoit un
» édit des Préteurs, portant peine de mort
» encourue par le ſeul fait, contre tout
» eſclave qu'on rencontreroit dans l'iſle,
» avec une arme quelconque à la main,
» & que cet édit s'exécutoit avec la der-
» niere rigueur? Ignorons-nous que le
» Préteur Domitius, à qui on avoit un
» jour apporté un ſanglier prodigieux, s'é-
» tant informé qui lui avoit fait une ſi
» large bleſſure, & ayant appris que c'é-
» toit un berger du canton, le manda &
» fit mettre en croix, pour avoir porté un
» épieu? Ce pauvre miſérable étoit accouru
» bien vîte, croyant recevoir quelque
» bonne récompenſe. Ce traitement fut
» dur, je ne le nie pas; mais les circonſ-

» tances & le beſoin de maintenir le bon
» ordre par la plus ſévere police, le ren-
» doient peut-être néceſſaire. Ignorons-nous
» que dans le temps que la guerre des
» fugitifs tenoit l'Italie en feu, la Sicile
» étoit ſi paiſible & ſi bien aſſurée par la
» ſévere exécution des loix, que Norba-
» nus, homme actif & très-inquiet, n'eut
» pas même beſoin de ſe remuer? Y a-t-il
» eu quelqu'aſſociation, quelques mouve-
» mens des eſclaves dans l'iſle, au temps
» de la Préture de Verrès? Aucune aſſu-
» rément. Lui-même n'en a jamais rien
» mandé; & quant à moi, je n'en ai ja-
» mais rien appris, ſinon qu'on avoit eu
» quelque ſoupçon qu'à Triocala, place
» dont les fugitifs révoltés avoient été
» ci-devant les maîtres, les eſclaves de
» Léonidas-le-Sicilien avoient entretenu
» quelque correſpondance, tendant à for-
» mer une eſpece de conſpiration * ».

* *Ciceron. Verrin. V. 2.*

ROMAINE. LIVRE IV. 395

provisions. Delà les fugitifs *se jeterent dans la grande forêt Sila* ª, justement à l'endroit de l'étranglement le plus serré de la pointe du continent, où Spartacus fit alte dans les montagnes ; se jugeant enfin hors de l'atteinte des armes romaines.

Le Pays des Bruttiens * a la forme d'une feuille de chêne. Ses côtes, ainsi découpées de côté & d'autre, sur-tout du côté de la mer Ionienne, jettent de longues saillies au milieu des eaux, qui s'enfoncent profondément à leur tour dans les sinuosités de la terre. Ce reste de continent n'est plus qu'un long promontoire, que la derniere branche forme en s'étendant jusqu'au détroit de Sicile. Le plus serré des isthmes est, à l'endroit où les fugitifs s'arrêterent, entre les golfes de Scylax & d'Hyppone †, vers l'entrée de la plus vaste forêt qu'il y ait en Italie ᵇ. Depuis là, jusqu'à la pointe ultérieure du continent, nommée par les Grecs cap Leucopetre ᶜ ¶, entre Locres & Rhegium, la montagne, dans un espace de quatre-vingt milles, est couverte de hauts sapins, ou autres especes d'arbres résineux qui donnent la poix, appellée en langage du Pays *Sila* ¹, dont

---

ª SALLUST. *fragm. 321.*
ᵇ Virg. Æn. XII. 715.

† Plin. III. 5.

* Aujourd'hui la Calabre, & non l'Abruzze.
† De Squillacio & de Sainte-Euphémie.
¶ C'est-à-dire Blanchepierre, aujourd'hui cap Spartivento.
¹ Ce canton de l'Apennin, dans la Calabre, le plus élevé du royaume de Naples, conserve son ancien nom : on l'appelle le Sile. Les neiges commencent à le couvrir au mois d'Octobre, & le rendent impraticable jusqu'en Mai. Il contient de grandes plaines sur les sommets, & de vastes forêts d'où l'on continue de tirer une grande quantité de poix, & qui fournissent de très-beaux bois de construction

pour la marine. Les plaines ont été incultes jusqu'au temps de Charles-Quint, qui, apprenant que les neiges & le froid excessif empêchoient les terres de porter, fit essayer d'y semer un grain qui croît dans les cantons de l'Allemagne les plus froids. Il y a bien réussi, & depuis ce temps ces terres, bonnes par elles-mêmes, ne reposent jamais. Ce grain est menu, oblong, noirâtre en dedans & en dehors : il fait le pain noir, froid sur l'estomac, mal-sain à ceux qui n'y sont pas accoutumés : mais les gens du Pays en ont pris l'habitude. On le seme à la mi-Septembre : il reste en terre sous la neige ; se développe

D d d 2

les habitans font un commerce fort lucratif [a]. La pente des monts, de côté & d'autre, en descendant vers les mers, fournit des sources limpides, & d'excellens pâturages où l'on élève une grande quantité de bestiaux [b]. Aussi ce canton est-il garni de plusieurs Villes, dont Spartacus espéroit pouvoir, de gré ou de force, tirer des subsistances, pendant que la forêt lui serviroit de retraite, à l'abri de toute attaque.

LII. Spartacus s'abouche avec les Pirates.

Dès qu'il se fut fortifié, il se rendit au bord de la mer pour s'aboucher avec les Pirates. Il fut un peu surpris de voir qu'au lieu d'amener leur flotte à portée delà, ou du moins un nombre suffisant de bâtimens de transport, ils n'avoient fait autre chose qu'envoyer quelques-uns d'entr'eux, chargés de convenir de prix pour le passage. Ceux-ci l'assurerent cependant que les bâtimens se trouvoient déjà rassemblés en partie dans les anses de l'Epire, (ce qui étoit vrai) & qu'ils alloient user de diligence pour en fréter un nombre suffisant; ce qu'ils ne pourroient faire qu'à grands frais, vu le peu de temps & la saison. En conséquence ils le rançonnerent cruellement. Mais il n'étoit pas en place propre à disputer. Il fallut leur payer d'avance une grosse somme, avec laquelle ils repartirent. Ils se chargerent seulement de débarquer à la côte de Sicile quelques émissaires de Spartacus, que celui-ci envoyoit à Triocala ménager une intelligence nouée avec les domestiques d'un riche Sicilien, nommé Léonidas, tendant à faire soulever à son arrivée les gens de la campagne [c], dans ce canton méridional de l'isle, entre Agrigente & Selinunte.

LIII. Le Préteur fait couper l'isthme par un fossé. Les fugitifs s'entendent avec les Bruttiens. Origine de cette nation.

Crassus, arrivé à l'entrée de la péninsule où l'ennemi s'étoit si bien fortifié, content de lui avoir fait évacuer Cozence à son approche, trouva trop de risque à tenter de le forcer dans son

[a] *Strab. L. VI.*
[b] *Virg. Georg. III.*
[c] *Cicer. Verrin. V. 2.*

au mois de Mai : on le recueille au mois d'Août. On le connoît dans le Pays sous le nom de bled Allemand. Son prix ordinaire est moindre d'un tiers que le prix du froment.

dernier afyle, au hafard de perdre beaucoup de monde fans aucun fruit. La nature du lieu lui fit naître l'idée d'un travail qu'on auroit cru impraticable. *Il fe mit à fermer l'ifthme d'un foffé de quinze pieds de large, fur autant de profondeur, tiré de côté & d'autre* [a] de l'Apennin, depuis la crête des rochers à travers la plaine, jufqu'aux deux mers ; coupant l'ifthme en entier dans la longueur de trente-fept à trente-huit milles. C'étoit un difficile & prodigieux travail. Cependant, contre l'attente de tout le monde, il en vint à bout en peu de temps. Cette tâche énorme lui fervit à plufieurs fins : à punir par la fatigue les anciennes légions confulaires, comme il les en avoit menacées : à prévenir l'oifiveté des nouvelles légions, qu'il tenoit dans le camp fans les faire marcher ni combattre : à couper toute reffource à l'ennemi pour les vivres, hors du territoire qu'il occupoit, & qui ne produit pas de grains [b].

Ce travail [c], dont les fugitifs ne tenoient aucun compte, n'étoit pour eux qu'un fujet de rifée. A peine daignoient-ils le troubler, tant l'entreprife leur fembloit chimérique & hors de raifon. Prêts à fortir par mer de leur enceinte, ils fe regardoient jufques-là comme libres dans leur petit état, où ils bloquoient les villes de Locres & de Rhegium ; où ils étoient maîtres de la campagne, & affez bien venus des payfans du Pays, qui devoient leur établiffement à une aventure à peu près pareille. La nation des Bruttiens tire fon origine d'une troupe de Pâtres, domeftiques en Lucanie. Ceux-ci, vers le temps de l'Olympiade CVI. s'enfuirent de chez leurs maîtres, & fe réfugierent dans les montagnes défertes de l'extrêmité de l'Italie, où on les laiffa en liberté [d]. Peu à peu diverfes troupes de gens mêlangés de toute efpece, mais la plupart d'efclaves fugitifs, fe joignirent

---

[a] Sallust. fragm. 531.
[b] Plutarch. ibid.
[c] Strab. Liv. VI.
[d] Sallust. fragm. 180.

aux premiers. Par cette raison, on les nomma tous *Bruttiens* ¹ ou *Brissiens*, c'est-à-dire, en vieux langage du pays, *déserteurs*. Ils commencerent par exercer le brigandage. Habitués dans leur premier métier à courir, à veiller toute la nuit, à coucher à l'air sur la terre, & aux autres fatigues des gens de guerre, ils devinrent bientôt de vrais soldats. Ils se battirent avec avantage contre les nationaux, & firent assez de progrès pour pouvoir se former eux-mêmes en espece d'état républicain. Telle est l'origine d'une nation assez puissante en Italie *ᵃ* : origine très-propre à déterminer leur bonne volonté en faveur de ceux qui suivoient le même exemple.

Les fugitifs passoient donc *les journées* *ᵇ* avec ces bergers montagnards, dans l'incurie naturelle aux gens de cette espece : se moquant de la tranchée que les Romains creusoient, dont Crassus avoit soin de dérober le progrès à leur vue. La chose devint plus sérieuse, quand l'ouvrage fut démasqué ; & parut tout d'un coup fini contre leur attente, quand ils virent élever de l'autre côté une muraille haute & forte à merveille *ᶜ*. On avoit pris peu de soin de ménager les vivres amenés de Cozence. Il n'étoit plus question d'en tirer d'au-delà des lignes. La péninsule n'en fourniffoit guere. Car si l'habitant de la campagne s'entendoit avec les fugitifs, il n'en étoit pas de même des Citoyens de trois ou quatre Villes un peu plus considérables, comprises dans l'enceinte. Ceux-ci, soigneusement renfermés dans leurs murs, sur lesquels ils faisoient jour & nuit la garde la plus exacte, pour se garantir de surprise, avoient interrompu

---

ᵃ Diodor. Liv. XVI.
ᵇ Plut. ibid.
ᶜ SALLUST. fragm. 327.

¹ *Bruttien* est en langue du Pays un terme équivalent à celui de *Maron* dans nos isles d'Amérique, par où on désigne nos esclaves fugitifs. Je dirai en passant que ce terme *Maron*, est une corruption que nos François d'Amérique ont faite du mot de la langue Hayty de Sᵗ. Domingue, *Cymatron*, c'est-à-dire *sauvage*, *vagabond*.

out commerce du côté de la terre, & ne tiroient plus que par mer une subsistance assez étroite.

Sur ces entrefaites, Spartacus reçut une nouvelle toute propre à lui faire perdre courage. Il eut avis certain que les corsaires Ciliciens l'avoient trompé ; & qu'après avoir reçu la somme convenue, au lieu de revenir le dégager sur leur flotte, ils avoient fait voile tout droit chez eux avec son argent. Il ne falloit plus compter sur la diversion promise par Mithridate, depuis que sa flotte avoit été détruite au combat de Lemnos. Dans ce malheur imprévu, sa constance ne l'abandonna pas. Toujours persuadé, non sans fondement, qu'il racommoderoit ses affaires en Sicile, s'il pouvoit y passer, il prit la résolution désespérée de traverser le détroit sur des trains de bois assemblés. On abattit des sapins. On ramassa tous les tonneaux du Pays. On fabriqua de mauvais radeaux de claies soutenues sur ces futailles, attachés par des liens de branches tordues. On les lança à la mer, vis-à-vis le cap Pélore. La fatale épreuve des premiers essais ne fut pas capable de rebuter ceux qui venoient de voir leurs camarades abymés sous leurs yeux. On fortifia les radeaux : on en changea la forme : on les lia avec le plus grand soin. Mais le succès ne fut pas meilleur, & contraignit enfin d'y renoncer. Il fut impossible de gouverner ces frêles machines dans l'endroit le plus dangereux de la mer [a], où, sans parler de l'extrême rapidité du courant, resserré entre deux terres, l'écueil de Scilla d'un côté, de l'autre le gouffre de Carybde, rendent la traversée redoutable aux marins les plus expérimentés [b].

LIV. Les Pirates trompent Spartacus. Les fugitifs tentent sans succès de traverser le détroit de Sicile sur des radeaux.

Il faut connoître l'endroit, pour sentir combien la résolution des fugitifs étoit téméraire & désespérée. L'antiquité a raconté tant de fables, encore aujourd'hui reçues du commun des

LV. Description du détroit. Que la Sicile a été jointe à l'Italie.

---

[a] *Florus.* ibid.   [b] *Plin.* III. 8.

hommes, sur ce lieu, le plus étonnant qui soit dans nos mers; & d'autre part, il y a, même dans ce qui est vrai, des choses si extraordinaires & si éloignées de la vraisemblance, qu'il est du ressort de l'histoire, ainsi que des fonctions de l'Historien, de ramener le récit à la vérité, & de rectifier la crédulité vulgaire par une exposition succincte de ce que les merveilles de ce lieu ont de réel ou d'imaginaire. Il n'est pas toujours aisé, comme ici, de réduire à leur juste valeur *les récits accrédités de ce vieux temps reculé, au milieu duquel on a souvent peine à discerner quelques vérités, à travers un grand nombre de mensonges, dont chaque siecle grossit même encore successivement l'absurdité* [a].

Il est constant que *l'Italie étoit autrefois jointe à la Sicile* [b] 1.

---

[a] SALLUST. *fragm.* 666. Plin. *II.* 88.

1 Salluste en parle comme d'un fait certain, ainsi qu'*Eschyle*, *Virgile*, *Seneque* & plusieurs autres. *Mela* se contente de dire que c'est une tradition. Le fait est d'accord, non-seulement avec les observations physiques, sur la maniere dont le globe de la terre a été fabriqué, mais aussi avec les exemples de pareilles ruptures ou séparations arrivées en plusieurs autres endroits du monde, où les extrémités du continent ont été rompues & isolées par quelques causes physiques. On ne peut douter que la pointe méridionale de l'Amérique, formant aujourd'hui plusieurs isles en précipice escarpé dans la mer, n'en ait été séparée par quelques violentes secousses: cet endroit du globe a été cassé en plusieurs petites pieces. Il y a toute apparence que l'Afrique tenoit à l'Espagne par le détroit de Gibraltar, comme on le voit par le rapport des angles & la conformité des lits de terrein que l'on remarque dans

[b] SALLUST. *fragm.* 143.

les deux montagnes de Calpé & d'Abila. Il est assez vraisemblable que la France étoit jointe à l'Angleterre, & que le Pays-Bas, qui formoit l'intervalle entre Douvre & Calais, a été facilement couvert par les eaux, comme le dit ici Salluste, en parlant du détroit de Messine. J'en dirois volontiers autant de l'intervalle qui sépare le Brésil de la Guinée. Il n'est rempli que de petites isles, telles que Fernand-Norognez & autres, que d'écueils, rochers, vigies & bas-fonds, qui forment au fond de la mer une traînée ou un isthme, depuis l'ancien jusqu'au nouveau monde. S'il y a jamais eu une communication entre les deux mondes, il y a lieu de croire que c'est par cet endroit (non par le nord de la Sibérie, où on la suppose pour l'ordinaire, quoique sans aucun fondement apparent) ou par l'espace maritime qui sépare le Kamtschatka de l'Amérique septentrionale, qu'on dit être garni de pe-

Toute

ROMAINE. *LIVRE IV.* 401

Toute cette étendue de Pays, semblable à une bande étroite, n'est, à vrai dire, qu'un promontoire fort allongé, dont *le terrein, de plaines & de pays bas, est partagé en Italie* [a] dans

[a] SALLUST. *fragm. ibid.*

tites isles, & qu ia été nommé détroit d'A-nian par nos premiers Navigateurs, qui paroissent avoir mieux connu l'étendue de cet intervalle, qu'il ne l'a été dans la suite, quoiqu'ils soient tombés dans l'excès opposé, en lui donnant trop peu de largeur; mais au moins ne nous ont-ils pas débité des fables, telles que celles de l'Amiral Defonte & de Bernardo, grossiérement fabriquées en ce siecle-ci par quelques Anglois, trop légérement adoptées par quelques-uns de nos Géographes françois. Les deux grands opérateurs de la fabrique superficielle du globe, sont le feu & l'eau. L'eau entraîne sans cesse le dessus des montagnes dans les terres basses; elle diminue les sommets & comble les vallons. Les rivieres emportent les terres jetées dans leur cours, les déposent à leurs embouchures le long des côtes de la mer, que le sédiment accroît & borde en certains endroits; augmentant ainsi toujours la terre en ces lieux, & repoussant la mer qui va couvrir d'autres endroits, où elle trouve plus de facilité à s'étendre. La mer, tant par cette cause que par la nutation ou par le changement de l'axe de la terre, & par sa continuelle fluctuation, occupe ou quitte successivement certains espaces sur la surface du globe, & découvre peu à peu, durant l'immensité des siecles, dans les lieux qu'elle abandonne, les chaînes de montagnes qui se sont formées au fond des eaux, par le travail continuel des coquillages marins. Ces animaux, revêtus d'une coque dure, incorruptible, qui ne périt pas avec eux; dénués de la faculté loco-mobile; s'élevent les uns sur les autres, de générations en générations, par lits successifs au même endroit. A l'aide des sables & de la vase, qui remplissent les interstices; du sel, du bitume, des huiles animales & de pétrole, qui lient toute la masse ensemble; du poids énorme des eaux qui les foulent, la condensent & la durcissent; des courans qui la minent pendant qu'elle est encore fraîche, & y creusent des vallées; ces lits de coquillages ont formé les montagnes au fond de l'océan, & produit les chaînes des Alpes, du mont Caucase, &c. toutes pleines de coquillages marins, telles que nous les voyons à découvert, depuis que la mer les a laissées à sec en se retirant. C'est vouloir fermer les yeux à l'évidence, que de nier des faits si visibles & si communs, comme le fait souvent un Poëte célebre, qui, sans aucune connoissance de la physique, & sans autre vue que de contredire un Naturaliste non moins célebre, a démenti ce fait, ainsi que sur l'étendue des bancs de salunieres en Touraine, avançant qu'il a lui-même vérifié un fait, que l'existence locale & le témoignage uniforme des gens du lieu, apprennent être tout contraire à sa prétendue vérification. J'ai plus d'une fois observé, en différens endroits, plusieurs sommités de montagnes à la suite les unes des autres, représentant de loin à la vue, l'image & la figure d'un pareil nombre de vagues de la mer; c'est-à-dire droites, coupées, & même un peu concaves d'un côté, de l'autre s'étendant en une pente convexe,

Tome II. Eee

toute fa longueur, par la chaîne de l'Apennin, comme par une arrête continue, & dont la Sicile faifoit alors l'extrêmité; telle qu'un cap prodigieux en forme de triangle, ayant fa bafe vis-à-vis la mer, & fa pointe attachée au continent. *Mais le terrein*

toutes ainfi difpofées à la file, & du même fens: tellement qu'à la mobilité près, on auroit pû les prendre de loin pour des vagues, & qu'elles retiennent encore la forme de la puiffance, & s'il m'eft permis d'ufer de ce terme, du *moule* qui les a formées. Je n'ai pas befoin d'avertir que ces fommités font toutes de pierres & de marbre, & non du genre des pics calcinés, qui ont été élevés par le feu. D'autre part, le feu & les volcans (quelque foit leur caufe) foulevent auffi des terres brûlées, foit du fein des eaux, foit du continent même. Ces feux fouterreins ont fait naître diverfes ifles qui, dans le cours des fiecles anciens & modernes, fe font élevées à l'Archipel de la Grece. Ils ont fait fortir du fein de l'océan feptentrional, l'Iflande, qui n'eft qu'un amas de précipices & de rochers brûlés fans liaifon; dans celui des Indes, une partie des Moluques; dans la mer du fud, l'Archipel-Gallapagos, &c. L'excellente relation que M^{rs}. Bank & Cook, Voyageurs vraiment dignes de ce nom, viennent de nous donner de la Polynefie, de l'ifle Othaiti & autres, nous induifent à croire que cette multitude de petites ifles entre l'Amérique & l'Afie, dans la mer pacifique, formant une file de petits fommets fur la furface de l'eau, la plupart fort étroites, de peu de diametre, noyées dans leur milieu, entourées de récifs, fans fond près de leur bord, ne font que des fractures de la croûte du globe terreftre, brifée par les feux internes, &

par les volcans fous-marins; qui ont foulevé au deffus de l'eau ces petites pieces renverfées en tout fens. A quoi il faut ajouter, pour la formation de ces ifles, l'immenfe & fucceffif travail des infectes, qui ont fabriqué fur leurs bords de prodigieufes digues de corail. Les feux ont produit prefque toutes les pointes des plus hautes montagnes du monde, telles que les cordillieres du Pérou, le pic de ténériffe, & la plupart des autres pics qu'on fait avoir été, ou qu'on voit être prefque tous autant de volcans. On reconnoît que ces rochers ne font pas compofés de coquillages, comme la plupart des autres marbres, & qu'ils ne doivent pas leur formation à la caufe ordinaire qui a produit les montagnes. Il eft aifé de diftinguer en chaque endroit, par des marques certaines, auquel des deux puiffans agens, l'eau & le feu, une montagne doit fa fabrique. Les tremblemens de terre caufés par les feux & par les vents fouterreins, font auffi de grandes ruptures dans le continent. Ils ont vifiblement caufé celle de la pointe de l'Amérique, & paroiffent avoir fait auffi celle de la pointe de l'Italie, dont parle notre Hiftorien; car tout ce canton n'eft plein que de volcans, le Véfuve, l'Æthna, Lipari, Strungoli, & autres ifles que les anciens nommoient Vulcaniennes. Ainfi c'eft à l'action du feu qu'il eft plus naturel d'attribuer la disjonction de la Sicile. *Virgile*, l'un des meilleurs & des plus favans Philofophes physiciens de l'antiquité,

intermédiaire qui les joignoit ainsi d'une même suite, s'est trouvé, soit naturellement assez bas pour être ensuite entiérement couvert par les eaux de la mer, soit assez étroit pour être coupé par l'impétuosité des flots, ou partagé *a* & fendu en deux par la secousse

a SALLUST. fragm. ibid. Plin. II. 92.

l'attribue, ainsi que *Claudien*, à la force des eaux, dans les beaux vers qu'on va lire à la fin de cette note, & que je rapporte, ainsi que divers autres endroits des Poëtes, relatifs à cette description, en leur langue originale; car ils perdroient trop à être traduits. Mais Salluste, sans se décider sur celle-ci, ou sur celle de l'eau, dans un fait trop incertain, rapporte ici judicieusement les deux causes qui l'ont pu produire. En général, il y a une marque certaine pour reconnoître si une isle a été jointe au continent, & ensuite isolée par quelqu'accident naturel. C'est lorsqu'on y trouve des animaux féroces, comme des loups, des tigres, &c. Car il est bien visible que ces animaux s'y trouvent, parce qu'ils y étoient de tout temps. Les hommes ne se sont pas avisés d'en porter dans des barques, & il seroit au moins aussi absurde de dire que ces animaux se sont volontairement jetés à la mer, pour faire sans cause ces trajets dangereux, souvent même impossibles. On peut assurer, par cette raison, que les isles de la Sonde, Sumatra, Java, Borneo, &c. ont jadis été jointes au continent de l'Asie.

Hæc loca vi quondàm & vasta convulsa ruina
(Tantùm ævi longinqua valet mutare vetustas)
Dissiluisse ferunt. Quum protinùs utraque tellus
Una foret, venit medio vi pontus & undis
Hesperium Siculo latus abscidit; arvaque & urbeis,
Litore deductas, angusto interluit æstu.
VIRGIL. Æn. 3. 414.

Trinacria quondàm
Italiæ pars una fuit. Sed pontus & æstus
Mutavere situm. Rapuit confinia Nereus
Victor, & abscissos interluit æquore monteis;
Parvaque cognatas prohibent discrimina terras.
CLAUDIAN. Rapt. Proserp. Liv. 1.

Zancle quoque juncta fuisse
Dicitur Italiæ; donec confinia pontus
Abstulit; & media tellurem reppulit unda.
OVID. Met. 15.

Ausoniæ pars magna jacet Trinacria tellus,
Ut semel, expugnante noto & vastantibus undis,

des tremblemens de terre fréquens en ces cantons. *Delà vient que le lieu a été nommé en la langue des Grecs, Rhegon [1], c'est-à-dire, fente, rupture* [a]. On ne peut dire auquel de ces deux puissans agens, l'eau & le feu, qui travaillent sans cesse à changer la surface de notre globe, on doit attribuer ce prodigieux événement [b]. Eschyle l'assigne nettement à l'effet des tremblemens de terre, qui paroissent aussi avoir détaché [2] de la

[a] Sallust. fragm. ibid. [b] Esch. ap. Strab. Liv. XI.

Accepit freta, cæruleo propulsa tridente :
Namque per occultum cæcâ vi turbidus olim
Impactum pelagus laceratæ viscera terræ
Discidit; & medio perrumpens arva profundo
Cum populis pariter convulsas transtulit urbes.
Sil. Ital. Liv. 24.

[1] ῥήγνημαι, *erumpo*, ῥ. ῥέσσω, *frango*, *scindo*. Rhegio, Ville maritime & Evêché au bout du continent, à vingt milles du cap Pélore, conserve l'ancien nom.

[2] « Il est arrivé à la Sicile ce qui est de même arrivé à quantité d'autres plus petites isles des côtes de l'Italie. Les tremblemens de terre y sont aujourd'hui beaucoup moins fréquens, depuis que les volcans ont fait éruption en divers endroits de cette contrée, & jettent leur effort au dehors. Autrefois, quand ils n'avoient point d'issue, la violence des mouvemens souterreins, causés par les vents & par les feux qui raréfioient l'air enfermé dans des cavernes intérieures, donnoient de si terribles secousses à la terre, qu'elle s'est fendue, & qu'elle a donné passage à la mer d'un & d'autre côté du détroit de la Sicile. Il en est de même des isles Vulcaniennes, de Pitecuse, Caprée, Prochita, & autres isles le long de cette côte jusqu'à Naples, que de pareilles secousses ont séparées du continent. Ailleurs elle en a fait naître du sein des mers, & sortir du fond des eaux. Ceci est arrivé en beaucoup d'endroits de la terre. En général, il est assez vraisemblable que les petites isles, quand on les trouve en haute mer, ont été élevées de son fond par quelque mouvement de la terre, & qu'elles ont été arrachées du continent, quand elles sont voisines de la côte » [*]. La Sicile n'étoit autrefois qu'une péninsule tenant à l'Italie par un isthme. Un tremblement de terre rompit l'isthme que les eaux couvrirent : cet accident physique a donné lieu à la fable, portant que Neptune rompit l'isthme d'un coup de trident, pour faire plaisir à Jocaste, fils d'Eole, Souverain de la Sicile, qui, pour n'être plus exposé aux incursions, vouloit avoir une habitation séparée du continent. Il faut remarquer que le Neptune de la fable n'est autre chose dans la nature que la mer, véritable cause

[*] Strab. Liv. XI.

côte le grand nombre de petites isles adjacentes qu'on voit dans la mer inférieure [a]. Hésiode prétend que, pour garantir la côte de Sicile des fréquens débordemens de la mer auxquels elle devenoit sujette, on fit, à force de transport de terre, une digue formant à présent le cap Pélore. Il attribue cet immense ouvrage au géant Orion. Quoi qu'il en soit, ce prodige est

[a] *Strab.* ibid.

des volcans & des tremblemens de terre. On a nommé l'endroit Rhegium, c'est-à-dire, en langue grecque, *rupture* [*]. Pline dit la même chose sur la séparation de l'isle, & sur le nom du lieu. Parmi les modernes, de savans hommes du pays, parfaitement instruits, ont pensé comme Salluste. Le nom & l'inspection des lieux font assez voir, dit *Fazello* [†], que les vieilles traditions des Grecs & des Latins ne sont nullement fabuleuses, dans ce qu'elles racontent de l'ancienne jonction de ces deux terres, dès long-temps séparées l'une de l'autre. Au coup d'œil, Pélore & Scylla paroissent encore joints. La plus grande profondeur, au milieu du détroit, n'excède pas quatre-vingts pas, fond pierreux. Le peu de profondeur où la vague est si terrible & si agitée, est un indice certain qu'autrefois il y avoit un isthme effectif. Les mariniers du pays disent que tout le fond n'est que d'écueils qu'on apperçoit aisément quand la mer se calme. Du côté du cap Pélore en Sicile, la terre est basse & sablonneuse. Vers le continent au contraire, le rocher de Scylla est très-élevé, & coupé à pic sur la mer : du côté de la terre, il s'abaisse & s'y rejoint en forme de presqu'isle. L'escarpement perpendiculaire de cette côte, marque assez que la Sicile a été séparée de l'Italie, soit par quelque violent tremblement de terre, soit par la force des eaux courantes & recourantes, dont l'effort a peu à peu rongé le terrein, & élargiroit de jour en jour le passage, si la dureté du rocher vif n'y faisoit à présent une digue que les eaux ne peuvent plus miner ».

Au contraire, quelques autres Ecrivains, tant anciens que modernes, nient le fait, & regardent cette tradition comme fabuleuse. On peut consulter là-dessus la savante & curieuse dissertation de *Cluverius.* Il a pour lui *Hésiode* & *Diodore*; je ne rapporterai que deux mots de ce qu'en dit ce dernier, Liv. IV. « Les anciens des fables disent que notre Sicile étoit autrefois une presqu'isle, jointe par un isthme au continent, dont elle a été séparée, soit par les vagues qui ont peu à peu miné cette langue de terre, soit par une secousse qui a fendu les rochers en cet endroit, qui, en mémoire de cet événement, porte encore le nom de Rhegium ». Mais *Hésiode* dit tout le contraire, & remarque que la mer s'écartant en cet endroit, y a elle-même amoncelé les sables, & donné un accroissement à la terre de Sicile, en formant le cap Pélore.

[*] *Eustath. in Dion. Per. Plin.* 2. III, 8.
[†] *De reb. sicul.*

arrivé dans des fiecles dont la mémoire eſt à préſent perdue, c'eſt-à-dire antérieurement à ceux où les Sicans, nation eſpagnole, chaſſée de chez elle par les Ligures, vint habiter l'iſle; d'où elle fut encore chaſſée par les Sicules, ancien Peuple de l'Italie, qui changea le nom de Sicanie, que l'iſle portoit, en celui de Sicile *a*. D'autres néanmoins, peut-être avec plus de vérité, attribuent ce changement à l'Hercule Lybien, qui vint de Tyr fonder tant de Colonies ſur la côte voiſine en Afrique; & qui, voyant l'iſle ſi fertile en raiſins, l'appella *Sicile* *b* 1, d'un nom équivalent, en ſa langue punique, à celui de *vignoble*.

---

a Heſiod, ap. Diodor. L. IV. in fin.

1 Rapportons ici les termes mêmes des anciens, qui ont copié l'original de Salluſte, ou dont il a lui-même ſuivi le ſentiment, & commençons par faire obſerver qu'*Iſidore* a viſiblement tranſcrit, & extrait du IVe. Liv. de notre Hiſtoire, ſa deſcription abrégée de l'iſle & du détroit de Sicile, copiant dans ſon extrait, preſque mot pour mot, les propres termes de notre Hiſtorien, que nous trouvons cités auſſi par d'autres copiſtes qui avoient l'original ſous les yeux. C'eſt ſur la foi d'*Aruſianus-Meſſus*, que je dis que cette deſcription faiſoit partie du IVe. Liv. Il en cite deux paſſages: & il eſt le ſeul des anciens Grammairiens, à la fidélité de qui on puiſſe s'en rapporter ſur les nos. des Livres: les autres Grammairiens n'étant ſur ce point remplis que de fautes & d'erreurs viſibles.

L'ancien nom de la Sicile chez les Grecs, eſt *Trinacrie*, c'eſt-à-dire *à trois pointes*: ſa figure triangulaire la fit appeller ainſi. Les Sicans qui l'habitoient, lui donnerent celui de Sicanie; & enfin les Sicules, nation d'Italie qui paſſa toute entiere dans l'iſle, lui firent prendre celui de Sicile *.

* Diodor. Liv. V.

b Dion-Halic. Liv. I. Diod. Liv. V.

Les Sicules occupoient en Italie la partie voiſine de l'iſle, où ils paſſerent. Elle étoit alors occupée par les Sicans, nation eſpagnole qui, chaſſée de chez elle par les Ligures, s'y étoit établie peu auparavant *. Elle fut appellée Sicanie du nom de Sican, Chef du peuple; & Sicile du nom de Sicule, qui étoit frere d'Italus **. Ce Sicule étoit un Chef des Ligures qui allerent s'établir dans l'iſle dont ils s'emparerent †.

Toutes ces opinions paroiſſent fauſſes; & s'il reſte du doute ſur les deux premieres rapportées par *Diodore*, qui doit être bien au fait de l'hiſtoire de ſon pays; & par *Denys d'Halicarnaſſe*, l'homme du monde le plus inſtruit de l'antiquité, il n'y en peut guere avoir ſur l'origine du nom tiré de ces prétendus rois. Les Phéniciens ſont les premiers peuples policés qui ont conduit des colonies en Sicile, juſqu'alors habitée par de petites nations barbares, qui ſe chaſſoient les unes autres. La méthode des Phéniciens étoit

* Denys d'Halicarnaſſ. Liv. I.
** Iſidor. XIV. 6.
† Sil. Italic. Liv. XIII.

ROMAINE. *LIVRE IV.* 407

Deux montagnes terminent dans l'isle les deux ouvertures du détroit. L'une, fort élevée à *l'orient*, appellée Encelade [a], selon la fable, qui raconte que le géant de ce nom, foudroyé par les Dieux, y gémit sous le poids de l'Æthna, par la bouche duquel il vomit ses feux. L'autre, beaucoup plus basse, *fait face au septentrion* [1]. Elle a reçu le nom de *Pélore*, de celui d'un

LVI. Montagnes, longueur, largeur du détroit. Ecueils de Scylla.

[a] SALLUST. *fragm.* ibid.

d'imposer à leurs nouvelles découvertes, des noms conformes aux qualités, productions ou usages du territoire. La Sicile est fertile en excellens raisins. Elle a toujours fait un grand commerce de vin, & ce commerce étoit fort lucratif, sur-tout dans les siecles où les vignes étoient beaucoup moins communes qu'elles ne le sont aujourd'hui en Europe. Il n'y en avoit alors que dans les pays méridionaux de cette partie du monde. Agrigente faisoit en ce temps avec Carthage, un commerce à peu près pareil à celui que Bordeaux fait aujourd'hui avec l'Angleterre. C'est par-là qu'Agrigente devint si riche & si puissante [*]. Les vins de Syracuse conservent aujourd'hui toute leur réputation. Il y a donc grande apparence que les Phéniciens nommerent l'isle en leur langue, Segul (*segol, bothrus*), c'est-à-dire *vignoble* [†]. Quant aux noms de Sicules & de Sicans, ce n'est que le même mot un peu altéré par une prononciation variée d'une lettre de même organe.

[1] Pélore, aujourd'hui cap du Phare. Les Italiens nomment de même tout le détroit *lo Pharo*, à cause du fanal qui y est élevé pour diriger la course des vaisseaux. La position de ce cap est au nord,

par rapport à la Sicile, comme le dit *Salluste* : mais à l'ouest, eu égard à l'Italie ; & c'est en ce sens qu'il faut entendre ce que disent *Solin* & *Martianus-Capella* de sa position occidentale. *Mela*, *Valere-Maxime*, *Servius* & plusieurs autres racontent, comme notre Auteur, ce fait concernant le pilote d'Hannibal. Le premier dit que ceci arriva dans le temps qu'Hannibal, chassé de Carthage, se sauvoit d'Afrique en Syrie. Toute cette histoire n'a rien de vraisemblable. Le détroit ne se trouve ni sur le vrai chemin de Petilie pour aller en Afrique, ni sur celui de Carthage en Syrie. D'ailleurs, comment pourroit-on croire qu'Hannibal, qui avoit fait pendant tant d'années la guerre en Italie, & sur-tout dans les provinces de Lucanie & d'Abruzze, ne sût pas qu'il y eût un détroit entre la pointe de l'Italie & la Sicile ? *Servius* remarque même que le cap portoit déjà le nom de Pélore avant le temps d'Hannibal. En effet, *Scylax* & *Aristote* nomment le cap Pélore de ce nom (& il est étonnant que *Salluste* l'ait ignoré), soit qu'il lui ait été donné par les Grecs, qui appellent *pélore* les gros objets [*] ; ou par les Phéniciens qui ont découvert la Sicile, en la langue de qui ce mot peut signifier *hauteur lumineuse* (de Baal excel-

[*] Diodor. Liv. XIII.
[†] Bochart, *Chanaan.* I. 30.

[*] Voy. Cluveri, ibid.

pilote d'Hannibal qu'on y a inhumé. Ce Chef des Carthaginois, engagé, en venant de Petilie, dans ce dangereux passage, auquel il n'appercevoit point d'issue, & dont le local ne lui étoit pas encore connu, se crut trahi par le maître de son navire, & le tua dans sa colere [a]. En effet, on prendroit l'endroit plutôt pour une baie que pour un passage. Le Pélore, sur l'isle, & le rocher de Scylla, sur le continent, paroissent encore joints, comme ils l'étoient réellement autrefois [b]. L'aspect du lieu est tel, à le voir de loin, qu'il semble, comme le dit la fable, s'ouvrir pour livrer passage, & se refermer pour emprisonner les navires dès qu'ils y sont entrés [c]. Hannibal ayant bientôt reconnu son erreur, fatisfit aux manes d'un innocent, par les honneurs d'un vain tombeau, & d'une statue qu'on lui éleva sur le cap, servant à perpétuer dans le souvenir des passans, la tradition publique de ce fait [d]; en supposant qu'il soit vrai, comme le débitent les gens du pays, que cette statue soit celle du pilote.

Le détroit, ou fente des terres, tournant delà le long de la Sicile, n'a pas plus de trente-cinq milles de long [e] : à son issue,

[a] SALLUST. fragm. ibid.
[b] Fazell. Ver. Sicul.
[c] Justin. Liv. IV.
[d] Valer-Max. IX. 8. Mela. Servius.
[e] SALLUST. fragm. ibid.

sus, & de *Orah lumen*). Le pilote d'Hannibal pouvoit s'appeller de même *Baal-Orus*, les noms propres puniques & orientaux étant ainsi composés de titres ou de noms de Divinité, tels que *Baal* & *Orus*. Mais il faut s'en tenir à la conjecture lumineuse de *Bochart*, qui explique en même temps d'où vient cette tradition, que le cap Pélore avoit pris son nom d'un pilote. Il remarque que l'expression grecque ὁ Πέλωρος (le Pélore) n'est que le Phénicien *Hobel-Haros* (*gubernator, nauclerus ducis*) [*].

[*] Chan. I. 36.

Le cap Pélore n'est pas un rocher élevé, comme le disent quelques anciens; c'est une côte sablonneuse assez basse : ce qui a donné lieu à *Salluste* de dire que les flots avoient pu, en la creusant, s'y ouvrir un passage, & la miner entiérement. Il y avoit aussi en Sicile une tradition très-ancienne, que la mer gagnant beaucoup sur l'isle, des géants avoient fait ce cap pour lui donner une digue à force de terrasses de sables rapportés [*].

[*] Hesiod. ap. Diodor. L. IV.

les

ROMAINE. LIVRE IV.

les côtes des deux pays forment une espece d'arc [1]. La nature des lieux y produit cette courbure considérable : car la hauteur & les saillies des rochers de Sicile de ce côté-là, rejettent le coup de la haute mer sur la côte d'Italie, plus basse [a] en cette contrée, où l'Apennin fait une fourche, en se partageant en deux bras, qui enveloppent en demi-cercle un vaste espace, moitié terrestre, moitié maritime. Il comprend la Lucanie, l'Yapygie, partie du Bruttium, les golfes de Scylax & de Tarente. *La traversée, à l'endroit le plus resserré du détroit, est d'environ trois milles* [2], *du continent à l'isle. C'est l'endroit si fameux par les*

[a] SALLUST. *fragm.*

[1] Je me suis efforcé de donner ici aux paroles de l'original un sens conforme à la vérité. Le texte semble parler de la courbure des côtes dans le détroit, & dire qu'elle est plus grande en Italie qu'en Sicile ; mais comme au contraire elle est plus grande en Sicile, j'ai rapporté ce fragment à la courbure des côtes, à l'issue du détroit, non dans le détroit même. En Sicile, les hautes montagnes ne commencent qu'à Messine, & tirent du côté de Catana. Dans le détroit, la côte d'Italie est de roches, & celle de Sicile de sable ; de sorte qu'elle a été plus aisément rongée & excavée par le coup du flot, que les rochers rejettent de l'autre côté.

[2] Peut-être Salluste a-t-il voulu parler ici de la largeur du détroit, à l'endroit où les fugitifs vouloient le traverser ; car la distance des deux terres au lieu le plus étroit du passage, est de moitié moindre qu'il ne le dit : & ce n'est pas la seule erreur qu'il y ait dans sa description. Il seroit surprenant qu'il eût fait cette faute, dans laquelle d'autres anciens Historiens ou Géographes qu'il avoit sous les yeux,

ne sont pas tombés. *Scylax* & *Polybe* [*] donnent la distance de douze stades (un mille & demi), *Timée* de treize [**], *Thucydide* de vingt [†] : *Homere* la réduit à un trait de fleche ; ce qui est fort exagéré. Parmi les Ecrivains postérieurs à Salluste, *Pline* [¶] donne de même quinze cents pas de distance de Cenis en Italie, au cap Pélore. *Strabon* la réduit presque à la moitié. *Silius-Italicus* rapporte qu'on entend le chant des oiseaux d'un bord à l'autre. Aujourd'hui l'opinion commune est que la distance n'excede pas onze à douze cents pas. Mais *Cluverius*, qui a si bien vu le pays, dit que l'on compte ordinairement quinze cents pas depuis les deux pointes les plus voisines ; savoir, la queue du Renard, & la tour du Phare en Sicile ; & qu'ayant lui-même deux fois fait exprès le trajet, il lui a paru un peu plus long. Quant à la longueur du détroit, que Salluste détermine à trente-cinq milles, son

[*] Liv. I.
[**] Tim. ap. Diodor, Liv. IV.
[†] Liv. VI.
[¶] III. 8.

monſtres que les fables y ont placés : d'un côté Scylla, de l'autre Charybde. Les habitans du lieu appellent Scylla un écueil élevé qui s'avance au loin dans la mer. Ce rocher, apperçu d'une certaine diſtance, offre aux yeux quelqu'apparence de la ſtatue d'une belle femme. Les flots, en s'y briſant, rendent un bruit ſemblable aux hurlemens d'une troupe de chiens ; ce qui a donné naiſſance à la fable qui a fait de Scylla [1] *un monſtre de forme humaine* [a]*, ayant*

[a] Sallust. fragm. ibid.

rapport, ajoute *Cluverius*, eſt aſſez juſte, à compter du cap Pélore, à la derniere pointe de l'Apennin : car *Pline* donne vingt milles du Pélore à Rhegio, & il y a un peu moins de Rhegio à cette pointe. Ceux qui donnent une moindre longueur, ne la comptent que dans l'endroit le plus ſerré du paſſage.

[1] Scylla eſt en Italie, & Charybde en Sicile. Scylla, fille de Phorcus & de la Nymphe Chreteys, fut aimée de Glaucus, dont Circé étoit amoureuſe. Celle-ci, jalouſe de ſa rivale, empoiſonna une fontaine où Scylla avoit coutume de s'aller baigner : tellement que cette infortunée étant entrée dans la fontaine juſqu'à la ceinture, fut hideuſement métamorphoſée. Elle eut tant d'horreur de ſa difformité, qu'elle ſe jeta dans la mer. D'autres attribuent cette vengeance à Glaucus même, qui n'ayant pu ſe faire aimer de Scylla, fit empoiſonner la fontaine par Circé. D'autres, à Neptune, amoureux de la Nymphe, & jaloux de la préférence qu'elle donnoit à Glaucus. *Salluſte* dit que c'eſt un rocher qui reſſemble de loin à une belle femme. On a feint que ſa ceinture étoit entourée de loups & de chiens dévorans, parce que cet endroit eſt plein de monſtres marins, & que les vagues, en heurtant dans les concavités du rocher, font un bruit pareil à l'aboiement d'une troupe de chiens [*].

« Des trois pointes de la Sicile. Pélore, » au deſſous de laquelle eſt Charybde, » regarde l'Italie. Le cap de Scylla s'a-» vance du continent aſſez loin dans la » mer, portant l'apparence de la tête & » de la ſtatue d'une femme. Le pied de » ce rocher ſous l'eau, eſt plein de roches » & de cavernes, où les monſtres marins » ſe retirent. Si un vent s'en éloigner, » on tombe aiſément dans le tournoiement » de Charybde : ſi l'on s'en approche trop, » on court riſque d'heurter contre les » écueils, & auſſi-tôt les chiens de mer » & autres monſtres ſe jettent ſur les gens » qui ont fait naufrage, & les dévorent [**] ». *Bochart* laiſſe là toutes les traditions populaires, pour s'attacher plus judicieuſement à la ſignification originale des termes, qui en eſt preſque toujours l'explication ou la définition. Il obſerve que *ſcol* en langue orientale, & *ſcolos* en grec, ſignifie *exitium*, & que voilà pourquoi ce lieu dangereux eſt appelé du même mot *Scylla* [†].

[*] Servius. in Æneid. III. 420.
[**] Vet. Schol. Apollon.
[†] Chan. I. 36.

ROMAINE. LIVRE IV.

la ceinture entourée de têtes de chiens. Elle ajoute qu'ils rentrent dans le sein de cette femme, c'est-à-dire dans les antres creux & saillans, dont le pied du rocher est garni à fleur d'eau, d'où ils ressortent en aboyant, pour dévorer les navigateurs qui ont fait naufrage. Et selon le rapport des gens du pays, les cavernes sous l'eau servent réellement de retraite à diverses especes de monstres marins, avides de proies. Mais, à parler vrai, l'écueil de Scylla n'a rien d'extrêmement dangereux, ni même de si extraordinaire pour les navigateurs fort expérimentés [a]. Les vieilles fables, tant rebattues, ont accru l'épouvante, qui, à son tour, rend aux yeux des passans le péril plus grand qu'il n'est.

Charybde est un tournoiement de la mer [b], à quinze milles de Scylla, sur le bord de l'isle, en tirant vers Messine : cet endroit-ci est plus dangereux que l'écueil. Selon le récit fabuleux, c'étoit une femme vorace, qui, pour avoir enlevé les bœufs d'Hercule à son retour d'Espagne, fut frappée de la foudre, & précipitée dans la mer, où elle retient encore sa premiere nature [c]: *car elle engloutit tout ce qui s'en approche* [d]. Aussi ce mot *Charybde* [1] revient-il à celui de *chûte rapide* ou *engouffrement des*

LVII. Gouffre de Charybde.

---

[a] SALLUST. *fragm*. ibid.
[b] Senec. *epistol*.
[c] Serv. Æn. III. 420.
[d] SALLUST. *fragm*. ibid.

[1] Nul doute que les anciens navigateurs Phéniciens n'aient donné le nom de Charybde à cet abyme, l'appellant en leur langue *Chorobdam* (trou de perdition) *. Par une rencontre assez plaisante, *Horace*, qui ne savoit pas la langue Phénicienne, donne ce nom à une courtisane qui ruinoit un de ses amis, *quanta laboras in Charybdi*. « On l'appelle aujourd'hui *Calo-fare* (beau fanal), depuis qu'on en a élevé un à St. Renier, sur le rivage voisin, pour avertir les navigateurs de se garder de cet endroit dangereux, où
* Bochart. ibid.

» nous voyons les expériences journa-
» lieres de ce que Sallufte en a rapporté *.
» οἱ δύω σκόπελοι &c. ἡ Σκύλλα καὶ
» ἡ Χάρυβδις, &c. Il y a deux écueils,
» dont le premier éleve jusqu'au ciel sa
» tête pointue; l'autre est plus bas, à la
» distance d'un trait de javelot. On y
» voit un grand figuier sauvage, au des-
» sous duquel Charybde engloutit l'onde
» noire, qu'elle engouffre & rejette trois
» fois par jour ** ».
* Fazellus. ibid.
** Homere. *Odyss*. Liv. XII.

eaux *a*. La mer y est profonde & bouillonne d'une grande force, avec le même bruit que fait une chaudiere sur le feu *b*, tournant & revenant sur son centre, où la vague s'abyme tout d'un coup dans un précipice. Son courant circulaire attire tout ce que la tourmente a brisé dans le détroit [1], & l'absorbe si

---

a Thucidid. Liv. IV. Demosth. & Eustath. in Odyss.   *b* Tzetz. Chiliad.

> Dextrum Sylla latus, lævum implacata Charybdis
> Obsidet, atque imo barathri ter gurgite vastos
> Sorbet in abruptum fluctus, rursusque sub auras
> Erigit alternos, & sidera verberat undâ.
> At Scyllam cæcis cohibet spelunca latebris,
> Ora exsertantem, & navis in saxa trahentem.
> Prima hominis facies, & pulchro pectore virgo
> Pube tenus: postrema immani corpore pistrix
> Delphinum caudas utero commissa luporum.
>   VIRGIL. Æn. III. 420.

> Nec Scyllæ sævo conterruit impetus ore,
> Quum canibus rapidas inter freta serperet undas
> Nec violenta suo consumpsit more Charybdis,
> Vel si sublimis fluctu consurgeret imo;
> Vel si interrupto nudaret gurgite pontum.
>   TIBUL. Liv. IV.

>   Ter fluctus ibidem
> Torquet agens circum, & rapidus vorat æquore vortex.
>   VIRGIL. Æn. I. 129.

> Scylla latus dextrum, lævum irrequieta Charybdis
> Infestat. Vorat hæc raptas revomitque carinas.
>   OVID. Metam. Liv. 14.

> Et qui corruptas sorbentem vorticis haustu,
> Atque iterum è fundo jaculantem ad sidera puppes
> Tauromenitanâ cernunt de sede Charybdis.
>   SIL. ITAL. Liv. XIV.

[1] « Faut-il s'étonner que l'antiquité ait réuni tant de fables dans ce petit espace, où la nature a réuni tant de merveilles ? Nulle part ailleurs, l'eau ne bouillonne avec tant de furie, ne court avec tant de rapidité, ni n'effraie de si loin. Les vagues s'y combattent, tantôt se jetant les unes sur les autres, & tantôt

ROMAINE. *LIVRE IV.* 413

bien, qu'on ne voit furnager aucun débris *a*. Une force interne, jointe à l'action toujours continuée de l'ondulation extérieure, entraîne, par des gouffres cachés, jufqu'à une *diftance de foixante milles*, les naufrages que les accidens y amenent *b*, & va les rejeter vers le rivage de Tauroménie 1, où *les vaiffeaux mis en pieces reffortent du fond des eaux*, à l'endroit de la côte orientale de Sicile, qu'on appelle l'égoût de Charybde *c*. Il y a dans cet

a Fa*z*ell. ib. *Pacat. in Panegyr. Theodof.*
b SALLUST. *fragm.* ibid.
c Strab. *Liv. VI.*

» s'échappant. Les flots vainqueurs pa-
» roiffent s'élever au ciel pendant qu'ils
» en précipitent d'autres dans l'abyme:
» les uns bruiffent en s'élevant, les autres
» rugiffent en fe précipitant: cette image
» a donné lieu aux fables terribles de
» Charybde & de Scylla .Les navigateurs,
» effrayés de ce bruit formidable, ont cru
» voir des monftres, & les entendre
» aboyer. En effet, le fon des eaux en-
» gouffrées repréfente affez cette image.
» Les promontoires des deux côtés font
» affez voifins, pour être aujourd'hui l'ob-
» jet d'autant de curiofité, qu'ils ont au-
» trefois excité de terreur lorfqu'on croyoit
» qu'après s'être ouvert pour donner en-
» trée aux vaiffeaux, ils fe refferroient
» enfuite pour les engloutir. La crainte a
» eu plus de part à cette vieille fable,
» que l'amour du merveilleux * ».

1 Ville fur une riviere de même nom, entre Meffine & Syracufe **. Elle fut fondée dans la cent troifieme olympiade, par Andromaque, pere du célebre Hiftorien Timée, homme recommandable par fa grandeur d'ame & par fes richeffes. Il raffembla tous les gens fugitifs de l'ifle de Naxe, que Denys venoit de faccager, &

* *Juftin. Liv. IV.*
** *Vib. fequeft. de fluminibus.*

leur donna pour habitation, une colline appellée *Taurus* (le mont), vis-à-vis de l'ifle de Naxe, que les gens du pays ont nommée Tauroménie, comme qui diroit *manoir du Taure* (ou *mont-maifon*). On l'appelloit auffi Naxos, de l'ancien nom de fes habitans. Ils y firent très-bien leurs affaires, & la ville, en fort peu de temps, eft devenue riche & puiffante *. Elle avoit un fameux temple de Vénus, où, en l'honneur de la génération, on fufpendoit de grandes repréfentations votives des fexes mâle & femelle, appellées en langage Naxien, *gerra* **, femblables aux Lingans des Indiens, & aux amuletes d'or que les Romains pendoient pour ornemens au col de leurs enfans. La riviere voifine du temple & de la ville, avoit reçu des Phéniciens le nom d'Onabala †. *Onbola* eft le nom arabe du fexe de la femme ¶: il a un grand rapport à *omphalos* & à *umbilicus*. La ville eft aujourd'hui *Taormina*, fur une montagne fort efcarpée, ayant d'une part, fon afpect fur la mer, & de l'autre, fur des montagnes plus élevées,

* *Diodor. Liv. XIII. & XVI.*
** *Bochart.* ibid.
† *Appian.*
¶ *Hezych. & Nonn.*

abyme ou canal sous l'eau, un courant alternatif très-extraordinaire. *Trois fois chaque jour le flot s'élance du gouffre en bouillonnant, & trois fois il s'y précipite ; engloutissant pour revomir, & revomissant pour engloutir de nouveau ce qu'il vient de rejeter* ᵃ. Ce flux & reflux n'est jamais si fréquent ni si marqué que lorsqu'il s'éleve un grand vent du midi. Car des deux courans qui regnent aussi dans le détroit [1], & qui s'y heurtent par la rencontre des deux mers, celui qui vient du septentrion étant plus rapide & plus impétueux que l'autre, le choc de l'air & de l'eau, si le courant du nord vient à être refoulé dans cet étroit passage, y cause une double agitation qui brise les flots avec un fracas horrible; les éleve jusqu'aux nues, d'où ils se précipitent en masse par leur propre poids. Mais avant qu'ils aient eu le temps de retomber, d'autres vagues causent une collision nouvelle, qui fracasse & submerge les navires. L'action du vent poussant les eaux de la haute mer dans le canal souterrein, les fait jaillir avec violence hors du gouffre de Charybde, jusqu'à ce que la masse, trop lourde pour être soutenue, vienne à se replonger avec la même précipitation, repoussée, comme elle l'est d'ailleurs, par le courant du nord, dont les vagues amoncelées surmontent enfin l'obstacle du vent du midi, & s'écoulent au loin comme un torrent ᵇ. Hors de ces cas [2], le gouffre est plus

---

ᵃ SALLUST. *fragm.* ibid.

[1] " Le passage est étroit, le courant douteux, se portant tantôt vers une mer, tantôt vers l'autre, par-tout effrayant, dangereux, & fameux par les noms terribles de Charybde & de Scylla. Celui-là est un rocher, & l'autre un gouffre où l'eau tournoie ; tous deux également à craindre pour les navigateurs * : l'un vers Messine, l'autre vers Rhegio " **

* *Mela.* II. 7.

** *Tzetzes. in Lycoph.*

ᵇ *Cluver. Sicil. antiq.* I. 5.

[2] " Je vous ai prié, dit *Seneque* dans
" une de ses lettres *, de me marquer ce
" que c'est que ce gouffre de Charybde,
" dont on parle tant: car je sais que Scylla
" est un rocher bien moins dangereux
" qu'on ne le dit : faites-moi le plaisir de
" vérifier si ce qu'on dit du gouffre a
" quelque fondement réel, & mérite d'être
" observé : si les tournoiemens sont les
" mêmes en tout temps, ou seulement

* *Epist.* 79.

tranquille, & son mouvement alterne moins sensible *a*. Mais, dans le détroit, quand le vent du nord y souffle, le courant est rapide, & *la vague courte & pressée ; ce qui est ordinaire dans tous les passages battus de l'aquilon b*. Tel est ce détroit si célébré par Homère, dont le récit, quoique peu exact, quoiqu'orné d'expressions & de fictions poétiques, est pourtant, à vrai dire, plutôt exagéré que fabuleux. Tel est le lieu que les fugitifs voulurent tenter de traverser sans moyens & sans expérience.

Forcés d'y renoncer, ils revinrent dans la forêt Sila, résolus de s'ouvrir à tout prix un passage hors de l'enceinte, dussent-ils

LVIII. Les fugitifs forcent le retranchement

---

a Seneq. Consol. ad Marc. 17. *b* SALLUST. *fragm. 172.*

" lorsqu'il y a un grand vent, & s'il est
" vrai que ce qu'il absorbe est revomi sous
" l'eau à plusieurs milles de là, sur la côte
" de Tauroménie ".

Le gouffre ne revomit pas trois fois le jour, comme le dit *Homère*, mais seulement lorsque la vague est fort agitée par le vent, sur-tout par le vent du midi. Ce ne sont pas non-plus, comme on l'a dit, les cavernes intérieures sous l'eau qui jetent les débris sur le rivage de Tauroménie, mais l'extrême rapidité du courant du nord, qui se fait sentir jusqu'à soixante-dix milles du promontoire d'Italie. Au reste, le danger n'est que pour les felouques & autres petits bâtimens dont les gens du pays font ordinairement usage : les grands vaisseaux, tels que ceux d'Angleterre ou de Hollande, y sont à la vérité fort battus des flots, mais ils ne courent aucun véritable risque de naufrage. Ajoutons que le gouffre n'est pas seulement, comme on le dit, sous le Phare, mais aussi tout le long de la côte, jusqu'au cap Pélore, & même en dehors. De tout ce côté méridional, la profondeur est très-grande, quoique le rivage soit sablonneux. En dernier lieu, une galère de Palerme s'y étant engagée par un vent du midi, pirouetta long-temps en rond, & fut presqu'engloutie. Il fallut toute la force de la chiourme, dont par bonheur la galère se trouva très-bien pourvue, pour la tirer de ce péril, comme me le racontèrent à Messine ceux qui la montoient *.

Charybde est vers le port de Messine. Il n'y a rien à craindre, si ce n'est lorsque les courans s'entre-rencontrent & s'entreheurtent ; car cela fait tourner les vaisseaux, & enfin les coule à fond. Mais il est sans doute qu'autrefois le danger y a été bien plus grand, à cause qu'on n'entendoit pas si bien la navigation, & que les vaisseaux n'étant pas si forts qu'on les fait à présent, ils ne pouvoient pas long-temps résister à la violence des vagues. On dit que le plus grand danger est au milieu, ce que l'on tâche aussi toujours d'éviter. Mais, pour dire la vérité, le danger est grand par-tout, & le port même n'en est pas exempt **.

* *Cluverius Sicilia antiq. I. 5.*
** *Grelot & le Bruyn.*

& fortent de l'enceinte. Les Gaulois se séparent des Thraces.

y laisser tous la vie, *puisque, quelque résistance qu'ils y pussent trouver, au moins valoit-il mieux encore périr par le fer que par la faim* [a]. Le grand mur au-delà des tranchées avoit été fort avancé, mais non pas fini en leur absence. Il en restoit une longueur de plusieurs stades à élever du côté de la mer supérieure. Spartacus choisit une nuit très-froide, pendant laquelle la neige continuoit depuis deux jours à tomber avec tant d'abondance, qu'à peine on pouvoit discerner les objets à quelques pas de soi. Les fugitifs avoient tout préparé à la hâte dans l'obscurité. Ils arriverent chargés de fascines au bord du fossé déjà comblé en partie par les neiges. Ils y jeterent du bois, de la terre, de nouveaux tas de neige, les cadavres des morts, & jusqu'à leurs chevaux, leurs bestiaux & leurs prisonniers de guerre qu'ils égorgerent [b]. Ils firent si bien, qu'ils franchirent l'obstacle [c] & s'échapperent, se retirant en diligence du côté de la Lucanie. Le dessein de leur Chef étoit de gagner le port de Brunduze, & de faire une nouvelle tentative pour sortir de l'Italie par mer. Malheureusement il apprit en route que la flotte de Lucullus venoit de prendre terre à Brunduze, où elle ramenoit l'armée de Macédoine. Ce bruit étoit faux : mais il n'en fit pas moins son effet. Spartacus barré, comme il le croyoit par ce nouvel obstacle, se rejeta sur sa gauche, *plus embarrassé que jamais de prendre un parti* [d]. Dans ce désordre, les Gaulois, déjà mutinés de longue-main, ne voulurent entendre à rien; se séparerent de nouveau, & allerent avec leurs trois Commandans camper à part, sur les marais salans de Lucanie [1], dont l'eau

[a] SALLUST. *fragm.* 226.
[b] Frontin. I. 5.
[c] Plutarch. ibid.
[d] SALLUST. *fragm.* 526.

[1] De la maniere dont parle *Plutarque*, il semble que ce lac soit près du bord de la mer supérieure en Lucanie : car on ne peut guere douter que ce ne soit de ce côté où les Gaulois furent défaits par Crassus ; puisqu'après leur défaite, Spartacus se retira vers le mont Cliban près de Pétélie. Cependant il est parlé ailleurs

a la propriété singuliere d'être alternativement douce & salée.*

Cependant Crassus, au désespoir de ce que les fugitifs étoient échappés, fut frappé de crainte qu'ils n'eussent de nouveau pris le parti de tirer droit à Rome pour la saccager. Il y envoya porter cette nouvelle en toute diligence. Dans le premier mouvement de sa frayeur, il écrivit au Sénat que l'affaire devenoit plus sérieuse qu'il n'étoit possible de le dire, & qu'on ne devoit pas hésiter à rappeller Pompée d'Espagne, & même à faire revenir l'armée que M. Lucullus commandoit en Macédoine. Aussi-tôt il se mit en marche à la suite des Gladiateurs; & fort content d'apprendre qu'ils s'étoient divisés, il attaqua d'abord

LIX. Crassus demande du secours à Rome. Il détache ses Lieutenans pour surprendre la troupe Gauloise.

a Plutarch. ibid.

de la position où se trouvoit Spartacus un peu avant sa derniere déroute entre la riviere salée, la riviere Silaris près du golfe de Peste, & la montagne qui paroît être le mont Calmatius sur l'autre confin de la Lucanie. Ce dernier endroit est près de la ville de *Capaccio*, dans la principauté citérieure. Près delà, *Fiume salso* est une petite riviere qui reçoit diverses fontaines, les unes douces, les autres salées: de sorte que la riviere est tantôt douce, & tantôt salée, comme le dit *Plutarque*, selon que les fontaines de l'une ou de l'autre espece ont plus ou moins donné. *Cluverius*, qui a bien examiné le terrein, dit qu'il a remarqué une campagne entre la montagne & le Silaris, fort propre à ranger une armée en bataille; ce qui lui fait juger que c'est en ce lieu que se passa la derniere action où Spartacus fut tué; & que les termes d'Oroze, *ad caput amnis Silaris*, signifient non la source, mais l'embouchure de cette riviere. Il me semble que c'est forcer un peu le sens de l'expression, à laquelle je me suis tenu en plaçant cette derniere bataille dans la vallée des Hirpins. Au reste, le cours du Silaris n'est pas long, ce qui rend la différence peu importante entre le sentiment de Cluverius & le mien. Voilà ce que j'avois à remarquer sur la position des deux dernieres batailles livrées aux fugitifs, dans l'une desquelles les Gaulois, & dans l'autre Spartacus furent défaits. Comme il ne nous reste que des morceaux fort décousus sur la plupart des événemens de cette révolte, il est souvent très-difficile de déterminer les choses d'une maniere certaine. *Frontin* sur-tout augmente l'embarras, en racontant en plusieurs endroits, d'une maniere différente, des opérations militaires qui pourroient bien être les mêmes. Telles sont, par exemple, le combat de Calamarque & celui du bourg de Catene. *Orose* & *Plutarque* n'ont pas mis non plus beaucoup d'exactitude dans leur récit.

le corps des Gaulois & Germains. Il les attaqua une premiere fois vers le lac, les battit, & en auroit fait un grand carnage, si Spartacus, plus généreux qu'eux, survenant à leur secours, n'eût arrêté la poursuite des Romains, & n'eût donné aux Gaulois le temps de se rallier, & de se retrancher de nouveau sur le mont Calamarque *a*. La seconde affaire fut plus décisive. Le Préteur détacha deux de ses Lieutenans, Pontinius & Martius-Rufus, à la tête de douze cohortes, formant un corps de six mille hommes, pour aller se saisir d'une éminence qui dominoit sur le camp gaulois, commandé par Castus & par Cannimac : leur enjoignant sur-tout de se cacher assez bien pour n'être pas apperçus.

LX. Le détachement est découvert par deux femmes. Crassus y marche en personne. Grande victoire des Romains.

Les cohortes, vers la fin de la nuit, marchoient en grand silence, leurs casques & leurs armes couverts de feuillages, tournant la montagne par derriere, sans avoir été apperçus, ni devoir l'être, selon toute apparence ; *lorsque sur ces entrefaites, le jour commençant à peine à laisser discerner les objets, deux femmes Gauloises, qui se trouvoient dans le cas de rester séquestrées de la société* [1] *pendant quelques jours, sortirent du camp & monterent*

a Plut. ibid. Front. ibid.

[1] Les termes du fragment, *Mulieres conventum vitantes ad menstrua solvenda*, sont susceptibles de deux explications très-différentes. On peut les entendre de la maniere la plus naturelle, comme je l'ai fait ; ou autrement aussi, d'un usage reçu parmi les Gaulois, de faire offrir tous les mois un sacrifice par leurs Prêtresses. *Plutarque* favorise cette maniere d'expliquer le fragment de *Salluste*, lorsqu'il raconte que le détachement fut découvert par deux femmes qui faisoient des sacrifices devant le camp ennemi. On sait en effet que les Gaulois & les Germains avoient des temples desservis seulement par des femmes chargées des rites & des cérémonies. Elles répondoient aux consultations faites sur les événemens à venir, & décidoient même quelquefois les affaires en matiere civile [*]. Mais rien de tout cela ne se faisoit en secret. *Dom Martin* prétend à la vérité que ces femmes Prêtresses vivoient éloignées des hommes ; qu'il n'étoit pas permis à ceux-ci d'approcher de leur temple ; qu'elles étoient sorcieres, & alloient faire leurs enchantemens au clair de la lune [†]. Mais cet Ecrivain,

[*] Strab. Liv. VI.
[†] Martin. Relig. des Gaul. ch. 27. & 31.

ROMAINE. LIVRE IV. 419

sur cette éminence, pour y aller à part passer le temps périodique de leur sexe *a*. Elles découvrirent la marche du détachement, & revinrent en hâte au camp, donner l'alarme sur la surprise qui se préparoit. Les Romains furent si bien reçus, qu'ils couroient risque d'être eux-mêmes défaits, si Crassus n'eût à temps fait de son côté une autre attaque. Les grands cris que les nôtres pousserent, en arrivant derriere l'ennemi, l'épouvanterent à tel point, qu'il prit la fuite, au moment où l'avantage étoit déjà marqué en sa faveur *b*. Ce combat fut le plus grand qui ait été livré dans le cours de cette guerre *c*. Il y eut deux actions dans la même journée : l'une le matin, de la part des Lieutenans de Crassus : l'autre l'après midi, de celle du Général lui-même, où l'un des Commandans gaulois laissa la vie *d*. Selon les meilleures relations, les ennemis perdirent plus de six mille hommes à la premiere, & presqu'autant à la seconde *e*. D'autres en portent le nombre jusqu'à trente ou trente-cinq mille dans les deux affaires *f*. On fit neuf cents prisonniers. On recouvra cinq aigles romaines, vingt-six drapeaux, & cinq

a SALLUST. *fragm.* 415.
b Plut. ibid. Frontin. II. 4. 7.
c Plut. ibid.
d Tit-Liv. epitom. 97.
e Appien. ibid.
f Oroz. V. 2. Tit-Liv. ib. Oroz.

sujet à avancer beaucoup de choses sans preuves, comme il le fait ici, ne mérite de foi qu'autant qu'il cite ses autorités. Il y a plus d'apparence que *Plutarque* ignorant l'usage où étoient les femmes gauloises de s'éloigner de la société dans un certain temps, a cru qu'elles s'étoient ainsi placées au devant du camp pour offrir un sacrifice. Mais il ne dit pas qu'elles se fussent mises à l'écart, ni sequestrées du gros de leurs gens, comme *Salluste* le dit expressément. Il me semble que le sens que j'ai donné à ce passage, est déterminé par les mots *conventum vitantes*, & surtout par l'expression *solvere*, qui est le terme propre. L'on sait l'attention que donne *Salluste* à toujours employer l'expression propre aux choses qu'il veut dire. Je n'ai pas besoin de parler de l'usage si connu où étoient les anciens peuples barbares, & où sont aussi les modernes en Amérique & ailleurs, de séparer alors les femmes de la société, & de les tenir à l'écart dans quelques cabanes destinées à cet usage, loin des autres habitations, jusqu'à ce que leurs pertes périodiques soient passées.

faiſceaux avec les haches. Nos légions y firent à merveille; on prétend même (ce qui eſt peu vraiſemblable) que Craſſus n'eut que trois ſoldats tués & ſept bleſſés : tant la ſévérité des châtimens qu'il avoit infligés aux lâches, avoit bien rétabli la diſcipline & la vigueur militaire *a*.

LXI. Effroi du Peuple à Rome. Il demande le rappel de Pompée.

L'alarme & l'indignation furent égales à Rome, en apprenant que les fugitifs avoient forcé la barriére. On y avoit été plus promptement informé de leur évaſion que de la derniere victoire du Préteur. On murmura plus haut que jamais, de voir traîner ſi long-temps une guerre en forme, contre de miſérables Gladiateurs. Le Peuple demandoit à grands cris qu'on fît revenir Pompée *b*. C'étoit ſon recours ordinaire dans toutes les affaires urgentes. Jamais perſonne n'a joui à pareil degré de la confiance ou de la prévention nationale. Le Sénat lui écrivit de hâter ſa marche : car on le ſavoit prêt à ſe mettre en route pour ramener ſon armée d'Eſpagne. On ne faiſoit en cela que ſuivre l'avis de Craſſus. Mais celui-ci n'avoit pas tardé à ſe repentir de s'être, par ce conſeil, donné un rival, qui alloit venir à la fin de l'expédition lui enlever, par la faveur du Peuple, tout l'honneur de ſes travaux. En effet, les Comices n'étoient déjà remplis que de gens qui briguoient le Conſulat pour Pompée ; diſant que la victoire lui étoit réſervée, & qu'il ne ſeroit pas plutôt arrivé, qu'il termineroit cette guerre par un combat déciſif *c*.

LXII. Siege de Calaguris. Horrible famine dans la place. Réduction totale de l'Eſpagne.
An. 682.

Le Peuple reprit une entiere aſſurance ſur ſon retour, qui ne pouvoit plus guere être différé ; puiſqu'après la deſtruction des armées ennemies en Eſpagne, il n'y reſtoit plus que quelques villes de marque qui fiſſent encore réſiſtance. Oſca, Tuttia, Clunia, Valence & quelques autres, ſe rendirent par compoſition *d*.

a Appian. ibid.
b Cic. Leg. Manil.
c Plutarch. ibid.
d Flor. III. 22. Jul-Exſup. Bell. Liv. 8.

Auxima ¹ & Calaguris firent seules une longue défense. Pompée fit en personne le siege de la premiere, la prit & la détruisit. Afranius son Lieutenant, tenoit depuis plusieurs mois la seconde assiégée. L'attachement des Calaguritains pour la mémoire de Sertorius, leur fit faire une résistance effrayante, au-delà de tout ce que Numance avoit montré d'opiniâtreté féroce au temps des guerres puniques. On a horreur de dire que, réduits à la derniere disette, n'ayant plus dans leurs murs ni animaux, ni grains ², ni aucune espece d'alimens dont ils pussent soutenir leur vie, plutôt que de vouloir se rendre, ils eurent l'affreux courage *de manger une partie des cadavres de leurs femmes & de leurs propres enfans, morts de faim, & de saler le reste, pour pouvoir le conserver pour le même usage* ᵃ; & prolonger de quelques jours leur défense. La ville fut enfin prise & réduite en cendre. Afranius fit passer tous les habitans au fil de l'épée ᵇ. La ruine de Calaguris acheva la conquête de l'Espagne, dont toutes les provinces passerent sous la domination romaine ᶜ. Ainsi finit, au bout de dix ans, cette guerre qui, à la prendre dans son principe, n'étoit au vrai qu'une derniere branche de nos guerres civiles. Mais, comme elle avoit entraîné de grandes conquêtes sur les nationaux, nos Généraux, qui vouloient obtenir

---

ᵃ Sallust. *fragm. 630.*
ᵇ *Flor. 16. Oroz. V. 21. Val-Max. I. 6. 8.*
ᶜ *Eutrop. L. VI.*

¹ Auxima, qui paroît être la même ville qu'Uxama (aujourd'hui Osma), étoit une ville du pays des Arévaques.

² « Etoit-ce là, s'écrie *Valere-Maxime* avec emphase, un ennemi à qui l'on pût dire pour l'animer à la défense : vous combattez pour le salut de vos femmes & de vos enfans ? Contre de telles gens on doit faire la guerre pour les punir, plutôt que pour les vaincre. C'est déli- vrer plutôt qu'asservir ceux qui sont en leur pouvoir, que de les ôter des mains de ces barbares, dont la cruauté surpasse celle des serpens & des monstres les plus farouches. Car enfin les animaux n'ont rien de plus cher que leur progéniture; & les Calaguritains ont bien osé dévorer la leur propre, & s'en nourrir * ».

* *Valer. Max. I. 6. 3.*

l'honneur du triomphe, la firent regarder plutôt comme guerre étrangere [a]. La mort de Sertorius fut la véritable époque de sa fin. S'il eût vécu, c'étoit encore l'affaire de bien des années [b].

LXIII. Pompée fait élever les trophées sur les monts Pyrénées. Il bâtit deux villes au pied des montagnes, & revient en Italie.

La guerre ainsi terminée, Metellus ramena ses troupes en deçà des montagnes, & *licencia l'armée, dès qu'il eut passé les Alpes* [c]: ne gardant de soldats que ce qui lui étoit nécessaire pour le suivre le jour de son triomphe. Pompée au contraire retint la sienne, qui lui servit utilement dans une occasion que le hasard lui procura. Il avoit encore fait quelque séjour en Espagne, après le départ de son collegue, occupé du soin de régler le gouvernement [d], & de dissiper les restes d'émotions capables de renouveller les troubles [e]. A son retour, en quittant les confins de la Celtibérie, *il éleva des trophées* [1] *sur les monts*

[a] Flor. 16.
[b] Appian. ibid.
[c] Sallust. fragm. 509.
[d] Zonar. annal. L. X.
[e] Plut. in Pomp.

[1] Il sembleroit, par la maniere dont Pline parle, qu'il y ait fait aussi élever sa statue; ce qui seroit cependant bien peu conforme aux mœurs de la République, où un homme vivant ne pouvoit pas même faire mettre sa tête sur une médaille. Mais les médailles servant de monnoie, cela auroit eu un air de souveraineté. « Ce portrait de Pompée, fait tout en perle, de cette tête si belle & si noble, qui étoit l'objet de la vénération du monde entier, est un triomphe du luxe sur la gravité vaincue. O Pompée! ton nom de *Grand* seroit effacé pour y substituer à jamais celui d'effeminité, si tu avois ainsi célébré ta premiere victoire. Est-ce avec le faste des bijoux réservé à la parure des femmes, & si peu fait pour ta physionomie, qu'il falloit nous laisser tes » beaux traits figurés? Est-ce par là que » nous apprendrons combien tu étois précieux à l'Etat? O! que l'image que tu » as laissée de toi sur les Pyrénées, est » bien plus ressemblante & plus digne de » toi *.

C'étoit vers Pampelune selon les uns, vers Cominge selon les autres, & plus vraisemblablement sur le mont Uduran près de Puicerda dans le val d'Andore, où l'on dit que l'on voit encore quelques restes de ce fameux monument **; entr'autres, de grands cercles de fer, fondés en plomb dans le rocher, servant à soutenir les bases de pierre †. On peut voir là-dessus la dissertation de *Cellarius* ¶.

* Plin. XXXVII. 6.
** Briett. Parall.
† Mariana.   ¶ Géogr. ant, II. 1.

ROMAINE. *LIVRE IV.* 423

Pyrénées [1], pour monument de ses victoires sur les Espagnols [a]. Au lieu qu'on s'étoit contenté jusqu'à lui, de revêtir d'armures le

[a] SALLUST. *fragm.* 299.

On connoît la coutume qu'avoient les anciens, d'ébrancher un tronc d'arbre qu'ils revêtissoient d'une cuirasse, d'une paire de brassards passés dans deux branches, d'un casque au sommet, & du reste d'une armure complette autant qu'il étoit possible : ce qui restoit comme un monument de leur victoire, déposé sur la foi publique, & tellement sacré par une convention réciproque, que le parti vainqueur se faisoit une loi de ne le pas détruire. Les vainqueurs le dressoient à l'endroit jusqu'auquel ils s'étoient avancés à la poursuite des fuyards, & d'où ils étoient revenus sur leurs pas : raison pour laquelle ils l'appelloient *trophée*, c'est-à-dire, *retour* (τροπή *conversio è fuga*). On éleva depuis dans les villes, ou ailleurs, de pareils monumens plus durables, soit en colonnes de pierres revêtues d'armes en sculpture, selon la premiere forme, soit en arcs de triomphe ornés de statues, de bas-reliefs, & d'inscriptions.

Quant à l'inscription gravée sur le monument de Pompée, portant à huit cent soixante-seize le nombre des villes conquises, je ne peux me persuader que ce ne soit pas une très-grande exagération ; quoique *Strabon* ait écrit qu'on prétendoit de son temps que l'Espagne contenoit mille villes, & que *Cicéron* convienne que la population de l'Espagne surpassoit celle du peuple romain & de l'Italie [*]. *Pline* qui a vécu après eux, dans un temps où l'Espagne devoit avoir reçu de l'accroissement

[*] *Cic. de Harusp. respons.* 9.

sur ce point, en compte cent soixante-quinze dans la Bétique, cent soixante-dix-neuf dans l'Espagne citérieure ; il en donne le dénombrement [*] ; & au commencement du chapitre 2, il donne à entendre que si Pompée a dit vrai, il faut que les choses aient changé de forme.

[*] Ces montagnes divisoient alors, comme aujourd'hui, les nations espagnoles des nations celtes : seulement à l'endroit de leur jonction, du côté de l'Espagne, on appelloit les habitans des deux noms *Celt-Iberes*; soit à cause du voisinage, soit à cause du mélange que la proximité produisoit naturellement entre ces deux Peuples. Il y a beaucoup d'apparence que le nom des Pyrénées vient du mot celtique *Brenn* (*caput*), usité chez ce Peuple en sens moral, pour *Chef, Capitaine* ; & en sens physique, pour *éminence, tête, sommet*. On le trouve, en cette signification de *montagne* & de *montagnards*, dans presque tous les dialectes de cette langue, & d'une partie des autres langages barbares de l'ancienne Europe. Le savant *Wachter* en rapporte les détails. *Bochart*, selon son usage de tout rapporter à la langue phénicienne (& il faut avouer que c'est le cas sur-tout, en parlant de l'Espagne, où les Phéniciens ont fait tant de voyages & de grands établissemens), tire le nom des Pyrénées de *Puranim*, (*ramosi, opaci*). Ces montagnes étoient autrefois couvertes de vastes forêts. Les Pâtres y ayant mis le feu, l'incendie fut effroyable. Il fondit les

[*] *Plin. III.* 1.

tronc & les branches d'un arbre, sur la place jusqu'à laquelle les vainqueurs avoient poursuivi les fuyards : il fit construire ses trophées d'une architecture solide, en forme d'arc de triomphe, sur le mont Uduran ; à l'endroit même de la limite de l'Espagne & des Gaules, vers la route la plus fréquentée, pour passer d'un état à l'autre, sur-tout quand on veut aller en Bétique [a]. Il les orna d'armes sculptées en bas-reliefs, & d'inscription, où il se vante d'avoir conquis huit cent soixante-seize villes, depuis les Alpes jusqu'aux extrêmités de l'Espagne [b]. Un nombre si considérable suppose sans doute qu'on y a voulu comprendre les bourgades, & même les principaux villages. Le pays, aride de sa nature, n'est pas fait pour un si grand nombre de villes, auquel les mœurs des nationaux ne conviennent pas mieux. Ceux qui habitent les villages, & c'est le grand nombre, menent un genre de vie *rustique & sauvage* [c]. Les villes même civilisent assez mal leurs habitans, vu le commerce & la fréquentation continuelle qu'ils ont avec ceux qui demeurent

---

[a] *Strab.*
[b] *Plin. III. 3.*
[c] SALLUST. *fragm.* 453.

veines de mines d'argent, contenues dans leur sein, lesquelles coulerent en ruisseaux. Les nationaux grossiers n'attachant pas un grand prix à ce métal, le troquerent avec les Phéniciens pour de menues marchandises, en si grande abondance, que ceux-ci ne sachant plus où le mettre, en firent des ancres pour leurs vaisseaux, au lieu des ancres de plomb dont ils s'étoient servis en venant. Ils allerent répandre avec un immense profit dans la Grece & dans l'Asie, cette prodigieuse quantité d'argent, qu'ils rendirent beaucoup plus commun dans tout l'orient [*]. Je laisse à part, sur la signification

[*] *Aristot. de Mirabil. aud. Possidon.* ap. *Strab. L. 3. Diodor. V. 9.*

du nom Pyrénées, l'opinion de *Diodore*, qui la tire du Grec πῦρ (*ignis*), *monts brûlés*, à cause de l'incendie des forêts ; ainsi que l'histoire rapportée par *Silius-Italicus* [*], d'une Nymphe Pyrene, fille de Bébryx, qui s'étant abandonnée à Hercule, lors de son passage en ce pays-là, se sauva dans les montagnes pour fuir la colere de son pere, & y fut dévorée par les bêtes farouches. *Pline* traite de fable toute cette histoire [†].

[*] *L. III.*
[†] *Plin. III. 1.*

dans

dans les bois voisins, d'où ils viennent exercer leur brigandage *a*. On a remarqué que Sertorius n'est pas même nommé dans les inscriptions de Pompée *b*; soit prudence de la part du vainqueur, qui n'a pas voulu exposer aux yeux des Barbares un monument durable de nos discordes intestines; soit affectation de n'y rien mettre de propre à faire obstacle à ses prétentions & à l'honneur du triomphe. Sur l'autre route, plus voisine de l'Océan Atlantique, à travers le pays des Peuples vascons, il fit bâtir une Ville qu'on a de son nom appellée Pompéïon ou Pompelon *, en y joignant la terminaison habituelle au langage du pays, servant à désigner un lieu habité *c*. Il la peupla d'une partie des gens qui le suivoient. Il y en avoit même un si grand nombre à sa suite, soit de ceux qui s'y étoient mis volontairement, soit des troupes irrégulieres d'Espagne qu'il emmenoit prisonnieres pour suivre son char de triomphe, qu'embarrassé de cette multitude qui retardoit sa marche, & l'empressement qu'il avoit d'arriver, il en peupla une seconde ville qu'il ordonna de bâtir plus avant du côté des Gaules, dans le même pays. Comme c'étoit des gens ramassés de toutes parts, on a nommé le lieu *Convenæ* *d*, c'est-à-dire les *ramassés* ou les *survenus* †.

LXIV. Les fugitifs forcent leur Chef de les mener à Rome ou contre l'armée romaine.

De son côté, Spartacus, effrayé de la défaite des Gaulois, s'étoit retiré sous le mont Cliban 1, du côté de la ville de Pétélie, dont il vouloit s'emparer: ce qui lui auroit donné le temps de se reconnoître, dans un poste assez bon *e*; la place,

* Pampelune, † Aujourd'hui Comminges.

a Strab. L. III.
b Paterc. II. 30.
c Oihenart. notit. Vascon. II. 2.

d Hyeronim. adv. Vigilant.
e Virgil. Æneid. III.

1 Ce mont, une des branches de l'Apennin, dans le Brutium (en Calabre), est au bout de la forêt Sila *. Pétélie, l'une des meilleures villes des Bruttiens,
* Pline. III. 10.

& assez bien peuplée, aujourd'hui Bel-Castro, ou, selon d'autres, Strongoli, sur une hauteur, au nord de Crotone, à neuf milles de la mer.

Tome II. Hhh

autrefois fondée par Philoctete, à neuf milles seulement de la mer, ayant de plus été fortifiée de quelques châteaux par les Samnites, au temps qu'ils la possédoient [a]. Le Préteur avoit détaché Quinctius, l'un de ses Lieutenans, & Tremellius-Scrofa son Questeur, pour suivre le Gladiateur sans relâche. Ils le pressoient en effet de fort près, & avec la confiance que donne un ennemi qui fuit, lorsque Spartacus se retourna, les battit & les mit eux-mêmes en fuite. Le Questeur y fut si griévement blessé, qu'on eut beaucoup de peine à le tirer du champ de bataille. Cette victoire, qui sembloit devoir relever les affaires de Spartacus, devint la cause réelle de sa perte. Elle inspira tant d'arrogance aux fugitifs, que, las d'ailleurs d'une si longue suite de travaux, de la regle militaire qui les gênoit, & du retard mis à leurs espérances de s'enrichir, ils ne voulurent plus entendre parler d'aucune subordination, ni d'obéissance à l'ordre; criant que leurs Capitaines n'étoient, ni n'en savoient pas plus qu'eux. Ils les entourerent sur la route même, les armes à la main. Ils les forcerent ainsi à rebrousser chemin à travers la Lucanie, pour les mener droit au pillage de Rome, perpétuel objet de leurs vues; & pour attaquer Crassus, s'il osoit y mettre obstacle : en quoi ils secondoient très-bien l'impatience de Crassus, qui avoit déjà nouvelle de l'approche de Pompée [b].

LXV. Conduite prudente de Crassus.

Le desir de terminer l'affaire sans en partager la gloire, n'engagea cependant le Préteur, ni à précipiter les événemens, ni à rien mettre au risque. Il s'en tint à sa méthode habituelle, de se porter toujours au devant de l'ennemi pour lui barrer le chemin de Rome; de le tenir resserré entre les montagnes & les marais, de l'y enfermer par des tranchées, & de le consumer ainsi sans combat, pour le forcer enfin à se rendre à discrétion. Il jugeoit avec raison qu'on devoit à la sûreté publique

[a] *Apollod. ap. Strab. Liv. VI.* [b] *Plutarch. ibid.*

un exemple éclatant de cette odieufe révolte, & fon caractere févere le portoit naturellement à le vouloir donner. Les fugitifs, réunis de nouveau par la jonction des deux Commandans gaulois, & des débris de leur défaite, étoient encore, malgré tant de pertes, raffemblés dans le pays des Samnites, au nombre de près de quarante mille *a*; mais défordonnés, & manquans de tout, fi ce n'eft d'audace. Ils avoient la plus grande peine à trouver des vivres. Le grand nombre affamoit la troupe, & lui devenoit plus nuifible qu'utile. Quelqu'empreffement qu'eût Spartacus de livrer bataille, il n'ofoit s'y rifquer avant que d'avoir recouvré quelque cavalerie, pour laquelle il attendoit des chevaux de remonte qu'il avoit fait acheter à tout prix, ayant perdu quafi tous les fiens.

Il faifoit divers mouvemens fur les deux bords de la riviere Silaris, depuis fa fource jufqu'à fon embouchure dans la baie de Pefte; plus inquiet encore que Craffus, de l'approche de Pompée, également à craindre pour la gloire de l'un & pour le falut de l'autre. Jugeant le Préteur très-intéreffé lui-même à finir dans une telle circonftance, il lui fit propofer d'accorder aux fugitifs, pendant qu'il en étoit encore le maître, une capitulation quelconque, dont les conditions fuffent fupportables; en un mot, un traitement qui fût au moins tel que le pouvoient mériter de braves gens qui s'étoient jugés dignes de la liberté. Mais le Préteur trouva le traité trop honteux, quel qu'il fût, avec des efclaves *b*: il n'y voulut pas entendre. Sur quoi Spartacus fe décida pour un dernier combat; d'autant plus volontiers, que Granix & Caftus avoient trouvé le moyen d'amener avec eux le petit renfort de cavalerie.

LXVI. Spartacus fait des propofitions au Préteur. Il eft refufé & fe réfout à combattre.

Il fe rapprocha des fources de la riviere dans les vallées des Hirpins, près du bourg de Cathene *c*. Les Gaulois, quoique

LXVII. Bataille générale. Réfolution défefpérée de Spartacus. Il eft tué.

a Veill.Pat. II. 30. Tit-Liv. epitom. 97.
b Tacit. annal. III. 83. XV. 46.
c Oroz. ibid.

réunis aux Thraces, continuoient d'avoir cependant leur quartier séparé. Crassus les serra tous de fort près par deux autres camps retranchés. Une nuit il fit passer une bonne partie des légionnaires, & passa lui-même du camp principal dans le moindre ; laissant néanmoins ses tentes de Général toutes montées dans le premier, pour ne donner aucun soupçon de ses mouvemens à l'ennemi. Alors, après avoir posté ses troupes à couvert près du pied de la montagne, il donna ordre au Lieutenant Cassius-Longinus [1] & à Quinctius, Commandans de la cavalerie, de la partager en deux bandes inégales, dont l'une tiendroit en respect les Thraces, pendant que l'autre iroit harceler Castus & Granix, à dessein de les attirer au combat par cette fausse attaque, du côté où les légions étoient embusquées. Les Barbares se lâcherent en effet à la poursuite de ces petits corps de cavalerie. Celle-ci se replia sur les aîles de notre armée, qui se montra tout d'un coup avec de grands cris. Les Gaulois reculerent en désordre [a].

Spartacus voyant l'affaire engagée de cette manière, sentit assez que le moment décisif étoit venu, quel qu'il pût être. Sur le champ il exhorta les siens, en peu de mots, à vendre chérement leur vie, & à combattre sans se rendre, jusqu'au dernier soupir ; puisqu'aussi-bien leur sort, inévitable en cas de défaite, étoit, si on ne les égorgeoit de sang froid, d'être remis aux mains de leurs maîtres impitoyables & justement irrités, puis livrés par ceux-ci aux plus cruels supplices. Son discours fut reçu avec mille cris de dévouement : tous jurerent *d'aller à l'instant à la rencontre de l'ennemi, & de mourir jusqu'au dernier sur les corps mêmes de ceux qu'ils auroient immolés* [b]. A l'instant Spartacus ordonna d'amener un des Citoyens romains prisonniers de

---

[a] *Frontin. II. 534.*

[b] SALLUST. *fragm. 513.*

[1] Cassius-Longinus fut un des Lieutenans de Crassus à la guerre des esclaves. Il fut aussi l'un des compétiteurs de Cicéron pour le Consulat de 690.

guerre, & le fit mettre en croix, à la vue des lignes; voulant ainſi convaincre les ſiens, qu'à moins d'être vainqueurs, ils ne pourroient éviter un pareil traitement *a*. Après cette barbare exécution, il diſpoſa ſa troupe en bataille, & tua ſon cheval : diſant qu'il n'en avoit que faire, s'il étoit vaincu, & qu'il en retrouveroit aſſez de meilleurs, s'il étoit victorieux. Il fit ſonner la charge & fondit ſur l'armée romaine. Une partie des légionnaires accoururent : l'action devint bientôt générale de tous côtés. Des deux parts, le choc fut terrible *b*, le maſſacre & l'acharnement affreux. Spartacus, l'épée à la main, perça les bataillons; & pouſſant au travers d'un monceau d'armes & de mourans, il cherchoit Craſſus pour le combattre corps à corps; eſtimant, avec raiſon, que le deſtin de l'armée romaine étoit ſur-tout attaché au ſort de ſon Général. N'ayant pu le joindre, il tua de ſa main deux Officiers de marque. Peu après, porté à terre d'un coup de pique à la cuiſſe, il tomba ſur ſes genoux, où, après avoir un moment ſoutenu l'effort de l'ennemi avec ſon bouclier, il fut bientôt accablé par le nombre *c*. Ainſi, au bout de trois ans de guerre, périt en véritable Général d'armée, cet eſclave Thrace, à jamais mémorable par ſon courage & par les intentions droites qu'il apportoit dans le fond de l'ame au ſoutien d'une mauvaiſe cauſe. Sa mort fut le coup déciſif. Car on peut dire qu'il fut toujours l'unique mobile du tout; & que dans cette affaire ſi longue & ſi dangereuſe, il n'y eut jamais qu'un ſeul homme. Il y a lieu de croire qu'elle n'étoit pas encore finie, malgré cette grande défaite *d*, s'il y eût ſurvécu.

Juſques-là les fugitifs s'étoient battus en déſeſpérés. Preſque aucun n'en réchappoit : car ils avoient en tête des gens mieux armés & fort ſupérieurs à eux dans l'art de l'attaque & des

LXVIII. Défaite totale des fugitifs.

---

a Appien. pag. 425.
b Plut. ibid.
c Eutrop. Liv. VI.
d Athen. Deipn. VI. 21.

évolutions militaires. Mais aussi aucun *ne perdit la vie, sans avoir d'avance cruellement vengé sa mort* [a]. De tant d'hommes qu'on trouva gissans sur la place *après l'action, il n'y en avoit point qui ne couvrît encore de son corps le poste qu'il avoit occupé durant le combat* [b]. Dans un si grand nombre, on n'en remarqua que deux blessés par derriere. Ils n'avoient pas plus ménagé leur vie que celle de l'ennemi. La mort de leur Chef, à la vérité, les jeta dans un espece d'abandon d'eux-mêmes, mais ne put les déterminer à se rendre. Enfoncés, renversés de toute part, on eût dit qu'ils n'avoient pas oublié que leur premier métier de Gladiateurs les obligeoit à se battre sans quartier. Ils trouverent presque tous, les armes à la main, une fin digne de gens meilleurs qu'ils n'étoient [c]. Le carnage fut tel, qu'il n'est guere possible de savoir le nombre des morts, parmi lesquels on ne put reconnoître dans la mêlée le corps de Spartacus. Les Romains perdirent un peu plus de mille hommes, outre un plus grand nombre de blessés. Ceux d'entre les fugitifs qui échapperent aux coups, se réfugierent dans les montagnes, où Crassus ne quitta pas leur piste. Ils s'étoient séparés en plusieurs petites bandes, qui se défendirent de leur mieux, jusqu'à ce qu'elles fussent détruites, partie par les soldats, partie par les paysans, qui leur donnoient la chasse comme à des bêtes fauves: aussi acharnés contre eux dans leur désastre, qu'ils leur avoient été favorables dans leur révolte. On fit six mille prisonniers, que Crassus fit pendre aux arbres, tout le long du grand chemin de Rome à Capoue. On tient que plus de soixante mille des fugitifs perdirent la vie dans le cours de cette guerre. Les diverses victoires de Crassus remirent en liberté jusqu'à trois mille Citoyens romains, que les Gladiateurs retenoient captifs.

[a] Sallust. *fragm.* 85.
[b] Sallust. *fragm.* 534.
[c] *Flor. III.* 20.

Craſſus, de retour à Rome, ne crut pas devoir demander l'honneur du triomphe pour une expédition de cette eſpece. Une entrée dans un char magnifique, le ſceptre en main, la couronne de laurier, la robe conſulaire brodée de palmes & bordée de pourpre, en un mot, l'appareil ſomptueux de cette ſolemnité réſervée aux vainqueurs dont les conquêtes ont accru la gloire ou la puiſſance de la République, auroit pu bleſſer les yeux du Peuple, dans une occaſion où l'extrême difficulté qu'on avoit eue à réduire un ennemi ſubalterne & mépriſable, cauſoit plus de honte, que le ſuccès tardif ne faiſoit d'honneur. Le Sénat lui décerna le petit triomphe ou ſimple ovation : ce qui parut encore trop, au gré de bien des gens *a*. Craſſus demanda ſeulement d'y porter la couronne de laurier, au lieu de la couronne ordinaire de myrte *b*. On lui accorda cette diſtinction particuliere *c*. Il fit ainſi ſon entrée à pied, ſans autre pompe, ſuivi de ſes ſoldats *d*.

LXIX. Retour de Craſſus à Rome. On lui décerne le petit triomphe.

Peu de jours après, quelques étincelles de la révolte, rallumées dans le même pays, donnerent à Rome de nouveaux momens d'inquiétudes. Les fugitifs, échappés à la défaite, avoient, comme je l'ai dit, été preſque tous ſucceſſivement détruits dans les bois & dans les rochers où ils s'étoient jetés par petites bandes. *Un ſeul Chef des eſclaves, nommé Publipor* ¹, *trouva moyen, par la parfaite connoiſſance qu'il avoit des lieux, de tenir bon dans la campagne de Lucanie* *e*, *où près de cinq mille de ces malheureux ſe raſſemblerent autour de lui*. Perſonne

LXX. Publipor raſſemble les débris des révoltés; ſe rejette dans la forêt Sila, attaque la ville de Valence.

---

a Plut. ibid. Cic. in Piſon.
b Vid. Dion-Halic. Liv. V.
c Aul. noct. attic. V. 6. Claud. in Eutrop.
d Euſeb. Chronin.
e SALLUST. fragm. 596.

¹ C'eſt-à-dire valet de Publius; *Publii-puer*. On avoit coutume d'appeller ainſi les eſclaves *Publipor, Marcipor, Quintipor, Lucipor*, &c. en y joignant le prénom de leur maître, au mot *puer* ou *por*, ſelon la vieille prononciation du mot *puer*, conſervée dans les provinces, dans les villages, & même par-tout ailleurs dans ce cas-ci *.

* Feſtus, Quintil. I. 4. Pline. XXXIII. 1.

n'étoit en effet plus capable de fuivre les vues de Spartacus, dont il avoit eu la confiance *a*. La nouvelle bande regagna le Bruttium, où elle furprit Temfa 1, ville ouverte, qui lui fut très-utile, par fes manufactures de cuivre & d'acier, où les fugitifs prirent de quoi fe fournir de nouvelles armes ; le peu qui leur en reftoit étant fort délabré. Ils rentrerent dans la forêt Sila, voifine de la ville ; d'où ils roderent le long du golfe d'Hyppone, à deffein de s'emparer des barques de pêcheurs qu'ils y pourroient rencontrer. Mais, au premier bruit de leur retour, on avoit eu foin de les mettre à l'abri dans le port de Valence. Toutes les vues du nouveau Chef tendoient à s'emparer de ce port pour s'échapper par mer : ce qui n'étoit guere poffible, fans fe rendre maître de la ville ; & cela même n'étoit pas aifé. Vibon-Valence 2, autrefois Hyppone, eft une des meilleures places que les Bruttiens, lorfqu'ils fe formerent en un Etat particulier, euffent enlevé aux Grecs de Locres, qui en étoient les premiers fondateurs *b*. Elle eft dans les terres ; mais à peu de diftance d'une baie fort commode, dont Agathocle, tyran de Sicile, fit un bon port pendant qu'il en étoit poffeffeur,

---

a *Cic. Verrin. V. 15, Homer. Odyff. Liv. I.*

b *Diodor. Liv. XVI.*

1 Petite ville, à vingt milles au midi de Cozence, & à fix milles de la mer inférieure. Elle avoit été premiérement bâtie par les Aufones, & depuis augmentée par les Etoliens de la fuite de Thoas *. Les Grecs, à qui les Bruttiens l'enleverent, l'appelloient Themeze. A cette époque, & très-anciennement, c'étoit une ville de marque, & renommée dès le temps d'Homere, par fes fonderies & fes fabriques de cuivre & d'airain. Elle avoit le titre de Colonie fous la domination romaine **. On l'a depuis nommée Melivite : elle eft

* *Strabon. Liv. VI.*

** *Tit-Liv. Liv. XXXIV.*

aux environs de Lamantea, fur le golfe Sainte-Euphémie.

2 Nommée autrefois par les Orientaux Hyppone : comme la ville de même nom en Afrique, & par la même raifon, à caufe de la baie voifine (du mot oriental ubbo, *finus*). Les Peuples de l'Italie, fujets à charger les noms Orientaux d'articulations fifflées, appelloient *Vibone*, & auffi en langue feptentrionale *Valence*, c'eft-à-dire *fortereffe*. Elle avoit fous les Romains le rang de ville municipale. C'eft, à ce qu'on croit, aujourd'hui *Bevone* ou *Monte-Leone*, auprès de Tropea.

La

ROMAINE. *LIVRE IV.* 433

La ville couvre la baie *a*. Publipor ne cessoit de faire le ravage aux environs, & de menacer la ville par des excursions nocturnes, qui donnoient une extrême inquiétude aux habitans.

Au moment où l'on reçut la nouvelle à Rome qu'un reste de fugitifs avoit surpris Temsa & menaçoit Valence, le Sénat se trouvoit assemblé dans le Temple de Bellone pour d'autres affaires. On chercha quelqu'un qui voulût partir dès le soir même pour aller commander en ce canton. Personne ne s'offrant, on proposa d'envoyer à Verrès commission de s'y rendre à son retour de Sicile. Mais cette proposition éleva dans l'assemblée un murmure presque général, & fut hautement rejetée des principaux membres du Sénat. Cependant le hasard, si Verrès en eût su tirer parti, alloit, sans la participation du Sénat, lui donner l'honneur d'une occasion importante & facile. En ce moment il passoit par mer à la hauteur de Valence, revenant de Sicile avec quelques troupes. Les habitans lui dépêcherent M. Marius, un de leurs plus nobles & de leurs plus éloquens citoyens, pour le prier de venir se mettre, en sa qualité de Préteur, à la tête de leurs forces municipales, qui, jointes à ses soldats romains, viendroient aisément à bout d'éteindre les restes renaissans de la révolte servile. Verrès ne tint aucun compte de leur demande : il passa son chemin, ayant à peine daigné répondre au député *b*. Le Sénat ne fut pas fâché qu'il eût de lui-même pris ce parti ; & n'auroit pas aimé voir une commission assez délicate, entre les mains d'un homme aussi mal famé.

LXXI. Il s'effraie du passage de Verrès. Il reprend la route des Alpes : est rencontré par l'armée de Pompée qui le détruit. Vanité de Pompée.

Son passage ne laissa pas de faire autant & plus d'effet que s'il y fût venu en personne. Publipor, informé de la démarche de ceux de Valence, prit l'épouvante & jugea toute tentative inutile, pour s'échapper par mer en de pareilles circonstances. Il reprit l'ancien projet de Spartacus, de sortir de l'Italie par les

a Strab. Liv. VI.   *b Cicer. Verrin. ibid.*

Tome II.   I i i

Alpes: & comme il connoissoit parfaitement tous les détours de l'Apennin, il s'y enfonça de nouveau. Il avoit déjà franchi sans risque les deux tiers de la route, marchant de nuit & à très-grandes journées, lorsqu'un malheureux hasard le fit tomber dans l'armée de Pompée qui revenoit d'Espagne, par laquelle il fut taillé en pieces, & détruit sans ressource. Au sortir de cette rencontre, Pompée eut l'impudence de se donner le principal honneur de l'affaire [a], en écrivant au Sénat, *que si Crassus avoit mis les esclaves en fuite, il venoit lui seul d'arracher la racine de cette guerre* [b]. Le Peuple applaudissoit à des propos si pleins de vanité [c]. Mais Crassus n'en demeura pas moins chez tous les honnêtes gens, en possession de l'honneur d'avoir, en moins de huit mois, étouffé par sa vigilance & par son habileté, le plus terrible feu qui, depuis les guerres puniques, eût dévoré l'Italie. Son crédit, déjà grand dans Rome, en acquit de nouvelles forces: & dès-lors il y fut regardé comme un des premiers personnages de l'Etat [d].

LXXII. Empressement du Peuple pour Pompée. On le nomme Consul avec Crassus.

Tout y retentissoit néanmoins plus haut que jamais du nom de Pompée. La faveur populaire étoit tellement déclarée pour lui, qu'on lui attribuoit toute la gloire de ce qui s'étoit fait de grand & de considérable pour la réduction de l'Espagne. Le Peuple ne vouloit pas souffrir d'entendre dire, même en simple conversation, que personne autre que lui eût mis la main à ce grand ouvrage. *Il est véritable aussi*, comme l'observe Rutilius en son histoire, *que jamais personne ne s'étudia plus que Pompée, à connoître jusqu'au moindre citoyen romain, ne mit plus d'art dans le ton & la maniere de saluer ou de flatter chacun d'eux* [e]. On comptoit sur son arrivée pour le rétablissement du Tribunat, desiré du Peuple avec la plus vive ardeur. On le désignoit

[a] Vid. SALLUST. fragm. 25.
[b] Plutarch. ibid.
[c] Id. in Pomp. Cic. leg. Man. II. Verr. III.
[d] Veill-Paterc. II. 30.
[e] Fragm. Rutil. histor, Liv. 2.

publiquement Conful avec Craffus, pour la prochaine année, quoiqu'il ne fût que fimple Chevalier, & qu'il n'eût encore paffé par aucune des Magiftratures qui fervent de grade à ce rang fuprême. Craffus même, malgré les importans fervices qu'il venoit de rendre par la défaite des efclaves, n'ofa briguer le Confulat fans fon attache. Il le pria d'approuver fa prétention, & de l'aider de fon crédit: ce que Pompée fit avec joie, defirant de longue-main de fe mettre avec Craffus en liaifon d'affaires & d'amitié. Il follicita vivement les Comices en fa faveur; affurant qu'on ne lui feroit pas moins de plaifir de lui donner Craffus pour collegue en cette dignité, que de l'en honorer lui-même. On ne peut douter que dès-lors il n'ambitionnât dans l'ame le pouvoir fuprême que nous lui avons vu ravir bientôt après; & que l'exemple de Sylla ne lui parut bon à fuivre *a* 1. On alla jufqu'à dire publiquement qu'il ne différoit

* *Cic, ad, att. IX. 7, & 10.*

1 *Cicéron* exprime ceci d'une maniere énergique & plaifante, dans une lettre à Atticus. *Cnæi noftri turpe Syllaturit animus.* Il lui avoit mandé dans une autre : « Notre Pompée a defiré, d'une maniere » étonnante, de régner comme Sylla. Je » fais fort bien ce que je vous dis là : & » lui-même ne s'en eft pas trop caché * ». C'eft dans les lettres de Cicéron à fes amis, qu'il faut chercher fes véritables fentimens fur les gens & fur les affaires; non dans fes harangues publiques, où il ne prenoit que le ton convenable au fujet. Les vues fecretes dont on foupçonnoit Pompée, & les apparences fous lefquelles il favoit les déguifer, font ainfi rendues dans la tragédie de Corneille.

* *Ad. Att. L. IX. Ep. 7. & 10.*

SERT. Eft-ce être tout Romain, qu'être Chef d'une guerre,
Qui veut tenir aux fers les maîtres de la terre?
Ce nom, fans vous & lui, nous feroit encore dû;
C'eft par lui, c'eft par vous, que nous l'avons perdu;
C'eft vous qui, fous le joug, traînez des cœurs fi braves;
Ils étoient plus que Rois, ils font moindres qu'efclaves,
Et la gloire qui fuit vos plus nobles travaux,
Ne fait qu'approfondir l'abyme de leurs maux;
Leur mifere eft le fruit de votre illuftre peine;
Et vous penfez avoir l'ame toute romaine?

guere de Marius & de Sylla, qu'en ce qu'il favoit mieux fe
déguifer *a*. Malgré cette haute eftime où l'élevoit la faveur

a Zonar. ibid.

  Vous avez hérité ce nom de vos aïeux ;
  Mais s'il vous étoit cher, vous le rempliriez mieux.
POMP. Je crois le bien remplir, quand tout mon cœur s'applique
  Aux foins de rétablir un jour la République ;
  Mais vous jugez, Seigneur, de l'ame par le bras,
  Et fouvent l'un paroît ce que l'autre n'eft pas.
   Lorfque deux factions divifent un Empire,
  Chacun fuit au hafard la meilleure ou la pire,
  Suivant l'occafion, ou la néceffité,
  Qui l'emporte vers l'un ou vers l'autre côté.
  Le plus jufte parti difficile à connoître,
  Nous laiffe en liberté de nous choifir un maître :
  Mais quand ce choix eft fait, on ne s'en dédit plus.
  J'ai fervi fous Sylla du temps de Marius,
  Et fervirai fous lui, tant qu'un deftin funefte,
  De nos divifions foutiendra quelque refte.
  Comme je ne vois pas dans le fond de fon cœur,
  J'ignore quels projets peut former fon bonheur :
  S'il les pouffe trop loin, moi-même je l'en blâme,
  Je lui prête mon bras fans engager mon ame,
  Je m'abandonne au cours de fa félicité,
  Tandis que tous mes vœux font pour la liberté ;
  Et c'eft ce qui me force à garder une place,
  Qu'ufurperoient fans moi l'injuftice & l'audace,
  Afin que, Sylla mort, ce dangereux pouvoir
  Ne tombe qu'en des mains qui fachent leur devoir.
  Enfin, je fais mon but, & vous favez le vôtre.
SERT. Mais cependant, Seigneur, vous fervez comme un autre ;
  Et nous, qui jugeons tout fur la foi de nos yeux,
  Et laiffons le dedans à pénétrer aux Dieux,
  Nous craignons votre exemple, & doutons fi dans Rome
  Il n'inftruit pas le Peuple à prendre loi d'un homme ;
  Et fi votre valeur, fous le pouvoir d'autrui,
  Ne feme point pour vous, lorfqu'elle agit pour lui.
   Comme je vous eftime, il m'eft aifé de croire
  Que de la liberté vous feriez votre gloire,

publique & l'attente qu'il donnoit de lui-même, les gens bien intentionnés s'alarmoient de le voir toujours différer de licencier son armée *a*. Mais le nombre de ceux qui s'empresserent d'aller au devant de lui le saluer sur sa route, n'en fut que plus grand. La crainte y conduisit bien autant de gens que l'affection. A la fin cependant, il promit de congédier ses troupes le lendemain de son triomphe ¹ : & il tint parole *b*.

a Tacit. hist. II. 38.   *b Plut. ibid.*

> Que votre ame en secret lui donne tous ses vœux:
> Mais si je m'en rapporte aux esprits soupçonneux,
> Vous aidez aux Romains à faire essai d'un maître,
> Sous ce flatteur espoir qu'un jour vous pourrez l'être.
> La main qui les opprime, & que vous soutenez,
> Les accoutume au joug que vous leur destinez;
> Et doutant s'ils voudront se faire à l'esclavage,
> Aux périls de Sylla vous tâtez leur courage.

¹ Voici les médailles qui nous restent de ces deux triomphes. D'un côté, une tête de Rome ; de l'autre, une Victoire sur un char à deux chevaux. Q. METELLUS-PIUS : cette médaille est tout-à-fait simple & sans faste. (*Voy. n°. VII.*)

Une tête de Rome coëffée d'un casque. M. POBLICIUS-LEGATUS PRO PRETORE, (peut-être Pompée avoit laissé pour Gouverneur de l'Espagne Publicius, l'un de ses Lieutenans. Cependant il y a plus d'apparence que ces médailles n'ont été frappées qu'après sa mort, puisqu'il y est représenté). Au revers, Pompée, le pied sur la proue d'un vaisseau (ceci marqueroit plutôt son commandement maritime à la guerre des Pirates), recevant une palme de la main de l'Espagne, représentée par une femme, qui tient de l'autre main deux javelines & un petit bouclier. CNEUS MAGNUS IMPERATOR. (*Voy. n°. VIII.*)

Une tête de Pompée. M. MÆNATIUS-SABINUS PRO QUESTOR. Au revers, Pompée sortant d'un vaisseau, tend la main à l'Espagne couronnée de tours qui s'appuie sur des boucliers & des armes, & tient de l'autre main une lance baissée. CNEUS MAGNUS IMPERATOR. (je rapporterois encore cette médaille au commandement maritime) (*Voy. n°. IX.*)

Même tête, même légende au revers, Pompée armé, la tête nue, une pique à la main, l'autre sur la garde de son épée. A sa droite, Rome qui lui met une couronne de laurier sur la tête, & tient de l'autre main un trophée. A sa droite, l'Espagne coëffée de tours, étendant une main en signe de soumission, tenant de l'autre deux lances espagnoles, même inscription. (*Voy. n°. X.*)

Même tête, même inscription : au revers Pompée entre Rome & l'Espagne, faisant

HISTOIRE DE LA RÉPUBLIQUE

LXXIII. Triomphe de Metellus & de Pompée.

Metellus & Pompée firent tous deux leur entrée triomphale dans Rome *a*. Metellus, le IV des Calendes de Janvier: Pompée deux jours après, la veille des Calendes *b*. C'étoit la seconde fois qu'il jouissoit de cet honneur qu'il avoit déjà obtenu dans sa premiere jeunesse, & du vivant de Sylla, ayant été fait Général d'armée, presqu'avant l'âge où l'on est soldat *c*. Le lendemain il prit possession de la dignité de Consul, avant que d'être Sénateur. Cependant ce même vainqueur de l'Espagne, élevé par une distinction singuliere & contraire à toutes regles, au faîte des honneurs, n'a pu souffrir ensuite que le Peuple romain eût égard à la demande que le vainqueur des Gaules faisoit d'un second Consulat. Il s'est cru personnellement attaqué par une brigue dont les motifs étoient assez connus : sa jalousie, obstinée à refuser beaucoup moins qu'on ne lui avoit accordé à lui-même, a replongé la République dans les malheurs de la guerre civile. Tant il est vrai qu'on trouve tout bon pour soi, & tout mauvais pour les autres *d*.

LXXIV. Le Consul Pompée vient passer la revue des Censeurs à son rang de simple Chevalier. Joie du Peuple en le voyant. Cn. Pompeius-Magnus. M. Licinus-Crassus.

Coss.

An. 683.

Peu de jours après son exaltation, un incident, léger en lui-même, mais d'une singularité fort remarquable, vint encore redoubler pour lui l'enthousiasme du Peuple. Les deux Censeurs Gellius & Lentulus, assis sur leur Tribunal, passoient en revue les Chevaliers romains. On fut surpris d'appercevoir de loin Pompée en habit consulaire, précédé de tous ses Licteurs & de l'appareil de sa dignité; lequel s'avançoit dans la file à son rang de Chevalier *e*, à pied, & menant comme les autres son

a Eutrop. Liv. VI.
b Marm. Capitol. Lucan. Pharsal. L. VII.
c Plin. L. VII.
d Veill-Pat. II. 30.
e Lucan. Pharsal. I. 7.

de la main un signe de commandement à celle-ci, qui lui présente une couronne à genoux, pendant que Rome fait à Pompée signe de la main de revenir à elle. Même inscription (*Voy.* n°. 11.)

Ces médailles paroissent n'avoir été frappées que par ordre de Sexte Pompée son fils, de qui Minatius étoit Questeur.

* *Vid. Vaillant & Havercamp.*

ROMAINE. *LIVRE IV.* 439

cheval en main, pour le soumettre à l'inspection *a*. Le Peuple en haie s'émerveilloit dans un profond silence. Pompée, en approchant du Tribunal, donna ordre à ses Licteurs de s'écarter, & se présenta aux Censeurs, qui le reçurent d'un air de satisfaction, mêlé de respect. Ils l'appellerent en son ordre, joignant à son nom le surnom de *Grand*, que le Peuple lui avoit donné dès sa jeunesse : ils lui demanderent, comme aux autres, selon la formule ordinaire, *s'il avoit fait ses campagnes conformément aux ordonnances* : à quoi Pompée répondit à haute voix, *qu'il les avoit toutes faites & sous son propre Généralat, n'ayant jamais eu d'autre Commandant que lui-même*. Aussi-tôt le Peuple poussa des cris d'applaudissemens, si transporté, qu'il ne pouvoit plus s'en remettre ni se contenir. Les Censeurs se leverent du Tribunal, & reconduisirent par honneur Pompée jusqu'en sa maison, suivis d'une foule innombrable qui ne cessa pas un instant de battre les mains *b*.

LXXV. Censure de Gellius & de Lentulus. Appel du Sénat. Dénombrement du Peuple.

La censure & le dénombrement des Citoyens fait cette année, furent à Rome un spectacle nouveau pour les jeunes gens. Les fonctions tristes & séveres de cette magistrature, avoient tellement déplues au Peuple romain, que depuis trois lustres on n'avoit nommé personne à cette Place. Philippe & Perperna étoient les derniers qui l'eussent remplie sous le septieme Consulat de Marius *c*. Cependant ce fut le Peuple lui-même qui voulut en rétablir l'usage, dans l'espérance que la censure mettroit un frein à la corruption des Juges, devenue tout-à-fait publique & criante *d*. On y nomma Gellius & Lentulus, les mêmes qui avoient été Consuls ensemble au temps de la révolte des Gladiateurs *e*. Ils en exercerent les fonctions avec une extrême sévérité. Ils commencerent, selon l'usage, par faire

---

a Zonar. ann. Liv. X, c. 2.
b Plut. in Pomp.
c Fast. Capitol.
d Asc-Ped. in divinat.
e Aul-Gell. V. 6. Cic. pro Dom.

Tome II.

l'appel des Sénateurs, & nommerent Catulus Prince du Sénat. Ils omirent de nommer dans la fuite de l'appel, jufqu'à foixante-quatre Sénateurs qui fe virent ainfi exclus de ce premier ordre : & de ce nombre furent deux perfonnes non moins illuftres par leur rang que par leur nom : Lentulus-Sura, Conful de l'année précédente, & C. Antonius, tous deux hommes décriés par leurs mœurs, par leurs infidélités dans la geftion des affaires ou des deniers publics, par la diffipation de leur propre patrimoine, qu'ils avoient été obligés d'engager à leurs créanciers [a], & furtout par l'indécence & la légéreté des propos qu'ils tenoient fur leur propre conduite; affectant de faire en public un fujet de raillerie des chofes mêmes qui les couvroient de honte. Mais les corrections des Cenfeurs font devenues parmi nous de pures formalités, dont l'effet fe borne à faire rougir le coupable. En cette occafion même, Cicéron a juftement remarqué que leurs notes ont fort à propos reçu le titre d'*ignominie*, puifque la honte eft feulement dans le nom [b]. Tous deux font peu après rentrés dans le Sénat; le premier, par la charge de Préteur qu'il brigua pour cet effet, quoique Confulaire : le fecond, par une grace fpéciale qu'on voulut bien lui faire, en confidération de la mémoire du célebre Marc-Antoine fon pere : mémoire à laquelle il dut de même enfuite fon élévation au Confulat. Mais tous deux, dans le temps même de leur derniere magiftrature, juftifierent, par leur liaifon criminelle avec Catilina, & par leur fin malheureufe, le jugement de réprobation que les Cenfeurs avoient porté contr'eux. Il en eft de même de Curius, exclus alors du Sénat comme eux, & que nous verrons engagé comme eux dans cet horrible trame [c]. Les Cenfeurs paflerent enfuite, comme on le vient de voir, à l'infpection des Chevaliers romains. Leurs Centuries furent paffées en revue avec grande

[a] *Ofc-Ped. nitog. Candid.*
[b] *Fragm. Cic. de republ. Liv. IV. ap. non.*
[c] *Salluft. in batil.*

exactitude.

exactitude *a*. Il en fut de même de la revue du Peuple. Le nombre des Citoyens recensés se trouva monter à quatre cent cinquante mille *b*. Ce dénombrement, le soixante-huitieme qui ait été fait, est un de ceux sur l'exactitude desquels on doit le mieux compter; les Citoyens s'étant empressés de se rendre ponctuellement à remplir un devoir négligé depuis plusieurs années *c*. Il n'a pas été fait, non plus que l'appel du Sénat, dans le lustre suivant, où Catulus & Crassus ont été nommés Censeurs *d*. Ces deux Magistrats n'ayant pu s'accorder sur une difficulté qu'ils avoient au sujet de la concession du droit de bourgeoisie romaine aux habitans des Cités Trans-padanes, n'ont fait aucune fonction de leur charge, & ont même fini par s'en démettre. A la vérité, on donna pouvoir, l'année d'après, au Préteur L. Cotta, de faire l'appel du Sénat. Mais cette commission est restée sans effet. Les Tribuns du Peuple y formerent opposition, dans la crainte, à ce qu'on croit, d'être eux-mêmes exclus du Sénat pour leur mauvaise conduite *e*.

Tant de marques de l'affection du Peuple confirmerent le Consul dans la pensée de lui donner enfin satisfaction pleine & entiere sur le rétablissement de la prérogative Tribunitienne. Pompée regarda comme un coup de fortune signalée, d'être venu dans un moment favorable à l'exécution de ce dessein, sans avoir été jusqu'alors prévenu par personne, depuis si long-temps que cette querelle échauffoit les esprits. Il n'eut garde de commettre la même faute contre son propre intérêt, ni de laisser à un successeur les avantages du bienfait le plus propre à concilier la faveur populaire. C'étoit en même temps la meilleure preuve de sa reconnoissance; puisqu'il n'y avoit chose au monde que le Peuple desirât avec plus d'ardeur *f*, ni rien qu'il

LXXVI. Rétablissement de la Puissance Tribunitienne dans tous ses droits.

---

a Plut. in Apophtegm.
b Tit-Liv. Epitom. 98.
c Asc-Ped.
d Plut. in Crass.
e Dio-Crass.
f Plut. in Pomp.

souffrît avec une telle impatience, que de voir sa magistrature figurer seulement pour la forme *a*. Pompée trouva l'affaire renouvellée par les Tribuns. *Marcus-Lollius-Palicanus* [1], homme de basse

a Vell-Pat. II. 30.

[1] Les manuscrits de Quintilien varient & sont fautifs sur le nom de ce Tribun. On y lit *Attilius, Assilius, Acilius, Aolius*: mais le nom véritable est *Lollius*, tel qu'on le lit dans les Commentaires d'Asconius sur Cicéron. Cette famille Lollia, assez nouvelle au temps de Salluste, ne fut pas sans doute fort contente de voir son origine ainsi consignée, avec une note désagréable, dans une histoire célebre, lorsqu'elle se fut bientôt après élevée & illustrée sous l'empire d'Auguste. Elle étoit même déjà dans les dignités, lorsque Salluste écrivoit. Car il y a beaucoup d'apparence que Palican étoit fils, frere ou parent de Marcus-Lollius, Gouverneur de la Gaule Narbonnoise, dont il a été parlé plus haut à l'occasion des secours qu'il amena d'Espagne à l'armée de Métellus. Lollius-Paulinus eut des commandemens considérables, & fut fait Consul en 733. C'étoit un homme de beaucoup d'esprit & de crédit, comme on le voit par les poésies d'Horace; mais de peu d'intégrité. Sa fille Lollia épousa l'Empereur Caïus Caligula. Cette famille a subsisté dans les honneurs jusqu'au temps des Antonins.

Palican fut Tribun du Peuple en 683, en même temps que Pompée étoit Consul. C'est par erreur que *Pighi* l'a nommé deux fois dans ses Annales en 681 & en 683. Par une inadvertance plus grande encore, il lui donne place dans le catalogue des Ediles de l'année 695, quoiqu'il n'ignorât pas que Palican, cinq années auparavant, avoit échoué dans la demande du Consulat. Enhardi par la faveur que la réussite de l'importante affaire du Tribunat lui donnoit auprès du Peuple, il osa se mettre sur les rangs en même temps que Cicéron (en 690), pour cette haute dignité. Cicéron ne parle qu'avec mépris d'un tel Compétiteur. « J'aurai certainement, écrit-il » à Atticus *, Catilina pour concurrent; » pour Aufidius & Palicanus, je crois que » vous ne vous attendez pas que j'en fasse » mention ». Mais Pison fut si indigné de l'impudence de Palican, qu'il jura que quand même il seroit nommé par les suffrages, il ne le déclareroit pas. *Valere-Maxime* raconte ce fait avec son emphase ordinaire. »Pison, dit-il, donna un grand exemple de fermeté, dans un moment de troubles & de brigues populaires. Le Peuple, séduit par les bassesses de Palican le plus séditieux des hommes, vouloit, à la honte de l'Etat, élever à la dignité consulaire cette peste publique, bien plus digne du dernier supplice. Le flambeau de la furie tribunitienne échauffoit encore l'ardeur de ce téméraire, quand les obstacles venoient la ralentir. En cet état des choses dont il falloit rougir en public, quelqu'un ayant dit à Pison qu'il faudroit bien, si Palican étoit nommé, qu'il l'annonçât au Peuple comme son chef; il répondit que le Peuple romain ne pouvoit être assez aveuglé pour commettre une telle indignité. Mais enfin, s'il obtient la

* II.

ROMAINE. *LIVRE IV.* 443

extraction, Picentin de naiſſance, & grand parleur, plutôt qu'Orateur *a*, alors en charge, avoit remis ſur pied la grande queſtion ſi ſouvent agitée. C'étoit un homme actif, autant que turbulent *b* :

a SALLUST. *fragm. 10.*

pluralité des voix? lui repliqua-t-on. Je jure, reprit-il, qu'en ce cas même je n'en ferai rien. Une réponſe ſi ſeche ôta d'avance tout eſpoir à Palican *.

Palican voyant Pompée favorable à la prétention des Tribuns, reprit tout de bon l'affaire. Elle fut agitée au Sénat. Le Tribun la traita devant le Peuple aſſemblé à cet effet par Pompée, ainſi que celle du réglement ſur les fonctions de judicature : celle-ci étoit une des principales cauſes qui faiſoit déſirer l'autre avec tant d'ardeur †. Toutes deux réuſſirent en effet. Palican fit frapper l'image de cet événement ſur les monnoies, où l'on lit ſon nom. Elles repréſentent, d'un côté, une tête de la liberté, LIBERTATIS ; de l'autre, la tribune aux harangues avec ſes colonnes garnies de becs de galere ; & ſur la tribune, une chaire curule, PALIKANUS ; en mémoire ſans doute des diſcours qu'il y avoit faits au Peuple en cette occaſion. (*Voyez la médaille*, n°. XII.)

Salluſte ne donne pas ici une grande idée du talent du Tribun pour l'éloquence. Il faut obſerver cependant que l'épithete *loquax*, en ſa langue, déſigne plutôt un homme qui a de la facilité à parler, qu'un babillard. « J'ai connu, dit *Cicéron*, beau- » coup de ces ſortes de gens, peu dignes » d'un auditoire délicat, tels que Marius » & Carbon ; mais cependant fort propres » à parler dans une aſſemblée tumultueuſe.

* *Val-Max. III. 8. 3.*
† *Cic. in divinat, & Verrin. II. 41. Aſc-Ped.*

b *Val-Max. III. 83.*

» En dernier lieu, Quinctius étoit de ce » nombre : mais je n'en ai point connu » qui fût mieux fait que Palican pour réuſ- » ſir au gré d'une multitude ignorante & » groſſiere * ». Il écrit dans une lettre à Atticus. « Affranius eſt un homme en » vérité fort propre à prêter, comme il » fait chaque jour, l'oreille aux ſottiſes » que Palican débite **. C'eſt un méchant » homme, que ce Palican ; il eſt des plus » turbulens de la faction de Clodius. On » le trouve toujours au nombre des ſatel- » lites de ce ſéditieux, & à la tête de la » populace indigente & des malfaiteurs. » Quand Métellus s'eſt hautement plaint » au Sénat qu'on lui avoit jetté des pierres, » dont pluſieurs l'avoient atteint ; qui » a-t-il nommé ? Quand on a tenté de » m'aſſaſſiner : quand on a voulu, ce qui » eſt bien pis, aſſaſſiner Pompée ; n'eſt-ce » pas lui qui ſe chargeoit du complot ? » Auſſi ne le voit-on jamais marcher ſans » armes, ni autrement qu'à la tête d'une » troupe de brigands. Mais croit-on que » le Peuple romain ſoit cette populace qui » ſe loue à prix d'argent pour faire vio- » lence aux Magiſtrats, pour aſſiéger le » Sénat, pour ſe tenir prête aux rapines, » au maſſacre, à l'incendie ? Croit-on que » le Peuple romain ſoit cette troupe con- » duite dans les rues par des Lentidius, » des Lollius ou des Sergius ? Certes, ce » ſeroit une belle repréſentation de la » majeſté du Peuple romain, qui com-

* *Cic. Brut. 62.*
** *Cic. ad Att. I. 18.*

connu pour un des Chefs de bandes séditieuses, qu'on rencontroit le plus souvent dans les rues, suivi d'une foule de vile canaille, ameutée pour troubler la paix des Citoyens *a*. Sa façon de parler, assez semblable à celle de deux de ses prédécesseurs, Sicinius & Quinctius, faite pour rebuter les oreilles connoisseuses, étoit cependant la plus propre qu'il y ait peut-être jamais eu à réussir au gré d'une multitude ignorante & grossière *b*. Malgré cela, il n'auroit probablement pas eu plus de succès que les autres, si Pompée n'eût été favorable à sa prétention, & si Jules-César, nouvellement de retour de Rhodes, n'eût appuyé l'affaire de tout son crédit *c*.

Tandis que Palican haranguoit le Peuple, César faisoit agir ses cliens, & Pompée discutoit la question au Sénat. Elle y fut encore vivement, quoiqu'inutilement, contestée. Il n'étoit plus temps de reculer. Crassus même y consentit; à la vérité faute de pouvoir faire autrement. Ainsi les Tribuns firent enfin ce grand pas, qui, bientôt après, a changé la face de notre Gouvernement, & qui vient d'entraîner la chûte de son auteur. Bien plus : Palican n'eut dès le moment même aucune reconnoissance pour Pompée. Il se donna seul la gloire de la réussite qui ne lui étoit pas due, en ne mettant que son nom sur les monnoies dont l'empreinte porte la mémoire de ce fait *d*. Il se brouilla bientôt avec lui, jusqu'au point de vouloir s'en défaire, & d'aposter des malfaiteurs pour attenter à sa vie *e*. Mais ne jugeons pas des choses par l'événement, & voyons, sans partialité contre personne, sans prévention pour une Place

---

a *Cic. pr. Dom.*
b *Cic. Brut. 62.*
c *Sueton. in Jul. 5.*
» mande aux rois & aux nations, dont
» le nom est redoutable jusqu'aux extré-
» mités de l'univers, que cette canaille

d *Numism. Loll. ap. Thez. Morell.* N°. I.
e *Cic. pr. Dom.*
» d'esclaves, de mendians & de malfai-
» teurs ainsi rassemblés en foule * ».
* *Id, pro domo sua.*

que j'ai moi-même occupée dans toute l'étendue de son pouvoir, si Pompée est aussi blâmable de ce qu'il fit pour-lors, que ses partisans, abattus par sa ruine, ont voulu l'insinuer depuis.

Il résulte de la constitution primordiale de notre Gouvernement, ont-ils dit, que le vœu de sa loi publique étoit qu'il y eût une magistrature à laquelle toutes autres, sans exception, fussent subordonnées. Ce ne furent pas les vices de la royauté, mais ceux des Rois qui firent abolir la monarchie. On voulut moins lui substituer alors un pouvoir différent, que mieux réglé. Cependant le Tribunat institué dans la suite, & seul excepté de cette subordination, a commencé par atténuer la puissance consulaire. Par les droits d'appel & d'opposition attribués au Tribunat, on ne vouloit, à l'imitation de Théopompe, à l'exemple du tempérament que les Ephores apportoient dans Sparte à la puissance royale, que modérer parmi nous le pouvoir supérieur, trop enclin à s'armer de violence; que porter du secours aux Magistrats subordonnés, ainsi qu'aux Citoyens gémissans sous l'oppression. Mais les hommes sont faits de nature à porter toutes choses au pire excès. Il est arrivé qu'on a prêté un appui aux Particuliers réfractaires à l'autorité légitime. Le poids que les principaux membres de l'Etat doivent avoir dans l'administration, s'est allégé, & la multitude a prévalu. Une Place née du sein de la sédition, semble n'avoir été faite que pour elle. Créée au milieu du tumulte & des armes civiles, elle n'a cessé de les entretenir. Combien n'a-t-elle pas renversé de Citoyens à qui la patrie devoit son lustre ou sa conservation, jusqu'à ce qu'enfin le Dictateur ait pris le parti de réduire son autorité presqu'à rien [a]? Sylla s'est-il trompé, quand il l'a regardée comme le foyer du mal interne qui dévoroit la République ? S'il avoit fait l'action d'un homme sage, en enlevant aux Tribuns

LXXVII.
Réflexions sur cet événement.
Satisfaction de Pompée.

[a] Cicer. de Leg. III. 7.

un pouvoir devenu la source de tant d'injustices; en ne leur laissant que la faculté de venir au secours des Particuliers opprimés, quel jugement faut-il porter d'un réglement qui a rendu une force abusive à de jeunes audacieux, lesquels ne se servoient du nom du Peuple, que pour se rendre eux-mêmes plus considérables & plus accrédités [a]? De ce moment, on a vu renaître les anciennes dissensions. Chacun s'est mis à tirer à soi avec la derniere violence. Les deux parties ont été arrachées, plutôt que désunies : & la République qui en faisoit le nœud, se trouve aujourd'hui misérablement déchirée [b].

Voilà ce qu'on a dit & ce que personne ne prétend nier. Parmi les Nobles, les plus zélés partisans de Pompée, ses admirateurs les plus dévoués, se sont tus sur une action dont ils ne vouloient pas le blâmer, & qu'ils ne pouvoient approuver [c]. Mais quand les objets d'une telle importance sont, comme presque toujours, susceptibles d'être considérés sous plus d'une face, n'est-il pas injuste de ne les montrer que du côté défectueux? Laissons à part ce principe incontestable & primordial, que parmi nous la puissance souveraine & suprême appartient au Peuple romain; puissance à laquelle les Magistrats supérieurs rendent chaque jour hommage, en baissant leurs faisceaux lorsqu'ils se présentent aux Comices assemblés [d] : que le Sénat est, à la vérité, le Conseil administrateur; que les Magistrats sont revêtus du pouvoir exécutif; mais que celui d'ordonner définitivement, de rescinder ou de ratifier, n'appartient qu'à l'assemblée du Peuple en corps, laquelle réunit ainsi tous les ordres de l'Etat. Sans vouloir remonter jusqu'à ce grand principe, renfermons-nous dans les considérations qui naissent ici du fait particulier. Quelle que soit une institution, on ne sauroit avoir l'effet des biens qu'elle procure, sans s'exposer aux inconvéniens

[a] *Sallust. in Catil.*
[b] *Id. in Jugurth.*
[c] *Cic. ibid.*
[d] *Tit-Liv. II. 27.*

qu'elle peut entraîner. Il eût autant valu laisser subsister la Monarchie dans notre Etat, si, en rendant au Peuple romain la liberté, on ne lui eût donné que le mot sans réalité. Les Tribuns, il est vrai, ont souvent abusé de la puissance qui leur étoit confiée, au nom & comme chefs du Peuple. *Au milieu de ces combats perpétuels de la liberté contre la tyrannie, lorsque le cœur humain est animé* [a] *par de si puissans motifs, ou rempli de passions si vives, ses opérations acquierent un degré de force qui, sans doute, les met quelquefois hors de regle & de mesure.* Mais la fougue du Peuple n'eût-elle pas aussi souvent dans ces occasions été plus cruelle & plus emportée, s'il s'y fût livré sans avoir aucun guide? Un Chef, quel qu'il soit, étant toujours celui qui risque davantage, songe à son propre péril, & marche à pas plus mesurés, qu'une multitude qui n'a ni frein ni bride, & dont la violence se déborde comme un torrent qui roule au hasard, sans connoître qui l'entraîne & qu'il se précipite. Le partage de la puissance Tribunitienne entre plusieurs collegues, en ralentit les coups. Il n'est pas possible que parmi tant de personnes, il ne s'en trouve une raisonnable. Il n'y a pas d'exemple qu'entre les dix Tribuns, tous aient été mal-intentionnés tout à la fois: ou du moins, si dans ce nombre il ne se trouve point d'honnêtes gens, il se rencontre quelqu'esprit foible ou léger, que l'on gagne & que l'on fait revenir. Rien ne montre mieux combien il y eut de prudence à leur accorder le droit d'opposition, que l'usage qu'ils en ont fait tant de fois contre les entreprises dangereuses de leurs confreres. N'est-ce pas pour avoir voulu l'enlever à son collegue, que l'aîné des Graques, si chéri du Peuple, s'est perdu lui-même? Les Patriciens furent sages, lorsque, par cette concession, ils firent tomber les armes des mains du Peuple. Au moyen de ce tempérament dicté par la prudence, les moindres Citoyens,

[a] SALLUST. *fragm.* 589.

représentés par des Magistrats dont le choix est à leur libre disposition, se figurerent de s'être ainsi égalés aux plus grands de l'Etat : opinion dans laquelle consiste le lien véritable, & le salut de toute République. Mais comment cette heureuse prévention ne seroit-elle pas éclairée par les entreprises des Grands, lorsqu'ils usurpent tous les droits, qu'ils envahissent tous les biens; lorsqu'ils se rendent seuls maîtres des suffrages; lorsqu'*eux seuls décident de la guerre & de la paix* [a] ? Falloit-il donc plus long-temps fermer les yeux, ou rejetter l'unique remede à des maux si destructifs ? On ne l'auroit pas fait sans doute ; & on y auroit probablement employé des moyens plus violens. Ceux qui ont blâmé Pompée, n'ont pas, ce me semble, fait attention qu'il a dû préférer ce qui étoit nécessaire, à ce qui, selon leur sentiment, auroit été le mieux. Il a senti que cette puissance étoit due à la constitution de notre Gouvernement : qu'il n'étoit pas croyable qu'un Peuple qui l'avoit jadis si desirée sans la connoître, pût se résoudre à s'en passer après en avoir joui. Rappellons-nous ces paroles mémorables d'Horace & de Valérius députés vers le Peuple, au moment de sa retraite du mont Aventin sur le mont Sacré, lorsqu'ils rendirent compte au Sénat de leur mission : *Seigneurs, il faut vous résoudre à vous passer du Peuple romain, ou à lui laisser ses Tribuns. En l'état où sont les choses, vous consentiriez plutôt à n'avoir plus de Magistrats de votre ordre, que le Peuple à n'en plus avoir du sien. Depuis que cette magistrature a été arrachée à vos peres, il en a si bien goûté les avantages, qu'il ne lâchera jamais prise sur un point qu'il sent lui être devenu d'autant plus nécessaire, que votre empire est devenu plus dur.* Pompée s'est donc conduit en homme sage, selon le temps & les choses, quand il a saisi l'instant de rétablir une place si agréable au Peuple, auquel on se seroit là-dessus vainement opposé. Il l'a fait d'une

SALLUST. *fragm.* 574.

maniere

ROMAINE. *LIVRE IV.*

maniere assez paisible, dans un moment où les esprits étoient tout aussi fermes, mais moins échauffés qu'on ne les avoit vus l'être sur ce point : & ce fut de sa part un acte de prudence, de ne pas attendre que quelque furieux entreprît de les satisfaire par des voies plus pernicieuses *a* 1.

La décision de l'affaire du Tribunat entraîna celle des Judicatures. L'une étoit une suite naturelle de l'autre : celle-ci même étoit un des motifs qui faisoit demander la premiere avec tant d'instances. Elles ne venoient guere l'une sans l'autre à chaque mouvement populaire. Les Tribuns saisissoient avec avidité l'occasion de rendre suspects les Sénateurs faisant fonctions de Juges: & ceux-ci ne justifioient que trop fréquemment l'opinion qu'on prenoit d'eux. Dans le procès criminel de la famille d'Oppianicus (affaire qui rassembloit plus d'atrocités & d'horreurs domestiques, que les tragiques Grecs n'ont imaginé d'en accumuler dans la famille des Atrides), le Tribun Quinctius

LXXVIII.
Les droits de Judicature sont remis sur l'ancien pied, & partagés entre les trois ordres.

a Cicer. de Leg. III. 10 & 11.

1 Ce discours est l'extrait d'une conversation tenue à ce sujet entre Atticus, Cicéron & Quintus son frere. C'est ce dernier qui se déclare contre le Tribunat, &, qui, après que son frere lui a répondu avec l'applaudissement d'Atticus, se contente de dire : « Je ne suis pas de votre avis ; mais passons à autre chose ». A quoi Cicéron replique : « Quoi donc ! vous persistez à votre premiere opinion, malgré tout ce que je viens de dire ». Oui, assurément, & tout aussi fort que jamais », répond son frere : « il a tort, reprend Atticus ; mais, comme il vient de le dire, passons à autre chose ». Il est bien clair que dans cette feinte conversation, Cicéron pensoit dans le fond de l'ame, tout ce qu'il met dans la bouche de son frere contre le Tribunat, ne voulant pas le dire lui-même. S'il le réfute & s'il met Atticus de son propre côté, c'est plutôt en politique, qu'en homme qui pense réellement ainsi. Il n'en est pas de même de Sallustre, engagé très-avant dans la faction populaire. Ennemi des Nobles comme il l'étoit, on ne peut douter qu'il ne fût grand partisan du Tribunat ; mais sans en dissimuler les vices (& sur-tout ceux des Tribuns), qu'il expose avec beaucoup d'impartialité en plusieurs endroits de son histoire, & avec plus de force encore que je ne le fais ici, où je lui prête un discours tenu par Cicéron, dans la pensée que deux Ecrivains si célebres & si bien instruits, ne peuvent être mieux remplacés que l'un par l'autre.

s'étoit donné les plus grands mouvemens pour mettre à découvert la corruption des Juges, à qui l'accusateur avoit distribué de grosses sommes pour faire condamner l'accusé. Mais il ne fut pas moins prouvé qu'ils avoient pris des deux mains, & reçu de l'accusé pour l'absoudre de plus grosses sommes encore, par lui données en pure perte : car ils le condamnerent, ainsi qu'il l'avoit mérité. L'acharnement que Quinctius mit à découvrir cette manœuvre, & à faire punir ces Juges avides, avoit sa véritable source dans l'envie de rendre odieux les Sénateurs, à qui il travailloit alors à faire ôter les Judicatures. Il fit si bien en effet, que le poids de la punition porta sur ceux de cet ordre qui étoient membres du Tribunal. Tous ceux-là y furent compris, innocens ou coupables : car ils ne l'étoient pas tous [a]. Peu après, le Tribun Palican produisit lui-même devant le Peuple assemblé, un Citoyen romain que le Préteur de Rome avoit fait battre de verges [b] ; s'écriant que c'étoit ainsi que les Tribunaux, composés comme ils l'étoient, violoient les droits les plus sacrés du Citoyen. En un mot, on n'oublioit rien pour envenimer les esprits, & procurer une demande en nouveaux réglemens sur cette matiere. Elle devenoit réellement de jour en jour plus importante & plus étroitement liée aux causes des tumultes populaires, souvent excités par des affaires de personnes privées, qui par elles-mêmes auroient été indifférentes au Peuple. Mais les procès s'étoient multipliés, à proportion que l'Etat s'étoit agrandi : les Tribunaux retentissoient de plaintes : il falloit bien avoir recours à la justice publique, à mesure que celle des particuliers s'étoit corrompue.

Pompée tendit encore ici la main au Préteur L. Cotta, lorsqu'il voulut faire un nouveau changement aux deux loix opposées l'une à l'autre, que ses deux freres avoient faites depuis peu. Il rendit les fonctions de Juges aux Chevaliers,

---

[a] *Cic. pr. Cluent. Avit.*   [b] *Ascon. in Verrin. III.*

fans en exclure néanmoins les Sénateurs. Le droit d'être éligible fut partagé entre tous les ordres. Le Sénat, les Chevaliers, les Tribuns du tréfor, y participerent également [a]. Mais, par le nouvel arrangement, les Chevaliers devinrent réellement les maîtres dans les Tribunaux de Judicature; les Tribuns du tréfor, qu'on y admettoit pour repréfenter l'ordre du Peuple, étant prefque tous du corps des Chevaliers: car ce n'eft, à vrai dire, que de nos jours, que ce corps, jufques-là compris dans l'ordre du Peuple, a commencé, par le grand crédit de Cicéron qui y eft né & qui les favorife, de former un ordre intermédiaire & plus diftingué [b].

Ainfi l'on vit dans le cours de fix années les loix varier jufqu'à trois fois, fur le feul point des Judicatures: fymptome peu équivoque du vice intérieur d'une République & de fa prochaine décadence; lorfque les loix, au lieu d'être fimples & ftables, comme étant les vrais fondemens d'un Etat, viennent à vaciller de la forte fur un même point. Dès que les ordonnances commencent à devenir variables & multipliées, c'eft un figne certain que la conftitution s'altere. C'eft ce qui eft arrivé dans Rome, du moment où l'efprit de parti a fuccédé à la concorde des premiers fiecles. Tous les gens autorifés par leur crédit ou par leurs places, ont eu à l'envi l'ambition de propofer des loix conformes à leur façon de penfer générale ou à leurs vues fecrettes. On en avoit pour chaque occafion, jufte ou injufte. Chaque faction en propofoit, fous prétexte d'appaifer les troubles ou de cimenter l'union des deux puiffances; mais, en effet, pour établir plus fortement la fienne. Prefque toutes furent introduites par la violence. Ce dernier efprit dicta les loix des Graques, celles de Saturninus, & même celles du Tribun Livius-Drufus. Celui-ci, quoique porté dans l'ame pour l'autorité du Sénat, & rempli du fol efpoir de pouvoir concilier

LXXIX. Variations dans les loix, fignes du déclin d'un Etat.

[a] *Afcon-Ped. in Cornelian.*   [b] *Plin. XXXIII. 2.*

tous les intérêts *a*, en vint enfin au point d'adopter, par amour pour ses projets, des moyens aussi peu raisonnables en politique, qu'impossibles dans leur exécution. On ne cessoit de voir éclorre une multitude d'ordonnances, souvent contraires les unes aux autres. Le Dictateur survint. Il abolit, il corrigea tout ce qui lui déplut : il fit lui-même un grand nombre de loix nouvelles: mais il les établit si bien, & sa puissance étoit si terrible, qu'elle calma, tant qu'il vécut, cette fureur de toucher à la législation. Après sa mort, elle fut renouvellée par Lépide, qui n'entreprit pas moins que de faire une révolution totale dans la forme du Gouvernement, & fut entretenue *par le retour à Rome de ceux à qui le Sénat avoit accordé l'amnistie pour avoir pris les armes en sa faveur* *b*. Une amnistie peut calmer pour un temps la guerre civile, mais elle ne change ni l'esprit des factions, ni le cœur des particuliers. Ceux qui revinrent, formerent bientôt de nouveaux projets. Le Peuple regarda leur retour comme un renfort à son parti, lorsqu'il voudroit arracher quelque chose aux entreprises de la Noblesse insatiable. Ils contribuerent en effet beaucoup à entretenir cette persévérance qui força les Grands à consentir enfin au rétablissement du Tribunat. Par-là les Tribuns recouvrerent mieux que jamais la pleine licence de mouvoir le Peuple au gré de leur caprice. Les Grands, qui sur chaque point ne cédoient qu'à la force & qu'à toute extrêmité, tâchoient aussi de maintenir leur despotisme par des ordonnances contraires. Souvent ce n'étoient plus des réglemens généraux. On les faisoit selon les affaires & selon les gens. Plus le Gouvernement a été corrompu, plus les loix se sont multipliées *c*. Aujourd'hui, à force d'en avoir fait & changé, on peut dire qu'il n'en existe plus.

LXXX. Froideur entre les deux Consuls, Crassus & Pompée. On les réconcilie.

La bonne intelligence qui régnoit entre les Consuls lorsqu'ils entrerent en Charge, ne fut pas de longue durée. Dissemblables

a Sallust. de republ. ordin.
b SALLUST. fragm. 538.
c Tacit. annal. III, 27.

d'humeur & de caractere autant que par leur façon de penser, ils furent dans leur place presque toujours d'avis différent sur les affaires. Crassus avoit plus d'autorité au Sénat : Pompée plus de crédit parmi le peuple. Ce dernier se trouvant à la tête du Sénat sans avoir jamais été Sénateur, n'avoit aucun usage des formes ni des pratiques extérieures de cette compagnie; de la maniere d'y proposer & d'y conduire les affaires courantes. Il avoit en ce cas recours à Varron qui le guidoit, & qui dressa même pour lui un mémorial instructif, propre à lui servir de manuel journalier [a]. Mais à cet égard l'habitude donnoit à Crassus un avantage très-marqué. Le froid s'accrut entr'eux de jour en jour, au point qu'au bout de l'année ils étoient presqu'ouvertement brouillés. Mais la veille des calendes de Janvier, au moment où ils alloient tous deux remettre leur Magistrature expirante entre les mains du peuple, Aurélius, Chevalier romain, homme qui de sa vie ne s'étoit mêlé d'aucune affaire, monta tout d'un coup sur la tribune; criant que Jupiter lui étoit apparu en songe la nuit précédente, avec ordre d'avertir les Consuls qu'ils eussent à se réconcilier avant que de quitter leur Charge. Pompée resta froid & immobile à ce propos. Mais Crassus courut à lui & l'embrassa. Puis se tournant du côté des assistans ; « Citoyens, leur dit-il, *je ne crois pas me compromettre, ni rien faire d'indigne de moi par de telles avances à un homme à qui vous avez donné le surnom de Grand, avant qu'il ne fût majeur; & qui a eu deux fois l'honneur du triomphe, avant que d'être membre du Sénat* ». Pompée reçut ses prévenances d'un air sérieux & civil. Après quoi ils déposerent tous deux leur dignité. Crassus reprit son genre de vie accoutumé, & la conduite de ses affaires domestiques, dont le soin l'avoit toujours beaucoup occupé. Il étoit homme plutôt avide qu'avare, plus attaché à l'économie qu'à l'épargne. Il se

[a] A. Gell. Noct. Att. XIV. 7.

livroit par goût à tous les détails que demandoit sa fortune immense; telle enfin qu'elle avoit à peine été entamée par les prodigieuses libéralités qu'il venoit de faire au public. Car dans le cours de son Consulat, il avoit consacré à Hercule la dîme de ses biens; fait servir dans les rues de la Ville un repas général au Peuple romain, & distribué aux Citoyens peu aisés, du bled pour leur nourriture pendant trois mois [a]. Après de telles dépenses, il lui restoit encore, à ce qu'il prétendoit, assez de richesses pour lever & soudoyer une armée [b]. Pompée, en sortant de Charge, changea quelque chose à sa conduite ordinaire. Suspect à la noblesse de trop d'empressement de plaire à la commune, il se mit à s'éloigner peu à peu du *Forum*, & à ne donner que rarement son assistance aux affaires & aux causes civiles. Il se produisit moins dans le public, & toujours suivi d'un cortege, au milieu duquel il n'étoit pas facile de l'aborder ni de lui parler. Toute cette conduite étoit fort dans son caractere. Car bien que les graces de son extérieur, & la prévention qu'on avoit pour lui, fussent très-propres à lui inspirer de la confiance, il avoit peine à vaincre une certaine timidité naturelle qui le faisoit rougir en parlant, & le déconcertoit plus aisément encore, lorsqu'il falloit parler devant une nombreuse assemblée [c]: outre qu'à cet égard il n'avoit pas un talent fort distingué. Il étoit donc ainsi plus à son aise entouré d'une foule de courtisans qui imprimoit à sa personne un air de grandeur & de majesté: pensant mieux garder son rang, *& soutenir la haute opinion qu'on avoit de lui, par la gravité du maintien* [d], que par des colloques & des habitudes plus répandues. En général, les personnes qui se sont élevées par le commandement militaire, n'aiment nullement à se revoir dans l'égalité populaire de la vie civile. L'habitude familiere avec les gens dont on a conçu une si haute

[a] *Plut. in Crass.*
[b] *Cic. Paradox. VI.*
[c] *Seneq. Epist. II.*
[d] SALLUST. *fragm.*

ROMAINE. LIVRE IV. 455

idée, est sujette à la diminuer. Ceux-ci d'ailleurs, accoutumés à primer à l'armée, en voudroient faire autant à la Ville, où personne ne se plaît à l'être. Et il est certain que la mésintelligence seroit moindre *entre les Généraux d'armée & les Ministres du Gouvernement* [a], s'ils ne vouloient, ni les uns commander au Conseil, ni les autres à l'armée [b].

Le siege d'Amise duroit depuis dix-huit mois. Cette ville, la seconde du royaume de Pont après Sinope, est d'un grand circuit : Mithridate l'avoit même augmentée de tout un quartier orné de temples & de beaux édifices [c]. Les deux légions laissées à Murena ne suffisoient pas pour l'investir exactement, de sorte qu'elle étoit resserrée plutôt que bloquée. Les habitans se défendoient bien quand on les pressoit davantage. Ils faisoient de fréquentes sorties, & envoyerent même plus d'une fois défier les Romains au combat. Ils ne manquerent d'aucune chose nécessaire, tant que le Roi fut au camp de Cabire. Ce Prince *savoit que l'on continuoit de tenir Amise assiégée, sans attaquer vivement la place* [d], & que le petit nombre de troupes qu'avoient les assiégeans, n'en pouvoit interdire les abords. Il y faisoit passer, soit du côté de la Colchide, soit de Sinope par la voie de la mer, des secours abondans en vivres, armes & troupes fraîches [e]. Mais ce ne fut plus la même chose après la fuite du Roi, quand Lucullus y eut ramené ses légions victorieuses, pour en faire le siege en forme & le pousser de suite. Cependant, malgré le défaut de nouveaux secours, malgré les maladies populaires que l'extrême longueur du siege causoit dans la ville, les habitans paroissoient aussi disposés que jamais à faire une vigoureuse résistance. Callimaque, l'un de leurs Commandans, l'un des plus habiles Ingénieurs qu'il y ait eu,

LXXXI. Continuation du blocus d'Amise.
An. 683.

---

[a] SALLUST. *fragm.* 479.
[b] *Plut. in Pomp.* 1154.
[c] *Strab. L. XII.*
[d] SALLUST. *fragm.* 610.
[e] *App. pag.* 224.

employoit à la défense de la place, toute forte d'artifices & de nouvelles inventions méchaniques. Les machines de guerre qu'il imagina incommodoient à tel point les Romains, qu'après bien des travaux & des tentatives réitérées, ils n'avoient presque encore fait aucun progrès [a]. Lucullus fit son possible pour porter les assiégés à se rendre par composition : il souhaitoit ardemment de se voir maître de la ville, sans l'exposer à être saccagée ; tant à cause de ses richesses & de sa beauté, que parce que c'est une ville grecque, & même une colonie Athénienne [b]. Théopompe rapporte qu'elle a premiérement été fondée par les Milésiens [1], lorsqu'ils étoient autrefois maîtres de la Cappadoce [c]. Athénocle y mena depuis une colonie d'Athéniens, au temps qu'ils tenoient l'empire de la mer. On raconte que ceux-ci la nommerent Pirée [d] ; peut-être en mémoire du port de leur ville, & parce qu'elle se trouve voisine du fond de l'ance la plus profonde que l'Euxin ait sur sa côte méridionale [e]. Mais il y a plus d'apparence qu'elle tenoit des naturels du pays, ce nom de Pyrée, à cause de ses anciens temples consacrés au feu, au soleil & aux astres ; car c'est aussi ce que signifient, à ce qu'on dit, dans le langage de ces contrées, les noms d'Amise & d'Amastrie. Elle s'étoit gouvernée en forme de démocratie ou de république populaire, jusqu'au temps où elle fut conquise par les Perses. Alexandre lui rendit sa liberté, dont le roi de Pont la priva de nouveau ; elle conserva néanmoins de grands droits. Tous les Athéniens, qui voulurent fuir la tyrannie du sophiste Aristion, s'y retirerent dans ces derniers temps, y

---

[a] Plut. ibid.
[b] Arrian. peripl. Euxin.
[c] Theopomp. ap. Strab. L. XII.
[d] Strab. ibid.
[e] Plin. VI. 2.

[1] Aucune ville n'a fondé tant de colonies que Milet. On en compte environ quatre-vingt *, depuis la ville de Tanaïs au fond des Palus-Méotides, jusqu'à celles de Naucratis & d'Abydos dans les terres de la basse Egypte, en remontant le Nil.

* Plin. L. V. & Senec. ad Helviam, cap. 6.

furent

ROMAINE. *LIVRE IV.* 457

furent bien reçus, & y jouiſſoient des mêmes privileges que les anciens citoyens, comme ayant tous une commune origine. Lucullus leur fit faire des propoſitions aſſez avantageuſes. N'ayant rien pu gagner ſur eux, ou plutôt ſur Callimaque (car les citoyens n'étoient guere les maîtres de la capitulation), il diſcontinua les attaques & reprit le blocus ; mais en renforçant ſes quartiers du côté d'Eupatoria, autre ville ſi voiſine d'Amiſe [1], qu'elles ſe touchoient quaſi.

Mithridate, dans le temps de ſes proſpérités, avoit fondé cette nouvelle ville avec un célebre gymnaſe, l'une & l'autre ſous ſon propre ſurnom d'Eupator : il y avoit un palais où il faiſoit ſa demeure une partie de l'année [a]. Lucullus réſolut de la ſurprendre. Pendant qu'il détachoit une partie des légions au ſiege de Thémiſcyre ſur le Thermodon, il fit ſecretement fabriquer une *quantité d'échelles de même hauteur que les murs d'Eupatoria* [b], dont il avoit avec ſoin fait prendre les dimenſions. Par une nuit fort noire, il donna l'eſcalade, & emporta la place. Les ornemens dont le gymnaſe étoit embelli, furent

LXXXII.
Priſe d'Eupatoria par eſcalade, & de Thémiſcyre par des mines.

---

[a] *Ap. pp.* 242.

[1] Amiſe, ville libre à cent trente milles de Sinope, bâtie par les Phocéens, grands commerçans (les mêmes qui ont fondé Marſeille dans les Gaules, Dianium en Eſpagne, Lampſaque ſur l'Helleſpont), touche celle d'Eupatoria, bâtie par Mithridate. Il ne paroît pas que les deux villes n'en fiſſent qu'une au temps de Lucullus. Strabon n'a peut-être voulu parler que du nouveau quartier bâti par Mithridate. Depuis la défaite de ce Prince, les deux places s'appellent Pompeiopolis [*]. Il y a apparence que l'ancien nom oriental de cette ville eſt *Ames* ; & celui d'*Amaſirie* eſt *Ameſtris. Ameſth* ou *Ameſther*,

[*] *Plin. VI.* 2.

[b] SALLUST: *fragm.* 522.

c'eſt-à-dire *la mere du feu* : nom fort commun chez les Peuples ſabéiſtes ou ignicoles. Elle le conſerve aujourd'hui avec peu d'altération. On la nomme Amide. *Deliſle*, dans ſes cartes, l'appelle l'Amiſo. Il eſt probable que c'eſt de cette ville que toute cette contrée de l'Anatolie tire ſon nom actuel d'Amaſie. Il y avoit ſans doute en cette ville un célebre pyrée ou temple du feu, duquel elle a tiré les noms d'Amiſe & de Pyrée, qui ſont ſynonymes ; & dont le dernier n'a aucun rapport au Pirée d'Athenes, malgré la grande reſſemblance qui a pu donner lieu à une équivoque. Le premier vient de πῦρ (ignis), & l'autre de πείρω (tranſeo).

enlevés & transportés en Italie, où l'on voit entr'autres choses, aujourd'hui dans la ville d'Antium, une urne de bronze ˣ d'une très-belle forme, avec une inscription portant, que le Roi en avoit fait don au gymnase des Eupatoristes. Thémiscyre fut aussi prise ᵃ, moins par les ouvrages extérieurs, que par des mines si spacieuses, que les assiégés & les assiégeans s'y livroient des combats souterreins. On raconte aussi que lorsque les Mineurs avoient poussé l'excavation jusqu'à l'intérieur de la ville au dessous des rues, les habitans ouvroient la mine pardessus, & jetoient dans le trou contre les travailleurs, des ours & autres bêtes féroces ᵇ, même des ruches d'abeilles & de guêpes.

LXXXIII. Amise est prise d'assaut. L'Ingénieur Callimaque y met le feu. Lucullus la fait réparer.

Après la prise de ces deux places, Lucullus réunit de nouveau ses forces contre Amise. Pour cette fois, il changea la méthode de son attaque: chaque jour, à une heure marquée, il menoit ses troupes contre la ville, & les retiroit à une autre heure marquée; les laissant dans l'intervalle reposer en silence au camp, sans jamais rien entreprendre: de sorte que l'assiégé savoit d'avance en quel moment il seroit attaqué, en quel autre il auroit du relâche. Une expérience bien confirmée lui donnoit à ces heures la même négligence pour sa garde, que les Romains en montroient pour l'attaque ᶜ; d'autant plus facilement, que la quantité de malades faisoit tomber les soins & la fatigue sur un petit nombre de personnes. Lucullus, après avoir un jour ramené, comme de coutume, les troupes de l'attaque, les y

---

ᵃ *Memnon.* C. 47.
ᵇ *App.* ibid.
ᶜ *Memnon.* ibid.

ˣ *Richard Pocok* * a donné le dessein de ce vase de bronze du gymnase d'Eupatoria, qui est d'un excellent goût, & d'une tournure très-élégante. On l'a trouvé dans les ruines d'Antium. Il est aujourd'hui au Capitole. L'inscription qu'on lit sous le pied du vase, n'est pas un des moins anciens monumens originaux qui nous restent de l'écriture grecque. On y lit à la fin cette petite sentence: ΣΥΦΑ ΔΙΑΖΩΣΕ (probablement Ευφαλαρον διασωζε) *splendidum conserva*.

* *Description of the east. tom.* II. p. 207.

ramena brusquement à l'heure ordinaire du relâche, *dès qu'il les eut laissées se reposer & se rafraîchir un peu* [a]. Il avoit d'avance disposé les choses pour deux assauts; l'un aux portes de la ville, avec les machines, & celui-ci n'étoit qu'une fausse attaque servant à favoriser l'escalade qu'on devoit tenter en un endroit de la muraille assez mal gardé. Au bruit de l'assaut, *tous les habitans, que leurs forces & leur santé laissoient en état de courir à la défense, se jeterent en hâte du côté des portes, & dans les lieux dégarnis de troupes* [b]. Les portes furent vaillamment défendues: on ne put venir à bout de les forcer. Mais Callimaque, qui donnoit ses soins à ce poste, apprenant que les Romains *venoient de gagner* [c] par escalade un endroit du rempart, jugea la ville perdue, & y mit le feu; soit par un coup de désespoir, pour enlever aux vainqueurs les fruits de leur conquête, soit plutôt pour assurer sa retraite : car alors personne ne fit plus attention à ceux qui se jetoient dans les vaisseaux pour s'enfuir. Lucullus employa les dernieres instances auprès des siens, pour qu'ils se missent à éteindre le feu, sans pouvoir être obéi : ordres, menaces, prieres, tout fut inutile. Le soldat n'avoit que le butin en tête; & frappant de ses armes contre son bouclier, demandoit le pillage à grands cris. Enfin, le Général fut forcé de leur abandonner la ville, dans l'espérance que ce seroit le plus sûr moyen de la sauver, & que ces avares arrêteroient au moins l'incendie, dans la crainte qu'il ne dévorât leur proie. Mais il en arriva tout autrement. Les soldats, à force de fouiller avec des flambeaux dans les recoins les plus obscurs, de peur qu'il n'échappât quelque chose à leur rapine, mirent eux-mêmes le feu à une partie des maisons. Lucullus ne put retenir ses larmes à la vue de cette affreuse désolation. « *Sylla fut toujours heureux*, s'écria-t-il; *il a pu sauver Athenes quand*

---

[a] Sallust. fragm. 142.
[b] Sallust. fragm. 136.
[c] Sallust. fragm. 267.

» il l'a voulu : la fortune jaloufe m'envie la gloire de l'imiter
» dans la plus belle action de fa vie, & s'obstine à me donner la
» réputation d'un Mummius, qui a brûlé Corinthe ». Cependant
le défaftre fut moindre qu'on ne s'y attendoit : une prodigieufe
pluie d'orage fit ce que fa bonne volonté n'avoit pu faire : elle
éteignit le feu & fauva beaucoup de grands édifices. Lucullus,
pendant fon féjour, donna des ordres pour rebâtir ceux qui
avoient été endommagés ou confumés : il rappella dans leur
patrie les Amiféniens qui s'étoient enfuis par mer ; & pour
remplacer ceux qui avoient péri durant le fiege, ou dans le
maffacre qu'il n'avoit pu empêcher au fac de la ville [a], il fit
publier que tous les Grecs qui voudroient venir repeupler
Amife, y jouiroient des anciens privileges, ainfi que du droit
de bourgeoifie; que chacun de ceux qui reviendroient, recevroit
deux cents drachmes d'argent *, avec un habillement complet [b].
Enfin, par une noble émulation de ce qu'Alexandre avoit fait
autrefois pour eux en l'honneur d'Athenes leur métropole, il
leur rendit la liberté, & y joignit une attribution d'un territoire
de fix vingt ftades † autour de la Ville. Le célebre Grammairien
Tyrannion [1], fi connu de nos jours [c] à Rome par fa vafte érudition, & par l'obligation qu'on lui a d'avoir mis en ordre &

* Vingt-cinq onces d'argent. † Quinze mille pas.

[a] Memn. ibid.
[b] Plut. in Lucull. p. 920.
[c] Suidas. V. Τυραννίων

[1] Son véritable nom étoit Théophrafte. Etant écolier, il fut furnommé Tyrannion, parce qu'il tourmentoit fes condifciples, & vouloit les dominer. Il étudia fous Hef-tiefte d'Amife, qui lui donna ce nom ; & à Rhodes, fous Denys de Thrace. Après la reddition d'Amife, il vint à Rome, où il acquit par fa fcience une grande ré-putation & des biens confidérables. Il y tint une école célebre, & fut un de ceux qui ont le plus contribué à y donner le goût de la belle littérature & de la philo-fophie. Il y forma la plus grande biblio-theque qu'on eût encore vue en Italie, compofée de plus de trente mille volumes, nombre prodigieux pour ce temps-là. Il mit en ordre celle de Cicéron ; probable-ment auffi celle de Lucullus, l'une des

publié les ouvrages d'Aristote [a], fut pris au sac d'Amise. Lucullus le donna à Murena, qui avoit eu la conduite du siege, & Murena l'affranchit [b]. Ce procédé mal-honnête choqua Lucullus, qui n'entendoit pas qu'on fît un usage grossier d'un tel présent. « *Je trouve singulier, dit-il à ce propos, qu'on affranchisse un homme que je n'ai pas regardé comme esclave : il n'a pas besoin d'une liberté légale, quand je ne lui ai point ôté la liberté naturelle qu'il tenoit de sa naissance* [c] ».

Il ne restoit plus à soumettre que la ville d'Amasie & celle de Sinope, que la garnison Cilicienne contenoit malgré elle dans l'obéissance du Roi. Sinope, la plus belle ville de cette côte, est aussi l'une des plus anciennes. Une vieille tradition rapporte son origine & son nom à la nymphe Sinope, fille du fleuve Asopus, qui fut aimée d'Apollon [d], dont elle eut un fils qu'on prétend être l'auteur de la nation Syrienne. En effet, la ville

LXXXIV. Siege de Sinope. Fondation de cette ville par Autolyque: situation, richesse & produit.

[a] *Strab. L. XIII.*
[b] *Cic. pr. Muren. 20.*
[c] *Plut. ibid.*
[d] *Diodor. IV. 28.*

meilleures & des plus nombreuses de Rome. Il se servit utilement de celle de Sylla, où il trouva le recueil des ouvrages d'Aristote, qui faisoit ci-devant partie de la bibliotheque d'Apellicon, que Sylla avoit fait transporter d'Athenes à Rome. Il les mit en ordre, & rétablit en quelque sorte le manuscrit gâté en beaucoup d'endroits: car les écrits d'Aristote ayant passé de ses mains entre celles du philosophe Théophraste, & delà dans celles de Nelée, les héritiers de celui-ci craignant l'effet des recherches que le roi de Pergame faisoit faire par-tout des livres rares pour en enrichir sa bibliotheque, cacherent ces manuscrits dans une voûte souterreine à Scepsis, ville de Troade, où ils souffrirent extrêmement de l'humidité du lieu. C'est ce qui fait, dit *Strabon*, qu'on y trouve aujourd'hui un si grand nombre de fautes, ayant été mal transcrits par les copistes d'Apellicon, qui acheta fort cher la communication du manuscrit, & encore plus mal par les Libraires de Rome. Ce fut Andronicus de Rhodes qui, après la mort de Tyrannion, publia à Rome ces fameux écrits. Tyrannion eut à Rome un grand nombre de célebres éleves, entr'autres le fils & le neveu de Cicéron, Strabon le Géographe, & un Phénicien nommé Dioclès, affranchi de Térentia femme de Cicéron. Ce dernier, après la mort de son maître, prit l'école, & comme lui, le nom de Tyrannion. Il fut aussi, comme lui, un célebre Grammairien *.

* *Voy. Suidas. Strabon. Liv. XIII. Plut. in Syll. &c.*

alors étoit au pouvoir de ce peuple : mais elle reconnoît Autolyque, fils de Deïmaque, pour son principal Fondateur *a*. Autolyque, selon les uns, fut un des compagnons de Jason, & s'établit ici dans le temps de la navigation des Argonautes *b* : selon d'autres, il partit de Thessalie avec Hercule, lorsqu'il alla faire la guerre aux Amazones. Au retour de l'expédition, il perdit son navire contre l'écueil Deïleon dans la Chersonese Taurique. Mais s'étant sauvé du naufrage *c* avec ses armes & ses compagnons, il traversa sur un autre bâtiment, jusqu'à la côte opposée, où il enleva Sinope 1 aux Syriens *d*. La position de ce lieu lui parut fort avantageuse, un peu au dessous d'un promontoire en presqu'isle, qui de côtés & d'autres, a des ances où les vaisseaux peuvent mouiller. Le reste du terrain s'élargissant en rond au-delà des ports, se trouve naturellement défendu par son propre rivage, escarpé, caverneux, rempli de roches creuses comme des coupes, qui ne sont couvertes qu'en haute mer, & où la pêche est abondante & commode à basse marée. Une bordure de brisans & de pierres pointues lui forme une double enceinte en hérisson ; tellement qu'il est presque impossible d'y passer quand le flot la couvre, & même fort difficile d'y marcher à pied quand il s'est retiré *e*. Autolyque fit de Sinope une bonne colonie grecque. Les habitans dans la suite lui rendirent les honneurs divins, & lui éleverent un temple

---

a Plut. in Lucull.
b Strab. L. XII.
c Appol. Rhod. & Valer. Flacc. Argon.
d Plutarch.
e Strab.

1 La position de Sinope est si bien marquée dans Polybe & dans Strabon, qu'il n'est pas permis d'ignorer que cette ville occupe l'isthme d'une presqu'isle d'environ six milles de circuit, terminée par un cap considérable. Cependant Sinope est représenté, dans nos cartes, sur une plage toute découverte, sans qu'on y remarque aucun port, quoiqu'elle en ait deux fort bons, & bien décrits par Strabon. Sa campagne est encore aujourd'hui telle que Strabon l'a dépeinte ; c'est-à-dire, que le terrein qui est entre la ville & le cap, est rempli de jardins & de champs *.

* Tournef. Lett. XVII.

où il y avoit un oracle. Mais après lui, la ville déchut beaucoup de sa puissance, ayant été ravagée par les Cymmériens du Bosphore, qui en furent néanmoins chassés par le secours d'Haliatte roi de Lydie, jusqu'au temps où les Milésiens, remarquant que les habitans de ce lieu ne savoient pas tirer parti d'une situation commode qui commandoit sur tout l'Euxin, s'en emparerent, & en firent une de leurs principales colonies. Sinope reçut d'eux un grand accroissement : elle devint plus florissante que jamais, & en état de porter elle-même des colonies en divers endroits de la côte voisine ; Trapezunte, Cerase & autres. Elle se gouvernoit en république sous ses propres loix. Les flottes nombreuses qu'elle entretenoit dans ses ports, dominoient sur toute cette partie de la mer jusqu'aux isles Cyanées, & ont même plus d'une fois porté du secours aux Grecs au-delà de cette mer. Elle avoit une alliance avec les Rhodiens, dont la puissance maritime avoit succédé à celle des Milésiens [a]. Mithridate, celui qu'on a surnommé le Fondateur, tenta vainement de s'en emparer. Les citoyens renforcerent encore à cette occasion, par des ouvrages de l'art, les approches de leur ville, déjà naturellement si difficiles. Enfin, Pharnace, roi de Pont, aïeul du grand Mithridate, s'en rendit le maître par surprise : mais c'est sur-tout à ce dernier que Sinope doit sa splendeur. Il y étoit né, & Pompée a voulu qu'il y eût sa sépulture : il l'embellit de nouveaux édifices, & en fit, ainsi que je l'ai dit, la capitale de tous ses Etats [b] : il l'orna de superbes portiques, d'une place publique & d'un lieu d'exercices [1] : il fit réparer

[a] *Polyb. L. V.*
[b] *Cic. Leg. Man.*

[1] Nous ne trouvâmes aucune inscription ni dans la ville ni aux environs ; mais en récompense, entre les morceaux de colonnes de marbre, qui sont enclavés dans les murailles, on en voit une prodigieuse quantité dans le cimetiere des Turcs, parmi plusieurs chapiteaux, bases & piedestaux de même espece. Ce sont les restes de ce magnifique gymnase, du marché & des portiques dont Strabon fait mention, sans parler des anciens temples de la ville [*].

[*] *Tournef. Lett. XVII.*

par-tout les murs de l'enceinte, qui font beaux & très-forts. Les entours de la ville ne font pas moins agréables : le territoire du deffus eft bon, rempli de vergers & de jardins en belle vue, & celui du deffous plus fertile encore *a*. On trouve aux environs de Sinope des mines d'excellent cuivre *b* : fans parler des oliviers & autres arbres à fruit qui couvrent la campagne, elle produit de beaux bois de toute efpece; les uns propres à la mofaïque & aux lambris, les autres bons au fervice de la marine *c*. Sinope fait un grand trafic de falaifons : car c'eft en cet endroit que la pêche du thon commence à être abondante *d*.

LXXXV.
Factions dans la ville.

Quand les Romains vinrent l'affiéger, la ville étoit partagée entre plufieurs factions divifées de fentimens & d'intérêts. Léonippe y commandoit pour le Peuple : Cléochares, Officier du Palais, en étoit Gouverneur pour le Roi *e* : Seleucus, Chef des Pirates Ciliciens, y avoit reçu du Roi un pouvoir égal à celui des deux autres *f* ; & l'eunuque Bacchidas, après la cruelle exécution faite au ferrail de Pharnacie, y étoit arrivé chargé des ordres de fon maître *g*. Léonippe voyant les affaires du Roi défefpérées, faifoit fous main propofer à Lucullus de lui livrer la ville. Cléochares & Seleucus eurent quelque vent de cette intrigue : ils accuferent Léonippe de trahifon devant l'affemblée du Peuple : mais le Peuple, qui regardoit Léonippe comme un homme de bien, & qui dans le fond inclinoit au même projet, le foutint contre fes ennemis, fans vouloir entendre cette accufation. Sur quoi la faction de Cléochares, jugeant qu'un homme fufpect n'en étoit que plus dangereux avec une telle prévention du public en fa faveur, le fit affaffiner pendant la nuit. Le Peuple témoigna hautement fon indignation de ce

a Strab.
b Chalcondyl. Hift. Turc.
c Strab. L. XII. pag. 546.
d Ariftot. hift. animal. VI. 17.

e Orof. VI. 2.
f Memnon. C. 55.
g Strab.

meurtre :

meurtre : mais Cléochares se trouva le plus fort. Il se mit à couvert de toutes recherches sur un crime trop avéré, en se rendant maître absolu des affaires qu'il gouvernoit avec une horrible tyrannie. Un événement fâcheux pour les Romains, accrut encore sa confiance. Censorin, Commandant de l'escadre romaine, aborda près de la côte de Sinope avec quinze galeres chargées d'un convoi qu'il amenoit du Bosphore au camp de Lucullus. Seleucus sortit du port avec ses galeres, battit les Romains, s'empara des navires & de leur charge, dont Cléochares & lui firent leur profit particulier. L'orgueil de ce succès redoubla leur insolence. Ils firent, de leur propre autorité & sans aucune forme de justice, traîner à la mort tous les Citoyens qui leur déplurent, & commirent tant de cruautés, que les habitans n'hésiterent plus à traiter avec les Romains. Mais l'exécution ne dépendoit pas de leur volonté : ils étoient, pour ainsi dire, plus étroitement assiégés par la garnison du dedans, que par l'armée du dehors : tellement que ces malheureux Citoyens n'avoient ni envie de se défendre, ni pouvoir de tenir leur capitulation *a*. Tous les jours il y avoit de nouvelles intelligences, de nouveaux soupçons & de nouveaux massacres; Bacchidas ayant apporté un ordre du Roi de n'épargner aucune personne suspecte *b*.

L'état des choses étoit trop violent pour pouvoir durer : les Chefs de la faction royale le sentoient eux-mêmes ; mais là-dessus ils se diviserent de sentiment. Cléochares vouloit toujours qu'on tînt dans la place aussi long-temps qu'il seroit possible. Seleucus, en franc pirate, étoit d'avis de massacrer les habitans, de prendre leurs effets les plus précieux, & de livrer la Ville aux Romains, moyennant une grosse récompense. N'ayant pu s'accorder sur aucun de ces deux avis, ils convinrent enfin d'enlever tout ce qu'il y auroit de plus beau & de meilleur,

a Memn.   *b Strab.*

& de se retirer en Colchide sur les vaisseaux, vers Macharès, roi du Bosphore, fils de Mithridate. Mais sur ces entrefaites, un autre événement rompit leurs mesures de ce côté-là. Macharès venoit d'abandonner le parti de son pere, & d'envoyer au camp des Romains un Ambassadeur chargé d'y proposer de sa part un traité d'alliance avec la République *a*. Lucullus lui fit un bon accueil, & répondit qu'il regarderoit la proposition comme faite de bonne foi de la part de son maître, s'il ne donnoit aucun secours à ceux de Sinope. Macharès, non content d'y souscrire à la lettre, envoya aux Romains tous les convois destinés à la place *b*, & fit présenter au Général, en signe de confédération, une couronne d'or du poids de mille dariques *c*; priant Lucullus de lui obtenir le titre d'ami & d'allié du Peuple romain * *d*. Le Proconsul fit en effet un traité avec lui, & envoya Sornatius son Lieutenant, dans le Bosphore, avec six mille hommes *e*, qui ne devoient pas moins servir à maintenir ce Prince dans ses dispositions actuelles, qu'à le rassurer contre la vengeance de son pere.

LXXXVI. Les Commandans de la ville la pillent eux-mêmes, y mettent le feu, & se retirent. Elle est sauvée par les assiégeans.

A cette nouvelle Cléochares, prêt d'être forcé dans la ville, fit secrétement charger sur quelques galeres tout ce qu'il put emporter de richesses. Seleucus & lui livrerent Sinope au pillage à leurs soldats. Tandis que ceux-ci y étoient occupés, ils les abandonnerent en grande partie; mirent au milieu de la nuit le feu dans les principaux quartiers; brûlerent les gros vaisseaux de la flotte; & se retirerent sur les plus légers, dans l'intérieur de l'Euxin, chez les Lazes *f*: *ayant ainsi, avant que de s'en aller, plus maltraité la ville, que s'ils l'eussent eux-mêmes emportée d'assaut* g. Lucullus, averti par la flamme & par le tumulte, accourt en diligence: les soldats romains prennent des

* Le titre de Φιλορομαιος.

a Tit-Liv. epitom. 98.
b Memn. C. 46.
c Appian.   *d* Plut.
e Plut. in Lucull. p. 496.
f Appian.
g Sallust. fragm. 274.

échelles, montent fans obftacle, & commencent par tuer ou piller tout ce qui leur tombe fous la main, fans diftinction du Barbare ou du Citoyen. Huit mille des Ciliciens abandonnés par leurs Chefs, furent pris ou paffés au fil de l'épée en cette occafion [a]. Lucullus, plus heureux qu'il n'avoit été au faccagement d'Amife, retient la fureur du foldat, arrête le carnage & l'incendie. Ainfi, au rebours de ce qui devoit arriver [b], cette fuperbe ville, au moment d'être ruinée par fes défenfeurs, fut fauvée par les affiégeans [c]. Lucullus conferva autant qu'il put les embelliffemens de la ville, & rendit de même les biens aux anciens habitans : il remit la ville en liberté, comme elle étoit avant la conquête de Pharnace. Il n'enleva rien des chofes de prix dont elle étoit ornée, que la ftatue d'Autolyque, l'un des plus beaux ouvrages du fculpteur Sthénis, & une fphere, piece rare & curieufe faite par Billarus. On trouva la ftatue d'Autolyque renverfée fur le rivage, comme on pourfuivoit les Ciliciens l'épée dans les reins, du côté de la rade : ils avoient voulu l'emporter, & n'avoient pas eu le temps de la charger fur leurs vaiffeaux. Lucullus en la voyant fe rappella un fonge qu'il avoit fait une des nuits précédentes, où un homme d'une figure affez femblable lui étoit apparu, en lui difant: *Avance encore un peu, Lucullus ; car je viens à ta rencontre pour parler avec toi.* Ce trait & quelques autres nous montrent que ce grand Capitaine, fi verfé d'ailleurs dans la philofophie, ajoutoit foi aux fonges; préjugé qu'il tenoit de Sylla fon ami : celui-ci nous difant en propres termes, dans un endroit de fes Mémoires, « qu'il n'y a rien de plus affuré ni de plus digne de foi, que les » avertiffemens qu'on reçoit en fonge [d] ».

La reddition de la Capitale du Pont entraîna celle de tout le refte du Royaume; entr'autres celle d'Amafie, qui n'avoit pas encore capitulé [e]. Telle fut la fin d'une campagne fi glorieufe

LXXXVII. Reddition à Amafie. Entiere conquête du royaume de Pont.

[a] *Plut.*
[b] *Memn.* ibid.
[c] *Orof. VI. 3.*
[d] *Sull. Comment. ap. Plut. in Luc.*
[e] *Memn.* ibid.

pour le Général romain, par la conquête de deux des plus belles & des plus fortes villes de l'Afie: plus glorieufe encore par la générofité avec laquelle il les fauva d'une entiere défolation [a]. Auffi Amife ni Sinope [1] n'ont-elles point oublié qu'elles lui doivent leur rétabliffement & leur liberté. Les Romains ont envoyé à Sinope une de leurs Colonies, qui partage aujourd'hui les maifons & les terres voifines avec les anciens habitans [b].

LXXXVIII.
Adminiftration de la Province d'Afie. Horribles vexations que les Publicains y avoient exercées.

Lucullus parti d'Amife à la fin de la campagne, vint régler l'adminiftration de la Province d'Afie, que l'oppreffion des Publicains continuoit de réduire au dernier état de mifere & de calamité. Il étoit temps qu'après avoir éloigné les armes étrangeres, il y apportât des fecours non moins néceffaires au dedans, en y rétabliffant la juftice & les loix. L'amende de vingt mille talens impofée par Sylla fur les villes d'Afie, ne les avoit pas tant écrafées, que la maniere affreufe dont elle fut levée par les prépofés, *qui d'ailleurs les avoient chargées d'impôts au-delà du fubfide ancien & ordinaire* [c]. A force d'ufures & de contraintes multipliées, ils avoient porté les frais & les intérêts cinq fois au deffus du capital. Les villes commencerent par vendre toutes les richeffes & les ornemens des temples, les tableaux, les ftatues & autres décorations des édifices publics. Mais le produit de ces dépouilles étant bien loin de fuffire au paiement, il fallut répartir l'impôt fur les particuliers. Ceux-ci, après s'être

[a] *Appian.*
[b] *Strab.* ibid.

[1] Le rétabliffement d'Amife & de Sinope par Lucullus, eft de l'an 684; date prouvée par deux médailles de Gordian Pie, frappées à Sinope, qui nous apprennent auffi que les habitans, en reconnoiffance des bienfaits de Lucullus qui les avoit remis en liberté, avoient quitté leur Ere ordinaire, qui étoit celle du royaume de Pont à la date de fa fondation par Mi-

[c] SALLUST. *fragm.* 615.

thridate-Ctiftes, & s'étoient fait une nouvelle Ere lucullienne de l'époque où le Proconful leur avoit rendu la liberté. Les deux médailles, portant à cette époque les nombres vrais 308 & 311, la premiere & la quatrieme du regne de Gordian ont été expliquées par Vaillant & par l'Abbé de Fontenu [*].

[*] *Mém. de l'Acad. t. X.*

inutilement épuisés, furent contraints de vendre leurs enfans & leurs jeunes filles, puis de s'offrir eux-mêmes pour esclaves à leurs impitoyables créanciers. On n'entendra pas dire, sans frémir, que ces infames exacteurs, avant que d'accepter une telle offre, leur faisoient essuyer mille tortures différentes par la prison, par les chevalets, en les tenant, soit exposés au soleil dans les plus grandes chaleurs, soit plongés dans la fange pendant les rigueurs du froid, pour les forcer à se libérer en argent : tellement que ces malheureux attendoient le moment de leur esclavage, comme un moment de repos & de soulagement *a*. De telles horreurs sont à peine croyables. Mais l'avarice se change en rage quand elle croit qu'on lui dérobe sa proie. De plus, l'habitude des guerres civiles & des proscriptions avoit endurci les cœurs, & le contre-coup en retomboit sur les Peuples tributaires. Les excès commis envers eux faisoient à peine impression, après tant de cruautés exercées contre des Citoyens *b*.

Lucullus, à son arrivée, fit éclater son indignation contre de telles inhumanités. Il régla l'intérêt annuel à douze pour cent, selon la loi. Il déclara que la masse n'en pourroit excéder le capital, & que tout l'excédent seroit aboli : il fit perdre en entier & supprima toutes les créances où l'on avoit joint les intérêts au principal, & exigé les intérêts d'intérêts. Pour l'acquittement de la dette, il statua que le créancier jouiroit du quart des revenus ou des fruits de la terre de son débiteur, jusqu'à fin de paiement. Trouvant même dans la suite cette quotité trop onéreuse, il la convertit en une taxe sur les maisons & sur le nombre des domestiques *c*. Par cette méthode, les dettes immenses des villes furent acquittées au bout de quatre ans. Les fonds rentrerent libres aux mains des propriétaires, à qui le Proconsul avoit d'abord fait rendre la liberté. Mais les bénédictions dont les Peuples comblerent leur Commandant, eurent

LXXXIX. Réglemens faits par Lucullus. Haine des Partisans contre le Proconsul. Il passe l'hiver à Ephese.

a Plut. in Lucull.   *b* Cic. offic. II. 27.   *c* Appian.

bien moins d'effet en fa faveur, que n'en eut contre lui la haine des Partifans, outrés de rage de voir mettre un frein à leurs rapines. Quoiqu'ils euffent profité pour eux-mêmes d'une fomme au moins égale à celle reçue par le Tréforier public (car malgré la modération portée par l'ordonnance, les villes de l'Afie avoient bien payé le double de la taxe), ils écrivirent à Rome, comme s'ils euffent été griévement léfés. Ils exciterent contre lui les clameurs publiques des Orateurs mercenaires dont cette ville vénale eft remplie; & fe firent d'autant plus aifément écouter, que la plupart de ceux qui gouvernoient l'Etat, étoient leurs penfionnaires ou leurs débiteurs [a]. Ce fut ici la premiere fource des indignes traitemens que Lucullus reçut dans la fuite pour prix de fes services & de fon équité.

Il vint paffer le refte de l'hyver d'abord à Sardes, à qui il rendit fon ancienne forme de Gouvernement [b] : puis à Ephefe, où on lui fit un accueil digne de fa gloire & de fes bienfaits. Le temps de fon féjour fut confacré aux fêtes & aux divertiffemens. Les Ephéfiens, à l'imitation de ceux de Cyzique, inftituerent fous fon nom des jeux folemnels, moins flatteurs encore pour lui que le concours du Peuple qui venoit de toute part lui témoigner fon affection. Il les traita tous chez lui avec magnificence, étant naturellement libéral & fomptueux. Il donna au public des fpectacles, des combats de Gladiateurs à la maniere de Rome, & des jeux gymnaftiques à la maniere des Grecs [c]. Il offrit aux Dieux des facrifices votifs en action de graces, d'avoir terminé cette longue & périlleufe guerre [d]. Mais les événemens lui apprirent bientôt qu'il s'étoit trop hâté de la croire finie.

[a] *Plutarch.* ibid.
[b] *Strab. L. XIII.*
[c] *Plutarch.* ibid.
[d] *Appian.*

Fin du quatrieme Livre.

PLANCHE V. Tom. II. P. 470.

HISTOIRE
DE LA RÉPUBLIQUE ROMAINE.

LIVRE CINQUIEME.

MITHRIDATE jufqu'à ce jour fe voyoit trompé dans les efpérances qu'il avoit conçues du côté de Tigrane : non qu'en y allant, il ne fe défiât du cœur & de la bonne volonté de l'Arménien ; mais il avoit compté le déterminer par fa préfence & par fes raifons. Il ne parvint pas jufqu'à lui [a]. A fon entrée en Arménie, Tigrane envoya ordre de le conduire dans un château éloigné de la Cour, qu'on lui affignoit pour logement. On lui donna une garde, au moins autant par défiance que par honneur. A cela près, il y étoit fervi & traité en Roi. Un pareil traitement fait à un fi grand Prince avoit, malgré la pompe apparente, bien plus l'air du mépris que de l'hofpitalité. On le retint vingt mois dans cette folitude marécageufe & mal faine, fans que Tigrane daignât l'aller voir, ni le faire venir [b]. Cléopatre effaya vainement de toucher fon époux en faveur de fon pere. Ses inftances furent mal reçues ; & même Amphicrates [1], Orateur Athénien, homme fort attaché à la

I. Mithridate eft mal reçu par Tigrane.

---

[a] *Appian. pag.* 226. [b] *Memnon. cap.* 57.

[1] Amphicrates étoit un célebre Orateur Athénien. Banni de fon Pays, il fe retira d'abord à Seleucie, fur le Tigre, où les habitans, charmés de fon éloquence, le

Reine, s'étant à cet égard rendu suspect à la Cour, tomba dans la disgrace du Roi, & en mourut de chagrin [a].

II. Commencement du regne de Tigrane en Arménie. Ses conquêtes.

Les commencemens du regne de Tigrane n'auroient pas fait attendre de lui tant d'orgueil & d'arrogance [b]. L'Arménie, devenue si puissante, qu'on la comptoit, après l'Empire des Parthes, pour la seconde monarchie de l'Orient, n'avoit, jusqu'à son regne, joué qu'un fort petit rôle au milieu des Empires de l'Asie. Aussi n'y a-t-il guere eu de Princes en qui les variations continuelles de la fortune aient mieux fait voir combien elle influe sur le caractere. Il descendoit d'Artaxe, & étoit fils d'un petit souverain nommé comme lui Tigrane : car c'est un titre ou nom de dignité qui, en langue du Pays, signifie *Souverain* ou *Roi absolu;* terme qui pourroit avoir en ce sens passé dans la langue grecque, & delà dans la nôtre (*Tyrannus*). Son pere

---

[a] *Plut. in Lucull.*

prierent de tenir dans leur ville une école de rhétorique. Il leur répondit que le plat étoit trop petit pour le poisson. De là il vint à la Cour d'Arménie, où s'attacha à la reine Cléopatre. Il voulut, ainsi que quelques personnes de sa nation, se mêler de diverses intrigues qui déplurent au Roi. Celui-ci le traita mal, & lui défendit d'avoir aucun commerce avec les Grecs. Le Rhéteur au désespoir se retira du Palais, & se laissa mourir de faim. La Reine lui fit élever un tombeau magnifique à Sapha, ville de Mésopotamie sur le Tigre *. On pourroit ici comparer la mort de cet Orateur célebre, à celle de l'un de nos plus célebres Poëtes. On sait que Racine, qui étoit fort bien à la Cour, & qui se plaisoit beaucoup à y être, après avoir quitté le théatre, dont il avoit, à juste titre, tiré tant de gloire, devint dévot, & voulut

* *Plut. in Lucull.*

[b] *Justin.*

se mêler des intrigues de Cour. Il y étoit aussi bien venu de Madame de Maintenon, qu'Amphicrates de la reine Cléopatre. Il fit passer au roi Louis XIV un Mémoire contenant des représentations ou des avis sur quelques affaires théologiques qui agitoient le Gouvernement. Le Roi, qui aimoit beaucoup Racine, mais qui étoit accoutumé à ne le regarder que comme un grand Poëte, fut surpris & mécontent. Depuis quand, dit-il à Madame de Maintenon, qui s'étoit chargée du Mémoire assez malgré elle, Racine croit-il être devenu homme d'Etat ? Madame de Maintenon rendit cette réponse à Racine, en lui faisant une mine assez froide, & lui conseillant d'être quelque temps sans revenir à Versailles. Le chagrin qu'il conçut de ne plus paroître à la Cour, aigrit une incommodité qu'il avoit, & lui causa la mort.

étant

étant en quelque façon dans la dépendance du roi des Parthes, le donna dans sa jeunesse en ôtage à cette Cour, d'où il n'obtint d'être renvoyé en Arménie, lorsque le sceptre vint à lui écheoir *a*, qu'en cédant pour sa rançon soixante-dix vallées dépendantes de ses Etats *b*.

Dès-lors Mithridate prit la pensée de l'engager dans la guerre qu'il méditoit de renouveller contre Rome. N'ayant pu le déterminer à cette grande entreprise, il le poussa du moins, par l'entremise d'un nommé Gordius son affidé *c*, à faire une invasion plus facile dans les Etats d'Ariobarzane, Prince peu belliqueux, & tout propre à être choisi pour victime de l'ambition de ses voisins. On régla d'avance le partage de sa dépouille. Les deux Rois convinrent que celui d'Arménie auroit le butin, & tous les effets portables, quels qu'ils fussent, même les hommes; & que le Pays, ainsi mis à nud, resteroit en propriété au roi de Pont. Après avoir cimenté leur traité par le mariage de Cléopatre, fille de Mithridate, avec Tigrane, ils joignirent leurs forces, firent l'enceinte de la Cappadoce, & l'envelopperent de toutes parts *d*. Ariobarzane, hors d'état de résister, s'enfuit à Rome. Tigrane n'enleva pas moins de trois cent mille habitans qu'il emmena dans son royaume, où il leur distribua des terres à cultiver *e*. Enflé par ce premier succès, il continua d'envahir tous les petits Etats voisins du sien, à l'occident & au midi; l'Atropatene, la Gordyenne, la Sophene *f* où régnoit Artanes, descendu de Zaryadre, premier Souverain de la petite Arménie. Alors il ceignit sa tête du diadême, & prit le titre fastueux de Roi des Rois. Il refusa de reconnoître le Parthe pour son Seigneur dominant: il se remit en possession du territoire qu'il avoit cédé, ravagea la Parthide aux environs de Ninive &

---

a Justin. XXVIII, 2.
b Strab. Liv. XI.
c Justin. XXVIII, 3. Cic. pro Sext. 27.
d Justin. XXVIII, 3.
e Appian.
f Strab. Liv. XI.

d'Arbele, & ne termina la guerre que par un traité qui le rendoit indépendant. Il infulta les Seleucides, alors encore poffeffeurs des grands débris de l'Empire & des conquêtes d'Alexandre; refufant de même de reconnoître leur fupériorité [a]. Antiochus, armé pour punir fon arrogance, ne fit que l'accroître par fes défaites. Elles lui coûterent la Méfopotamie, la Paleftine & la Cilicie. Tigrane, à la tête d'une armée de cinq cent mille hommes, lui enleva toutes les Provinces en deçà de l'Euphrate jufqu'à l'Egypte; achevant ainfi de détruire l'Empire des Seleucides [1] en Syrie, déjà fort affoibli par nos conquêtes. Il tranfporta les Ciliciens & les habitans des Villes grecques, tant en Médie qu'en Méfopotamie. Il pénétra jufques chez les Arabes-Scénites, dont il enleva un grand nombre qu'il contraignit d'abandonner leur ancienne coutume de camper fous des tentes, les fixant dans le voifinage de fa Capitale, où il fe fervit d'eux pour le commerce qu'ils entendent affez bien, & qu'il vouloit rendre floriffant dans fes Etats. De l'Arabie, il tourna vers la Paleftine. A fon approche, la reine Séléné, veuve d'Antiochus-Eufebes, fe jeta dans Ptolémaïde, où elle perfuada aux habitans de fermer leurs portes au conquérant. Tigrane en fut à

---

[a] *Jof. antiq. Jud. XIII. 16. 4. Juft. XL. 1. App. bel. Syr. p. 118. Eutrop. Liv. VI.*

[1] Ce fut des mains de Tigrane que la Syrie paffa immédiatement dans celles des Romains, & que ceux-ci prétendirent tirer leur droit de poffeffion après la défaite du roi Arménien qui l'avoit conquife. Lorfque Antiochus l'Afiatique, fils d'Eufebes & de Séléné, l'un des derniers de la maifon des Seleucides, vint demander à Pompée d'être continué dans la poffeffion des Etats & des droits de fes ancêtres, que Lucullus lui avoit rendus quand il en eut chaffé les Arméniens, Pompée lui répondit affez féchement, que les Seleucides n'avoient plus rien à prétendre à l'Empire de Syrie: que par la conquête de Tigrane, il étoit devenu une dépendance du royaume d'Arménie: & que depuis la défaite de Tigrane, les droits de ce Prince étoient devenus ceux des Romains. Tellement qu'Antiochus, après environ un an de regne, fut forcé d'évacuer la Syrie, qui fut réduite en Province romaine. Pompée affecta de tenir la même conduite envers prefque tous ceux que fon prédéceffeur avoit favorablement traités.

ROMAINE. *LIVRE V.* 475

tel point irrité, que, quand la prise de la place eut mis la Reine entre ses mains, il la fit enfermer au château de Seleucie en Mésopotamie, où bientôt après on lui ôta la vie. Cependant la nouvelle qu'il reçut pendant le siege de Ptolémaïde, que les Romains menaçoient ses propres Etats, l'obligea de rebrousser chemin, & d'abandonner le projet d'ajouter la Judée à ses autres conquêtes *a*. Il traîna captives à sa suite les Princesses Syriennes; laissant à la garde de ses nouveaux Etats une grosse armée commandée par Macadad (Magadates), qu'il y établit Gouverneur *b*.

Dans l'intervalle de ses campagnes, il avoit fait bâtir, entre l'Ibérie & le Zeugma de l'Euphrate, une grande Ville, pour y faire son séjour : l'appellant de son nom *c* [1] Tigranocerte, ou

III. Il fait bâtir Tigranocerte. Son orgueil.

---

a Joseph. ant. Jud. lib. XIII. Bell. Jud. L. I. 5. 3. & Strab. L. XVI.
b Plut. in Lucull. Lucull. orat. ad milit. ap. Plutarch. Appian. bell. Syr. p. 118.
c Quadratus ap. Steph. Byz.

[1] Nous avons fait de ce mot *Tigrane* un nom propre. Mais il est évident que c'est un titre générique & de dignité, comme le sont tous les noms des anciens Souverains Orientaux, que nous prenons aujourd'hui pour autant de noms propres. C'est par cette raison que nous voyons dans l'ancienne histoire les mêmes personnes porter tant de noms différens, & le même nom donné à tant de personnes différentes. Tous sont des mots génériques ou épithetes d'honneur, l'une desquelles convient également bien à plusieurs personnes; & la même personne peut aussi en avoir reçu plusieurs. C'est une observation très-essentielle à faire, en lisant l'histoire ancienne, & dont il seroit facile de donner une foule d'exemples. Elle répond en un seul mot aux objections qu'on a faites à quelques anciens Historiens, à *Ctesias*, par exemple, plus fidele qu'un autre sur les annales d'Assyrie, d'avoir inventé des suites de Rois, parce que leurs noms ne se trouvent pas les mêmes chez lui que chez *Hérodote*, ou que dans la Bible. Mais *Hérodote* lui-même ne nomme-t-il pas Labynete (Labo-Neith), le même Prince que la Bible nomme Nabuchodonosor (Nabi-Chadon-A-Sar). Le même usage subsiste encore aujourd'hui en Orient, où Nadir-Schah & Thamas-Kouli-Kan sont deux noms du même Souverain de la Perse. Le fameux Empereur des Mogols, Aureng-Zeb, contemporain de notre roi Louis XIV, n'est-il pas le même que les Indiens nomment aussi Allum-Gire? Nous avons tant oüi parler durant nos dernieres guerres dans les Indes, de Nisam-ul-Mulluk, ce Souba du Dekan, qui a causé la ruine de la maison de Tamerlan dans l'Indostan, en attirant

Ville royale. Il la peupla d'un nombre infini d'habitans, soit de Barbares enlevés de leur patrie, ou de Citoyens de douze villes grecques qu'il avoit faccagées *. Il força les plus opulens de ses

a Strab. Lib. XI.

fur la Cour de Dehli l'armée Perfanne qui étoit dans le Candahar. Nous ne le connoiffons guere en Europe que fous ce nom, qui n'eft qu'un titre de dignité. Son vrai nom étoit Cuttulik-Khan. Si nous y faifons attention, il en eft de même parmi nous, où les Souverains font appellés de différens titres d'honneur quand on parle d'eux. Tels que *Princes, Rois, Monarques, Sire, Majefté*, &c. Sans parler de ceux qui font propres à tous les Souverains de chaque Royaume particulier, comme *très-Chrétien, Céfar, Catholique, très-Fidele,* &c. Il fera peut-être auffi difficile un jour de difcerner le véritable nom perfonnel de chacun des Rois modernes, qu'il nous l'eft aujourd'hui de favoir, au milieu de cette foule de termes appellatifs, quel eft celui d'un ancien roi d'Egypte ou d'Affyrie. De tout temps il a été d'ufage, & il l'eft de même encore aujourd'hui parmi les Monarques d'Orient, de changer de nom à leur avénement au trône, comme font chez nous les Papes à leur exaltation, & d'en prendre un qui eft un titre d'honneur & de dignité.

On prétend que le nom de Tigrane étoit commun à la langue Phrygienne & à l'Arménienne. Il paroît évidemment le même que le grec Τύραννος & le latin *Tyrannus*, qui ont la même fignification. Rien n'eft plus célebre chez les Hiftoriens Arabes, que les deux Royaumes d'Iran & de Turan. Peut-être ces deux mots fignifioient-ils le *Pays* & *l'Empire*; car il me paroît que l'Iran eft la même chofe que les Orientaux appellent auffi l'Irak. Turan eft la Tranfoxane : & ces vieilles hiftoires arabes font celles des fréquens démêlés entre les Medes & Perfes, & les anciens Usbegs, dont nous voyons plufieurs traces dans les Hiftoriens grecs; dès le temps de Cyaxare (Ky-A-Sar) & des autres Souverains des Pays en deçà de l'Oxus, qui fervoit de bornes aux deux nations rivales. La même Tribu Oguziane envahit alors pendant vingt-huit ans la Médie, au temps de Cyaxare, fous fon Chef Oguz-Khan, comme elle a depuis envahi de fi grandes régions de l'Afie fous Jenghiz-Khan & fous Tamerlan; comme elle a détruit l'Empire de Conftantinople fous les defcendans d'Othman.

Tigrane étoit, au rapport de *Plutarque*, dans la vingt-cinquieme année de fon regne, lorfque les Romains entrerent en Arménie. La bataille de Tigranocerte ayant été donnée en 684, le commencement du regne de ce Prince remonte ainfi à l'an 659. Les dix-huit années de fes profpérités, dont j'ai parlé dans le texte, font, comme l'entend *Juftin*, à dater de celle où il entreprit la conquête de la Syrie. Ainfi l'invafion de la Syrie remonteroit à l'an de Rome 666.

Les révoltes de l'armée romaine en Orient, & les intrigues des Tribuns à Rome, fauverent Tigrane de fa perte entiere, que Lucullus étoit prêt de confommer, lorfqu'il fut rappellé. Par fa retraite,

vassaux d'y venir faire leur résidence; ordonnant que les richesses qui n'y seroient pas apportées seroient confisquées aux dépens du public *a*. Il en fit ainsi en peu d'années une des plus riches

a Appian. bell. Mithrid.

le Roi d'Arménie conserva la possession de ses anciens Etats; & quoiqu'atterré par les victoires de Lucullus, continua d'être regardé comme un puissant Souverain *. Il reprit une partie de son orgueil en recouvrant une partie de son pouvoir. Lorsque dans la suite Pompée marcha contre Mithridate, Tigrane, raffermi dans ses Etats, n'en conçut pas d'abord grande inquiétude; espérant de faire une ligue avec Phraarte, nouveau roi des Parthes & successeur d'Arsace, qui venoit de mourir. Dans cette confiance, il traita plus indignement encore que la premiere fois son beau-pere Mithridate, qui se réfugioit de nouveau vers lui, après avoir été défait par Pompée dans un combat nocturne. Non-seulement il ne voulut pas le voir, mais il mit sa tête à prix, ayant fait publier qu'il donneroit cent talens à celui qui le tueroit. Mais bientôt il apprit que Pompée l'avoit prévenu au sujet de l'alliance avec les Parthes, en gagnant leur roi Phraarte, qui même sollicitoit Pompée d'entrer en Arménie **; & que, d'autre part, l'aîné de ses fils, aussi nommé Tigrane, s'étoit révolté contre lui, & venoit d'aller se joindre à Pompée sur le bord de l'Araxe. Il opposa néanmoins à tous deux une légere résistance. Mais, dès le premier désavantage, il changea bien vite de ton & de conduite, se montrant aussi lâche dans l'adversité, qu'il avoit été arrogant dans sa

* *Vell-Pat. L. II.*
** *Dio-Cass. L. 36.*

bonne fortune. Il envoya des Ambassadeurs pour traiter des conditions de la paix. Puis renonçant aussi-tôt à négocier, il se mit lui-même en marche pour aller se mettre à la merci de Pompée, & lui offrir de recevoir garnison romaine dans ses Etats; déterminé, soit par la confiance qu'il prit en ce qu'il entendoit dire du naturel doux & humain de Pompée, soit par la connoissance qu'il avoit de l'envie que ce Général portoit à Lucullus. Il espéra d'en être bien traité, par la raison même que Pompée se plaisoit à défaire tout ce que son rival avoit fait.

Quand il fut arrivé à cheval près de la clôture du camp, deux Huissiers de Pompée sortirent au devant de lui, & lui ordonnerent de descendre & d'entrer à pied, lui disant que jamais on n'avoit vu d'étranger passer à cheval dans un camp romain. Tigrane obéit, & ôtant même son épée, il la donna aux Huissiers; & enfin, quand il fut près de Pompée, prenant son diadême, il voulut le mettre à ses pieds, & se prosternant honteusement à terre, lui embrasser les genoux. Mais Pompée courut à lui pour l'en empêcher, & le prenant par la main, il le mena dans sa tente, le fit asseoir près de lui à sa droite, & son fils, le jeune Tigrane, à sa gauche, & lui adressant la parole: « Tigrane, lui dit-il, c'est à Lucullus que » vous devez vous en prendre des grandes » pertes que vous avez ci-devant faites; » car c'est lui qui vous a dépouillé de la

& des plus superbes villes de l'Orient; chacun de ses sujets s'étant à l'envi piqué, pour faire sa cour, de l'embellir d'édifices & de somptueux ornemens *a*. Il fit bâtir dans le fauxbourg de

a Plut. in Lucull.

» Syrie, de la Phénicie, de la Cilicie, de
» la Galatie & de la Sophene. Mais pour
» tout ce que vous avez conservé jusqu'à
» mon temps, je vous le laisse, à condi-
» tion que vous paierez aux Romains six
» mille talens pour les torts que vous leur
» avez fait. Et je donne à votre fils le
» royaume de la Sophene ».

Tigrane en fut très-content; & ayant sur l'heure même été salué Roi par les Romains, il en eut tant de joie, qu'il promit de donner à chaque soldat une demi-mine, dix mines à chaque Centurion, & un talent à chaque Tribun. Mais son fils en fut très-mal satisfait; se trouvant à son gré trop peu récompensé pour de si grands services *.

Tigrane vécut en possession de ses anciens Etats, où il régnoit avec la permission des Romains **, jusqu'à l'âge de quatre-vingt cinq ans. Il laissa des enfans de deux de ses femmes, Cléopatre & Sozime: savoir, de Cléopatre, trois fils, dont l'aîné fut celui qui se révolta contre son pere; & qui, peu après, se brouilla avec Pompée; mécontent de n'avoir eu que la Sophene pour prix de sa trahison, Pompée le fit arrêter & mettre aux fers; le réservant pour orner son triomphe. Il refusa même de le mettre en liberté, sur la priere que lui en faisoit Phraarte Roi des Parthes, dont le jeune Tigrane avoit

* *Plut. in Pomp. Sext-Ruf.*
** *Sext-Ruf. Lucian. de Macrobiis*, p. 915.

épousé la fille : en lui répliquant que le jeune Tigrane touchoit de plus près au Roi d'Arménie, comme fils, qu'au Roi des Parthes comme gendre. Mais le jeune Tigrane s'échappa de sa chaîne; & ayant voulu continuer à remuer, fut tué dans une action *. Le second fils de Tigrane fut mis à mort par ordre de son pere même, pour avoir, au moment d'une chûte dangereuse que Tigrane fit à la chasse, ramassé son diadême, & osé se le mettre sur la tête. Le troisieme, aussi nommé Tigrane (s'il n'est pas le même que l'aîné : car il y a beaucoup d'apparence, par la grande ressemblance des faits, qu'on les a confondus), en fut long-temps chéri. Il paroit même que ce fut à celui-ci qu'il remit en pleurant son diadême, lorsqu'ils fuyoient ensemble après la déroute de Tigranocerte. Mais, dans la suite, le fils se brouilla avec le pere, à l'instigation de Phraarte Roi des Parthes, dont il avoit aussi épousé la fille, & chercha même à lui rendre de fort mauvais offices auprès de Pompée. Celui-ci, quoiqu'indigné de cette conduite, le réconcilia avec son pere, & lui fit donner la souveraineté de la petite Arménie, en lui recommandant de se tenir désormais tranquille. Le jeune Tigrane, peu sensible au bienfait & peu docile à la leçon, conspira de nouveau contre son pere, & eut même une conduite orgueilleuse avec Pompée, qui le fit prisonnier & le conduisit à Rome à

* *Plut. in Pomp.*

ROMAINE. *LIVRE V.* 479

la Ville un superbe Palais, pour sa résidence habituelle, avec de vastes jardins ornés de parcs & de viviers [a].

Dix-huit années de prospérités, sans mélange d'aucun revers,

[a] *Tacit. annal. XV. 4.*

la suite de son char de triomphe. Il fut mis à la garde du Sénateur Flavius. Mais ayant quelque temps après gagné par argent le Tribun Clodius, le même qui avoit été Ambassadeur en Arménie, celui-ci le fit mettre en liberté malgré Pompée. Je crois que ce Prince est le même que d'autres Historiens nomment Zariastre. De Zozime son autre femme, Tigrane eut deux filles, mariées, l'une à Mithridate-le-Mede, l'autre à Pacorus, fils d'Orodes, Roi des Parthes; & un fils, Artavasdes, successeur de son pere au trône d'Arménie, qui resta encore pendant quelques générations dans la maison de Tigrane.

Quant à l'orgueil de Tigrane, on ne doit pas être aussi surpris que nous le sommes, & que le sont les anciens Historiens grecs & latins, de trouver les Rois de l'Orient possédés d'un si fol orgueil. Dans les pays de despotisme & de tyrannie, rien n'est si commun que de trouver chez les mêmes Souverains la plus grande insolence, le plus grand mépris de l'humanité dans la bonne fortune, & le plus lâche avilissement dans la mauvaise. L'habitude fait que les Orientaux ne sont pas affectés de cette extrême variation, autant que nous le sommes en Occident. Nous sommes très-surpris d'entendre raconter qu'on adoroit le Roi de Perse; c'est-à-dire qu'on se prosternoit la face contre terre pour le saluer : que Tigrane faisoit tenir la bride de son cheval par des rois tributaires, c'est-à-dire par des satrapes ses sujets : qu'il les tenoit à son audience dans une posture humiliée, laquelle n'est pourtant que la même que les Mandarins gardent devant l'Empereur de la Chine : que Sesostris faisoit aussi traîner son char par des rois vaincus : que Tamerlan tenoit Bajazet prisonnier dans une cage de fer, dont il se servoit comme de marche-pied pour monter à cheval. Tous ces faits ne sont pas des fables, comme le soutiennent d'un ton si décidé certains beaux esprits qui, très-ignorans des mœurs étrangeres, prétendent les juger sur celles de leurs pays, ou sur leur façon de penser. Il ne faut pas attribuer à la dureté de Tamerlan ce traitement barbare. Il suivoit l'usage. Nous lisons dans l'histoire Indienne du Persan *Feristhah*, que dans l'Empire Ghiznevide, la prison ordinaire des Rajahs vaincus, étoit une espece de caverne portative grillée de fer, qui servoit habituellement de marche-pied au trône du Sultan de Ghizni : & de même dans le psalmiste, *ponam inimicos tuos scabellum pedum tuorum.* Dans ces pays, les idées du juste ou de l'injuste ne font aucune impression sur les esprits. La force domine, & fait seule la regle. Elle écrase tout tant qu'elle subsiste : & les Souverains qui l'ont perdue (ce qui arrive à tout moment) sont regardés dans leur malheur avec la plus grande indifférence, avec le dernier mépris par leurs Sujets, dont ils n'ont jamais mérité l'attachement. Ne trouvant de commisération nulle part, ils n'ont de recours que dans leur lâcheté.

avoient rendu ce Prince si redoutable en Asie, que personne n'osoit plus l'attaquer *a*; & l'avoient lui-même à tel point enivré d'un fol orgueil, qu'il ne se faisoit servir que par des Rois captifs, comme par des esclaves. Ils se tenoient debout autour de son trône, quand il donnoit audience en son Palais, les mains croisées, la tête basse, & les yeux fixés contre terre, en signe de servitude & de prompte obéissance à son premier commandement : &, lorsqu'il sortoit, quatre d'entr'eux tenant les rênes de son cheval, marchoient devant lui à pied, en simple veste, sans robe longue *b*. Falloit-il être surpris qu'un Prince insensé *c*, *dont la fortune avoit prévenu plutôt que secondé tous les vœux*, long-temps regardé comme le plus puissant des Monarques de l'Asie, où il semble qu'à cet égard on l'ait enfin mis au dessus des Rois de la Parthide & du Pont *d*, parvenu jusqu'à se persuader que tout ce qui flatte les passions des hommes ou éblouit leur orgueil, que les hommes eux-mêmes & tout ce qu'ils possedent étoient à lui, & n'étoient que pour lui *e*, dédaignât dans son infortune un Roi malheureux, & perdît le souvenir que c'étoit à l'alliance de Mithridate qu'il devoit les commencemens de sa grandeur ?

IV. Lucullus envoie Clodius-Pulcher en ambassade vers le roi d'Arménie.

Lucullus n'ignoroit pas qu'intérieurement jaloux de la haute réputation de son beau-pere, il le haïssoit au fond de l'ame ; & que, par une dureté de cœur assez naturelle aux tyrans heureux, il étoit capable de le sacrifier à son repos & à sa propre sûreté, en le livrant aux Romains. On prétend que les émissaires du Proconsul sonderent l'esprit de Tigrane dans une conférence secrete, & que ce fut ensuite *f d'une convention particuliere, qu'il lui envoya son Lieutenant Publius-Clodius* [1], en

---

a Justin. XL. 1.
b Plut. in Lucull.
c Sallust. fragm. 204;

d Vell-Paterc. L. II, 3 & 34.
e Plut. in Lucull.
f Sallust. fragm. 120.

[1] C'est ce même Clodius si connu par son caractere turbulent, par ses querelles avec Cicéron, par son aventure galante avec Pompéïa, femme de César, lorsqu'il

qualité

qualité d'Ambassadeur. Lucullus fit choix de ce jeune homme d'un caractere hardi, comme toute la suite de sa vie l'a fait assez voir, d'une naissance illustre, & son parent très-proche (car *a il étoit oncle de ses enfans* par Clodia leur mere), pour le charger de cette commission, non moins importante qu'honorable.

Clodius partit pour se rendre auprès du Roi, guidé par des Arméniens qui, croyant mieux servir leur maître, l'égarerent à

a SALLUST. *fragm. 3. & 129.*

fut surpris déguisé en femme, parmi celles qui célébroient les mysteres secrets de la bonne Déesse; par la maniere séditieuse dont il exerça le Tribunat du Peuple après avoir déshonoré sa haute naissance patricienne, en se faisant adopter par un homme du commun, pour pouvoir exercer cette magistrature populaire, & perdre Cicéron. C'étoit un homme d'un caractere détestable, l'un des plus mauvais Citoyens & des plus grands factieux qu'il y ait eu dans Rome. On verra bientôt avec quelle ingratitude il ruina son beau-frere qui l'avoit accablé d'amitiés & de bienfaits. Ses mœurs ne valoient pas mieux que son caractere; à s'en rapporter au tableau que *Cicéron* en fait, & qui vient à la vérité d'une main ennemie, « Resté fort jeune, dit-il, à la mort » de son pere, il servit aux plaisirs de nos » riches débauchés. Il eut lui-même des » passions, après avoir satisfait celle des » autres, & vécut dans l'intérieur de sa » famille en commerce scandaleux avec » ses propres sœurs. Devenu homme fait, » il eut de l'ambition : il entra au service » militaire & dans les emplois des Pro- » vinces, mais sans changer de goût. Les » Pirates en firent le jouet de leurs déré- » glemens : il fut comblé jusqu'à satiété de » la faveur des Ciliciens & autres bar- » bares. Ayant ensuite, par une horrible » ingratitude, excité l'armée de Lucullus » à la révolte, il s'est enfui de l'Asie, & » nous l'avons vu récemment, de retour » à Rome, traiter pour de l'argent avec » ses proches, qui vouloient éviter le dé- » sagrément inséparable des accusations cri- » minelles dont il les menaçoit * ». Il étoit fils du Consul Appius-Clodius, Gouverneur de Macédoine, dont il est parlé plus haut dans cette histoire, & frere de Clodia, femme de Lucullus. On sait assez comment il fut tué par Milon son ennemi, dans un fauxbourg de Rome, & quelles furent les tristes suites de ce meurtre. Sa veuve Fulvie, femme aussi méchante que son mari, se remaria après sa mort à Marc-Antoine le Triumvir, fils du Crétique, & fut cause de la perte de Cicéron, que son premier mari avoit fait exiler de son vivant. Tous ces faits sont trop connus pour s'y arrêter ici. J'aurai d'ailleurs occasion de parler encore de lui dans le supplément à l'histoire de Catilina, & dans la vie de Salluste son ami, qui étoit Tribun du Peuple avec Milon, dans le temps que celui-ci tua Clodius.

* *Cic. de Harusp. responf.*

dessein; &, au lieu de le conduire en droiture, le menerent par de longs détours & *a par des routes solitaires*, dans les hautes montagnes, où il s'apperçut enfin de leur infidélité. Averti par un de ses domestiques Syrien de naissance, il chassa ces Barbares en les accablant d'imprécations, traversa l'Euphrate & vint se rendre à la ville d'Antioche, d'où il fit donner avis de son arrivée au Roi d'Arménie, alors occupé, comme je l'ai dit, à réduire sous son obéissance quelques villes de la Phénicie. Ayant reçu ordre de l'attendre en ce lieu même, il fit un assez long séjour à Antioche, où se trouvoient alors plusieurs petits Dynastes orientaux soumis à Tigrane; mais qui n'obéissoient qu'à regret à ce Prince dur & superbe. Ayant reconnu en plusieurs d'entre eux des dispositions intérieures à secouer le joug & à se tourner du côté des Romains, il se ménagea quelques entrevues secretes avec eux, au moyen desquelles *b il affermit dans leurs dispositions les Rois & les Tétrarques effrayés* de la formidable puissance de Tigrane. De ce nombre étoit Zarbiénus, Souverain de la Gordyenne *c, lequel haïssoit mortellement le Roi*. Son alliance pouvoit sur-tout être utile à cause du passage par ses Etats, s'il falloit porter la guerre en Arménie. Clodius fit avec lui une ligue particuliere au nom du Proconsul, qui la ratifia dans la suite. Plusieurs villes grecques, à qui la domination Arménienne étoit odieuse, lui envoyerent secrétement aussi des personnes de confiance. Il leur promit à toutes la protection de la République; leur recommandant sur-tout de ne pas remuer dans le moment présent, & d'attendre la circonstance favorable pour se déclarer [d].

V. Le Roi lui donne audience à Antioche.

Enfin Tigrane revint de son expédition. Clodius, dans l'audience solemnelle qu'il en reçut, lui remit les lettres du Proconsul: après quoi ils traiterent ensemble en particulier du

[a] SALLUST. fragm. 130.
[b] SALLUST. fragm. 527.
[c] SALLUST. fragm. 524.
[d] Plut. in Lucull.

principal & vrai motif de l'ambaffade. Le Romain dit au Roi fans aucun détour, qu'il venoit exprès pour demander qu'on lui livrât Mithridate entre les mains : que les Etats de ce Roi vaincu appartenant aux vainqueurs *a*, fa perfonne étoit de même due à l'ornement du triomphe de Lucullus; & que, s'il ne lui étoit remis, il venoit au nom de Rome déclarer la guerre à l'Arménie. Le Roi à qui, depuis vingt-cinq ans qu'il régnoit *b*, *à peine avoit-on encore ofé dire une parole véritable*, fut fort étonné de s'entendre parler de ce ton décidé. Malgré le fourire dédaigneux & forcé qu'il affecta, fes Miniftres, admis à la conférence, s'apperçurent aifément que le difcours libre & hardi de ce jeune homme l'avoit déconcerté *c*. Il fe poffeda néanmoins, & répondit avec un calme apparent, qu'il n'ignoroit pas que Mithridate étoit un méchant homme; mais qu'il falloit avoir égard à la parenté qui étoit entr'eux, & qu'il fe rendroit odieux à toute la terre, s'il livroit ainfi le pere de fa femme aux mains de fes ennemis *d*. Enfin, après plufieurs pourparlers dans lefquels Clodius infifta vivement, reprochant entr'autres chofes au Roi d'avoir le premier provoqué les armes romaines par le pillage de la Cappadoce alliée de la République *e*, la derniere réponfe de l'Arménien fut qu'il n'abandonneroit pas le roi de Pont, & que fi Rome s'obftinoit à le pourfuivre, il iroit lui-même le rétablir. Il répondit fur le même ton aux lettres de Lucullus, fans lui donner dans les fiennes le titre d'*Imperator*; offenfé de ce que le Proconful, en lui écrivant, ne l'avoit pas qualifié de *Roi des Rois*. Lucullus le fut tout autant de cette omiffion. Le Roi ne laiffa pas d'envoyer à l'Ambaffadeur des préfens confidérables que celui-ci n'accepta pas. Sur quoi Tigrane lui en fit offrir de plus magnifiques encore. Alors Clodius, pour lui marquer qu'en refufant il n'avoit pas deffein de l'offenfer ni de

a Eutrop. Liv. VI.
b SALLUST. fragm. 90.
c Plut. in Lucull.
d Memn. hift. Héracl. ch. 48.
e Cic. pr. Sext. 27.

marquer aucun mépris de ses dons, prit une très-belle fiole de cryſtal, & renvoya le reſte [a]. Il partit auſſi-tôt, & revint à grandes journées retrouver ſon Général.

VI. Tigrane fait venir Mithridate à ſa Cour. Indiſcrétion du roi d'Arménie, fatale à Métrodore. Ligue des deux rois.

Son départ changea les diſpoſitions de Tigrane à l'égard de Mithridate. Il ſe rendit enfin [b], quoique d'aſſez mauvaiſe grace, aux inſtances de Cléopatre, & fit venir ſon pere à la Cour. Il alla lui-même au devant de lui dans l'appareil de toute ſa pompe. Il le reçut avec magnificence au milieu des fêtes, où le faſte oriental fut étalé pendant pluſieurs jours; ſans vouloir néanmoins dans cet intervalle lui parler une ſeule fois en particulier [c]. A la fin, Mithridate vint à bout d'obtenir une conférence. Dès qu'il put voir Tigrane ſans témoins, ſon éloquence, la force de ſes repréſentations, le poids que donnoit à ſes diſcours cette haute réputation que Tigrane, malgré ſa jalouſie, ne pouvoit s'empêcher de reſpecter dans l'ame, lui firent bientôt reprendre la ſupériorité ſur un eſprit tout-à-fait inférieur au ſien [d]. Les deux Rois entrerent en éclairciſſement ſur leurs ſoupçons mutuels. Celui d'Arménie, cherchant une excuſe à ſes mauvais procédés, en rejeta la faute ſur Métrodore, & eut l'indiſcrétion de raconter la converſation qu'il avoit eu avec lui; demandant à Mithridate de ne rien témoigner de cette confidence, & de n'en garder aucun reſſentiment. Mais Mithridate outré de l'infidélité de ſon agent, fit tuer Métrodore le même jour. Au reſte, cette aventure ne fit qu'avancer ſa mort déjà réſolue par quelqu'autre motif ſecret qui avoit indiſpoſé ſon maître contre lui : car les Romains trouverent peu après l'ordre de ſa mort tout dreſſé, parmi les papiers du cabinet du Roi. Tigrane fut fort affligé du meurtre d'un homme qui lui étoit tout-à-fait agréable. Métrodore étoit un Rhéteur grec plein d'eſprit, de ſavoir & d'éloquence, & ſi bien à la Cour, qu'on

---

[a] Ibid.
[b] Memn. chap. 45.
[c] Ibid. chap. 27.
[d] Cic. pr. Muren. 15.

l'appelloit *le pere du Roi* *. Mais les regrets de celui-ci se bornerent à lui faire faire de superbes obseques ; honorant par de pompeuses funérailles la mort d'un ami dont il avoit indiscrétement sacrifié la vie. L'intelligence n'en resta pas moindre entre les deux Rois : ils se déciderent à recommencer la guerre avec les forces encore entieres d'une nouvelle & vaste puissance *a*. A cet effet, Tigrane rappella de Syrie Magadates, avec l'armée qu'il y commandoit *b*.

Le retour de Clodius & le peu de succès de sa négociation, firent connoître au Proconsul combien il s'en falloit que l'entreprise fût terminée, comme il l'avoit cru. Il prit sur-le-champ le parti de porter lui-même la guerre en Arménie *c*. Il rejoignit l'armée, & fit ses dispositions pour entrer au printemps prochain dans les Etats de Tigrane, résolu d'y porter le théatre de la guerre, & d'ajouter à la domination romaine les Provinces de ce puissant Royaume.

VII. Lucullus projette de porter la guerre en Arménie. Antiquités de ce pays. Son nom.

Q. Hortensius.
Q. Cæcilius-Metellus-Creticus.
} *Coss.*

An. 684.

L'Arménie est divisée en deux parties connues sous le nom de grande & petite Arménie, lesquelles avoient ci-devant eu chacune leurs Souverains particuliers. Si l'on consulte les Historiens grecs, Antipater attribue le nom de l'Arménie à un Rhodien nommé Armenus *d*. Deux Thessaliens, Capitaines dans l'armée d'Alexandre, Cyrsile de Pharsale & Medius de Larisse, ont écrit qu'Armenus, l'un des Argonautes de la suite de Jason, natif de la ville d'Armenius en Thessalie, entre Pheres & Larisse, avoit donné le nom à cette contrée de l'Orient, où il avoit conduit une peuplade. Ils alleguent en preuve la conformité d'usages entre les deux nations, sur la forme des vêtemens, sur le goût & le genre des spectacles, sur l'exercice du cheval;

---

a *Cic. ibid.*
b *Appian. bell. Syriac.*
* Probablement en langage oriental *Abimelech*, ou quelque nom à peu près pareil. On connoît l'usage ancien & moderne des Orientaux, de changer de nom, & d'en prendre un relatif à quelqu'évènement survenu.

c *Sext-Ruf.*
d *Antipat. Liv. III. ap. Steph. Byz.*

le grand nombre de petits temples élevés dans le Pays, & ensuite détruits par les Rois ou par les Satrapes; le nom d'Araxe, donné à la principale riviere, tel que le portoit autrefois le fleuve Pénée en Thessalie, à l'endroit où, au sortir du mont Olympe & du mont Ossa, il se précipite dans la vallée de Tempé. De même, disent-ils, qu'on a donné une issue aux eaux du Pénée, Jason fit ouvrir à l'Araxe, qui, tombant de la montagne inondoit les plaines, un canal par lequel il alla se décharger dans la mer d'Hircanie, laissant à découvert la campagne Araxene [a]. Hérodote tient au contraire que les Arméniens sont une Colonie de Phrygiens. Il leur trouve du rapport dans la maniere de se vêtir & de s'armer [b]. Au reste, cet Historien célebre paroît mal informé de ce qui concerne l'Arménie; comme lorsqu'il dit que l'Araxe sort du lac Mantian; qu'il est aussi grand que le Danube; qu'il sépare la Scythie de la Bactriane [c]; tous faits très-contraires à la vérité : en quoi cependant il a été suivi par Callisthene, qui rapporte les mêmes erreurs. Il est vrai seulement qu'il y a quelque rapport entre la langue Phrygienne & celle d'Arménie [d]; qu'il y en a de même tant dans la langue que dans la forme & les habitudes corporelles entre les Phrygiens, les Arméniens, les Arabes & les Syriens; ce qui vient du mélange & du voisinage des nations. Mais les naturels du Pays mettent ce que les histoires grecques rapportent de leur origine, au nombre des fables familieres aux Ecrivains grecs, qui ont la vanité de vouloir tirer de leur nation l'origine de toutes les autres. A l'exception de quelques peuplades de Thraces très-féroces qui se sont jetées dans les branches du mont Taurus [e], où ils ont continué d'habiter, & de la multitude d'étrangers que les Souverains ont récemment attirés dans le Pays, les Arméniens prétendent ne devoir leur origine qu'à

[a] *Cyrsile & Medius, ap. Strab. Liv. XI.*
[b] *Hérodot. VII. 73.*
[c] *Hérod. I. 202. Strab. ibid.*
[d] *Steph. Byz.*
[e] *Strab. ibid.*

eux-mêmes. Le nom véritable de la nation est *Menyens* [1]; & celui du Pays, *Arménie*, ne signifie autre chose que *terres* ou *montagnes des Menyens*.

L'Arménie formoit un petit Etat dès le temps du grand Empire Assyrien. Barzanes y régnoit : il fut attaqué par *Ninus*, qui envahit son territoire avec une grosse armée. Trop foible pour résister à ce puissant ennemi, il vint au devant de lui avec de grands présens, se soumettant à ce qu'il lui plairoit d'ordonner. Ninus, touché d'une démarche faite sans bassesse & d'un air noble, le reçut bien, lui rendit ses Etats, & le mit au nombre de ses amis, à la seule condition de lui fournir un nombre de troupes entretenues dans son armée [a].

VIII. Son ancien état. Ses premiers Souverains.

[a] *Diodor. Liv. II. pag. 64.*

[1] On ne peut douter que le Pays n'ait été autrefois habité par un Peuple de ce nom, dont le rapport est assez marqué avec plusieurs autres noms géographiques répandus dans ces régions de l'Asie; tels que Maonie, Mynie, Mingrélie, &c. *Nicolas de Damas* * dit que la Myniade est un canton placé au dessous d'une grande montagne appellée *Barris*, sur laquelle plusieurs hommes se réfugierent au temps du déluge, & où l'on prétend que les débris de leur barque ont été long-temps conservés. C'est indiquer clairement les montagnes d'Ararat ou d'Arménie : comme le fait aussi *Beroze* **, en plaçant en Arménie, dans la montagne de Gordyenne, l'endroit où les hommes échapperent au déluge. *Jeremie* † fait mention des Menyens, qu'il place entre Ararat & Askhenas, c'est-à-dire entre la grande Arménie & le Pont ou l'Euxin. *Regna Ararat, Menni, & Askhenas* : encore aujourd'hui c'est la contrée au dessous du mont Ararat, qui porte en particulier le nom *Ermania*, dans la langue des naturels du Pays, & dans les cartes Géorgiennes dressées sur place.

Ar-menî signifioit à la lettre *montagne de la Lune*, désignant le lieu où les anciens naturels du Pays, Sabéistes de religion, alloient offrir leur culte à la Déesse *Meni* (la Lune), comme le raconte Esaïe *. C'est ici la véritable origine du nom de l'Arménie, quoique je l'ai moi-même ailleurs tiré d'Aram-minni (*Syria minor*). Ararat est la grande Arménie; & Ar-menî (*mons Lunæ*), la petite Arménie. Ce dernier nom a prévalu chez les Peuples occidentaux, & a éclipsé les autres dénominations données dans les langues orientales.

* *LXVII. 11.*

* *Liv. 96. ap. Jos. ant. 13.*
** *Ap. Joseph. ibid.*
† *LI. 27.*

L'Arménie resta long-temps dans l'alliance ou sous la domination des Assyriens [1]. Un de ses rois, nommé Araxès, étant en guerre contre les Perses, consulta l'Oracle, & reçut pour réponse que, pour obtenir la victoire, il devoit offrir en sacrifice les deux plus nobles filles du Pays. Il n'eut garde de choisir les siennes; mais il fit enlever & sacrifier deux filles très-belles d'un Seigneur Arménien, nommé *Mnésaliès*. Leur mort fut vengée par le pere sur les filles mêmes du Roi : Mnésaliès les tua toutes deux, & s'enfuit en Scythie. Le Roi, outré de douleur, se précipita dans le fleuve *Halmus*, qui a pris de lui le nom d'Araxès [a].

L'Arménie fut ensuite alliée & tributaire des Medes : mais, sur un refus que son Souverain fit de payer le tribut, le roi Astyage la fit attaquer par Cyaxare & par Cyrus. Je ne répéterai pas ce que Xénophon raconte fort au long [b] de la maniere dont les deux Rois s'en emparerent, sous le prétexte d'une grande chasse; & firent le roi Arménien prisonnier avec ses trésors, ses femmes & ses deux fils, Sabaris & Tigrane. L'Arménie fut depuis gouvernée par des Satrapes Persans, & taxée pour son contingent à vingt mille poulins des haras qu'elle étoit obligée de fournir tous les ans pour l'armée & pour la Cour de Perse [c], en remplacement du tribut de quatre cents talens qu'elle avoit d'abord payé au temps du Satrape Tyribaze, sous le regne de Darius Hystaspes [d]. Codoman en étoit Gouverneur,

---

[a] Plutarch. de Fluviis, verbo *Arax*.
[b] Xenoph. Liv. II. & III.
[c] Strab. Liv. II.
[d] Hérodote,

[1] Qu'on lise l'histoire orientale de la conquête de l'Indostan par les Gasnevides & par les Mogols, on trouvera souvent les faits & la soumission des Rajas Indous accompagnées de circonstances pareilles à celles que les anciens Ecrivains racontent ici. L'histoire Mogole, traduite de l'Indien par le Persan *Feristah*, présente à tout moment des conformités avec le livre des Rois, & avec le livre journal des registres donné en supplément dans la Bible (*verba dierum*, παραλιπομενων). Le cours des siecles n'apporte dans ces Pays aucun changement aux mœurs & usages. Selon l'apparence, l'Arménie étoit encore sous la domination Assyrienne, lorsque le roi Senna-Chérif fut assassiné par ses deux fils, qui, après ce coup, se sauverent en Arménie,

lorsqu'il

ROMAINE. *LIVRE V.*

lorsqu'il parvint au trône de Perse sous le nom de Darius [a]. Après sa défaite, elle continua d'être une Satrapie de l'Empire d'Alexandre & de ses successeurs, jusqu'au regne d'Antiochus-le-Grand, l'un des Seleucides. Pendant la minorité de celui-ci, on ne put empêcher que Zariadre & Artaxias, tous deux Satrapes, l'un de la petite, l'autre de la grande Arménie, ne s'érigeassent en Souverains, chacun dans leur canton. Les Romains, après la défaite d'Antiochus, les confirmerent dans le titre qu'ils s'étoient arrogé [b].

Artaxias * ne possédoit d'abord qu'un petit territoire qu'il sut agrandir aux dépens des nations voisines, Medes, Iberes, Chalybes & autres. Sa prospérité naissante fut interrompue par l'échec qu'il reçut de la part d'Antiochus-Epiphanes, qui le battit & le fit prisonnier [c]. Mais sa captivité ne fut pas de longue durée ; car il enleva peu après une partie de la petite Arménie à Mithrobarzane, successeur de Zariadre. Il fit bâtir la ville d'Artaxate, qu'il établit Capitale des deux Etats réunis, & transmit le sceptre [1] à sa postérité, dont Tigrane étoit issu.

---

[a] *Justin.*
[b] *Strab. Liv. XI. pag. 231.*
* Probablement Art-ach (*fortis Dux*).
[1] Les Arméniens ont une ancienne histoire de leur nation écrite en leur propre langue, pleine de fables & de prétendues généalogies, dans le goût de celle des Arabes & des autres histoires que les nations orientales actuelles donnent aujourd'hui pour authentiques. Ce livre est du genre de ceux qui furent autrefois supposés en assez grand nombre, soit par les Juifs Hellénistes ou par les Chrétiens des premiers siecles, soit par les Païens eux-mêmes ou par les Orientaux. Tels sont le livre d'Enoc, le livre Jesirah, celui des Egrégores, les Oracles des Sibylles,

[c] *App. bell. Syriac, pag. 117. & 137.*

les histoires d'Artapan, d'Alexandre Polyhistor, &c. On nous donne un certain Maribas, natif de Cathine en Syrie, pour l'auteur de cette prétendue histoire arménienne, au temps d'Arsace-le-Grand, roi des Parthes. Son frere Val-Arsace, alors roi d'Arménie, & résidant à Nisibe, envoya Maribas, savant Chaldéen, vers le roi des Parthes, avec une lettre par laquelle il le prioit de faire communiquer à son envoyé les volumes d'histoire contenus dans la bibliotheque de Ninive. Maribas y trouva, dit-on, un volume grec contenant, à ce que portoit l'inscription du volume, une histoire sincere de l'antiquité,

IX. Marche de Lucullus en Arménie avec deux légions seulement.

Cependant Lucullus eut nouvelle que les deux Rois voulant ouvrir les premiers la campagne, raſſembloient leurs troupes, & alloient marcher vers la frontiere de Cilicie & de Lycaonie.

traduite du Chaldéen en grec, par l'ordre exprès d'Alexandre. Maribas en tira l'hiſtoire de la nation arménienne, qu'il remit à Val-Arſace, écrite en Grec & en Syriaque. Val-Arſace renferma ſoigneuſement le manuſcrit, & fit ſculpter ſur des pilaſtres de marbre les principaux points de fait qu'il contenoit. C'eſt delà que Moyſe de Chorène a tiré l'hiſtoire que nous avons en langue arménienne. Ce Moyſe l'Arménien vivoit aux environs du Ve. ſiecle de l'ere vulgaire, c'eſt-à-dire peu après le temps où la ſuppoſition a été faite, s'il n'en eſt pas lui-même l'auteur.

L'ouvrage méritant peu qu'on s'y arrête, je n'en dirai que deux mots ſeulement, pour en donner une idée.

Il tire l'origine de la nation d'Armenac, fils de Haïc, l'un des deſcendans de Japhet. Haïc étoit un des géans habitans à Babylone au temps du roi Belus, le même que *Nemroth*. Haïc n'ayant pas voulu ſe ſoumettre à la tyrannie de celui-ci, ſortit de Chaldée avec ſon fils, marcha vers le Nord, & vint s'établir en Ararat, où il ſe maintint contre toutes les forces de Belus, qu'il tua de ſa main dans un combat. Aram, l'un de ſes ſucceſſeurs, fut dans la ſuite confirmé dans la poſſeſſion de ſes Etats & dans le droit de porter le diadême orné de perles, par Ninus, roi d'Aſſyrie, après avoir défait Barſam (Barzanes), l'un des Princes de la race des géans, qui avoit envahi l'Arménie. L'Auteur, après un long narré des rois Arméniens, contemporains des Dynaſties Aſſyriennes & Medes, s'étend beaucoup ſur le regne de Tigrane,

ſurnommé le Grand, qui fut, dit-il, le plus puiſſant roi de l'Arménie (notez que c'eſt un autre Tigrane que celui dont parle ici Saluſte). Les liaiſons intimes de ce Prince avec Cyrus roi de Perſe, le rendirent ſuſpect au roi des Medes Aſtyage, (*le dragon* : car c'eſt, dit-il, ce que ſignifie le nom d'Aſtyage (Azdahac) en notre langue arménienne, *dragon*). Le roi Mede tâcha de ſurprendre l'Arménien au moyen du mariage qu'il fit avec Tigrania ſa ſœur. Mais celle-ci découvrit toute la fraude à ſon frere. Aſtyage fut tué d'un coup de lance dans le fort d'un combat, par Tigrane, qui ramena ſa ſœur dans la ville de Tigranocerte, qu'il venoit de faire bâtir, & à laquelle il avoit donné ſon nom (*Nota*. Cette Ville ne fût bâtie, comme nous le verrons, que pluſieurs ſiecles après, par le vrai Tigrane). L'Auteur paſſe enſuite avec rapidité ſur les temps intermédiaires, juſqu'à celui où le roi des Parthes établit ſon frere Val-Arſace ſatrape ou ſouverain d'Arménie. Moyſe aſſure qu'il a tiré ce qu'il va raconter, non-ſeulement du livre V^e. de la chronique de Jules Africain, fondée ſur le récit de Joſephe, d'Hyppolite, & autres Hiſtoriens grecs, mais auſſi en particulier ce qu'il dit ſur les rois de ſa nation, des regiſtres de la ville d'Edeſſe, intitulé *l'hiſtoire des Temples*, « leſquels ont été, comme on » fait, apportés de cette Ville à Niſibe » & à Sinope, ſur le Pont-Euxin. J'ai vu » moi-même, ajoute-t-il, cette bibliotheque; & ſi quelqu'un doutoit de ce » que je dis, il peut en croire l'Hiſtorien

ROMAINE. LIVRE V.

Il s'étonna de l'imprudence de Tigrane, qui, de longue main déterminé à la guerre, du moins à ce qu'il paroissoit par sa réponse, au lieu de se servir de toute la puissance & du grand nom de Mithridate, en joignant ses forces aux siennes, avoit laissé ruiner ce Prince, & venoit après coup se mettre d'une partie presque désespérée, quand elle n'avoit plus guere pour appui que l'ancienne renommée d'un homme qui n'avoit pu lui-même se soutenir. Il laissa Sornatius dans les Provinces conquises, à la tête d'un corps de six mille hommes ; & ne prit

» Eusebe de Césarée, qui l'a vue aussi, & dont l'histoire ecclésiastique est tra» duite en Arménien par un de nos Doc» teurs. On y verra * que les régistres » d'Edesse contenoient l'histoire de nos » anciens Rois, jusqu'au regne d'*Abgar*. » Ces regîtres doivent encore, à ce que » je crois, être à l'endroit que j'ai dit ». Le garant que l'Auteur Arménien appelle ici en témoignage, est tout aussi suspect que lui-même. Personne ne s'est aussi souvent servi de livres faux, ni avec moins de scrupule, qu'Eusebe de Césarée ; avec cette différence que Moyse de Chorene, Jules Africain, Georges le Syncelle & autres, paroissent avoir été des gens simples qui compiloient sans discernement : au lieu qu'Eusebe, Ecrivain plein d'esprit & de science, bon critique & grand Philosophe, ne paroit s'être trompé que parce qu'il l'a bien voulu ; s'il n'a lui-même fabriqué les livres supposés sous les noms d'Artapan, d'Alexandre Polyhistor & autres, de l'autorité desquels il s'appuie, quoique trop éclairé pour n'en pas discerner la fausseté. L'Auteur vient enfin au regne de notre Tigrane †. Il fut, dit-il,

* *Liv. I. n°. 13.*
† *Liv. II. cap. 13. jusqu'au 19.*

fils d'Artases. Il eut de grandes guerres contre les Grecs, les Romains & les Juifs. Pompée marcha contre lui, entra dans la Syrie avec Scaurus son Lieutenant, fit assiéger Damas par Metellus & par Lucullus, qui la prirent pendant que Tigrane étoit occupé en Judée contre Aristobule : & défit, après un terrible combat, le roi Mithridate, qui mourut peu après du poison que lui donna le pere de Ponce-Pilate. La guerre continua entre Tigrane & Gabinius. L'Arménien fit un traité secret avec Gabinius. On en eut du soupçon à Rome. Le Sénat envoya Crassus combattre Tigrane avec une grosse armée. Crassus prit Hiérusalem, pilla le Temple, passa l'Euphrate, & périt avec toutes ses troupes dans une bataille contre le roi d'Arménie, qui s'empara de tous ses trésors. Tigrane mourut enfin après un regne de trente-trois ans. Cet échantillon des fables, des anachronismes & des absurdités entassées dans l'histoire arménienne, suffit pour juger de l'ignorance grossiere de son Auteur ; & pour donner une notion de son livre, ainsi que de la foi qu'il mérite dans les détails circonstanciés où il est entré sur le regne de notre Tigrane, & que je crois devoir épargner au Lecteur.

pour lui-même que deux légions faisant environ douze mille hommes d'infanterie, & trois mille chevaux.

Sa démarche parut téméraire à beaucoup de gens. On concevoit à peine comment un homme sage alloit avec si peu de forces se jeter au milieu de tant de nations victorieuses, dont la cavalerie étoit innombrable, & s'engager au-delà des montagnes couvertes de neige dans un Pays inconnu, plein de vastes plaines coupées d'une quantité de grandes rivieres. Ses soldats, fort indociles de leur naturel, ne le suivoient qu'à regret; murmurant contre un Chef qui ne songeoit qu'à s'enrichir de leurs travaux. On déclamoit tout haut à Rome contre cette entreprise, comme inutile à l'Etat, comme n'ayant d'autre cause réelle que l'ambition d'un homme qui semoit guerre sur guerre, ne pouvant se résoudre à quitter le commandement [a].

X. Il passe l'Euphrate.

Le caractere de Lucullus le portoit à ne faire que peu & même trop peu d'attention à de pareils discours. Il suivit son plan, & se mit en marche pour passer les rivieres & le mont Taurus [b], *s'avançant à grandes journées par le Royaume d'Ariobarzane, vers l'Euphrate, à l'endroit où ce fleuve sépare l'Arménie de la Cappadoce*. Quoiqu'il eût dès l'hyver fait en secret fabriquer sur place un certain nombre de pontons, *à dessein* [c] de le traverser, les eaux, lorsqu'il arriva sur ses bords, se trouverent tellement enflées par la fonte des neiges & par les pluies de la mauvaise saison, qu'il n'étoit plus possible à l'armée de tenter, sans un extrême danger, le passage d'un fleuve déjà par lui-même naturellement large & rapide. Les gens du lieu l'avertirent même que le trajet ne seroit de long-temps praticable : ce qui lui donna beaucoup de chagrin, dans la nécessité où il se voyoit de ramasser des barques & de faire fabriquer un plus grand nombre de radeaux. Mais dès le même jour, *sur le soir* [d], les

---

[a] Plut. in Lucull. 927.
[b] Tacit. annal. XV. 27.
[c] Sallust. fragm. 428.
[d] Sallust. fragm. 467.

eaux commencerent à baisser considérablement. Le lendemain matin, on vit avec la plus grande surprise que la riviere, rentrée dans son lit, laissoit à découvert quelques petites isles, marque ordinaire qu'on pouvoit passer. Les nationaux crierent au prodige, & adorerent Lucullus comme un Dieu à qui le fleuve s'étoit soumis contre toute apparence. Le Général saisit l'instant, fit traverser sa cavalerie au moment où l'on s'y attendoit le moins *a*, & vint camper lui-même avec l'armée sur l'autre bord, au dessus de Samosate, entre Zamare & Militene *, où il offrit en sacrifice à l'Euphrate un des taureaux consacrés à Diane-Persique. Il y a dans ce canton un troupeau consacré à la Déesse, & dont chaque genisse porte l'empreinte d'une torche allumée, pour marque de sa consécration à la Reine des feux célestes. On les laisse errer en pleine liberté dans la campagne, où il n'est pas aisé de prendre une victime quand on la veut mener à l'autel. Le Peuple ne manqua pas de débiter que celle-ci étoit venue d'elle-même se présenter à Lucullus pour être immolée.

Il continua de marcher par la Sophene † avec ses légions, grossies de quelques troupes auxiliaires qu'Ariobarzane son allié, de retour de Rome en ses Etats, lui avoit fournies à son passage par la Cappadoce *b*. Lorsqu'on approcha des montagnes, ses soldats voulurent se détourner de la route, pour aller prendre un château voisin où l'on avoit, selon le bruit public, renfermé de grands trésors. *Voilà*, leur dit Lucullus, en leur montrant le mont Taurus *c*, *le château qu'il faut prendre. Les richesses que nous laisserons derriere n'échapperont pas aux vainqueurs.* Il leur fit passer les montagnes, & continua de traverser diverses

XI. Il passe le mont Taurus, traverse la Sophene, où il reçoit de grands secours. Il arrive au bord du Tigre.

---

* Aujourd'hui Malatie. † Aujourd'hui Zoph.

a Memn. ch. 58.
b Memn. ibid.
c Plut. ibid.

contrées, sans exiger des Barbares autre chose que des contributions en argent, ni les obliger à joindre leurs forces aux siennes. Il sentoit avec quelle répugnance ces Peuples se verroient forcés à prendre parti dans cette grande querelle entre Rome & les Arméniens leurs voisins, & voulut avoir égard aux justes craintes que leur inspiroit l'incertitude des événemens [a]. Il n'y eut que les Peuples de la Gordyenne qui, n'ayant plus rien à ménager, furent *les seuls à s'empresser* [b] de fournir ouvertement au Général romain des armes, des vivres, & généralement tout ce qui lui put être utile. La mort de leur Souverain avoit soulevé contre les Rois alliés toute la nation, dont il étoit tendrement aimé. Zarbienus étoit, ainsi que je l'ai dit, entré dans une ligue secrete avec le Proconsul, & avoit en conséquence fait de prodigieux amas de toute espece, pour la fourniture de l'armée romaine à son passage. Son traité, ménagé par Clodius durant son séjour à la Cour d'Arménie, ne put être si caché, qu'il ne vînt à la connoissance de Tigrane. Il fit mettre à mort le Prince, sa femme, ses enfans & toute sa famille, avant l'arrivée des Romains. Mais tout ce qu'il avoit préparé ne leur fut pas moins fidélement livré par ses sujets. On trouva dans ses coffres des sommes considérables, & jusqu'à trois millions de minots de bled dans ses magasins : tellement que Lucullus eut de quoi payer l'armée & la faire subsister, sans tirer un sol du trésor public; la guerre fournissant elle-même aux frais de la guerre [c]. Enfin, il parvint sur les rives du Tigre, qu'il passa dans un endroit où son cours est foible encore, & se trouva sur les frontieres de l'Arménie, après avoir, avec une célérité singuliere, exécuté sans aucune perte cette longue & pénible marche, & traversé les deux plus fameuses rivieres de l'Asie, que cette guerre a fait voir aux

[a] *Appian.*
[b] SALLUST. *fragm.* 316.
[c] *Plut. in Lucull.* 235.

ROMAINE. *LIVRE V.*

Romains pour la premiere fois, & qu'il n'eſt pas hors de propos de faire ici connoître.

Les deux plus grands fleuves de l'Orient [a], *le Tigre & l'Euphrate, ſortent d'une même ſource* [1] *dans l'Arménie: de là,*

XII. De l'Euphrate & du Tigre.

[a] SALLUST. *fragm. 63. 64. 21.*

[1] On étoit mal inſtruit du fait au temps de Salluſte, où la découverte des régions de l'Aſie, que ces deux fleuves arroſent, étoit tout-à-fait récente pour les Romains. Il eſt tombé dans une groſſe erreur, lorſqu'il avance que le Tigre & l'Euphrate n'ont qu'une ſeule & même ſource; & la juſte réputation qu'il s'étoit acquiſe d'une grande fidélité dans l'hiſtoire, & d'une extrême exactitude ſur la géographie, a jeté dans la même erreur, après lui, pluſieurs Ecrivains qui ſe ſont appuyés de ſon ſuffrage pour ſoutenir le même fait. *Leclerc* & *Carrion* ont voulu rejeter cette faute ſur *Iſidore*, comme s'il eût mal lu ou mal cité le texte de Salluſte. Mais *Vibius-Sequeſter* & *St. Jerôme* diſent à peu près la même choſe: tous deux en s'appuyant de l'autorité de notre Hiſtorien, comme étant d'un très-grand poids ſur cette matiere. Voici ce qui a pu cauſer ſon erreur. Les anciens n'étoient pas bien d'accord ſur les véritables ſources de l'Euphrate [*], ni même ſur celle du Tigre, qui ſe perd ſous terre & n'en reſſort qu'aſſez loin de là. Près de la fontaine Diglito en Arménie, de laquelle ſort le Tigre, on rencontre à peu de diſtance une autre fontaine appellée Théléboas, dont le cours va ſe rendre dans l'Euphrate, & forme l'une de ſes premieres branches. De plus, à l'endroit où ce dernier fleuve ſe fraie un paſſage entre les rochers du mont Taurus, & commence à prendre le nom d'Euphrate, on trouve au revers de l'un des rochers qu'il baigne, une petite riviere appellée Tigre, comme la grande où elle ſe va rendre, & dont elle forme un des rameaux: tellement que la Méſopotamie ſeroit une iſle parfaite, comme le dit notre Hiſtorien, ſi ce n'étoient ces deux iſthmes d'une courte traverſée, qui ſéparent les lits des deux fleuves. On ne tarda guere à mieux connoître leur cours, très-bien décrit par *Strabon*, par *Diodore* & par *Pline*. Leurs ſources ſont à deux mille cinq cents ſtades l'une de l'autre (100 à 110 lieues). L'Euphrate ſort du côté occidental du Mont-blanc, l'une des branches du Taurus, dans le nord de l'Arménie. Le Tigre de la pente auſtrale du Niphatès, dans la partie méridionale du même Pays. Tous deux coulent d'abord à l'occident: mais bientôt le Tigre ſe retourne à l'orient, va traverſer le lac d'Aréthuſe, puis ſe perdre ſous terre dans un lieu que les anciens Orientaux appelloient Zorvanda [*]: De là il vient baigner les murs d'Amide & de Ninive, d'où, ſuivant un cours preſque parallele au méridien, juſqu'au deſſous de Bagdad, il ſe rejoint à l'Euphrate, & va ſe dégorger avec ce fleuve dans le golfe Perſique, vers Baſſora. L'Euphrate traverſe la petite Arménie, laiſſe à ſa droite la Cappadoce & la Comagène; à ſa gauche la grande Arménie & la Sophene;

[*] *Voy. Cellarius.*

[*] *Pline. VI. 27.*

s'écartant au loin dans les différentes régions qu'ils parcourent, ils laissent entr'eux un espace de plusieurs milles, & l'on nomme Mésopotamie ¹ *la terre qu'ils environnent ainsi,* depuis l'endroit où ils divergent, jusqu'à celui où ils viennent à se joindre au dessous de Seleucie. L'Euphrate sort à grands flots du mont Taurus, dont il sépare les rochers. Il les traverse avec effort, prenant sa course vers l'occident, jusqu'auprès de notre mer, où il viendroit tomber, si la rencontre d'une autre chaîne de la même montagne ne le rejetoit au midi *ᵃ*. Son cours décrit une ligne courbe, se retournant ensuite du midi vers le soleil levant, jusqu'à ce qu'il rencontre de nouveau le Tigre, qui a coulé en ligne droite par l'Adiabene, entre la Babylonie & la Perse.

ᵃ Plin. V. 24. Mela, III. 8.

d'où il arrose la Syrie, puis la Babylonie, jusqu'à sa jonction avec le Tigre. Son nom véritable est *Frat*, c'est-à-dire *fertile*, en langue Chaldéenne *. Celui du Tigre est Hi-Dekel, *Diglath, Diglito,* ou, comme on l'appelle aujourd'hui, *Digel*. Le mot *Tigre* n'est qu'une corruption de celui-ci. Il se peut faire qu'on lui ait donné le nom d'un animal, & que ce fût une coutume usitée dans ce Pays, où l'on trouve d'autres dénominations semblables, comme *Lycus*, la riviere des loups, *Caprus*, la riviere des chevres. Mais j'ai peine à croire qu'on l'ait ainsi appellé du mot de la langue Médique, qui signifie *fleche,* à cause de la rapidité de son cours: car *Pietro della Vallé*, voyageur très-fidele, & qui a fort bien vu les deux rivieres, dit que le Tigre est paisible, & l'Euphrate au contraire très-violent. Quoi qu'il en soit, le terme *Diglath* avoit dans la langue du Pays quelque signification de puissance ou

* *Isidor. XIII. 21.*

d'honneur: car les grands Souverains d'Assyrie joignoient quelquefois cette épithete à leurs titres, comme *Thiglath-Phal-Assar*. Il y a même assez d'analogie entre les mots Tigre, Tigrane & Tiglat, pour soupçonner entr'eux un rapport de signification.

¹ Toutes ces régions de l'Asie portoient autrefois chez les anciens Orientaux le nom d'*Aram*, qui est dans la Genese une partie considérable du Pays de *Sem*, c'est-à-dire de la Syrie, laquelle conserve encore chez les nationaux son ancien nom de *Sem*. Il y avoit plusieurs *Aram*: savoir, *Aram-Damasek*, la Syrie de Damas. Aram Minni *, l'Arménie ou petite Aram, *Aram Zoba*, la Sophene, *Paddan Aram*, l'Aram cultivée ou des terres labourables, aussi appellée *Aram-Nahal-jaim*, l'Aram des deux fleuves, autrement Mésopotamie, en latin *Medemna* (*media inter amnes*), & chez les nationaux d'aujourd'hui, *Algezir*, c'est-à-dire l'isle.

* *Voy. Jerem. LI. 27.*

Celui-ci

Celui-ci commence à sortir d'une petite source appellée *Digli*, de laquelle il a probablement reçu le nom de *Tigre*, que d'autres disent tiré de la rapidité de ses eaux : car, en langue des Medes, *Tigris* signifie une fleche. Son eau est fort poissonneuse [a].

Voilà ce qui m'a paru de mieux avéré sur l'origine & le cours de ces deux rivieres fameuses. Je dois avertir néanmoins que d'autres relations en parlent d'une maniere assez différente. Les unes placent beaucoup plus au septentrion, mais toujours en Arménie, les sources des deux fleuves, ou du moins de deux de leurs premieres branches. Ce sont, à ce qu'ils disent, deux fontaines différentes, quoiqu'elles ne soient pas à grande distance l'une de l'autre. Selon le récit de plusieurs autres, le cours de l'Euphrate remonte fort au-delà du lieu où il commence à s'éloigner du Tigre [b]. Sa premiere source, large & abondante, au pied de l'une des montagnes blanches appellées Capotes, en Caranitide, contrée de l'Arménie, est fort distante de celle du Tigre, qui sort du mont Niphates. Elle se répand dans la plaine, en marais & en eau dormante, sous le nom de Pyxirate, à travers la grande Arménie jusqu'à la petite [c]. Delà son cours resserré entre des rivages, devient rapide & bruyant : il sépare l'Arménie de la Cappadoce : il s'engage dans les gorges du mont Taurus, dont il force le passage, & entre lesquelles il coule sous le nom d'Omiras ; & reçoit enfin, à l'endroit où la montagne le repousse avec violence au midi, celui de l'Euphrate qui, dans le langage du Pays, désigne la fertilité qu'il donne aux terres ; les habitans de la Mésopotamie le tirant dans leurs campagnes par des canaux, comme les Egyptiens tirent les eaux du Nil [d].

---

[a] *Strab. L. XI. Plin. VI. 27. Q. Curt. IV. 9.*
[b] *Domit. Corbul. ap. Plin. V. 24.*
[c] *Mutian. ap. Plin. ibid.*
[d] *Isidor. XIII. 21.*

XIII. De la Méſopotamie.

Cette terre que les deux fleuves entourent, a reçu delà le nom de Méſopotamie en la langue des Grecs, à l'imitation de qui nous l'appellons à Rome *Medamnas*, c'eſt-à-dire *au milieu des rivieres*. Les gens du Pays la nomment Syrie des deux fleuves. Sa forme longue & étroite eſt coupée en ligne droite vers le ſeptentrion, où les deux fleuves s'écartent l'un de l'autre, quaſi ſous un angle droit. Elle s'étrécit en rond du côté du midi; tellement qu'Eratoſthene [a] la compare à la palette d'une rame, & d'autres à une barque pointue d'un bout & platte de l'autre. Sa longueur eſt d'environ quatre mille huit cents ſtades [b]. La moindre diſtance entre les deux principaux lits des rivieres n'eſt pas de deux cents ſtades, & la plus grande de deux mille quatre cents [c]. C'eſt une riche & fertile contrée, célebre ſurtout par l'antiquité de ſa nation, qui a fait autrefois partie des grands Empires de Babylone & d'Aſſyrie. Elle faiſoit alors & depuis peu partie des Etats de Tigrane, qui la venoit d'enlever aux Seleucides.

XIV. Cours du Tigre.

Selon le rapport des mêmes Auteurs, le Tigre ſort d'une belle fontaine, dans la campagne d'Elégoſine, au pied du mont Niphates. Ce n'eſt d'abord qu'une riviere appellée *Diglito*, aſſez petite, mais rapide. Elle tombe dans le lac d'Aréthuſe, ſans mêler ſes eaux à celle du lac. On les diſtingue par leur couleur, par leur viteſſe, & par la propriété qu'a l'eau nitreuſe du lac, de faire ſurnager les corps peſans qu'on y laiſſe tomber. Au ſortir du lac, elles s'abyment ſous terre dans une caverne du mont Taurus, d'où elles ſortent en grand fleuve à vingt-cinq milles de là, dans la Sophene, vomiſſant les mêmes choſes qu'on y a jetées à l'endroit où elles ſe perdent, & prenant leur courſe droit au midi [d]. Elles coulent ainſi juſqu'à leur jonction

---

[a] *Eratoſth. ap. Strab.*
[b] *Hipparch. ap. Strab.*
[c] *Strab. XVII. pag. 746.*

[d] *Juſtin. XLII. 3. Plin. VI. 27. Senec. Queſt. nat. III. 26.*

à celles de l'Euphrate, avec lesquelles elles vont, en suivant la même ligne, se perdent dans les mers des climats brûlés.

Tigrane étoit si peu instruit de la marche de Lucullus, qu'il comptoit encore l'aller surprendre en ses quartiers, lorsqu'il étoit déjà près des bords du Tigre. Un courier lui vint donner avis de l'approche des Romains. Le Roi, *dont l'oreille étoit peu faite aux nouvelles fâcheuses, quelque vraies qu'elles fussent* [a], le traita de visionnaire, de mal-intentionné, qui semoit de fausses alarmes: il lui fit couper la tête, pour prix de son avertissement. Personne n'osa depuis lui en ouvrir la bouche; pendant que les flatteurs lui répétoient chaque jour que Lucullus seroit un grand Général, s'il osoit seulement l'attendre à Ephese, & si, à la vue de ses forces innombrables, il ne prenoit aussi-tôt la fuite, en lui abandonnant l'Asie. Enfin Mithrobarzane, l'un de ses Officiers, crut devoir lui parler clairement. Pour réponse, le Roi lui donna ordre de prendre sur-le-champ trois mille chevaux & quelques corps d'infanterie, de lui amener Lucullus vivant, & de faire main basse sur le reste: *tant il avoit de confiance que la guerre se réduiroit à cette seule action* [b]. Le Général Arménien partit. Lucullus dressoit son camp avec la premiere division, & attendoit le reste de son armée demeurée en arriere, lorsque les coureurs lui annoncerent l'arrivée des Barbares. Craignant d'être attaqué dans cette position, il détacha Sextilius à la tête de seize cents chevaux & de quelque infanterie, avec commission d'amuser seulement l'ennemi, jusqu'à ce que le reste de l'armée romaine eût rejoint l'avant-garde. Sextilius ne fut pas le maître de s'en tenir là: malgré lui, Mithrobarzane engagea le combat. Mais, ayant été tué en chargeant lui-même avec beaucoup de valeur à la tête de sa troupe, les Arméniens prirent l'épouvante & se disperserent, laissant un grand nombre des leurs sur le champ de bataille.

XV. Surprise de Tigrane à l'approche des Romains. Il envoie contr'eux Mithrobarzane qui est défait.

[a] SALLUST. *fragm.* 90.   [b] SALLUST. *fragm.* 193.

XVI. Tigrane quitte la Capitale. Elle est investie par les Romains.

A la nouvelle de cette défaite, le Roi quitta Tigranocerte, laissant dans la place, qu'il jugea de très-bonne défense [a], son serrail & ses principales richesses. Il se retira dans le mont Taurus pour y rassembler ses forces, pendant que Mithridate en faisoit autant d'un autre côté. Mithridate prenoit ses mesures avec soin. Il avoit éprouvé dans le cours de ses guerres contre Lucullus, que la méthode de celui-ci étoit d'aller pied à pied avec circonspection, sans brusquer les événemens, & de mettre dans ses entreprises plus de sûreté que de promptitude. Il jugea que le Romain en useroit de même ici, & il se trompa. Le Proconsul avoit fait deux gros détachemens sous les ordres de Sextilius & de Murena, l'un pour contrarier la jonction des troupes royales, l'autre pour observer & harceler le Roi dans sa marche. Murena chargea l'armée royale dans son passage le long d'une gorge longue & étroite, mit Tigrane en fuite, lui enleva ses bagages, & fit un très-grand nombre de prisonniers. Sextilius coupa les Arabes qui venoient joindre le Roi, les attaqua & les défit : puis, sans perdre de temps, il marcha sur Tigranocerte, selon l'ordre que le Général lui avoit donné ; repoussa dans la place le Gouverneur qui étoit sorti pour l'arrêter ; s'empara du Palais royal bâti hors des murs ; commença l'investissement de la ville & de la forteresse, l'approche des machines, & la sappe des murailles [b].

En même temps Lucullus, avec le gros de l'armée, s'avançoit droit à la Capitale, dont il avoit résolu de former le siege. Il sentoit, en une entreprise ainsi hasardée, le besoin de hâter les actions militaires, dans un Pays si éloigné de tous secours, où les succès multipliés ne suffiroient pas à le soutenir, s'ils n'étoient rapides. La retraite du Roi dans le mont Taurus pouvoit tirer la campagne en longueur. Le Proconsul jugea

Memn. C. 58.   [b] *Appian.*

qu'il prenoit ainsi le plus sûr moyen de l'en faire sortir, & que le Roi ne risqueroit pas de laisser perdre sans combat sa Ville chérie, son propre ouvrage & sa gloire, dans laquelle il avoit mis à l'abri ce qu'il avoit de plus précieux en tout genre. Mancæus, l'un des Officiers romains envoyés d'Espagne à Mithridate, y commandoit avec une grosse garnison Cilicienne. La place avoit une bonne citadelle *a*. Elle étoit forte d'assiette, bâtie dans un lieu élevé, près de la rencontre du mont Gordye & du mont Niphates, deux branches du Taurus *b*. La muraille avoit cinquante coudées de hauteur, assez épaisse au rez de chaussée, pour avoir ménagé dans l'enfoncement des écuries pour la cavalerie royale. Le fleuve Nicéphore, riviere assez large, baignoit une partie de l'enceinte. Un fossé profond bordoit le reste, par-tout où son cours s'en écarte.

L'armée romaine étoit déjà campée sous Tigranocerte, lorsque les Arméniens firent un coup de main très-hardi. Leur Prince avoit été fort surpris d'apprendre que les Romains y marchoient à grandes journées. Quoique plein de confiance dans les forces de la place, il devint inquiet sur un point qui intéressoit à la fois son honneur & sa jalousie. Il craignit que quelqu'accident ne fît tomber ses femmes aux mains des assiégeans, & voulut les retirer de la place. Elle se trouva déjà investie. Mais le petit nombre des légionnaires ne leur permettant pas d'en garder exactement les avenues, six mille Arméniens du camp royal, arrivés au milieu de la nuit par une marche forcée, jeterent dans la place quelques-uns des leurs, en leur gardant le passage pour le retour. Ils tinrent toute la nuit les Romains en échec, à force de faire pleuvoir sur les issues de leur camp une grêle effroyable de fleches, qui ne leur permettoit pas d'en sortir. Ils donnerent ainsi le temps à leurs compagnons de tirer

XVII. Les Arméniens, par un coup de vigueur, enlevent de la ville le serrail du Roi.

a Plin. VI. 9.
b App.
c Tacit. annal. XV. 4.

de la ville les concubines & les tréfors du Roi. Au point du jour, les Thraces de notre armée, par le quartier defquels ils avoient pénétré, les attaquerent. Le combat fut opiniâtre. Les Arméniens étoient fort inférieurs en nombre; celui des nôtres groffiffant toujours, ils furent prefque tous tués ou pris. Mais les femmes du Roi avoient gagné l'avance, & arriverent en fûreté à fon camp avec l'efcorte qui les avoit enlevées [a]. De leur part, les affiégés faifoient une vigoureufe défenfe, non-feulement en précipitant du haut des murs une grêle de pierres & de traits, mais en lançant de loin, avec des machines faites exprès, les feux de naphte & autres matieres combuftibles, dont les nôtres eurent beaucoup à fouffrir dans leurs attaques [b].

XVIII. Le roi d'Arménie marche au fecours de Tigranocerte. Sa préfomption. Il méprife les confeils de Mithridate.

Cependant le Roi fe préparoit à faire lever le fiege. Il avoit raffemblé quatre-vingt mille hommes, avec lefquels il commença de defcendre des montagnes, après avoir mandé à Mithridate de le venir joindre fans délai [c]. Mithridate lui écrivit de fe bien garder de livrer trop tôt bataille à un ennemi dont il ignoroit encore la maniere de combattre, très-différente de celle des Afiatiques; de ne pas prendre une confiance aveugle dans le nombre infini de fes troupes. Il lui obfervoit que la force d'une armée n'augmente plus, au-delà d'un certain terme, en proportion du nombre de foldats qui la compofent; qu'il y à même un terme où elle ne peut, fans s'affoiblir, devenir plus nombreufe. Il lui confeilloit d'affamer le camp romain, en faifant fans ceffe battre l'eftrade, occuper toutes les avenues, & ruiner la campagne voifine par fa nombreufe cavalerie. Il lui remettoit devant les yeux ce qui lui étoit arrivé à lui-même au fiege de Cyfique, où Lucullus, par une pareille manœuvre, étoit venu à bout, prefque fans combat, de faire périr fa formidable armée de faim & de maladie. Non content de cette

[a] Memn. hift. Heracl. cap. 58.
[b] Xiphilin. C. I.
[c] Memn. cap. 59.

lettre, il envoya Taxile, l'un de ses meilleurs Généraux, lui représenter qu'il n'y avoit pas d'autre parti à prendre, & qu'il étoit impossible que les troupes Arméniennes tinssent contre celles de Rome dans une affaire en regle. Ces conseils, d'abord assez bien écoutés, cesserent de faire impression, à mesure que Tigrane vit grossir son armée. Déjà il y comptoit cinquante mille cavaliers & deux cent cinquante mille hommes d'infanterie [a]. Mais lorsqu'il vit venir de toutes parts les renforts amenés par les rois de la Médie & de l'Adiabene, ceux venus du côté de Babylone & de l'Arabie, ou envoyés par les Albaniens [1] de la mer Caspienne, & par les Peuples libres habitant les bords de l'Araxe, qui tous arrivoient comme tributaires, comme auxiliaires ou comme soudoyés, ce ne furent plus que menaces & bravades. L'orgueil & la flatterie reprirent le dessus. Il ne fut question, dans les festins du Roi, que d'écraser l'armée romaine du premier choc. Le même ton régna dans ses conseils. Taxile, qui ne se relâchoit pas sur les représentations, vit sa vie en danger. On ne parla de Mithridate même qu'avec mépris; attribuant ses avis à l'envie de priver son gendre de la gloire d'un grand succès. Ce discours influa beaucoup sur la résolution de Tigrane. Il ne voulut plus attendre son allié, dans la crainte de partager avec lui l'honneur d'une victoire assurée. Il se mit en pleine marche, protestant que son regret étoit de n'avoir à faire qu'à Lucullus seul, & non à tous les Capitaines romains ensemble [b].

En effet, si jamais la folle présomption pouvoit être supportable, cette confiance n'étoit pas insensée, à la vue de tant de Rois, de Généraux & de Nations, de cette multitude effroyable

XIX. Formidable armée de Tigrane.

---

[a] *App.* [b] *Plut.* ibid.

[1] Ces Albans sont, à ce qu'on prétend, les mêmes que les Afghuans, transportés depuis vers le Candahar, & qui viennent d'avoir tant de part à la derniere révolution de Perse, & à la destruction de la Dynastie des Séfis.

de foldats, la plus grande que l'Orient eût raffemblée depuis l'expédition de Xerxès contre la Grece. Quelques Ecrivains en font monter le nombre jufqu'à fept cent mille hommes, y compris les Clibannaires & les Archers *a*. Il eft plus jufte de s'en rapporter à la lettre de Lucullus au Sénat, portant que l'armée de Tigrane étoit compofée de vingt mille Archers & Frondeurs, cinquante mille chevaux, dont dix-fept mille bardés de fer, cent cinquante mille hommes d'infanterie réglée, diftribuée par bataillons, trente-cinq mille travailleurs deftinés à ouvrir des routes, faire des ponts, pratiquer des gués ou détourner les eaux, fans parler des vivandiers, des valets, des chevaux de trait & de bagages, & de toute la fuite néceffaire à tant de gens, qui, placée à la queue de l'armée, en augmentoit la maffe & la force apparente *b*.

Quand cette effroyable multitude vint à couvrir la campagne à la vue de Tigranocerte, les affiégés, du haut des tours, pousferent des cris de joie pour eux-mêmes, & de menaces contre les Romains. Le Roi lui-même & fes courtifans furent très-furpris de leur petit nombre, dont on jugeoit facilement par le peu d'étendue de leur camp. Ceci devint entr'eux un fujet de raillerie, dès le premier moment. Les foldats fe mirent à jouer d'avance les dépouilles des vaincus. Chacun des Généraux alloit demander à Tigrane la permiffion d'attaquer en fa préfence avec fa feule troupe cette poignée de gens, contre laquelle il étoit indigne du Roi des Rois de mefurer fes forces. Tigrane fe prit à dire, en fouriant, *qu'ils étoient beaucoup, s'ils venoient comme Ambaffadeurs; mais bien peu, s'ils étoient venus comme ennemis c*.

XX. Lucullus fait fes difpofitions. Le Général romain tint confeil avec fes principaux Officiers. Les uns furent d'avis de lever le fiege & de marcher à Tigrane.

a Eutrop. Liv. VI.
b SALLUST. *fragm. 360. Lucull. epift. ap.*
Plutarch. Sext-Ruf. Breviar.
c Plut. App.

Les autres trouvoient trop de risques à livrer bataille, en laissant derriere soi une place forte, munie d'une grosse garnison, & soutenoient qu'il valoit mieux rester dans les lignes, s'y fortifier, & presser vivement les opérations du siege. Le sentiment du Général fut, que de ces deux avis, dangereux l'un & l'autre, si on les prenoit séparément, il en résulteroit un bon, en les suivant tous deux ensemble. C'étoit, en divisant ainsi ses petites forces vis-à-vis d'une troupe si supérieure en nombre, montrer aux siens une confiance entiere en son plan & en leur valeur, & un grand mépris de l'ennemi. Il laissa Murena devant la place, avec six mille hommes de pied. Il prit avec lui le reste de son infanterie, composée de vingt-quatre cohortes qui ne faisoient guere que dix mille hommes, toute sa cavalerie, ses gens de trait & les Frondeurs au nombre de mille; & marchant à Tigrane, il vint camper dans la plaine, laissant le fleuve Nicéphore entre son armée & le camp Arménien, posé à quelque distance de la rive orientale du fleuve. Le lendemain, au soleil levant, il fit sortir l'armée de ses retranchemens, & la conduisit à grands pas au passage de la riviere. C'étoit la veille des nones d'Octobre (six Octobre), jour réputé malheureux à Rome, à cause de la grande défaite de notre armée par les Cimbres. On en fit l'observation à Lucullus, en lui conseillant de différer au lendemain: Eh bien, dit-il, *il faut tâcher de le remettre au nombre des jours heureux.* Comme le gué étoit à l'occident, les Romains tournoient le dos au camp Arménien. Le Roi les apperçut de loin. *Vois,* dit-il à Taxile, *vois ces légions invincibles: les voilà qui prennent la fuite.* Seigneur, repliqua Taxile, *je souhaite fort que votre bonne fortune opere en effet ce prodige; mais l'éclat dont je vois briller leurs casques & leurs boucliers, n'annonce rien de pareil: ils ne portent pas, dans une simple marche, leurs armes ainsi découvertes; mais seulement lorsqu'ils vont à l'ennemi, & sont résolus de combattre.* A peine avoit-il fini de parler, qu'on vit l'aigle de la premiere légion tourner à droite, & les cohortes traverfer la riviere. Tigrane, faifi d'étonnement, s'écria: *Quoi, à nous! ces gens viennent à nous!*

XXI. Les Arméniens fe mettent en bataille. Cavalerie bardée de fer.

A l'inftant il ordonna que chacun prît pofte, & que l'on mît tous les corps en bataille, ce qui ne put être exécuté qu'avec défordre & confufion. Leur nombre étoit prodigieux: en cela même de peu de fervice, dans un terrain dont l'étendue ne pouvoit fuffire à les développer. Tigrane fe mit au centre, donna l'aîle gauche à commander au roi de l'Adiabene, & l'aîle droite au roi des Medes.

L'armée romaine, en s'avançant, étoit témoin de tous ces mouvemens, & d'un fpectacle tel qu'aucun autre pareil ne s'étoit encore offert à fes yeux. L'afpect de cette effroyable multitude d'hommes de chevaux & d'armes dont la campagne étoit couverte, la nouveauté des objets, *l'appareil même de la chofe* [a], de fon fafte, de fa magnificence; ces armes rehauffées d'or & d'argent; cette diverfité de cafaques Arméniennes, Médoifes, Scythiques, dont les couleurs vives fe mêlangeoient à l'éclat des armures de cuivre, de fer & d'airain; tout fembloit fait pour infpirer la terreur. *Les cavaliers qui marchoient en premiere ligne, portoient des armures bardées* [1]: tellement que de la

[a] Sallust. fragm. 338.

[1] On appelloit les efcadrons de cette efpece, *Cataphractès*, d'un mot grec qui fignifie *cavalier garni*, & ce nom fe donnoit au cheval comme au cavalier *. On les mettoit, dit *Héliodore* **, au devant des autres efcadrons, comme un mur qui les tenoit à l'abri des traits. On choififfoit, pour compofer ces corps, des gens très-robuftes: chacun d'eux portoit un grand cafque de fer de deux pieces, à charnieres bien jointes, dont celle du devant repréfentoit exactement tous les traits du vifage comme un mafque, fans autre ouverture que deux petits trous pour les yeux: le cafque emboîtoit exactement la tête, depuis le fommet jufqu'au deffous du col, & recouvroit le haut de la cuiraffe. Celle-ci étoit une efpece de cafaque à manches, qui prenoit du col au genou, toute compofée de lames quarrées de bronze ou de fer, longues d'une palme, bâties les unes fur les autres, comme les tuiles d'un toit,

* *Suidas.*
** *Ethiop. Liv. IX.*

tête aux pieds, ils paroissoient être de fer. Leurs chevaux étoient pareillement couverts d'écailles de fer laminé, cousues sur de la toile, & agencées en recouvrement les unes sur les autres, comme

ou les écailles d'un poisson. L'étoffe de la casaque étoit de cuir ou de grosse toile, sur laquelle les lames de métal étoient montées par bandes, de maniere à ne pas trop gêner les mouvemens des membres, & à laisser du jeu aux endroits des jointures & des plis du corps, sans néanmoins les mettre à découvert. La casaque laminée couvroit les cuisses en dehors, & n'étoit fendue devant & derriere qu'autant qu'il le falloit absolument, pour que le cavalier pût être à cheval. Ses bottes étoient de même en écailles, ainsi que les manches de la casaque. L'armure du cheval étoit entierement pareille, les bottes ou revêtissement des jambes, le frontal & le caparasson qui embrassoit le ventre, les deux côtes & la croupe; le tout si bien ajusté, & les écailles si artistement montées sur la toile, que par leur jeu, elles laissoient au cheval ses mouvemens libres pour galopper. On mettoit le cavalier sur son cheval (car il n'auroit pu y monter seul); sa main gauche lui servoit à tenir la bride, la droite à diriger les mouvemens d'une grande perche couchée horizontalement & braquée en avant, plus grosse & plus longue qu'une lance, suspendue par un lien au col du cheval, & par un autre vers la poignée, à sa cuisse de derriere. Le cavalier, comme une statue de bronze, équestre & mobile, poussoit à toute bride contre les bataillons ennemis, ne faisant autre chose que de diriger de sa main droite le mouvement de sa grosse lance, rompant & perçant tout, & enfilant quelquefois deux soldats du même coup*.

Les Parthes, au rapport de *Justin* **, & les Perses même, dès le temps de Cyrus, au rapport de *Xénophon*, faisoient usage de cette gendarmerie bardée, qu'ils appelloient les Clibannaires, comme nous appellons un de nos Corps les *Cuirassiers*. Le Brun, Peintre célebre, dont les compositions montrent par-tout un homme fort instruit de l'histoire, & fidele observateur des coutumes de chaque Peuple, dépeint quelques-uns de ces cavaliers avec leur armure, dans ses tableaux des batailles d'Alexandre contre Darius, *Ammian-Marcellin* la décrit en plusieurs endroits; & l'on voit, par les termes dont il se sert, qu'il avoit sous les yeux le texte de Salluste: de sorte que je n'hésite pas à joindre le reste de sa phrase avec celle de Salluste, que Servius nous a copiée; ne doutant guere qu'il ne l'ait aussi tirée du texte de notre Auteur, en ces termes, que je repete exprès dans la note, pour marquer quelle est la partie du texte de Marcellin, que je juge appartenir au texte de Salluste. « A les voir, on les » prendroit pour des statues plutôt que pour » des hommes; tant les lames de fer mon-» tées en petites bandes circulaires, s'ajus-» tent avec exactitude sur tous les endroits » du corps, dont elles suivent le pli, ainsi » que les contours de chaque membre, » avec une telle flexibilité, que leurs » mouvemens nécessaires n'en sont pas » dérangés: l'armure s'y prête en s'éten-» dant ou se repliant, sans en rien laisser

* *Héliodor. Ethiop. Liv. IX. Leon. tactiq. VI.* 31. *Athen. V.* 4.
** *Liv. XLI.*

des plumes d'oiseaux. A les voir, on les prendroit pour des statues plutôt que pour des hommes ; tant les lames de fer montées en petites bandes circulaires, s'ajustent avec exactitude sur tous les endroits du corps dont elles suivent les plis, ainsi que les contours de chaque membre, avec une telle flexibilité, que leurs mouvemens nécessaires n'en sont pas dérangés : l'armure s'y prête en s'étendant ou se repliant, sans en rien laisser à découvert *a*. Ils avoient pour armes offensives de grosses & longues lances pointées en avant, &

a Amm-Marcell. SALLUST, *fragm. 308. 309.*

» à découvert. « Les cavaliers, dit *Justin* *, » sont comme invulnérables sous cette ar- » mure, à l'épreuve des fleches & des » javelots, à moins que les traits ne vien- » nent à passer par les petits trous laissés » pour la vue & pour la respiration ». Mais, à vrai dire, ils n'étoient de bon service que pour combattre de pied ferme à l'endroit où on les avoit placés comme un mur de résistance, soit au devant des bataillons, soit entre les bataillons mêmes & dans la ligne, pour arrêter l'ennemi au cas qu'il vînt à la forcer en quelqu'endroit. Quoique cette troupe fît un grand effet contre l'ennemi, & perçât tout ce qui se trouvoit vis-à-vis d'elle, lorsqu'elle réussissoit à se mettre en mouvement sans

* *Liv. XLI.*

perdre ses rangs *, au fond, elle étoit de peu d'usage, selon la remarque de *Vegece* ** & celle de *Tacite* †. L'épée que portoit le cavalier, lui étoit inutile. Il se trouvoit comme accablé, ainsi que son cheval, sous le poids énorme de l'armure, & il étoit aisément pris, si le cheval venoit à tomber, ou si l'on renversoit le cavalier en le choquant de côté ou par derriere ; l'homme & le cheval ne pouvant plus alors se relever.

Virgile & *Claudien* ont décrit cette armure en beaux vers, qui perdroient trop à être traduits.

* *Nazar. Panegyr. constant. I.*
** *III. 23.*
† *Hist. I.*

Spumantemque agitabat equum quem pellis ahenis
In plumam squammis, auroque inserta tegebat *.

Quos operit formatque chalybs, conjuncta per artem.
Flexilis inductis hamatur lamina membris.
Horribilis visu ! credas simulachra moveri
Ferrea, cognatoque viros spirare metallo.
Par vestitus equis : ferrata fronte minantur,
Ferratosque movent securi vulneris armos **.

* *Virgil. Æn. II.* ** *Claudian. in Rufin. II. 2.*

suspendues par une chaîne au col du cheval. Le cavalier ne faisoit qu'en diriger les mouvemens, lorsque poussant son cheval contre l'ennemi, il perçoit & enfonçoit tout vis-à-vis de lui sans aucun risque, à l'abri de son armure impénétrable aux traits *a*. Que si la troupe se tenoit immobile à son poste, où Tigrane l'avoit placée, au devant de son aîle droite, elle y servoit comme d'un mur de défense qui couvroit tous les autres corps.

Lucullus, à la tête des siens, relevoit leur confiance par la sienne propre, par des discours convenables à l'occasion, par l'air noble & le maintien intrépide avec lequel ils le voyoient marcher devant eux l'épée à la main, revêtu d'une cuirasse en écailles d'acier brillant, & d'une cotte d'armes de pourpre bordée de franges, dont l'éclat relevoit encore sa bonne mine naturelle. Il se hâta de commencer l'attaque *b*, avant que l'ennemi n'eût achevé de faire ses dispositions : il fit lui-même les siennes avec beaucoup d'art & d'habileté. Voyant les escadrons Clibannaires postés au devant de l'aîle droite ennemie, la plus voisine de sa troupe, il composa sa premiere ligne de tout ce qu'il avoit de meilleurs corps fortement armés & plus capables de résister à cette masse puissante, lorsqu'elle viendroit à se mettre en mouvement; laissant, à dessein & dans une autre vue, l'infanterie volante derriere ceux-ci. Il remarqua que Tigrane avoit laissé derriere lui une hauteur dégarnie dont on pouvoit tirer avantage, & dont la pente, assez praticable, étoit d'environ cinq cents pas de long jusqu'au pied du côteau où l'aîle droite des Arméniens étoit en bataille. Il résolut d'aller s'y poster lui-même, & de faire son attaque de ce côté. Avant que d'en prendre le chemin, il laissa ordre à la cavalerie romaine de commencer l'action au premier signal qu'il donneroit; de faire

XXII. Bataille de Tigranocerte.

a Athen. V. 4. Leon. Tactic. VI, 31. b Frontin. II, I, 14.
Héliodor. Ethiop. Liv. IX.

un mouvement pour charger de front l'aîle ennemie, & de se retirer en arriere; son dessein étant, non de l'attaquer en effet à cette premiere charge, mais de provoquer les Clibannaires, & de leur faire rompre leurs rangs dans la poursuite. A cet effet, *il avoit disposé en seconde ligne ses cohortes légeres* [a], avec le corps des Thraces & des Galates, rangés de maniere à se retrouver, en repassant dans les intervalles ou dans les bouts de la premiere ligne, à portée de prendre en flanc cette cavalerie pesante, lorsqu'elle seroit ébranlée : recommandant aux siens de ne faire autre chose qu'écarter ou faire tomber les grosses lances, seule arme offensive de cette cavalerie; sans chercher à blesser le cheval ni le cavalier [b], ce qui n'étoit guere possible; de faire seulement effort de côté pour le pousser à terre, où il resteroit sur place emboîté dans son armure [c]. Prenant ensuite avec lui quelques cohortes, il alla tourner la colline sans être apperçu. Dès qu'il fut sur la hauteur, il s'écria sans hésiter : « Com- » pagnons, la victoire est à nous ». Pour premiere charge, il poussa vivement les chevaux de bagage de l'arriere-garde sur l'infanterie du corps de bataille [d]. Le mouvement qu'elle fit la jeta sur la cavalerie du front, qui se trouva pour-lors assez en désordre, s'étant avancée à la poursuite de la cavalerie romaine [e]. Celle-ci, se retournant aussi-tôt, tomba sur les Arméniens, ainsi mêlés avec les chevaux de bagage. Les nôtres n'eurent pas la peine de charger : la cavalerie bardée ne les attendit pas. Elle prit honteusement la fuite avec de grands cris, sans le moindre combat, sans avoir donné un coup de lance. Cette lourde masse va donner en fuyant dans les bandes d'infanterie qui tournent le dos. Le désordre, la fuite & l'effroi deviennent généraux dans cette troupe immense, qui, de toute part, se

[a] Sallust. *fragm.* 282.
[b] *Justin. Liv. XLI.*
[c] *Tacit. hist. I. Veget. III.* 23.
[d] *Frontin. II.* 2. 4.
[e] *Memn. ch.* 59.

faisoit obstacle à elle-même. Tous se renversent les uns sur les autres, de l'avant & de l'arriere: personne ne sait de quel côté vient le désastre. On fuit, ou plutôt on voudroit fuir: car il n'est pas possible d'entr'ouvrir les bataillons dont les rangs sont si serrés & si profonds. Dans l'empressement d'échapper, on se presse, on se heurte, on s'étouffe dans la foule. *La plupart tombent blessés de leurs propres armes, ou tués de celles de leurs voisins; le reste fut égorgé comme on assomme le bétail à la boucherie* [a]. Le massacre fut terrible, & proportionné au nombre prodigieux des vaincus. Lucullus avoit défendu sous de très-grosses peines de s'arrêter à dépouiller les morts. Les soldats marcherent dans un espace de cent vingt stades, sur les colliers & sur les brasselets d'or, tuant de tous les côtés sans résistance jusqu'à la nuit.

XXIII. Epouvantable défaite des Arméniens. Fuite de Tigrane. On porte son diadème à Lucullus. Eloge de ce Général.

On dit qu'il resta sur le champ de bataille plus de cent mille hommes d'infanterie seulement, & que la nation Arménienne fut presque détruite dans cette affaire [b]. Ceux qui en comptent le moins, portent le nombre au-delà de trente mille [c]. La cavalerie y périt presqu'entiere. Antiochus a écrit que jamais le soleil n'avoit vu de semblable défaite [d]. Il est du moins certain que jamais les Romains ne se sont trouvés en si petit nombre contre tant d'ennemis; car ceux-ci étoient plus de vingt contre un [e]. Nos soldats eurent quasi honte eux-mêmes de leur victoire [f], & se moquerent d'avoir pris la peine de tirer l'épée contre de si vils esclaves. Après le combat, le Général leur permit de venir ramasser les dépouilles sur le champ de bataille, où ils firent un riche butin.

Tigrane avoit pris la fuite dès le commencement de la

[a] Sallust. fragm. 417.
[b] Eutrop. Liv. VI.
[c] Oroz. VI. 3.
[d] Antioch. Ascalonit. de Diis. ap. Plutarc.
[e] Cic. pr. Arch. poet. 9. Fragm. Tit-Liv. ap. Plutarch.
[f] Strab. comm. hist. ap. Plutarch.

déroute, à peine suivi de cent cinquante cavaliers, du nombre desquels étoit son fils. Pour n'être pas reconnu, il ôta sa tiare & son diadême qu'il lui remit, les larmes aux yeux, en lui recommandant de se sauver comme il pourroit par un autre chemin, afin d'éviter le risque d'être pris ensemble. Le jeune Prince n'osa pas ceindre sa tête du diadême : il le remit en garde à un de ses Officiers, qui fut pris l'instant d'après par les nôtres, & mené à Lucullus *a*. La prise du bandeau royal fut encore une des singularités de cette victoire si complete, remportée en un coup de main, & presque sans aucune effusion du sang des nôtres. La valeur du soldat n'y eut aucune part : la gloire entiere en appartint à la prudence du Général, à sa science dans l'art militaire. Aussi nos plus habiles guerriers de Rome laisserent le Peuple exalter les succès d'une journée que l'ennemi n'avoit pas disputée, & s'en émerveiller comme d'un prodige : mais ils admirerent les excellentes dispositions que Lucullus avoit su faire avec une si petite troupe, contre un si grand nombre *b*; la justesse de ses vues sur le champ de bataille, & dans tout le cours des opérations de cette campagne, dont le plan avoit été si différent des précédentes : ils louerent sur-tout la conduite habile & variée qu'il avoit tenue pour dompter les deux plus puissans Rois de l'Asie, par des voies tout-à-fait opposées ; la lenteur contre Mithridate, la célérité contre Tigrane : sachant donner à la premiere les effets de l'activité, & à la seconde ceux de la sûreté *c*. Les fautes continuelles de Tigrane doivent, il faut l'avouer, être aussi mises au nombre des causes principales de ce grand succès ; sa jalousie contre Mithridate, sa confiance aveugle en ses forces, & la mal-adresse qu'il eut de se laisser attaquer dans un terrain trop serré, où il ne lui fut pas possible de développer ses troupes à l'aise, & de tirer

a Plut. Oros.
b Arch. Poet. ap. Cic.
c Plutarch. Xiphilin.

avantage

ROMAINE. LIVRE V. 513

avantage de leur extrême fupériorité *a*. Il fit la même faute qu'Archélaüs & Taxile avoient faite à Chéronée ; comme Lucullus de fon côté fit la même manœuvre que Sylla avoit faite, en fe faififfant, au début de l'action, de la hauteur de Thurium. En tout, ces deux fameufes batailles ont de grands traits de reffemblance l'une avec l'autre, tant dans les difpofitions, que dans les caufes du fuccès.

Tigranocerte, dont les Romains revinrent preffer le fiege, ne tint pas long-temps après cette défaite *b*. Les principaux Officiers de la place, jugeant les affaires tout-à-fait défefpérées, fongeoient à leur propre falut, & à faire leur traité à part *c*. Mancæus, leur Commandant en chef, fe défioit en particulier des troupes Grecques & Ciliciennes qui compofoient une groffe partie de la garnifon, & dont la plupart avoient été enrôlés par force. Il les fit défarmer par les troupes nationales. Ces gens-ci craignirent qu'il ne voulût bientôt les arrêter tout-à-fait : ils fe munirent de gros bâtons, & marcherent en troupes par la Ville ; mais fans commettre aucun défordre. Le Commandant les fit attaquer par les Barbares. Les Grecs, après avoir enveloppé leurs bras du pan de leur habit, en guife de boucliers, tomberent hardiment fur ceux qui les vouloient attaquer, & à mefure qu'ils en avoient renverfé quelques-uns, ils s'emparoient de leurs armes. Ils vinrent à bout de fe rendre ainfi maîtres de quelques tours attenantes au mur d'enceinte, du haut defquelles ils appellerent les Romains, & les aidant à monter fur le rempart, ils introduifirent les affiégeans dans la place *d*. Tout à l'inftant fut mis au pillage, excepté les effets des Ciliciens *e*. L'armée romaine s'enrichit d'une dépouille immenfe. On trouva dans le tréfor royal huit mille talens d'argent monnoyé *, fur lefquels Lucullus fit diftribuer à chaque foldat une gratification de huit

XXIV. Reddition de Tigranocerte. Récompenfes & fêtes données par Lucullus.

* Cinquante mille marcs.

a *Mithr. epift.* *b* *Sext-Ruf.* *d* *Appian.*
c *Memn. ch. 59.* *e* *Dion-Caff. Liv. XXXV.*

Tome II. Ttt

cents drachmes *, outre tout le butin qu'il avoit pris, & remit le reste à la garde de son Questeur. Les femmes des principaux Seigneurs Arméniens de la suite de Tigrane, furent prises dans la Ville. Lucullus les mit à l'abri de toute insulte, & les traita avec les plus grands égards; démarche qui contribua beaucoup à lui concilier la bienveillance de leurs maris *a*. Il fit célébrer sa victoire par des jeux publics & des spectacles auxquels il employa quantité d'acteurs, de musiciens & de danseurs, que Tigrane avoit rassemblés, pour faire l'ouverture de son nouveau théatre. Il renvoya dans leur patrie tous les habitans, Grecs & Barbares, que le Roi avoit enlevés & transportés de force dans sa nouvelle Ville. Il leur fit même distribuer à chacun quelque argent pour leur route. Tellement que cette Ville qu'on s'étoit promis de faire briller pardessus toute autre en Orient, se vit, même avant que d'être finie, réduite à l'état d'une assez chétive bourgade *b*. Mais la dispersion d'une seule en repeupla plusieurs. Toutes, pénétrées de reconnoissance, ont toujours depuis regardé Lucullus comme leur second fondateur *c*. Cet événement remit aussi en liberté la Syrie & la Phénicie, qui chasserent l'Arménien *d*.

XXV. Arrivée de Mithridate. Il rencontre Tigrane, & le console. Ils se retirent ensemble sur le mont Taurus.

Cependant Mithridate marchoit à petites journées, rassuré sur ce que Taxile lui avoit mandé d'abord que le Roi, comme il étoit vrai, paroissoit se déterminer à l'attendre & à se régler sur ses avis. Il approchoit, lorsque quelques troupes de fuyards & de blessés lui firent du premier coup d'œil conjecturer ce qui venoit d'arriver. Presque aussi-tôt il apprit *les détails de ce triste événement, par les couriers que* Taxile *lui dépêchoit en toute diligence* *e*. Il hâta sa marche, & rencontra bientôt Tigrane dans le pitoyable état où l'avoient jeté son imprudence & ses arrogans mépris d'un conseil salutaire. Il se garda bien de

* Environ soixante-sept onces.

a Dion-Cass. Liv. XXXV.   *c* Plutarch.   *d* Strabon
b Strab. Liv. XI.   *e* SALLUST. fragm. 459.

lui faire aucun reproche, ni même de lui dire un seul mot capable d'augmenter sa consternation présente ou son découragement sur l'avenir. Loin de lui rendre les dédains qu'il en avoit reçus en pareil cas, il descendit de cheval dès qu'il l'apperçut, courut à lui, l'embrassa, pleura leur commun malheur, lui donna sa propre garde & ses Officiers, & se mit à sa suite, ne l'entretenant que des ressources qui lui restoient, & que des moyens de réparer bientôt ces pertes, en allant s'occuper ensemble à réunir dans peu tant de forces dispersées *a*. Ils se retirerent de nouveau dans le mont Taurus, que la saison déjà assez avancée rendoit peu praticable aux opérations de la guerre; & ils allerent ensemble couvrir Artaxate, ancienne Capitale de l'Arménie.

XXVI. Le Proconsul revient en Gordyenne, où il prend le fort de Sitalca.

Lucullus rentra dans la Gordyenne, bonne & utile Province qu'il vouloit achever de joindre en entier à la domination romaine *b*. Elle s'étend entre l'Arménie & l'Adiabene, au nord & à l'orient du mont Niphatès, non loin des sources du Tigre, qui baigne la principale partie du Pays *c*. La contrée est pleine de bons pâturages & de beaux arbres verds. On y trouve des lions dans les forêts, de la naphte sur la surface des lacs, & une pierre précieuse appellée gagatès, dans le sein des rochers. On doit, ce me semble, ajouter peu de foi à ce que racontent les Grecs; qu'elle a été peuplée par Gordys, fils de Triptolême, & par ses compagnons, envoyés de l'Argolide jusqu'en Syrie, à la recherche de la nymphe Io *d*. Il y a plus d'apparence qu'elle tire son nom de l'une des chaînes du mont Taurus qui l'avoisine, & que Beroze appelle le mont Gordye ¹ *e*. La nation,

---

a Plutarch.
b Sext-Ruf. chap. III.
c Steph. Byz.
d Steph. Byz. Strab. Liv. XVI.
e Beroz. ap. Joseph, antiq. I. 4.

¹ Le nom de la Gordyenne a prévalu de notre temps sur tout autre, parmi les modernes habitans du Pays. Ils se nomment aujourd'hui Kurdes, & leur Pays Kurdistan, c'est-à-dire région des Kurdes. Parmi nos Voyageurs, personne n'a

jusqu'au massacre de Zarbienus & à l'extinction de toute sa famille, avoit obéi à des Souverains particuliers, devenus eux-mêmes depuis peu tributaires de celui d'Arménie, à l'exception de quelques habitans du sommet des montagnes, qui s'étoient toujours maintenus en liberté, sans reconnoître aucune domination.[a]

Le Général romain vint assiéger Sitalca, place très-forte sur le Tigre, vers les frontieres des Parthes. La place, munie au dehors d'excellens retranchemens, étoit un composé de trois Villes réunies, ayant chacune leur enceinte & leur forteresse. Tigrane s'en étoit emparé, & y avoit laissé une forte garnison avec quelques ingénieurs du Pays, habiles à fabriquer des machines propres à l'attaque ou à la défense des places. Les Gordyenniens sont fort entendus à ces sortes d'ouvrages, & Tigrane, par cette raison, en tenoit toujours un grand nombre dans les atteliers de ses armées.

XXVII. Il y fait célébrer les obseques de Zarbienus. Lucullus, après avoir emporté la place, voulut montrer au Peuple qu'il n'oublioit pas ce qu'il devoit à la mémoire & à l'infortune de leur Souverain son allié. Il fournit une grosse somme pour élever à Zarbienus un tombeau magnifique, avec le titre d'ami du Peuple romain, & de compagnon de son Proconsul. Il en fit d'avance la dédicace par une pompe funebre ornée des dépouilles du meurtrier de Zarbienus qu'il avoit appor-

---

[a] *Steph. Byz.*

bien vu ni mieux décrit cette région que *Pietro della Valle*. Elle est étendue tout le long du Tigre, non loin de sa source, dans les mêmes lieux autrefois si célebres sous le nom d'Assyrie, & delà jusqu'au rivage du fleuve *Cyrus*, dont *Ptolomée* nomme aussi les habitans *Carduques*. Le mont Gordye, que *Beroze* place en Arménie, est certainement le même que le mont Ararat, appellé en Chaldéen dans les deux Targums d'Onkelos & de Jonathan, mont Kardu & mont Kurud. On ne peut guere douter que la contrée n'ait tiré son nom, soit du mont Gordye, soit du fleuve *Kur*, qui tous deux, ainsi que le nom Persan de *Cyrus*, paroissent avoir eu une origine & une signification commune dans le langage du Pays.

tées à ce dessein. On dressa sur la place du monument un bûcher ou pyramide toute construite de bois de senteur, d'aromates & de diverses especes de plantes odorantes que le territoire de la Gordyenne produit en abondance, entr'autres l'amomum *a* 1, parfum très-précieux que donne un arbrisseau du Pays, dont les feuilles se roulent en grappe autour de la branche, & rendent une odeur exquise, frottées entre les mains, où elles se brisent facilement *b*. La pyramide fut recouverte d'une quantité d'étoffes d'or, de riches meubles, robes, habits & autres ornemens tirés du Palais de Tigrane. Lucullus, à la tête des amis & des Officiers de Zarbienus, répandit autour du bûcher les libations funéraires,

---

a SALLUST. *fragm.* 331.

1 Selon la description que les anciens donnent de l'amomum, c'est une plante d'une palme de hauteur : sa fleur, de couleur blanche, est faite comme celle de la violette, & sa feuille comme celle du grenadier. Elle porte des grappes d'un fruit ligneux, les grains sont de la grosseur & de la forme de ceux du myrte, & la grappe assez semblable à celle de la vigne sauvage des Indes. On la trouve en Médie, dans le Pont, & sur-tout dans la Province d'Otene en Arménie. Le meilleur amomum, dit *Pline*, doit être d'une couleur rousse : le pâle n'est pas si bon, le verdâtre est moindre encore, & le blanc ne vaut rien du tout. C'est une marque qu'il est trop vieux & passé. On trouve de l'amomum moins parfumé, soit que ce soit une autre espece, ou qu'il ait été cueilli avant que d'être assez mûr : on en vend aussi du contrefait avec des feuilles de grenadiers qu'on a roulé dans la gomme. *Isidore* prétend que cette plante avoit tiré son nom de son odeur, approchante de celle du cinnamomum, qui est, à ce qu'on croit,

b Dioscorid. Isidor. XVII. 8.

une espece de canelle. Mais il paroît que les anciens donnoient le nom générique d'amomum aux plus excellens aromates, nom tiré de l'oriental *moum*, qui signifie parfum, drogue ou résine aromatique, d'où vient aussi le mot *momie*, pour *corps embaumé*. Ce mot paroît être le même que l'Egyptien *gummi*, gomme, résine aromatique. Le véritable amomum passoit chez les anciens pour l'un des plus excellens parfums. Ils en faisoient usage dans les embaumemens & dans les pompes, soit funebres ou autres. *Saumaise* dit qu'on n'en trouve plus dans nos boutiques, & reprend ceux qui confondent l'amomum avec la rose de Jérico. Il paroît du moins qu'on n'en trouve plus dans le Pont, où *Busbecq* dit avoir cherché cette plante avec le plus grand soin, sur le témoignage de Dioscoride, sans pouvoir l'y trouver. Mais Pomey assure qu'il en vient encore de l'Inde en Europe *.

* Voy. Dioscord. Plin. XII. XIII. Isid. XVII. 8. Salmas. in Solin. Busbecq. Epist. I. pag. 34. Pomey. hist. des Drogues.

& y mit lui-même le feu. Ces marques de la reconnoissance du Proconsul inspirerent tant d'affection aux nationaux, qu'ils auroient volontiers quitté leur domicile pour le suivre par tout le Pays avec leurs femmes & leurs enfans *a*.

XXVIII. Il repasse dans la Sophene, où il reçoit les soumissions des Arabes, des Syriens & autres Peuples voisins.

De là il repassa dans la Sophene, dont les habitants ne lui firent pas moins d'accueil. Les Rois ou Chefs des Tribus Arabes *b* vinrent, ayant à leur tête Alchandon, l'un des principaux d'entr'eux, lui offrir, de leur propre mouvement, toute espece de services de leurs personnes & de leurs biens. Il traita avec Antiochus, Souverain de la Comagene, partie de la Syrie voisine de l'Euphrate & du mont Taurus. Il reconnut pour roi de Syrie, à la grande satisfaction des nationaux, un Prince de la race des Seleucides, fils de la Reine Séléné *c*. Il reçut la foi de tous les petits Souverains du Pays, ou par eux, ou par les Ambassadeurs qui vinrent de leur part lui demander la paix *d*. En un mot, il recueillit par-tout sur sa route les fruits de sa justice & de son humanité, plus touchans pour un cœur vertueux, que la gloire des exploits guerriers. Celle-ci se partage entre mille gens; & la fortune s'en arroge elle-même une grande partie; au lieu que les actions généreuses de Lucullus, dues toutes entieres à son cœur bienfaisant, annonçoient par toute l'Asie la noblesse de son ame & la douceur de son caractere.

XXIX. Lucullus-Varron, Proconsul de Macédoine, acheve de soumettre les Thraces.

An. 681 & 682.

Depuis la réduction de l'Espagne & la destruction des esclaves révoltés, il n'y avoit plus d'autres guerres dans l'étendue de la domination romaine, qu'en Orient & dans la Thrace, contre les Barbares. Toutes deux étoient conduites par les deux freres L. & M. Lucullus [1]. Celui-ci avoit eu, au sortir du Consulat,

a Plut. in Lucull.
b Dion-Cass. Liv. XXXV.
c Justin. 40.
d Oros. Liv. VI.

[1] M. Lucullus, de la maison Licinia, étoit frere du célebre Général de l'armée d'Orient; mais il avoit passé par adoption dans la maison Terentia des Varrons, dont

ROMAINE. LIVRE V.

le Gouvernement de Macédoine *a*, & Caſſius ſon collegue celui de la Gaule citérieure *b*. Il dompta le premier les Beſſes *c*, habitans des vallées qu'arroſe la riviere de Neſte *d*. Il remporta

a Cic. Verrin. II. 8.
b Plut. in Craſſ.
c Eutrop.
d Oroſ. VI. 3.

il prit le nom. Il commença par être Queſteur de Sylla en Aſie en 666 *, puis Tribun du Peuple en 671. *Cicéron* en parle comme d'un Orateur de grand poids **. On le fit Edile-Curule avec ſon frere en 674. Ils exercerent tous deux cette Charge avec la plus grande magnificence. Dans les jeux qu'ils firent célébrer enſemble †, ils donnerent pour la premiere fois le ſpectacle des changemens de décorations, exécuté avec la plus grande promptitude, au moyen d'un pivot, ſur lequel on fait porter & tourner le fond du théatre ††. On y donna auſſi des combats d'éléphans contre des taureaux ¶. Etant Préteur en 677, il préſidoit au Bureau des affaires entre les Citoyens & les Etrangers, où fut portée cette grande cauſe des Grecs, défendue par Céſar contre C. Antoine, de laquelle Cicéron & Aſconius ont parlé ¶¶. Son Conſulat avec Varus en 680, ſe trouve marqué ſur un vieux tuyau de piomb, ſervant à la conduite des eaux, qui nous eſt reſté. On y peut rapporter auſſi ſa médaille, repréſentant d'un côté une tête de Romulus coëffé d'un diademe, avec le mot QUIRINUS, de l'autre la louve romaine & ſes deux nourriſſons, avec le mot ROMA & l'inſcription M. TERENTIUS-VARRO-LUCULLUS. *Voy. la médaille n°. 1.*

* *Plutarc. in Lucull.*
** *Cicer. in Brut.*
† *Cic. offic. II. 16.*
†† *Valer-Max. L. II.*
¶ *Feneſtell. apud Plin. VIII. 7.*
¶¶ *Aſcon. in tog. cand.*

La Loi Terentia-Caſſia ſur les bleds, dont je parle ailleurs, fut une des opérations de ſon Conſulat. La Loi ordonnoit, qu'attendu le haut prix des grains, il y ſeroit ſubvenu pendant trois ans par des fonds tirés du tréſor public *. On lira ceci dans le texte, ainſi que les faits relatifs à la guerre de Macédoine & ſon triomphe.

Il eut au retour une groſſe querelle avec Memmius, jeune homme d'un caractere violent & cauſtique, ainſi que ſon pere ou ſon oncle le Tribun Memmius, dont Salluſte nous a conſervé un diſcours très-mordant **. Ce jeune homme étoit l'amant de la femme de Lucullus, qui, très-mécontent de leur intrigue, la mit dehors de chez lui, à l'exemple & par les conſeils de Lucius ſon frere, qui en avoit uſé de même envers la ſienne en pareil cas. Cette aventure mit une inimitié violente entre les Memmius & les Lucullus. Lorſque l'aîné revint d'Aſie couvert de gloire, il fut fort étonné de trouver ſon frere mis en juſtice pour une vieille affaire que Memmius, alors Tribun du Peuple, s'étoit aviſé de réveiller. Il accuſoit Marcus d'avoir malverſé dans l'adminiſtration des finances de l'Etat, au temps où il étoit Queſteur de Sylla †. Lucius, tout puiſſant par ſon crédit, ſoutint hautement ſon frere: ce qui irrita tellement le Tribun, & l'effraya ſi peu, qu'il attaqua les deux freres à la fois, & fit une oppoſition au

* *Voy. Verrin. 5.*
** *Salluſt. in Jugurth.*
† *Plutarc. in Lucull.*

HISTOIRE DE LA RÉPUBLIQUE

sur eux dans le mont Hœmus une victoire sanglante & long-temps disputée. Il prit leurs Villes ; Uscudama [1] au pied de la montagne, du premier assaut, & Eumolpiade sur le bord de l'Hebre †. De là il tourna vers l'orient contre les Odrysses, placés le long du cours supérieur de l'Hebre, l'une des nations les plus redoutées de la Thrace, si cruellement féroce, & si habituée à verser le sang humain, que, quand ces barbares n'ont point de captifs à égorger dans les jours de solemnité, ils se tailladent eux-mêmes à coups de couteau au milieu de leur joie bruyante, après avoir bien bu. *Lucullus soumit ainsi tous les Peuples de l'Hœmi-montueuse & de la Mysie* [a] [2], répandus entre

† SALLUST *fragm.* 262.

décret par lequel on accordoit à celui-ci l'honneur du triomphe. Cicéron parle de cette aventure en s'égayant à son ordinaire, « On n'a pas célébré au commen-
» cement de cette année, mande-t-il à
» Atticus, la cérémonie du sacrifice ordi-
» naire pour la jeunesse ; parce que la
» femme de Marcus-Lucullus en a fait un
» autre à Memmius, qu'elle a initié dans
» ses mysteres. Le mari Ménélas n'a pas
» pris la chose en gré ; il a répudié sa
» femme : son frere fait grand bruit. Notre
» Paris aussi n'en fait pas moins de son
» côté. Je vous assure qu'il a l'air de ne
» se pas plus soucier d'Agamemnon que
» de Ménélas * ». M. Lucullus fut mis avec Murena au nombre des dix Commissaires que le Sénat envoyoit en Asie régler la forme d'administration des Provinces nouvellement conquises par son frere **. De retour à Rome, il agit vivement en sa qualité de Pontife pour faire rendre

* Cic. ad Att. I. 18.
** Cic. ad Att. XIII. 6.

justice à Cicéron au sujet de la démolition de sa maison, dont le Tribun Clodius avoit méchamment fait faire une consécration solemnelle à la liberté publique *. Quand l'esprit de son frere eut baissé, il se chargea de la tutele & de l'éducation de ses enfans. Il eut lui-même une fille appellée Tertulla, qu'il maria dans une autre branche de sa maison au riche Crassus **.

[1] Selon quelques Géographes, c'est la même Ville qu'on appelle aujourd'hui Andrinople. Marcellin & Sextus-Rufus le disent en propres termes ; & quoiqu'il paroisse naturel de s'en rapporter à leur témoignage, comme étant plus à portée que nous d'en être instruits, cependant l'opinion de *Guillaume de Lisle*, qui la place plus à l'occident, dans les montagnes des Besses, m'a paru mieux fondée.

† Depuis nommée Philippopolis.
[2] Ce fragment, tiré de Servius, ne contient pas les propres paroles, mais seulement

* Id. pro Dom. 52. & de Harusp. resp. 6.
* Glandorp. famil. Rom.

les

ROMAINE. *LIVRE V.* 521

les montagnes & le cours du Danube, depuis l'embouchure de la Save jusqu'aux Getes voisins de l'Euxin. Il suivit le cours du Danube par Nicopolis & par Duroftore, jusqu'à la frontiere des Scythes, habitant en deçà du fleuve, auxquels il montra pour la premiere fois les armes romaines. De là, se rabattant le long des côtes de l'Euxin, il s'empara des villes d'Iftrus à la bouche méridionale du fleuve, de Tomes, de Calatis *a*, de *Vyzon* *b* 1

---

a *Amm-Marc. & Sext-Ruf.* un abrégé du texte. *Servius* dit uniquement que Sallufte, dans son histoire générale, avoit écrit celle de la conquête de Mæsie par Lucullus. D'autres fragmens nous prouvent que cette histoire contenoit de même le récit de différentes guerres faites en Illyrie, en Macédoine, en Thrace, par Appius & par Curion, contre les Barbares du mont Rhodope, les Dardaniens, les Dalmates, les Japides, &c. Par malheur, non-seulement ces fragmens sont en petit nombre, & n'indiquent que peu de faits; mais on ne trouve presque rien sur ces objets dans les écrits du temps, qui puisse servir à replacer les corps d'histoire que nous n'avons plus. De toutes les lacunes de Sallufte, celle-ci est une des plus ingrates à remplir. Aussi j'y ai été fort stérile; n'ayant pas dessein d'écrire un roman. A défaut des faits, que je ne peux circonstancier dans le récit des deux expéditions antérieures à celle-ci, je me suis rejeté sur quelques détails encore plus intéressans des mœurs & des usages singuliers de ces anciens Peuples barbares : d'autant plus volontiers, qu'*Ammian-Marcellin* paroît en cet endroit avoir fait un extrait de Sallufte ; comme on voit encore plus clairement qu'il l'a fait en quelques autres.

Les abrégés sont un peu plus détaillés

b SALLUST. *fragm. 554.* en parlant des conquêtes de Lucullus. Ils ne font cependant que nommer les contrées & les Villes conquises, presque toutes placées dans la Bulgarie & dans la Romanie moderne. « Les Mysiens, dit » *Servius* *, à qui Lucullus fit la guerre, » dont Sallufte a écrit l'histoire, font un » Peuple de la nation barbare des Getes ». La Mysie (selon l'ortographe grecque) ou la Mæsie (selon l'ortographe latine), est à l'orient de la Pannonie, entre la chaîne du mont Hæmus & le cours du Danube, le long duquel elle s'étend depuis l'embouchure de la Save, vers l'ancienne ville de Taurunum, autrement Albe grecque, aujourd'hui Belgrade, jusqu'aux Getes, voisins du Pont-Euxin. La riviere Ciabre la divisoit en haute & basse, ou premiere & seconde Mysie. L'une est aujourd'hui la Servie; l'autre la Bulgarie, *Pline* † nomme en détail les nations sauvages qui l'habitoient, parmi lesquelles il compte les Dardaniens.

1 Calatis est une colonie d'Héraclée, à 1300 stades au nord d'Apollonie.

Vyzon est une ville des Getes dans la Mæsie inférieure, non loin des côtes de l'Euxin. Elle étoit placée à peu de dist

* *In Æneid. VII. 604.*

† *III, 26.*

Tome II. V v v

HISTOIRE DE LA RÉPUBLIQUE

qui a donné le nom à la Byziade *a*, & qui vient tout récemment d'être, ainsi que quelques autres villes voisines, renversée par un tremblement de terre *b*. Les colonies grecques, frontieres de la Mysie, Dionysiopolis, Odyssus, Anchiale & Mesembrie *, se soumirent volontairement. Calybe suivit leur exemple. Apollonie, colonie des Milésiens, voulut résister. Elle fut emportée d'assaut dès le premier jour, mise au pillage & détruite *c*. Lucullus termina sa course glorieuse à Perinthe, déjà soumise par Orestes, d'où il revint à Rome, & obtint l'honneur du triomphe *d* en même temps que son frere *e*, ayant ainsi ajouté par ses conquêtes *f* ou par celles de ses prédécesseurs, six Provinces en Thrace 1 aux possessions de la République.

* Aujourd'hui Messiviria.

a Eutrop. Liv. VI.
b Mela. II. 2. Plin. IV. 11.
c App. bell. Illyric.
d Euseb. Chr. Asc-Ped. in Verrin. II. Cic.

tance de l'endroit où est aujourd'hui le port de Mangalia en Bulgarie. Strabon dit tout simplement entre Calatis & Apollonie; mais *Arrien* * & l'itinéraire spécifient les distances à 80 stades au nord de Dionysiopolis, & 60 stades au midi du Cap quarré (*Tetrasias acra*). C'est, dit-on, dans la Byziade, que toutes les hirondelles se rassemblent, quand elles veulent traverser l'Euxin **. Je remarquerai que la syllabe initiative *Byz* s'offre si fréquemment dans les noms de lieux de ce Pays, qu'elle doit avoir eu une valeur significative & géographique dans l'ancien langage des Thraces: Byson, Byziade, Byzance, Byzanthe, Bisthène, Bistonides, Besses, Bessarabie, Bessapera, &c.

* *In Peripl. Eux.*
** *Plin. ibid.*

in Pis. 19.
e Eutrop. ibid.
f Tit-Liv. epitom. 97.

1 *Ammian-Marcellin* décrit ainsi ces six contrées, en faisant un récit abrégé de la conquête. « Toutes celles de la Thrace ont ainsi, après bien des guerres difficiles & douteuses, successivement passé au pouvoir de la République, qui y a conquis six Provinces. La premiere, du côté de l'Illyrie qu'elle confine, est la Thrace proprement dite, où l'on trouve les grandes villes d'Eumolpiade, à présent Philippopolis, & de Bérée; puis l'Hæmi-montueuse, où il y a aussi deux grandes villes, Uscudama, à présent Andrinople, & Anchiale; ensuite la Mysie, dont les villes sont Marcianople, Dorostorus, Nicopolis & Odyssus. Elle touche à la Scythie, où l'on compte pour lieux principaux Dionysople, Tomes & Calatis. L'Europe est la plus éloignée; elle a deux belles villes, Aprys & Perinthe,

Cette conquête n'a été faite qu'au prix de longues guerres, difficiles & douteuses. Quoique, dans une bonne partie de son étendue, elle ne comprenne que des pays incultes, ftériles & de peu de valeur, que des nations brutes, féroces, à demi détruites, & qui donneront beaucoup de peine à retenir fous le joug, on ne peut difconvenir cependant qu'elle n'ait acquis au domaine de la République d'excellentes vallées & de grands territoires, où la nature répand fes dons avec la plus riante abondance. Les régions de la Thrace, formant dans leur enfemble un demi-cercle femblable au croiffant de la lune, offrent l'afpect d'un immenfe théatre de belle apparence, ouvert du côté de la mer, dont les campagnes s'élevent par degrés jufqu'à une chaîne de hautes montagnes, que l'on croyoit, au temps d'Homere, être les points d'où les vents du nord & de l'occident commençoient à fouffler : erreur probablement fondée fur ce que l'on comprenoit alors fous le nom générique de Thraces tous les Peuples barbares des vaftes climats feptentrionaux. Sa pente faifant face à l'orient d'hyver, eft arrofée par la belle riviere d'Hebre *, tombant des monts des Odryffes, d'où elle va fe perdre dans la mer Egée, vis-à-vis la fameufe ifle de Samothrace. On a vu, par ce que j'ai dit, que tous ces Peuples, affez différens entr'eux de mœurs & de langage, different auffi en un point capital de leur genre de vie : les uns habitent des Villes ; les autres, tout-à-fait fauvages, ne quittent le fommet de leurs rochers que pour venir faire des incurfions dans les plaines. Ceux-ci, felon le rapport général & conftant, jouiffent d'une fanté plus robufte, d'une vigueur beaucoup plus

XXX. Utilité des Provinces conquifes.

* Aujourd'hui Mariza.

que nous appellons Héraclée, outre plufieurs autres municipales. En deçà eft la Rhodope, avec fes Villes de Maximianople, Maronée & Ænos. Enée venoit de bâtir cette derniere, lorfqu'il l'abandonna pour venir fous de meilleurs aufpices s'établir en Italie ».

grande, d'une vie plus longue que la nôtre : ce qu'on attribue à leur nourriture fort simple, sans aucune diversité de mets; à la salubrité de l'air des lieux élevés; à l'habitude de s'exposer, au sortir de leurs étuves, à la fraîcheur de la rosée qui leur endurcit le corps. Je laisse à part la raison que le vulgaire en donne, l'avantage d'être plus voisins de l'orient, & de ressentir les premiers l'influence des rayons du soleil, avant qu'ils ne soient chargés de vapeurs de la terre [a].

XXXI. En Asie les deux partis sollicitent l'alliance des Parthes. Indécision d'Arsace.

En Arménie, on passoit l'hyver à négocier. On s'occupoit sur-tout dans les deux partis à traiter avec le Parthe. Si-tôt qu'on s'étoit vu d'une & d'autre part dans le cas de recommencer la guerre, comme si elle eût été au premier pas, chacun s'étoit tourné du côté de ce puissant voisin. Les Rois ligués lui faisoient représenter que, si les Romains venoient à bout de les détruire faute d'appui, ils tourneroient incontinent leurs armes contre lui-même : que telle seroit la suite infaillible & naturelle des événemens; l'ambition du vainqueur devenant toujours plus insatiable par les succès, dont tout l'effet est d'accroître encore son avidité : qu'il ne devoit pas s'attendre que la République, après avoir envahi la plus grande partie de l'orient, voulût épargner le reste, ou lui faire grace à lui-même [b].

Arsace venoit depuis peu de succéder à Pacorus son pere, après avoir été de son vivant associé au trône des Parthes [c]. C'étoit le même qui avoit commandé les armées dans le cours des précédentes guerres contre Tigrane, qui l'avoit plus d'une fois battu [d]. Il étoit même en dispute alors avec l'Arménien, sur la propriété de certaines limites. Mais il sentoit aussi que l'occasion présente détermineroit aisément Tigrane à céder aux circonstances. De plus, le nom de Mithridate, si justement célebre en Asie, jetoit un grand poids dans la balance. Ce

[a] Amm-Marc. ibid.
[b] Fragm. Dion-Cass. Liv. XXXV.
[c] Phleg. Trallian. Olympic. ap. Phot. 97.
[d] Mithrid. epist.

Prince illustre avoit éprouvé l'une & l'autre fortune, & montré qu'il savoit les supporter avec le même courage. Souvent vainqueur, souvent vaincu, on ne le regarda jamais en ce dernier cas comme abattu; mais comme devenu de jour en jour, par tant d'épreuves diverses, plus expérimenté dans l'art militaire *a*.

Lucullus, instruit de l'indécision du Parthe, dont les causes étoient assez visibles; informé d'ailleurs que les Rois ligués faisoient négocier à sa Cour, le sollicitoit de son côté par de grandes promesses, de se déclarer pour la République, ou d'embrasser au moins la neutralité *b*. Arsace flottoit donc entre ces trois partis, un peu plus disposé, selon l'apparence, à se tourner du côté des Romains, dont il avoit fait rechercher l'amitié par ses Ambassadeurs, dès le temps de Sylla *c*, & de la politique desquels il n'avoit pas encore pris une juste idée. Il avoit voulu s'approcher du théatre de la guerre, pour se mettre à portée de mieux juger lui-même du véritable état des choses *d*. Il étoit venu du côté des portes Caspiennes, à peu de distance d'Hécatompyle, dans une vallée appellée *Camisos* 1, entre l'Hyrcanie & les Mardes, sous prétexte d'y faire ouvrir en sa présence des mines de sel fossile *f* : il prit occasion du voisinage

---

a Dion-Cass. Liv. XXXV.
b Appian.
c Sext-Ruf. pag. 667.

d Isidor. Charac. Parth. descript.
e SALLUST. fragm. 565.
f Strab. Liv. XI. pag. 514.

1. Il y avoit en Asie trois endroits à peu près de ce nom, & dont Salluste peut avoir eu occasion de parler. Strabon * nomme *Camise* un vieux château fort sur les frontieres de la petite Arménie, que Pompée joignit depuis à deux autres bourgades voisines, pour n'en faire qu'une seule Ville. Il y a quelqu'apparence que ce château donna le nom à la Camisène, contrée voisine de l'Arménie. Le troisieme lieu de ce nom est une vallée de la Parthide, dont je parle dans le texte, appellée par Strabon * *Comisène*, & par Ptolomée *Cominsine*. Elle n'étoit pas bien loin d'Hécatompyle, & ne contenoit que huit bourgades, sans aucune ville **. Elle n'a pas changé de nom, & s'appelle de nos jours vallée de *Comas*, entre le Chorassan & le Tabristan. On y trouve des mines de sel fossile, comme Strabon le rapporte.

* Liv. XII. pag. 514.
** Isidor. Characen. Parthiæ descript.

* Liv. XII. pag. 560.

pour envoyer en Gordyenne féliciter Lucullus fur fa derniere victoire : il lui fit témoigner en même temps qu'il defiroit l'alliance & l'amitié du Peuple romain.

XXXII. Sextilius envoyé en ambaffade vers Arface. Le roi Parthe négocie avec les deux partis. Lucullus projette la conquête de la Parthide.

Sa démarche fut fort agréable au Proconful, qui, à fon tour, lui envoya Sextilius avec quelques autres Officiers de fon armée, en qualité d'Ambaffadeurs, à Seleucie fa capitale, où il étoit retourné. Ceux-ci trouverent le Parthe irréfolu, & découvrirent bientôt qu'il négocioit en fecret avec Tigrane, offrant de conclure un traité d'alliance à certaines conditions. Les Rois ligués follicitoient un puiffant renfort de troupes auxiliaires. Arface, pour prix du fecours propofé, ne demandoit pas moins qu'une ceffion de la Méfopotamie, du Pays appellé les grandes vallées, & d'une partie de l'Adiabene. Il faifoit en même temps d'autres propofitions aux députés romains; traitant à part avec les deux partis, & feignant avec tous deux de vouloir entrer en confédération [a]. Sur les avis qu'en eut Lucullus, il changea de ton avec Arface, & lui écrivit des lettres pleines de menaces [b]. Il forma même à l'inftant le deffein d'abandonner la pourfuite de l'Arménien prefqu'entiérement abattu, & d'aller chercher une gloire nouvelle contre les Parthes. La fortune l'avoit affez bien fervi jufqu'alors, pour lui donner lieu d'en efpérer de plus grandes faveurs. Ce grand homme, avec tant de vertus & de talents, n'eut pas celui de favoir modérer en lui-même jufqu'à l'amour de la gloire. Trop épris de l'éclat d'une vaine renommée, il voulut porter la fienne aux extrêmités de l'Afie, & fentit fa vanité flattée, de pouvoir faire dire que dans la même lutte il avoit renverfé les trois plus grands Souverains de l'Orient [c].

Mithridate en ufa tout différemment. Il fentoit mieux que jamais, dans fa pofition fâcheufe, le befoin du fecours du

[a] Memn. L. 60.
[b] Xiphilin.
[c] Plutarch. in Lucull.

Parthe, & la nécessité de le déterminer en sa faveur. Il lui écrivit une lettre longue & véhémente, qui fit alors grand bruit dans tout l'Orient. Après l'avoir vivement sollicité de lui envoyer des troupes auxiliaires, & de se joindre enfin aux Rois ligués; après lui avoir fait des propositions & des offres très-avantageuses, représenté les risques qu'il couroit à laisser approcher de ses Etats une puissance aussi formidable qu'ambitieuse, & tous les inconvéniens d'une neutralité qui n'éloignoit de lui le danger que pour un moment, *il lui exposoit en ces termes* [a] les faits & les motifs capables de le décider.

LE ROI MITHRIDATE AU ROI ARSACE [1]. *Tous ceux à qui, dans l'état florissant de leurs affaires, on propose une ligue*

XXXIII. Lettre de Mithridate au roi Arsace.

[a] SALLUST. *fragm. 656.*

[1] Les plus célebres Historiens de l'antiquité sont dans l'usage de composer des harangues directes qu'ils mettent dans la bouche de leurs principaux personnages; usage excellent & mal-à-propos blâmé par quelques critiques, comme contraire à l'exacte vérité de l'histoire. Non-seulement il n'altere en rien la fidélité due à l'histoire, puisque l'Ecrivain ne leur fait dire que ce qu'ils ont ou auroient probablement dit en de telles circonstances, conformément à leur position, à leur propre caractere, & à leur façon de penser; & que c'est en ceci que consiste la fidélité du récit, non dans les expressions dont on se sert, ou dans la forme qu'on leur donne: mais de plus, cette méthode qu'ont les anciens Historiens, de mettre par des discours directs l'acteur même à la place du narrateur, jette dans le récit beaucoup plus de chaleur & de vérité; peint mieux l'ame, le caractere, le ton & les opinions des principaux personnages; met le tableau en action, & sert à varier la monotonie trop uniforme du narré, en lui donnant une marche dramatique & théatrale, toujours plus vive & plus énergique. Je dis donc que, même à supposer que cette lettre ait été composée par notre Historien, sous le nom de Mithridate, il faudroit encore l'en louer. Mais, quoi qu'il en soit de la thèse en général, je ne fais aucun doute ici que la lettre qu'on va lire n'ait été véritablement écrite en original, & non fabriquée par notre Historien. On a pu répandre alors dans toute l'Asie, des copies de cette lettre si curieuse & si digne d'être lue. Le roi des Parthes qui, dans la suite, fit alliance avec les Romains, leur en a pu remettre l'original ou la copie. En un mot, elle est en tout si conforme au caractere de Mithridate; l'avarice profonde & l'éternelle injustice de la République romaine envers tous les Rois de la Terre, y sont dépeintes avec tant de force & de vivacité, qu'il me paroît très-naturel de la

offensive, comme je le fais ici, doivent examiner, d'une part, s'ils peuvent en sûreté rester dans l'inaction ; de l'autre, si ce qu'on leur

juger écrite par le Prince même, qui en avoit le plus souvent éprouvé les effets, & qui connoiſſoit mieux que perſonne la nation dont il étale avec tant d'amertume l'ambition & les méchancetés. Cette lettre, quoique pleine de fautes, peut-être même de lacunes, obſcure & défectueuſe en pluſieurs endroits qui en rendent le ſens très-difficile à ſaiſir, eſt cependant encore, à mon avis, un des plus beaux morceaux de l'antiquité, & le plus précieux des fragmens de Salluſte. J'en ai tiré une quantité de faits hiſtoriques qui m'ont ici ſervi à lier avec fidélité les lambeaux de notre Hiſtorien. Je crois que nous ne l'avons pas entiere, & qu'il nous en manque toute la premiere partie dans laquelle Mithridate propoſoit au roi des Parthes de s'allier avec lui contre les Romains : après quoi il lui faiſoit voir la néceſſité de prendre ce parti, & les inconvéniens de la neutralité, fondés ſur les raiſons qu'il détaille dans les termes par leſquels notre fragment commence, & qui me paroiſſent ſuppoſer que la lettre contenoit des propoſitions dont on veut donner les preuves. La premiere partie étoit donc expoſitive, & la ſeconde démonſtrative. Peut-être Salluſte n'avoit-il copié dans ſon hiſtoire que celle-ci, comme étant la plus importante. Cette piece étoit bien digne d'y être inſérée. Trogue-Pompée a de même donné place dans la ſienne au manifeſte de Mithridate, que je crois original auſſi : ces ſortes d'écrits étant toujours fort répandus dans le public.

Le nom d'Arſace eſt un nom de dignité, & un titre commun à tous les rois des Parthes, qui ne laiſſoient pas d'avoir

leur nom particulier. Arſace étoit le onzieme roi des Parthes, depuis le fondateur de cet Empire, qui prit le titre d'Arſace, que ſes ſucceſſeurs ont tous conſervé en mémoire du premier auteur de leur race *. Arſace, à la lettre *Art-Schah*, eſt un nom de dignité compoſé de deux mots de la langue Perſique, qui ſignifie *grand Roi*. *Art* (*Grand*), Schah (*Roi, Chef*). Schah a dans tous les temps été le titre du roi des Perſes, comme autrefois *Schah-Pour* ou *Sapor*, & de nos jours *Schah-Nadir*, &c.

Cet Arſace, à qui la lettre eſt écrite ſur la fin de l'an 684 ou en 685, étoit Phradate, ou plutôt Phraarte III. du nom. Son nom particulier en langue du Pays revient à celui-ci, *le plus grand des très-grands*, ou *le roi des rois*. Car *Aphra*, dans la langue Parthe, eſt, ſelon la remarque de *Vaillant*, un ſynonyme de *Pa*, dans la langue Turque & Scythe, c'eſt-à-dire *ſublime, ſuprême, très-grand*. On ſait que cette épithete de *Pa* (ſublime), eſt celle des principaux Officiers Turcs qui ont le titre de Pachas (*Pa-Schah*), *Padi-Schah*, qui eſt peut-être le ſuperlatif, eſt le nom dont les Turcs ſe ſervent en parlant du Grand-Seigneur Ottoman, comme nous employons celui de *Majeſté* en parlant de notre Roi. Nous voyons dans toutes les relations que cette épithete *Pa*, ſublime, eſt celle que l'on donne aux Grands-Seigneurs Ottomans, le *Sublime Sultan*, la *Sublime Porte* : & *ſublimis* (*ſupra limites, præaltus*, très-haut), eſt la même expreſſion, pour le ſens propre, que *Sa Hauteſſe, Son Alteſſe, Sa Majeſté*, (Majeſtas à Majus),

* *Juſtin. XII. 5.*

propoſe

ROMAINE. LIVRE V.

propose est conforme aux loix de l'humanité, de l'honneur, de la gloire & de la saine politique. Il est certain que, sans les événemens qui vous exposent à l'ennemi le plus dangereux, rien n'auroit troublé la paix dont vous jouissez. Aussi, malgré la gloire qui doit vous revenir de la défaite des Romains, ne m'aviserois-je pas de vous demander votre alliance dans la conjoncture où je me trouve, ni de mêler le mauvais état de mes affaires à la prospérité des vôtres. Mais ce qui sembleroit devoir vous arrêter, je veux dire ma triste situation, & le ressentiment que vous pouvez avoir contre Tigrane, au sujet de vos dernieres guerres, est, si vous envisagez sainement les choses, ce qui doit au contraire vous déterminer. Car Tigrane, forcé de recourir à ce traité, y souscrira aux conditions

---

Son Excellence, Son Eminence, Sa Grandeur, &c. Cependant d'*Herbelot*, homme très-versé dans ces matieres, croit que le mot *Pacha* n'est qu'une contraction de *Padischah*, titre composé de deux mots persans, Pad (*Custos*), Schah (*Rex*). Ceux qui écrivent *Bacha*, au lieu de *Pacha*, le dérivent du Turc *Baesh* (caput).

On sait que les Parthes, ainsi que les Perses, appelloient leur Souverain *roi des rois*, & les anciens Grecs même, nomment souvent le roi de Perse *le grand roi*. L'épithete *Pa*, venue de la langue des Scythes, étoit aussi usitée dans le même sens en celle des Parthes, venus de la Scythie, dont les Turcs Ottomans sont aussi originairement sortis. Le prédécesseur d'Arsace portoit le titre de *Pa-corus*, id est (sublime soleil). *Pa*, sublime; *Coresh* ou *Cyrus*, soleil. Ajoutons que les anciens rois d'Egypte prenoient aussi quelquefois, comme les Medes & les Parthes, le titre d'*Aphra*, que les Grecs prononçoient *Apries*. Je ne fais ces petites remarques que pour montrer que toutes les anciennes langues d'Orient avoient entr'elles une analogie qu'on pourroit prou-

ver par plusieurs exemples. Il est fort naturel en effet qu'elles eussent l'une à l'autre autant de rapport que nous en remarquons entre nos diverses langues d'Europe.

Phraarte III. surnommé *Dieu*, étoit fils de *Sinatrokes*, autrement Pacorus Ier. Il venoit, après sa mort, de succéder à l'Empire auquel son pere l'avoit associé de son vivant*. Il ne faisoit alors que commencer son regne **. Nous avons une médaille de ce Roi, où il est représenté la tête couverte d'une mitre, & ceinte d'un diadème, les cheveux courts & coupés sur le col, la barbe courte & fournie: au revers il est assis sur un trône, vêtu du manteau royal, & tenant en main une espece de niveau. L'inscription en la langue grecque porte : *Au roi des rois Arsace, grand, juste, illustre, Dieu, Eupator, ami des Grecs*. Vaillant nous a donné cette médaille dans son histoire des Parthes, où il a curieusement décrit l'habillement de cérémonie des Rois, tel qu'on le voit sur leurs médailles. (*Voy. la médaille n°. 11.*)

* Phlegon. Trall. Olympic. ap. Phot. 97.
** Appian. bell. Mithridat. pag. 242.

Tome II,

que vous voudrez y mettre. Quant à moi, la fortune, au prix de beaucoup de pertes, m'a donné l'expérience & le talent de conseiller. Instruit par mes disgraces [1] *, je puis dans ma foiblesse vous donner les moyens d'éviter des malheurs que votre état florissant ne sert qu'à rendre plus prochains. Car enfin les Romains n'ont eu de tout temps qu'une seule & même cause d'inimitié contre tous les Peuples & les Rois de la Terre* [2] *; leur desir insatiable de dominer, & leur avarice profonde.*

    ſ MITHRID. Ha ! pour tenter encor de nouvelles conquêtes,
           Quand je ne verrois pas des routes toutes prêtes ;
           Quand le sort ennemi m'auroit jeté plus bas,
           Vaincu, persécuté, sans secours, sans Etats,
           Errant de mers en mers, & moins roi que pirate,
           Conservant pour tout bien le nom de Mithridate,
           Apprenez que, suivi d'un nom si glorieux,
           Par-tout de l'Univers j'attacherois les yeux ;
           Et qu'il n'est point de rois, s'ils sont dignes de l'être,
           Qui, sur le trône assis, n'enviassent peut-être
           Au dessus de leur gloire un naufrage élevé,
           Que Rome & quarante ans ont à peine achevé.
                                         Mithrid. Act. II, Scèn. IV.

[2] Ce Prince s'exprime ainsi sur ce sujet dans son grand manifeste contre les Romains, où il avoit déjà fait mention d'une partie des faits qu'il rappelle dans sa lettre. « S'ils prennent les armes, ce n'est pas, » comme ils le disent, pour punir l'abus » que les Rois font du pouvoir souve- » rain, mais en haine de la Majesté royale, » & par jalousie de la puissance qu'elle » donne. Ils ont mis en usage, contre tous » les Princes, les mêmes artifices qu'ils em- » ploient aujourd'hui contre moi. Dans le » temps qu'ils avoient avec mon aïeul Phar- » nace un de ces traités d'alliance simulée, » dont tout l'effet est de mettre les Rois » à leurs ordres, ils voulurent, par son » moyen, supplanter Eumenes roi de Per- » game : Eumenes, dont la flotte avoit » servi à les transporter pour la première » fois en Asie ; dont les troupes étoient » plutôt à leurs ordres qu'aux siens pro- » pres ; par le secours de qui ils avoient » soumis Antiochus & les Gaulois en Asie, » & le roi Persée en Macédoine. Ils l'ont, » à vrai dire, traité en ennemi, en lui » défendant de venir en Italie ; & parce » qu'il auroit été trop odieux de lui faire » une guerre directe, ils ont attendu sa » mort pour la faire à son fils Aristonic. » . . . . En un mot, toute leur » politique ne paroît fondée que sur des » maximes qu'on pourroit intituler *Loix* » *de haine capitale contre les Souverains.* » . . . . Ils racontent que leur Fon- » dateur a été nourri par une louve ; ils » en ont sucé les inclinations avec le lait

ROMAINE. LIVRE V. 531

Ils débuterent par attaquer Philippe roi de Macédoine. Comme les Carthaginois les preſſoient alors d'un autre côté, ils détournerent artificieuſement Antiochus de prendre parti pour ce Prince, au moyen d'une alliance ſimulée & d'une prétendue ceſſion de l'Aſie [1]. Mais bientôt, après avoir écraſé Philippe, ils enleverent au roi Antiochus tout le territoire au-deçà du mont Taurus, & lui firent payer une ſomme de dix mille talens [2]. De là, retombant ſur Perſée, fils de Philippe, après les événemens variés d'une longue guerre, après lui avoir enfin donné leur foi dans l'aſyle ſacré des Dieux de Samothrace [3], ces perfides, habitués aux détours les

» C'eſt un Peuple de loups, inſatiable de » ſang & de domination, affamé d'argent, » rodant de toutes parts pour dévorer les » Nations * ».

[1] Je ne trouve rien dans l'hiſtoire qui ait rapport à la ceſſion dont parle ici Mithridate, que les paroles ſuivantes contenues dans un projet de traité que rapporte Tite-Live **. « Quant aux villes ci-de- » vant poſſédées par Philippe, dont » Antiochus s'eſt emparé pendant que les » armes romaines tenoient le roi de Macé- » doine occupé ailleurs, Antiochus pourra » les garder comme conquêtes. Que le » roi de Syrie faſſe attention cependant » que Rome ne peut ni ſe diſſimuler l'in- » vaſion qu'il vient de faire en Aſie, ni la » regarder comme une choſe qui lui ſoit » étrangere ».

[2] Mithridate rapporte ici les propres paroles du traité fait avec Antiochus après ſa défaite; il étoit conçu en ces termes: « Le roi de Syrie ne pourra rien poſſéder » en Europe. Il ſe retirera au-delà du mont » Taurus, & abandonnera toutes les Pro- » vinces de l'Aſie qui ſont en deçà de

* Mithrid. ap. Trog. Pomp.
** XXXIII. 39.

» cette borne. Il paiera pour les frais de » la guerre quinze mille talens euboïques; » ſavoir, 500 comptant, 2500 après la » ratification du traité par le Sénat & le » Peuple romain, & 1000 par an pendant » les 12 années ſuivantes. Il donnera vingt » ôtages pour ſûreté de l'exécution * ».
Eutrope ** dit ici, comme Mithridate, que la ſomme qu'on obligea le roi de Syrie de payer pour les frais de la guerre, fût de dix mille, non de quinze mille talens : mais les termes même du traité font voir qu'il y a faute ici dans le texte de notre Auteur. Le prix du talent varioit ſelon les Nations †. Le talent euboïque, à peu près égal au talent Babylonien, valoit ſoixante-douze mines attiques, c'eſt-à-dire 7200 deniers d'argent ou drachmes attiques ††, au lieu que le talent attique dont on ſe ſervoit ordinairement dans les comptes, n'en valoit que 6000 ¶.

[3] Au rapport de Sanchoniaton, auteur de la Geneſe Phénicienne, ce ſont les

* Tit-Liv. Liv. 37. Appien. Bell. Syriac.
** Liv. 4.
† Plin. XXXV. 2.
†† Ælian. Varron. hiſt. I. 22.
¶ Pollux. onom. Liv. IX.

Xxx 2

plus odieux, parce qu'ils avoient promis la vie à Persée, trouverent l'art de s'en défaire en l'empêchant de dormir [1] *(sous prétexte que*

Dioscures ou Dieux Cabires descendus de Sydyk, dont le culte fut porté dans les isles de la Grece, & premiérement à Samothrace, par les Navigateurs Phéniciens [*]. Selon le témoignage de *Dionysodore* [**], ils étoient au nombre de quatre; savoir, Axieros, Axiokersa, Axiokersos & Casmillos ou Cadmilos. Ce dernier n'étoit qu'une espece de Ministre des trois autres. Le même Ecrivain prétend que ces quatre Divinités sont à peu près celles que les Peuples d'Europe appellent Cérès, Proserpine, Pluton & Hermès: par où il paroît qu'on doit entendre (si toutefois son sentiment très-équivoque & sujet à de grandes difficultés, est véritable) les Dieux terrestres, ou plutôt la terre féconde & productrice, les Dieux infernaux ou des morts, & le ministre interprete des Dieux, c'est-à-dire le Législateur ou l'homme d'Orient qui apporta des Loix, & régla quelques formes de police chez les Sauvages de la Grece. Quant à ce dernier, il n'y a pas de doute qu'il n'ait été l'un des célebres Dieux Cabires de l'isle de Samothrace. « Ceux,
» dit *Hérodote*, qui sont initiés par les
» Thraces aux mysteres des Cabires, re-
» connoissent aisément que ce rite vient
» des Pélasges: car les Pélasges ont autre-
» fois habité l'isle de Samothrace, conjoin-
» tement avec les Athéniens. Ceux-ci
» prirent d'eux l'usage de célébrer les
» Orgies à la maniere de Samothrace, &
» sont les premiers parmi les Grecs qui
» ont élevé des statues à Hermès, où il
» étoit représenté, ayant son sexe viril en

[*] *Sanchoniaton. ap. Euseb. præparat. l. 10.*
[**] *Ap. Vet. Schol. Apollon. I.*

» état de s'accoupler. On lit aux initiés,
» dans les mysteres, lors de leur réception,
» un vieux discours composé par les Pé-
» lasges, qui leur donne l'explication de
» ceci [*] ». Ce n'est pas ici le lieu de parler plus amplement de ces fameux mysteres de Samothrace, ni des Dieux Cabires, c'est-à-dire des grands Dieux des Orientaux, tels que le Soleil, la Lune, les Astres, le Ciel, la Terre, la Mer, la Nature féconde, &c. matiere très-curieuse & très-étendue, mais étrangere au texte de notre Historien. Je l'ai déjà traitée; je dois la traiter encore dans des ouvrages d'un autre genre. Les douze grands Dieux sont ceux de Samothrace & de l'ancienne religion sabéïste & élémentaire de l'Orient, où l'on adoroit les grands objets matériels & éternels, tels que les Astres, les Elémens, &c. L'application que la superstition fit de ce même culte à de petits objets terrestres, tels que les animaux, les plantes, &c. donna naissance à l'Egyptianisme: culte semblable à celui que les autres Africains leurs voisins rendoient & rendent encore à leurs Fétiches. Les Grecs, & d'après eux les Romains, adopterent aussi les douze grands Dieux; mais sous d'autres noms, d'autres formes & d'autres idées. C'étoient Jupiter, Vesta, Cérès, Apollon, Diane, Tellus, Neptune, Vénus, &c. C'étoit une Polysynodie d'une Cour céleste habitant le Ciel au sommet de l'Olympe, & régissant la terre. C'étoit une idolâtrie plus proprement dite, sur-tout quand le culte des hommes-déifiés s'y fut mêlé par l'usage des apothéoses. Quant aux mysteres de Samo-

[*] *Hérodot. II. 51.*

ROMAINE. LIVRE V.

le sommeil est une image de la mort). Ils ont tant fait trophée de l'amitié d'Eumenes! N'ont-ils pas cependant acheté à ses

thrace, d'Eleusine, &c. & aux objets qu'on y montroit secrétement aux initiés, il y a grande apparence que c'étoient des choses triviales, servant à représenter & à rappeller la mémoire de la vie sauvage & pastorale que les Pélasges, les Orientaux & tous autres Peuples ont menée dans leurs premiers siecles.

¹ Persée, roi de Macédoine, vaincu par Paul-Emile, s'enfuit dans l'isle de Samothrace (aujourd'hui Samandrachi, sur les côtes de Thrace, à l'embouchure de l'Hebre), où il se réfugia dans l'asyle du fameux Temple des Cabires ou adorateurs du feu. Car, selon mon sentiment, dont les preuves formeroient ici une trop longue digression, le nom des Guebres n'est qu'une altération de celui des Cabires, & le culte des Dieux de Samothrace si célebre, & venu de l'Orient, n'est autre que le sabéisme des Orientaux, c'est-à-dire l'adoration du soleil, des astres & du feu, probablement mélangée, selon le peu qu'en dit *Hérodote*, des vieux rites de l'ancienne religion matérielle des Pélasges ou Grecs sauvages naturels du Pays *. On n'osa tirer par force le roi Persée de cet asyle le plus inviolable de toute la Grece: mais le Préteur Octavius, Commandant de la flotte, lui persuada enfin de se livrer à la discrétion des Romains **. Paul-Emile le traita bien, le reçut à sa table lui & ses jeunes enfans, à qui il fit un excellent discours moral sur la nécessité de se respecter soi-même dans la bonne & mauvaise fortune, en considérant qu'elle est sa prodigieuse

instabilité *. Mais à Rome on le mit en prison au sortir du triomphe de Paul-Emile, où on le retint jusqu'à ce que son vainqueur, « touché de pitié, dit *Plutarque*, » pour un Prince infortuné qu'il avoit » vaincu, & dont il souhaitoit d'adoucir » les malheurs, eût obtenu qu'on lui ren- » droit une espece de liberté, en le faisant » seulement garder à vue. L'opinion pres- » que générale est que ce Prince, accablé » du regret de ses pertes, & de la douleur » de son esclavage, mit volontairement » fin à ses jours, en se laissant mourir de » faim. Mais on attribue aussi sa mort à » une cause singuliere & peut-être sans » exemple. On dit que les soldats qui le » gardoient, courroucés contre lui, pour » je ne sais quelle cause, n'osant le frap- » per ni le blesser contre la défense ex- » presse qu'on en avoit faite, se relayerent » pour l'empêcher de dormir, & le tinrent » éveillé, jusqu'à ce que l'accablement » de ce nouveau genre de fatigue l'eût » fait expirer ** ». On voit que *Plutarque* ne rapporte ceci que comme un fait auquel il n'ajoute pas beaucoup de foi. Cependant Mithridate, entre deux opinions sur la mort de Persée, ne manque pas d'adopter celle-ci, comme la plus odieuse. Il est certain que rien n'est plus indigne ni plus inhumain que le traitement que les Romains firent à ce malheureux Prince, si le récit qu'en fait *Diodore* † n'est pas exagéré. « Persée précipité, dit-il, dans un abyme » de malheurs, tel qu'on lit à peine dans

* *Hérodot*: II. 51.
** *Vell.-Pat*. I. 9.

* *Florus*. II. 12.
** *Plutarq*. Vie de *Paul-Emile*.
† Liv. 31.

dépens ¹ la paix avec Antiochus? Non contents d'avoir réduit Attale à être moins Roi que féqueſtre & gardien de ſon propre

» les fables quelque choſe d'auſſi ſurpre-
» nant, ne pouvoit, malgré cela, ſe déter-
» miner à quitter la vie. En attendant que
» le Sénat eût décidé de ſon ſort, un Pré-
» teur de Rome l'avoit fait jeter avec ſes
» enfans dans une priſon de la ville d'Albe,
» lieu obſcur, infect, creuſé ſous un ro-
» cher, & déja plein d'une quantité de
» ſcélérats qui n'attendoient que leur ju-
» gement pour être punis du dernier ſup-
» plice. Ils étoient tous entaſſés dans cette
» caverne, comme des bêtes, & bien plus
» malheureux encore, mangeant en com-
» mun le peu de mauvais alimens qu'on
» leur donnoit, ainſi du reſte: tellement
» qu'il s'exhaloit de ce cachot une ſi hor-
» rible puanteur, qu'on ne pouvoit en
» approcher ſans être ſuffoqué. Le mal-
» heureux Roi fut laiſſé ſept jours en cet
» affreux endroit, contraint à ſupplier les
» miſérables avec leſquels il ſe trouvoit,
» de lui accorder quelque portion du peu
» d'alimens qu'on leur apportoit. Ils lui en
» donnerent en fondant en larmes, à la vue
» d'un homme de ce rang, réduit à un tel ex-
» cès de calamité. Ils eurent même l'huma-
» nité de lui donner un couteau pour ſe tuer,
» & un cordeau pour s'étrangler. Il faut
» bien que la mort ſoit encore la plus grande
» des infortunes poſſibles, puiſqu'on voit
» des gens qui, paroiſſant réduits au der-
» nier degré du malheur, veulent encore
» conſerver une vie dont la jouiſſance
» paroît pire que la privation. Perſée ne
» put ſe réſoudre à finir des jours qu'il
» alloit perdre bientôt à force de miſere,
» ſi Emile, Chef du Sénat, n'y eût fait
» éclater ſon indignation. Si vous n'avez,

» leur dit-il avec véhémence, ni reſpect
» pour votre dignité avilie par une telle
» baſſeſſe, ni attention pour l'honneur de
» votre patrie; ſi vous ne craignez pas le
» jugement des hommes indignés de vous voir
» privés d'un ſentiment de pitié naturelle
» qu'on ne refuſeroit pas au dernier des
» humains, craignez du moins Néméſis, qui
» ſe venge tôt ou tard de ceux qui font un
» inſolent abus de leur pouvoir. Ces repré-
» ſentations firent remettre Perſée en li-
» berté; on ſe contenta de lui laiſſer une
» garde. Ce Prince, rendu à la vie, dont
» il étoit ſi amoureux, reprit des eſpé-
» rances qui ſe terminerent deux ans après
» par une fin auſſi extraordinaire & auſſi
» triſte que l'avoit été ſa vie. Car s'étant
» attiré la haine des ſoldats qui le gardoient,
» ces brutaux le firent mourir à force de
» l'empêcher de dormir », Tite-Live * fait
un récit admirable, mais moins odieux pour
le nom Romain, de toute cette hiſtoire de
Perſée.

¹ Mithridate charge autant qu'il peut les
Romains d'imputations quelquefois peu
prouvées, ce qui fait qu'il n'eſt pas toujours facile d'entendre aujourd'hui ce qu'il
vouloit dire alors. L'hiſtoire ne nous apprend pas comment, ni à quelle occaſion,
Rome acheta la paix avec Antiochus roi
de Syrie, aux dépens d'Eumenes roi de
de Pergame. Ils avoient donné à ce dernier, leur allié & leur intime ami, tout
ce qu'ils avoient enlevé au roi de Syrie,
à l'exception des Villes appartenant aux
Colonies Grecques de l'Aſie mineure.
Peut-être que dans le traité de paix qu'ils

* Liv. 45.

ROMAINE. LIVRE V.

Etat retenu sous leur main, n'ont-ils pas fait de ce Roi un malheureux esclave, à force de le charger de dépenses & d'ordres insupportables ? Après sa mort, ils lui ont supposé un testament dénaturé : puis, lorsque son fils Aristonic a voulu redemander l'héritage de

firent avec Antiochus, il fut convenu qu'Eumenes lui rendroit ce qu'il avoit reçu de sa dépouille.

* Attale, dernier roi de Pergame, frere d'Eumenes, mourut vers l'an 620, d'un coup de soleil, instituant par son testament le Peuple romain son héritier. Voici les termes du testament : *Je nomme le Peuple romain héritier de mes biens* *; ce qu'on prétendoit ne comprendre que ses biens patrimoniaux & ses immenses richesses, & non le royaume même de Pergame. Mithridate accuse ici les Romains d'avoir supposé ce testament. Il n'est pas le seul qui l'ait cru de la sorte. La maniere dont *Horace* en parle, & dont *Porphyrion* ** explique le passage de ce Poëte, montre assez qu'à Rome même on avoit le même soupçon : & de plus, ce n'est pas la seule fois qu'ils y aient donné lieu. On ne parloit pas autrement du prétendu testament de Ptolomée, roi de Chypre, en vertu duquel ils s'emparerent de ses Etats. Quoi qu'il en soit, Attale avoit laissé un fils naturel, nommé Aristonic, ou plutôt un neveu, fils d'Eumenes son frere, & d'une musicienne d'Ephese †. Ce jeune homme voulut se mettre en possession de l'héritage paternel. Presque tout le royaume de Pergame se déclara pour lui, & il s'empara à force ouverte, des Villes qui voulurent résister, telles que Mynde, Samos & Colophon ¶. Rome avoit alors pour Consul

* *Flor. II. 20.*
** *In Horat. Od. II. 18.*
† *Justin. XXXVI. 4.* ¶ *Florus II. 20.*

Publius-Crassus, fameux Jurisconsulte, mais plus versé dans la science du droit, que dans l'art militaire *. Quoiqu'il possédât la Charge de Souverain Pontife **, & qu'il ne fût pas d'usage que celui qui étoit revêtu de cette dignité, sortît de l'Italie, il sollicita le Gouvernement d'Asie, dans l'espérance de s'enrichir aux dépens de la succession. Mais plus attentif à ses intérêts personnels, qu'à la sûreté des troupes qu'il avoit à ses ordres, il fut battu & fait prisonnier par Aristonic. Honteux de survivre à sa défaite, & de porter publiquement dans l'esclavage la juste peine de son avarice, il irrita la colere de ses gardes, en crevant l'œil à l'un d'entr'eux d'un coup de baguette qu'il tenoit à la main, & ceux-ci le tuerent sur-le-champ. Perperna, qu'on envoya de Rome en sa place, défit entiérement Aristonic dès le premier combat, & le prit à son tour prisonnier. Il fit charger sur des vaisseaux les trésors & le riche mobilier du feu roi Attale, qu'il envoya à Rome. C'est ainsi que le luxe asiatique y fut introduit pour la premiere fois, & avec lui tous les vices de l'Asie. Aristonic, dans les fers des Romains, fut l'occasion d'une dispute entre Perperna & Manius-Aquilius son successeur, chacun des deux prétendant l'avoir en sa puissance, pour le conduire à la suite de son char de triomphe : l'un, parce qu'il l'avoit défait & pris prisonnier ; l'autre, parce qu'il avoit terminé la guerre en achevant de soumettre

* *Vell-Pat. II. 4.*
** *Tit-Liv. epitom. 59.*

Tome II.

HISTOIRE DE LA RÉPUBLIQUE

ses peres, ne l'ont-ils pas mené en triomphe avec tout l'opprobre d'un ennemi vaincu ? Il n'y a plus de sûreté en Asie. En dernier lieu, ils se sont approprié la Bithynie après la mort de Nicomede, quoique de notoriété publique, ce Roi eût laissé un fils de sa femme Moysa [1], qu'ils avoient eux-mêmes reconnue pour Reine. Que

l'Asie, & parce qu'il étoit le Général actuellement commandant l'armée. Mais la mort de Perperna mit fin à cette querelle. Aquilius ayant conduit son prisonnier à Rome, y triompha de l'Asie le trois des ides de Novembre 627 [*]. Il nous reste une médaille de la maison Aquilia, relative à ce triomphe, où le soleil que l'on voit d'un côté, & de l'autre une victoire dans son char avec une lune & quelques étoiles [†], sont, à mon sens, un emblème de l'Orient conquis & des Peuples sabéistes adorateurs des astres, soumis à la domination romaine.

Aristonic fut mis en prison & étranglé comme coupable du meurtre du Proconsul Crassus [¶]. On ne le reconnoissoit point à Rome pour être issu du sang des rois de Pergame. Velleius en parle comme d'un enfant supposé. Tite-Live & Trogue-Pompée disent tout le contraire, & Strabon s'exprime singulièrement, en disant *qu'il croyoit être de la race royale*. Mais tous ceux qui lui donnent une telle origine, le disent né d'une concubine d'Eumenes; de sorte qu'on pourroit douter, s'il n'y a pas faute ici dans le texte de notre Auteur, qui le dit fils d'Attale, & qui est extrêmement corrompu dans cet endroit. En général, toute la lettre de Mithridate est tout-à-fait difficile à entendre, à cause du grand nombre de fautes des copistes.

[1] Nicomede II. dernier roi de Bithynie.
[*] Fast. Capitol, [†] Morel. monum. cons.
[¶] Strab. Liv. XV. p. 646. Oros.

avoit deux femmes, l'une nommée Consinge, qu'un gros chien de son mari tua en se ruant à sa gorge, parce qu'elle embrassoit son mari [*]; l'autre sœur de Mithridate, nommée Nyssa ou Nusa, par *Plutarque* & par *Salluste*, mais dont le vrai nom étoit Moyse ou Mousa, ainsi qu'on le voit sur les médailles, où elle est représentée comme une fort belle femme. Mithridate, lorsqu'il commença la guerre à l'occasion du testament par lequel Nicomede avoit institué le Peuple romain héritier de ses Etats, produisit un jeune homme qu'il prétendoit être un fils du feu roi de Bithynie, & de sa sœur, que les Romains avoient reconnue pour Reine légitime : en effet, elle étoit d'un rang à ne pouvoir être regardée comme une concubine.

Le texte de la lettre de Mithridate est altéré en cet endroit ; on ne sait si Moyse étoit femme, fille, fils ou petit-fils de Nicomede. Les Historiens varient fort à cet égard. J'ai suivi le sentiment qui m'a paru le plus probable & le mieux appuyé sur l'autorité de *Plutarque*, qui qualifie Nyssa de sœur de Mithridate. Son frere, avec qui il paroît qu'elle vivoit en mauvaise intelligence, à cause des querelles perpétuelles entre son mari & lui, la fit prisonniere, & l'envoya au château de Cabire. Lucullus la remit en liberté, lorsqu'il s'empara de cette place : ce fut un grand bonheur pour elle ; car immédiatement

[*] Plin. Liv. VIII.

dirai-je

ROMAINE. LIVRE V.

dirai-je de moi-même, qui, séparé par tant de royaumes & de provinces, n'ai eu d'autre sujet de leur être en butte, que ma réputation d'être riche & ennemi de l'esclavage ? Ils m'ont fait attaquer par Nicomede : & ce qu'il y a de singulier, c'est que

après, le Roi, jugeant ses affaires ruinées par la déroute arrivée à Cabire, envoya dans son serrail un Eunuque, avec ordre de faire mourir ses femmes & ses sœurs, dans la crainte qu'elles ne tombassent aux mains des vainqueurs. Je me suis utilement servi, pour corriger le texte de Salluste, d'une belle médaille du Marquis Scipion Mafféi, frappée à Pruffe sur mer en Bithynie *. On y voit d'un côté une belle tête de femme, avec l'inscription grecque : *A la reine Moyse*, & de l'autre une tête d'homme qui pourroit être celle du Roi son mari : à l'inscription, le nom de la ville, *Prusse sur mer* **. Cependant M. *Vaillant* a donné une autre tête tirée d'une médaille du cabinet de M. de Harlay †, qu'il croit être celle du roi Nicomede. *Suetone* dit nettement que Nusa étoit fille de Nicomede. Jules-César, fort ami de toute cette famille, avec qui il n'avoit eu que trop d'habitudes, défendit dans le Sénat, contre Memmius, une affaire de Nusa, probablement relative à la succession de Bithynie ; & comme, en parlant, il s'étendoit avec chaleur sur la reconnoissance qu'il devoit à la mémoire de Nicomede, pour le bon accueil qu'il en avoit reçu durant son séjour à la Cour de ce Prince ¶, Cicéron l'en railla, en lui disant : « laissez » cet article, je vous prie ; on sait assez » ce que vous lui avez donné, & ce que

* Mafféi. Gall. antiq. pag. 13.
** Voy. la médaille n°. 3.
† Voy. la médaille ci-dessus, L. III, n°. 6.
¶ Sueton. in Julio. 49.

Tome II.

» vous en avez reçu ». Il nous reste un fragment de l'exorde du discours que César fit au Sénat en faveur de Nusa. Je l'ai rapporté dans les Notes latines, ainsi que quantité d'autres remarques curieuses ou critiques que je supprime ici. Mais comme mon édition latine des ouvrages complets de Salluste, le plus grand & le plus laborieux travail que j'aie fait de ma vie, ne sera probablement jamais imprimée ; la langue latine étant aujourd'hui tout-à-fait négligée en France, je donnerai la traduction de cet exorde de César ; selon la méthode à laquelle je me suis constamment attaché dans mes études littéraires, de recueillir les fragmens égarés des grands Ecrivains de l'antiquité. Voici le début du plaidoyé de Jules-César dans l'affaire de Nusa.

« En prenant contre vous, ô Memmius,
» la défense de ceux que vous attaquez,
» je ne fais que m'acquitter d'un devoir
» que je n'ai pu ni dû refuser de remplir,
» soit en mémoire de l'hospitalité que j'ai
» reçue du roi Nicomede, soit en consi-
» dération des liaisons étroites où j'ai con-
» tinué de vivre avec les Princes de l'affaire
» de qui il s'agit ici. La mort d'un ami
» n'éteint pas la reconnoissance due à sa
» famille : & je ne pourrois, sans manquer
» à la fois & à l'honneur & aux principes
» même de mon éducation, négliger les
» intérêts des anciens cliens de mon pere
» & de ma maison * ».

* Fragm. orat. Jul. Cæs. ap. A. Gell. V. 13.

Yyy

personne ne les connoissoit mieux que Nicomede, à qui on a cent fois ouï dire que, grace aux Romains, il ne savoit plus d'Etats libres dans le monde, que la Crete & l'Egypte. C'est ce qu'il ne pourroit plus dire aujourd'hui. Ptolomée, à force d'argent, recule le jour de sa défaite. La Crete déjà vaincue, n'attend plus que sa ruine totale.

Pour moi, j'ai commencé par venger mon injure en chassant Nicomede de la Bithynie : j'ai recouvré l'Asie dont les Romains avoient dépouillé Antiochus : j'ai rompu les fers de la Grece. Les Peuples qui ont refusé d'unir leurs armes aux miennes, croyant profiter de mes travaux sans les partager, ont porté la peine [1] de leur lâcheté ou de leur fausse politique. Et bien, qu'Archelaüs, le plus indigne de mes esclaves, ait, en livrant mon armée, trahi de si beaux commencemens, comme les discordes internes de la République différoient plutôt la guerre, qu'elles ne donnoient la paix, j'ai repris les armes, malgré votre éloignement & l'accablement de tous les autres Peuples; malgré Tigrane, qui se repent aujourd'hui de ne m'avoir pas cru. J'ai défait Cotta près de Calcédoine : j'ai tenu l'empire de la mer avec une flotte magnifique. Si, malgré mes forces nombreuses, je n'ai pas réussi au siege de Cyzique, il faut moins s'en prendre aux ennemis qu'à la famine & à l'hyver, qui empêchoit de tenir la mer. Ainsi le sort, & non les Romains, après mon retour dans mes Etats, m'enleva par les naufrages, près de Parium & d'Héraclée, ma flotte & mes meilleurs soldats. Cependant j'ai rétabli mon armée ; &, après divers combats près de Cabire, entre Lucullus & moi, la disette nous a de nouveau attaqués tous deux, mais bien différemment. Lucullus avoit à sa portée le royaume d'Ariobarzane exempt jusqu'alors des miseres de la guerre :

---

[1] Le Roi veut parler ici de la ville de Patare en Lycie, qui, ayant refusé de se donner à lui comme les autres villes d'Asie, fut durement traitée par Pélopidas son Lieutenant : il veut aussi parler de sa guerre contre les Rhodiens, qui, malgré les menaces & les succès de Mithridate, demeurerent fideles dans leur alliance avec les Romains; & du cruel traitement que Zenobius, un autre des ses Lieutenans, fit subir aux habitans de l'isle de Chio. (*Voy. ci-dessus L. III. n°. 50.*)

ROMAINE. *LIVRE V.* 539

je n'étois au contraire environné que de *Pays* ravagés : il m'a fallu faire retraite en Arménie, où les Romains ont suivi, non ma propre personne, mais leur coutume ordinaire de ne laisser aucun Etat en paix. Là, le trop grand nombre des combattans, dans un terrein fort serré, empêcha l'effet de la bataille. Cependant les Romains comptent aujourd'hui les fautes de Tigrane au nombre de leurs exploits. Malgré cela, nous sommes bien loin d'être sans ressource. L'Arménie n'a pas souffert [1] : j'ai des troupes aguerries : nous avons, Tigrane & moi, formé le projet assez facile de porter la guerre sur le *Pays* ennemi, & d'exposer nos personnes aux événemens, sans commettre ses Etats.

Considérez à présent, je vous prie, si dans l'oppression où nous sommes, vous aurez plus de forces que nous n'en avions pour résister ; & quelle doit être la fin de toutes ces guerres-ci. J'avoue que nulle puissance n'égale la vôtre en soldats, en armes, en trésors. Mais si ces avantages nous font rechercher votre alliance, elles vous rendent l'objet de leur cupidité. Ainsi vous ne pouvez plus rester spectateur tranquille [2], soit de nos victoires, soit de nos

---

[1] Il parle de la haute Arménie au nord du mont Niphatès, dans laquelle les Romains n'avoient pas encore pénétré. Il tâche, autant qu'il peut, de farder les objets aux yeux du roi Arsace, en lui parlant des nouvelles levées qu'il venoit de faire, comme de ses propres forces, quoiqu'elles ne fussent presque composées que d'Arméniens sujets de Tigrane, que Mithridate faisoit exercer & discipliner à la romaine. Mais la vérité est que ces troupes étoient pour la plupart commandées par les Officiers du roi de Pont, à qui celui d'Arménie laissoit alors presque toute autorité sur l'armée.

[2] Il combat ici le parti de la neutralité, vers lequel il étoit informé que le Parthe inclinoit. Il en avoit déjà fait autant dans le manifeste que *Trogue-Pompée* nous a conservé, & que le Roi avoit précédemment répandu en Asie, dans le temps que les Romains étoient tout occupés de leur guerre civile. « Il n'y a personne, dit-il, » qui ne se hâte de tirer l'épée contre un » voleur; si ce n'est pour sauver sa vie, » du moins pour venger sa mort. Il ne » s'agit pas ici de savoir si l'on peut, ou » non, rester en paix, mais de prendre de » bonnes mesures dans un cas de guerre » inévitable. Il faut saisir l'occasion, & » prendre sans hésiter le moment où les » forces de l'Orient peuvent prévaloir » contr'eux. Si l'on reste oisif pendant » qu'ils ont tant d'affaires sur les bras,

HISTOIRE DE LA RÉPUBLIQUE

défaites. Les prétentions des Romains ni leur politique n'ont plus rien d'obscur. Ce Peuple n'étoit d'abord qu'une misérable troupe de vagabonds, sans parens, sans patrie, qui, dès son commencement, n'a eu de maisons, de terres, d'Etat, & même de femmes, que par ses rapines. Mais le torrent grossissant dans son cours, a entraîné, sans respect de droits divins & humains, amis & ennemis, pauvres ou puissans, voisins & éloignés. Aujourd'hui, fléau déclaré de toute la terre, après avoir étendu sa fureur en Occident, jusqu'à ce que l'océan l'ait arrêté, il s'est rejeté de ce côté-ci, résolu de renverser tout ce qui pourroit lui faire obstacle. C'est en vain que les gens de bon sens ont jusqu'ici préféré une monarchie équitable [1] à l'état républicain : les Romains ont sur-tout pris en haine le nom de Roi : c'est à ce titre que je leur suis odieux & suspect : mais je ne perdrai jamais de vue que je dois venger ce titre auguste & le mépris qu'ils en font. Jugez cependant ce qu'un possesseur, tel que vous l'êtes, du plus puissant royaume, de la plus belle ville de l'Asie [2], doit

« on doit s'attendre d'être bientôt occupé d'une maniere plus difficile & plus fâcheuse, dès qu'ils seroient devenus libres. Enfin, il n'est pas ici question de savoir s'il faut prendre les armes, mais de décider s'il les faut prendre au moment qui nous convient, ou à celui qui leur seroit avantageux * ». C'est ainsi qu'il finit aussi sa lettre à Arsace, en lui représentant les désavantages de la neutralité, & lui faisant voir qu'il y a moins encore de danger à se liguer avec lui contre les Romains, qu'à laisser établir de tels voisins sur sa frontiere.

[1] Il parle selon les principes des Orientaux, qui, aujourd'hui comme autrefois, ne peuvent goûter l'état populaire. On sait que les Hollandois, lors de leur premier voyage dans les Indes & au Japon, ne

* Mithrid, orat. ap. Trog-Pompée.

purent jamais faire comprendre aux naturels du Pays ce que c'étoit qu'une République : de sorte qu'ils furent en quelque maniere obligés de présenter les objets, comme si le Prince d'Orange eût été leur Souverain. Mithridate désigne en particulier les Peuples de la Cappadoce, qui, au grand étonnement des Romains, refuserent la liberté que le Sénat leur offroit, & voulurent avoir un Roi. J'en parle dans les Notes sur Ariobarzane.

[2] C'étoit Seleucie, ville superbe bâtie par Seleucus-Nicator, dans l'endroit ou près de l'endroit où étoit autrefois une bourgade nommée Coche *, sur le bord du Tigre, à l'angle du canal qui le joignoit à l'Euphrate, à 300 stades, selon Strabon, ou 90 milles selon Pline **, de l'ancienne

* Ammien.
** VI. 26.

espérer de ces usurpateurs, inexorables dès qu'ils voient une riche proie; & si vous devez attendre autre chose d'eux que fourberie dans le moment présent, & guerre ouverte à l'avenir. Le talent de joindre la perfidie à l'audace, c'est-à-dire, l'art de faire naître des intrigues la guerre, & de la guerre les intrigues, est le seul pivot de leur politique & la base de leur grandeur. C'est ainsi qu'ils acheveront d'absorber tout ce qui reste en Asie, s'ils ne périssent eux-mêmes; ce qui ne sera pas difficile, si vous voulez, en même temps que nous entourerons l'ennemi du côté de l'Arménie, envelopper du côté de la Mésopotamie son armée qui manquera de vivres, qui ne pourra plus espérer de renfort, qui n'est encore sur pied que par un coup de la fortune; disons vrai, par nos fautes. Alors vous aurez seul, en relevant deux Rois abattus, la gloire d'avoir purgé la terre des brigands qui la désolent. C'est ce que j'ai cru devoir vous représenter, & vous faire sentir, qu'il n'y a pas à balancer entre deux alliances, dont l'une ne fait qu'étendre la monarchie universelle de ces tyrans du monde, & l'autre forme une ligue qui assure votre victoire & la nôtre [a].

XXXIV. Le Parthe se détermine à la neutralité, & le Proconsul à la guerre.

Si les représentations de Mithridate n'eurent pas tout l'effet qu'il en attendoit, elles contribuerent du moins à réfroidir le Parthe sur l'alliance romaine, qu'il paroissoit quelquefois préférer, sur-tout dans ses accès de ressentiment contre Tigrane, & dans le doute que celui-ci voulût acheter ses secours à si haut prix. De plus, il se mit à soupçonner Sextilius d'être venu à Seleucie, plutôt comme espion que comme Ambassadeur. On

---

[a] SALLUST. *fragm.* 5.

& fameuse Babylone, que le nouvel établissement acheva de rendre totalement déserte. Les rois de Syrie l'avoient embellie à l'envi, & les Parthes en avoient fait leur Capitale. C'est, à ce qu'on croit, la même ville aujourd'hui célebre sous le nom de Bagdad [*], & qui devint quelques siecles après Capitale de l'Empire des Caliphes, ayant été rebâtie de nouveau & agrandie par Almanzor, second Caliphe de la race des Abassides.

[*] *Ricaut. Emp. Ottom. tom.* I.

lui inspira que cet Officier, l'un de nos meilleurs militaires, avoit été choisi, moins pour négocier un traité, que pour connoître l'état des places & des forces du royaume, & pour juger par ses propres yeux des succès que les Romains pouvoient se promettre d'une invasion. Il changea donc de pensée à notre égard; mais sans envoyer de secours aux Rois ligués, ni se déclarer contre les Romains, ce qui lui parut trop hasardeux; sans vouloir non plus se joindre à ceux-ci, il jugea qu'il falloit se garder d'augmenter la puissance d'aucun des deux: il prit le parti de les laisser se consumer de part & d'autre, & de chercher ainsi plus prudemment sa propre sûreté dans leur mutuel épuisement *a*. C'étoit à peu près ce que Lucullus attendoit de lui. Peut-être n'en desiroit-il pas davantage, vu le projet qu'il avoit conçu d'aller se signaler contre les Parthes 1 *b*.

XXXV. Mutinerie des légions romaines contre leur Chef. Il les mene contre Tigrane.

A cet effet, il envoya ordre à Sornatius 2 de venir le joindre en Gordyenne, avec une partie des cohortes laissées à la garde

a Dion-Cass. Liv. XXXV.

1 Ce projet, trop ambitieux en lui-même, étoit de plus tout-à-fait téméraire en de telles circonstances. *Plutarque* juge néanmoins qu'il auroit réussi, si les troupes de Lucullus eussent voulu le suivre, & s'il eût su s'en faire aimer. « Si Lucullus » avoit, dit-il, joint ce talent à tant d'au- » tres belles qualités, à son courage, à sa » vigilance, à sa sagesse, à son équité, il » alloit donner pour bornes à l'Empire » romain, non pas seulement l'Euphrate, » mais la mer d'Hyrcanie, c'est-à-dire » l'extrémité de la terre. Une grande par- » tie des nations tomboit avec Tigrane » qui les avoit subjuguées. Quant à la » puissance des Parthes, elle n'étoit alors » ni si grande ni si bien unie qu'au temps » de Crassus. Les guerres étrangeres & » civiles l'avoient tellement affoiblie,

b Sext-Ruf.

» qu'elle avoit peine à repousser les insultes » de l'Arménien. Mais il ne faut pas croire » non plus que ce fût, comme quelques- » uns l'ont dit, une puissance méprisable. » Le malheur de Crassus n'a que trop fait » voir que les avantages remportés par » Lucullus contre les nations orientales, » étoient dus à sa valeur, à sa prudence, » à sa grande capacité; nullement à la » folie, à la mollesse, à la lâcheté des » Barbares * ».

2 Lucullus faisoit une faute en rappellant les troupes du Pont pour l'expédition de la Parthide, qu'il s'étoit mal-à-propos mis en tête. Il facilitoit à Mithridate le moyen de rentrer en ses Etats ainsi dégarnis : mais il croyoit ce Roi plus abattu qu'il ne l'étoit en effet **.

* *Plut. in Lucull.* ** *Plutarq. p. 516.*

du royaume de Pont. Ce fut à cette occasion que la mauvaise volonté des troupes contre Lucullus commença d'éclater. Les soldats avoient déjà murmuré plus d'une fois, & donné des marques de mutinerie autorisée par le mauvais exemple & la mauvaise conduite de leurs Officiers. *Dès long-temps même ils se montroient mal disposés pour leur Général, sur-tout depuis qu'il les eut tenus campés pendant deux hyvers de suite; la premiere fois sous Cyzique, la seconde devant Amise* [a]. Le traitement n'avoit pas été de beaucoup plus doux pendant les autres hyvers. Toujours il les avoit occupés à quelqu'opération militaire, ou tenus cantonnés sous la toile dans leurs quartiers, sans permettre aux troupes en corps de mettre une seule fois le pied dans une ville grecque ou alliée de la République [b]. Quant aux villes ennemies, il les recevoit, autant qu'il étoit possible, à composition, les conservoit ou les faisoit réparer avec soin après la conquête : autre sujet de plainte de la part des soldats. Ils auroient voulu voir tout livrer au pillage ; &, dès le blocus d'Amise, ils murmuroient entr'eux de ce qu'on les menoit dans les déserts de la Colchide, au lieu de presser le siege de cette place, pour les enrichir du butin d'une ville opulente & facile à prendre d'assaut [c].

Il n'y eut persuasion, autorité ni menaces capables de déterminer les mutins à se rendre en Gordyenne. Ils déclarerent qu'ils étoient au contraire tout prêts à quitter leurs postes dans le Pont, pour s'en retourner en Italie. Leur désobéissance devint contagieuse à la grande armée, où la nouvelle en fut bientôt portée. Plusieurs s'écrierent que ces gens-là étoient des hommes ; qu'il falloit faire comme eux ; qu'ils avoient servi leur temps & mérité leur congé ; qu'ils étoient assez riches pour ne plus servir, & assez fatigués pour avoir besoin de repos après tant de

---

[a] Sallust. *fragm. 29.*
[b] *Plut. in Lucull.* 939.
[c] Ibid. 913.

travaux, de gloire & de dangers. Lucullus, informé de ces propos, & de bien d'autres non moins répréhensibles, vit qu'il falloit pour le moment renoncer à l'expédition de Parthide, & marcha contre Tigrane [a].

XXXVI. Mithridate répare ses forces. Chariots armés de faux.

C'étoit au milieu de l'été [b] : ces incidens fâcheux, joints à la saison long-temps rigoureuse, avoient différé l'ouverture de cette campagne. Mithridate avoit employé ce retard à réparer les pertes de la précédente. Il avoit établi dans chaque ville des fabriques & des arsenaux. Il enrôla presque tous les sujets du roi d'Arménie, parmi lesquels, après avoir choisi les plus vigoureux, au nombre de soixante-dix mille hommes de pied & moitié moins de cavalerie, il renvoya le reste. Il distribua ces nouvelles levées en cohortes & en escadrons, à l'imitation de la méthode & de la discipline romaine, à laquelle il les fit dresser par ses propres Officiers [c]. Tigrane, guéri de sa jalousie [1], sinon par ses malheurs, du moins par ses craintes, lui laissoit toute autorité. *Les Rois ligués firent fabriquer des chariots armés de faux* [d], machines assez nouvelles pour les Romains, quoique le roi de Pont en eût ci-devant fait préparer un grand nombre, lors de son appareil de guerre; mais il n'avoit pas eu l'occasion de s'en servir. Ces machines causerent d'abord une extrême épouvante.

L'invention en est attribuée à Cyrus, & l'usage s'en est conservé depuis dans les armées de l'Orient [e]. Ils sont composés d'un train de bois très-fort, dont le timon, attelé de deux ou de quatre chevaux, porte à son extrémité deux longues lances

---

[a] Ibid. 936.   [1] SALLUST. *fragm.* 48.   [d] SALLUST. *fragm.* 194. & 349.
[c] Phlegon. Trall. olympic. App. p. 230.   [e] Xenophon. Cyrop. Liv. VI.

[1] « Ce Prince si puissant par lui-même étoit devenu encore plus redoutable par son alliance avec le plus fier ennemi du nom romain. Il assista de toutes ses forces le roi Mithridate, après que nous l'eûmes chassé de ses Etats; & quoique vaincu par notre célebre Capitaine Lucullus, il n'a rien rabattu de sa mauvaise volonté contre nous [*] ».
[*] Cic. pro Sext. 27.

dirigées

dirigées en avant, comme deux cornes ferrées à trois pointes. L'essieu, saillant plus qu'aux autres voitures au-delà des roues [a], est armé par les bouts de deux larges faux horizontales, & deux autres droites ou courbées, posées pardessous [b]. Les traverses ou volées fixes du timon en portent de même [c]. D'autres, dirigées en avant & posées pardessous le siege du conducteur [d], rasent par côtés à fleur de terre. On hérisse de longues pointes de fer le derriere du chariot, afin que l'on ne puisse y monter ni l'attaquer par-là. On en garnit aussi quelquefois les jantes & moyeux tournans des roues. Deux hommes, vêtus de fer de la tête aux pieds, comme ceux de la gendarmerie bardée, sans autre ouverture que les trous nécessaires pour respirer & pour y voir, se placent sur deux sellettes élevées dans le corps de la machine, formé en espece de tour de bois forte & basse; l'un à l'avant, pour guider les chevaux; l'autre à l'arriere, le dos tourné à son compagnon, pour observer ce qui peut venir de ce côté, & diriger le jeu des faux tranchantes, quand on les a tenues mobiles à cordes & à charnieres, en les élevant & les abaissant selon le besoin [e]. Dans la bataille, on range ces chariots au devant de la ligne, observant de les laisser à une certaine distance les uns des autres: le conducteur les pousse à toute bride au milieu des bataillons ennemis, où ils percent, tranchent, enlevent ou renversent tout ce qui se rencontre sur leur passage [f].

Mais les Romains reconnurent bientôt que ces machines, dont la premiere vue les avoit tant effrayés, étoient de peu d'usage, comme le sont les inventions dispendieuses & compliquées que leur structure embarrassée rend difficiles à mouvoir, & qui deviennent inutiles au moindre obstacle. On se

---

[a] Tit-Liv. XXXVII, 41.
[b] Vid. Diodor. Liv. 17.
[c] Quint-Curt. 49.
[d] Xenophon. anab. Liv. I.
[e] Vet. autor. de re bellic.
[f] Suidas.

rendoit maître des chariots fans beaucoup de peine, dès qu'on avoit pu bleffer ou faire tomber un des chevaux. La rencontre d'une pierre ou d'un tronc d'arbre, la moindre inégalité du terrein, arrêtoit ou caffoit les faux faillantes. Il eft rare qu'un champ de bataille préfente de tous côtés une plaine unie, feul terrein où les chariots puffent librement faire tout leur effet. Même alors nos légionnaires trouvoient le fecret d'enclouer les chevaux, en femant fur terre des tribules ou chauffe-trapes, petite machine compofée de quatre rayons ou pointes de fer, dont trois, en quelque fens qu'on les jette, portent fur la terre, & la quatrieme refte dreffée; tellement que ces chariots, d'abord fi redoutables à nos foldats romains, ne furent à la fin pour eux qu'un fujet de moquerie.

XXXVII. Campagne en Arménie. Les Romains ne peuvent attirer les Rois lignés au combat.

Lucullus s'attendoit à trouver en Arménie la récolte affez avancée pour lui rendre les fubfiftances faciles; car on étoit au cœur de l'été. Il fut fort furpris, après avoir paffé le mont Taurus, de découvrir tous les bleds encore en herbe. Les faifons font fort tardives en ce canton feptentrional du Pays. De plus, le froid avoit été par-tout cette année beaucoup plus long que de coutume. Il defcendit dans la plaine, pouffa dans deux ou trois rencontres l'infanterie Arménienne [a], & vint faire le ravage fous le camp de l'ennemi, pour l'attirer au combat. Les Rois ne bougerent de leurs lignes : mais ils faifoient fouvent fortir leur cavalerie légere, qui efcarmouchoit chaque jour avec la nôtre; l'avantage, pour l'ordinaire affez égal, étoit pourtant plus marqué en faveur de la cavalerie barbare, plus forte que la nôtre. Mais cette cavalerie n'ofoit fe mefurer à notre infanterie légionnaire : elle tournoit le dos dès que celle-ci venoit foutenir les efcadrons, & s'éloignoit fans perte. Notre infanterie au contraire perdoit beaucoup de monde. Les fuyards l'accabloient de bleffures mortelles, ou du moins incurables, en

[a] *Plut. in Lucull. 937.*

tirant par derriere leur dos une grêle de fleches dont la tige étoit composée de deux roseaux fichés au bout l'un de l'autre, de sorte que le bout ferré restoit dans le corps, quand on vouloit retirer la fleche. Lucullus voyant combien ces blessures lui enlevoient de monde, souffrant d'ailleurs de la disette des vivres, prit le parti de se retirer *a*.

Il alla faire le dégât dans tout le pays, ruina les bourgs & les villages, s'empara d'une partie des magasins; ce qui fit retomber sur l'ennemi la crainte de la disette qu'il commençoit d'avoir pour lui-même. Il se rapprocha de leur camp, l'environna de tranchées, comme pour les bloquer & les affamer; toujours dans le dessein de leur faire quitter leurs postes.

Toutes ses manœuvres furent encore inutiles. Il se mit donc à tourner les hauteurs sur lesquelles ils étoient campés, pour aller former le siege d'Artaxate, ancienne Capitale du pays, où le roi d'Arménie, après la prise de Tigranocerte, avoit retiré tout ce qui lui restoit de meilleur & de plus cher.

Artaxate est une ville superbement bâtie, vers les confins de l'Atropatene *, dans un coude du fleuve Araxe, qui, dans cette partie, lui tient lieu d'un mur d'enceinte *b*. Le reste est fermé d'un bon rempart & d'un fossé profond. Elle est protégée par deux châteaux voisins, Olane & Babyrse †, où le Roi tenoit ses trésors renfermés *c*. Elle doit sa fondation au fameux Hannibal *d*, retiré près d'Artaxias, aïeul de Tigrane, après la défaite d'Antiochus. Cet Artaxias ¶, tige des rois d'Arménie, n'étoit d'abord qu'un Satrape subordonné aux rois de Syrie, successeurs d'Alexandre: il avoit trouvé moyen de se rendre indépendant & vrai souverain dans la grande Arménie, comme

XXXVIII. Le Proconsul menace Artaxate d'un siege. Bataille près de la riviere d'Arsanias. Déroute des Rois ligués.

---

* Aujourd'hui l'Aderbéjan.
† Bab-byrse, i. e. *porta arcis*: de bab, *porta* & de bosra, *munimentum*.
¶ (Probablement Art-ac, *fortis Dux*).

a Dion-Cass. Liv. XXXV.
b Tacit. XIII. 39.
c Strab. Liv. XI. pag. 529.
d Steph. Byz.

Zaryadre dans la petite, même du consentement ou par l'abandon des rois de Syrie [a]: il n'avoit d'abord possédé qu'un petit territoire qu'il sut agrandir aux dépens des nations voisines, Medes, Iberes, Chalybes & autres. Hannibal ayant un jour remarqué sur le bord du fleuve, dans une campagne heureuse & fertile, une bonne situation dont on ne savoit pas tirer parti, y traça par amusement le plan d'une Ville, conseillant au roi d'Arménie d'exécuter ce projet. Artaxias y consentit, après avoir obtenu de ce grand Capitaine qu'il voudroit bien conduire lui-même l'ouvrage [b]. La Ville fut bientôt bâtie, au moyen de la facilité qu'on avoit de tirer les matériaux des montagnes & des forêts voisines [c]. Elle fut nommée Artaxate [1], du nom du Roi qui l'orna d'un beau temple de Diane, où il fit placer les statues de ses ancêtres.

[a] Strab. Liv. XI.
[b] Plut. in Lucull. 937.
[c] Moyz. Choren. hist. Armén. Liv. II. cap. 46.

[1] Cette Ville, dit *Moyse de Chorène* [*], est sur une colline, au pied de laquelle l'Araxe forme une grande flaque d'eau dans la plaine; elle doit sa fondation au roi Artases. Il fit élever un grand temple, où l'on plaça la statue de Diane, & toutes celles des ancêtres du Roi qu'on y transporta de Bagarane où elles étoient. Quant à la statue d'Apollon, elle est placée hors de la Ville, sur le grand chemin. Il semble qu'Artaxate étoit à peu près au même lieu où la carte géorgienne place aujourd'hui Kadgzevani, dans un coude de l'Araxe, à vingt ou vingt-cinq parasanges tirant au sud-ouest d'Irivan & des trois Eglises (Eshs-miasin). Les gens du Pays disent, au rapport de *Chardin* [**], qu'on y voit, au lieu appellé Couer-virab (Eglise du puits), les ruines de l'ancienne Artaxate, qu'ils appellent Ardachar, du nom de son fondateur. Ils disent qu'on y voit les ruines du Palais de Tiridate, dont une face n'est qu'à demi ruinée: qu'il y reste quatre rangs, chacun de neuf colonnes de marbre noir, lesquelles entourent un grand monceau de marbre ouvragé: elles sont si grosses, que trois hommes ne sauroient les embrasser. Ils appellent cet amas de ruine Fact-terdat (trône de Tiridate). La carte de M. *Danville* mentionne près de Couervirab, un lieu appellé *Ardesh*, nom qui paroît désigner l'ancienne Artaxate: ceux qui disent que l'ancienne Artaxate est la ville actuelle de Tbilisi (Theflis), à présent Capitale de la Georgie, se trompent lourdement: car Theflis est sur le fleuve Cyrus, bien loin de l'Aderbéjan, & non sur l'Araxe.

[*] *Hist. Arm. Liv. 2. cap. 46.*
[**] *Tom. II. pag. 155.*

ROMAINE. *LIVRE V.* 549

Tigrane avoit placé dans Artaxate sa femme & ses enfans. La réunion de tant d'intérêts si chers fit avec raison présumer au Proconsul que l'Arménien ne verroit pas d'un œil tranquille menacer d'un siege une Ville si riche : car Lucullus avoit en vue d'engager l'ennemi à quitter son poste, & de l'attirer au combat, plus que le projet réel d'assiéger Artaxate en de telles circonstances. Il ne hâta pas sa marche, assez content de laisser pénétrer son but apparent, sans être fâché qu'on le prévînt. En effet, les Rois ligués décamperent ; &, rassemblant toutes leurs forces, vinrent à grandes journées croiser la route de l'armée romaine, mettant devant eux la riviere d'Arsanias. Au quatrieme jour de marche, les armées se virent en présence. Lucullus, fort satisfait, offrit en actions de graces le sacrifice aux Dieux ; assez assuré de vaincre, pourvu qu'il pût combattre. Il passa promptement l'Arsanias, & fit tout de suite sa disposition, rangeant ses cohortes à mesure qu'elles avoient traversé. Il en mit douze de front, laissant les autres en seconde ligne pour soutenir & pour s'étendre au besoin par les côtés, si l'ennemi, beaucoup plus nombreux, vouloit les déborder. Car l'Arménien avoit bien quarante mille hommes de pied, & trente mille chevaux. Le Proconsul s'avança tout de suite en ordre de bataille, envoyant sa cavalerie charger quelques escadrons volans de celle des ennemis qui venoit à nous, & couvroit en ce moment leur front. Ces Arméniens soutinrent assez courageusement le premier choc de la cavalerie romaine : mais ils s'écarterent à droite & à gauche dès qu'ils virent approcher nos légions, découvrant alors à plein la premiere ligne de l'ennemi, pompeuse & formidable à voir. Les trois Souverains la commandoient avec tous leurs Satrapes & courtisans, *superbement parés, eux & leurs chevaux* [a], à la tête d'une nombreuse cavalerie Syrienne & Gauloise, protégée par divers corps

[a] SALLUST. *fragm.* 294.

volans d'archers Mardes & de lanciers Ibériens. De toutes les troupes étrangeres que Tigrane avoit prises à sa solde, celles-ci avoient sur-tout sa confiance, comme plus aguerries : elles ne firent cependant rien ici qui répondît à l'opinion qu'il en avoit conçue. Lucullus, surpris de ce premier coup d'œil, aussi-tôt changea quelque chose à son ordonnance, la jugeant trop foible pour tenir devant ce corps nombreux composé des meilleures troupes liguées. *Il tira de sa derniere ligne les troupes qu'il y avoit mises en corps de réserve, dont il renforça le front de sa bataille* [a]. Après quoi il fit sonner la charge.

L'action débuta de côté & d'autre par la cavalerie, mais sans mêlée. *Les escadrons venoient des deux parts tour à tour à la charge, selon la manœuvre ordinaire d'un combat de cavalerie. Ils choquoient, puis se replioient; tantôt fuyant, tantôt faisant volte-face; prenant l'ennemi par derriere, puis tournant eux-mêmes le dos, & se donnant de l'espace pour revenir à la charge avec plus de force & de facilité* [b]. Cependant Lucullus achevoit de faire quelque changement à sa disposition. Si-tôt que les légions s'avancerent pour soutenir nos escadrons, la cavalerie légere des ennemis prit la fuite çà & là. La nôtre se mit à ses trousses. A l'instant les Rois ligués, voyant notre cavalerie débandée, se mirent eux-mêmes en mouvement avec trois corps de cavalerie, où étoient tous les Satrapes & principaux Officiers commandés par Tigrane & par les deux Mithridate, l'un desquels étoit le roi des Medes. Cette troupe, merveilleuse à voir par le grand nombre, le bel ordre & l'éclat des armures, donnoit au Proconsul quelque crainte de l'événement. Il rappella sans délai sa cavalerie, & courut se mettre lui-même à la tête du corps qu'on alloit charger. Mais dès qu'on fut à la portée du trait, sa contenance fiere & l'intrépidité des Romains dans leur marche,

[a] SALLUST. *fragm.* 580.   [b] SALLUST. *fragm.* 213. 277. & 286.

les intimiderent à tel point, qu'ils prirent tous la fuite avant que d'en venir aux mains ¹.

On prétend que le roi de Pont se démentit en cette journée, & s'enfuit tout le premier, dès qu'il entendit le cri de nos cohortes. On poursuivit long-temps les fuyards. Tant que la nuit dura, le vainqueur ne cessa de tuer, de faire des prisonniers & de se charger de butin, jusqu'à ce qu'il fût las d'en prendre & d'en porter *a*. Il ne périt pas à cette déroute autant de monde qu'à la précédente : mais il y eut plus de gens de marque pris ou tués *b*. La perte fut estimée à cinq mille hommes des meilleures troupes, outre une grande quantité de gens de suite, & le grand nombre de prisonniers *c*.

Cette grande victoire donnoit à Lucullus une espérance certaine de se rendre bientôt maître d'Artaxate, & d'achever en peu de mois la conquête entière de l'Arménie. Mais il sembloit que la fortune, après l'avoir si constamment suivi, l'attendît à ce point de gloire pour l'abandonner tout-à-coup, & lui ôter, avec une égale constance, le mérite & l'honneur de tout ce qu'il avoit déjà fait, & de tout ce qu'il fit encore par la suite avec le même courage, le même travail, la même capacité qu'auparavant. L'esprit de révolte s'étoit glissé dans son armée. Clodius, jaloux de n'y avoir pas autant d'autorité que le Général en auroit à son gré dû donner à un proche parent, & *au frere de sa femme* *d*, souffloit le feu de la sédition. Les troupes Fimbrianes ne cessoient de dire que le temps pour lequel elles s'étoient enrôlées de nouveau, étoit expiré, & que déjà sans

XXXIX. Révolte des bandes Fimbrianes. Clodius les incite à la sédition. Elles refusent de faire le siege d'Artaxate.

a Plut. in Lucull. 938.
b Fragm. Tit-Liv. ap. Plutarch.
c Phlegon. Trall. olympic. ap. Phot. 97.
d SALLUST. fragm. 525.

¹ Une tradition Persane, qui n'a aucune vraisemblance, prétend que la bataille entre Lucullus & Mithridate, fut donnée dans une grande plaine, près de Koskeirou, entre les villes de Casbin & de Sava. Elle porte aussi que c'est au même lieu où Crassus fut défait par Surena.

doute à Rome on leur avoit accordé leur congé. Toutes, sans exception, se montroient fort affectées de la longueur de cette guerre lointaine, & d'un ardent desir de revoir l'Italie. De ce moment, chaque difficulté qu'ils avoient rencontrée en leur chemin leur avoit paru une occasion propre à saisir pour retourner en arriere *a*. De plus, quoiqu'on ne fût qu'à l'équinoxe d'automne, la saison devint subitement en ce pays de montagnes presqu'aussi rigoureuse qu'elle l'avoit été dans le long hyver précédent. En un mot, les soldats ne voulurent jamais marcher au siege d'Artaxate. A peine eurent-ils suivi leur Chef pendant trois ou quatre jours après la derniere victoire, qu'ils envoyerent leurs Commandans lui faire des représentations sur la longue durée de cette guerre & la continuité des travaux devenus insupportables par ce temps rigoureux, sur-tout pour le siege d'une si bonne place. Bientôt ils se mirent à s'assembler en tumulte, à faire de nuit des cris confus dans leurs tentes, à frapper à grand bruit de leurs piques contre leurs boucliers: signes certains d'une révolte prochaine. Car cette maniere de frapper est de la part du soldat romain une marque de douleur ou de colere: lorsqu'il est content, & qu'il veut le témoigner, il frappe du genou contre le bouclier *b*. Vainement Lucullus employa les dernieres instances pour les porter à s'armer encore d'un peu de patience, & à lutter contre un obstacle imprévu, jusqu'à ce qu'ils se fussent rendus maîtres de cette Carthage de l'Arménie, & qu'ils eussent détruit ce monument du plus grand ennemi du nom romain *c*. Rien ne put vaincre leur indocilité. Le Général fut contraint de renoncer à une entreprise dont le succès auroit tout-à-fait accablé les ennemis; ou qui du moins alloit achever de leur ôter toute espece de ressource *d*.

a Cic. Leg. Manil.
b Amm-Marc. XV. 8.
c Plut. ibid. 939.
d SALLUST. fragm. 676.

ROMAINE. *LIVRE V.* 553

Il se remit aux trousses des deux Rois, qui rassembloient les débris de leur armée. A son approche, Mithridate garda les hauteurs avec le plus gros des forces. Tigrane vint avec le reste attaquer les fourageurs, & fut repoussé. Son éloignement laissoit un peu plus de liberté d'aller dans la plaine & de s'approcher du camp de Mithridate. Peu de jours après, un nuage de poussiere apperçu de loin, fit connoître que Tigrane revenoit à la charge. Le Proconsul, pénétrant le dessein formé par les Rois de l'enfermer entr'eux, détacha sa meilleure cavalerie, avec ordre de s'avancer promptement le plus loin qu'elle pourroit, & de charger le roi d'Arménie avant qu'il n'eût le loisir de se mettre en bataille. Sur-le-champ il marcha lui-même du côté de Mithridate, comme pour l'attaquer, mais en effet pour le contenir. Enfin, après quelques manœuvres qui n'eurent rien de décisif, le défaut de vivres, *ainsi que la saison, plus avancée cette fois-ci qu'elle n'a coutume de l'être* [a], les obligea tous également d'abandonner leur position sans avoir rien fait. Tigrane se retira dans l'Arménie intérieure; Mithridate dans le peu qui lui restoit de son royaume de Pont, avec quatre mille hommes de ses propres troupes, & autant d'Arméniens que son beau-pere lui laissa [b].

XL. La rigueur de la saison sépare les armées.

Lucullus ne put le suivre, faute de subsistances. Il voulut s'attacher à Tigrane: mais les neiges tomberent avec tant d'abondance, &, lorsque le Ciel s'éclaircit, le froid devint si vif & la gelée si forte, qu'à peine trouvoit-on de quoi faire boire les chevaux [c]. L'armée, dans sa marche, eut à traverser *une vallée basse couverte de bois taillis, au milieu de laquelle il fallut s'arrêter & camper* [d] dans un terrein fangeux. Les soldats, déjà tout trempés de la marche du jour, y passerent la nuit morfondus & inondés de la neige qui tomboit des branches. Le

XLI. L'esprit de désobéissance se répand parmi les troupes. Lucullus prend trop peu de peine pour se concilier le cœur du soldat. On murmure à Rome contre le Proconsul.

[a] SALLUST. *fragm. 149.*
[b] *Appian. bell. Mithrid. p. 231.*
[c] *Plut. ibid. 938.*
[d] SALLUST. *fragm. 234.*

Tome II. A a a a

désagrément d'une telle situation renouvella leur mutinerie dans ce même lieu. Ils déclarerent pour la seconde fois qu'ils n'iroient pas plus loin sur cette route, & qu'ils vouloient qu'on les menât prendre des quartiers dans un climat plus doux. Lucullus, forcé par leur désobéissance à quitter l'Arménie, vit échapper de ses mains sans retour le fruit de tant de victoires qu'il tenoit comme assuré [a]. Il repassa les montagnes, soumit l'Adiabene, & passant par Mélethes [b], vint camper en Mygdonie, l'une des meilleures contrées de la Mésopotamie, près de la grande ville de Nisibe, dont il projeta de se rendre maître.

Ainsi la fatalité des événemens préparoit de loin à Pompée l'honneur facile de mettre fin à des guerres dont les succès d'autrui avoient applani tout le travail. Le malheur de Lucullus vint d'avoir été obligé de se servir des indisciplinables troupes Fimbrianes, qui gâterent les autres. On ne peut nier cependant que, fait en tout, & par ses talens & par sa personne, pour mériter l'affection du soldat, il ne se soit montré trop peu soigneux de se la concilier. Certainement notre Proconsul possédoit les plus éminentes qualités du corps & de l'esprit. Il étoit éloquent, plein de probité dans le cœur & de noblesse dans l'ame; d'une habileté consommée dans l'art militaire, & d'une prudence égale à manier les affaires de son Gouvernement. Son extérieur noble, sa belle figure, sa taille avantageuse, prévenoient en sa faveur, s'il eût voulu chercher à plaire. Mais entre tant d'avantages, il lui en manquoit un, le grand art de se faire aimer. Il tenoit malheureusement pour maxime qu'à l'armée, toute démarche qu'on ne fait que pour complaire à ceux qui doivent obéir, tend à détruire l'autorité & dégrade le commandement. Il donnoit peu de relâche au soldat, le char-

[a] Tit-Liv. epitom. 98.   [b] Sext-Ruf.

geoit de beaucoup de travaux, mettoit une exactitude rigoureuse à se faire rendre compte de la maniere dont on avoit fait le service, ou exécuté ses ordres. A cet égard, il étoit inexorable sur les fautes, ne se laissant fléchir ni par indulgence ni par prieres *a*. Il le laissoit, à la vérité, s'enrichir largement dans l'occasion aux dépens de l'ennemi; mais sans jamais souffrir qu'il prît la moindre chose aux villes alliées ou une fois conquises à la République. Avare d'ailleurs des récompenses honorables ou pécuniaires, il exigeoit trop que le soldat fît bien son service, par la seule raison que c'étoit son devoir : & même il avoit de la hauteur avec les Officiers généraux, comme s'il eût voulu leur faire sentir la distance qui restoit encore entre eux & lui *b*. En un mot, il avoit trop négligé les moyens 1 par lesquels on réussit à gouverner une grande troupe, sur-tout une troupe armée *c*. Delà vient que les lettres qu'ils écrivoient à Rome lui étoient rarement favorables. Le plus grand nombre de celles qu'on y recevoit de l'Asie, venoient des traitans & des usuriers dont il avoit si sévérement réprimé les rapines, & qui s'efforçoient, à tout prix, de le faire révoquer. Elles fournirent plus d'une fois matiere à la malignité de ses envieux & aux déclamations de ces Orateurs livrés à l'esprit de faction, & dont le métier ordinaire est d'aller sur la tribune aux harangues tourner

---

a Xiphilin. C. I.
b Plut. ibid. 940.
c Dion-Cass. ibid.

1 Dion & Xiphilin remarquent qu'il falloit que cette mauvaise volonté fût personnelle contre Lucullus, & qu'il se la fût attirée par la sévérité de son commandement, puisque ces troupes si séditieuses, ces mêmes légions Valériennes s'étant enrôlées de nouveau sous Pompée, ne commirent jamais la moindre désobéissance à ses ordres. Tant il est vrai, ajoutent-ils, qu'un homme vaut mieux qu'un autre, & que le tout consiste à savoir s'y prendre. La préférence qu'ils donnent à Pompée, n'est assurément pas bien juste, malgré la prévention générale en faveur de celui-ci. Il n'est pas difficile à tous ceux qui auront étudié l'histoire avec soin, de reconnoître que Lucullus a surpassé son rival dans l'art militaire & dans la science du commandement.

Aaaa 2

les esprits de la populace contre les plus honnêtes gens. Ils débitoient publiquement qu'après la défaite des Rois ligués, il n'avoit tenu qu'à lui de les prendre tous deux prisonniers : qu'il traînoit à dessein la guerre en longueur, par un desir insatiable de commander & de s'enrichir : que depuis six années, il disposoit en souverain de la plus grande partie de l'univers, de l'Hellespont jusqu'au Phase, & jusqu'à l'Euphrate : que l'effet de tant de victoires si vantées, se réduisoit au pillage des Palais de Mithridate & de Tigrane; comme si Rome l'eût envoyé pour dépouiller les Rois, & non pour les soumettre. Ce sont les propres termes dont se servit le Préteur Quinctius, qui ne pouvoit pardonner à Lucullus d'avoir, avant son départ, fait échouer le projet qu'il avoit formé de rétablir la puissance tribunitienne. Il contribua beaucoup à l'ordonnance qui lui donna Glabrion [1] pour successeur, & qui licencia une partie de ses troupes, ainsi qu'on le verra dans la suite [a].

[a] *Plut.* ibid. *940.*

[1] Manius-Acilius-Glabrio, de la maison Plébéïenne Acilia, connue dès le temps du Décemvirat, & illustre par plusieurs magistratures, ainsi que par le recueil des anciennes annales romaines, qu'un homme de ce nom avoit écrites en langue grecque, & dont les Historiens de la République ont tiré une partie des faits [*]. La principale branche est celle des Glabrions, dont le nom signifie *chauve & sans poil*. Glabrion étoit fils de Manius-Acilius, Tribun du Peuple en 652, auteur d'une loi très-sévere [**] contre les concussionnaires, & de Mutia [†]. Il fut Préteur du département de Rome en 683, où la fameuse cause que *Cicéron* plaida contre Verrès, fut portée à son Tribunal [*]. On le nomma Consul avec Pison en 686, & cette même année [**] la loi du Tribun Gabinius lui fit donner le Gouvernement de Bithynie, & le commandement de l'armée contre Mithridate, dont Lucullus étoit Général. (Pison avoit eu la Gaule narbonnoise [†]). Murena, Lieutenant de Lucullus, lui remit l'armée d'Asie [††]. A son retour à Rome, il fut placé dans le college des Pontifes [¶]. Il avoit épousé Emilie, fille de Scaurus, Prince du Sénat. Il ne resta

[*] *Tit-Liv.*
[**] *Ascon-Ped. in Verr. 3.*
[†] *Cic. in Brut.*

[*] *Cic. Verrin. I. 2.*
[**] *Cic. ad Attic. Liv. XII.*
[†] *Dion-Cass.*
[††] *Cic. Leg. Manil.*
[¶] *Cic. de Harusp. responsf.*

ROMAINE. *LIVRE V.*

Pour cette année les Comices consulaires venoient de mettre à la tête du Gouvernement L. Metellus, revenu de la Préture de Sicile, & Martius Rex. Une maladie emporta Metellus peu après son élection. Par une fatalité singuliere, le Magistrat qu'on venoit de lui subroger mourut subitement, même avant que d'être installé dans sa dignité. Ces deux événemens furent regardés comme un augure. On s'abstint de nouveau de remplir la place vacante. Martius Rex fut laissé seul à la tête de la République, durant le reste de l'année : chose dont il n'y avoit jamais eu d'exemple; car on ne doit pas compter celui de Carbon, dans le désordre où le Gouvernement étoit de son temps. Mais avant que d'aller plus loin sur d'autres événemens, il sera bon de reprendre ceux de l'isle de Crete, & de parler de ce qui s'y étoit passé depuis la défaite de Marc-Antoine.

XLII. Consulat de L. Metellus & de Martius. Mort du premier. Martius seul Consul.

L. Cæcilius - Metellus. } Coss.
Q. Martius Rex. }

An. 680.

On a lu plus haut comment la flotte romaine, en voulant envahir l'isle de Crete, avoit été détruite dans le détroit de Dia, par les deux Chefs de celle des Crétois, Lasthene & Panarès, & le genre de mort ignominieuse que les vainqueurs avoient fait subir à leurs prisonniers. Pendant que la flotte & la nation Crétoise se livroient sans ménagement aux transports de leur joie, après une victoire si complette, leur Sénat réflé-

XLIII. Inquiétudes du Conseil de Crete après la victoire de Dia. Il envoie ses députés faire des excuses à Rome.

pas long-temps avec elle. Sylla rompit ce mariage pour la faire épouser à Pompée. Glabrion en eut un fils, qui prit le parti de César pendant les guerres civiles, & fut Gouverneur de Sicile, avec le titre de Proconsul. Cette Maison a long-temps subsisté depuis sous les Empereurs romains, au temps desquels les deux branches des Glabrion & des Aviola ont continué d'être élevées aux premieres dignités.

Golzius rapporte à notre Consul Glabrion une médaille qui, selon l'apparence, concerne plutôt quelques-uns des ses ancê- tres : on y voit d'un côté une tête d'Esculape, & d'un autre le serpent d'Epidaure, entortillé autour d'un bâton, avec l'inscription MANIUS-ACILIUS. Il paroît qu'Esculape étoit la Divinité tutélaire de cette famille : la plupart des médailles qui nous en restent, portent l'empreinte de ce Dieu ou celle de la Déesse Hygie, ou le mot VALETUDO, santé : ce qui paroît confirmer la conjecture des anciens Grammairiens, lorsqu'ils expliquent le nom d'*Acilius* par celui de *Médecin*, comme dérivé du grec ἀκέομαι, *sano, medeor.*

chiffoit plus férieufement fur les funeftes conféquences qu'elle devoit naturellement entraîner. Il n'approuva pas que les troupes victorieufes en euffent pouffé fi loin l'éclat & l'abus contre une puiffance formidable, fous laquelle tant de puiffances fort fupérieures à celle des Crétois avoient plié. La feule avidité d'un Préteur de Rome venoit d'expofer une nation, indépendante depuis tant de fiecles, à la perte de fa liberté : elle n'échappoit à ce danger imprévu que par l'incapacité & la préfomption du Chef de l'entreprife. Rome, à la vérité, avoit hautement défavoué la tentative de Marc-Antoine; mais plutôt parce qu'elle avoit échoué, que par aucun fentiment de juftice qu'on dût attendre d'un Peuple dont l'ambition étoit trop connue. Que ne devoit-on pas craindre de fa puiffance, après lui avoir donné de tels prétextes de fatisfaire fa paffion dominante, ou même de fe livrer au jufte reffentiment d'un fi fanglant outrage? Le Sénat Crétois, en même temps qu'il faifoit rendre en fecret des actions de graces aux Chefs de la flotte, pour avoir fauvé la patrie, blâma publiquement dans leur conduite un tel abus de la victoire, & fur-tout l'excès d'infolence & de cruauté auquel ils avoient fouffert qu'on fe portât contre les prifonniers de guerre. Il fit donner une fépulture honorable aux malheureux Citoyens romains qu'on lui amenoit attachés à des gibets. Ceux qui n'avoient pas encore fubi le même fupplice, furent dérobés à la vengeance publique, & le Quefteur captif honorablement traité. Les Sénateurs députerent à Rome trente perfonnes de leur corps, gens fages & choifis parmi les anciens Chefs de la nation, chargés d'aller conjurer cet orage, en attribuant cet affront fait aux Romains à la premiere chaleur du foldat irrité, & d'un Peuple attaqué fans provocation dans fes propres foyers. Ils eurent commiffion de rejeter toutes leurs plaintes fur l'injuftice de Marc-Antoine, & même de remercier le Sénat & le Peuple romain du défaveu de la conduite de l'ufurpateur, & de

ROMAINE. *LIVRE V.* 559

l'indignation publique qu'on avoit témoignée contre lui : dans l'espérance qu'en prenant ce parti politique & modéré, les choses seroient peut-être remises sur l'ancien pied d'amitié entre les deux Etats; que le passé seroit effacé, comme n'étant qu'une querelle accidentelle & momentanée; que la nation pourroit conserver sa liberté, & continuer à se gouverner selon ses anciennes loix.

Même le Sénat Crétois, pour montrer qu'on ne vouloit ni s'enrichir aux dépens d'un Peuple ami, ni rien s'approprier de la fortune qu'une victoire involontaire avoit apportée, *ordonna que nos dépouilles seroient renvoyées comme offrandes dans le temple de Jupiter Idéen* [a], *souverain des Dieux, que les Crétois disent avoir été élevé dans leur isle, & même y avoir fini ses jours : montrant encore son tombeau* [1], *avec l'inscription qu'on*

XLIV. Il fait consacrer les dépouilles romaines à Jupiter Idéen.

[a] SALLUST. *fragm.* 110.

[1] Il est très-probable que le nom de Jupiter a été premièrement connu des Grecs par les Crétois; le premier temple que ce Dieu eut en Grece ayant été celui que Eaque lui éleva en Arcadie. C'est là que son culte fut le plus anciennement établi, non loin du mont Olympe *, où les Poëtes disent que ce Dieu tenoit sa cour. Car on sait que les Dieux de la religion grecque étant étrangers, ce que les Grecs racontent de leur arrivée ou de leur naissance en Grece, n'indique jamais autre chose que l'époque à laquelle leur culte y fut reçu. Les Crétois tenoient eux-mêmes le nom de ce Dieu des Peuples de l'Orient & de la Palestine, de qui ils l'avoient emprunté. On sait que la coutume des anciens souverains de l'Orient, telle qu'elle y subsiste encore aujourd'hui, étoit de prendre un nom composé de plusieurs titres honorifiques & de noms de Divinités. Il y a donc beaucoup d'apparence que les puissans rois de Crete, appellés *Minos*, en usoient ainsi, & que voulant joindre ces noms honorifiques aux leurs, ils avoient choisi le grand nom de *Jaoh*, si connu des Hébreux & des Phéniciens, auquel ils avoient ajouté le titre vénérable de *pater.* Ce dernier est si bien une addition faite au mot, qu'on ne le trouve joint qu'au nominatif *Jupiter*, & qu'il disparoit dans tous les cas obliques *Jovis, Jovi, Jovem, Jove*, qui sont ceux du nom simple *Jou*. Les rois de Crete se firent surnommer *Minos-Jaoh-pater* ou *Joupiter*, ou prirent le titre de *Minos*, fils de Jupiter. Il ne seroit donc pas surprenant que Pythagore eût vu en Crete le tombeau de ce Roi, avec cette inscription ΔΙΟΣ ΤΑΦΟΣ,

* *Serv. Eneid. VIII.* 352.

y a autrefois gravée. Dans la crainte qu'on n'exigeât de leurs Ambassadeurs la restitution de ce riche butin qu'il auroit été humiliant de rendre, & dangereux de refuser, ils le mirent adroitement à couvert sous le voile de la religion & du respect dû au temple d'où elle est premiérement émanée pour se répandre dans l'univers.

Il est constant en effet que les Crétois sont les premiers inventeurs des cultes & des cérémonies religieuses *a*. Leurs Prêtres, appellés Curetes ou Dactyles Idéens, en ont appris la pratique aux autres Peuples qui tiennent aussi d'eux divers arts, métiers ou connoissances utiles *b*. Les Poëtes mythologues ou autres Ecrivains par qui les plus anciennes traditions nous ont été transmises, s'accordent avec les vieilles légendes aujourd'hui conservées dans l'isle, en ce qu'elles rapportent *c* que les Curetes

---

a Sallust. fragm. 221.

b Vid. fragm. Ephor. ap. Diodor. & tombeau de Jupiter. Ce tombeau passoit communément pour être celui de Minos : & l'on a cru, non sans quelque vraisemblance, que le temps pouvoit avoir effacé une partie de l'inscription *Minois filii Jovis sepulchrum* ; de sorte qu'il n'y étoit resté que les deux derniers mots de l'épitaphe, *Jovis sepulchrum*. En effet, Minos II. législateur des Crétois & mari de Pasiphaé, descendoit d'un Minos I. frere de Rhadamante, qui avoit commencé la législation de ses Insulaires : Minos I. d'Asterion, dit Jupiter, & d'une Princesse Phénicienne, Europe (i. e. blanche-face), qu'il avoit enlevée : Asterion, de Teutame & de Crétée, fille de Cretes, naturel de l'isle. Quoique le nom de Teutame porte un caractere oriental, les Grecs, qui veulent tout s'attribuer, le font Chef d'une colonie de Grecs Doriens, qui vint s'établir dans

Castor. ap. Euseb. chronic.

c Vet. hist. Cret. ap. Diodor. V. 39. l'isle. Voici comment ils réduisent la lignée: Deucalion — Hellen — Dorus — Teutame & Crétée — Jupiter — Asterion & Europe — Minos I. & Itone, avec ses freres Rhadamante & Sarpedon — Lycaste & Ida — Minos II. & Pasiphaé — Androgée & ses sœurs Ariane, Phedre, &c. *

d Les observations faites par *Lactance* sur cet endroit de Salluste, donnent tout lieu de conjecturer que notre Historien s'attachant à son ordinaire à décrire les antiquités de chaque nation, avoit parlé avec quelqu'étendue des Curetes, anciens Prêtres de l'isle, instituteurs des rits religieux, &, selon la tradition du Pays, premiers auteurs des mysteres & des pratiques superstitieuses répandues en tant de lieux infectés du paganisme. Il avoit sous les yeux les vieilles légendes Crétoises,

* Diodor. IV. 19.

ROMAINE. LIVRE V. 561

ont les premiers introduit l'art d'expliquer les mysteres de la religion, & d'interpréter les choses divines. C'est ce qui, selon l'usage ordinaire d'enchérir toujours sur le merveilleux de l'antiquité,

dont *Diodore* nous a conservé un extrait. *Strabon* a fait sur le même sujet une excellente dissertation, dont le style & la maniere se ressentent de celle de notre Auteur, de qui elle pourroit bien avoir en partie été empruntée. La matiere étoit trop abondante sur ce point de mythologie, pour oser, en rétablissant cet endroit du texte, me livrer encore à cette digression, après m'en être déjà permis tant d'autres plus indispensables; quoique celle-ci ne fût pas moins que les autres indiquée par les fragmens de l'Auteur. Pour remplacer ce que l'original pouvoit avoir dit, j'insérerai dans cette note le discours de Strabon, la légende Crétoise & les remarques de Lactance sur le texte perdu; après avoir commencé par dire ce, que c'étoit que les Curetes, si fameux dans les traditions de l'antiquité, très-sujettes, comme l'observe notre Historien, à présenter sous une face merveilleuse des objets fort simples ou fort puériles.

Les Curetes, qui peuvent avoir donné leur nom à l'isle de Crete, ou l'avoir reçu d'elle (car on voit assez que c'est le même nom), étoient, du moins selon la plus grande probabilité, de la race des Titans, c'est-à-dire de cette famille qui avoit anciennement dominé en Chanaan, & ensuite formé un vaste & peu durable empire, étendu en divers endroits des côtes de la mer méditerranée, depuis la Thessalie jusqu'au détroit de Gibraltar. Mais par les mœurs, les usages & les pratiques des Curetes, on voit qu'ils formoient une race mêlée d'Orientaux & de Phrygiens, ou

autres Européens barbares. C'est ce qui les distingue aussi des Cabires de Samothrace, autres célebres instituteurs des rits religieux, avec lesquels on les a souvent confondus. Quoiqu'il y eût de grands rapports entre ces deux colleges de Prêtres, on voit que les coutumes de l'Orient & de la religion sabéiste dominoient dans les pratiques des Cabires, qui sont de très-anciens Guebres : au lieu que celle des peuples grossiers de l'Europe sauvage faisoient le fond des pratiques des Curetes, quoique mêlées de celles des Orientaux.

On a dit que *Crès*, dont quelques interpretes expliquent le nom par celui d'*Audax*, étoit un fils de Jupiter le Titan, lequel avoit régné dans l'isle après son pere. *Eusebe* en marque l'époque environ un demi siecle après la vocation d'Abraham. Cette date est assez convenable dans l'opinion de ceux qui pensent qu'Abraham est la même personne désignée dans l'histoire phénicienne sous le nom de Cronos, pere de Jupiter. Mais elle est trop rapprochée, si, comme il est plus vraisemblable, l'empire Phénicien des Titans est antérieur au siecle où Abraham vint de Chaldée s'établir en Chanaan. Crès étoit, dit *Eusebe*, un naturel du Pays : il passe pour avoir été l'un des Curetes par qui Jupiter fut caché & élevé : c'est de lui que l'isle a reçu son nom *. Selon d'autres, Crès étoit un frere de Cronos, & par conséquent un oncle de Jupiter & les Curetes furent ses fils. Enfin, on a dit que Crès étoit le propre fils de Jupiter; qu'il lui avoit laissé pour son

* *Euseb. chronic.*

Tome II. Bbbb

a donné lieu de dire qu'ils avoient pris soin d'élever l'enfance de Jupiter [a].

[a] SALLUST. *fragm.* 46.

partage l'isle de Crete, ayant sagement divisé entre ses enfans un empire trop grand pour pouvoir subsister sans trouble sous la domination d'un seul Prince [*].

L'origine immédiate des Curetes, gens dont le premier métier étoit celui de forgerons, mineurs & métallurgistes, vient des Telchynes, qui exerçoient, comme eux, le même art, auquel ils joignoient celui de danseurs, musiciens, enchanteurs, médecins des hommes & des troupeaux, qu'ils guérissoient par des remedes naturels, & plus volontiers encore par des paroles, enchantemens & jongleries. Les Telchynes, espece de Cabires médecins & forgerons, étoient des gens très-redoutés du vulgaire par leur prétendu pouvoir surnaturel, qui étoit celui des enchantemens & des prestiges effrayans qu'ils pouvoient opérer au moyen du feu; ainsi que par le pouvoir naturel que leur donnoit l'habitude de manier le fer & le feu. On les nommoit Dioscures, Διοσκοροι, *fils de Dieu, fils du Soleil*. L'histoire phénicienne fait remonter bien haut l'invention & l'exercice de leur art en Orient. « De » ceux-ci, dit-elle, c'est-à-dire de la race » d'Hypsouran, naquirent deux freres, qui » trouverent le fer & ses différens usages. » L'un d'eux s'appelloit Chrysor (*Chores-* » *ur*, ouvrier en feu, forgeron). Chrysor » s'adonna beaucoup à l'art de la parole, » à celui des enchantemens & de la de- » vination..... Les Dioscures, autrement » dits Cabires, tirent leur origine de Sy- » dyk. Ceux-ci trouverent les premiers

[*] *Evhemer. ap. Lactanc. Institut. I. 2.*

» l'art de construire un vaisseau. Leurs » descendans ont trouvé non-seulement » l'usage des simples, mais aussi l'art de » guérir les morsures envenimées, & de » charmer par des paroles [*] ». Plus de trois siecles avant l'émigration de Cadmus, ils avoient passé d'Orient en Crete, & en d'autres endroits de l'Archipel & de la Grece, où ils avoient enseigné aux habitans plusieurs arts utiles & difficiles [**]. On racontoit d'eux qu'ils avoient été chargés de l'éducation de Zaps, qu'on croit être le Dieu de la mer, mais qui n'est peut-être autre que le nom mal orthographié de Zeus, ou Jupiter, dont Salluste raconte ici la même chose, en l'attribuant aux Curetes. Les Dactyles Idéens furent les enfans des Telchynes, c'est-à-dire leurs disciples, éleves, apprentifs ou compagnons: car c'est ce que signifie dans le langage de ce temps le mot de *fils* ou d'*enfant*, quand on parle des gens qui exerçoient un certain métier, & en particulier celui de jongleur, & de prédire l'avenir : comme dans l'histoire des Hébreux, les disciples des prophetes sont appellés fils ou enfans de prophetes. Ces Dactyles avoient leurs forges dans le mont Ida, dont les mines, jointes à quelques cavernes naturelles, sont très-probablement le véritable labyrinthe de Crete, où le roi Minos renfermoit & faisoit travailler ses prisonniers Athéniens. C'est des forges du mont Ida que l'art de la métallurgie, si difficile & si nécessaire, s'est autrefois

[*] *Fragm. Sanchoniat.*
[**] *Castor. ap. Euseb. Chroniq.*

ROMAINE. LIVRE V.

Les trente députés se rendirent donc à Rome, en vue de pacifier les choses, comptant même sur quelque reconnoissance de la maniere honnête dont leur Sénat avoit traité le Questeur

XLV. Les Députés Crétois sont mal reçus à Rome. Décret du Sénat contre la Crete

An. 683.

répandu dans le reste de l'Europe. Ils y étoient d'abord trois chefs ou maîtres, dont les noms signifient le *fondeur*, le *forgeur* & le *coupeur*.*. Un quatrieme, qu'on croit être l'Hercule Idéen, se joignit à eux comme apprentif ou assistant.**. Cet Hercule, homme robuste, accoutumé aux exercices grossiers & violens, fut, à ce qu'on croit, le véritable instituteur des jeux olympiques, faussement attribués au fils d'Alcmene. Ils furent ensuite cinq, nombre qui, selon *Sophocle*, leur fit donner le nom de Dactyles (*digiti*), comme étant en nombre égal à celui des *doigts* de la main : mais n'est-il pas plus naturel de penser que les sauvages Grecs, en les appellant Dactyles, n'ont voulu dire autre chose, sinon qu'ils étoient ouvriers travaillans de la main ; & qu'ils les ont appellés *doigtiers*, dans le même sens que nous disons en notre langue *manouvriers*, *manufacturiers*. Leur troupe grossit bientôt davantage ; car *Pherecide*, qui les nomme médecins, enchanteurs & ouvriers en fer, en compte cinquante-deux ; savoir, vingt de la droite & trente-deux de la gauche ; ce que j'entends de la main dont ils travailloient ; ayant souvent remarqué que les artisans & les paysans, lorsqu'ils sont au travail, ont soin de s'assortir deux à deux, un gaucher & un droitier, pour la commodité de l'opération. En tout temps, comme aujourd'hui, les coupeurs de bois, charbonniers, forgerons & mineurs, ont fait une race séparée des autres, une espece d'hommes à part,

* *Freret. Mémoir. de l'Académ.*
** *Pausanias. V. pag. 392.*

que leur aspect noir & terrible rendoit d'autant plus redoutables aux autres humains dans les siecles sans expérience, qu'ils le sont encore dans le nôtre pour le commun des hommes. Ces forgerons passoient pour sorciers, & par conséquent pour médecins ; car il n'y avoit guere alors d'autre médecine que celle des enchanteurs, qui savoient charmer les serpens & les atteintes du feu, jeter ou ôter les sorts auxquels on attribuoit toutes les maladies*. Ces mêmes enchanteurs, doués d'un pouvoir surnaturel, avoient la connoissance des mysteres, des fétiches préservatifs & des talismans. Ils possédoient seuls l'art des rits religieux, la pratique des cérémonies sacrées : ils étoient divins & ministres des Divinités. Comment auroient-ils pu, sans cela, faire ou savoir des choses au dessus du pouvoir ou de la connoissance des autres hommes ? Les Dactyles, premiers auteurs des enchantemens ou remedes magiques, dont la vertu consistoit dans la prononciation de certaines paroles, furent donc, selon l'Historien *Ephore*, les instituteurs des premiers mysteres religieux dans la Grece : ils y apporterent le culte de Zeus ou de Jupiter, auquel ils éleverent un autel tout formé des cendres de leurs forges. Voilà, comme le remarque judicieusement Salluste, ce que la mythologie appelle en son langage avoir pris soin de l'enfance de Jupiter, c'est-à-dire avoir propagé son culte naissant, puisque parmi les Grecs, la date qu'ils donnent à la naissance d'une divinité dans leur Pays,

* *Leclerc. hist. de la médecine.*

& les prisonniers romains. Mais ils trouverent qu'on y étoit plus irrité de leur victoire & de ses suites honteuses, que satisfait de l'adoucissement qu'ils y vouloient mettre après coup.

ne veut dire autre chose que l'époque de l'introduction de son culte dans la Grece. Il est possible néanmoins que quelque femme considérable de la race des Titans, étant accouchée à l'insu de son mari, ait caché son enfant dans les mines, en le confiant aux ouvriers. Le célebre Orphée fut un des disciples des Dactyles; & les Curetes font une branche de ces artisans Crétois. Ils sont les fils ou les apprentifs des Dactyles; les plus jeunes parmi les ouvriers, si l'on en juge par leur nom, que Strabon, dont l'autorité est d'un si grand poids, tire du grec Κόρος, filius, Juvenis. Ces Curetes furent les Prêtres de Zeus, & les inventeurs de la danse armée *, qu'ils exécutoient dans les processions de Jupiter, en frappant d'une demi-pique qu'ils avoient à la main, sur un bouclier qu'ils tenoient de l'autre. Remarquons ici que les mineurs sont volontiers musiciens : on ne voit autre chose parmi les mineurs Allemands qui courent le monde. Le bruit régulier des marteaux peut leur inspirer le goût de la cadence : & la Genese hébraïque, dans ses traditions orientales sur la premiere invention des arts, nomme deux freres, dont l'un, Jobal, étoit musicien; & l'autre, Tu-Balcain, ou Vulcain, étoit forgeron. Parmi les Curetes, étoient les Corybantes, ministres du culte de Rhea, femme de Cronos le Titan, & mere de Jupiter; dans l'exercice duquel ils exécutoient aussi une espece de danse bruyante ou de gesticulation furieuse. Leur danse étoit accompagnée de mouvemens convulsifs de tout le corps, & sur-tout de la tête, qu'ils baissoient & tournoient si vite en rond, que leurs cheveux, par ce mouvement, se dressoient & faisoient la roue (*crinem rotantes*). Quoiqu'un moderne ait donné une explication assez heureuse du nom des Corybantes, qu'il croit signifier *oblatores*, *sacrificatores*, en le dérivant de l'oriental *Quareb* (*offerre*) * ; il n'est pas possible de s'écarter de l'opinion de Strabon, qui le tire de χροπτειν, *caput jactare* : il les compare à des forcenés qu'agitent les transports de la frénésie ; *capite demisso*, dit Apulée, *cervices lubricis intorquentes motibus, crinesque pendulos in circulum rotantes* †. Ces contorsions sont absolument les mêmes que celles qu'on voit faire aux médecins jongleurs des barbares modernes, lorsqu'ils sont appellés chez les sauvages malades pour leur faire des remedes, & deviner quel est celui qui leur a jeté un sort. Leurs danses, avec de tels mouvemens en rond, ressemblent fort aussi à la méthode pratiquée par d'autres Prêtres Orientaux, Arabes, Musulmans, &c. de tourner pendant leurs prieres avec une rapidité infinie, en faisant des cris & des hurlemens, jusqu'à ce qu'ils tombent étourdis & essoufflés.

Les Curetes sont donc les anciens Prêtres des Peuples sauvages de cette partie de l'Europe, voisine de l'Orient & de la Grece, assez semblables aux Druides des Celtes, aux Saliens des Sabins, aux sorciers ou jongleurs de Laponie, de Ni-

* Strab. L. X. p. 468.

* Fourmont. reflex. Crit.
† Apul. metam. L. VIII.

ROMAINE. LIVRE V.

Ils allerent cependant rendre visite en corps à tous les Sénateurs dans leurs maisons. Ils parlerent à chacun du ton le plus honnête, avec autant d'égards que de circonspection: ils en

gritie, ou à ceux des sauvages de l'Amérique, de la Sibérie, du Kamtchatka. C'est assez vainement qu'on a beaucoup disputé sur leur véritable patrie, puisqu'on trouve de ces sortes de Prêtres par-tout où la croyance grossiere des religions sauvages fait le fond des préjugés populaires. Mais le plus célebre college de ces jongleurs étoit en Crete, où (comme l'on le voit par l'histoire d'*Epimenide*, l'un de ces jongleurs qu'on alla chercher en Crete, au temps de la maladie épidémique qui ravageoit la ville d'Athenes) ils passoient pour fort savans dans l'art de guérir les maladies par des enchantemens & des cérémonies. Leur méthode de prédire l'avenir, d'accomplir les rits religieux ou d'exercer la médecine, consistoit en postures, sauts, cris, chansons, hurlemens, tambours magiques ou autres jongleries pareilles à celles des Sibériens d'aujourd'hui. La sottise populaire des siecles grossiers donna tant d'importance à ces folles grimaces, qu'on alla jusqu'à dire que les Curetes en tenoient l'art de Jupiter même, dont ils avoient d'abord élevé l'enfance, & dont ils étoient ensuite devenus les disciples. Le Peuple les regarda comme des maîtres consommés dans l'art de prédire les événemens futurs, de régler le rit religieux, de guérir par des charmes les maux inconnus, & consacrant ainsi les délires même de sa crédulité, il en fit sa religion vulgaire. Ils portoient en main une baguette ou demi-pique dont ils frappoient sans cesse sur un petit bouclier d'airain, dont le bruit ac-

compagnoit leurs chants & leurs danses. Par cette raison (si ce n'est par celle que *Strabon* en donne), on les appella Curetes, c'est-à-dire *frappeurs*, nom très-convenable à des forgerons, du mot de la langue Européenne Κυρω ou *Curo* (*ferio*), qui se retrouve également dans le grec & dans le Celtique. Leur pique est appellée *Cure* ou *Curis* dans le langage des Sabins, où elle avoit le même usage. C'étoit la divinité fétiche de ces Peuples, comme l'épée ou le sabre chez les anciens Germains de la Saxe. On la plantoit fort haut au milieu d'une esplanade ou place publique en plein air, où chacun alloit lui rendre son culte. Car les anciens barbares de l'Europe adoroient en plein air, & n'avoient point de temples fermés. Ces places ouvertes, où le Peuple s'assembloit également pour le culte religieux, & pour la régie des affaires publiques, s'appelloient *Curies*, & la nation entiere des Sabins *Cures*. Ils porterent leur nom à Rome dès le temps de la fondation de cette Ville, lorsqu'ils se mélangerent avec ses habitans pour ne former qu'une même nation, qu'on appella le Peuple romain des *Quirites*; & la statue du fondateur même, représenté armé d'une pique à la main, fut nommé *Quirinus*, c'est-à-dire le *piquier*. Toutes ces mœurs sont celles des Peuples sauvages de l'Europe, plutôt que celles des Peuples Orientaux; quoique les Curetes de l'isle aient aussi dans la suite mêlé à leurs mysteres plusieurs choses tirées de la doctrine religieuse de l'Orient, dont ils étoient voisins;

gagnerent ainsi un certain nombre; n'imputant tout ce qui s'étoit passé des deux parts, qu'aux mauvais desseins de quelques particuliers, sans qu'aucun des deux Peuples y eût participé,

sur-tout de celle des Cabires ou ministres des grands Dieux de l'Orient & de Samothrace, nommés Dieux Cabires, comme leurs ministres. Il est vrai qu'on trouve en Asie, chez les Phrygiens, des Prêtres Corybantes, fort semblables aux Curetes, Mais il faut remarquer que les Phrygiens sont un Peuple d'origine Européenne & non pas Asiatique, comme je l'ai fait voir dans un autre endroit de cette même histoire.

Légende des Dactyles & Curetes, extraite des Historiens Crétois, par DIODORE, L. V. n°. 39. Les premiers Crétois, dont la mémoire se soit conservée, habitoient sur le mont Ida, & s'appelloient Dactyles Idéens. Selon quelques-uns, ils étoient au nombre de cent: mais, selon d'autres, le nom de Dactyles qu'on leur a donné marque qu'ils n'étoient que dix, ou autant que l'homme a de doigts à ses deux mains. Quelques Historiens, entre lesquels est *Ephore*, prétendent néanmoins que les Dactyles Idéens sont nés sur le mont Ida de Phrygie, & qu'ils passerent en Europe à la suite de Minos. Comme ils étoient magiciens, ils s'appliquoient avec soin aux enchantemens, & pratiquoient des cérémonies secretes; de sorte qu'étant allés dans la Samothrace, ils étonnerent extrêmement ces insulaires par leurs prestiges. Orphée, né dans ce temps-là avec un talent extraordinaire pour la poésie & pour la musique, fut leur disciple, & porta le premier en Grece les mysteres sacrés. Les Dactyles Idéens passent pour avoir découvert l'usage du feu, du cuivre & du fer,

& l'art de travailler ces métaux, dans la montagne de Berecynthe, au pays des Antisapteres, en Crete; & c'est par ce service important rendu aux hommes, qu'ils ont mérité les honneurs divins. On ajoute que l'un d'eux fut nommé Hercule, & qu'ayant surpassé tous les autres en réputation, il institua les jeux olympiques: qu'ainsi ce n'est que par une équivoque de nom que la postérité attribue cette institution à Hercule, fils d'Alcmene. Ils en alleguent pour preuve les paroles & les anneaux d'enchantement, que plusieurs femmes empruntent encore aujourd'hui de ce Dieu, comme ayant été maître dans l'art magique & dans les mysteres sacrés; ce qui ne convient aucunement à Hercule, fils d'Alcmene. Après les Dactyles Idéens, on place neuf Curetes. Les uns les font naître de la terre, & les autres les donnent pour fils des Dactyles. On croit qu'ils habitoient sur des montagnes couvertes de forêts, ou dans des rochers coupés en précipices; en un mot, on leur suppose des retraites formées par la nature, sur ce qu'on n'a jamais découvert aucun indice de leur demeure. On vante beaucoup leur intelligence & leurs inventions. Ils ont les premiers assemblé des troupeaux de moutons: ils ont assujetti au service des hommes des animaux autrefois sauvages: ils ont enseigné la maniere d'entretenir les ruches à miel; ils ont introduit l'usage de l'arc & de la chasse; ils ont enfin appris aux hommes même à vivre ensemble & à mettre de l'union & de la regle dans leur société. Ce sont eux aussi qui ont inventé

ROMAINE. *LIVRE V.*

Introduits au Sénat, ils se justifierent assez bien sur les reproches qu'on leur fit d'avoir favorisé les brigandages des Pirates, ainsi que les prétentions du roi de Pont, & firent valoir les secours

l'épée, aussi bien que les danses militaires : c'est par le bruit qui accompagne celles-ci, qu'ils empêcherent Saturne d'entendre les cris de Jupiter, enfant dont l'éducation leur avoit été confiée par Rhea sa mere, à l'insu de son mari.

Dissertation de STRABON sur les Curetes, L. X. On a fait des Curetes une espece de gens initiés aux secrets des Dieux, dont ils étoient les ministres. Ceux qui nous ont transmis les traditions Crétoises & Phrygiennes, nous les donnent comme tels, dans ce qu'ils racontent de leurs mysteres, des sacrifices & des rits de la mere des Dieux en Phrygie, & autres endroits voisins du mont Ida, ainsi que des soins qu'ils donnerent à élever l'enfance de Jupiter en Crete. Les rapports varient beaucoup sur ce qui les concerne. Les uns joignent aux Curetes les Corybantes, les Cabires, les Telchynes, les Dactyles Idéens. D'autres disent seulement qu'il y avoit entre eux de grands rapports & de légeres différences. Tous les dépeignent comme des gens saisis d'une fureur divine : ils dansoient tout armés avec grand bruit & grand fracas de clochettes, de timbales, de flûtes, d'armes frappées, remplissant les assistans de terreur par leurs cris pendant les sacrifices qu'ils offroient; car ils se disoient ministres de la divinité. L'usage de ces cérémonies sacrées leur étoit commun avec des Prêtres de Samothrace, de Lemnos, & autres qui se portent pour desservans du culte des Dieux. Quoique tout ceci ait un rapport direct à la théologie, ce n'est cependant pas une matiere tout-à-fait étrangere aux considérations philosophiques. Il est également d'usage chez les Grecs, comme chez les Barbares, d'accompagner les sacrifices d'un bruit d'instrumens frappés. Quelques Peuples y mêlent de l'enthousiasme, les autres s'en abstiennent : les uns y joignent la musique, d'autres non : les uns font la cérémonie en plein air, d'autres dans des temples; chacun selon le goût & le génie de sa nation. Ces fêtes servent de relâche aux travaux des hommes, dont l'esprit oisif se tourne alors du côté de la divinité. Le grand bruit anime, jette les esprits dans une effervescence qui ne ressemble pas mal à l'inspiration divine, dispose à l'enthousiasme & à la révélation des événemens futurs. Le mystere qu'on y affecte a quelque chose de convenable à la majesté sacrée de la divinité & de conforme à sa nature, qui se dérobe à nos sens. La musique, la danse, le rythme de la mesure observé dans les hymnes, joint à la fête le mélange varié des arts agréables, ravit l'ame & la dispose à s'unir à Dieu. En Crete, on joignoit encore les Orgies dans les fêtes de Jupiter à toutes les cérémonies ci-dessus. Les Curetes, dans cette isle, sont un corps de jeunes Prêtres qui dansent tout armés; on fait la fable qu'ils racontent sur la maniere dont Rhea déroba à la connoissance de son mari le jeune Jupiter qu'elle venoit de mettre au monde, & le donna à élever aux Curetes, qui, par le bruit continuel de leurs instrumens, empêcherent que les cris de l'enfant ne parvinssent à son pere. On les nomma

HISTOIRE DE LA RÉPUBLIQUE

par eux donnés à la République en tant d'importantes occasions. Leur discours fit impression. Une partie de l'assemblée penchoit à rétablir l'alliance, & à les admettre au titre d'amis

Curetes, soit parce qu'ils étoient une troupe de jeunes gens (*Kuri*), soit parce qu'ils élevoient un jeune homme (*Kurum*). Les deux opinions sont également reçues. *Euripide* en parle assez au long, & ne distingue pas les Prêtres Crétois des Prêtres Phrygiens. L'histoire Crétoise dit que Rhea les fit venir de Phrygie en Crete pour garder & nourrir Jupiter; selon d'autres, elle emmena pour cet effet neuf Telchynes de l'isle de Rhodes en Crete: on les nomma Curetes. On croit que les Curetes & les Corybantes sont tous descendans des Dactyles Idéens; que ceux-ci formoient un college de cent Prêtres natifs de Crete, lesquels laisserent après eux neuf Curetes, qui eurent chacun dix enfans ou dix disciples qu'on appella comme les premiers, *Dactyles Idéens*. Quoique je ne me plaise pas trop à raconter des fables, je me suis volontiers arrêté sur celle-ci, qui tient à la théologie. Toute discussion relative à cette matiere, contient d'anciens sentimens sur les choses naturelles & d'anciens contes traditionels qui leur servent d'enveloppe. Il ne faut pas se flatter de pouvoir résoudre ou expliquer bien clairement toutes ces énigmes. Mais, en rapprochant ces fables, les unes diverses, les autres ressemblantes; en les comparant ensemble, on a souvent lieu d'en tirer des conjectures fort heureuses, & qui ont tout l'air d'être véritables *.

Remarque de *LACTANCE* sur le texte de *Salluste* **. Les cérémonies pratiquées par

* Strab. Dissert. de Curet. L. 10.
** Instit. divin. I, 21.

les Curetes dans leurs sacrifices, étoient une imitation & une mémoire de ce qu'ils avoient fait pendant qu'ils gardoient Jupiter, qu'on prétend avoir été élevé parmi eux, & nourri dans sa premiere enfance du lait de la chevre Amalthée, dont on a donné le nom à une belle constellation, comme le rapporte *Germanicus-César* dans son poëme astronomique. Jupiter, au rapport de *Musée*, couvrit de la peau de cette chevre le bouclier qu'il porta dans le combat contre les Titans; raison pour laquelle les Poëtes donnent à ce Dieu le surnom de *Chevrier*. C'est donc pour retracer l'image de ce qui se passa dans son enfance, & par imitation, comme le dit *Ovide* en ses fastes, du bruit que les Curetes faisoient en frappant sur leurs casques & sur leurs boucliers, que l'on frappe des cymbales & que l'on bat du tambour. On observa encore d'employer, comme autrefois, dans cette musique, le mode Phrygien. Cependant Salluste rejette toute cette histoire, comme étant une fiction poétique, & il donne une autre explication fort ingénieuse de la raison pour laquelle on a dit que les Curetes avoient été les nourriciers de Jupiter. Mais on voit, par ce qu'il en dit lui-même, combien ce savant Historien s'est trompé. Car si Jupiter est le premier des Dieux & l'auteur de la religion; si les Dieux, dont on dit qu'il est le pere, ne pouvoient pas encore être nés, ni par conséquent adorés au temps de son enfance, il est bien certain que les Curetes qui éleverent cette enfance ne pouvoient pas alors avoir appris l'expli-

du

ROMAINE. LIVRE V.

du Peuple romain. Lentulus-Spinter s'éleva contre cet avis, & entraîna la pluralité des suffrages. Il n'y avoit au Sénat que trop de gens empressés à trouver les Crétois coupables, & à chercher un fondement à la querelle que Marc-Antoine leur avoit faite. Pour parler vrai sur cet objet, nous ne fûmes pas moins dans cette seconde occasion, que dans la précédente, de véritables agresseurs incités par la seule envie de conquérir cette isle célebre [a]. Les gens qui ne demandoient qu'une occasion de se signaler par quelqu'entreprise, convertirent en iniquité publique ce qui n'avoit d'abord été que l'injustice d'un particulier. Le décret fut fort dur. Il portoit ordre aux Crétois de rendre les captifs & les transfuges; de payer quatre mille talens d'argent par forme d'indemnité; de désarmer toutes leurs galeres à quatre bancs & au dessus; de donner trente ôtages; de livrer aux Romains les deux Commandans des troupes de terre & de la flotte, Lasthene & Panares. Sans laisser aux députés le temps de donner eux-mêmes, ou de recevoir de leurs commettans quelque réponse à ces demandes exorbitantes, dans la même séance on décida que l'un des Consuls chargé de l'expédition, iroit en Crete faire exécuter le décret, suivi de forces suffisantes en cas de résistance [b].

An. 683.

Les Ambassadeurs, traités si durement, n'avoient plus qu'une ressource, mais habituelle & certaine; celle de gagner, à force d'argent, les Tribuns du Peuple, dont l'opposition arrêteroit l'effet du Sénatus-Consulte. Les promesses furent prodiguées, & le marché bientôt fait. Il ne falloit plus que trouver la somme convenue. Les Crétois la cherchoient à Rome, sous

---

[a] *Flor. III. 7.*

cation secrette des prétendus mysteres divins: source des erreurs qui avoient fait perdre la connoissance du vrai Dieu. Ces mysteres & ces cérémonies même auroient dû faire connoître que tout ce culte étoit

[b] *Diodor.*

mal-à-propos rendu, non à des Dieux, mais à de simples mortels soumis à la mort & à toutes les foiblesses de l'humanité [*].

[*] *Lactanc. instit. divin. I. 21.*

Tome II.   Cccc

prétexte du paiement de la taxe imposée, & se croyoient assurés de la trouver: vu qu'il y avoit à la ville assez de personnes riches, habituées, malgré le blâme public, à faire travailler leur argent, en le prêtant à grosse usure aux députés des nations étrangeres, envoyés à Rome pour affaire urgente ou fâcheuse. Le marché des Crétois n'avoit pu être assez secret, pour que le Sénat ne démêlât pas le véritable motif de l'emprunt. En cette circonstance, il remit en vigueur un autre Sénatus-Consulte, déjà rendu vingt-quatre ans auparavant *, sur les murmures qu'excitoit par-tout dès-lors cet indigne commerce: & il enleva aux malheureux insulaires leur derniere ressource, en prohibant ces sortes de prêts d'argent à l'étranger [a].

XLVI. Effroi du Conseil en Crete. Lasthene détermine les insulaires à la défense. Archers Crétois.

La nation fut épouvantée à la nouvelle de ces ordres si rigoureux. Elle ne savoit à quoi se résoudre. Les anciens du Conseil redoutoient cette puissance énorme, devant laquelle les plus grands Rois avoient fléchi, & regardoient la guerre comme le pire des partis qu'on pût prendre. Lasthene, principal auteur de celle faite contre Antoine, voyant sa perte écrite dans un des préliminaires du traité, animoit le Peuple par sa faction. Il faisoit sonner bien haut l'ancienne liberté qu'on vouloit en un moment changer contre le plus dur esclavage: il rappelloit les éloges donnés par le roi Nicomede aux Crétois & aux Egyptiens, les deux seuls Peuples qui eussent su la conserver contre les tyrans du reste de l'univers [b]: s'écriant qu'il seroit aussi absurde qu'infame de souffrir, au sortir d'une victoire complete, un traitement que l'on ne voudroit point endurer, même à la suite d'une défaite; que des conditions si odieuses seroient suivies de plus insupportables encore, à mesure qu'on se seroit privé des moyens de résister; que Rome renouvelleroit contre la Crete l'exemple & la méthode de ce qu'elle avoit pratiqué pour la

---

* An. 659. *Cælio & Domitio Coss.*
[a] *Ascon-Ped. in argum. Cornelian.*
[b] *Mithrid. epist. ad Arsac.*

ruine de Carthage; qu'on ne pouvoit attendre autre chose d'un Peuple assez hardiment injuste, pour fonder les motifs de ses violences actuelles sur le bonheur qu'une nation, paisible chez elle, avoit eu de se défendre des précédentes; qu'il montroit assez par-là que tout prétexte lui étoit bon pour conquérir; qu'il ne lâchoit jamais prise par-tout où il avoit mis le pied, & que, si l'on souffroit qu'il s'introduisît en Crete, l'attaque une fois commencée ne finiroit de sa part que par la ruine entiere de l'isle [a]. Ces considérations l'emporterent; on se détermina pour la guerre : on fit ligue avec les Ciliciens : on envoya demander du secours à Mithridate, qui envoya quelques vaisseaux; on leva vingt-quatre mille hommes de la plus belle jeunesse, tous gens agiles, robustes & excellens archers [b]. Parmi ces insulaires, les jeunes gens sont fort propres à la guerre, & préparés de bonne heure à ses travaux par une éducation dure & uniforme. On les fait manger ensemble en public. Leur nourriture est commune & frugale. On les exerce à tirer des fleches, à quoi ils excellent avec une adresse supérieure à tout autre [c]; à chasser nuds pieds dans la montagne, ainsi qu'à figurer, tout armés, les évolutions de cette danse martiale, si fameuse chez les Grecs, appellée pyrrhique, du nom d'un Crétois Cydoniate, qui en fut l'inventeur [1]. On récompense ceux qui s'y distinguent

---

[a] *Mithrid. epist. ad Arsac.*
[b] *Vell-Paterc. II. 34.*
[c] *Ephor. ap. Strab. Arrian. exped. Alex.*

[1] Les Crétois sont naturellement de belle taille, vigoureux, robustes; ils aiment fort à tirer de l'arc. De tout temps ils se sont distingués dans cet exercice, & *Pausanias* assure qu'il étoit comme attaché à leur nation, préférablement à tous les autres Peuples de la Grece : aussi ne voit-on que carquois représentés sur les plus anciennes médailles de l'isle. *Ephore* nous a conservé une loi par laquelle Minos ordonnoit qu'on montrât aux enfans à tirer de l'arc. Les archers de Crete, commandés par Stratocles, furent d'un grand secours dans la retraite des dix mille. Il n'y a qu'à lire *Arrien*, pour voir de quelle utilité ils furent à Alexandre : il y a apparence qu'ils employoient pour leurs fleches cette petite espece de roseau dure, menue & piquante, qui naît dans les sables de l'isle, le long de la marine. Les Crétois

le mieux, par un présent de quelques armes, don le plus estimé de tous parmi eux [a].

XLVII. Le Consul Metellus est chargé de l'expédition contre la Crete.

C'est ainsi que la guerre de Crete fut entreprise en grande partie par la manœuvre d'Hortense, qui, étant désigné Consul, desiroit alors d'en être chargé. La Crete lui échut en effet par le sort: mais, lorsqu'il fallut partir, il ne put s'y résoudre, habitué comme il étoit à la vie commode de Rome, où sa grande éloquence lui donnoit le premier crédit au barreau [b]. Ainsi l'emploi passa naturellement à Metellus son collegue [c]. Ce fut un grand malheur pour les Crétois que le hasard fit tomber sous la main d'un homme dur & implacable, au lieu qu'Hortense étoit d'un caractere facile & doux.

XLVIII. Il part, & dégage, chemin faisant, la ville de Syracuse. Evénemens de la guerre de Crete.

An. 684.

Toutes choses furent donc préparées pour aller faire exécuter en Crete le décret du Sénat. *Dès que le retour de la belle saison eut rendu la mer praticable aux flottes* [d], Metellus embarqua trois légions sur trente navires, avec lesquels il mit à la voile. Chemin faisant, il s'arrêta sur les côtes de Sicile pour donner du secours à L. Metellus son frere, qui en étoit Préteur, & dégager le port de Syracuse, bloqué par Pyrganion, l'un des

---

[a] *Fragm. Nicol. Damasc. ap. Vales. p. 524.*
[b] *Xiphilin. epist. in princip.*
[c] *Plut. in Pomp.*
[d] SALLUST. *fragm. 175.*

se servoient aussi fort utilement de la fronde. Aujourd'hui on n'en connoît plus l'usage. A l'égard des autres exercices du corps, la danse, la chasse, la course, le manege, ils y excelloient. L'ancienne danse pyrrique s'est conservée parmi les montagnards voisins de la Canée. Pour leurs mœurs, quelque soin que leurs législateurs aient pris de les former, elles ont été souvent blâmées [*]. *Apulée*, dans l'âne d'or, décrit la danse pyrrhique des Crétois d'une maniere assez semblable à celle de nos danses ordinaires de bal, que nous appellons, d'un mot anglois, contre-danses (*country-danses*), c'est-à-dire, danses de Village. « Après » s'être, dit-il, placés par rangs ou par files, » ils parcouroient des contours agréables, » tantôt faisant le cercle, pour tourner en » rond, tantôt formant une chaîne obli- » que, puis se retournant en bonnet quarré » sous quatre angles, ou rompant le grouppe » de toute part, comme un bataillon qui » se sépare par pelotons ».

[*] *Tournefort. ibid. L. II.*

Chefs des pirates Ciliciens [a]. L. Metellus venoit de fuccéder à Verrès dans ce Gouvernement. Il avoit trouvé la Sicile réduite au plus trifte état. Sans parler des étranges vexations exercées par fon prédéceffeur, les corfaires de Pergame avoient attaqué la côte, brûlé notre efcadre, qui faifoit la défenfe de l'ifle, & maffacré les mariniers [b]. Delà, faifant leur defcente, ils avoient ravagé la campagne autour de Syracufe par le pillage & par l'incendie, & fe mettoient à former fur le rivage, tout auprès de la Ville, un établiffement de marine pour leurs brigantins [1][c]. Les deux freres réunirent leurs forces, battirent les pirates fur terre & fur mer, & les chafferent de la Sicile [d].

L'aîné reprit delà fa route vers la Crete, où il fit avec fuccès fon débarquement à la côte feptentrionale, non loin de la ville de Cydonie *, qu'on regarde comme la métropole de toute l'ifle. Lafthene, Général de l'armée Crétoife, vint à fa rencontre. L'action fe paffa dans la plaine Cydoniate. Elle fut toute à l'avantage de Metellus, que cette premiere victoire rendit maître de la campagne [e], obligeant les infulaires à fe refferrer dans leurs Villes [f], qui font plus confidérables & en plus grand nombre dans cette ifle que dans aucun autre endroit du monde, de pareille étendue. Auffi l'a-t-on nommée l'ifle aux cent Villes; & l'on prétend qu'elle en contenoit à peu près

* Aujourd'hui la Canée.

[a] Eutrop.
[b] Orof. Liv. VI.
[c] Cic. Verrin. V.
[d] Tit-Liv. epitom. 98.
[e] Cic. pro Muren.
[f] Phleg. Trall. ap. Phot. 97.

[1] « C'eft à toi, Préteur, qu'il faut s'en prendre, fi une flotte des plus belles, qui étoit la fauve-garde de la Sicile, a été détruite par l'arrivée de quelques brigantins, & brûlée de la main des pirates: fi la campagne de Syracufe a été par eux ravagée & mife en feu: fi la place de cette même Ville a regorgé du fang de nos mariniers: fi l'on a vu les corfaires fe fervir de ce port même, comme d'une darfe navale pour leurs vaiffeaux * ».

* Cic. Verrin. 5.

autant, même avant l'époque de la guerre de Troie. Lasthene défait fit sa retraite du côté de Gnosse †. Le Proconsul, après avoir sur le champ de bataille même reçu de ses légions le titre d'*Imperator*, alla mettre le siege devant Cydonie [a]. Panares, autre Chef des Crétois, y commandoit. Après une assez longue résistance, Panares capitula, sous condition d'une amnistie pour tout ce qui s'étoit passé. Delà Metellus marcha vers Gnosse, où Lasthene s'étoit renfermé. La place, de trente stades d'enceinte, étoit foible en plus d'un endroit. A son approche, Lasthene en retira ses troupes, après avoir mis le feu à tout le butin & à toutes les richesses contenues dans la Ville; *tellement qu'en la quittant, il la laissa dans un état peu différent de celui d'une Ville prise par l'ennemi* [b]. Il se réfugia plus avant dans l'isle, à Lychis, où il en fit autant lorsque Metellus l'y suivit [c].

XLIX. Dureté de Metellus, Les insulaires se liguent avec les pirates.

Une telle conduite anima cruellement contre les insulaires le Proconsul, homme naturellement inaccessible à la pitié. Il ne jugea pas à propos de les ménager, plus qu'ils ne se ménageoient eux-mêmes. Il porta par-tout le fer & la flamme; dévastant les forteresses & les châteaux; traitant les prisonniers avec la derniere sévérité, presque sans aucune distinction des nationaux d'avec les pirates étrangers qui lui tomboient sous la main; au point que le désespoir en réduisit plusieurs à s'empoisonner eux-mêmes, plutôt que de souffrir plus long-temps les horreurs d'une si dure captivité [d].

Un tel excès de rigueur étoit blâmable sans doute de la part du Proconsul: mais il ne doit pas lui être entiérement imputé. Les circonstances étoient embarrassantes & fâcheuses pour lui, quoique beaucoup plus malheureuses encore pour les insulaires.

† Aujourd'hui le bourg de Ginosa.

[a] *Tit-Liv. epitom. 98.*
[b] SALLUST. *fragm. 274.*
[c] *Tit-Liv. epitom. 99. Appian. Diodor.*
[d] *Flor. III, 7.*

Quand ceux-ci s'étoient vus menacés d'une invasion si terrible; quand ils eurent pris le parti généreux de maintenir à tout prix leur liberté, il ne fut plus question de leur part de défendre le terrein de leur isle contre les pirates qui en étoient déjà maîtres en partie, mais de s'entendre avec eux contre une usurpation tout autrement redoutable & permanente. Les Crétois s'y prêterent d'autant plus volontiers, qu'ils n'avoient eux-mêmes aucun éloignement pour le métier [a]. Les pirates accueillis tomberent en foule dans l'isle, dont ils accrurent considérablement les forces : ils y bâtirent des châteaux & fortifierent une infinité de postes. Bientôt ils firent de la Crete une seconde Cilicie pour le brigandage, & justifierent en beaucoup d'occasions le parti décidé que Metellus avoit pris de les exterminer sans aucun quartier [b]. D'autre part, ces corsaires sans foi, indépendans les uns des autres, indifférens dans l'ame à tous les partis, insensibles à tout autre intérêt qu'à celui du gain présent, de quelque maniere qu'il s'offrît, se retournoient quelquefois contre les habitans eux-mêmes, dans l'occasion de faire un coup de main. Athénodore, un de leurs Chefs, enleva pêle-mêle une quantité de Crétois & de Romains captifs qu'il alla vendre au marché de l'isle de Délos. Ce fut dans ce même voyage qu'il pilla le fameux temple de cette isle, dont il enleva tant de richesses & de belles statues. Triarius, Commandant de la flotte d'Asie, fut obligé d'y accourir. Il releva les ruines du temple, & le mit, par un bon mur d'enceinte, à l'abri d'un pareil accident [c].

De cette maniere, il y avoit en Crete trois especes de partis qui donnoient à la guerre autant de faces différentes. Les Crétois la faisoient défensive, unis avec les pirates, qui la rendoient quelquefois offensive contr'eux-mêmes. Mais les Romains qui la faisoient à tous deux, impitoyablement traités par les

---

[a] *Strab. L. X.*
[b] *Plut. in Pomp.*
[c] *Phleg. Trall.* ibid.

pirates quand ils tomboient sous leurs mains, les jugeoient toujours suscités par les nationaux, lors même que ceux-ci n'y avoient point de part. Au milieu de ceci, les Ciliciens ne songeoient qu'à piller & à s'en aller; sachant assez que les nationaux les sacrifieroient sans peine, s'ils pouvoient se racheter à ce prix. La défiance réciproque animoit ainsi les haines, & multiplioit les cruautés. Ce fut encore pis dans la suite, lorsque Pompée se fut avisé d'envoyer ses Lieutenans soutenir les Crétois contre Metellus, & lui disputer le droit d'ordonner dans son propre département.

<small>L. Conquête de la moitié de l'isle. Les nationaux se retirent sur les hauteurs du mont Ida.</small>

Je passe rapidement sur les détails militaires de cette conquête, où l'on ne verroit autre chose que le ravage, les incendies, le malheur de l'humanité, & le foible gémissant sous l'oppression du plus fort. Dans le cours de la premiere année, Metellus se rendit maître de la partie septentrionale de l'isle, c'est-à-dire, d'environ la moitié de son étendue, séparée de celle du midi par une chaîne de montagnes. Elle partage l'isle par le milieu, d'orient en occident, depuis l'extrêmité du mont Dité, nommé en langue du pays, Samonion, *soleil levant*, jusqu'à celle du mont Cadiste, appellé par les Grecs *front de bélier*. La rencontre de ces deux montagnes, à l'endroit le plus élevé vers le centre de l'isle, forme le mont Ida, si fameux dans l'antiquité par ses mines, vers Berecynthe; par sa plante médicinale du dictame, qui ne croît qu'en ce seul endroit de l'univers [a]; par son labyrinthe, c'est-à-dire par les détours sans nombre & très-dangereux des longues cavernes souterreines ou carrieres de l'intérieur. Les insulaires, poursuivis par le Proconsul avec tant de chaleur & d'activité, se retirerent de l'autre côté des montagnes, dans la partie méridionale, sur-tout *vers l'orient, qui est la partie la plus élevée de l'isle de Crete* [1], *dans toute la côte*

---

[a] *Tournefort. Voyage du Levant. Lettr. 2.*

[1] *Virgile* dit de même, *contrà elata mari respondet Gnossia tellus.* « Les montagnes » appellées montagnes blanches, au dessus » de Cydonie, s'appellent aujourd'hui *faisant*

ROMAINE. LIVRE V.

faisant face au soleil levant [a]. On l'apperçoit de fort loin, & les rochers sont si blancs, que les navigateurs les prennent pour des nuages [b] : aussi la grande élévation de l'isle de Crete sur le niveau de la mer [c], lui avoit-elle, au rapport de Cratès, fait donner autrefois le nom d'isle aérienne [d], avant qu'elle n'eût celui de Crete qu'elle a reçu, selon Philistide [e], des Curetes forgerons du mont Ida, en même temps Médecins & Prêtres du Pays.

Les Crétois se fortifierent un peu mieux sur cette côte, où ils firent pendant les deux années suivantes plus de résistance [f] qu'ils n'en avoient apporté dans le cours de cette campagne, surpris par la promptitude d'une attaque contre laquelle il avoit fallu se préparer à la hâte, & malgré l'opposition de leur Sénat.

Cependant on tramoit à Rome une nouvelle intrigue qui alloit donner à Metellus une espece d'embarras auquel il n'avoit

LI. Le Tribun Gabinius propose de donner à Pompée un

---

[a] SALLUST. *fragm.* 257.
[b] Solin. *cap.* II.
[c] Virg. Æneid. III.
[d] Cratès. ap. Plin. Liv. IV.
[e] Philist. Mallotes. ap. Plin. ibid.
[f] Vell-Paterc. ibid.

» montagnes de la Sfachia, Village du même nom, que l'on découvre de leur sommet, en descendant à la mer du sud, & qui peut-être a retenu celui d'une des plus anciennes villes de Crete, où étoit né le fameux Epimenides. Les Peuples des environs, qui se nomment Sfachiotes, passent pour les meilleurs soldats de l'isle, & sont les plus habiles à tirer de l'arc. La danse pyrrhique s'est conservée chez eux *.

» L'isle est célebre par son étendue, par sa fertilité, par l'ancienne puissance de ses Souverains, par les loix du roi Minos, par la quantité d'événemens dont elle a été le théatre dans le cours des siecles héroïques, par le séjour de Ju-

» piter, dont les habitans montrent aujourd'hui le tombeau, revêtu d'une ancienne inscription, par le grand nombre de ses belles Villes, dont les principales étoient Cydonia, Gnosses, Gortyne & Lyctus * ».

Ceux qui voudront consulter l'excellent voyage de *Tournefort*, y trouveront de curieuses descriptions du mont Ida, du labyrinthe de Crete, & des ruines de l'ancienne Gortyne, une des plus magnifiques Villes de l'isle. Quant au promontoire *Samonium*, ainsi nommé du mot oriental *Sames*, quelques anciens Géographes l'ont mal-à-propos appelé promontoire *Salmonium* : ce qui fait qu'on l'appelle aujourd'hui cap de Salomon.

* Tournefort. tom. 1. p. 32.
* Melq. ibid.

Tome II.   Dddd

plein pouvoir sur les mers. Applaudissemens du Peuple. Mécontentemens de la noblesse.

pas lieu de s'attendre. Pompée, touché de l'affection du Peuple qui ne pouvoit se lasser de le voir, ou soigneux de la conserver, comme le moyen le plus efficace de parvenir à ses fins, avoit pris le parti de ne plus s'éloigner de Rome, à moins d'une occasion d'éclat. Il savoit combien l'absence affoiblit l'impression que la vue d'une personne aimée fait sur les cœurs prévenus. Il n'ignoroit pas que le Peuple romain a, comme le dit Cicéron, la vue claire & l'oreille dure : & que, dans une si grande Ville, où l'on n'est pas long-temps occupé de la même nouvelle, il vaut mieux se montrer que faire parler de soi. Il déclara donc pendant son Consulat, & même avec serment, qu'à l'expiration de sa magistrature, il ne prendroit point de Gouvernement de Province, & ne sortiroit pas de la Ville. On lui en offrit un néanmoins qu'il refusa constamment [a]; protestant qu'il faisoit plus de cas de l'affection du Peuple romain, que des emplois lucratifs; & qu'il les sacrifioit volontiers au soin de la cultiver par sa présence, & aux charmes de la vie privée, dont la fatigue des emplois publics l'éloignoit depuis si long-temps [b]. Il se tint en effet pendant près de deux ans à Rome, tranquille & applaudi, *étant homme fort modéré sur tout autre article que l'envie de dominer* [c] [1], jusqu'au moment où le Tribun Gabinius

---

[a] *Zonar. annal.*
[b] *Vell-Pat.*
[c] SALLUST. *fragm.* 121.

[1] Voici le portrait que *Velleïus-Paterculus* nous a laissé de cet homme célebre. « Il n'avoit que vingt-trois ans lorsqu'il fit » de sa tête & à ses propres frais de si » grandes choses pour rétablir l'honneur » de sa patrie, & qu'il les exécuta avec » tant de gloire ; ayant levé une fort belle » troupe dans le Picenum, Pays dont » presque tous les habitans étoient les » cliens de son pere. Il faudroit des vo- » lumes pour parler dignement de ce grand » homme. Je n'en dirai que peu de mots. » Sa figure étoit très-belle, non pas seu- » lement par la beauté du teint & par la » fleur de la jeunesse, mais aussi par l'air » noble & imposant qui convenoit à son » élévation & à sa fortune, & à qui l'âge » n'ôta rien de ce qui prévenoit les yeux » en sa faveur. Il fut toute sa vie irré- » prochable sur l'intérêt, & réglé dans ses » mœurs. Son talent pour l'éloquence » n'étoit que médiocre. Avide au dernier

PLANCHE VI. T. II. Pag. 678

ROMAINE. LIVRE V. 579

donna le fameux requisitoire dont j'ai à parler *a*. On n'a pas su si ce fut d'intelligence secrete avec Pompée, ou seulement pour lui faire sa cour. Mais on peut bien dire que ce ne fut pas en vue du bien public; car c'étoit un méchant homme. Il y a toute apparence que se voyant ruiné [1], & prêt d'être poursuivi

a Vell-Pat. II. 31.

» degré de toute espece de commande-
» mens, il vouloit qu'on les lui déférât
» par honneur, sans qu'il eût l'air d'y
» prétendre. Habile guerrier, Citoyen
» modéré dans Rome, pourvu qu'il n'y
» trouvât point d'égaux; sensible à l'a-
» mitié, sans être implacable ennemi, fa-
» cile à satisfaire quand on l'avoit offensé,
» & fidele à la réconciliation; il n'abusa
» jamais jusqu'à l'excès, ou du moins
» rarement, du pouvoir qu'on lui confioit.
» Comblé d'honneurs, comme il le fut,
» il ne lui seroit rien resté à desirer, si son
» caractere ne l'eût porté à ne pouvoir
» souffrir d'égaux dans une Ville libre &
» maîtresse du monde, où de droit tous
» les Citoyens le sont entr'eux. Ce jeune
» homme, habitué dès le bas âge à servir
» à l'armée sous un pere très-versé dans
» l'art de la guerre, & doué d'un esprit
» qui saisissoit facilement les bonnes cho-
» ses, avoit acquis de bonne heure toute
» l'expérience d'un grand Général. Quoi-
» que Sertorius donnât sur ce point de plus
» grands éloges à Metellus, il craignoit
» cependant Pompée davantage *. ». On
s'appercevra sans peine que *Velleïus* a mis plus de fleurs & d'arrangement dans les termes, que d'exactitude & de vérité dans le portrait de Pompée; sur-tout en ce qu'il dit de sa fidélité pour ses amis, & du

* Vell-Pat. II. 29.

jugement que Sertorius portoit de lui. On ne sera pas fâché de comparer ici le même portrait fait par *Plutarque*, quoique les traits n'en soient pas fort différens. « On
» doit louer, dit-il, sa tempérance dans
» sa maniere de vivre, son application aux
» exercices de la guerre, son éloquence
» pleine de persuasion, la fermeté & la
» constance de ses mœurs, sa bonne foi
» & la fidélité dans ses paroles, la facilité
» de son abord ouvert à tout le monde,
» & le gracieux accueil qu'on en recevoit.
» Car il n'y avoit point d'homme plus
» réservé que lui à demander des services,
» ni plus prompt à en rendre à ceux qui
» lui en demandoient. Quand il donnoit,
» c'étoit sans arrogance; & quand il rece-
» voit, c'étoit avec dignité *. »
« Si Gabinius ne se fût réfugié dans
» cet asyle du Tribunat, jamais il n'auroit
» échappé aux poursuites de ses créan-
» ciers, aux saisies en vertu d'ordonnance
» du Préteur, à la vente de ses biens.
» S'il n'eût donné ce requisitoire au sujet
» de la guerre des pirates, son indigence
» & sa mauvaise fortune l'alloient mettre
» dans le cas de se faire pirate lui-même †. »
Voilà comment Cicéron parle de l'affaire en question & de son auteur, dans un temps où il étoit mécontent de Gabinius.

* Plut. in Pomp.
† Cic. post redit.

Dddd 2

par fes créanciers [a], il efpéra de tirer de Pompée, pour prix d'un tel fervice, quelqu'emploi lucratif qui le meneroit à d'autres plus lucratifs encore : en quoi il ne fe trompa point[1].

Il publia une loi [b], laquelle (après un préambule fur la

[a] *Cic. poſt redit.*

[b] *Zonar. annal. L. X, c. 3.*

[1] Ce ton eſt différent des éloges qu'il en avoit fait, lorfqu'ayant à foutenir en faveur de Pompée la loi Manilia, il vouloit fe prévaloir de l'exemple de tout ce qu'on avoit déjà fait pour le même homme par la loi Gabinia. Cicéron a eu foin de nous avertir que quand il parle en public, il a l'attention de prendre le ton qui convient à fa caufe, & que ce n'eſt pas dans fes plaidoyers qu'il faudra chercher fes véritables fentimens fur les perfonnes & fur les affaires. Il rendit d'importans fervices à Gabinius, qui le paya d'ingratitude, quand il fut enfuite élevé au Confulat avec Pifon. Tous deux l'abandonnerent alors indignement aux perfécutions de Clodius. Lorfqu'il voulut avoir recours à Pifon, celui-ci lui répondit froidement : « Adreffez-vous à Gabinius. C'eſt un » homme ruiné. Vôtre ennemi lui promet » de lui faire avoir un Gouvernement de » Province, dont il ne peut fe paffer pour » raccommoder fes affaires ».

[1] Pompée le choifit pour un de fes Lieutenans, non pas à la vérité lorfqu'il partit (car la nobleffe, outrée de dépit de n'avoir pu mettre obſtacle à la loi, empêcha du moins l'auteur de la loi de la tourner à fon profit), mais dans la fuite, lorfqu'une autre loi, propofée par Manilius, eut revêtu Pompée d'un pouvoir encore plus grand. Gabinius avoit dès-lors en vue de parvenir au Confulat par ce grade, comme il fit. Cicéron le fervit dans cette occafion avec une chaleur qui fut enfuite bien mal récompenfée. Voici de quelle maniere il s'expliqua publiquement à ce fujet. « C'eſt une chofe indigne que d'a- » voir voulu nuire, dirai-je à Gabinius » ou à Pompée ? Difons plutôt à tous deux, » en s'oppofant à ce que Gabinius ne fût » un des Lieutenans de Pompée qui le » demandoit. On peut croire que celui » qu'on jugeoit capable d'être le Chef d'une » pareille entreprife, l'étoit bien auffi de » choifir fes Officiers. On laiffe tous les » jours les Gouverneurs de Province em- » mener tant de gens fubordonnés, qui » ne vont là que pour piller, & l'on ne » voudra pas que l'auteur d'une loi, qu'on » peut appeller la fauve-garde du genre » humain, aille partager la gloire du Chef » qu'il a fait ici nommer à fes propres » périls & rifques! Gabinius a plus que » nul autre le droit de prendre part à tout » ce qui s'exécute en vertu de fa loi. » J'efpere que les Confuls rapporteront » cette affaire au Sénat. Que s'ils héfitent » ou s'en font une peine, je vous protefte » que j'en ferai moi-même le rapport. Il » n'y aura décret ni inimitié qui m'em- » pêche, Romains, de prendre la défenfe » de vos droits & de vos bienfaits. Je ne » refpecterai rien que l'oppofition de vos » Tribuns : mais je penfe que ceux qui » m'en menacent, y réfléchiront plus d'une » fois. Je m'explique ouvertement là- » deffus, en préfence même des perfonnes » intéreffées [*] ».

[*] *Leg. Manil. 17 & fuiv.*

nécessité d'exterminer les pirates, sur le peu de fruit des différens armemens faits contr'eux jusqu'alors, sur la honte que cette longue tolérance imprimoit au nom romain) portoit; *que le Peuple choisiroit parmi les Consulaires un Général pour cette expédition: qu'il seroit pendant trois ans revêtu d'un plein pouvoir absolu & indéfini sur toutes les mers intérieures, jusqu'aux colonnes d'Hercule; ainsi que sur toutes les côtes, jusqu'à cinquante milles au dedans des terres, & dans toutes les Provinces même consulaires: qu'il seroit autorisé à choisir parmi les membres du Sénat seize Lieutenans, à chacun desquels il pourroit donner un département de Province; à tirer du trésor public ou des fermiers généraux toutes les sommes dont il auroit besoin; à équiper deux cents voiles; à faire telles levées qu'il lui plairoit parmi les Citoyens; à prendre chez les alliés telles forces qu'il voudroit, soit de terre ou de mer.* Pompée n'étoit nommé ni indiqué dans la loi: mais il étoit clair que le Peuple n'en prendroit pas un autre. Sa haute réputation avoit depuis plusieurs années fixé sur lui les regards de toute la terre. On le regardoit comme le seul homme qui fût également propre à tout. Aussi, dès la premiere ouverture que Gabinius en fit au Peuple, on lui répondit par acclamations, en ajoutant le nom de Pompée.

L'accueil qu'on lui fit au Sénat fut très-différent. Le remede y parut pire que le mal. *C'est donc ici*, s'écria-t-on, *le partage de l'univers fait dans l'Olympe, où Neptune eut pour son lot l'empire de la mer & toutes ses isles* [a]. A vrai dire, c'étoit faire une loi pour mettre, à peu de choses près, le monde entier sous le pouvoir arbitraire d'un seul homme. Cette étendue d'autorité, jusqu'à cinquante milles dans les terres, n'exceptoit que peu d'espace dans les Provinces de la domination romaine, & engloboit d'autres royaumes & des nations entieres. Ce pouvoir immense & sans bornes parut à la noblesse, sinon dan-

[a] *Lactant. institut.*

gereux, du moins extravagant. Il faut pourtant convenir qu'il différoit peu de celui dont on avoit peu d'années auparavant revêtu Marc-Antoine. Mais les exemples font leur effet selon les personnes : toutes ne donnent pas les mêmes craintes. On l'avoit souffert sans réflexion pour Marc-Antoine, qui n'étoit pas même digne d'inspirer de la jalousie. On le vit d'un autre œil pour un homme qui ne disposeroit qu'à sa volonté d'une puissance illimitée, où il n'auroit de retenue que selon son libre arbitre *a*. A la simple lecture de la loi, non-seulement la réclamation fut presque universelle, mais quelques Sénateurs *s'enflammerent d'une colere si peu mesurée* *b*, qu'ils se leverent subitement pour se jeter sur le Tribun. Il auroit peut-être eu le même sort que Tiberius-Gracchus, s'il ne se fût au plus vîte échappé.

Quand la populace apprit au *Forum* ce qui venoit de se passer à la Curie, elle y courut avec la même fureur. Elle auroit sans difficulté massacré le Sénat, s'il ne se fût déjà séparé. Elle ne put saisir que Pison, alors Consul (désigné), contre qui elle étoit sur-tout irritée d'un propos qu'il venoit de tenir à Pompée, en lui disant *que puisqu'il vouloit ainsi marcher sur les traces de Romulus, il n'éviteroit pas sa fin malheureuse* *c*. Pison alloit payer de sa vie pour tous les autres, si Gabinius n'eût intercédé pour lui *d*.

LII. Opposition des autres Tribuns, Dissimulation de Pompée.

Les Grands voyant leurs jours en danger, n'oserent plus agir directement. Ils s'adresserent aux collegues de Gabinius, pour les porter à former opposition à la loi : ils en gagnerent deux, Tremellius & Roscius-Othon. Les autres, trop effrayés de ce qui s'étoit passé, refuserent de s'engager à cette démarche. Pompée lui-même, en qui la physionomie la plus honnête ¹ cachoit

a Vell-Pat. ibid.
b SALLUST. *fragm. 365.*
c Plut. in Pomp. 1154.
d Dio-Cass. Liv. XXXVI.

¹ Nul homme de son temps n'avoit une figure plus noble & plus distinguée. « Dès » ses premieres années, dit *Plutarque*, la » beauté de son visage lui gagna l'affection

l'ame qui l'étoit le moins [a] [1], se rangea du côté du Sénat, avec des protestations publiques que tout ceci se passoit contre son

[a] SALLUST. fragm. 25.

» de ceux qui l'approchoient : car il pré-
» venoit en sa faveur avant qu'il eût parlé ;
» l'agrément qui y étoit répandu étant ac-
» compagné d'une certaine gravité douce
» & humaine : & dans sa jeunesse, à tra-
» vers cette fleur, on voyoit éclater un air
» de dignité & de majesté qui marquoit
» la décence de ses mœurs, & qui lui at-
» tiroit le respect de tout le monde. Il
» avoit les cheveux relevés, les yeux hu-
» mides & brillans, & le regard fin. On
» prétend qu'il ressembloit à Alexandre :
» & ses flatteurs lui répétoient souvent ce
» propos, qui lui plaisoit fort. Il ne me
» semble pas cependant que cette ressem-
» blance ait rien de bien marqué dans les
» portraits que nous avons de ce dernier.
(*Plutarque a raison*. Leurs statues ne se ressemblent point). « La courtisane Flore,
» si célebre par ses graces & par sa beauté,
» qu'on a placé son portrait dans le temple
» de Castor, devint éperdument amou-
» reuse de Pompée. Cette passion l'occupa
» toute sa vie. Elle en parloit encore sur
» la fin de son âge, & racontoit naïvement
» que le plaisir qu'elle avoit étant couchée
» avec lui, donnoit à ses caresses des trans-
» ports qui alloient au dernier excès de
» l'emportement. Elle assuroit que tant
» qu'elle avoit eu Pompée, elle n'avoit
» jamais voulu voir aucun autre homme :
» que Geminius entr'autres lui avoit inu-
» tilement marqué la plus vive passion,
» & fait les offres les plus séduisantes ;
» jusqu'à ce qu'enfin Pompée, touché de
» cet affolement de Geminius, qui étoit
» son intime ami, la lui céda & ne la vit
» plus ; mais qu'elle étoit persuadée que

» quoiqu'il eût cessé de la voir, il n'avoit
» pas cessé de l'aimer : que pour elle, le
» regret d'avoir été quittée, lui donna une
» maladie qui l'avoit quasi mise au tom-
» beau [*] ». Pompée conserva long-temps les agrémens de sa figure. Quoiqu'il eût six ans plus que César, dont il épousa la fille Julie, cette jeune personne l'aimoit avec la plus grande vivacité. Elle fut si frappée de voir un jour ses domestiques rapporter un habit de son mari taché de sang, que se figurant qu'il venoit d'être blessé dans quelque tumulte populaire, elle tomba évanouie à cette seule vue. Elle étoit grosse alors ; cette chûte lui fit faire une fausse couche, dont elle mourut. Comme elle avoit été le gage de la réunion de ces deux puissans rivaux, sa mort fut de même le signal des nouvelles brouilleries entre le beau-pere & le gendre, qui en-traînerent bientôt après les guerres civiles & la destruction de la République.

« Il y avoit à Rome, dit *Pline*, un
» homme du Peuple nommé Vibius, &
» un affranchi nommé Publicius, qui res-
» sembloient à Pompée à s'y méprendre ;
» tant leurs traits & leurs physionomies
» représentoient fidélement cette belle tête,
» sur laquelle on avoit accumulé tant d'hon-
» neurs [†] ». On ne peut douter que ce bel extérieur n'eût beaucoup contribué à lui procurer, dès sa jeunesse, cette grande faveur du Peuple, qui est volontiers frappé de la noblesse & des agrémens de la figure, dans un homme d'un rang considérable.

[1] Le trait que Salluste lâche ici contre Pompée, a été amèrement relevé par les

[*] *Plut. in Pomp.* 1131.   [†] *Plin. VII.* 2.

gré. Témoin de l'exceſſive jalouſie & de la prodigieuſe répugnance de la nobleſſe, il crut devoir diſſimuler, & même parler au Peuple pour le diſſuader de ratifier *une loi dont il deſiroit la ſanction avec la derniere ardeur* [a]. En général, c'étoit aſſez ſa maniere d'avoir l'air de ne point vouloir des choſes qu'il ambitionnoit le plus. Il mettoit une ſorte de gloire à les obtenir après les avoir refuſées, comme étant le ſeul qu'on en eût trouvé digne. Il jugeoit d'ailleurs qu'une affaire pouſſée ſi loin tourneroit à ſa honte, ſi elle venoit à échouer [b]. Comme on connoiſſoit *à quel point il étoit dévoré d'ambition* [c], perſonne ne fût la dupe de ſa manœuvre : &, dans le vrai, cet homme, mis dès ſa premiere jeuneſſe à la tête des armées, y avoit tellement contracté l'habitude du pouvoir ſouverain, qu'il ne lui étoit plus guere poſſible de ſe tenir long-temps à Rome dans la

[a] Sallust. *fragm.* 470.
[b] Dio-Caſſ. ibid

[c] Sallust. *fragm.*

partiſans de ce dernier. Lenæus, un de ſes affranchis, zélé pour ſa mémoire, écrivit à ce ſujet contre Salluſte une ſatyre violente & groſſiere, où il lui prodigue les injures de *laſtaurum, lurconem, nebulonem, popinonem*, d'homme auſſi infame par ſa vie que dans ſes écrits, d'ignorant, d'impertinent plagiaire des vieux mots du vieux Caton [*]. Mais tout ce qu'on peut dire de ce trait que s'eſt permis Salluſte, & de quelques endroits de ſon hiſtoire peu favorables à Pompée, c'eſt qu'il connoiſſoit fort bien le caractere de cet homme ſi vanté, & qu'il n'en faiſoit pas grand cas. A la vérité Salluſte n'étoit pas de ſes amis, étant attaché à Céſar & à la faction populaire. Mais ni les liaiſons ni l'eſprit de faction n'influoient ſur lui, lorſqu'il avoit une fois la plume à la main pour

[*] Sueton. *de grammat.* 15.

écrire l'hiſtoire. On lui a toujours rendu cette juſtice, qu'il ne s'étoit jamais livré à la ſatyre, ni à l'aigreur, aux dépens de la vérité. On ne nie pas que Salluſte n'ait été tout auſſi mal-honnête homme, tout auſſi dépravé dans ſa conduite, dans ſes mœurs, dans l'adminiſtration de ſon Gouvernement, que ceux dont il peint la corruption avec tant d'énergie. Mais, comme Hiſtorien, on a toujours fait l'éloge de ſa véracité & de ſon impartialité. Les perſonnes bien verſées dans l'hiſtoire de ce temps, ne porteront pas un autre jugement de Pompée, que celui que Salluſte en a porté dans le cours de ſon hiſtoire. Ils s'étonneront de lui voir une réputation ſi ſupérieure à ſon mérite, & reconnoîtront qu'il la devoit bien plus à la prévention populaire, qu'à ſes talens, qui n'ont pas été fort au deſſus du médiocre,

condition de simple particulier. Les deux Tribuns opposans persisterent dans leur résolution, ainsi que la noblesse, à la tête de laquelle étoient Hortense [1] & Catulus. Les seuls de ce corps

[1] Hortense, l'un des hommes de son temps qui eut le plus de crédit & de réputation, l'un des sept Chefs de la noblesse, que le Peuple nommoit les sept tyrans, étoit fils de L. Hortensius, Préteur de Rome, puis Gouverneur de Sicile [*], & de Sempronia, petite-fille de Tuditanus. Il naquit vers l'an 640, d'une illustre & ancienne maison Plébéienne [**], qui avoit donné un Tribun du Peuple en 331, & un Dictateur en 467. Il servit à la guerre sociale en qualité de Tribun ou Commandant d'une légion, puis en Asie contre Mithridate, sous Sylla, dont il fut Lieutenant. En 678 il exerça la Charge d'Edile avec grande magnificence, & se rendit fort agréable au Peuple par une distribution de bled au dessous du prix courant. Quoique légere pour chaque pauvre Citoyen, ils regarderent cette petite quantité comme un vrai soulagement, dans un temps de grande cherté des grains. De l'Edilité, il passa à la Préture, puis au Consulat en 684. Goltzius nous a donné une médaille d'Hortense, qu'il rapporte à son Consulat. D'un côté, une tête de Rome ailée. De l'autre, les Dioscures. Q. HORTENSIUS. ROMA [†]. Mais je passe légèrement sur ses emplois, pour m'étendre sur deux points; son éloquence, qui le rendoit si puissant dans Rome, & les petites particularités de son caractere & de sa vie: le personnel des hommes de grande autorité dans un Etat, servant, quelquefois mieux que les grands faits, à faire connoître l'esprit & les usages de chaque siecle.

Jamais talent ne fut si marqué, ni de si bonne heure. Dès sa premiere jeunesse, « lorsqu'il parut au barreau, tel qu'une » belle statue de Phidias, il n'eut qu'à se » montrer, pour arracher à la premiere » vue tous les applaudissemens [*] ». Il n'avoit alors que dix-neuf ans. Bientôt on le chargea des plus grandes affaires, malgré le nombre des grands Orateurs plus âgés que lui, qui florissoient dès-lors. Crassus, l'un d'eux, leur dit à ce sujet: « Voici un jeune homme qui vous rem- » placera, s'il ne vous supplante. Quelle » vivacité d'esprit ! quelle mémoire pro- » digieuse ! que de recherche & de sagacité » dans ses connoissances & dans son » travail ! quelle ardeur à se perfection- » ner ! ». Et en effet, on lui donna bientôt d'une commune voix le nom de roi du barreau [**]. A l'égard de la mémoire, « je » n'en ai jamais vu de pareille, dit Cicé- » ron [†], sur-tout pour les phrases & pour » les mots; car celle de Lucullus l'em- » portoit encore sur la sienne pour le sou- » venir des faits [¶]. Tout ce qu'il avoit » médité, il le rendoit, sans l'avoir écrit, » dans les mêmes termes qu'il l'avoit com- » posé dans sa tête; & de même tout ce » que ses contradicteurs lui avoient ob- » jecté ». On raconte que, sur un défi qui lui fut fait par Sisenna, il passa la journée

[*] Cic. Verrin. III. 16.
[**] Cic. pro Arch. 3.
[†] Voy. n°. IV.

[*] Cic. in Brut. 64.
[**] Asc-Ped. argum. in divinat.
[†] Tusculan. I. 4.
[¶] Id. Académ. II. 1.

à une vente à l'encan, & rapporta le foir, article par article, en leur ordre, toutes les chofes vendues, à qui, & à quel prix; ce qu'on vérifioit à mefure fur le procès-verbal de l'huiffier prifeur *.

« Il avoit, continue *Cicéron*, plus d'ar-
» deur pour fon métier que je n'en ai vu
» à perfonne. Il ne paffoit aucun jour fans
» parler au barreau, ou fans compofer
» dans fon cabinet. Très-fouvent même
» il faifoit l'un & l'autre. Il avoit le bril-
» lant & la propriété du ftyle, l'abondance
» & l'élégance de la compofition, le mé-
» rite de l'exactitude, à ne rien omettre
» de ce qu'il falloit établir ou réfuter; &
» par là-deffus, le fon de la voix harmo-
» nieux & doux. Sa maniere vive &
» élevée, pleine de chaleur dans le lan-
» gage & dans l'action, étoit d'ailleurs
» neuve & peu commune. Il excelloit
» pardeffus tout autre en deux chofes, à
» divifer fa matiere, & à réfumer les
» objections & fes réponfes ** », mettant la plus grande attention à partager fes difcours par divifions & fous-divifions, pour les rendre plus méthodiques & plus clairs. *Cicéron* fe moque quelquefois de cette exactitude trop fcrupuleufe; comme fi, dit-il, un difcours devoit être fait comme la main de l'homme, divifée en doigts & fous-divifée en articulations. Plaidant contre lui pour Quinctius, il lui dit: « Je vais d'avance partager mon dif-
» cours en certains points fixes, auxquels
» je me reftreins. Ce que vous faites tou-
» jours & favez fi bien faire, parce que
» la nature vous en a donné le talent, le
» genre de ma caufe me donne la facilité
» de le faire auffi pour cette fois. Je vais

* *Senec. controverf. I. 1, in prœm.*
** *Cic. in Brut. 88.*

» me mettre dans des entraves formant une
» barriere dont je ne pourrai plus fortir *.
» Quoiqu'en général cette méthode d'Hor-
» tenfe foit bonne, il faut pourtant, dit
» *Quintilien*, éviter de la porter trop loin,
» & de charger un difcours oratoire de
» coupures & d'articles: ce qui lui donne
» de la fécherefle, & lui ôte beaucoup de
» fa grace ** ».

Il animoit fon débit par le gefte; mettant dans fes mouvemens peut-être plus d'art qu'il n'eft convenable à un Orateur. Il attachoit affez de prix à la grace extérieure, pour y donner plus de foin encore qu'à fa compofition. « Auffi n'alloit-on
» pas moins pour le voir que pour l'en-
» tendre; tant fon action & fes difcours
» correfpondoient jufte l'un à l'autre, &
» fe faifoient réciproquement valoir. Efope
» & Rofcius, acteurs célebres, ne man-
» quoient guere à fe trouver au barreau,
» lorfqu'il parloit, pour fe perfectionner
» fur fon modele † ». *Cicéron* l'a raillé fur fon gefte, comme trop fréquent & trop théatral ††. Il n'approuve pas que l'Orateur prenne la maniere du théatre. « Les geftes
» y font, dit-il, trop détaillés, & les
» inflexions trop variées pour le barreau.
» Dans l'action, le Comédien peut travailler
» fes phrafes: mais l'Orateur ne doit tra-
» vailler que fon rôle; c'eft-à-dire, ne
» prendre que le ton général convenable
» au genre de fa caufe. Le Comédien eft
» un imitateur de la vérité: mais l'Ora-
» teur eft un acteur de la vérité ¶ ». Cette étude trop marquée, & quelqu'affectation

* *Id. pro Quint. 10.*
** *Quintilian. IV. 5.*
† *Val-Max. VIII. 10. 2.*
†† *Cic. Verrin. III. 19.*
¶ *Cic. de Orat. III. 56.*

à faire briller fa belle main dans le gefte, fit appeller Hortenfe *le Comédien*. Quelqu'un prétendit qu'il feroit mieux nommé *la Pantomime*. Dans la caufe de Sylla, Torquatus, homme d'humeur bourrue, s'écria: *Vous l'appellez* Comédien... *Dites plutôt danfeufe. Ne fembleroit-il pas voir Dionyfia dans un ballet pantomime?* A quoi Hortenfe lui repliqua d'un ton affectueux & doux : *Mon cher Torquatus, j'aimerois mieux encore reffembler à Dionyfia, que d'avoir été comme vous fait par la nature en dépit des Mufes, de Vénus & de Bacchus.* (Il y a dans la réponfe d'Hortenfe un jeu de mots fur les expreffions grecques *Dionyfia* & *Dionyfos* *).

Au jugement même des contemporains d'Hortenfe, & de ceux qui l'ont fuivi de près, il paroit mieux qu'il n'écrivoit. Le débit faifoit beaucoup valoir fes difcours. « Ils font, dit *Quintilien*, au deffous de la
» réputation d'un homme qui a été long-
» temps le premier de nos Orateurs, &
» enfuite le fecond. Il faut qu'il y mît,
» en les prononçant, un grand agrément,
» dont nous ne jouiffons plus. Quelque
» valeur que la compofition donne aux
» chofes, il faut avouer que le fon de la
» voix, l'accent & le gefte, y ajoutent
» encore beaucoup plus de force. L'effet
» devient merveilleux, lorfque tous ces
» points fe trouvent réunis à un certain
» degré de perfection † ».

Après fon Confulat, fe voyant accrédité, riche, & dans l'abondance de toutes chofes, fon goût naturel pour les plaifirs prévalut un peu fur celui que, dès fa premiere jeuneffe, il avoit eu pour fon art. Une vie tranquille & moins occupée lui

* *A. Gell. noct. att. I, 5.*
† *Quintil. XI, 3.*

parut plus heureufe. Il refufa le Commandement de l'ifle de Crete qui lui étoit tombé en partage, & fe montra moins fréquemment au barreau pendant quelques années. « Pendant ce temps, dit *Cicéron*, il négli-
» gea beaucoup plus fa compofition. Il fal-
» loit à la vérité être connoiffeur, pour
» s'appercevoir que fon difcours n'étoit
» plus fi châtié ni fi rapide. C'étoit comme
» un beau tableau, dont le coloris perd
» tous les jours quelque chofe de fon pre-
» mier éclat. Mais l'émulation qui régnoit
» entre nous deux le réveilla, quand il
» vit que je m'étois, ainfi que lui, élevé au
» Confulat. Il ne voulut pas refter inférieur
» en talent à celui qui lui étoit devenu
» égal en dignité * &, quoique mon élé-
» vation lui eût d'abord donné quelque
» petite jaloufie, je dois dire que, pen-
» dant les douze années qu'il a furvécu,
» nous n'avons prefque pas ceffé de refter
» fort unis, nous déférant avec honnêteté
» la palme l'un à l'autre * ». Un an feulement avant fa mort, il plaida encore pour Meffala fon neveu, accufé de brigues, avec autant d'éclat & de fuccès que jamais. Cicéron, qui n'avoit pu l'entendre, étant alors abfent, convient, après avoir lu cette harangue, que c'eft une des meilleures pieces d'Hortenfe, quoiqu'il l'eût donnée au public telle qu'il l'avoit prononcée, fans la retoucher ‡. On l'y retrouve à peu près « tel qu'il étoit, dit-il, dans fon bel
» âge, preffant & fleuri, quoique toujours
» un peu trop animé dans la parole &
» dans le gefte; tout autre en un mot que
» vous n'avez pu le voir, Brutus, dans
» un temps où il étoit déjà tombé †.

* *Cic. Brut. 93.*
‡ *Ibid. 96.*
† *Ibid. 92.*

» Après tout, il est assez naturel qu'il n'ait
» pas eu le même succès dans le déclin
» de l'âge que dans sa jeunesse. Ceci tient
» à son genre d'éloquence ornée & fleurie,
» avec une abondance asiatique, une foule
» de traits sententieux, brillans ou déli-
» cats, plus souvent agréables que placés
» & nécessaires, un style véhément &
» plein de saillies, mais dont on voit
» néanmoins que l'arrangement est com-
» passé. Ce ton sied mieux dans la bouche
» d'un jeune homme que dans l'âge avancé.
» Il a trop de graces & de fécondité pour
» un homme d'Etat revêtu de grands em-
» plois qui demandent un ton plus austere,
» un caractere plus sérieux. C'étoit bien
» toujours le même Orateur, le même
» style: mais le succès n'étoit plus égal,
» parce qu'on n'y trouvoit plus la même
» convenance. Notre éloquence doit, pour
» ainsi dire, blanchir avec notre tête,
» acquérir sa maturité, prendre un certain
» air de vieillesse *. Quoique la compo-
» sition d'Hortense, limée avec soin &
» recherchée, n'en restât pas moins vive
» & pleine de feu, cependant cette atten-
» tion, trop grande dans la recherche du
» style, n'étoit plus si bien séante à la
» gravité d'un vieillard. J'ai vu plus d'une
» fois Philippe s'en moquer, & même s'en
» courroucer contre Hortense. Mais nos
» jeunes gens admiroient & applaudis-
» soient, & la multitude des auditeurs
» étoit remuée ** ».

Voici le catalogue de ses plaidoyers connus, tel que je l'ai pu recueillir de la mention qu'on en trouve dans les écrits des Anciens.

Pour la Province d'Afrique. Ce fut sa
* Cic. Brut. 2.
** Ibid. 95.

premiere cause en 658, sur laquelle Catulus, le vainqueur des Cimbres, dont Hortense venoit d'épouser la fille, prit la plus haute opinion de son gendre *.

Pour le roi de Bithynie, vers l'an 661 **.

Pour Pompée, accusé de péculat, & demandant d'être envoyé en possession de la succession de son pere. Philippe & Hortense plaiderent pour lui : mais Hortense, quoique le plus jeune, fût le plus applaudi †.

Pour Dolabella.

Pour Sext-Nævius, contre Quintius, défendu par Cicéron au Tribunal du Préteur Aquilius-Gallus, en 672.

Pour Verrès, Préteur de Sicile, accusé de concussions par Cicéron, en 683. Cicéron pressant Verrès d'une maniere assez subtile, Hortense s'écria : *Je n'entends rien aux énigmes. Vous avez pourtant chez vous un beau sphynx*, lui repliqua Cicéron, le raillant d'une excellente figure de cette espece en airain de Corinthe, qu'il avoit reçue en présent de Verrès son client ¶.

Contre la loi somptuaire, que les Consuls Pompée & Crassus vouloient publier. Il les en détourna, & fit tomber la loi d'une maniere assez adroite, en faisant l'éloge de la magnificence des deux Consuls, & du grand état de maison qu'ils tenoient, convenablement à leur dignité & à la dépense qu'il étoit à propos de faire dans une ville telle que Rome, la premiere de l'univers, & toujours remplie de gens considérables qui y abordoient de toutes parts. Les Consuls eurent en quelque maniere honte de proposer aux autres ce

* Cic. de Orat. III. 61.
** Ibid.
† Cic. Brut 64.
¶ Quintilian. VI. 3.

que tout publiquement ils obſervoient aſſez mal eux-mêmes *.

Contre la loi Gabinia.

Contre la loi Manilia, ſoutenue par Cicéron.

Pour Murena, de concert avec Cicéron alors Conſul.

Pour P. Sylla, auſſi défendu par Cicéron, en 691.

Pour Rabirius, probablement en 699, & encore de concert avec Cicéron.

Pour ſon neveu Valerius-Meſſala, fils d'Hortenſia ſa ſœur, accuſé d'avoir corrompu par argent les ſuffrages du Peuple, & mis en juſtice aux termes de la loi Licinia, faite par Craſſus, contre les brigues (environ l'an 702). Cicéron juge cette harangue digne du meilleur temps d'Hortenſe: la cauſe étoit très-difficile à défendre. L'accuſé dut ſon abſolution bien plus au crédit de ſon défenſeur, qu'à la juſtice de ſa cauſe. Voici la lettre ſinguliere que Cœlius écrit là-deſſus à Cicéron. « Rien » n'eſt plus vrai, je vous le dis, & j'étois » préſent quand le jugement a été prononcé: il a été abſous, & même par les » ſuffrages des trois ordres, mais d'une » voix ſeulement dans chaque ordre. Eh » bien! vous voyez, m'allez-vous dire. » Non par ma foi, je ne vois rien. Jamais » il n'y eut d'événement ſi contraire à ce » qu'on attendoit, & qui ait tant indigné » tout le monde. Moi-même, qui ſollicitois pour lui, vu la liaiſon qui eſt » entre nous, & qui me préparois aux » condoléances, quand j'ai entendu prononcer, je ſuis reſté tout ſtupéfait, & » j'ai cru que les oreilles me cornoient: » jugez des autres. Tout le public s'eſt » mis à clabauder contre les Juges, à dire

* Dio-Caſſ. l. 39.

» que cela étoit intolérable; que cela ne ſe » paſſeroit pas ainſi. On n'a pas rayé notre » homme du tableau des accuſés. Il eſt toujours ſous la loi Licinia, & peut-être en » plus mauvaiſe poſture qu'auparavant. » Joignez à ceci que le lendemain Hortenſe » eſt venu ſe montrer au théatre de Curion, pour jouir en public de ſon triomphe, à ce que j'imagine. C'eſt là qu'il y » a eu des frémiſſemens, des cris, des » huées; ce qu'on a d'autant plus remarqué, qu'Hortenſe, quoiqu'en un âge aſſez » avancé, n'avoit de ſa vie été ſifflé: mais, » à cette fois, il en a eu pour le jour & » pour le lendemain, & croyez que quelqu'un qui l'a été de cette façon, en a » aſſez pour toute ſa vie, & peut avoir » regret à ſa victoire * ». La prédiction de Cœlius fut réaliſée: car l'affaire de Meſſala, laiſſée ſur le tableau, ayant été repriſe d'abord après la mort d'Hortenſe, l'accuſé fut condamné **. Hortenſe avoit beaucoup d'amitié pour ſon neveu, & quelque deſſein de le nommer ſon héritier, par préférence à ſon propre fils, dont il avoit long-temps ſupporté le mauvais caractère & la mauvaiſe conduite avec la plus grande douceur. C'eſt ce qu'il fit entendre aux Juges de ſon neveu, dans l'endroit de ſon plaidoyer où il leur dit: « Si vous le condamnez, il ne me reſtera donc plus de » conſolation dans ma famille & dans l'intérieur de mon domeſtique, que de faire » venir quelquefois mes petits-enfans pour » les careſſer. Car vous ne ſavez que trop » que mon fils doit être plutôt compté » dans les tourmens, que dans les plaiſirs » de ma vie †. » Et quelque dure que

* Cœl. epiſt. in famil. VIII. 2.
** Ibid. ep. 4.
† Hortenſii. fragm. ap. Val-Max.

fût cette apostrophe contre son fils, il ne la retrancha pas de son plaidoyer, lorsqu'il le donna au public. Cependant il ne le déshérita pas, quelque mécontent qu'il en fût, disant que, quoiqu'il pût faire passer sa succession directement à ses petits-enfans, il ne vouloit pas intervertir l'ordre de la nature, & que si, pendant sa vie, il avoit rendu justice à son fils, en l'éloignant de lui pour ses mauvaises mœurs, il ne vouloit pas à sa mort déshonorer son propre sang *.

Pour Appius-Claudius, l'année suivante. Ce fut la derniere fois qu'il parut en public. Un effort dans l'action lui causa une rupture interne qui occasionna sa mort **.

Je trouve une indication d'une ou de deux autres harangues d'Hortense, inconnues d'ailleurs, de Censura, de bello Allobrogum, dans un reste d'antiquités fort curieux, qui ne me paroit pas suspect de supposition. C'est un fragment d'un ancien registre journal de Rome (acta diurna), que Dodwell dit avoir tiré d'un manuscrit d'Isaac Vossius, & qu'il a inséré, in appendic. ad prælect. Camden. p. 690. Il est dit dans ce fragment de journal, qui tombe sur les 11, 28 & 30 Août 691, Silan. & Muren. Coss. que le 30 Août, sur le soir (ad III. Kal. Septembr.), Hortense parla sur la Tribune au sujet des deux affaires ci-dessus. Q. Hortensius sub vesperum orationem habuit pro rostris de Censura & bello Allobrogum. Selon l'apparence, cette guerre des Allobroges étoit celle à laquelle on apprit cette année que leur nation se disposoit, mécontente de la maniere dont les choses se passoient à leur égard, après le service important que leurs députés venoient de rendre à la République, en découvrant la conjuration de Catilina *. Le fragment du registre journal contient quelques autres faits relatifs à la conjuration. On trouvera dans mes Notes latines du Catilina, cette piece singuliere & très-peu connue.

Entiérement adonné à la rhétorique, à soutenir le parti des grands dans les affaires d'Etat & à ses plaisirs, il faisoit peu de cas de la philosophie grecque, & n'approuvoit pas qu'on perdît du temps à cette étude. Cicéron, qui en étoit grand partisan, entreprit l'apologie de ce genre d'étude dans un ouvrage que nous n'avons plus, où il combat le sentiment de son ami **. Mais Hortense ne négligeoit pas de même la poësie. Il avoit écrit un petit poëme grec sur la maniere d'élever & de rendre domestiques les animaux sauvages, intitulé Θηριοτροφειον ; prenant le fond de son sujet de la fable d'Orphée, qui les attire au son de sa lyre, & s'en fait suivre †.

La bonne intelligence entre Hortense & Cicéron ne fut altérée que dans une circonstance, sur un soupçon peut-être mal fondé de la part de ce dernier. Celui-ci, lorsqu'il fut chassé de Rome, crut avoir lieu de se plaindre d'Hortense, avec qui il avoit jusques-là vécu en grande liaison. Il le fait avec beaucoup d'amertume dans les lettres écrites à son frere, du lieu de son exil. Aigri par son malheur, & accablé de chagrin, il s'en prend volontiers à tout le monde, sur-tout à ceux qui lui ont conseillé de céder aux circonstances, & de quitter pour un moment la partie ; soupçonnant fort Hortense d'avoir abusé de son trouble, & de l'avoir engagé dans cette

* Val. Max. V. 4. 2.
** Q. Seren. ap. Glandorp.

* Voy. l'histoire suiv. n°. 37.
** Cic. de finib. I. 1.
† Varr. R. R. III. 13.

démarche, pour faire indirectement sa cour à Pompée. « Je ne sais pas trop, marque-t-il à son frere, si vous pouvez vous fier à Hortense. Arrius & lui sont venus chez moi chaque jour avec les plus grandes démonstrations d'une feinte amitié, avec les instances les plus vives & les plus assidues. Je ne peux vous dire combien ils ont mis de noirceur & de perfidie dans toute cette affaire. C'est par leurs conseils, par leurs belles promesses & par leurs beaux raisonnemens, que je suis tombé dans l'excès d'infortune où je me trouve plongé. Ne dites rien de ce que je vous marque ici; car cela pourroit vous faire tort à vous-même; prenez y garde. Tâchez même de ménager encore Hortense par le moyen d'Atticus.... Tous ces gens-là se tuoient de me dire: vous ne ferez pas trois jours hors de Rome, sans y rentrer couvert de gloire.... ma grande faute est de les avoir crus. Mais je me ferois jugé criminel en les soupçonnant; d'autant mieux qu'ils ont visiblement agi contre leur propre intérêt * ». Cicéron paroît avoir ici d'autant plus de tort, que dans sa querelle avec Clodius, laquelle avoit donné naissance à la persécution excitée contre lui, Hortense l'avoit assisté au péril de sa vie, ayant été au moment d'être tué par les satellites de Clodius, en accompagnant son ami †. Aussi la mauvaise humeur de Cicéron n'eut-elle pas de durée. Il reprit bientôt ses anciens sentimens pour son ami; &, à son retour, leur liaison fut renouée comme auparavant. « La nouvelle de sa mort, que j'appris, dit-il, à Rhodes, en revenant de mon Gouvernement de Cilicie (par une lettre de Cœlius, qui la termine en ces mots: *Au moment où je vous écris, Hortense vient d'expirer* *), m'affligea réellement beaucoup plus qu'on ne le croyoit. Je perdois un ami dont la société m'étoit très-agréable, & d'un grand secours dans notre liaison continuelle de devoirs & d'affaires. Je voyois la dignité de notre college des Augures affoiblie par la perte d'un de ses principaux membres, qui m'avoit lui-même présenté & fait entrer dans le corps, qui avoit juré pour moi, & qui, selon nos réglemens, m'y servoit de pere. Cet excellent homme, enlevé à la République dans un temps déjà si malheureux pour elle, où nous voyons si peu de gens sages & bons Citoyens, lui laisse de grands regrets de n'être plus soutenue de sa prudence & de son autorité. De mon côté, j'ai perdu, non, comme bien des gens le croient, un rival de ma renommée, mais plutôt un associé, dans la même carriere de nos glorieux travaux. N'étoit-il pas plus honorable pour moi de lutter contre un tel adversaire, que de n'avoir pas eu à le combattre; d'autant mieux que, loin de nous traverser l'un & l'autre dans notre course, nous ne songions réciproquement qu'à nous aider, nous avertir, & nous encourager? Il a toujours vécu heureux, & il est mort plus à propos pour lui que pour son siecle, dans un moment où il alloit être plutôt dans le cas de gémir sur le sort de la République, que de pouvoir la secourir. Il y a vécu tant qu'on y pouvoit vivre encore avec quelque satisfaction, & il n'a pas ce désagrément particulier, dont il seroit

* Cic. ep. ad Quint. l. 3 & 4.
† Cic. pro Milon. 14.
* Cœl. ep. 13. ad fam. L. VIII.

» sensiblement touché, de voir notre bar-
» reau, ce brillant théâtre de sa gloire,
» digne alors des oreilles de Rome &
» d'Athenes, aujourd'hui désert & privé
» de tout ornement *..... Sa voix s'est
» éteinte avec sa vie, & la mienne avec
» la vie de la République **.... Je suis
» désespéré, écrit-il encore à Atticus, de
» la mort d'Hortense. Je comptois, à mon
» retour, vivre en plus grande union que
» jamais avec lui † ».

Le goût délicat d'Hortense lui faisoit apporter la même attention, la même recherche à ses meubles, à ses vêtemens, à sa table, à ses jardins, qu'à son style. Il alloit là-dessus jusqu'à la petitesse, & l'on en rapporte des traits qui tiennent même de la puérilité. Il mettoit une propreté curieuse à son habillement, ajustant avec grace tous les plis de sa robe, avant que de la ceindre; & prenant garde d'y rien déranger en marchant: jusques-là, qu'ayant une fois été pressé & froissé par un passant dans une rue étroite, il voulut lui en faire une affaire en forme, comme pour injure reçue. Ce foible pour la parure lui étoit commun avec Démosthene ¶. Les jardins de sa maison de Tusculum étoient tenus avec le plus grand soin, sur-tout les allées de jeunes platanes, qu'il avoit la petite manie de faire arroser de vin ¶¶. Ce n'étoit pas, ce me semble, se montrer fort habile en botanique. Un jour il pria Cicéron, dans une affaire où ils devoient tous deux parler au barreau, de changer d'heure avec lui, parce qu'il falloit, dit-il, qu'il allât lui-même arroser ses platanes.

* Cic. in Brut. 1. ** Ibid. 96.
† Id. ad. Attic. VI. 6.
¶ Aulugell. I. 5.
¶¶ Macrob. Saturn. III. 15.

Le paon, oiseau venu du Pays étranger, étoit encore fort rare de son temps à Rome. Il en fit le premier servir sur table, dans un repas qu'il donnoit à ses confreres du college des Augures, lorsqu'il y fut reçu. Ce mets recherché devint bientôt plus commun : on les engraissoit comme des poulardes *. Il étoit du nombre des curieux de poissons, que Cicéron appelloit en plaisantant, *Messieurs des viviers*. Ses réservoirs étoient toujours remplis de beau poisson, qu'il y entretenoit à grands frais pour son seul amusement, sans en faire d'autre usage. « J'allois, dit *Varron*, sou-
» vent le voir à sa campagne de Bauli
» (près du cap de Misene), où il avoit
» des viviers magnifiques. Je m'apperçus
» qu'il envoyoit acheter à Pouzzol tout le
» poisson de sa table. Il vous auroit plutôt
» laissé prendre un mulet de son écurie,
» qu'un surmulet de son réservoir. Ce-
» pendant l'entretien lui coûtoit fort cher.
» Il avoit des pêcheurs à gages, occupés
» à prendre des petits poissons de mer pour
» nourrir les gros. Si la mer étoit trop
» agitée pour y tirer la seine, il envoyoit
» acheter au marché du poisson salé, qu'on
» jetoit dans les viviers. Si le temps étoit
» fort âpre, il y faisoit jeter de l'eau
» chaude, & blâmoit fort la négligence
» de M. Lucullus, qui n'avoit pas doubles
» piscines pour l'été & pour l'hyver. En
» un mot, il veilloit avec autant de soin
» tout au moins sur la santé de ses poissons
» malades, que sur celle de ses esclaves †.
» On prétend que la nouvelle de la mort
» de sa belle lamproie lui fit venir la larme
» à l'œil. N'a-t-on pas vu Antonia, femme
» de Drusus, mettre ses pendans d'oreille

* Plin. X. 20. Tertull. de Pall.
† Varr. R. R. III. 17.

» à fa lamproie favorite » *? C'étoit une efpece d'affollement épidémique de ce canton & de ce temps-là. On alloit exprès à Bauli pour voir les viviers & les folies de leurs poffeffeurs.

Hortenfe fut marié fort jeune à Lutatia, fœur de fon ami Catulus. Il en eut un fils dont j'ai déjà parlé, & qui lui donna peu de fatisfaction. Ce fils ne laiffa pas de jouer un rôle dans les guerres civiles des deux Triumvirats, pendant le cours defquels il fut Commandant de la flotte **, & Gouverneur de Macédoine.† Les enfans qu'il laiffa, plus mauvais fujets encore que lui, tomberent dans la baffe crapule & dans l'indigence ¶. Leur poftérité, quelque temps fecourue par Augufte, fut enfuite tout-à-fait négligée par Tibere, qui laiffa dans la pauvreté les reftes de cette ancienne & illuftre race ¶¶. La branche femelle en foutint mieux l'honneur. La fille d'Hortenfe hérita des talens de fon pere, & fe rendit comme lui célebre dans l'art oratoire. Quand les Triumvirs eurent impofé les Dames à une taxe confidérable, aucun Avocat ne voulant fe charger de les défendre contre des parties fi puiffantes, Hortenfia l'entreprit, fuivit l'affaire avec autant de fermeté que de fuccès, & réuffit par fon éloquence à obtenir décharge de la majeure partie de la taxe *. « Nous
» lifons, dit *Quintilien*, fon plaidoyer de-
» vant le Tribunal des Triumvirs, non
» pas feulement par la fingularité de la
» caufe & pour l'honneur du fexe; mais
» par le mérite réel de la piece * ».

De tous les traits de la vie d'Hortenfe, le plus fingulier eft fon fecond mariage avec Marcia, fille de Philippe. L'hiftoire que j'en avois donnée dans la vie de Philippe, imprimée au tome XXVII des Mémoires de l'Académie, ne fe trouvant que dans un très-petit nombre d'exemplaires, foit par l'inadvertence de l'Imprimeur, ou par quelqu'autre caufe que je ne me rappelle pas, je la replacerai ici, telle que je l'avois donnée, comme un des plus finguliers évenemens de ce temps. Marcia étoit mariée à Caton d'Utique, & tellement eftimée des amis de fon mari pour fa bonne conduite, qu'Hortenfe le pria inftamment de la lui céder, & de permettre qu'il pût avoir quelques enfans d'une femme fi fage & fi honnête. Il nous eft difficile de juger fainement des mœurs antiques : mais rien ne parcît fi bifarre qu'une telle propofition; elle ne pouvoit, felon l'apparence, être faite à tout autre homme qui ne fe feroit pas piqué, comme celui-ci, d'être encore plus fingulier que perfonne. *Strabon* dit à la vérité que Caton, en prêtant fa femme à fon ami, ne fit que fuivre un ufage autrefois reçu chez les anciens Romains †. Mais fi Strabon ne s'eft pas trompé dans ce qu'il dit de cette ancienne coutume, dont nous ne connoiffons pas d'exemple, il faut du moins convenir que celui-ci étoit fi extraordinaire pour-lors, que les circonftances méritent d'être rapportées, d'après ceux même qui en furent les témoins. Voici comment *Plutarque* le raconte fur leur témoignage ¶. « Caton, après fon divorce avec Attilia,

* Plin. IX. 55.
** Eutrop. Liv. VI.
† Cic. Philippic X. 5.
¶ Val-Max. III. 5.
¶¶ Tacit. annal. II. 37.
* Val-Max. VIII. 3. 3.

* Quintil. I. 1.
† Strab. Liv. XI. p. 515.
¶ Plut. in Caton.

» épousa Marcia, fille de Philippe, femme
» sage & de bonne réputation. C'est celle
» dont on a tant parlé : car cet endroit
» de la vie de Caton est comme le nœud
» de ces comédies implexes, de qui l'on
» a peine à dire s'il est bien ou mal fait.
» Voici comment les choses se passerent,
» à ce qu'écrit *Thraséas*, qui dit le tenir
» de Munatius, ami particulier de Caton,
» qui passoit sa vie avec lui. Parmi ceux qui
» faisoient profession d'aimer & d'estimer
» Caton, personne ne lui étoit plus attaché
» qu'Hortense, homme fort considéré par
» ses mœurs, ainsi que par son rang. *Ce n'est*
» *pas assez pour moi*, lui dit-il un jour,
» *d'être votre intime ami ; je voudrois, de*
» *quelque maniere que ce fût, mêler ma race*
» *à la vôtre par une alliance, & les joindre*
» *l'une à l'autre d'un lien indissoluble.*
» *Donnez-moi en mariage votre fille Porcie,*
» *mariée à Bibulus. Elle lui a fait deux*
» *enfans, il en a assez ; c'est une terre fertile*
» *dans laquelle je voudrois recueillir à mon*
» *tour. Peut-être ce que je vous dis ici*
» *vous paroît-il étrange, & l'est en effet,*
» *selon le préjugé ordinaire. Mais ne con-*
» *sultez que la nature, le vrai guide auquel*
» *il faut toujours revenir ; elle vous dira*
» *qu'il est honnête & utile à l'Etat, qu'une*
» *femme jeune, belle & sage, ne reste pas*
» *sans culture à la fleur de son âge, ni*
» *laisse perdre le temps de son heureuse fé-*
» *condité ; qu'il ne faut pas non plus qu'elle*
» *appauvrisse la maison de son mari en le*
» *chargeant de plus d'enfans qu'il n'en a*
» *besoin ; que les gens estimables, en se*
» *communiquant ainsi des femmes bien nées,*
» *trouveroient le moyen de multiplier la*
» *vertu, de la répandre dans diverses fa-*
» *milles, & de ne faire bientôt de toute une*
» *Ville, qu'une seule & même race, étroite-*
» *ment unie par les liens du sang & de la*
» *bonne éducation. Si Bibulus aime assez*
» *sa femme pour ne pas vouloir s'en priver,*
» *je promets de la lui rendre aussi-tôt que*
» *j'en aurai eu un enfant, qui deviendra le*
» *lien commun de nos trois maisons.* Caton
» lui répondit qu'il faisoit un cas infini
» de son amitié, & qu'il n'en feroit pas
» moins de son alliance, si la chose étoit
» possible ; mais qu'il étoit bien extraor-
» dinaire de venir demander en mariage
» une fille déjà mariée à un autre homme.
» *Eh bien*, reprit Hortense, *il ne faut*
» *plus feindre, ni davantage hésiter à vous*
» *découvrir mes sentimens. Ce n'est pas votre*
» *fille, c'est Marcia votre femme que je*
» *desire avoir. Vous avez assez d'enfans ;*
» *elle est jeune, & je voudrois qu'elle m'en*
» *fît aussi.* On ne peut dire que dans le
» cours de cet entretien si singulier, Hor-
» tense fût guidé par l'idée que Caton n'a-
» voit plus de goût pour sa femme ; car
» on rapporte qu'alors même elle étoit
» enceinte. Cependant Caton voyant la
» grande affection & le violent desir de
» son ami, ne le refusa point ; il lui dit
» seulement qu'il falloit donc avoir aussi
» le consentement de Philippe, pere de
» Marcia. Philippe, lorsqu'on lui en parla,
» voyant que Caton y donnoit les mains,
» y consentit aussi de son côté ; mais il ne
» voulut pas fiancer sa fille, que Caton
» ne fût présent à l'acte, & ne le signât
» avec lui ». Hortense vécut toujours en
grande amitié avec Marcia, & la mit dans
son testament au nombre de ses héritiers.
Celle que lui portoit Caton ne fut point
affoiblie par cette séparation ; il la reprit
comme sa femme après la mort d'Hortense [*].
Ainsi, quoiqu'on puisse juger de cette

[*] *App. bell. civil. Liv. II, p. 490.*

qui se déclarèrent ouvertement pour la loi, furent Jules-César, moins par amitié pour Pompée, que par condescendance pour le Peuple, & Servilius-Isauricus. Et, s'il faut se rendre à l'autorité des suffrages, il n'y en avoit pas ici de plus grand poids que celui de Servilius, si bien au fait de toutes les difficultés de l'entreprise [a]. On apperçoit aussi que Cn. Lentulus, Cassius & Cicéron, n'étoient nullement contraires à la proposition du Tribun.

Le jour pris pour la convocation, le Peuple remplit le *Forum*. La foule, qui n'y put trouver place, monta sur les toits des temples, & couvrit tous les édifices d'où la tribune aux harangues pouvoit être apperçue; criant qu'elle vouloit Pompée pour Général d'une guerre devenue la cause commune de tout le genre humain [b]. Le Tribun, après avoir fait faire la lecture de son requisitoire par le crieur public, s'adressa d'abord à Catulus; dans l'espérance qu'intimidé par le péril présent, il n'oseroit rien dire; & que, comme il étoit Prince du Sénat, son avis entraîneroit celui du corps [c]. Catulus étoit un homme de la plus haute considération, d'une sagesse consommée, & généralement

---

[a] *Cic. Leg. Manil. 23.*
[b] *Cicer.*

action extraordinaire, c'est avec trop de dureté que *Tertullien*, se livrant à son style déclamatoire, la cite en ces termes, comme un exemple de mauvaises mœurs. *Non amicorum solummodò matrimonia usurpant, sed & sua amicis patientissimè subministrant, ex illâ, credo, majorum & sapientissimorum disciplinâ, Græci Socratis & Romani Catonis, qui uxores suas amicis communicaverant, quas in matrimonium duxerant, liberorum causâ & alibi creandorum; nescio quidem an invitas. Quid enim de castitate curarent quam mariti tam facilè donaverant? O sapientiæ Atticæ, ô Romanæ*

[a] *Dio-Cass. Liv. XXXVI.*

gravitatis exemplum! Lenones Philosophus & Censor.

Hortense mourut en 704, âgé de 64 ans, ayant pendant 44 primé dans le barreau par-dessus tout autre Orateur, à l'exception de Cicéron, qui balança d'abord sa réputation, & ensuite la surpassa, Il nous seroit difficile de porter un jugement exact sur cette préférence, n'ayant plus aucune des pièces d'Hortense qui puisse servir de comparaison; mais il est tout naturel de penser que les siècles suivans jugeoient que celles de Cicéron étoient les meilleures, puisqu'ils ont pris plus de soin de les conserver.

révéré. Dès qu'il parut sur la Tribune, le grand respect qu'on lui portoit tint tous les assistans en silence. *Il y discuta l'affaire en ces termes* [a] [1]:

[a] SALLUST. *fragm.* 656.

[1] *Plutarque* a donné dans la vie de Pompée un extrait de la harangue que Catulus fit au Peuple en cette occasion. On ne peut douter qu'il ne l'ait tirée de Salluste, puisqu'on y retrouve sur la fin la traduction grecque, à peu près littérale de l'un des lambeaux qui nous restent de l'original latin. Cet endroit de Salluste, copié par *Plutarque*, ainsi que quelques autres fragmens, où la phrase est construite à la premiere personne (*video*, *intelligo*), prouve que notre Historien avoit inféré dans son histoire un discours direct (véritable ou fictif) de Catulus contre la loi. On en lit un aussi dans le 36ᵉ. livre de *Dion-Cassius*; mais d'un style si lâche, si diffus, si différent de celui de Salluste, qu'il n'y a pas lieu de croire que *Dion* l'ait copié, du moins à la lettre. Ce 36ᵉ. livre, incomplet & plein de lacunes, n'offre que la premiere partie du discours: la suite y manque. Dans la nécessité d'en inférer un ici pour y pouvoir enchâsser les fragmens, j'ai cru qu'il étoit plus à propos d'employer celui de *Dion*, Auteur original, quoique médiocre, que d'en composer un autre; mais je n'en ai pris que la substance & le fond des pensées, en resserrant beaucoup la diction; en y ajoutant, pour le rendre complet, quelques traits tirés de Cicéron & d'ailleurs, relatifs au même sujet. Sur-tout je me suis attaché à l'extrait de Salluste donné par *Plutarque*; ne doutant pas que le passage entier de celui-ci ne soit tiré de l'autre; de sorte que l'on auroit pu, sans hésiter, le mettre au nombre des fragmens.

Le discours direct de Catulus nous prouve deux choses. La premiere, qu'il y avoit dans cette histoire un plus grand nombre de discours directs, que le copiste du manuscrit Vatican ne nous en a conservés. Cet homme, quel qu'il soit, a rendu, sans s'en être douté, un grand service à la postérité, lorsqu'il a transcrit pour son usage les harangues des Historiens latins, qui lui plaisoient le plus. Le manuscrit, assez ancien, est conservé dans la bibliotheque du Vatican. Il n'y a que six discours tirés de l'histoire de Salluste. Mais il paroît qu'elle en contenoit plusieurs autres, dont il reste quelques petits fragmens. Entr'autres deux de Catulus; l'un au Sénat, au sujet du traité d'alliance avec la ville de Cadix; l'autre au Peuple, contre la loi Gabinia: un de Jules-César, pour Cinna son beaufrere, au sujet de la loi Plautia: un de Spartacus à ses camarades: peut-être aussi quelques autres d'Hortense & de Gabinius, ou de Mithridate; mais dont je ne parle que par conjecture. Je ne me suis permis de feindre celui de Sylla sur la paix de Dardane, que parce qu'il me donnoit le moyen de présenter, d'une maniere rapide, le tableau des événemens antérieurs, nécessaire à l'intelligence de ce qui alloit suivre: ce que je n'aurois pu faire sans longueur, par un exposé narratif. Au reste, les anciens Historiens étoient dans l'usage

« Romains [a], l'amour que vous me connoissez pour vous & pour ma patrie, exige de moi que je vous parle avec liberté sur vos vrais intérêts ; & c'est sans doute ce que vous en attendez aujourd'hui. Ecoutez-moi donc sans bruit : car au milieu du tumulte qu'on a fait, vous n'auriez entendu ni discerné ce qui vous convient.

» Je vous demande d'abord s'il est conforme à vos loix ; en second lieu, s'il est sage d'accumuler ainsi sans relâche sur une même tête tant d'emplois & de pouvoirs. Auriez-vous déjà oublié quels effets ont produit sur les mœurs de Marius la continuation de six Consulats ; sur le caractere de Sylla l'adjonction de la puissance de Dictateur à celle de Consul? Non que je veuille faire comparaison d'eux à Pompée. Mais vous voyez ce qui vous arrive, quand vous violez les formes sagement établies ; & vous avez éprouvé que les esprits, même les plus mûrs, ne se remettent pas volontiers sous

LIII. Discours de Catulus contre la loi Gabinia.

[a] *Dio-Cass.* ibid.

de revenir souvent à cette méthode, qui discute les faits & les raisons d'une maniere plus vive & plus directe. Si nous n'avions plus le Catilina de Salluste, nous ne présumerions pas qu'une histoire si courte contînt un si grand nombre de discours. Cette méthode est excellente, sur-tout dans les affaires civiles. Elle est préférable à celle de la dissertation, à laquelle l'Historien seroit obligé d'avoir recours ; & que le lecteur a peine à supporter dans un ouvrage du genre narratif.

En second lieu, ce discours démontre invinciblement que l'histoire de Salluste ne contenoit que cinq Livres, ainsi que je l'ai dit ailleurs : quoiqu'on en trouve quelquefois jusqu'à onze, cités par erreur dans les livres des Grammairiens, fort inexacts à cet égard. *Arusien*, très-fidele, & même le seul qui le soit, dans les citations des numéros de chaque livre, cite quelques paroles de ce discours, tirées, dit-il, du 5e. livre. Or, les discours sur la loi Gabinia ou sur la loi Manilia, ne pouvoient se trouver qu'à la fin de l'histoire, puisque l'Auteur la terminoit à la date du grand pouvoir que ces deux loix donnerent à Pompée en Orient. Ce fut alors que Catilina trama le plan de sa conjuration. Salluste avoit écrit son histoire générale pour remplir l'intervalle du temps écoulé entre les deux autres morceaux d'histoire, le Jugurtha & le Catilina, & leur servir de liaison.

» l'autorité, après l'avoir trop long-temps possédée eux-
» mêmes.

» L'occasion présente prépare trop de gloire & de fatigues,
» pour n'en pas partager les fruits & les peines. La considérez-
» vous comme travail? Chacun doit porter sa part du fardeau:
» comme honneur, chacun a le droit d'y aspirer: sans quoi
» plus d'égalité républicaine. Tout Citoyen doit ses services à
» l'Etat, qui lui doit en retour la considération qui en résulte.
» De plus, si vous ne vous servez jamais que d'un seul, vous
» faites injustice à tous, & un grand tort à vous-même, puisque
» de la sorte vous ne formez aucun sujet. Distribuer les emplois
» entre ceux qui sont faits pour les obtenir, c'est l'unique
» moyen de les exciter à s'en rendre dignes, & d'avoir dans
» l'Etat un nombre de Commandans expérimentés. Vouloir,
» comme Gabinius, nous faire entendre que parmi vous Pompée
» est le seul homme capable de commander, c'est vous dire,
» d'une maniere plus désobligeante, qu'il ne veut point d'autre
» Commandant que lui. Peut-être pourroit-on vous représenter
» que quand même il seroit nécessaire d'employer ici Pompée,
» la politique & la loi hésiteroient encore à le faire. Mais
» l'employer seul! Pourquoi donc nommez-vous tous les ans
» vos Chefs? Est-ce pour les voir passer dans les rues avec l'ap-
» pareil de leur dignité, sans exercice réel du commandement,
» que vous conférez à une personne privée, & tel encore qu'il
» n'a jamais été conféré à aucun Consul? Si le pouvoir annuel &
» ordinaire ne suffit pas ici, il y en a un autre autorisé par les
» loix: celui de la Dictature. Au moins lui prescrivent-elles
» cette borne, de ne pouvoir durer que six mois, ni être exercé
» hors de l'Italie. Mais je m'apperçois qu'à ce seul nom de
» Dictateur, le souvenir de Sylla vous fait frémir. Cependant
» vous allez déposer pendant trois ans de suite sur une seule tête
» votre puissance absolue, non-seulement sur l'Italie, mais sur

» toutes les mers, sur toutes les isles, sur toutes les côtes, sur
» tant de Peuples misérables déjà si foulés par les exactions pré-
» cédentes, & que l'éternel abus du pouvoir n'a que trop
» disposés à secouer le joug. Hé! qui ne sait qu'avec le cœur le
» plus droit, quiconque peut tout ce qu'il veut, ne tarde pas à
» vouloir plus qu'il ne doit? Que deviendra la République,
» lorsqu'un jour quelque Citoyen aussi puissant, aussi accrédité,
» & moins honnête, pourra se prévaloir auprès de vous d'un
» tel exemple, pour en faire l'usage convenable à ses vues? Tel
» est l'effet ordinaire de l'infraction des loix. La confiance qu'on
» prend au mérite & à l'habileté d'un particulier, n'étant plus
» modérée par ce frein, on ne manque pas, dans les occasions
» pressantes, de le revêtir d'un pouvoir extraordinaire pour la
» défense & l'avantage de la société; & quoique cet aveugle
» abandon soit quelquefois utile ou nécessaire, l'exemple n'en
» est pas moins dangereux. Il fournit un prétexte aux ambitieux
» mal-intentionnés, pour aspirer en d'autres temps aux préro-
» gatives qu'on s'est cru obligé d'accorder aux Citoyens ver-
» tueux: le même pouvoir, qui a sauvé la patrie dans les mains
» d'un honnête homme, la conduit à sa perte dans celles d'un
» méchant [a].

» A présent, considérez s'il est possible qu'un même homme
» étende ses mains sur tant de terres & de mers; de l'Italie à la
» Cilicie, de la Grece à la Syrie, de l'Espagne au mont Taurus.
» Les Pirates sont répandus dans toutes les mers. Poursuivis
» par-tout, ils vont se réfugier dans toutes les terres, même
» dans les Pays neutres, où il faudra les suivre. Cela ne peut
» être exécuté par une seule flotte, par une seule armée, par un
» seul Chef. On en convient; & Gabinius nous dit que le Chef
» donnera ses ordres à grand nombre d'autres Chefs en second
» qu'il choisira, de légions qu'il levera, de flottes qu'il équipera.

[a] *Midlet. life of Cicer. L. II.*

» Fort bien! mais pourquoi, Romains, n'est-ce pas vous qui
» nommez ces Chefs & donnez ces ordres ? Ceux que vous
» aurez immédiatement commis & revêtus de votre pouvoir,
» auront une toute autre attention, une toute autre ardeur à leur
» emploi, quand les événemens ne rouleront que sur leur propre
» compte; quand la gloire ou la honte des succès réjailliront en
» plein sur eux : car on ne se dissimule pas que le Général a
» toujours le principal honneur de ce que les subordonnés ont
» exécuté.

» Non-seulement ce que je vous propose est conforme à vos
» usages & à vos loix. Mais faites réflexion que ce que vous
» voulez faire va, d'un seul mot, sous le prétexte d'une incursion
» de corsaires, abroger toutes les magistratures en Italie, tous
» les Gouvernemens dans les Provinces extérieures. Voilà donc
» Pompée Dictateur en Italie, six fois au-delà du temps prescrit ;
» & en même temps Amiral de toutes nos mers, Gouverneur
» de toutes nos Provinces. En effet, que restera-t-il à vos
» Proconsuls & à vos Propréteurs, quand vous aurez distrait
» de leurs Provinces cinquante milles tout le long des côtes, en
» avant dans les terres : & s'il reste quelque district, après les
» avoir ainsi démembrées, qui marquera les limites du dépar-
» tement, comme il le faut pour prévenir les querelles que la
» jalousie du commandement ne manque guere d'exciter ? En
» vérité, Romains, c'est prendre trop de confiance aux forces
» de la nature humaine, que de croire qu'il existe de mérite
» personnel digne d'une telle récompense, ou de capacité pro-
» portionnée à une telle charge. Je connois toute l'étendue des
» talens civils & militaires de Pompée. Personne ne les a mieux
» ni plutôt démêlés. Personne, vous le savez, n'a plus contribué
» que moi à accumuler sur sa tête tant d'honneurs si grands, si
» insolites, qu'il a reçus de vous dès sa premiere jeunesse [a].

[a] *Cic. pro Leg. Manil.*

Personne

ROMAINE. LIVRE V.

» Personne ne retracera plus volontiers ses services importans
» durant le cours des guerres civiles; ses glorieuses campagnes
» d'Afrique & d'Espagne; ses deux triomphes avant que d'être
» Sénateur; sa premiere entrée dans les charges publiques par la
» magistrature suprême : ne redira avec plus de plaisir que *c'est
» à lui que nous avons vu le fier Dictateur au sein de la victoire
» marquer ces déférences personnelles qu'il prodiguoit si peu, en se
» découvrant, se levant de sa chaise, ou descendant de cheval à son
» approche* [a] : que c'est lui que vous avez, dès l'âge de vingt
» ans, appellé de ce surnom de GRAND, que nous avons tous
» adopté avec acclamation. Quel autre homme a jamais joui à
» ce degré de la faveur du Peuple romain ? Tant de gloire &
» de renommée doivent lui suffire, *si son ame n'en est insatiable* [b].
» Je prise trop la sienne pour la juger telle : mais *j'entends sans*
» *cesse autour de moi des personnes sensées craindre jusqu'à la*
» *célébrité de ce nom fameux* [c], si cher au Peuple. Où est la pru-
» dence, disent-ils, d'entasser sans borne ni mesure la puissance
» & les honneurs toujours sur la même personne, quelque digne
» qu'elle en soit ? On ne l'a déjà, selon eux, élevé que trop
» haut dans un Etat libre, où la premiere attention de ceux qui
» l'administrent, doit être de ne mettre jamais une énorme
» disproportion entre les Citoyens. Elle étoit moindre en ceux
» qui viennent de produire dans notre sein les terribles révo-
» lutions dont le souvenir nous glace encore d'effroi. Il n'y a
» sans doute rien de pareil à redouter de sa part. Mais que ne
» faut-il pas appréhender de la fougue imprudente de ses par-
» tisans inconsidérés, que nous voyons *jour & nuit courir, tra-*
» *vailler, se fatiguer* [d], pour entraîner de leurs côtés toutes les
» Tribus; des manœuvres ouvertes d'un Tribun non moins
» indiscret qu'audacieux, qui semble avoir choisi Sulpitius ou

[a] SALLUST. *fragm.* 383.
[b] SALLUST. *fragm.* 549.
[c] SALLUST. *fragm.* 654.
[d] SALLUST. *fragm.* 151 bis.

» Saturninus pour ſes modeles ? *Je le vois qui s'empreſſe de vous
» arracher d'immenſes conceſſions* [a], relativement à l'entrepriſe
» propoſée. S'il les obtient ſi prodigieuſes, ſi générales, ſi con-
» traires à toute loi, à tout uſage, que manquera-t-il à Pompée
» pour être Souverain de Rome & du monde, que la volonté
» de ſe déclarer tel ?

» Voilà, Romains, ce que j'entends dire : &, ſans vouloir
» approfondir ſi c'eſt, ou non, porter trop loin la crainte des
» événemens poſſibles, je ne m'arrête, à cet égard, qu'à une
» obſervation qui auroit dû vous frapper. Vous chériſſez Pompée
» avec ardeur : votre attachement, votre reconnoiſſance ont
» égalé ſes ſervices : vous ſentez à quel point ſa vie eſt précieuſe
» à l'Etat ; combien ſes conſeils & ſes vertus ſont néceſſaires au
» Gouvernement : vous le regardez comme votre reſſource la
» plus aſſurée dans les grandes occaſions. Vous tremblez au
» ſouvenir de tant de combats qu'il a livrés, de tant de guerres
» qu'il a miſes à fin, de tant de périls qu'il a courus : vous
» êtes encore étonnés qu'il ait pu ſi ſouvent échapper à ce
» concours de fatigues & de haſards. Voici une occaſion qui
» les raſſemble tous. Et vous voulez lui en impoſer encore le
» fardeau, le jeter dans ce nouveau danger, ſacrifier l'objet de
» votre attachement, le principal eſpoir du ſalut de l'Etat, à
» tous les caprices variables de la fortune, riſquer ſa conſervation
» ſi néceſſaire ailleurs, & violer vous-mêmes vos juſtes ſenti-
» mens de reconnoiſſance ? Eſt-il ſage, dites-le moi, d'expoſer
» ſans fin une tête ſi utile à toutes les guerres ; de lui faire
» courir, les uns après les autres, toutes les eſpeces de dangers ?
» *S'il arrivoit à Pompée quelqu'un de ces revers, auxquels le bon-
» heur des mortels n'eſt que trop expoſé* [b] ; ſi vous veniez à le
» perdre, je vous le demande, qui auriez-vous pour le rem-
» placer ? »

[a] SALLUST. *fragm.* 655.   [b] SALLUST. *fragm.* 528.

ROMAINE. LIVRE V.

Toi, Catulus! s'écria le Peuple d'une commune voix. A cette interruption si glorieuse, qui en deux mots mettoit Catulus au niveau de tout ce que Pompée avoit fait de plus grand, Catulus touché, soit de ce témoignage d'estime, soit de voir qu'il ne gagnoit rien sur des esprits prévenus, se tut & se retira. En quoi certes il faut louer également l'honnêteté reconnoissante de Catulus, qui ne crut pas devoir résister plus long-temps à ce que le Peuple desiroit avec tant d'ardeur, & l'équité du Peuple, qui ne voulut pas priver Catulus du juste tribut de son estime, lors même qu'il en étoit contrarié sur la chose qu'il desiroit le plus vivement *a*. Hortense [1] parla aussi avec beaucoup de force & d'éloquence; mais avec aussi peu de fruit.

a Val·Max. VIII. 15. 9.

[1] « Rappellez-vous, Hortense, de quelle maniere vous vous élevâtes contre Gabinius, homme de résolution, lorsqu'il fit attribuer à un seul homme le pouvoir indéfini contre les pirates. Vous parlâtes avec cette grace, cette abondance, cette force & cette élégance qu'on vous connoît; d'abord au Sénat, puis ici, dans cette même place où nous sommes. Eh bien! si votre éloquence & le cas infini que l'on fait de votre suffrage, eussent ici prévalu sur la bonne cause & sur le salut du Peuple romain, serions-nous aujourd'hui, comme nous le sommes, si glorieusement les maitres du monde? Croyez-vous de bonne foi que nous l'étions, quand nos Magistrats, Préteurs & Questeurs étoient pris par les brigands; quand les convois destinés à nos magasins étoient enlevés; quand on nous fermoit si bien la mer, que tout accès étoit barré dans les Provinces, aussi bien pour les affaires publiques, que pour celles des particuliers? Peut- on nier que pendant les années qui ont immédiatement précédé la loi Gabinia, Rome, jusqu'alors invincible sur mer, n'eût perdu beaucoup, non-seulement de son opulence, mais aussi de sa dignité? Comment aurions-nous joui de nos Provinces, de nos côtes maritimes, de nos ports de l'Italie? Nous n'avions pas même la libre jouissance de la voie Appia. Le Peuple romain ne doute pas que pour-lors vous n'ayez, ainsi que ceux qui ont suivi votre avis, eu les meilleures intentions & parlé de bonne foi, comme vous pensiez. Mais dans une conjoncture où il falloit sauver l'Etat, il a mieux senti le poids de son mal, que celui de vos raisons. Une seule loi, un seul homme, une seule année, ont éloigné de nous la misere & la honte; & c'est pour-lors que Rome a pu véritablement se dire la maitresse du monde * ».

* *Cic. Leg. Manil.*

LIV. Colere du Peuple contre les Tribuns opposans. Il ratifie la loi.

Alors le Tribun Tremellius voyant qu'il en falloit venir au remede extrême, monta sur la Tribune, & forma son opposition. On n'en tint compte : on alla aux voix sur les bulletins que Gabinius distribuoit lui-même, pendant que l'opposant continua de parler *a*. Sur quoi Tremellius fit une opposition directe, à ce que les Tribus allassent aux suffrages. Gabinius, outré de colere, laissa là son premier requisitoire concernant Pompée : il en donna un second, tendant à faire destituer son collegue, comme prévaricant dans l'exercice de ses fonctions. Les Tribus furent appellées pour aller aux voix là-dessus *b*. Des trente-cinq, dix-sept avoient déjà voté pour l'affirmative. La dix-huitieme donnoit son suffrage au même avis ; ce qui alloit faire la pluralité, sans qu'il fût besoin d'appeller les autres ; lorsque Tremellius [1], voyant qu'il alloit être cassé, cessant enfin de parler, se retira. Roscius, autre Tribun, voulut cependant monter à son tour & haranguer. On lui coupa la parole par des cris, des postures menaçantes, & tous les autres mouvemens déréglés *que le bas Peuple se plaît à faire c*. Roscius ne pouvant se faire entendre, étendit la main & montra deux doigts : pour signifier

---

a Cic. pro Cornel.
b Cic. ibid.

[1] « On fait un crime à Cornelius d'avoir fait lui-même lecture au Peuple d'une loi à laquelle son collegue formoit opposition : chose qu'on prétend être sans exemple : comme si nous n'avions pas celui de Gabinius. Est-ce en effet une action plus grave, de lire un acte contre lequel il y a une opposition, que de jeter dehors de la Tribune l'opposant & la corbeille même dans laquelle on a recueilli les suffrages ? *Neque enim majus est legere codicem, cum intercedatur, quam sitellam ipsam cum ipso intercessore deferre :* de proposer une loi, que de la faire

c SALLUST. fragm. 16.

» passer : de se vanter qu'on en fera passer, » malgré l'opposition, que de faire perdre » à l'opposant sa magistrature : d'appeller » les Tribus pour voter sur la loi, que » pour faire destituer son collegue ? Voilà » pourtant ce qu'a fait Gabinius, homme » très-déterminé, dans une occasion fort » nécessaire, où il n'alloit pas moins que » de la liberté, ou de la servitude & de » la honte du monde entier. Il n'a pas » souffert que l'opposition de son collegue » prévalût sur le cri & sur la volonté dé- » cidée de tout le Peuple romain * ».

* Cic. pro Cornel.

qu'il falloit au moins nommer deux personnes, & donner un collegue à Pompée. A ce geste, la populace fit une huée si terrible & si perçante, qu'un oiseau qui passoit en l'air tomba tout roide étourdi sur la place, comme s'il eût été traversé d'une fleche. Il fallut que Roscius descendît *a* : ou plutôt Gabinius les poussa dehors de la Tribune, Tremellius & lui. Il jeta dans la rue la corbeille pleine de bulletins par eux préparés pour les suffrages *b*; & la loi passa.

Pompée, informé qu'on tiendroit l'assemblée ce jour-là, étoit, sans mot dire, parti le matin pour la campagne, où on lui porta la nouvelle de l'événement. Il ne revint à la Ville que de nuit, pour ne pas augmenter la jalousie de la noblesse par le concours des gens qui seroient venus à sa rencontre. Mais le lendemain, dès qu'il fut jour, il offrit un sacrifice public, assembla le Peuple, & se fit donner, pour l'appareil de la guerre, près du double de ce qu'il avoit déjà obtenu. On lui accorda cinq cents galeres ou autres bâtimens, cent vingt mille hommes de pied, & cinq mille chevaux, sous vingt-quatre Lieutenans *c*.

Si Pompée avoit desiré le commandement avec trop d'ambition, il faut dire aussi qu'*il mit à l'exécution une célérité merveilleuse, jointe à un travail sans relâche, sans se donner de repos le jour ni la nuit d*, & qu'il prit ses mesures sur un fort bon plan. Il partagea toute la mer, avec ses isles & ses côtes, en treize départemens, à chacun desquels il assigna une escadre, commandée par un de ses Lieutenans *e*. De cette maniere, il étendit par-tout ses forces, & embrassa l'espace entier des mers à la fois: de façon que, de quelque côté que les pirates voulussent se réfugier, ils se trouvassent enveloppés ou interceptés. Son projet étoit de les rassembler tous en un point, où

LV. Expédition de Pompée contre les pirates. Ses succès. Destruction des pirates.

---

a *Plut. in Pomp.* 1154. & seq.
b *Cic. pro Cornel.*
c *Plut. in Pomp.*
d SALLUST. *fragm.* 151 bis.
e Zonar. annal. L. X. C. 3.

il lui feroit facile de les détruire dans le même lieu, & impoſſible à eux-mêmes de ſubſiſter, vu leur grand nombre. A cet effet, il avoit donné ordre à ſes eſcadres de ſe reſſerrer de l'une à l'autre dans la mer méditerranée, depuis le détroit juſqu'au Péloponeſe, en chaſſant tout devant eux; en telle ſorte que rien ne reſtât ni ne pût revenir par derriere. Il ne doutoit pas qu'ils ne regagnaſſent bientôt leur retraite en Cilicie. Mais avant que de s'y rendre, il voulut délivrer les bords de l'Italie & les mers voiſines de la préſence des brigands. C'eſt ce que, par ſon opération très-bien entendue, il fit en quarante jours ſeulement, pendant leſquels à peine donna-t-il quelques heures au ſommeil, & avec un plein ſuccès, quoique toujours contrarié par Piſon, qui tâchoit malicieuſement de déranger ſes meſures. Après cette première expédition, il indiqua le port de Brunduſe pour lieu de ralliement aux galeres diſperſées de ſa propre flotte. Il en prit lui-même le chemin par terre, & par la route de Rome. Le Peuple ſortit en foule à ſa rencontre, en béniſſant ſon nom, de ce que les vivres, revenus à Rome comme ci-devant, y avoient ramené l'abondance; retour dont il lui attribuoit tout l'honneur. En effet, le prix des denrées y étoit tout d'un coup baiſſé conſidérablement; non par cette raiſon ſeule, mais auſſi parce que les récoltes avoient été meilleures, & parce que Cicéron ayant reçu en préſent des Siciliens une fourniture conſidérable pour les frais de ſon Edilité, en avoit libéralement fait don au public, ſans l'employer à cette dépenſe qu'il prit ſur ſon propre compte. Pompée ſe plaignit, quoiqu'avec aſſez de modération, des contrariétés qu'il éprouvoit de la part du Conſul Piſon. Mais le Peuple prit ſi chaudement l'affaire, qu'il ne parla pas moins que de dépoſer le Conſul. Gabinius en tenoit déjà le décret tout dreſſé, ſi Pompée ne l'eût empêché de le préſenter. De là il ſe rendit à Bruuduſe, puis en Grece, où il fit ſon entrée dans Athenes. Cette Ville lui rendit les plus grands honneurs. La porte par laquelle il entra étoit ornée de trophées, & de ces deux infcriptions faftueufes. En dehors : *Nous t'attendions, nous t'adorions, nous te voyons.* En dedans : *Plus tu te montres humain, mieux tu te rends pareil aux Dieux* [a]. Au fortir d'Athenes, il alla parcourir & balayer les mers du levant avec autant de promptitude qu'il avoit fait celles de l'occident. Les pirates, déjà tant de fois affoiblis ci-devant, atterré celles-ci par un armement fi formidable, vinrent en grande partie fe foumettre d'eux-mêmes, & furent humainement traités. Ils rendirent beaucoup de petites ifles & de poftes, dont la prife ou même l'approche auroient été fort difficiles. Les plus opiniâtres de ces brigands allerent receler leurs richeffes & leurs familles dans l'afyle du mont Taurus. De là, fe remettant en mer, ils fe raffemblerent vers la pointe de la Cilicie, réfolus d'y faire tête à la flotte romaine. Il y eut en ce lieu un grand combat naval, où la victoire de Pompée fut complette. Les corfaires, pourfuivis de près, allerent s'échouer à la côte, & fe jetterent en foule dans la forterefſe de Coracéfie. Leur nombre, trop grand pour être contenu dans une fi petite place, les força bientôt de capituler, fans autre condition que celle de la vie. Beaucoup de gens ont blâmé Pompée de l'avoir accordée à des brigands couverts de mille crimes. Mais ils n'ont pas fait attention qu'on ne pouvoit ni difcerner les plus coupables, ni infliger fans barbarie la peine de mort à tant de gens. Pompée, dans le cours de trois mois, avoit pris quatre-vingt-dix galeres éperonnées d'airain, outre les moindres bâtimens, & plus de vingt mille captifs. On trouva dans les arfenaux qu'ils livrerent une immenfité d'armes, de bois de conftruction, de cuivre, de fer, de toiles, cordages & agrêts de toute efpece : dans les places qu'ils rendirent, ou dans les cavernes qu'ils déclarerent,

[a] *Zonar. ann. L. X. C. 3.*

un nombre considérable de prisonniers, parmi lesquels plusieurs, dès long-temps crus morts, trouverent, en arrivant dans leur patrie, les monumens qu'on leur avoit fait élever *a*. Pour obliger les vaincus à changer de vie, il prit un moyen plus doux & des précautions plus humaines : ce fut de les éloigner de la mer, qui étoit toujours à leur vue un objet d'attrait, & un point de ralliement, & de les disperser plus avant dans les terres, où la nécessité de leur subsistance les obligeoit de s'adonner à l'agriculture *b*. Il en transporta dans plusieurs Villes dépeuplées par les guerres; entr'autres à Soli, dont Tigrane avoit enlevé les habitans *c*; on en mit aussi à Dyme en Achaïe, aux environs de laquelle il y avoit beaucoup de bonnes terres abandonnées faute de bras. Par-tout on leur distribua, selon leur nombre, un terrain à cultiver *d*. Ainsi, dans le cours à peu près d'une année, cette plaie invétérée fut parfaitement guérie *e*. La mer redevint libre & commerçable comme auparavant 1.

a Appian.
b Flor. III, 6.
c Strab.
d Plut. in Pomp. 1155 & seq.
e Tit-Liv. epitom. 99. App. B. Mithrid. p. 238.

1 C'est constamment ici le plus bel endroit de la vie de Pompée. On ne peut donner trop d'éloges à la beauté de son plan, & à la conduite de l'exécution. Je ne me suis pas fort étendu dans le texte sur le récit de cette expédition, n'ayant trouvé dans les restes de Salluste qu'un lambeau qui m'indiquât qu'il en eût parlé ; quoique je n'eusse aucun doute sur ce point ; les faits faisant partie des temps dont il écrivoit l'histoire. On y a vu l'extrait de ce que Plutarque en a dit, & du peu que les sommaires de Tite-Live en rapportent. Mais comme c'est ici l'action maritime la plus mémorable qu'il y ait peut-être jamais eu, la plus singuliere par le genre de ses difficultés, par la promptitude de l'exécution, & par la rapidité des succès, on en connoîtra mieux les détails, en joignant ici ce que quelques autres Ecrivains en ont raconté.

APPIAN *. On fit une loi portant que Pompée auroit le commandement absolu sur toutes les mers, au dedans du détroit d'Hercule, & jusqu'à 400 stades au-delà des côtes, sur toutes les terres; avec pouvoir de donner ses ordres aux Rois, aux Gouverneurs, aux Provinces; de faire des levées d'hommes & d'argent. On lui remit tout ce qu'il y avoit de navires, une armée légionnaire, & six mille talens attiques en argent comptant. On crut ne pas devoir moins sacrifier à une entreprise si

* B. Mithr. p. 235.

Notre

ROMAINE. LIVRE V.

Notre célebre & savant Varron, amiral dans la mer Ionienne, puis dans la mer Egée, fut un des Lieutenans qui se distinguerent le plus dans cette expédition. Il mérita de son Général

difficile, où il falloit purger toutes les mers de tant d'escadres cachées en tant d'endroits, où elles se déroboient aisément aux recherches, & reparoissoient à l'improviste. Jamais si grande puissance n'avoit été confiée à un Général romain : 120 mille hommes de pied ; quatre mille de cavalerie ; 270 bâtimens, y compris les demi-galeres ; & 25 Lieutenans. Il leur partagea les mers, les vaisseaux, les troupes & les aigles, donnant à chacun pleine autorité dans sa partie ; pendant que lui-même, comme roi des rois, portoit ses pas & son inspection par-tout ; leur recommandant de se tenir dans leur département, de se garder de poursuivre les pirates après leur avoir donné la chasse dans leur canton, qui resteroit ainsi sans défense ; puisque ceux-ci ne pouvoient éviter de tomber entre les mains de quelqu'autre Commandant. Il les plaça & les disposa tous de la maniere suivante : Tibere - Néron & Manlius - Torquatus, dans les mers d'Espagne & du détroit : M. Pomponius, dans celles des Gaules & de Ligurie : Lentulus-Marcellinus & P. Attilius, dans celles d'Afrique, de Sardaigne, de Corse & autres isles : L. Gellius & Cn. Lentulus, sur les côtes d'Italie, depuis la Sicile jusqu'à l'Acarnanie. Plotius-Varus & Térence-Varron, dans la mer Ionienne : L. Cinna (*Lisez* L. Sisenna), dans le Péloponese & dans toute la Grece : L. Cullius, dans la mer Egée & dans l'Hellespont : P. Pison, dans la Propontide & le Bosphore de l'Euxin : Metellus-Nepos, le long des côtes de Lycie, de Chypre & de Phénicie.

Selon cette distribution, ils devoient faire une battue générale dans les mers ; tellement que les pirates, en voulant échapper à une escadre, deviendroient la proie d'une autre ; sans qu'il fût besoin de les poursuivre, pour ne pas perdre le temps en navigations écartées. Pompée se portoit par-tout, comme s'il eût volé. En quarante jours il parcourut toutes les côtes de l'Occident. Il revint à Rome, delà à Brundufe, d'où il tint à leur tour toutes les côtes de l'Orient. Son nom, sa promptitude, l'appareil sans exemple d'un si grand armement, effrayerent à tel point les corsaires, que, sans attaquer, sans même se défendre, comme on s'y attendoit, ni disputer la victoire, ils abandonnerent toutes les Villes qu'ils tenoient sur les côtes, pour aller se réfugier dans leurs forts & dans leurs asyles de Cilicie. Ainsi, de prime-abord, les mers en furent purgées sans combat. Pompée fit son débarquement en Cilicie avec ses légions, & une grande quantité de machines pour les sieges ; s'attendant que ces gens, possesseurs de tant de forteresses en des roches presqu'inaccessibles, alloient lui opposer une grande résistance. Il n'eut besoin de rien de tout ceci. Sa renommée & ses préparatifs les avoient si fort épouvantés, que dans l'espoir d'être traités plus doucement en se remettant à sa clémence, ils lui rendirent les châteaux qu'ils tenoient dans le mont Cragus, dans l'Anticragus, & autres rochers de la Cilicie : ils lui livrerent une quantité d'armes faites ou commencées dans leurs fabriques, de vaisseaux bâtis

Tome II. Hhhh

la récompense d'une couronne rostrale, si rarement accordée, & qui sembloit autrefois réservée au Peuple romain en corps, puisque les becs de navires enlevés aux Carthaginois font

ou sur le chantier, d'agreils, d'équipages, de métaux & matériaux mis en magasins, de captifs pris pour en tirer la rançon, ou les faire travailler comme esclaves dans les chantiers. Pompée emmena les vaisseaux construits, brûla les matériaux, & mit les captifs en liberté. Quant aux pirates, il distingua des autres ceux qui, dépouillés de leur bien par le malheur des guerres, avoient embrassé ce métier par besoin plutôt que par méchanceté : il envoya ceux-ci repeupler Mallos, Adana, Epiphanie, & autres Villes désertes de la Cilicie montueuse : il en transporta même quelques-uns à Dymé, dans l'Achaïe. Ainsi cette guerre, qu'on croyoit devoir être si longue, fut terminée en bien peu de temps. On prit soixante-douze vaisseaux, trois cent six furent livrés, ainsi que cent vingt Villes, châteaux ou autres receptacles des brigands, dont environ dix mille furent tués, punis ou dispersés.

FLORUS*. Pompée, jusques-là si souvent favorisé par la fortune, n'eut ici tant de succès que pour les avoir mérités. Résolu de faire cesser une fois pour toutes les ravages de cette peste répandue dans les mers, il fit les préparatifs d'une telle entreprise, comme un Dieu auroit pu les faire. Des bords de l'Océan à ceux de l'Euxin, il remplit les mers de ses propres flottes, & de celles des Rhodiens ses alliés. Gellius fut préposé pour commander dans la mer de Toscane; Plotius à celle de Sicile, Gratilius au golfe de Ligurie, Pompéius vers les Gaules, Torquatus aux

** III. 6.

Baléares, Néron vers le détroit, Lentulus dans la mer de Lybie, Marcellin dans celle d'Egypte, les jeunes Pompée dans le golfe Adriatique, Varron dans la mer Egée & vers le Pont, Metellus dans les parages de la Pamphylie, Cépion dans ceux de l'Asie, Caton dans les gorges de la Propontide, qu'il barroit comme on ferme une porte. Les pirates furent attaqués en même temps dans tous les ports, anses, cales & réduits. Pompée se porta lui-même vers la Cilicie, où étoit leur fort. Ainsi défiés, ils se batirent, mais sans confiance : leur audace ne naquit que de l'impossibilité de faire autrement : tout fut terminé du premier choc. Lorsqu'ils se virent entourés de nos vaisseaux, ils calerent les voiles & les pavillons, jetterent les rames, & firent de toute part ce battement de mains, signe ordinaire qu'on demande quartier. Jamais victoire ne fut moins sanglante, ni vaincus plus fideles ensuite dans leur soumission. Ce dernier point fut un effet des vues justes & des sages mesures du Général, qui, plaçant tous les marins dans l'intérieur des terres & loin des mers, rendit à la fois des cultivateurs à la terre, & ôta les brigands à la mer. Que faut-il admirer ici davantage? La rapidité d'un succès procuré en quarante jours? le bonheur d'une victoire remportée sans perte d'un seul vaisseau? ou la stabilité d'une paix si bien rétablie, que les pirates n'ont jamais reparu depuis?

STRABON*. Pompée brûla plus de treize cents bâtimens des pirates. Il ruina leurs

* L. XIV.

ROMAINE. LIVRE V. 611

l'ornement de la Tribune, dans la place où le Peuple s'assemble [a].

Après un succès si prompt & si glorieux, quoique dû en grande partie aux victoires précédentes de Servilius, toutes les voix se réunissoient pour applaudir à Pompée, s'il s'en fût tenu là. Deux nouveaux incidens réveillerent sur son compte le blâme & l'envie. Son séjour en Asie fit naître aux Crétois la pensée d'avoir recours à lui dans leur malheur. Accablés sous le poids de la guerre que Metellus leur faisoit à outrance, ils reprirent quelqu'espoir d'obtenir de Pompée une meilleure composition, sur ce qu'ils entendoient raconter de son caractere plus modéré. Ils envoyerent leurs députés en Pamphylie, où il étoit alors, pour le prier de venir en Crete recevoir la soumission qu'ils offroient de toutes leurs Villes [b]; comme étant une dépendance naturelle de son commandement étendu sur toutes les mers: raison pour laquelle le Conseil jugeoit ne devoir traiter qu'avec lui. C'étoit prendre Pompée par son foible. Très-flatté de cette préférence, ainsi que de l'occasion qu'on lui offroit d'étendre son pouvoir à l'exclusion de tout autre concurrent, non-seulement il reçut favorablement les prieres de la députation [c], mais il

LVI. Les Crétois s'adressent à Pompée pour capituler avec lui. Pompée en voie ses Lieutenans dans l'isle, chargés de pouvoir absolus. Colere de Metellus.

An. 685 & 686.

---

[a] Plin. XVI. 4.
[b] Cic. Leg. Manil.
[c] Cicer. Leg. Manil. 12.

retraites, enleva ce qui restoit d'hommes échappés au désastre, & les transféra, ainsi que les moins coupables des bandits auxquels il avoit bien voulu faire grace, dans la ville de Soles, sur les confins de la Cilicie, où les ravages n'avoient presque point laissé d'habitans. Ceux-ci la repeuplerent. Les Romains l'appellerent Pompéiopolis; mais les nouveaux habitans lui ont donné le nom de Dydymene [*].

Médailles des victoires de Pompée sur les pirates. Pompée mettant le pied pour sortir de son vaisseau & prendre terre. La victoire, sur le rivage, lui présente une palme. CN. MAGNUS. IMP. De l'autre côté, la tête de Rome armée. M. POBLICIUS LEGATUS PRO PRÆTORE (Voy. la médaille n°. 5. & les précédentes). L'inscription de son triomphe porte ces termes. « Pour » avoir délivré des pirates les côtes maritimes, & rendu l'empire de la mer au » Peuple romain [*] ».

[*] Strab. L. XIV.
[*] Plin. VII. 26.

HISTOIRE DE LA RÉPUBLIQUE

écrivit sur-le-champ à Metellus, pour lui défendre de continuer la guerre dans l'étendue de sa commission, & d'empiéter désormais sur son commandement. Il envoya ordre aux Villes conquises, ou qui le seroient dans la suite, de ne lui plus obéir. En même temps il fit partir L. Octavius, un de ses Lieutenans, chargé d'aller prendre le commandement des légions en Crete, à la place du Proconsul, & de recevoir les soumissions des nationaux. Pour sûreté de ce dernier article, il retint comme ôtages une partie de leurs envoyés.

On peut juger de quelle maniere une démarche si hasardée fut prise par Metellus, & comment il reçut Octavius quand il lui exhiba son ordre, plus facile à donner qu'à exécuter. Ce Lieutenant le trouva occupé au siege d'Eleuthere, ville de la partie méridionale. Tout ce qu'il put lui représenter, sous prétexte que l'isle se trouvoit comprise dans les pouvoirs absolus & généraux, que le Peuple avoit donnés à Pompée, ne fit que l'aigrir davantage contre Pompée & contre les Crétois. Il se vengea de l'affront, en traitant ceux-ci plus durement que jamais [a]. Octavius n'y pouvoit apporter de remede, étant venu sans forces militaires; car on l'avoit envoyé pour faire un traité, non pour faire la guerre. Il rendit compte à Pompée du peu de succès de sa mission. Celui-ci envoya un second ordre en Achaïe à Cornélius-Sisenna [1], un autre de ses Lieutenans, de porter main forte à Octavius. Sisenna vint en personne, amenant quelques troupes. Avant que d'en faire un usage inconsidéré, il alla lui-même trouver Metellus, & fit de son mieux pour l'engager à traiter avec moins de sévérité des Peuples assujettis. Son intercession ne fit pas beaucoup d'effet sur un esprit dur & justement irrité. Tellement que ces deux Lieutenans, qui ne jouoient au siege d'Eleuthere que le triste

---

[a] *Flor.* ibid.
[1] *Sisenna*, Le même probablement que le célebre Historien dont j'ai parlé dans les Notes du Jugurtha.

rôle de spectateurs de l'opération qu'ils avoient chargé d'empêcher, prirent le parti de se retirer du côté de l'occident, à Lappa, autre ville Crétoise où Sisenna mourut peu après de maladie.

La place assiégée continuoit de faire la plus opiniâtre résistance. Elle étoit bien pourvue de tout, si elle n'eût manqué d'eau. Sa position, dans une plaine aride, jointe à la sécheresse de la saison, avoit à cet égard jeté les habitans dans la derniere disette. Cependant ils ne vouloient pas entendre parler de capituler, quoique réduits quelquefois, pour soulager leur soif, à boire l'urine de leurs chevaux, ou même la leur. Les murs épais, flanqués de grosses tours, étoient si solidement construits, que le bélier n'y avoit pu faire breche. Metellus les attaquoit par la sappe: on allumoit dans la mine un grand bûcher contre les fondations; après quoi on baignoit de vinaigre les pierres échauffées pour les calciner. Dans l'intérieur de la Ville, il ménageoit une intelligence qui lui réussit. La place fut livrée. Le Proconsul y imposa de grosses contributions. De là, sans perdre de temps, il marcha pour investir Lappa *, où le Lieutenant de Pompée s'étoit renfermé avec un certain nombre de Ciliciens. Il la prit d'assaut; Nasennius de Suesse, huitieme Centurion des Princes, étant le premier monté sur la muraille [a]: il fit passer au fil de l'épée, jusqu'au dernier, tous ces pirates étrangers qu'Octavius avoit pris sous sa sauve-garde, l'accabla lui-même de reproches dans les termes les plus méprisans, & le mit dehors de la Ville [b].

LVII. Reddition d'Eleuthere. Metellus maltraite le Lieutenant de Pompée.

Tout homme, même moins ferme, moins sujet à l'aigreur, & moins jaloux de ses droits que le Proconsul, n'auroit en effet pu tolérer une telle conduite de Pompée & de son Lieutenant. Aucune action de la vie de Pompée n'a été aussi universellement

LVIII. Conduite de Pompée ambitieuse & inconséquente. Prise du fort d'Hierapytna.

---

* *Polybe* la nomme Lampa. C'est le nom qu'elle conserve aujourd'hui.

[a] *Cic. Epist. ad Brut.* 7.
[b] *Dio-Cass. L.* 36.

blâmée que celle-ci, même par ſes amis. Cette affectation continuelle de vouloir, de l'Eſpagne à l'Euphrate, ſupplanter tous les Généraux d'armée, ſervoit bien autant ſes rivaux dans l'eſprit des gens indifférens, que leur propre gloire [a]. Elle le rendoit tout à la fois odieux & ridicule; quand on voyoit un Général envoyé exprès pour punir des malfaiêteurs impies, ennemis communs du genre humain, dans le moment même où il étoit occupé à purger les mers de cette peſte publique avec autant d'activité que de gloire & de ſuccès, les prendre en Crete ſous ſa protection; ſe laiſſer aveugler par l'amour du commandement excluſif, & par l'envie qui l'animoit contre un collegue revêtu de l'autorité légitime, juſqu'à donner contre lui ſon attache à des perturbateurs du repos public, juſqu'à leur communiquer ſon autorité & ſa renommée, comme une ſauve-garde contre le ſupplice qu'ils méritoient : &, ce qu'il y a de pis encore & de plus honteux pour le nom romain, juſqu'à mettre à leur tête un de ſes principaux Officiers, qui venoit de joindre contre Rome même les armes de la République à celles de ces bandits [b] : car Octavius, outré à ſon tour des propos inſultans que Metellus lui avoit tenus en le chaſſant de Lappa, leva le maſque tout-à-fait. Il raſſembla les cohortes amenées d'Achaïe par Siſenna, à la tête deſquelles il ſe joignit aux Ciliciens & aux Crétois, commandés par Ariſtion, pour conduire cette guerre d'un commun accord, comme chargé par ſon Général de porter ſecours aux inſulaires opprimés. Ils rentrerent enſemble dans la partie déjà conquiſe, s'avançant vers Cydonie, peu diſtante de Lappa. Ils défirent un gros détachement commandé par Lucius-Baſſus, Queſteur du Proconſul, & reprirent Cydonie [c]. Mais n'eſpérant pas, avec peu de monde, défendre une grande Ville contre toute l'armée romaine, à ſon approche

[a] Vell-Pat. II. 34.
[b] Plut. in Pomp.
[c] Dio. Caſſ. L. 36.

ils l'abandonnerent de nouveau, repasserent encore les montagnes, & vinrent se jeter vers la côte méridionale, dans la forteresse d'Hierapydna [1], *qui étoit au pouvoir* [a] *d'Aristion*. Metellus les suivoit sans relâche, toujours si supérieur en force, qu'on n'osoit l'attendre nulle part. Ils abandonnerent encore à son arrivée ce château que sa fortification, construite en gros quartiers de pierre de roche [b], rendoit susceptible d'une longue défense, si Metellus leur eût laissé le loisir de l'approvisionner. Ils quitterent même tout-à-fait l'isle, sur les vaisseaux qu'Aristion tenoit dans une baie voisine. Mais aussi malheureux en haute mer qu'à terre, la tempête les rejeta sur la côte où ils firent naufrage, avec perte de la plupart de leurs bâtimens [c].

LIX. Les deux Proconsuls portent leurs plaintes à Rome.

Cette querelle fit grand bruit à Rome. Les deux Généraux écrivirent l'un contre l'autre au Sénat, des lettres très-piquantes & très-animées. Ni l'un ni l'autre ne manquoit de prétexte spécieux propre à colorer ses prétentions, dont on démêloit sans peine le fond véritable. D'une part, une aigreur extrême : de l'autre, une insatiable ambition : de toutes deux beaucoup de hauteur. En même temps que sur leurs plaintes tout le monde convenoit assez des faits, des raisons & des torts,

---

[a] SALLUST. *fragm 275.*
[b] *Tournefort.* ibid. *Lett.* 2.

[1] Hierapytna étoit une bonne place dans le temps que Metellus entreprit la conquête de Crete. *Strabon* nous apprend qu'elle avoit pris son nom d'une roche appellée Pytna, l'une des branches du mont Ida, vers la côte qui fait face à l'Afrique, laquelle, selon toute apparence, est la montagne de Males. Il y avoit près delà un ancien Temple de Jupiter Dictéen, bâti par les Etéocretes de la ville de Prassus, d'où a pu venir le nom d'Hierapetra (mont sacré), que Ptolomée donne

[c] *Dio-Cass.* ibid. *Diod. Vid. Freisheim. suppl. Livian.*

à la Ville, & dont on a fait par corruption son nom moderne *Girapetra*. C'est à présent une petite Ville défendue par un fort quarré, bâti sur une plage assez courbe, tout-à-fait exposée, d'où l'on découvre les écueils appellés les isles aux ânes. Les ruines de l'ancienne Ville consistent en quelques quartiers de murailles fort épaisses, & plusieurs morceaux de colonnes répandus dans les champs *.

* *Tournefort, voyage du Levant, p. 55. tom. I.*

chacun cependant prenoit parti pour Metellus ou pour Pompée, felon fes liaifons, fes vues ou l'intérêt de fa faction. « Qui ne
» connoît, s'écrioit Hortenfe, & les autres amis du premier, la
» méthode habituelle de Pompée, de fe fubroger par-tout aux
» travaux d'autrui, pour en enlever la gloire? N'eft-il pas
» inouï qu'un Commandant prétende s'arroger le droit d'en-
» voyer fes Officiers recevoir en fon nom, dans un dépar-
» tement étranger, les foumiffions des Peuples vaincus par
» un autre Proconful, actuellement en Charge & fur les
» lieux? C'eft une dictature de nouvelle efpece, que Pompée
» voudroit créer lui-même en fa faveur. Voilà cet homme
» modefte, qui affecte ici dans fes difcours un fi grand amour
» du repos, & une efpece de dédain du pouvoir fuprême. Il
» femble toujours, à le voir agir, que la gloire d'autrui foit
» dérobée à la fienne. Peu fatisfait de tant de diftinctions auf-
» quelles on vient en dernier lieu de mettre le comble, il n'a
» pour but dans fa conduite, que de priver Metellus des hon-
» neurs du triomphe dû à fes fuccès. On a vu des Citoyens
» profcrits, chercher un refuge chez les nations latines ou
» étrangeres. Mais où a-t-on vu un Général, au faîte de fa
» puiffance & de fa faveur, fe liguer, par excès de jaloufie,
» contre un Proconful, avec des fcélérats, vils rebuts de
» l'humanité [a] ». Les partifans de Pompée n'entreprenoient
pas de le défendre fur ce dernier point. Mais ils fe rejetoient
fur les rigueurs impitoyables de Metellus, qui avoient forcé les
infulaires à recourir à la clémence d'un vainqueur plus humain;
fur le mélange difficile à difcerner des naturels Crétois avec les
Ciliciens; fur les infultes faites au Quefteur Octavius, pour-
fuivi avec tant de violence, qu'il n'avoit pas eu le choix des
moyens de fe défendre. Ils faifoient valoir les heureux fuccès
de Pompée contre ces pirates, fi redoutés, fi difperfés, fi

[a] *Plut.* ibid.

difficiles

ROMAINE. *LIVRE V.*

difficiles à détruire; la célérité, le bon ordre, les vues juſtes avec lesquelles il étoit venu à bout, en quelques mois, de ce que les efforts de ſes prédéceſſeurs n'avoient pu exécuter en pluſieurs années.*a* Ces éloges étoient mérités. Cette expédition, auſſi prompte qu'utile, eſt le plus bel endroit de la vie de Pompée. Sur-tout ils inſiſtoient ſur l'attribution générale & ſans bornes qui lui avoit été donnée; ſoutenant que la loi deviendroit illuſoire, ſi elle n'emportoit pas une ſupériorité ſur toute autre magiſtrature, dans le même département. Or, diſoient-ils, le département eſt clairement fixé par la loi, ſur toutes les mers & pays adjacents à la mer, dans l'intérieur des terres, juſqu'à trois journées de diſtance de la côte.*b* Ce qui comprend invinciblement l'iſle de Crete dans toute ſon étendue. Pompée l'entendoit ſi bien ainſi, qu'informé des diſputes que ceci faiſoit naître à Rome, il y écrivit de nouveau en termes encore plus forts, qu'il n'étoit pas en doute de ſon autorité, qu'il ſauroit bien la faire valoir & ſoutenir ſes droits.*c*

Mais les choſes tournerent autrement d'elles-mêmes. Après beaucoup de bruit, cette conteſtation s'évanouit, comme tant d'autres, par de nouveaux incidens qui la firent perdre de vue. Pompée reprit en Aſie l'idée qu'il avoit déjà eu en Eſpagne, de ſe faire donner le commandement de l'expédition contre Mithridate. Manilius, Tribun du Peuple, propoſa la loi, tendante à révoquer Lucullus, pour le mettre à ſa place. En faveur d'un ſi grand objet, ſes partiſans lâcherent priſe ſur un moindre. La loi paſſa, comme je le raconte ailleurs. Pompée, ſérieuſement occupé d'une affaire de toute autre importance, ne ſongea plus à la Crete: & cependant Metellus, ſans s'embarraſſer des prétentions de ſon antagoniſte, ni s'émouvoir de ce que l'on diſoit ou décidoit là-deſſus à Rome, ſuivit pas à pas ſon objet, & acheva l'entiere

LX. Soumiſſion de Laſthene. Metellus acheve la conquête de l'iſle.

An. 687, 688.

---

a Cicer. Leg. Manil. 12.
b Xiphilin. ibid.
c Tit-Liv. epitom. 99.

Tome II.

conquête de l'ifle, par la foumiffion de Lafthene, Général en chef de l'armée Crétoife. Celui-ci, après avoir encore, pendant plus d'un an, défendu le terrein pied à pied le mieux qu'il lui fut poffible, mit enfin bas les armes, aux mêmes conditions accordées à Panares : ils ne furent pas traités comme captifs, ni affujettis à fuivre enchaînés le char du vainqueur. Le Proconful n'infifta pas fur ce point, moins par ménagement pour eux, que parce qu'on l'avoit prévenu qu'un des Tribuns du Peuple fe tenoit prêt à faifir ce prétexte, de mettre une oppofition à fon triomphe, fondée fur la capitulation plus favorable, que Pompée avoit fignée pour Lafthene [a]. Metellus voulut paroître n'avoir rien accordé que de fa propre volonté. Il traita les deux Chefs également. Cette conquête fut terminée dans le cours de trois à quatre ans [b]. Les principaux Officiers qui s'y diftinguerent, furent Cn. Plancius ; & dans un grade fupérieur, L. Flaccus, que Metellus avoit fait venir de Theffalie & de Béotie en Crete, avec les troupes qu'il y avoit à fes ordres [c], & C. Sacerdos, qu'à fon départ il laiffa pour commander dans l'ifle [d].

LXI. Il abroge les loix de Minos, & établit un nouveau Gouvernem[t]. On le furnomme le Crétique. Son triomphe.

La Crete perdit ainfi fa liberté, qu'elle confervoit fans atteinte depuis tant de fiecles. Ses Peuples ont, les premiers d'entre les Grecs, eu des loix rédigées par écrit, que leur donna le roi Minos, le même qui a tenu l'empire de la mer. Selon l'ufage ordinaire des légiflateurs, il feignit de les avoir reçues de Jupiter même, à mefure qu'elles lui étoient dictées fur le mont Ida [e], où il eut pendant neuf ans de fuite [f] des colloques avec ce Dieu. Minos fe retiroit à l'écart dans un antre confacré à Jupiter, d'où il rapportoit à chaque fois à fon Peuple quelques articles de fes loix [g]. Elles ont fervi de modele aux Peuples du con-

[a] *Dio-Caff.* ibid.
[b] *Eutrop. L. 6.*
[c] *Cic. pr. Flacc.*
[d] *Cic. pr. Plancio.*
[e] *Cic. 2. Tufculan.*
[f] *Hom. Iliad.*
[g] *Nicol. Damafc. ap. Conft. Porphir.* p. 525.

ROMAINE. *LIVRE V.*

tinent de la Grece, & par l'entremife de ceux-ci, à la République romaine elle-même : de forte qu'on doit les regarder comme la fource originelle de la légiflation, telle qu'elle eft de nos jours répandue dans l'Occident. Metellus obligea néanmoins les Crétois d'abandonner les inftitutions & les loix de leurs ancêtres, qu'ils obfervoient depuis fept cents ans : feul Peuple fur la terre qui puiffe fe vanter d'avoir fi long-temps confervé fans atteinte les mêmes mœurs & les mêmes loix ; Peuple célebre, & qui attiroit les regards des autres par fon affiduité à maintenir, à fortifier, au moyen d'une éducation difciplinée, les avantages qu'il avoit reçus de la nature [a]. Jamais un Crétois ne s'eft couché fur un lit pour prendre fes repas [b]. Leur jeuneffe étoit l'émule de celle de Sparte ; en fimplicité, dans la maniere de vivre ; en conftance, à fupporter le froid ou le chaud, la faim ou la foif ; en vigueur, aux exercices de la courfe ou de la chaffe [c] : avantages qui cependant n'ont pu prévaloir contre ceux de la force majeure, fous laquelle les deux nations n'ont pas laiffé que de fuccomber [d]. Soit que Metellus crût le nom de Rome intéreffé à faire prévaloir fes propres établiffemens aux anciens ; foit par quelqu'émulation perfonnelle de la gloire de Minos ; foit enfin qu'il jugeât qu'un Peuple nouvellement affujetti porte plus impatiemment le joug, tant qu'il refte, par la pratique, attaché à fes vieux ufages, au lieu de s'habituer à ceux du vainqueur, il leur impofa des loix nouvelles [e], plus conformes à notre maniere de régir les nations fubjuguées [f].

Après avoir réglé le Gouvernement de l'ifle fur le pied d'une nouvelle Province ajoutée à la domination romaine [g], & fait rafer toutes les fortifications des pirates [h], il revint en Italie,

---

[a] *Cic. pr. Flacc.*
[b] *Id. pr. Muren.*
[c] *Id. Tufculan. II. 14.*
[d] *Id. pr. Muren.*
[e] *Orof. VI. 4.*
[f] *Tit-Liv. epitom. 100.*
[g] *Juftin. L. XL. Sext-Ruf. brevior.*
[h] *Strab. L. 10.*

où il reçut le surnom de Crétique *a*, & sollicita l'honneur du triomphe. Mais ni Pompée, ni sa faction, n'avoient oublié les anciens débats. La cabale lui suscita l'opposition de certaines gens accoutumés à n'accorder qu'à prix d'argent la justice ou l'injustice. On le retint pendant trois ans hors des murs de Rome *b*. Enfin, au retour de l'Apulie, où Cicéron l'avoit envoyé calmer quelques troubles excités par les conspirateurs, il eut permission d'entrer dans la Ville en triomphe 1 le jour des kalendes de Juin *c*, sous le Consulat de Silanus & de Murena. L'année suivante Pompée, revenu d'Asie après l'entiere défaite du roi de Pont, mit aussi la Crete dans le nombre des Provinces par lui conquises, & dont il triompha.

LXII. Requisitoire du Tribun Cornélius, contre le pouvoir que le Sénat s'arrogeoit de donner dispense de la loi commune. Les abus dans le Gouvernement s'étoient à tel point multipliés parmi nous, qu'on en laissoit introduire de la plus grande conséquence, auxquels l'habitude & le grand nombre donnoient à peine lieu de faire attention. C'étoit dès long-temps l'usage, lorsqu'une occasion majeure & imprévue demandoit que le Magistrat fût revêtu d'un plein pouvoir extraordinaire, pour

---

a Dio-Cass. Eutrop. ibid.
b Sallust. in Catilin.

c Sigon. fast. triumphal.

1 Je rapporterois volontiers au triomphe de Metellus la médaille de sa maison, où l'on voit d'un côté une tête de Rome avec ces mots: Q. METELL. Au revers, un Jupiter debout, dans un char de triomphe à quatre chevaux, tenant d'une main la foudre, de l'autre une palme triomphale. ROMA *.

Quoiqu'il ne soit pas rare de voir sur les médailles triomphales un Jupiter placé dans le char, au lieu d'une victoire, la représentation de ce Dieu paroît venir ici très-naturellement, comme si Metellus eût voulu lui faire honneur de la conquête,

* Voy. la médaille n°. 6.

& lui rendre hommage d'avoir transmis au Peuple romain la possession de l'isle, dont il avoit autrefois été souverain. Vaillant attribue cette médaille à Metellus le Macédonique, grand-pere du Crétique. J'ai donné la généalogie complette de cette illustre maison Cæcilia, dans les notes du Jugurtha. Metellus le Crétique laissa deux enfans, Metellus-Creticus, pere d'un autre Quintus, Consul en 759, & Cæcilia, femme de M. Crassus, qui lui fit élever ce grand mausolée appellé aujourd'hui *Capo di bove*, qu'on voit près de Rome, sur la *via Appia*, avec l'inscription CÆCILIÆ, Q. CRETICI, F. METELLÆ, CRASSI.

une prompte expédition, de lui accorder en même temps une dispense de la loi commune, qui mît sa conduite à couvert de recherches, au cas que la nécessité de prévenir le dommage de la chose publique, l'eût obligé de faire quelqu'action, ou de rendre quelqu'ordonnance peu conforme aux loix. On n'accordoit alors une telle dispense que du consentement réuni du Sénat & du Peuple romain. Dans la suite, le Sénat se mit à l'accorder seul de son chef, sous la réserve néanmoins qu'il en feroit fait rapport au Peuple assemblé. Peu à peu on supprima cette clause de réserve, & la faction des nobles, dominante au Sénat, accordoit assez légèrement cette faculté; prenant même souvent, pour faire un décret de cette importance, le moment où la séance n'étoit encore composée que d'un petit nombre de membres du corps, venus les premiers à ce dessein. Il n'étoit guere possible de faire dans une République un plus grave ou plus dangereux abus de l'autorité. Tel fut cependant l'état des choses jusqu'à cette année, où L. Cornélius, Tribun du Peuple, contrarié par le Sénat sur d'autres articles, voulut en prendre vengeance sur celui-ci.

Il avoit fait rapport au Sénat de deux requisitoires. Par le premier, après avoir représenté que les députés des nations étrangeres ayant souvent besoin d'argent pour les affaires dont ils s'étoient chargés, on les accabloit d'usures énormes qui ruinoient leur Pays, & exposoient par toute la terre le nom Romain aux justes reproches de la plus indécente avarice; il concluoit à ce que l'intérêt des sommes ainsi prêtées aux étrangers, fût escompté sur le capital. Sa proposition fut très-mal reçue. On prétendit y avoir assez pourvu par le Sénatus-Consulte, rendu sous le Consulat de Domitius & de Celius, renouvellé en dernier lieu par celui qui avoit défendu de prêter aux Crétois les sommes qu'ils cherchoient. Le second fit une sensation beaucoup plus vive encore. Il tendoit à arrêter les brigues en usage dans les élections, par des peines rigoureuses [a], qui, outre une forte amende contre les coupables, les déclareroit exclus du Sénat, & incapables de posséder jamais aucun office public. On se récria contre cette sévérité outrée. Cornélius fut maltraité dans la séance. Le tumulte se répandit dans la Ville. On interrompit les affaires. On suspendit les élections. Les Consuls furent forcés de prendre une garde, ou firent semblant de l'être. Cornélius n'étoit pas un méchant homme, mais il étoit vif & entêté. D'autant plus irrité, qu'il n'avoit rien demandé que de juste, il voulut mortifier le Sénat sur l'article des dispenses. Il releva donc cet abus, & dressa une ordonnance, portant qu'on ne pourroit plus obtenir que du Peuple même une dispense de la loi. Le Sénat fut extrêmement choqué de voir toucher, sur un point si délicat, à ce qu'il appelloit sa prérogative; prétendant avoir acquis le droit par l'usage. C'étoit en effet porter une vive atteinte à son crédit, & même à la sûreté des Grands. Car étant presque toujours chargés des entreprises difficiles, ils avoient dans cette dispense un moyen assuré de mettre à couvert l'audace & l'irrégularité de leurs actions. Ils se liguerent contre le Tribun: on prétend même que le Consul Pison avoit tout-à-fait conjuré sa perte. Le moyen qu'il prit pour y réussir, fut d'exciter contre lui Servilius-Globulus son collegue. Le Tribun Globulus étoit un homme assez sensé, qui n'aimoit pas les innovations. Pison espéra de les engager assez avant l'un contre l'autre, pour les détruire par leurs propres mains, ou par quelqu'émeute populaire, qui, partageant le Peuple entr'eux, feroit tourner cette querelle au détriment du Tribunat, & à l'avantage de l'aristocratie. Il alla trouver Globulus, & lui dit tout ce qu'il y avoit à dire de plus raisonnable sur une entreprise faite si hors de propos. Il se garda bien de lui laisser entrevoir le fond de sa pensée; *car un projet de cette*

[a] *Cic. pro Muren.* 23.

espece, capable de jeter les affaires dans le plus grand désordre, n'auroit pas tourné de son côté la personne qu'il consultoit sur ce point *a*, comme Globulus s'y tourna sur les représentations du Consul.

Le Peuple ayant été convoqué sur ceci, & le crieur public s'étant mis, selon l'usage, à répéter à haute voix la teneur de l'ordonnance, à mesure que le scribe lui en faisoit lecture, Globulus les interrompit l'un & l'autre par son opposition. Cornélius prit lui-même la feuille, & fit lecture de l'acte. Le Consul Pison s'écria qu'il prévariquoit, & qu'il violoit l'opposition, prérogative essentielle du Tribunat. Le Peuple répondit au Consul par des injures. Il envoya ses Licteurs saisir les plus insolens. On mit en pieces ses haches & ses faisceaux, & les pierres commencerent à voler contre lui. Le Consul se mit à faire le grand cri évocatoire, si rarement employé, le même que Valérius-Flaccus avoit fait contre le Tribun Saturninus. *A moi, Citoyens : que celui qui veut sauver l'Etat, me joigne & me suive b*. Alors Cornélius, effrayé du tumulte, congédia lui-même l'assemblée. L'affaire fut de nouveau agitée dans le Sénat, où les débats furent très-vifs. Enfin on convint, sur les deux loix, que celle concernant les brigues seroit mitigée & portée au Peuple par le Consul même, comme auteur de la proposition. Sur celle de la dispense, Cornélius se réduisit à demander que le Sénat ne pût l'accorder, à moins qu'il n'y eût au moins deux cents membres du corps présens à la délibération, laquelle n'auroit de force qu'après avoir été ratifiée par le Peuple; sans qu'on pût en ce cas se servir de la voie d'opposition, pour empêcher le décret du Sénat d'être porté pardevant le Peuple. Ce fut en ces termes que la loi passa. On ne peut nier qu'elle ne fût entièrement à l'avantage du Sénat, dont l'autorité, usurpée en cette matiere, se trouvoit ainsi

LXIII. Division entre les Tribuns. Accommodem^t. sur l'affaire. Accusation intentée à Cornélius.

---

a SALLUST. *fragm.* 132.   *b* SALLUST. *fragm.* 261.

confirmée. Mais les Grands furent plus courroucés de ce qu'ils avoient perdu, que contens de ce qu'ils s'étoient assuré. Cornélius ne fut pas si-tôt sorti de sa magistrature, qu'ils inciterent Cominius à le mettre en justice, comme prévaricateur. L'accusation fut intitulée de leze-majesté, pour avoir avili la dignité sacrée du Tribunat, & méprisé sa prérogative inviolable. Elle portoit sur deux chefs : d'avoir fait lui-même lecture de la loi [1],

---

[1] Le premier chef d'accusation paroîtra bien frivole à la plupart des lecteurs. Mais ceux qui sont au fait de l'esprit des factions républicaines, le trouveront plus sérieux qu'il ne semble l'être, & observeront qu'en Angleterre le Parlement a souvent porté des Bills d'*atteinder* pour de moindres sujets, contre les personnes du plus haut rang, lorsqu'elles déplaisoient au Roi ou au parti dominant, & sans que l'accusation de haute trahison eût de fondement plus grave, qu'ici celle de leze-majesté. Cicéron traitoit ce chef assez sérieusement, à ce qu'il paroît par les fragmens qui nous restent de son plaidoyer. Car nous n'avons plus la pièce qu'on dit avoir été l'une de ses plus belles. Les faits allégués contre l'accusé, étoient publics & constans. Il étoit question de faire voir qu'ils n'avoient rien de criminel, ni qui eût avili la dignité du Tribunat. Il soutient que si Cornélius fit alors lecture de la loi, ce ne fut ni par mépris pour l'opposition de son collegue, ni pour en faire malgré lui entendre au Peuple le contenu : mais qu'il résulte du témoignage même des autres Tribuns, que ce n'étoit que pour collationner l'expédition qu'on avoit apportée*. En effet, la déposition de Globulus même étoit fort à la décharge de l'accusé, & dans le cours de l'affaire criminelle, il se rangea de son

* *Cic. in Vatin.* 23.

côté. Quant au second chef, il fait voir que, loin que Cornélius ait passé outre, malgré l'opposition, il y eut au contraire égard : que ce fut lui-même qui interrompit l'affaire, & rompit l'assemblée, lorsqu'il la vit éclater en menaces contre le Consul Pison : que quand même il auroit fait les choses dont on l'accusoit, elles n'étoient pas, comme on le soutenoit, sans exemple : que deux ans auparavant Gabinius avoit fait positivement les mêmes choses, & de beaucoup plus fortes encore, sans qu'on eût désapprouvé sa conduite, dont les suites heureuses feroient d'ailleurs assez l'apologie *. (*Voy. ci-dessus*, p. 604.) Asconius dit qu'il y a beaucoup d'art & d'adresse dans tout ce plaidoyer, & que pour le lire avec plus de plaisir, il faut avoir en même temps à la main le plaidoyer de Cominius, accusateur, qui est aussi une fort belle piece. Il ajoute que Cornélius avoit en sa faveur une vie d'ailleurs exempte de tout reproche ; mais que ce qui lui fut le plus utile en cette occasion, fut d'avoir été Questeur, commandant la cavalerie sous Pompée. Ce qui lui donnoit beaucoup de faveur parmi les Juges du Tribunal, composé de Chevaliers romains & de Tribuns du trésor, de sorte que presque tous les Juges, qui n'étoient pas attachés aux grands Seigneurs par des

* *Cic. in Cornel.*

&

ROMAINE. *LIVRE V.* 625

& d'avoir tenue pour nulle l'oppofition de fon collegue. Hortenfe, Catulus, Metellus-Pius, Lucullus & Lépide, dépoferent contre l'accufé, comme témoins oculaires des faits. La caufe fut plaidée au Tribunal du Préteur Gallius, avec un prodigieux concours d'affiftans, du nombre defquels étoient les deux Confuls. L'accufé ne fe tira d'affaires, que par le grand crédit & l'éloquence de Cicéron fon défenfeur, qui, quoiqu'alors Préteur ayant le département de Rome, quitta fon Tribunal pour aller plaider cette caufe à celui de fon collegue. Il parla pendant, quatre féances de fuite. Cette piece, forte & brillante à la fois *a*, paffe communément pour fon chef-d'œuvre; & lui-même en avoit, à ce qu'on dit, cette opinion *b*. Les difcours de l'accufateur & du défenfeur ayant été tous deux rendus publics, & fe trouvant entre les mains de tout le monde, je ne dirai rien de plus fur cette affaire, alors regardée 1 comme une des principales de celles qui furent agitées cette année, & durant ce Tribunat, dont tout le cours fut fort orageux *c*.

Un autre réglement fur un objet frivole, fit auffi grand bruit dans la Ville, & caufa parmi le Peuple un mécontentement univerfel. Le même Tribun Rofcius-Othon, dont j'ai parlé plus haut, voulut donner aux Chevaliers romains une place diftinguée au théâtre *d*, où ils avoient affifté jufqu'alors, confondus avec le refte des Citoyens. Tout le monde autrefois, *même les Sénateurs e*, s'étoit placé au fpectacle fans diftinction de rang, pendant plus de cinq fiecles & demi; lorfqu'à l'inftigation du

LXIV. Loi Rofcia fur les places au théatre.

---

a Quint. *VIII. 3.*   *b* Cic. de orat. *67. 70.*
c Afcon-Ped. in Cornelian.
d Tit-Liv. epitom. *99.* Horat. epod. *4. 13.*
e SALLUST. fragm. *442. 576.*

liaifons particulieres, lui furent favorables *.

1 L'affaire du Tribun Cornélius étoit tellement regardée comme une affaire majeure, que le Conful Pifon fe fervit en
* Afcon-Ped. in Cornelian.

cette occafion de la fameufe formule évocatoire, fi rarement employée, & dont j'ai parlé dans les notes fur le difcours de Lépide, liv. 1. p. 349 *.

* Briffon. de formul. liv. II. p. 214.

Tome II.   Kkkk

Conful Scipion [a], les Ediles Attilius & Scribonius marquerent dans l'orcheftre une place féparée pour le Sénat. Dès-lors le Peuple en fit grand bruit; les gens ennemis des nouveautés (&, bien ou mal-à-propos, le penchant à blâmer en produit toujours un grand nombre), n'approuverent pas non plus que dans un Etat libre on introduisît des diftinctions dangereufes [b]: Scipion même fe repentit dans la fuite de l'avoir fait; voyant que cette bagatelle avoit indifpofé le Peuple contre lui [c], au point de lui faire prefqu'oublier à qui Rome devoit fon triomphe fur Carthage. Ce fut néanmoins ce qu'Othon répéta cette année [d], en s'y prenant, à la vérité, d'une maniere un peu indirecte: il inféra dans un réglement général qu'il fit concernant les Chevaliers [1], lequel fixoit à 400, 000 HS. [2] la valeur du cens

---

[a] *Cic. pr. Cornel. 18. & Afc-Ped.*
[b] *T-Liv. XXXIV. 54.*
[c] *Val-Max. II. 4.*
[d] *Tacit. annal. XV. 32.*

[1] Les Romains n'ont point eu de loi, même parmi les plus importantes, dont ils fe foient fi fouvent occupés que de celle-ci. On voit encore dans leurs ouvrages que c'étoit un fujet commun d'entretien; & que pendant plus d'un fiecle les moraliftes & les fatyriques n'ont ceffé d'en parler en profe ou en vers. Il falloit que ce droit de s'affeoir à l'orcheftre dans les quatorze bancs, tînt bien fort au cœur, tant à ceux qui l'avoient, qu'à ceux qui fe jugeoient méprifés par cette diftinction. *Sic libitum vano qui nos contempfit Othoni* *. Au contraire, Cicéron, dans fes harangues & dans fes lettrés, donne les plus grands éloges à la loi Rofcia, dont l'auteur étoit fort de fes amis. Mais Horace dit tout uniment qu'il ne la trouve autre ni meilleure que celle des enfans qui jouent à la Madame. *Rofcia dic, fodes, melior lex, an puerorum* **: ce qu'il entend également,
* *Juvenal. III.* ** *Horat. epift. II. 1.*

comme il l'explique, de la diftinction du revenu, & de celle de la féance à l'orcheftre: car au moins, dit-il, les petites filles donnent le premier rang à celle qui a le mieux fait. Céfar & fes amis, piqués de ce qu'un jour le jeune Curion avoit été mieux reçu qu'eux à fon entrée au fpectacle, & de ce que les Chevaliers s'étoient levés pour Curion, & avoient battu des mains, les menacerent en colere de faire abroger la loi Rofcia, & de leur ôter leurs bancs *.

[2] Les 400, 000 fefterces font 12500 onces d'argent. Il y a 4 HS au denier, & 8 deniers à l'once. Ainfi l'once d'argent eft de 32 fefterces, ou de 80 as de cuivre (fols), dont il y a dix au denier d'argent, nommé par cette raifon *Denarius*. Au refte, je parle en général, & felon le temps commun: car on fait affez que dans tous les

* *Cic. ad Attic. II. 19.*

équestre ou fonds de bien qu'un Citoyen devoit posséder pour être admis dans cet ordre, l'article suivant: « Et pour rendre » les Citoyens aisés d'autant plus attentifs à ne pas détériorer » leur patrimoine, si la fortune d'un Chevalier vient à tomber » au dessous de la fixation, soit par défaut de conduite ou » même par accident, il assistera séparé de son ordre aux » spectacles publics, & ne pourra prendre place dans les » quatorze bancs [a], qui seront mis à l'orchestre, derriere ceux » des Sénateurs, pour y asseoir les Chevaliers romains [b] ». Dans cette Ville-ci, il n'y a point de petite affaire quand elle a rapport aux spectacles. Parmi nous, les gens même qui affectent le plus de dédaigner ces sortes de jeux, y vont au fond de l'ame avec plaisir, lorsqu'ils feignent de n'y assister que par complaisance pour le goût populaire. Les Chevaliers furent comblés de joie de cette distinction, honorable, en même temps qu'agréable & commode [c]: mais le Peuple la trouva très-offensante, & la prit à injure [d]: il murmura long-temps d'une innovation qui le reculoit plus loin des acteurs, & d'un genre d'amusement pour lequel il est tout-à-fait passionné. Peu d'années après, lorsque les choses furent ainsi disposées, Othon, à son arrivée au théatre, ayant été accueilli de l'ordre équestre avec des battemens de mains & *de grands cris d'applaudissemens* [e], le Peuple se mit à le huer & à le siffler. Les Chevaliers s'en courroucerent: ce qui fit redoubler les huées. La piece fut interrompue, quoique le fameux comédien Roscius occupât la scene en ce moment [f]: la querelle s'échauffa: des clameurs &

---

[a] *Juvenal. Sat. XIV. 322.*
[b] *Cic. Philippic. II. 18, vid. Martial.*
V. 8.
[c] *Cic. pr. Muren. 19.*
[d] *Juvenal. Satyr. III. 19.*
[e] SALLUST. *fragm. 92.*
[f] *Macrob. Sat. III. 14.*

siecles & dans tous les Pays, rien n'est plus sujet à varier que la monnoie, soit numéraire, soit même réelle, pour la valeur courante mise à son poids.

des injures, *telles qu'on pouvoit les attendre d'une populace ameutée* ᵃ, on en alloit venir aux mains, lorsque le Consul Cicéron ᵇ, *averti de bonne heure de cette rumeur naissante* ᶜ, y accourut, & commanda au Peuple de le suivre au temple de Bellone, où il fallut toute son éloquence ¹ pour le ramener à une conduite plus sage ᵈ. Il le persuada néanmoins si bien, que la foule qu'il ramena au théatre joignit, en y rentrant, ses applaudissemens à ceux des Chevaliers ᵉ.

LXV. Nisibe en Mésopotamie est prise d'assaut. Le château capitule.
An. 686.

Au retour du printemps, Lucullus mit le siege en forme devant Nisibe ᶠ, que ses quartiers avoient tenue resserrée pendant l'hyver. Tigrane avoit enlevé au Parthe cette riche & forte Ville, l'une des plus anciennes de l'ancien empire Assyrien, & la meilleure forteresse de Mésopotamie ᵍ. La voyant menacée d'un siege, il en confia le commandement au Prince Guras son frere, aussi nommé Phaarte ʰ, auquel il donna pour adjoint le

---

ᵃ SALLUST. *fragm. 16.*
ᵇ *Cic. ep. ad Att. II. 1.*
ᶜ SALLUST. *fragm. 440.*
ᵈ *Plin. VII. 30.*

ᵉ *Plutarch. in Cic.*
ᶠ *Oros. L. VI.*
ᵍ *Eutrop. Liv. VI.*
ʰ *Sext-Ruf.*

¹ « Au milieu de cette querelle, le » Peuple & les Chevaliers étoient à s'en» tredire vilenies : si bien que tout le » théatre étoit en confusion. Ce qu'en» tendant Cicéron, il y accourut, & ap» pellant le Peuple au temple de Bellone, » le tança & le prêcha si bien, que re» tournant sur l'heure au théatre, ils ho» norerent aussi Othon de battemens de » mains à l'envi * ». Entr'autres il fit grande honte au Peuple de sa sottise & de son peu de goût, d'avoir ainsi interrompu l'excellent acteur Roscius, & de lui avoir par ce tapage fait quitter la scene à l'endroit le plus intéressant de sa pantomime **.

* *Plutarq.*
** *Macrob. loc. cit.*

A peine nous reste-t-il quelques lignes dans le Grammairien Cornélius-Fronto, du discours de Cicéron. Cependant il fut donné au public & fort répandu. Qui est-ce qui n'a pas lu cette excellente piece, dit *Macrobe?* On la cite comme un des plus grands exemples de l'empire de l'éloquence sur les passions. *Quintilien* semble l'avoir en vue, dans l'endroit où il dit que le plus haut degré du talent de l'Orateur est d'être capable de faire revenir un Peuple en tumulte d'une erreur généralement répandue, & de le ramener à une meilleure conduite *. *Pline* regarde cette journée comme une des plus éclatantes pour la gloire de Cicéron.

* *Quintil. XII. 1.*

fameux ingénieur Callimaque, qui avoit si bien défendu Amise. Nisibe, par sa position, n'étoit pas d'un accès facile; & *quoique avantageusement située de tout côté, on n'avoit pas laissé que de la fortifier encore d'une triple enceinte de murailles garnies de hautes tours* [a] de briques d'une grande épaisseur, défendues par un fossé large & profond: tellement qu'on ne pouvoit ni battre ni sapper la muraille. Le roi d'Arménie avoit tant de confiance en la bonté de cette place, qu'il prit le parti de l'abandonner à ses propres forces, sans faire aucun mouvement pour la secourir: fort content au contraire de ce que les circonstances avoient engagé l'armée romaine à cette entreprise, capable de la retenir assez long-temps loin des Rois ligués, pour leur laisser le loisir de raccommoder leurs affaires ailleurs. En effet, la place, quoique vigoureusement pressée, tint bon pendant toute la campagne. L'hyver n'étoit pas loin. Les barbares se regardoient déjà comme vainqueurs, & se relâchoient sur l'exactitude de la défense, assurés que la mauvaise saison alloit contraindre les Romains à s'éloigner. Lucullus saisit l'instant d'une nuit sans lune & très-noire. Il faisoit un orage affreux, accompagné de tonnerre & d'une si grosse pluie, qu'il étoit impossible aux assiégés de rien voir ni de rien entendre. Il marcha & trouva que l'orage leur avoit fait abandonner le mur de l'enceinte extérieure, ainsi que le fossé pratiqué entre les deux enceintes. Il le fit escalader de toute part: l'attaque réussit. On tua quelques sentinelles, les autres se sauverent, après avoir levé au plus vîte les ponts du fossé. Les Romains se hâterent d'y jetter de la terre, & le comblerent sans risque en un endroit; car la pluie étoit si violente, que les assiégés ne pouvoient ni jeter des feux, ni se servir de leurs arcs. Dès que le soldat put traverser le fossé, la Ville fut prise aussi-tôt: car on n'avoit pas tenu l'enceinte intérieure bien forte, par la grande confiance

[a] SALLUST. *fragm.* 84.

qu'on avoit eue dans les ouvrages extérieurs. Le frere de Tigrane se retira dans le château avec les principaux Officiers. Lucullus les reçut à composition, & convint d'une somme considérable pour la rançon de la Ville, autour de laquelle il mit ses légions en quartier de rafraîchissement *a*. Il traita Guras avec beaucoup d'humanité. Mais il excepta Callimaque de la capitulation, sans vouloir lui faire grace, ni l'entendre, malgré l'offre qu'il faisoit, pour racheter sa vie, de découvrir de grands trésors cachés en des souterreins inconnus à tout autre qu'à lui. Il le fit charger de chaînes, & réserver au supplice qu'il lui destinoit, pour avoir mis le feu dans Amise, & causé la ruine de cette belle Ville grecque, que Lucullus avoit tant souhaité de pouvoir sauver *b*. Nisibe fait à présent une des grandes barrieres de notre empire. Elle est le boulevard de la domination romaine, du côté des Parthes *c*.

LXVI. Mithridate rentre dans le Pont: gagne deux batailles. Il est blessé.

Il s'en fallut cependant beaucoup que cette conquête fût une compensation de ce que les Romains perdirent ailleurs dans le cours de la campagne précédente & de celle-ci. Mithridate, rentré dans le Pont, ainsi que je l'ai dit, après la bataille de l'Arsanias, avoit annoncé son retour en ses Etats par deux victoires consécutives. Il étoit tombé à l'improviste sur un détachement considérable commandé par Fabius [1], & lui avoit tué cinq cents hommes. Fabius affranchit tous les esclaves qui se trouverent à la suite de son corps, en recruta sa troupe, &

---

a *Dio-Cass.* ibid.
b *Plut.* ibid. *939.*
c *Amm-Marc. Liv. XXXI.*

[1] Fabius-Adrianus, le même dont il est parlé plus haut, qui, en ramenant un grand convoi au camp romain, défit le détachement de Taxile. Il étoit probablement frere de Fabius-Adrianus, Préteur d'Afrique, d'où il fit sortir Metellus-Pius, lorsque celui-ci voulut s'y réfugier dans le temps des troubles civils. Il songeoit à s'y former lui-même un Etat indépendant, par la mort des principaux Citoyens d'Utique. Ceux-ci le prévinrent & le brûlerent dans son propre Prétoire, où ils mirent le feu [*]. Je doute que ces deux Fabius fussent de l'ancienne & illustre maison Fabia.

[*] *Cic. Verr. 3. & 7. Asc-Ped. Val-Max. IX. 10.*

revint dans le deffein de prendre fa revanche: il détacha en avant un corps de Thraces auxiliaires, avec ordre de lui rendre compte de la pofition de l'ennemi. Ils fe laifferent corrompre par le Roi, fous qui ils avoient autrefois fervi. Ils s'engagerent même à gagner les efclaves affranchis, en leur confirmant de fa part la promeffe de leur liberté. Ils firent à Fabius un rapport infidele, fur lequel il engagea une feconde action *a*. Au milieu du combat, les Thraces & les efclaves fe retournerent du côté de Mithridate. Les Romains, furpris de toute part, fe défendirent néanmoins avec valeur. Mais fans un événement qui les fauva, ils alloient tous, jufqu'au dernier, être les victimes de cette trahifon. Mithridate, malgré fon âge de plus de foixante-dix ans, combattoit en perfonne au plus fort de la mêlée. Il y fut frappé en même temps d'une fleche au deffous de l'œil, & de deux coups de pierre à la jambe, dont l'un le bleffa griévement au genou, & l'autre *lui démit le pied* *b*. Il tomba fur le coup, mais fe relevant avec force, il ne laiffa pas de fe défendre un moment, appuyé fur terre & fur l'autre genou, contre ceux qui le vouloient faifir. Ses gens l'entourerent au plus vîte, & le tirerent de la mêlée. Les Agares y accoururent. Ce font des gens d'une tribu Scythe, qui paffent pour poffeder de grands fecrets de médecine, & qui, par cette raifon, fuivoient toujours à l'armée la perfonne du Roi. Ils panferent fes bleffures avec des remedes dont ils ont la compofition, & qu'ils favent, à ce qu'on prétend, tirer du corps de quelques ferpens venimeux *c*. Les Barbares, tout occupés de l'accident arrivé à leur Prince, cefferent l'action. Ils laifferent à Fabius le temps de faire fa retraite à Cabire, où Tigrane, qui, de fon côté, avoit eu quelque avantage en Arménie contre Fannius, le vint affiéger *d*.

a App. Dio-Caff.
b SALLUST. fragm. 564.
c Appian. pag. 231.
d Dion-Caff. ibid.

LXVII. Joie des nationaux en revoyant leur souverain. Il remet de nouvelles forces sur pied.

Les nouvelles du retour de Mithridate, de ses derniers succès, de sa blessure & de sa guérison, qu'on apprit à la fois dans le Pont, répandirent par-tout une joie universelle. A peine s'attendoit-on qu'il dût jamais remettre le pied dans son royaume : en un instant sa présence réveilla toutes les affections. On accourut pour le revoir. De tous côtés on lui amena des renforts. Les Peuples & les petits Souverains du voisinage montrerent une ardeur égale à celle de ses sujets : ceux-ci, d'autant plus aisément touchés de sa situation malheureuse, que le titre de rois qu'ils portoient ainsi que lui [a], sembloit rendre la cause commune entr'eux : les autres, attachés par habitude à la race nationale, qui depuis long-temps régnoit sur eux avec grande gloire. En général les Peuples de l'Orient ont des idées si contraires aux nôtres sur les droits & l'exercice de la souveraineté, qu'il est tout-à-fait difficile de les accoutumer à la domination romaine, ni de leur faire même entendre ce que c'est qu'un Etat républicain. Ils ne peuvent comprendre qu'une nation puisse, comme nous le faisons, changer si souvent de Chefs & de Magistrats, ni concevoir aucune autre forme de Gouvernement que la forme monarchique. Tous virent avec une joie infinie Mithridate revenir à eux, prêt à se relever de ses pertes. Ils jugerent que le Ciel même leur envoyoit le maître qu'ils vouloient & devoient avoir : *tant la force de l'éducation & le préjugé leur ont profondément gravé dans l'ame la sainteté de ce nom de roi* [b]. En peu de temps Mithridate se vit en état de tenir la campagne, & de regagner une bonne partie de ce qu'il avoit perdu [c]. On peut dire que l'empressement de ses propres sujets, & la haine qu'ils portoient à une puissance étrangere, qui les traitoit sans ménagement, ne le servirent pas mieux en cette conjoncture, que la négligence & la lâcheté des Romains eux-mêmes.

[a] *Cic. Leg. Manil.*
[b] SALLUST. *fragm. 163.*
[c] *Eutrop. Liv. VI.*

ROMAINE. *LIVRE V.* 633

Ce Prince, en quittant le Pont, l'avoit laissé rempli des richesses de ses ancêtres, & de celles qu'il y avoit lui-même accumulées de tous côtés, par le pillage de l'Asie entiere. Les Romains, Officiers comme soldats [a], s'occuperent bien plus de la recherche exacte d'un butin si riche, que de la discipline, où que du soin d'assurer à la République sa nouvelle conquête. Le mauvais exemple & la tolérance des uns entraînoit les autres & autorisoit leurs désordres. Le soldat négligeoit tout-à-fait son devoir; sans tenir plus aucun compte du service militaire. Les plus aisés ne songeoient qu'à jouir des commodités que leur procuroit une fortune acquise. *Les autres se livroient entiérement, soit aux affaires domestiques de leurs Tribuns ou de leurs Commandans, au service desquels ils s'étoient mis; soit aux leurs propres, en faisant un commerce public des rations & fourrages de l'armée, en vendant les vivres même* [b] qu'on leur distribuoit par chambrées. En un mot, tout ce qu'on peut imaginer de mauvaise conduite & de déréglement, régnoit parmi nos troupes, quand Mithridate reparut comme un Dieu tutélaire aux yeux des nationaux opprimés.

LXVIII. La mauvaise conduite des troupes romaines leur fait perdre le royaume de Pont.

Triarius commandoit nos principales forces en ces contrées. Il se disposoit à se rendre bientôt en Mésopotamie, sur un ordre reçu du Proconsul, toujours occupé de la pensée d'entrer en Parthide, lorsqu'il apprit l'échec reçu par Fabius, & le siege de Cabire. Il y marcha suivi de tout ce qu'il put rassembler de troupes à la hâte, fit lever le siege, & continua sa route vers Mithridate, qui fit retraite à son approche, croyant d'avoir toutes nos forces sur les bras. Triarius le suivit jusqu'à Comane [1],

LXIX. Triarius délivre Fabius assiégé par Tigrane dans Cabire.

---

[a] *Cic. Leg. Manil.*
[b] SALLUST. *fragm. 369.*

[1] Il faut corriger en cet endroit le texte de *Dion-Cassius*, qui dit fort mal-à-propos jusqu'en Comagene, qui est une Province de la Syrie, sur le bord de l'Euphrate, par conséquent très-éloignée de l'endroit où se trouvoient les deux armées. Comane, Ville d'une contrée du même nom, est située sur le fleuve Iris en Cappadoce, vers les

Tome II. LIII

où il le joignit près de la riviere d'Iris, à l'autre bord de laquelle les Barbares étoient campés. Mithridate attaqua les Romains au passage de la riviere, avec une partie de sa troupe, fatigués comme ils l'étoient d'une longue marche : il envoya l'autre passer plus haut, sur un pont, pour venir les prendre par derriere. Le pont rompit sous la charge. Cet accident fit perdre au Roi l'avantage qu'il avoit lieu de se promettre de cette journée. La saison étoit trop avancée pour rien entreprendre de plus ; chacun se retira de son côté, & mit ses troupes en quartier [a].

LXX. Un ouragan sépare Mithridate & Triarius. Le Roi se porte au camp de Ziele.
Acilio & Pisone.
An. 686.

Ils se rejoignirent l'année suivante près de Gazuire, ancienne Ville royale vers le fleuve Halys en Cappadoce, dont les rois de Pont avoient fait une de leurs places fortes [b]. Mithridate, informé de la reddition de Nisibe, pressoit les événemens, dans la crainte du retour de Lucullus. Peut-être Triarius n'avoit-il pas lui-même moins d'envie de le prévenir. On l'a du moins violemment accusé de cette mauvaise ambition, si commune aux Officiers généraux contre leurs Chefs. Les deux armées étoient en présence. Un orage si violent, que de mémoire d'homme on ne se souvenoit pas d'en avoir vu de pareil, les mit toutes deux en fuite. A peine purent-elles trouver d'asyle. L'impétuosité du vent déchira les tentes, ruina les deux camps, renversa les charriots, & précipita même au fond des vallées bon nombre de soldats placés sur les hauteurs [c].

Le Roi remonta le long du cours de l'Iris, & vint investir Dadasa en Cappadoce [d], où l'armée romaine avoit déposé ses équipages. Triarius marcha sur ses traces. On le blâme de

---

[a] *Dio-Cass.* ibid.
[b] *Plin.* VI. 2. *Strab.* L. XII. p. 547. frontieres du Pont, entre Cabire au midi, Gazuire & la campagne de Zela, où les deux armées combattirent, à l'occident. Il y a une autre Comane dans le Pont, plus considérable que celle-ci, & siege ordinaire du souverain Pontife de ce Pays, à qui elle appartenoit, ainsi que sa banlieue [*].
[c] *Appian.* ibid.
[d] *Dio-Cass.*
[*] *Strab.* L. XII.

ROMAINE. LIVRE V. 635

s'être engagé avec trop peu de forces dans un terrein défavantageux qu'il ne connoiſſoit pas. Le malheur de cette journée eſt communément imputé à ſon imprudence, & à ſon empreſſement de livrer bataille avant l'arrivée de Lucullus. Il prétend, pour ſa juſtification, y avoir été forcé par ſes propres troupes, qui, dans la crainte de perdre leurs bagages, ſortirent du camp en tumulte, criant que s'il ne donnoit l'ordre d'aller au ſecours de la place, ils alloient y marcher ſans lui. A ſon approche, le Roi ſortit de ſes lignes, & vint à l'entrée de la nuit ſe poſter dans le fameux camp de Ziele [1], célebre par ſa victoire, & par celle que Céſar vient nouvellement d'y remporter ſur Pharnace ſon fils, dans la même poſition que Mithridate avoit priſe. Ziele eſt une Ville ſur la frontiere de Pont & de la Cappadoce, entre le Lycus & l'Iris [a], avantageuſement placée ſur un tertre naturel iſolé dans la plaine, comme ſi on l'eût fait à main d'homme : elle a d'un côté cette plaine terminée par la rive gauche de l'Iris [b] : de l'autre, juſqu'à trois milles de diſtance, une eſpece d'amphithéatre de collines à pentes roides, rejointes les unes aux autres juſqu'à la Ville, par des chauſſées & des ouvrages de fortifications [c].

Triarius fit attaquer avant le jour les gardes avancées du camp royal. L'affaire s'engagea & ſe ſoutint aſſez long-temps

LXXI. Bataille de Dadaſa. Grande victoire de Mithridate interrompue par ſa bleſſure.

[a] *Hirt. Bell. Alex.*
[b] *Strab. Liv. XII. pag. 556.*
[c] *Hirt. Bell. Alexand. fol. 106.*

[1] Au même endroit où Jules-Céſar, à ſon arrivée dans le Pont, battit le roi Pharnace, fils & ſucceſſeur de Mithridate, ayant commencé & terminé, par cette ſeule action, toute la guerre qui éteignit la Dynaſtie des anciens rois de Pont, & fit enfin de leur royaume une Province romaine. Ce fut à l'occaſion de cette journée mémorable que Céſar écrivit à Rome : *Je ſuis venu, j'ai vu, j'ai vaincu,* & qu'il admiroit la bonne fortune de Pompée, & de quelques autres Généraux qui avoient acquis tant de réputation contre des ennemis ſi peu redoutables. Pharnace occupoit le camp de Ziele à l'arrivée de Céſar, qui, reconnoiſſant l'importance de cette poſition, trouva un moyen de l'en débuſquer, & de s'y poſter lui-même *.
* *Hirtius. Bell. Alexand.*

avec un égal avantage. Les Barbares, plus nombreux, déborderent peu à peu les nôtres pour les envelopper *a*. La victoire commença de se déclarer pour eux à leur aîle droite, commandée par le Roi, qui poussa vivement l'infanterie romaine. Elle se jeta du côté de la plaine, où elle cherchoit à faire retraite, ignorant qu'elle fût coupée par la riviere. Elle fut acculée dans un bas-fond marécageux, où le massacre fut affreux, sans que nos soldats embourbés pussent faire un pas. Le Roi y étoit en personne, suivant son avantage avec grande ardeur. Quelques cavaliers romains le distinguerent au milieu des siens. Ils résolurent d'entreprendre un coup hardi; ressource unique dans leur désastre. Ils firent un détour, & vinrent se mêler à sa troupe, parmi laquelle il y avoit plusieurs romains, du nombre de ceux qui servoient dans son armée. L'un d'eux pénétra jusqu'à lui, & l'ayant abordé par derriere, comme pour lui rendre compte de quelque chose, le perça d'un grand coup d'épée à la cuisse. Il n'osa le frapper au corps, à cause de sa cuirasse : car *Mithridate étoit dans l'usage de porter une épaisse armure* [1], *proportionnée à la grandeur de sa taille & à la force prodigieuse de son corps* *b*. A l'instant le romain fut mis en pieces

a T-Liv. epitom. 98.

[1] « Mithridate ne cessa jamais de se » battre comme un simple Officier, quoi- » que déjà vieux & couvert de blessures; » car il fut blessé plusieurs fois en plusieurs » affaires, soit par l'ennemi, soit en trahi- » son. Il portoit une forte armure. On » montre encore une des siennes à Del- » phes, & une autre à Nemée, par les- » quelles on voit combien ce Prince étoit » robuste & de grande taille. L'âge ne » l'empêcha pas de s'exercer à monter à » cheval & à lancer le javelot, jusqu'à » la fin de ses jours. On dit qu'il a quel-

b Sallust. fragm. 11.

» quefois fait 1000 stades en un jour avec » des relais (125 mille). Ce Prince étoit » fort magnifique en habits. Pompée ad- » miroit la richesse & le poids de son » armure. Le fourreau de son cimeterre » fut vendu quatre cents mille écus au » roi Ariarathe, par un romain nommé » Publius, qui l'avoit volé. Un nommé » Caius fit présent à Faustus-Sylla, son » frere de lait, de la tiare de ce Roi, » ouvrage d'un travail admirable * ».

* Plutarq. in Pomp. 1171.

par la garde royale. Mais son dévouement sauva le peu qui restoit de l'armée vaincue. On enleva Mithridate du champ de bataille. Ses Lieutenans firent sonner la retraite ; les vainqueurs, troublés d'entendre ce signal au plus fort de leur victoire, se douterent qu'il venoit d'arriver quelque chose d'extraordinaire. Quand ils en furent informés, ils accoururent de toute part en si grande foule autour de lui, que Timothée son Médecin, après avoir arrêté le sang de la plaie [1], fut obligé de faire élever Mithridate sur un bouclier, pour le montrer à toute l'armée [a].

Lorsqu'il eut repris connoissance, il blâma fort ses Généraux d'avoir interrompu l'action. Dès le même jour, il fit de nouveau marcher ses troupes au camp romain, qu'elles trouverent abandonné. Tout avoit pris la fuite [b]. Cette malheureuse affaire nous coûta sept mille morts laissés sur le champ de bataille, dont vingt-quatre Tribuns, & cent cinquante Officiers de marque : ce qui est la plus grande perte que nous eussions jamais faite en Asie dans aucune affaire [c]. Les corps morts resterent plus de deux ans étendus sur le champ de bataille, sans sépulture. Ce devoir fut même négligé par Lucullus, lorsqu'il revint dégager Triarius : & les soldats, disposés d'ailleurs au mécontentement, s'en firent un nouveau grief contre leur Chef [d].

On raconte que Mithridate ayant appris de quelle maniere il avoit été blessé, craignit avec raison qu'il ne se fût glissé plus

---

[a] *Appian.* ibid.
[b] *Cic. Leg. Manil.*
[c] *Plut.* ibid. 942.
[d] *Plut. in Pomp.*

[1] Il lui arriva la même chose qu'à Alexandre, lorsqu'ayant été blessé dans l'Inde, ses soldats alarmés se pressoient autour de lui, pour savoir en quel état il étoit, en telle foule, qu'on fut obligé, pour pouvoir le panser en repos, de le porter sur le tillac d'un vaisseau, où tout le monde pouvoit le voir du rivage *.
* *Appien.*

d'un traître parmi les siens. Sur-le-champ, en donnant l'ordre d'aller s'emparer du camp ennemi, il y joignit celui de retenir dans le sien tous les Romains qui étoient à son service; & à leurs Officiers, de les ramener chacun dans leurs tentes. Par ce moyen, ceux qui n'étoient pas de sa troupe furent à l'instant reconnus & mis à mort [a].

LXXII. Mithridate chasse les Romains de son royaume. Ainsi ce Prince, qu'on jugeoit abattu, vint à bout de faire des choses qu'on auroit à peine cru devoir craindre de sa part avant ses revers. Non-seulement il rentra contre toute espérance dans sa terre natale, qu'il ne pouvoit se flatter de revoir jamais après tant de pertes, mais il en chassa lui-même, & détruisit l'armée triomphante qui l'en avoit chassé. Cette grande victoire le remit en possession d'une bonne partie du Pont, de la Cappadoce & de l'Arménie. Sa politique, son crédit, ses artifices, acheverent ce que ses derniers succès avoient si bien commencé. Il fit répandre un bruit chez plusieurs nations barbares, que les Romains alloient y marcher pour piller les trésors de leurs temples, & détruire leurs divinités. Elles ignoroient qu'un des points de notre politique est de laisser, autant qu'il est possible, aux Peuples vaincus leurs coutumes & leurs Dieux. Ce faux avis s'accrédita si bien dans l'esprit de ces Peuples éloignés, que les Romains connoissoient à peine de nom, loin de songer à les provoquer, qu'ils prirent en tumulte les armes, & vinrent d'eux-mêmes grossir l'armée du Roi.. On se revit de part & d'autre presqu'au premier pas d'une guerre qu'on avoit eu lieu de regarder comme terminée [b] [1].

[a] *Dio-Cass.* ibid.

[b] *Cic. pro Leg. Manil.*

[1] Mettons en entier ici sous les yeux du Lecteur, le tableau que Cicéron trace dans son discours en faveur de la loi Manilia, de tout ce qui s'étoit passé en Asie dans le cours des dernieres années, & de l'état actuel des choses. Quoique j'en aie déjà inséré plusieurs traits dans le texte de l'histoire, je crois devoir le présenter encore tel qu'il est, sans y rien retrancher. On y verra mieux que par-tout ailleurs,

ROMAINE. LIVRE V. 639

Ces nouvelles fâcheuses parvinrent en Mésopotamie, dans un moment où l'état des choses ne l'étoit guere moins *a*. Lucullus ne pouvoit se résoudre à perdre de vue le projet formé de marcher

a Eutrop. Liv. VI.

LXXIII. Les soldats de Lucullus achevent de se corrompre en Mésopotamie. Déréglemens des

pourquoi, malgré tant de victoires, les choses se trouvoient si peu avancées de ce côté-là. « J'ai parlé du genre de cette » guerre; il faut dire un mot de son im- » portance, afin que tout le monde voie » que je suis prêt à donner à Lucullus » toutes les louanges dues à un guerrier » courageux, à un homme très-habile & » à un fort grand Général. Il a conduit » toutes choses, dans le cours de cette » expédition, de maniere qu'on n'en peut » attribuer les grands & heureux com- » mencemens, qu'à son habileté, non à » son bonheur; & la fin désagréable qu'a » la fatalité des circonstances, non à au- » cune faute de sa part. Romains, je vous » parlerai de Lucullus de maniere à vous » faire connoître combien je suis loin de » vouloir, ni lui enlever aucune partie » de la gloire qui lui est due, ni lui en » attribuer aucune autre qu'il n'eût pas » méritée. Ainsi je dis qu'à son arrivée il » trouva l'armée ennemie bien équipée » & pourvue de tout : que par sa valeur, » sa vigilance & sa bonne conduite, il a » sauvé la plus belle ville de l'Asie, » Cysique, notre fidelle alliée, que Mi- » thridate pressoit vigoureusement avec » une armée innombrable : qu'en moins » de rien il a su rassembler & équiper une » flotte avec laquelle il a ruiné celle des » ennemis, qui amenoit en Italie les Ca- » pitaines de la faction de Sertorius, pleins » d'espérance d'y faire une invasion : qu'il » a remporté plusieurs victoires considé-

» rables, & ouvert à nos légions l'entrée » du royaume de Pont, jusqu'alors fermée » aux troupes romaines : que les riches » villes de Sinope & d'Amise, séjour » ordinaire des Rois, ainsi que le reste des » villes du Pont & de la Cappadoce, ont » été soumises à son approche : que Mi- » thridate, dépouillé de ses Etats hérédi- » taires, s'est vu réduit à aller de contrée » en contrée mendier le secours des Rois » & des Peuples voisins : que Lucullus a » exécuté tant de choses admirables sans » y employer nos tributs ordinaires, & » sans fouler les alliés de la République. » Je vous dis tout ceci, Romains, pour » vous faire voir que je loue Lucullus » plus hautement que ne font aucun des » gens opposés à la loi proposée. Que si » vous me demandez comment il se peut » faire qu'après tant de succès cette guerre » de Pont soit encore aujourd'hui si diffi- » cile & si importante, je vous le dirai » de même en peu de mots. En premier » lieu, Mithridate s'est enfui du royaume » de Pont, comme autrefois Médée avoit » fui du même Pays. A l'exemple de » celle-ci, qui dispersa les membres de » son frere Absyrte pour retarder ceux » qui couroient après elle, Mithridate, » en fuyant, a répandu sur ses traces des » richesses prodigieuses en or & en argent, » en meubles précieux, en choses rares » & curieuses de toute espece, qui lui » venoient du trésor de ses ancêtres, ou » qu'il avoit enlevées aux villes d'Asie,

mœurs dans ce Pays. Clodius fomente la révolte contre son beau-frere.

contre Arsace, & ses troupes étoient moins que jamais disposées à lui obéir, sur-tout en ce point. Le séjour de Nisibe avoit achevé de les corrompre, sous un climat dont la chaleur excessive jette les corps dans la mollesse & l'inaction : dans

» pendant tout le cours de la guerre précédente, pour enrichir ses Etats. Pendant que nos Romains ont perdu le temps à ramasser tant de richesses dispersées, le Roi leur est échappé des mains. Tigrane, roi d'Arménie, l'a recueilli dans sa détresse & dans sa fuite : il a relevé son courage abattu, lui a redonné une nouvelle confiance, & fourni les moyens de réparer ses pertes. Lucullus, en arrivant dans ces régions éloignées, y a trouvé bien des choses contraires, & la plupart des nations prévenues contre le nom romain. Des Peuples barbares que nous n'avions nul dessein d'attaquer, étoient fortement imbus de cette opinion, répandue à dessein de les animer contre nous, que nous ne venions chez eux à main armée qu'avec le projet de piller les richesses de leurs temples, & de les dépouiller de ce qu'ils ont de plus sacré. On ne peut croire combien de nations grandes & puissantes ont été soulevées & excitées par ce faux bruit. D'un autre côté, nos soldats, quoique vainqueurs des Arméniens, & malgré la prise de la Ville capitale de Tigrane, se sont laissé gagner par l'ennui du séjour en des climats si éloignés, & par le regret d'être si long-temps absens de leur Pays. Sans vouloir m'étendre davantage à ce sujet, il suffit de vous dire qu'en de telles dispositions des esprits, il étoit plus à propos de finir par les ramener de notre côté, que de songer à les conduire plus loin. Mithridate

» cependant avoit rassuré sa petite troupe, qu'il voyoit journellement grossir, tant par l'arrivée de ses propres sujets, qui se rendoient en foule auprès de lui, que par les renforts considérables des Rois & des nations étrangeres. Il lui est arrivé, ce qui est fort ordinaire, que le triste état où l'on voit réduit un puissant souverain, & un homme célebre, touche puissamment le cœur des spectateurs de son infortune, sur-tout dans un Pays tout habitué au Gouvernement monarchique, où l'on ne trouve que des Rois & que des gens qui regardent ce titre comme tout ce qu'il y a au monde de plus grand & de plus sacré. Ainsi Mithridate, accablé de revers, s'est vu en état de faire ce qu'il n'auroit même osé espérer avant ses pertes. Non-seulement il est rentré dans son royaume ; événement tout-à-fait inattendu, pour un homme qui, après en avoir été une fois chassé, ne devoit plus se flatter de le revoir jamais, mais il a eu l'audace de venir encore attaquer notre armée glorieuse & triomphante. Permettez-moi, Romains, d'imiter ici les Poëtes, qui passent avec rapidité sur les événemens malheureux. Notre défaite a été telle, que personne n'en est revenu pour l'apprendre à Lucullus, qui n'en a su la nouvelle que par le bruit public de l'Asie. Ce Général, capable de remédier à l'avenir à un si prodigieux échec, a été alors obligé de revenir par votre ordre & par l'effet d'une sage politique,

une

ROMAINE. LIVRE V.

une contrée opulente, où tout incite aux plaisirs, & les rend faciles : au milieu d'une nation servile & débordée, en qui la longue habitude de l'esclavage ayant éteint tout amour du travail & de la gloire, n'a laissé que le goût & le pouvoir de satisfaire les plus viles passions *a*. *Les Peuples de Mésopotamie sont d'une débauche outrée avec les deux sexes b*. Ils affectent une parure indécente dans leurs vêtemens, un luxe sans bornes dans leurs festins, où les femmes sont admises, & n'apportent pas la moindre ombre de pudeur *c* 1. Les exemples journaliers de ces

a Sallust. *fragm*. 345.
b Juvenal. Satyr. l. 104.
c Quint-Curc. Liv. V. §. 1.

» qui ne permet pas de laisser le com-
» mandement pendant tant d'années dans
» les mêmes mains. Il a licencié une par-
» tie des troupes qui avoient servi leur
» temps, & a remis à Glabrion le reste de
» l'armée. Vous voyez que je passe à des-
» sein sur bien des faits; mais je vous en
» dis assez, pour vous faire comprendre
» combien est grande & sérieuse une guerre
» soutenue par la ligue de tant de puissans
» Souverains, renouvellée par tant de
» nations tourmentées & turbulentes,
» commencée par tant de Peuples nom-
» breux qui n'y avoient point encore pris
» de part, dont il faut aujourd'hui que
» vous commettiez le sort à un nouveau
» Général, après la défaite totale de l'an-
» cienne armée. C'en est assez pour vous
» faire comprendre que cette expédition,
» nécessaire en elle-même, n'a pas moins
» d'importance que de danger ».

Le même Cicéron ajoute ailleurs, « Caton
» prétend que j'exalte cette entreprise en
» termes trop pompeux, & que j'oublie
» apparemment que toute cette guerre de
» Mithridate ne s'est faite que contre des
» femmelettes. Pour moi, je pense bien

» différemment. Si cette guerre, si cet
» ennemi, si ce Roi eût été méprisable,
» elle n'auroit pas duré tant d'années; le
» Sénat & le Peuple romain n'y auroient
» pas donné tant de soins, ni Lucullus
» acquis tant de gloire : car on sait que
» ce Roi, le plus grand qu'il y ait eu
» depuis Alexandre, convenoit de n'avoir
» jamais connu de Capitaine égal à Lu-
» cullus, ni rien lu dans les histoires qui
» lui donnât une plus haute opinion de
» l'habileté de quelqu'un dans l'art mili-
» taire * ».

1 « En ce Pays, dit *Quinte-Curce*, les
» femmes gardent d'abord un maintien
» honnête à l'entrée du repas. Peu à peu
» elles ôtent leurs vêtemens, découvrent
» le dessus du corps, & commencent à
» violer les loix de la pudeur. Enfin, elles
» se dépouillent tout-à-fait de la ceinture
» en bas, & cette pratique honteuse n'est
» pas seulement celle des courtisanes de
» profession; mais les femmes de qualité
» & les hommes même n'en usent pas
» autrement, dans un Pays où la facilité
» à se livrer au plaisir des convives, ne

* *Pro Muren. & quæst. Acad.*

Tome II.

désordres firent un effet rapide sur une soldatesque enrichie par tant de succès, qui avoient achevé de lui inspirer le dégoût des fatigues militaires. Elle ne vouloit plus faire d'autre métier, que de mener une vie bourgeoise, comme si les troupes eussent été licenciées; soutenant qu'elles avoient le droit de l'être, & qu'elles l'étoient même en effet. Clodius continuoit à les provoquer de tout son pouvoir contre leur Général, par mille flatteries auxquelles elles prêtoient si volontiers l'oreille, qu'elles lui avoient donné le surnom d'*ami du soldat*. Il feignoit de se montrer sensiblement touché du long exil où on les retenoit loin de leur Pays natal. Un jour même, en l'absence de Lucullus occupé ailleurs à régler quelques affaires, il eut la témérité de les attrouper, pour leur tenir formellement les discours les plus séditieux [1] : « *Qu'ils devoient à la fin se faire rendre la justice qui leur étoit due : que leur devoir n'étoit pas d'errer éternellement de contrées en contrées, pour aller combattre des nations inconnues, ni leur emploi de servir d'escorte aux chameaux de Lucullus, tout chargés d'or. Que les soldats de Pompée, pour avoir seulement dissipé quelques proscrits en Espagne, & quelques esclaves fugitifs dans l'Abruzze, se voyoient récompensés par la distribution de plusieurs terres fertiles, où ils vivoient en bons bourgeois, au milieu de leurs femmes & de leurs enfans : que Lucullus, à vrai*

passe que pour une civilité d'usage, & un agrément dans la société ». N'est-il pas arrivé à *Quinte-Curce*, & à tant d'autres Ecrivains, de juger, comme nous le faisons si souvent, des mœurs étrangeres par les nôtres. On n'attache pas à la nudité la même idée d'indécence dans les climats chauds, que dans les nôtres. Les femmes de l'Inde, quoique vêtues, lorsqu'elles sortent, d'une longue bande de linge, dont elles enveloppent tout leur corps, ne manquent jamais, en rentrant chez elles, de dérouler cette mousseline jusqu'à la ceinture, où elles l'entortillent autour d'elles; restant ainsi habituellement nues de toute la partie supérieure du corps. Une nudité même plus découverte est assez commune aux deux sexes dans les Pays chauds & chez les Peuples sauvages, où elle ne fait aucune impression, étant habituelle & d'usage.

[1] Je présume que *Plutarque* avoit tiré de l'histoire même de Salluste, le discours dont je donne ici l'extrait.

ROMAINE. LIVRE V.

» dire, n'étoit plus leur Général, puisque le Sénat lui ayant donné
» Glabrion pour successeur, ils étoient par-là dégagé du serment
» militaire qu'ils lui avoient prêté. Que les lettres de Rome annon-
» çoient, sans aucun doute, que le Tribun Manilius alloit faire
» attribuer à Pompée, par une loi expresse, le commandement de
» toutes les forces & de toutes les Provinces de l'Orient ; même
» de celles dont Glabrion étoit Gouverneur actuel. Que s'il falloit
» encore combattre, il valoit mieux au moins réserver le reste de
» ses forces pour servir sous ce grand Capitaine, qui savoit si bien
» faire récompenser les bons soldats [a].

LXXIV. Lucullus chasse Clodius de l'armée.

Lucullus, à son retour, quoique très-irrité des manœuvres de cet homme turbulent, ne voulut pas, en considération de leur alliance si étroite, châtier sa conduite audacieuse, avec la sévérité qu'elle méritoit. Il se contenta de le chasser de l'armée. Il le fit venir à la tête des troupes, où, *en préfence de tous les corps assemblés, il lui défendit de faire désormais aucun service militaire ; lui ordonnant en conséquence de quitter à l'instant même l'armée, où il ne seroit plus employé* [b]. Clodius se retira en Pisidie, vers Martius Rex, son autre beau-frere, qui lui donna de l'emploi, & lui confia même le commandement de sa flotte. Il y fut battu & pris par les pirates : ceux-ci le remirent peu après en liberté, par la crainte qu'ils eurent de Pompée, dont le pouvoir & le nom étoit si redoutable en toutes ces mers. Clodius revint à Antioche, sous prétexte d'offrir ses services aux habitans, alors en querelle avec les Arabes. Ayant, à son ordinaire, voulu brouiller dans cette Ville, & se mettre à la tête des cabales, il ne s'en sauva qu'à peine, ayant couru risque de la vie, & revint à Rome jouer, jusqu'à sa mort tragique, le même rôle sur un plus grand théatre [c].

[a] *Plut. in Lucull.*
[b] SALLUST. *fragm.* 322.
[c] *Dio-Cass. ibid.*

LXXV. Les légions Fimbriaves refusent de continuer le service.

Son éloignement ne guérit pas le mal qu'il avoit fait. Le coup étoit porté. Vainement Lucullus fit preffentir les légions par ceux d'entre les Commandans qui étoient reftés dans le devoir, en leur préfentant l'appât d'un grand butin à faire, & de nouveaux lauriers à cueillir contre les Parthes. On ne les auroit même jamais déterminés à rentrer en Arménie, fi la nouvelle de la révolution du Pont & de la défaite totale de Triarius, qui arriva fur ces entrefaites, ne les eût remplis d'une fubite indignation. Pour le coup, ils s'écrierent unanimement qu'il falloit aller laver cette honte, & qu'ils étoient prêts à marcher. Après avoir repaffé les montagnes, ils rencontrerent Triarius, qui fe retiroit de leur côté avec les foibles débris de fa troupe. Lucullus eut affez de peine à le dérober au reffentiment des foldats, qui vouloient le mettre en pieces; l'accufant d'avoir, par malice ou par impéritie, été feul la caufe du malheur de leurs braves compagnons. Mais cette grande ardeur qu'ils montroient à venger l'honneur de leurs camarades, ne tarda guere à s'éteindre. On eut en route des avis affurés que le Conful Glabrion venoit de débarquer en Afie, chargé, par ordre du Sénat, de remplacer Lucullus dans le commandement de l'armée, & dans une partie de fes Gouvernemens. Cette nouvelle répandit dans le camp une joie univerfelle, & rompit tout l'effet que Lucullus pouvoit fe promettre des mefures qu'il avoit prifes pour le rétabliffement des affaires : *Les légions Valériennes apprenant que la Bithynie & le Pont étoient les deux Provinces décernées au nouveau Conful, foutinrent que, par une conféquence naturelle, elles avoient obtenu leur congé* [a], puifqu'elles fe trouvoient par-là dégagées du ferment qu'elles avoient prêté entre les mains de Lucullus [b]. Elles leverent leurs aigles, fortirent des rangs comme pour marcher ailleurs, & fe retirerent d'abord dans leurs tentes.

[a] SALLUST. framg. 653.   [b] Plut. p. 527.

Lucullus y courut. Il n'y eut fortes d'avances, même les plus opposées à sa dignité, auxquelles il ne s'abaissât, pour fléchir les mutins. Il pria ; conjura : il parcourut les tentes, les larmes aux yeux, tendant la main à chacun, avec les plus instantes prieres. Ces insolens le repousserent, &, pour toute réponse, jetoient à ses pieds leurs bourses vuides, en disant que, puisqu'il savoit si bien s'enrichir tout seul, il n'avoit qu'à faire la guerre tout seul aussi. Enfin, les autres légionnaires s'étant mis de la partie, vinrent à bout de les fléchir, à force d'intercessions. Les Valériens s'accorderent à faire le reste de la campagne, à condition que si l'ennemi ne se présentoit pas pour combattre, ils seroient libres de se retirer sans aucune forme. Il fallut bien accepter ce parti, ou laisser le Pays abandonné aux Barbares [a].

LXXVI. Lucullus marche contre le roi de Pont. Il n'est pas secondé par ses troupes.

On continua de marcher à Mithridate. Lucullus souhaitoit avec passion de pouvoir une derniere fois le réduire. Après avoir fait entendre à Rome, par ses lettres, qu'il avoit abattu ce Prince, de maniere à ne s'en pas relever, il souffroit au dernier point de lui voir reprendre son orgueil & ses espérances. Mais le Roi, campé sous le château de Talaure, dans un poste retranché, où il étoit presqu'impossible de le forcer, se garda bien d'en venir aux mains. Il vit de sang froid le Général romain s'épuiser en manœuvres, souvent mal exécutées de la part du soldat, qui souhaitoit dans l'ame que rien ne réussît. Encore falloit-il que Lucullus renfermât dans la sienne toute l'amertume qu'il en ressentoit, sans oser ni se plaindre ni punir. La cavalerie des ennemis, commandée par Mithridate-le-Mede, mal-mena même plus d'une fois la sienne. En un mot, il ne lui fut pas possible de rien exécuter d'important ; malgré les espérances conçues, que son retour alloit changer la face des affaires [b].

[a] *Plut. in Lucull.*   [b] *Dio-Cass.* ibid.

LXXVII. On révoque Lucullus à Rome. Mauvais procédé de Glabrion son successeur.

Glabrion avoit eu le mauvais procédé d'envoyer par tout le Pays conquis des crieurs publics, avec charge de déclarer que le Sénat, très-mécontent de la conduite de Lucullus, & de son affectation à traîner la guerre en longueur, avoit licencié son armée. Ils afficherent de sa part des injonctions aux soldats de se conformer à l'ordre du Sénat, sous peine de confiscation de leurs biens [a]. Cette ordonnance fit bien vîte écouler de l'armée ceux qui risquoient le plus, en s'exposant à la peine. Dans le vrai, les discours populaires avoient totalement prévalu à Rome contre le Proconsul, malgré les représentations des plus honnêtes gens. Le préjugé public avoit établi qu'il n'avoit fait que perdre son temps en Gordyenne & en Mésopotamie; & qu'il avoit volontairement, après ses deux victoires, laissé échapper les Rois ligués. Le Sénat, jugeant l'affaire finie, avoit d'abord envoyé dix Commissaires, du nombre desquels étoient M. Lucullus, frere du Proconsul, & Murena [b], avec charge de régler les Provinces conquises sous la forme du Gouvernement romain [c]. On ne murmura que plus fort, en apprenant qu'elles ne l'étoient pas. On assigna les Provinces aux nouveaux Préteurs: puis, sur le bruit que l'état des choses ne faisoit qu'empirer, on révoqua Lucullus, & ses emplois furent donnés au Consul de cette même année [d]. Sur ces entrefaites, les dix Commissaires arriverent dans le Pont, où, loin de trouver Lucullus maître du royaume, ils virent qu'il n'étoit pas même maître de sa propre armée, qui se donnoit elle-même tout haut le nom d'armée de Glabrion; qu'il n'avoit plus le pouvoir de décerner ni peines ni récompenses : que les soldats tournoient en risée toutes ses entreprises; & que ne le regardant quasi plus que comme un simple particulier, à peine conservoient-ils quelques égards pour le rang qu'il avoit eu [e].

[a] *Appian.* ibid. p. 233.
[b] *Cic. Epist. ad Att. L. XIII.*
[c] *Dio-Cass. L. XXXVI.*
[d] *Dio-Cass. L. XXXV.*
[e] *Plut.* ibid.

Occupé devant Talaure, il se voyoit obligé de laisser Tigrane ravager impunément la Cappadoce *a*. Enfin, reconnoissant qu'il perdoit un temps précieux à des tentatives inutiles contre le roi de Pont, il marcha contre Tigrane [1] à grandes journées, tant à dessein de l'empêcher de se joindre à son beau-pere, qu'en vue de prévenir l'arrivée de Glabrion, qui étoit déjà en Bithynie, & qui se hâtoit de venir lui ôter le commandement *b*. A peine eut-on mis le pied en Cappadoce, sans y trouver l'Arménien qui s'étoit retiré en arriere, que les troupes Valériennes sortirent un matin du camp avant le jour, tout armées, se rangerent d'elles-mêmes en bataille, défierent l'ennemi comme s'il eût été présent; tirerent leurs épées, firent le cri ordinaire qu'on fait en allant à la charge; escrimerent en l'air, & protesterent, après cette ridicule bravade, qu'elles étoient quittes de leur parole, l'ennemi ne paroissant pas, & le temps qu'elles avoient promis de rester étant expiré. A l'instant même elles quitterent le camp, & prirent la route opposée *c*.

LXXVIII. Lucullus veut marcher contre Tigrane. Les troupes Fimbrianes l'abandonnent & désertent. Martius Rex lui refuse du secours. Position désagréable en laquelle il se voit réduit.

En cette extrémité, Lucullus apprenant que le Proconsul Q. Martius Rex [2] traversoit la Lycaonie [3] à la tête de trois légions,

---

a Cic. Leg. Manil. 2.
b Eutrop. Liv. VI.

« [1] Deux Rois les plus puissans de l'Asie, Mithridate & Tigrane, sont une guerre dangereuse à vos Provinces tributaires; on a provoqué l'un, on a négligé d'abattre l'autre autant qu'il auroit fallu; tous deux ont saisi l'occasion d'envahir l'Asie. Les bourgades de la Bithynie, aujourd'hui Province romaine, sont réduites en cendres; le royaume d'Ariobarzane, limitrophe de vos tributaires, est tout entier au pouvoir de l'ennemi. Lucullus, malgré les grandes choses qu'il a faites, est obligé de s'en retirer * ».

[1] Cic. Leg. Manil. 2.

c Plut. ibid.

[2] Martius Rex, de la principale branche de l'illustre maison Patricienne Martia, descendue du Roi de Rome Ancus-Martius, de qui elle tiroit le surnom de Rex. J'ai parlé, dans la vie de Philippe *, de cette maison divisée en différentes branches des Coriolans, des Rex, des Censorins, de Philippe, des Figulus, &c.

Martius étoit fils ou petit-fils d'un autre Martius Rex, Consul en 635. Il exerça la Questure l'an 672, où il fit frapper, en cette qualité, des monnoies qui nous

* Mém. de l'Acad. tom. XXVII. pag. 406.

pour se rendre en Cilicie [a], dont le Gouvernement lui étoit échu par le sort, crut qu'un coup de fortune amenoit exprès son

[a] Sallust. *fragm. 652.*

restent, pour les frais de l'armement contre les Pirates. On y voit, d'un côté, une tête de Neptune, avec une prone de navire & le trident de l'autre; on y lit son nom, Quintus-Martius Rex [*]. Il fut nommé Consul pour l'an 685, avec Lucius-Cæcilius-Metellus, frere de Metellus le Crétique. Ce dernier mourut avant que d'entrer en Charge. Celui que le Peuple nomma pour le remplacer, mourut peu de jours après y être entré. Ces deux événemens l'un sur l'autre furent regardés comme un augure: on ne jugea pas à propos d'en substituer un troisieme à cette magistrature vacante; de sorte que Martius remplit seul & sans collegue la dignité de Consul; ce qui n'est presque jamais arrivé [**]. Il fit supprimer pendant son Consulat différens corps & communautés qu'il jugeoit inutiles à l'Etat [†], & célébrer les jeux publics des carrefours [¶]. Au sortir du Consulat, on lui donna le Gouvernement de Cilicie. L'histoire ne nous a pas appris ce qu'il y fit, ni par quels exploits il se crut en droit de demander l'honneur du triomphe à son retour à Rome. Nous verrons seulement ci-après dans le Catilina, qu'il y avoit une grande brigue pour l'empêcher d'obtenir cet honneur, & qu'en attendant la décision de son affaire, il se tenoit, selon la regle, hors la Ville, sans y pouvoir entrer, lorsque la conjuration de Catilina vint à éclater. A cette occasion le Sénat

[*] Voy. la médaille n°. 8.
[**] Dion-Cass. Liv. XXXV.
[†] Ascon-Ped. [¶] Cicer. in Pison.

l'envoya commander dans un canton de l'Italie: & il sera fait mention de lui plus d'une fois dans la suite de cette affaire [*]. Cicéron, qui étoit fort lié avec lui, & plus encore avec sa femme, en parle comme d'un homme de cœur fort habile dans l'art militaire. Nous ne voyons pas cependant qu'il ait fait aucune action de marque en Cilicie, où d'ailleurs il en usa mal avec Lucullus son beau-frere. Il avoit épousé Clodia, sœur de Clodius-le-séditieux, & de la femme de Lucullus. On dit que Cicéron étoit amoureux de Clodia: du moins Terentia sa femme en étoit-elle jalouse, & ce fut pour les brouiller ensemble qu'elle porta son mari à déclarer ce qu'il savoit, lorsque Clodius fut accusé de s'être glissé déguisé en femme parmi les Dames qui célébroient les mysteres secrets de la bonne Déesse. Martius mourut en 692, laissant un fils de sa femme Clodia [**].

[1] La Lycaonie est une contrée de l'Asie, entre la Cilicie au midi, la Cappadoce & la Galatie au nord. Les Romains l'avoient conquise sur Antiochus. Iconium en est la Ville principale. C'est un Pays froid, sans arbres, mais rempli de collines & de bonnes terres labourables. La quantité de loups qu'on y voyoit, peut-être à cause du mont Taurus, qui leur servoit de retraite, l'avoit fait nommer Lycaonie, terme synonyme à celui d'Adiabene, au-delà du Tigre, vers les monts Gordyes, qui

[*] In Pison. 23.
[**] Cic. ad Attic. Liv. I. & pro domo.

beau-

beau-frere à portée de le tirer d'un pas si fâcheux. Il envoya lui faire part de sa situation critique, & lui demander un renfort. Martius, sans aucun égard à sa priere, non plus qu'à ce que les circonstances exigeoient pour le bien commun de l'Etat, continua sa route en Cilicie, alléguant pour excuse que ses légions refusoient aussi de marcher de ce côté. Martius en usa mal, non-seulement en cette importante occasion, mais en accueillant, comme il fit, Clodius *a*, après qu'il eut été cassé, & en recevant à composition Menemaque, un des principaux Officiers Arméniens, qui quitta le parti de son maître pour celui des Romains ; au lieu de le renvoyer à Lucullus, que ce traité regardoit naturellement *b*. Son refus replongea Lucullus dans un embarras plus cruel que jamais ; *très-inquiet de l'événement,*

a Cic. de Haruspic. responf. 20.

b Dio-Cass. ibid.

signifie de même, en langue assyrienne, *Pays des loups*. La Lycaonie & la Cilicie sont aujourd'hui comprises toutes deux sous le nom moderne de Caramanie, c'est-à-dire *Pays noir*, à cause des tentes de couleur noire, sous lesquelles demeurent les Arabes Scénites, habitans actuels du Pays. La Cilicie, placée au midi de l'autre, dont elle est séparée par le mont Taurus, & au nord de la mer, le long de laquelle elle est étendue, étoit une Province considérable en Asie, ceinte de tous côtés par les montagnes & par la mer : de sorte que l'accès en étoit très-difficile, n'y ayant d'entrée que par quelques piles ou passages étroits entre les montagnes. Aussi les pirates s'en étoient-ils fait une retraite inaccessible. On la divisoit en Cilicie basse à l'occident, & Cilicie montueuse à l'orient, du côté du mont Amanus. Celle-ci a donné le nom à l'autre. Car le mot *Cilicie*, dérivé de l'oriental Chalex (*Silex*), signifie *pierreux*. Ce qu'on raconte d'un Prince imaginaire appellé *Cilix*, qui a donné son nom au Pays, n'est qu'une pure fable. La preuve que l'origine que j'en viens de donner, après *Bochart* *, est la véritable, c'est que les Turcs appellent aujourd'hui cette contrée d'un nom qui, en leur langue, signifie *Province pierreuse*. Le mot oriental Chalex est l'original des mots latins & françois *galet*, *calculus*, *cailloux*, *calcul*, & d'une infinité d'autres. Les habitans du mont Jura nomment aujourd'hui les roches de cette montagne *Chalex*.

La Cilicie formoit un Gouvernement assez considérable. On en faisoit souvent une Province consulaire, à laquelle Cicéron, entr'autres, fut nommé Gouverneur en sortant de Charge. Il y fit une guerre de peu d'importance contre les Ciliciens, gagna contr'eux une bataille vers le mont Amanus, & fut proclamé *Imperator* par ses légions.

* *Chanaan*. I. 5.

quelque parti qu'il pût prendre [a], soit qu'il continuât de marcher à Tigrane, ou qu'il restât dans cette position dangereuse, au milieu du pays ennemi, au risque d'y être abandonné du reste de ses troupes. Il n'eut d'autre ressource que de prendre un poste qu'il fortifia le mieux qu'il put, & de s'y tenir sur la défensive pour couvrir le pays ; en attendant l'arrivée de Glabrion, auquel il remettoit le commandement. Mais quand Glabrion sut l'état des choses, il s'arrêta tout court en Bithynie, & ne vint jamais à l'armée.

LXXIX.
Le Tribun Manilius propose d'ajouter au pouvoir de Pompée tout l'Orient, & de lui donner le commandemt. de la guerre contre les deux Rois.

Bientôt les nouveaux Proconsuls, aussi-bien que l'ancien, apprirent que du côté de Rome ils couroient tous la même fortune, & se voyoient au risque d'être également supplantés. Le Tribun Manilius ayant quelque défiance de la réussite d'une loi qu'il proposoit au Peuple assemblé, aposta *sur la brune* [b] un certain nombre d'affranchis mêlés dans les Tribus parmi les Citoyens, pour grossir le nombre des suffrages en sa faveur : manœuvre assez facile à pratiquer dans une Ville où les Citoyens, même ceux de la même Tribu, ne se connoissent plus. L'énorme accroissement que Rome a reçu de son union avec tant de Villes, ne peut manquer de jeter une grande confusion dans les *Comices*. Il est impossible que les formes & la discipline, autrefois calculées pour un Peuple contenu dans une modique enceinte de murs, puissent suffire à régler les mouvemens d'un corps infiniment plus vaste. On ne sauroit plus guere s'assurer, même avec des intentions droites, si ces sortes d'actes publics se passent régulièrement. C'étoit précisément le dernier jour de l'an. Le Consulat expiroit. Mais les Tribuns, qui n'entrent en charge qu'au milieu de l'année, avoient encore la moitié du temps de leur exercice. La supercherie fut découverte le lendemain, jour des kalendes, au moment que les Consuls

[a] SALLUST. *fragm.* 526.   [b] SALLUST. *fragm.* 467.

Tulle & Lépide venoient de prendre possession de leur dignité. Le Sénat, instruit de cette manœuvre, cassa tout ce qui s'étoit fait. Le Peuple même parut d'abord très-indigné de ce que son Magistrat avoit, par cette supposition, égalé de vils échappés de l'esclavage aux maîtres du monde. Manilius, effrayé des suites d'une si mauvaise affaire, s'avisa de dire que c'étoit par le conseil de Crassus & de quelques autres, qu'il avoit proposé la loi, & tenu cette conduite. Personne n'en crut rien [a]. Alors il imagina de calmer les esprits, en les tournant vers leur prévention pour Pompée, qui peut-être en ce moment ne songeoit nullement à lui. Il fit réflexion que Pompée se trouvoit sur place en Orient, prêt d'y être sans emploi, ayant fini son expédition maritime. Il conçut l'espérance assez bien fondée de trouver ainsi près de lui les mêmes avantages que Gabinius y avoit trouvés, depuis qu'un service de pareille nature l'avoit mis fort avant dans sa faveur. Il dressa donc un décret, dont la teneur étoit [b] : « *Que Pompée prenant le commandement de toutes les forces & de toutes les Provinces mises sous la charge de Lucullus, auxquelles on joindroit celles concédées aux deux derniers Proconsuls, iroit continuer la guerre d'Arménie & de Pont, avec les mêmes pleins pouvoirs & prérogatives qu'on lui avoit donnés pour la guerre maritime, dont il conserveroit aussi les flottes & les armées de terre.* C'étoit justement ajouter à l'empire de Pompée le reste des Provinces que la loi Gabinia ne lui avoit pas données ; & mettre en la main d'un seul homme la domination romaine, avec toutes ses forces.

La proposition renouvella l'effet qu'avoit eu celle de Gabinius. Si le Peuple l'entendit avec joie, il n'en fut pas de même de la noblesse. Elle fit hautement éclater son indignation, de ce qu'on vouloit par-là révoquer Martius-Rex & Glabrion, avant l'ex-

{L. Volcatius-Tullus. M. Æmilius-Lepidus.} Coss.

An. 687.

LXXX. Mouvemens dans le Sénat & parmi le Peuple, au sujet de la loi Manilia. Cicéron fait passer la loi.

[a] Dio-Cass. Liv. 36.   [b] Zonar. annal. L. X. C. 4.

piration du temps de leur Proconsulat : de ce qu'on alloit payer d'un traitement inique les glorieux services de Lucullus. C'étoit vouloir, par une criante injustice, le priver du fruit de ses travaux, & subroger un successeur, bien moins à ses emplois qu'à son triomphe. Indignée du prix qu'on lui préparoit pour tant de victoires, la noblesse l'étoit beaucoup plus encore, de voir qu'on ne se lassoit pas d'élever de degré en degré une puissance qu'elle regardoit comme une tyrannie déjà formée. Presque tous les Grands se liguerent pour s'opposer au décret; s'exhortans à ne pas abandonner la liberté mourante, & taxant Manilius, sans aucun détour, de n'être ici que le ministre vénal de l'intrigue secrete d'un homme plus puissant [a]. Mais la chaleur qu'ils apperçurent dans le Peuple assemblé, leur donna tant de frayeur, qu'aucun d'eux n'osa dire un mot; à l'exception de Catulus & d'Hortense [1]. Le premier, après avoir sans succès

[a] *Vell-Pat. II. 33.*

[1] « Catulus, cet homme illustre, cet homme comblé de vos bienfaits, si justement mérités, cet homme animé d'un zele si pur pour le bien de l'Etat; Hortense, ce Citoyen célebre, qui réunit en lui tant de vertus, de génie, de fortune & d'honneurs, ne pensent pas comme moi sur l'affaire en question. Je sais combien leur sentiment vous fait d'impression; car je sens combien il doit vous en faire. Mais de quelque poids que de telles autorités puissent être, ne pourrons-nous pas les mettre à part un moment, & chercher ici la vérité dans la raison seule & dans le fait même? C'est ce qui nous sera d'autant plus facile, qu'ils sont d'accord avec moi des deux points que j'ai avancés : que cette guerre-ci est importante & nécessaire: que Pompée possede au plus haut degré les talens d'un Général ». Venons à présent à l'avis de Catulus. « Romains, la réponse glorieuse que vous lui avez faite est très-juste. C'est un homme tel, qu'il n'y a point d'affaire si importante ou si difficile, qu'il ne puisse conduire par son bon esprit, maintenir par son intégrité, & perfectionner par ses vertus. Mais je suis bien éloigné de penser comme lui sur l'objection qu'il vous a faite [*]. Je pense au contraire que plus la vie des mortels est incertaine & de peu de durée, plus il faut que la République s'empresse à jouir des talens d'un grand homme, pendant qu'il plaît aux Dieux immortels de nous le laisser ici-bas... Que dit Hortense? que si l'on veut tout conférer à une seule personne, il n'y en a pas de plus digne; mais qu'il

[*] *Voy. ci-dessus pages 596. & 603.*

ROMAINE. *LIVRE V.* 653

fait au Peuple les représentations les plus propres à le dissuader, finit enfin par s'écrier : « Cherchez donc *un Aventin*, ou quelque » *mont sacré pour vous y retirer, comme firent autrefois vos* » *ancêtres* [a], en un bien moindre sujet d'alarme [b] ». Et s'adressant aux Sénateurs : « Sortons, leur dit-il, Seigneurs, d'une Ville » où l'on veut établir la tyrannie par loi expresse : allons cher- » cher quelque désert, où nous puissions conserver la liberté » que nous avons reçue de nos peres ». L'amertume de cette réflexion fut à peine sentie, tant la prévention étoit générale, sur-tout depuis l'heureux succès de l'affaire maritime. Le Peuple étoit incité par César & par Cicéron. Ce dernier, alors Préteur de la Ville, & le premier au barreau, où il effaçoit tous ses concurrens, commençoit à jouir de ce grand crédit, auquel peu d'années après nous l'avons vu parvenir. Dès ce temps, il se piquoit de gouverner les affaires publiques : il étoit bien aise de montrer, tantôt au Peuple, tantôt au Sénat, que le parti le plus fort seroit celui auquel il se joindroit [c]. Avant ceci, la faction du Peuple l'avoit déjà taxé de trop de complaisance, pour ceux qu'elle appelloit les sept tyrans; nom qu'elle donnoit aux chefs de la noblesse (Philippe, Catulus, Crassus, Curion, Pompée, Hortense & Lucullus). Soit donc qu'il fût réellement persuadé, comme il le semble [1], que la proposition étoit utile à

---

[a] *Vid. fragm. 50.*   [b] *Plut. in Pomp.*   [c] *Dio-Cass.* ibid.

» faut bien se garder de tout conférer à » une seule personne. C'est un de ces pro- » pos rebattus, que la conduite de Pom- » pée & les faits même ont si bien réfutés, » qu'il n'est plus besoin d'y répondre. » Rappellez-vous, Hortense, de quelle » maniere vous vous élevâtes contre Ga- » binius, &c * ? Voilà, Romains, ce que » j'avois à vous dire sur ce point. Je le dis » librement en présence de Catulus &
* *Voy. ci-dessus pages 596 & 603.*

» d'Hortense, qui m'entendent, & que » j'honore & j'estime autant que personne » au monde * ».

[1] « J'appelle à témoin les Dieux, *dit-* » *il*, particuliérement ceux qui président » à ce Temple, & qui ont inspection sur les » esprits humains à qui l'administration » des affaires publiques est confiée, que » je ne parle ici ni pour satisfaire aux » desirs de personne, ni pour gagner la
* *Cic. Leg. Manil. 17 & suiv.*

HISTOIRE DE LA RÉPUBLIQUE

l'Etat; ou qu'ayant en vue de s'élever au Consulat, il cherchât de bonne heure à se procurer un puissant appui, il fit, en faveur de la loi, une harangue très-éloquente, servant de réponse aux discours de Catulus & d'Hortense. Il parla de Pompée dans les termes les plus honorables : s'attachant à faire voir qu'il avoit toutes les qualités qu'on demande dans un excellent Général [1]; la science militaire, la valeur, la bonne

» faveur de Pompée, ni pour me procurer » de la part des grands, ou du secours » dans les dangers, ou de la protection » dans la recherche des honneurs : car » à l'égard des dangers, je n'ai besoin » d'autre secours que de ma fermeté » & mon innocence; & quant aux hon- » neurs, je me promets de les obtenir, » non de la protection d'un particulier, ni » du rang que j'occupe, mais de la per- » sévérance de mon travail, & de la con- » tinuation de votre faveur. Tout ce que » j'ai donc apporté de soin & de zele à » cette cause, n'a été, je vous assure, que » pour le bien de la République; & loin » de m'être proposé quelque vue d'intérêt » propre, j'ai pensé que j'allois me faire » une multitude d'ennemis secrets ou » déclarés. Mais ce qui peut tourner à mon » désavantage, deviendra peut-être de » quelqu'utilité pour vous car après tant » de faveurs dont vous m'avez comblé, » après l'honneur que vous m'avez fait de » m'élever au rang où je suis, je me suis » fait une loi, chers Concitoyens, de » préférer l'exécution de vos desirs, la » dignité de cette République *, & la » sûreté des Provinces, à tous les intérêts » & tous les biens qui ne touchent que » moi ».

* Cic. pro Leg. Manil. 24.

[1] « Y a-t-il, peut-il même y avoir un » homme plus versé dans la science mili- » taire? Dès son enfance, l'art de la guerre » lui a servi de jeu & d'étude à l'école » de son pere. Soldat dès le bas âge, » il est devenu Général dans sa jeunesse. » Il s'est battu contre l'ennemi, plus sou- » vent qu'on ne se dispute avec ses ad- » versaires. Il a fait plus de guerres que » les autres n'en ont lu; plus conquis de » Provinces, que les autres n'en ont bri- » guées. Il est devenu maître consommé » dans cet art, non par les leçons d'autrui, » mais sous son propre commandement; » non par des rencontres, mais par des » victoires; non par le nombre de ses » campagnes, mais par celui de ses triom- » phes. Dans quel lieu de la terre, dans » quel genre de guerre ou de conquête, » la variété des événemens n'a-t-elle pas » conduit ses pas, la fortune de la Répu- » blique n'a-t-elle pas exercé ses talens ? » La guerre civile; celle d'Afrique; celle » au-delà des Alpes; celle d'Espagne; » mélangée de civil & d'étranger; celle » des Pirates, expédition maritime; tant » d'ennemis & d'expéditions d'espece dif- » férente, tout a été par lui fait & ter- » miné sans retour. Que dirai-je de sa » personne, que vous ne sachiez déjà ? » Mais ne parlons ici que des qualités mi-

conduite & le bonheur. Et, comme le sujet prêtoit matiere à relever les malversations si communes de la part des Chefs, plus fréquentes encore dans les riches Provinces de l'Asie, *Cicéron*, *pour répéter ici les termes dont Appius se servit alors, ne laissa pas échapper cette occasion d'exercer sa mordante éloquence* [a] 1. Il

[a] SALLUST. *fragm. 47.*

» litaires, puisque ce sont celles dont le
» public est ordinairement le plus frappé :
» l'assiduité au travail, le sang froid dans
» le danger, la justesse dans le plan, la
» promptitude dans l'exécution, le coup
» de main dans l'action. Avons-nous jamais
» vu ou entendu parler de personne qui
» possédât toutes les qualités dans un plus
» haut degré que Pompée * » ?

1 « Pouvons-nous prendre quelque con-
» fiance en un Général dans l'armée de
» qui les Centurions vendent leur com-
» pagnie ? Que peut-il faire ou projeter
» de grand pour la gloire de l'Etat, si dans
» la vue de se faire des créatures, il par-
» tage entre ses Officiers subordonnés, les
» finances qu'il a tirées du trésor public
» pour les frais de la guerre ; ou s'il les
» laisse placées à gros intérêts pour son
» propre compte ? J'entends le murmure
» qui s'éleve parmi vous, Romains, sur
» ce que je viens de dire. Il me paroît
» que vous connoissez des gens qui se
» gouvernent ainsi. Pour moi, je ne nomme
» personne. Ceux qui voudront se fâcher
» & dire que je les ai en vue, convien-
» dront par-là de leur propre fait. Mais
» qui ne sait combien l'avarice des Chefs
» a causé de calamités de la part de nos
» militaires ? Rappellez-vous seulement
» les routes faites par les armées à travers
» les villes d'Italie, & les possessions des

* *Cic. Leg. Manil. 19.*

» Citoyens ; & jugez par-là de ce qui se
» passe au loin dans les pays étrangers.
» Dites qui des deux a le plus dévasté de
» Villes alliées, l'ennemi pendant la cam-
» pagne, ou le Romain pendant le quar-
» tier d'hyver ? Un Chef qui ne sait pas
» se contenir, ne peut pas contenir sa
» troupe. Il n'a garde d'être sévere sur la
» discipline, quand il sent qu'il auroit lui-
» même un si grand besoin de l'indulgence
» d'autrui * ». On croit communément
que Cicéron, dans cette invective cachée,
avoit en vue Lucullus ; ce qui ne peut
être. Je laisse à part l'étroite liaison dans
laquelle il étoit avec lui : je dis seulement
qu'aucun de ces traits ne lui conviennent,
puisqu'il n'étoit que trop sévere sur la
discipline du soldat, & qu'il ne tiroit aucune finance du trésor public, lors même
qu'elles lui étoient offertes ; disant que la
guerre d'Orient devoit suffire à ses propres
frais. D'ailleurs le discours de Cicéron est
rempli des plus grands éloges de Lucullus.
Il y a beaucoup plus d'apparence qu'il
avoit en vue M. Cotta, & les Officiers
Généraux qui étoient restés dans le Pont,
pendant que Lucullus étoit en Arménie.
Au reste, il y a de quoi choisir parmi les
Chefs & les Gouverneurs de ces temps-là,
dès qu'il n'est question que de savoir lesquels d'entr'eux voloient les Peuples &
pilloient les Provinces.

* *Cic. Leg. Manil. 3.*

lâcha dans son discours plusieurs traits sourds & caustiques, dont l'assemblée fit volontiers l'application *a*. D'autre part, Lucullus ayant envoyé l'ordre de rebâtir en son absence une de ses maisons de campagne, Gabinius imagina, pour augmenter contre lui l'envie de la populace, de faire promener par les rues un étendard sur lequel on avoit dépeint un superbe édifice, avec l'inscription, *Palais de Lucullus*: comédie digne de celui qui la jouoit, & de ceux à qui elle étoit jouée *b*. La loi passa dans toute sa teneur, même à l'égard des Provinces que le Peuple venoit de commettre aux Proconsuls Martius & Glabrion, sur les lettres reçues de Lucullus, portant que la guerre étoit finie dans ce Pays-là *c*. Le décret fut accepté par les voix de toutes les Tribus. La République fut, de son propre consentement, assujettie à Pompée, autant qu'elle l'avoit été au Dictateur par la violence des guerres civiles *d*.

LXXXI.
Feinte modestie & joie réelle de Pompée. Ses préparatifs.

Quand la nouvelle en fut portée en Orient, les amis de Pompée coururent l'en féliciter. Il les reçut d'un air morne & ennuyé. « *Quoi*, leur dit-il, *encore des travaux sans relâche! toujours de nouveaux embarras: toujours en bute à l'envie. Mes ennemis se flattent qu'à force de me susciter des affaires, à la fin j'y succomberai. Ne serois-je pas mille fois plus heureux d'être un homme ignoré & sans gloire? J'irois vivre doucement à la campagne avec ma femme & mes enfans* ». Quand on l'entendit parler ainsi, ses meilleurs amis même furent révoltés d'une exclamation qu'on savoit être si loin des vrais sentimens de son ame. Il n'y en avoit pas un qui ne sût que *son cœur étoit rempli de désirs sans bornes e*, dont la conquête de l'Orient étoit en particulier le plus ardent objet. Car Pompée, dès sa jeunesse, s'étant persuadé, sur les propos de ses flatteurs, qu'il

---

a Cic. Leg. Manil. III.
b Cic. pro Sext. 43.
c Dio-Cass. ibid.
d Plut. ibid.
e SALLUST. fragm. 549.

ressembloit

ROMAINE. *LIVRE V.* 657

ressembloit de figure à Alexandre, s'étoit mis en tête d'imiter en tout les projets & les actions de ce conquérant célebre [a]. Dès le temps qu'il commandoit en Espagne, cette idée lui avoit fait singuliérement ambitionner d'être mis à la tête de l'expédition d'Asie, plutôt que continué dans un emploi qu'il partageoit avec Metellus. Sa prétention étoit assez connue dès-lors. Bien des gens même attribuoient à ce desir les lettres de plaintes qu'il écrivoit sans cesse pour demander son rappel. Aussi la conduite qu'il tint si-tôt qu'il eut reçu sa commission, démasqua-t-elle sa véritable façon de penser.

Dès le lendemain il perdit de vue le reste des affaires maritimes, ainsi que le projet de supplanter Metellus en Crete, pour ne plus s'occuper que de sa nouvelle entreprise [b]. Il convoqua tous les Princes & Souverains du pays. Il gagna *Métrophane*, un de ceux que le talent de faire sa cour avoient mis le plus avant dans les bonnes graces de Mithridate [c], & le chargea secrétement de se rendre auprès du Roi, & de tâcher de l'amener sans délais à des termes de conciliation, & à traiter de la paix personnellement avec lui [d]. Il distribua par-tout ses ordonnances, portant injonction à tout le militaire de se rendre auprès de lui. Il ne laissa subsister aucun des arrangemens faits par Lucullus; déchargeant les uns des peines auxquelles celui-ci les avoit condamnés : privant les autres des graces qu'ils en avoient reçues : prenant à tâche de faire voir à tous ceux qui voudroient s'appuyer sur son rival, qu'il ne lui restoit pas la moindre ombre d'autorité.

LXXXII.
Entrevue de Lucullus & de Pompée.

Lucullus en porta ses plaintes. Leurs amis communs ménagerent entr'eux une entrevue où l'on s'écouteroit des deux parts. Le rendez-vous fut pris au château de Danale en Gallatie [e]

[a] SALLUST. *fragm.* 418.
[b] *Dio-Cass. Liv.* 36.
[c] SALLUST. *fragm.* 663.
[d] *Dio-Cass.* ibid. p. 24.
[e] *Strab. L.* 12.

HISTOIRE DE LA RÉPUBLIQUE

Ils s'y rendirent tous deux à l'heure convenue, en appareil de Généraux d'armée, & précédés de leurs Licteurs. Ceux de Lucullus, qui venoient d'un pays de verdure, portoient leurs faisceaux garnis de feuillages frais, qu'ils partagerent avec les Licteurs de Pompée, voyant que ceux-ci n'en avoient que de fecs & flétris : ce qui fit dire que Pompée s'étoit paré des lauriers cueillis par Lucullus. Le premier abord fe paffa en difcours de politeffe & de félicitation, en témoignages mutuels de la plus haute eftime. Mais ce ne fut plus la même chofe quand, des propos généraux, on en vint aux points particuliers. Lucullus dit à Pompée qu'il n'auroit pas befoin de grands préparatifs, ni même d'aller plus avant : que la guerre étant à peu près terminée, il ne reftoit plus à faire aucune expédition d'importance : que les Commiffaires du Sénat étoient même arrivés pour régler le Gouvernement des pays conquis. Pompée fe fentit piqué de ce difcours. La converfation s'échauffa, & dégénéra bientôt en une extrême aigreur. On en vint de part & d'autre aux vivacités les plus piquantes [1]. Pompée reprocha à fon adverfaire *qu'il*

---

[1] « Lucullus, depuis fept ans qu'il gouvernoit l'Afie, y avoit fait les chofes les plus grandes & les plus mémorables. S'il n'avoit pas mis la derniere main à cette guerre, c'étoit moins pour ne l'avoir pu, que pour ne l'avoir pas voulu. Ce grand Capitaine, fi digne d'éloges, invincible à la guerre, ne l'étoit pas à l'attrait de l'argent. Il aimoit à fe prolonger dans le commandement. Manilius, Tribun du Peuple, homme vénal & baffement dévoué aux vues des gens ambitieux, voulut, par une loi expreffe, faire donner à Pompée le commandement en Orient. La publication de cette loi occafionna de grandes querelles. Pompée reprocha à Lucullus fon infatiable avidité, & Lucullus à Pompée, fon ambition fans bornes. De part & d'autre, les reproches n'étoient que trop fondés. Pompée n'avoit pu fouffrir d'égal, dès le premier moment où il avoit commencé à fe mêler des affaires d'Etat. Non content d'être le premier, il vouloit être le feul. Jamais homme au monde n'a montré plus à découvert l'ambition d'avoir tout fait, & n'en a moins marqué fur toute autre chofe. Avec un defir exceffif d'obtenir les honneurs, il étoit modefte dans leur poffeffion ; il y entroit avec la plus vive joie, & en fortoit fans aucun chagrin. N'ayant pu fouffrir la moindre contrariété dans ce qu'il defiroit, il le quittoit volontiers après en avoir joui * ».

* *Vell-Pat. II. 33.*

n'avoit si long-temps prolongé cette guerre, que par un desir insatiable de thésauriser : qu'après tant d'années il n'y avoit rien de fait ; & qu'on étoit à la premiere campagne, puisque les choses se trouvoient au premier état : que ses victoires si vantées valoient peu la peine de l'être, quand on n'avoit combattu que contre le faste & le vain appareil des Rois, & qu'on laissoit à combattre leurs forces réelles, & même leurs forces plus instruites & mieux aguerries. Vous êtes, lui repliqua Lucullus, un de ces oiseaux qui se jettent sur les cadavres déjà rongés. Vous ne courez qu'après les ombres & les simulacres de guerre. Toujours avide d'envahir par-tout le commandement, & de vous immiscer aux entreprises d'autrui, on ne vous y voit cependant jamais paroître qu'au dénouement. Vous venez faire ici ce que vous avez fait à la guerre de Lépide, à celle d'Espagne, à celle des Gladiateurs. Je ne dois pas être surpris que vous en usiez avec moi comme avec Catulus, Metellus & Crassus ; ni m'étonner que vous vouliez triompher par mes victoires, après que vous avez prétendu vous faire honneur de la défaite des fugitifs. Leur animosité étoit telle, que ceux qui les avoient abouchés eurent beaucoup de peine à les séparer. Lucullus s'en alla d'un autre côté de la Gallatie, d'où, après avoir fait diverses concessions & distributions des terres conquises, il prit la route de Rome. Pompée fit camper son armée dans le canton même où il afficha ses ordonnances, portant défenses à qui que ce fût de s'adresser à Lucullus sur aucune affaire ; aux Commissaires du Sénat, de rien régler avec lui [a] ; à ses soldats, de lui obéir désormais : de sorte qu'il lui débaucha si bien toutes ses troupes, qu'il ne lui resta qu'environ seize cents hommes ; encore n'étoit-ce que des corps que Pompée ne se soucioit pas d'avoir. Mais il enrôla de nouveau les légions Valériennes, qu'il jugea très-propres à le seconder, par la connoissance qu'elles avoient du pays [1].

[a] *Plut. in Lucull.*

[1] Je n'ai pas dessein de pousser plus avant, dans le supplément du texte, l'histoire de la guerre contre Mithridate, ne voyant aucune indice que Salluste en eût

parlé, puisqu'il semble au contraire avoir terminé son ouvrage à l'époque du retour de Lucullus à Rome. Mais pour la satisfaction du Lecteur, je donnerai, dans cette Note, un abrégé de la maniere dont la conquête du Pont fut terminée.

Pompée, après s'être séparé de Lucullus, distribua ses flottes tout le long des côtes, depuis la Phénicie jusqu'au Bosphore, & marcha par terre contre le Roi, qui se tint long-temps campé sur une autre montagne, dans un poste fort avantageux. La disette d'eau l'ayant forcé de le quitter, pour en prendre un autre, Pompée vint à bout d'y investir le Roi, dont les forces étoient très-inférieures. Il l'entoura de retranchemens & de murailles, & le tint comme assiégé pendant six semaines, au bout desquelles le Roi trouva le moyen de forcer le passage avec ses meilleures troupes, abandonnant le reste & tous les malades. Pompée se mit incontinent à ses trousses, & l'atteignit un soir près de l'Euphrate. Pompée, craignant que le Roi ne passât le fleuve pendant la nuit, se remit en marche vers minuit, avec toute son armée rangée en bataille. Mithridate averti, & voyant la nécessité de combattre, mit de même la sienne en ordre. Quand Pompée vit qu'il trouvoit l'ennemi prêt à le recevoir, il hésita s'il exposeroit les Romains aux dangers inséparables des tenebres, & vouloit attendre le jour, qui lui donneroit beaucoup d'avantage par sa grande supériorité. Mais les Officiers généraux lui représenterent que la nuit n'étoit pas obscure, & le déterminerent, par leurs instances, à faire donner incontinent le signal. La nuit leur fut en effet très-favorable. La lune étoit fort basse, & jetoit les ombres des Romains, qui l'avoient à dos, si avant, que les troupes du Roi, trompées sur les distances, lançoient leurs javelots de trop loin, & sans porter aucune atteinte. Les Romains s'apperçurent de la méprise ; ils leur laisserent épuiser leurs traits, &, tombant ensuite sur eux, les mirent dans une entiere déroute *. Mithridate ne pouvant risquer le passage de l'Euphrate au milieu de la nuit, se mit à la tête de huit cents chevaux, & perça, l'épée à la main, toute l'armée romaine, à travers de laquelle il s'ouvrit un chemin. Mais ce corps de cavalerie se débanda tellement dans la suite, que bientôt le Roi ne se trouva suivi que de trois personnes, du nombre desquelles étoit Hypsicratie, l'une de ses concubines, femme d'un courage intrépide, qui le suivoit toujours à l'armée, & dans les plus longues courses, habillée à la persane, en homme d'armes, & montée sur un cheval vigoureux qu'elle pansoit elle-même. Ils arriverent ainsi à Sinoria, l'un des châteaux que Mithridate avoit fait bâtir en grand nombre dans les montagnes de la haute Arménie, pour y tenir ses trésors en sûreté. Quelques-uns des amis du Roi se rassemblerent autour de lui en ce lieu. Il leur distribua à chacun un de ses plus riches vêtemens & divers joyaux,

* Je suis vaincu. Pompée a saisi l'avantage,
D'une nuit qui laissoit peu de place au courage.
Mes soldats presque nuds, dans l'ombre intimidés ;
Les rangs de toute part, mal pris & mal gardés, &c.

MITHRID, Act. II. Sc. III, Voy. L. IV. n°. 38.

& leur donna du poison pour s'en servir en cas de besoin, s'ils le vouloient. Delà il remonta à cheval pour aller trouver Tigrane. Mais celui-ci, loin de consentir à le voir, fit mettre sa tête à prix. Le malheureux & infatigable Mithridate rebroussa chemin, alla passer l'Euphrate à gué vers sa source, traversa de nouveau la Colchide, & vint se réfugier au fond du Bosphore Cimmérien, où il essaya de rétablir ses forces.

Cependant Pompée continuoit ses conquêtes, & rien ne lui résistoit. Il vint en Arménie, où il accorda une capitulation à Tigrane. Delà, passant le mont Caucase, il s'avança dans la Colchide, vainquit les Albaniens & les Ibériens, contre le Chef desquels il se battit corps à corps & le tua. Il voulut pénétrer jusqu'à la mer Caspienne, & n'en put venir à bout. Sur quoi il revint dans la haute Arménie, où Stratonice, une des femmes du Roi, mere de Xipharès, lui remit une forteresse qu'elle n'avoit jamais voulu rendre jusqu'alors, & dans laquelle le Roi tenoit ses plus riches trésors. On lui remit aussi le château de Cainon, où le Roi avoit déposé ses registres & ses mémoires secrets, contenant beaucoup d'anecdotes singulieres sur les actions cachées de la vie de ce Prince, soit en politique, soit en galanteries avec des femmes. L'Historien *Théophanes* prétend qu'on y trouva que c'étoit par le conseil de Rutilius, que Mithridate avoit fait faire cet affreux massacre de tous les Citoyens romains, qui furent mis à mort en un même jour dans les villes d'Asie, au nombre de plus de quatre-vingt mille [*]. Rutilius étoit alors exilé, & fort mécon-

[*] *Theophan. ap. Plut.*

tent de Rome, où il avoit reçu les traitemens les plus injustes, & où il ne voulut pas revenir, lorsque le Dictateur le rappella. C'est le même dont j'ai parlé dans l'histoire de Numidie, lorsqu'il servoit sous Metellus en qualité de Lieutenant-Général. Comme tout le monde a rendu cette justice à Rutilius, qu'il fut un des plus honnêtes hommes de son temps, *Plutarque* juge avec raison que cette accusation est une insigne imposture de l'Historien Théophanes, qui, bassement dévoué à Pompée, a voulu servir son animosité contre Rutilius. Et en effet, ce dernier avoit peint Strabon, pere de Pompée, des couleurs les plus odieuses, dans une histoire de son temps, qu'il écrivit en langue grecque durant son exil.

Pompée, après avoir passé un temps assez long en Gallatie à recevoir les visites, les ambassades ou les soumissions de tous les Souverains de l'Orient, prit tout d'un coup la pensée d'aller faire la conquête de l'Arabie, pays où les armées romaines n'avoient jamais mis le pied. On lui représenta qu'il vaudroit mieux commencer par venir à bout de Mithridate; à quoi il repliqua qu'il seroit plus facile d'achever de le détruire en le laissant revenir, qu'en voulant le poursuivre dans des rochers & des déserts impraticables: qu'il laissoit à ses trousses un ennemi plus redoutable que les Romains: c'étoit la famine: en effet, il avoit défendu, sous peine de mort, de voiturer des vivres par terre du côté des Palus-Méotides, & sa flotte croisoit dans l'Euxin, pour empêcher d'y en porter par mer. Mais le Roi étoit occupé d'un projet bien autrement audacieux & singulier. Il avoit rassemblé dans le Bosphore de nouvelles forces redoutables, & se préparoit à les conduire à travers de la Scythie & de la Pannonie, jusques dans le cœur de l'Italie, où il étoit si peu attendu.

Cependant Pompée marchoit du côté de la mer rouge. Il vint en Judée, prit Jérusalem, vit son temple fameux, & eut la curiosité de vouloir entrer dans le Saint des Saints, ce lieu redoutable, où jamais aucun des nationaux n'avoit osé mettre le pied, & où le Grand-Prêtre lui-même n'avoit droit d'entrer qu'une seule fois l'an. Il eut la discrétion d'y entrer seul, sans permettre à personne de le suivre. Lorsqu'il eut pénétré en Arabie, le Roi du pays envoya lui faire toutes sortes de soumissions. Mais il fit difficulté de les recevoir, ne voulant pas qu'il fût dit qu'il étoit venu si loin sans tirer l'épée. Cette expédition d'Arabie fut toujours son expédition favorite, & nous lisons dans les lettres de Cicéron, qui l'en raille assez souvent, que Pompée, de retour à Rome, se plaisoit à remettre sans cesse ce sujet de conversation sur le tapis. A force de faire sonner le nom barbare de Sampsicerame (corrompu du nom Arabe Shams'Alkerâm: c'est celui de l'Emir qui régnoit alors à Hems ou Emesse *), & des autres Emirs Arabes, il s'étoit fait donner ce sobriquet à lui-même, ainsi que le nom d'Arabarches (roi d'Arabie). Il étoit à faire le siège de Petra, principale forteresse de l'Arabie (d'autres disent le siège de Jéricho en Judée **), & s'exerçoit un matin, selon son usage, à faire faire le manege à son cheval, lorsqu'une quantité de sol-

* *Strab. L. XVI. p. 753, The univ. istor. Book. IV. cap. 7.*

** *Jos. ant. XIV. 7.*

dats & d'Officiers vinrent lui dire qu'on voyoit arriver à toutes brides des courriers portant des javelines hautes & chargées de lauriers. Aussi-tôt, sans se donner le temps d'élever un tertre de gazons pour le faire monter dessus, ils entasserent une quantité de selles, & le prierent de leur lire tout haut les nouvelles. Il ouvrit ces lettres, par lesquelles il apprit que Pharnace, fils du Roi, s'étoit révolté contre son pere, & que cette révolte rompant le projet que celui-ci avoit formé de marcher à Rome, Mithridate, au bout de ses ressources, & réduit au désespoir, s'étoit tué de sa propre main. Pharnace écrivoit lui-même à Pompée qu'il avoit pris possession de tout le pays, tant en son nom qu'au nom des Romains *.

Ainsi fut terminée cette longue guerre, conduite par la seule activité d'un des hommes les plus extraordinaires que l'univers ait jamais vu naître, & du plus illustre Souverain que l'Asie eût eu depuis Alexandre. Pompée revint en toute diligence à Amise, où on lui apporta le corps embaumé de Mithridate. Il admira la magnificence de ses vêtemens, le poids énorme & l'extrême richesse de son armure. Le foureau de son épée fut alors volé par un soldat, qui le vendit quatre cents talens (six cents mille onces d'argent) au Prince Ariarathe, tant il étoit chargé de pierreries. Son diadême, d'un travail exquis, fut aussi volé par un Officier, qui depuis en fit présent à Rome à Faustus-Sylla, fils du Dictateur. Pompée envoya le corps du Roi à Sinope, sa ville capitale, où on lui fit des obseques dignes d'un si grand Souverain.

Bien des gens ne doutoient pas que le

* *Plut. in Pomp.*

Lucullus, de retour en Italie, après huit ans d'absence *a*, étoit attendu de la noblesse avec le plus grand empressement: elle espéroit que son crédit & sa gloire alloit remettre quelque équilibre dans la balance, & servir de contre-poids à ce qu'elle appelloit *le despotisme de Pompée*. La premiere nouvelle qu'il apprit à son arrivée, fut que Marcus son frere venoit d'être mis en justice par Memmius, comme coupable d'avoir malversé dans sa Questure. Cette vieille recherche n'étoit qu'un prétexte. Le vrai motif de leur brouillerie venoit d'une intrigue galante que Marcus n'avoit pas voulu souffrir dans sa maison, y jugeant son honneur compromis. Lucullus épousa la querelle de son frere avec tant de chaleur, que Memmius tournant contre lui ses batteries, l'accusa aussi d'avoir malversé, & détourné à son profit une partie des sommes qui auroient dû rentrer au trésor public. Il excita le Peuple à lui refuser le triomphe; & il en seroit venu

LXXXIII.
Retour de Lucullus à Rome.
Sa querelle avec Memmius.
Son triomphe.

a Vell-Pat. ibid.

conquérant, de retour en Italie, ne marchât droit à Rome à la tête de son armée. Crassus, dans cette idée, en étoit même déjà sorti avec ses enfans & ses effets les plus précieux. Ce fut cependant ce qui n'arriva pas. Dès qu'il eut mit le pied sur le rivage, il congédia toutes ses troupes, avec un discours très-convenable, les priant de se retirer chacun chez eux, & de se rassembler seulement auprès de lui le jour de son triomphe. Il arriva aux portes de Rome accompagné de quelques amis; & comme l'entrée de la Ville lui étoit interdite, à moins que de renoncer à l'honneur du triomphe, il demanda vivement la permission d'y entrer, pour pouvoir solliciter en personne le Consulat pour Pison, & pour Affranius son Lieutenant: ce que Caton lui fit refuser, comme chose diamétralement contraire à la loi. Il fit répandre beaucoup d'argent dans les Centuries, pour acheter les suffrages en faveur d'Affranius: manœuvre qui fut sue & très-blâmée.

Plutarque a décrit en détail l'appareil & les cérémonies du triomphe de Pompée. Il étoit monté sur un char enrichi de pierreries, qui avoit appartenu à Darius, & revêtu d'une casaque brodée à fleurs d'or, qu'on prétendoit être celle d'Alexandre, trouvée dans le garde-meuble de Mithridate, à qui les habitans de l'isle de Cô en avoient fait présent, ainsi que de tout le reste du mobilier de la reine Cléopatre *. C'étoit la troisieme fois, & de la troisieme partie du monde, que Pompée triomphoit; la premiere, de l'Afrique, après la défaite de Domitius & d'Hiarbas: la seconde, de l'Europe, après la guerre d'Espagne: la troisieme, de l'Asie.

* *App. Bell. Mithrid.*

à bout, si tous les grands Seigneurs, sans exception, indignés d'une injustice si révoltante, ne se fussent mêlés dans les Tribus lorsqu'elles allerent aux suffrages, & n'eussent, à force de caresses & de sollicitations, obtenu du menu Peuple, quoique avec peine, que l'honneur seroit accordé.

Dans sa pompe triomphale, Lucullus, au lieu d'en faire passer à la file tout l'appareil, fit ranger autour du Cirque Flaminien la plupart des choses singulieres & curieuses; armures étrangeres, machines de guerre, galeres armées d'éperons d'airain, trônes dorés, statues, riches meubles, vaisselle d'or & d'argent, & vases remplis d'or en lingots rangés sur des gradins. Quand le Peuple eut à loisir repu ses yeux de ce riche étalage, on fit passer devant lui des cavaliers de la gendarmerie bardée, dix charriots armés de faux, & cent dix galeres éperonnées. Soixante Officiers généraux, prisonniers de guerre, suivoient la statue de Mithridate, posée sur un brancard, haute de six pieds, entiérement d'or, & portant son bouclier couvert de pierreries. Ensuite venoient cent soixante mulets chargés, les uns d'argent en lingots, les autres de l'argent monnoyé, montant à 2, 700, 000 drachmes : puis les registres contenant les comptes de l'administration, recette, frais & dépense de la guerre. A l'issue de cette fête, le triomphateur fit servir des tables à tous les habitans de Rome & des bourgs voisins [a].

LXXXIV. Lucullus, dégoûté du Gouvernement, se livre au luxe & aux plaisirs, & se retire entiérement des affaires.

Le refus qu'il venoit d'être au moment d'essuyer, mit le comble aux dégoûts qu'il avoit déjà reçus. Lorsque le Sénat croyoit trouver en lui un zélé défenseur de ses droits, il déclara qu'il ne se mêleroit plus du Gouvernement : que le mal interne de la République lui paroissoit devenu presqu'incurable : que pour en tenter la guérison, il faudroit en venir à des opérations violentes, qu'il n'étoit en son caractere de faire ni de souffrir : que les combats politiques, comme ceux de l'arêne, demandent toute

[a] Plut. in Lucull.

toute la force & la vigueur de l'âge : qu'après tant de travaux dont l'iſſue n'étoit pas fort heureuſe, il étoit temps enfin de ne plus ſonger qu'à mener une vie agréable & paiſible. En effet, il ſe jeta dans le luxe & dans la magnificence la plus ſomptueuſe en feſtins, meubles & bâtimens ; traitant, à vrai dire, les immenſes richeſſes qu'il avoit conquiſes ſur les Barbares, comme des eſclaves dévoués aux caprices de leur maître *a*. Il partagea ſon temps entre les délices & la philoſophie : continuant néanmoins d'aller aux aſſemblées du Peuple, ou d'aſſiſter aux actions du barreau, quand il étoit queſtion des affaires de ſes amis ; & d'entrer au Sénat, lorſqu'il falloit s'oppoſer à quelque ambitieuſe demande de Pompée. Après que celui-ci fut revenu d'Orient, Lucullus & Caton ſon beau-frere firent caſſer au Sénat toutes ſes ordonnances, & entr'autres la libéralité ſuſpecte qu'il vouloit faire à ſon armée d'une ſomme conſidérable. Depuis ſon retour, le Sénat affectoit encore plus de redoubler d'eſtime & d'attachement pour Lucullus ; n'oubliant rien pour ranimer ſa vigueur amortie dans les voluptés, & réveiller en lui le goût des affaires *b*. Mais le jour qu'il fut queſtion de porter au Peuple le décret du Sénat, Pompée, ſoutenu par Craſſus & par Céſar, avec qui il s'étoit ligué, fit entrer ſes ſoldats dans la Ville. Lucullus & Caton furent chaſſés du *Forum* avec violence, malgré les efforts des plus honnêtes gens, pour les garantir d'un tel affront : après quoi les ordonnances furent confirmées. On apoſta un homme de l'Abruzze, qui vint déclarer que Lucullus l'avoit ſuborné pour aſſaſſiner Pompée. Dans une ſeconde dépoſition, il nomma comme coupables de ce crime pluſieurs perſonnes du plus haut rang, dont il n'avoit fait aucune mention la premiere fois [1]. La fourberie parut groſſiere. Le

---

a Nicol. Damaſc. L. 110. ap. Valeſ. p. 500.
b Plut. in Pomp.

[1] Je ſuis ici *Plutarque* dans le récit d'une intrigue qui devient peu importante à la fin de cette hiſtoire. *Appien* & *Dion Caſſius* en parlent auſſi ; mais il y a, ſelon

lendemain le Bruttien fut trouvé mort. Les factieux débiterent qu'il s'étoit tué lui-même; mais on voyoit encore à son col la marque du cordeau avec lequel on l'avoit étranglé. Cette derniere aventure acheva de déterminer Lucullus à la retraite; & depuis, il ne prit plus aucune espece de part aux affaires publiques [a][1].

[a] *Plut. in Lucull.*

toute apparence, beaucoup d'erreur dans tout ce qu'ils en disent tous trois. Il est presque certain que cette affaire, mise sur le compte d'un certain Bruttien ou Brettius, n'est autre, qu'une cabale concertée avec Vettius, dont Cicéron écrivit sur-le-champ la nouvelle & toutes les circonstances, dans une lettre très-détaillée, à son ami Atticus, Liv. II. Epît. 24. Or, cette lettre ne fut écrite que plusieurs années après le temps où je parle, en 694, sous le Consulat de César & de Bibulus; de sorte que c'est, selon toute apparence, un Lucullus autre que le nôtre, qu'on vouloit mêler dans cette intrigue. M. *Secousse* a fait là-dessus de très-bonnes observations critiques [*].

[1] A son retour à Rome, après avoir rendu ses comptes de l'administration de la guerre, il passa d'une vie frugale & tempérante à une magnificence excessive, où il employa les richesses des deux rois Mithridate & Tigrane [**]. On tient que son exemple introduisit à Rome le premier usage de ce luxe extrême, qui bientôt y ruina tant de gens de naissance [†]. Lorsqu'on lui objecta la magnificence de sa maison de campagne à Tusculum, il crut s'être bien justifié, en répondant que ses deux voisins, l'un Chevalier romain, l'au-

[*] *Hist. de l'Acad. des Bell. Lett. tom. V. pag. 181.*
[**] *Nicolaüs Peripat. hist.* L. 16.
[†] *Athen.* L. 6.

tre simple affranchi, y avoient aussi des maisons superbes, & qu'on pouvoit bien lui permettre ce que l'on passoit à des gens si fort au dessous de lui. Mais ne voyoit-il pas que sa maison avoit donné envie à ses voisins de se jeter dans cette magnificence, & que, sans cet exemple dangereux, on n'auroit pas vu de sang froid les maisons de ces sortes de gens ornées de tant de tableaux & de statues, la plupart originairement enlevés des temples ou des bâtimens publics. Qui réprimera le faste de ces sortes de gens, lorsque ceux qui sont faits pour donner la regle, ne savent pas se régler eux-mêmes? Quand les Chefs d'une nation font des fautes, c'est déjà un grand mal en soi, & c'en est un plus grand encore, par le penchant qu'on a de les imiter. Voyez dans tous les siecles & dans tous les états, vous remarquerez que tels qu'ont été les premiers d'une République, telle a été la République entiere. Dès que les mœurs des Chefs ont changé, celles de la nation ont immédiatement pris le même cours.

Après avoir fait bâtir une superbe maison auprès de Naples, Lucullus fit à plus grands frais encore couper une montagne, pour faire entrer l'eau de la mer dans un vallon qui servoit de bassin au devant de sa maison. Aussi Pompée disoit-il de lui, c'est un roi de Perse à Rome.

Nicolas, Philosophe Péripatéticien, accusoit Lucullus d'être le premier auteur de ce luxe somptueux qui s'étoit introduit à Rome. C'est lui, disoit-il au rapport d'*Athénée*, qui, après avoir triomphé de Mithridate & de Tigrane, & rendu le compte des frais de la guerre, tomba de son ancienne tempérance dans ce train de vie magnifique, où l'emploi des richesses, enlevées aux deux plus puissans Rois de l'Orient, a donné l'exemple de la dangereuse profusion que nous voyons régner de notre temps. Le vieux *Caton* se plaignoit avec colere * de ce que le luxe étranger se glissoit déjà; c'est-à-dire de ce qu'on payoit trois cents drachmes un plat de poisson de la mer noire; de ce qu'un joli esclave coûtoit plus cher qu'une piece de terre. Les habitans de l'Italie, écrit *Possidonius* en parlant de son temps, sont de si longue-main habitués à se passer de tout ce superflu, qu'encore aujourd'hui, où toutes choses y abondent, il y a bien des gens qui élevent leurs enfans sans leur faire boire de vin, & qui leur demandent s'ils veulent pour leur souper une poire ou des noix. A présent il n'y a point de personne médiocrement riche qui ne veuille avoir des Cuisiniers, des Officiers, une table bien servie. On dépense chaque jour dans son ménage autant qu'on faisoit autrefois aux sacrifices d'un jour de fête **.

Dans le festin général que Lucullus donna au Peuple romain, il fit distribuer cent mille barils de vin grec, quoique ce vin fût quelque temps auparavant si recherché & si peu commun en Italie, que lui-même raconte n'en avoir en sa premiere jeunesse vu servir chez son pere que dans les grands repas, où l'on n'en donnoit qu'un coup à boire à chaque convive *. Le même jour il donna 950 drachmes de récompense à chacun de ses soldats (117 onces ¼ d'argent).

Il y a une médaille des victoires navales de Lucullus, où l'on voit d'un côté une tête de Rome couronnée d'oliviers, FIDES. & de l'autre une galere amirale **, L. LUCUL. EX S. C. ROMA. Il y a une autre médaille de son triomphe, où le triomphateur est représenté dans un char à quatre chevaux, tenant de la main droite les rênes, & de la gauche le bâton de commandement †. ROM. L. LICINIUS: de l'autre côté, une tête de Rome. PR. COS. LUCULLUS. Les fastes du Capitole portent l'inscription du triomphe sur les royaumes de Pont, d'Arménie & de Cappadoce: sur les rois Mithridate & Tigrane. L. LICINIUS. L. F. L. N. LUCULLUS. PRO. COS. DE PONTO. CAPPADOCIA. ARMENIA. DE REGIB. MITHRIDATE ET TIGRANE. AN. DCXC ¶.

« Les dégoûts qu'on venoit de lui donner après tout ce qu'il avoit fait de glorieux pour l'Etat, l'avoient rebuté des emplois, lorsqu'il revint d'Orient. Il ne se plaignit pas: mais il se retira. A son retour, le Sénat fondoit sur lui de grandes espérances, croyant avoir trouvé en sa personne un contre-poids contre la tyrannie de Pompée, & un défenseur de l'aristocratie, d'autant plus considérable, qu'il avoit acquis beaucoup de gloire, de puissance & d'autorité par ses grands exploits. Mais il trompa ses espérances; car il quitta les affaires, & ne voulut plus se mêler du

---

* *Polyb. L. 31.*
** *Ath. Deipn. L. VI. in fin.*

* *Plin. XIV. 14.*
** *Erizzo. Numism.*
† *Voy. les médailles n°. 8 & 9.*
¶ *Fast. Capitol.*

Gouvernement; soit qu'il le trouvât trop malade & trop difficile à rétablir, soit, comme d'autres le prétendent, que las de tant de combats & de tant de travaux qui n'avoient pas eu une issue trop heureuse, & se voyant comblé de gloire & d'honneur, il voulût enfin vivre en repos, & mener désormais une vie plus douce & plus tranquille. En quoi ils louent fort son changement, comme une marque de sa grande sagesse, de n'avoir pas fait comme Marius, qui, après ses victoires contre les Cimbres, & après tant de glorieux succès, ne se contenta pas de jouir de cet honneur, & d'être l'admiration de ses Citoyens; mais, par une faim insatiable de domination & de gloire, alla se commettre, dans sa vieillesse, avec des jeunes gens, pour leur disputer la premiere place, & se jeter dans la nécessité de faire des choses horribles, & d'en souffrir de plus horribles encore; écueil où il se perdit. Cicéron auroit bien vieilli plus heureusement, disent-ils, si après avoir sauvé Rome de la conjuration de Catilina, il eût su plier ses voiles & se retirer. Et Scipion n'auroit pas fini si malheureusement ses jours, si après avoir ajouté Numance à Carthage, il eût su se modérer & se tenir en repos. Car, ajoutent-ils, il y a un âge où il faut renoncer à la politique. Ses démêlés & ses débats sont comme les combats des athletes, ils demandent toute la force & la vigueur de l'âge; autrement ils sont malheureux.

Crassus & Pompée blâmoient au contraire Lucullus de ce qu'il s'étoit ainsi jeté dans les délices & la mollesse, trouvant ce genre de vie plus messéant pour un vieillard, qu'il ne l'eût été de continuer à conduire les armées ou les affaires publiques. En effet, la vie de Lucullus ressemble un peu à ces pieces de l'ancien théatre, dont les premiers actes sont fort sérieux, & le dénouement semblable à celui des comédies. Ce sont d'abord de grandes actions politiques & militaires: au dernier acte, on voit des festins, des courses de flambeaux & des divertissemens de toute espece: car il faut mettre dans cette derniere classe ces édifices somptueux, ces promenades, ces bains bâtis avec tant de luxe, & encore plus ces tableaux, ces statues, & tous ces autres chefs-d'œuvres de l'art, que Lucullus assembla avec une si prodigieuse dépense, en abusant avec profusion, pour ces vaines curiosités, des richesses immenses qu'il avoit accumulées durant ses campagnes. Encore aujourd'hui que le luxe est si fort accru, qu'il semble parvenu à son comble, les jardins de Lucullus sont comptés parmi les plus superbes jardins des Rois. Aussi *Tubéron*, Philosophe Stoïcien, voyant les magnifiques ouvrages qu'il faisoit sur le rivage de la mer autour de Naples, des montagnes percées à jour & suspendues par de longues voûtes, de grands fossés creusés autour de ses maisons pour y recevoir les eaux de la mer, & pour servir de réservoirs à nourrir de grands poissons, & de vastes Palais bâtis dans le sein de la mer même, frappé de tant de choses si étonnantes, il l'appella *le Xerxès en robe*. Il avoit, de plus, autour de Tusculum des maisons de plaisance ornées de grandes galeries & de salons ouverts de tous côtés pour la vue, de beaux appartemens bien percés, & de grandes promenades. Pompée l'y étant allé voir un jour, le railla de ce qu'il avoit fait une maison délicieuse pour l'été, mais inhabitable l'hyver.

Et Lucullus lui répondit: penfez-vous donc que j'aie moins de fens que les grues & les cicognes, & que je ne fache pas, comme elles, changer de demeure au changement des faifons.

Un Préteur ayant à donner des fpectacles au Peuple, pria Lucullus de lui prêter quelques cafaques de pourpre pour en parer les acteurs des chœurs dans la tragédie: à quoi Lucullus répondit qu'il feroit chercher s'il en avoit, & les prêteroit volontiers. Le lendemain il envoya demander au Préteur combien il lui en falloit: à quoi l'autre ayant répondu qu'il en voudroit avoir environ cent, fi cela étoit poffible; même deux cent fi vous en avez befoin, repliqua Lucullus. Tant il avoit chez lui de chofes qu'il favoit à peine être en fa poffeffion. Il y avoit auffi une grande fuperfluité contraire au bon ordre dans les repas qu'il donnoit chaque jour. Les lits étoient couverts d'étoffe de pourpre; la table, de vafes garnis de pierreries, des mets les plus recherchés, & de fruits magnifiques; le tout accompagné de mufique & de comédie: ce qui n'étoit bon qu'à fe faire valoir aux yeux du vulgaire par un faftueux appareil. Pompée ayant eu un grand dégoût dans une maladie, fon Médecin lui confeilla de manger des grives graffes, dont le goût eft très-fin. Comme on n'étoit pas dans la faifon des vendanges, fes domeftiques lui dirent qu'on n'en pourroit trouver que chez Lucullus, qui en faifoit nourrir toute l'année dans fes volieres. Comment donc, s'écria le malade, Pompée ne pourroit pas dîner s'il n'y avoit un Lucullus abymé dans le luxe! Caton, quoique fon ami & fon beau-frere, défapprouvoit fort ce genre de vie voluptueufe. Il ne pouvoit même

s'en taire en public. Un jour au Sénat, ennuyé d'un long difcours qu'un Sénateur tenoit fur la frugalité, il l'interrompit en ces mots. Eft-ce à un homme riche comme Craffus, voluptueux comme Lucullus, qu'il convient de parler comme Caton? Pour Lucullus, non-feulement il fe plaifoit à vivre ainfi, mais il en faifoit gloire. Quelques Grecs étoient venus à Rome, où Lucullus les régaloit prefque tous les jours. Ceux-ci fe défendirent à la fin de venir fi fouvent manger chez lui, & de lui caufer cette dépenfe exceffive. Il eft vrai, mes amis, leur dit-il en riant, qu'il y a quelque petite partie de ceci pour vous: mais la plus grande fe fait pour Lucullus. Un foir qu'il fe trouva feul à fouper chez lui, il fe fâcha de ce qu'on lui fervoit un repas affez médiocre; & fur ce que fon maitre-d'hôtel lui dit qu'il n'avoit pas cru devoir faire préparer un plus grand foupé, parce qu'il n'avoit prié ni retenu perfonne pour ce jour-là; comment, lui repliqua-t-il, ne faviez-vous pas que j'avois ce foir Lucullus à fouper chez moi.

Comme on ne s'entretenoit prefque d'autre chofe dans la Ville que de fon luxe & de fa magnificence, un jour Cicéron & Pompée le voyant fe promener fur la place dans un grand loifir, l'aborderent. Cicéron étoit de fes plus intimes amis, & quoique Pompée eût eu avec lui quelques démêlés fur le commandement de l'armée, ils ne laiffoient pas de vivre honnêtement, de fe voir & de fe parler. Cicéron, après l'avoir falué, lui demanda s'il voudroit bien leur donner à fouper. De tout mon cœur, répondit Lucullus, & il les preffa de prendre un jour. Eh bien, dit Cicéron, dès aujourd'hui nous souperons chez vous, mais à condition que vous ne nous donnerez que votre ordinaire. Lucullus fit d'abord le difficile, disant qu'ils feroient trop méchante chere, & les pria de remettre au lendemain, ce qu'ils refuserent. Ils ne lui permirent pas même de parler à aucun de ses domestiques, de peur qu'il n'ordonnât quelque chose de plus que ce qu'ils avoient préparé pour lui. Mais, à sa priere, ils lui accorderent seulement la permission de dire en leur présence à un de ses gens, qu'il souperoit dans Apollon. C'étoit le nom d'une des plus magnifiques salles de sa maison. Par ce seul mot, il les trompa adroitement, sans qu'ils s'en apperçurent; car chaque salle avoit sa dépense fixe, ses meubles, son service particulier, & tout le reste de l'appareil; de sorte que ses valets, en entendant seulement dans quelle salle il vouloit souper, savoient d'abord quelle dépense il falloit faire, quel ameublement & quel service il falloit employer. Les soupers qu'il faisoit dans la salle d'Apollon étoient réglés à cinquante mille drachmes (ou deniers d'argent de 8 à l'once, 6250 onces), & ce soir-là il dépensa tout autant; de sorte que Pompée voyant cette grande dépense, fut surpris de la promptitude avec laquelle un si grand & si magnifique repas avoit été préparé. Et en cela Lucullus usoit de ses richesses comme de richesses véritablement captives & barbares. (Ce fait, rapporté par *Plutarque*, est sans doute exagéré au dernier degré, si ce n'est même presqu'impossible).

Mais une dépense plus raisonnable & plus digne de lui, est celle qu'il faisoit à ramasser de tous côtés les meilleurs livres, car il en acheta un très-grand nombre & excellens, dont il composa une magnifique bibliotheque; & l'usage qu'il en fit fut encore plus estimable & plus louable que l'acquisition; car cette bibliotheque étoit ouverte à tout le monde. Les portes de ses galeries, de ses portiques, de ses cabinets, n'étoient fermées à qui que ce fût. Les Grecs y alloient comme dans le Palais des Muses, & y passoient les journées entieres à discourir ensemble & à disputer, ravis de quitter toutes leurs affaires pour se rendre dans un lieu si délicieux. Souvent même Lucullus se promenoit avec ces savans hommes dans ses galeries, & conféroit avec eux: il les aidoit dans leurs affaires quand ils l'en prioient; de sorte qu'on peut dire en un mot que sa maison étoit l'asyle & le Pritanée de la Grece, pour tous les Grecs qui étoient à Rome.

Il aimoit en général toute la philosophie, & il n'y avoit point de secte qu'il rejetât; mais il eut toujours un peu plus d'attachement & d'amour pour la philosophie académique, non pas pour celle qu'on appelle de la nouvelle Académie, quoiqu'elle fût alors très-florissante par les écrits de Carnéade, que Philon expliquoit, mais pour celle de la vieille Académie, dont l'école étoit tenue alors par le Philosophe Antiochus d'Ascalon. Lucullus avoit recherché son amitié avec un empressement extrême. Il le logeoit chez lui, & il s'en servoit pour l'opposer aux disciples de Philon, parmi lesquels étoit Cicéron, qui même avoit composé un très-beau traité contre cette secte de la vieille Académie, sur la these: Qu'il y a des choses que l'homme peut savoir & comprendre: il soutenoit l'opinion contraire, qui est celle de la nouvelle Académie: Que l'homme ne peut que douter. Ce traité est intitulé *Lucullus*;

car ils étoient, comme je l'ai déjà dit, très-bons amis, & ils suivoient le même parti dans le Gouvernement. Lucullus ne s'étoit pas encore entiérement retiré des affaires, mais il avoit seulement abandonné de bonne heure à Crassus & à Caton ces disputes, ces combats & toute cette ambition, à qui seroit le plus grand, & à qui auroit le premier degré d'autorité & de puissance, comme une ambition non-seulement dangereuse, mais qui tôt ou tard menoit toujours à faire ou à souffrir beaucoup d'insolences & d'indignités. Après qu'il eut renoncé au premier poste, ceux à qui la grande puissance de Pompée étoit suspecte, poussoient en avant Crassus & Caton. Lucullus continuoit cependant d'aller aux assemblées du Peuple, quand il s'agissoit de servir ses amis, & au Sénat, quand il falloit rompre quelque pernicieuse pratique de Pompée, & s'opposer à son ambition. L'accusation calomnieuse & l'aventure tragique du Bruttien, éloignerent encore plus Lucullus du Gouvernement; mais après que Cicéron eut été banni, & qu'on eut comme relégué Caton en Cypre, alors il se retira entiérement * ».

Il fut marié à Clodia, sœur de P. Appius-Clodius-Pulcher, ce fameux séditieux qui fit mutiner l'armée contre lui. Les mécontentemens qu'il avoit du frere, & la mauvaise conduite de la sœur, le porterent à la répudier. Il se remaria à Servilia, fille de Cépion, & sœur utérine de Caton d'Utique. Celle-ci ne valoit pas mieux que l'autre. De tous les vices qu'avoit Clodia, dit *Plutarque*, il ne manquoit à Servilie que d'avoir été comme l'autre entretenue par ses freres. Malgré ses infidélités, Lucullus la supporta long-

* *Plutarch.*

temps, par le seul respect qu'il avoit pour Caton. A la fin, il la répudia comme la premiere. Il en eut un fils, Marcus-Lucullus, qu'il laissa en mourant sous la tutele de Caton son oncle. Ce fils fut tué à la bataille de Philippes, en combattant dans l'armée de Brutus. Il étoit intime ami de Salluste, qui lui a dédié cette histoire-ci.

Sur la fin de sa vie son esprit baissa si fort, qu'on fut obligé de commettre Marcus son frere à l'administration de ses biens. On a prétendu que cette aliénation d'esprit étoit l'effet d'un breuvage qu'un de ses domestiques, nommé Callistene, lui avoit donné, comme un philtre propre à augmenter l'affection de son maître envers lui *. Comment a-t-on imaginé qu'il pouvoit y avoir des breuvages capables d'augmenter l'affection d'un maître pour un de ses domestiques ? Cependant *Pline* † dit qu'il n'en veut pas mettre par écrit la composition, après le malheur arrivé à un si grand homme, & qu'il ne seroit pas pardonnable d'enseigner une manipulation de drogues qui peut aliéner l'esprit. *Pline*, en un autre endroit ¶, reproche à Lucullus d'avoir eu sur la fin de ses jours un domestique qui se tenoit exprès à côté de lui quand il étoit à table, pour l'empêcher de trop manger. N'est-il pas honteux, dit-il, de voir en pareil cas un valet obligé d'arrêter la main à un vieux guerrier, même dans des repas de cérémonie ; & que Lucullus, qui savoit obéir à un de ses gens, ne sût pas se commander à lui-même ?

« Quand il mourut, le Peuple en fut aussi affligé que s'il fût mort dans la fleur de

* *Fragm. Corn-Nep. ap. Plut.*
† *XXV. 7.*
¶ *XXVIII. 14.*

fes profpérités, de fa puiffance & de fa plus grande gloire. Il accourut à fon convoi, où le corps étoit porté au bûcher par les jeunes gens de la premiere qualité: il vouloit à toute force qu'on fît les funérailles au champ de Mars, où il avoit déjà fait enterrer Sylla. Mais comme perfonne ne s'y étoit attendu, & qu'il n'étoit pas aifé de faire affez promptement tous les préparatifs néceffaires pour ces obfeques, fon frere fit tant auprès du Peuple par fes prieres, qu'il le fit confentir que fes funérailles fe fiffent dans fa maifon de campagne de Tufculum, où on lui avoit préparé fon tombeau. Il ne lui furvécut pas long-temps. Comme il l'avoit fuivi de fort près dans la courfe de l'âge & des honneurs, il le fuivit auffi de près dans le tombeau, où il emporta la réputation d'avoir aimé fon frere avec une extrême tendreffe.

Le plus grand bonheur de Lucullus eft d'avoir fini fa vie avant que d'avoir vu la deftruction de fa République, que le deftin préparoit par les guerres civiles. A fa mort, la conftitution en étoit déjà bien altérée, mais pourtant libre encore. Quant aux dernieres années de fa vie, le repos, la tranquillité d'efprit, l'attachement aux lettres, où l'on joint l'amufement aux réflexions, font des chofes fort féantes pour un vieillard, que l'âge a mis dans le cas de renoncer à la guerre & au Gouvernement : mais il ne faut pas non plus à cet âge faire du plaifir fon fouverain bien. Paffer du commandement militaire, où l'on a fait tant d'actions glorieufes, au luxe; continuer des fêtes & des jeux, cela n'eft pas digne d'un homme nourri dans les principes de l'ancienne Académie : c'eft plutôt imiter Epicure que Xénocrate. Ceci eft encore plus furprenant de la part de Lucullus, dont la jeuneffe avoit été fage & tempérante. Car le meilleur naturel eft celui qui fe change toujours en mieux ; chez qui les vices vont s'éteignant avec l'âge, & la vertu en fe fortifiant. Si Lucullus fût mort au temps de fes grands emplois & de fes victoires, le cenfeur le plus critique auroit peine à trouver en lui quelque chofe à reprendre.

Difons pourtant encore que l'un des grands talens d'un Général d'armée, c'eft d'affurer l'obéiffance par l'affection. Lucullus ne fut pas aimé de fes troupes, qui l'abandonnerent & le laifferent revenir feul. On ne peut pas tout-à-fait l'excufer là-deffus, foit qu'il ait ignoré, ou qu'il ait trop dédaigné des murmures qui lui aliénerent à tel point le cœur du foldat.

Perfonne, jufqu'à lui, n'avoit encore porté les armes fi loin, ni de tant de côtés. Il paffa le mont Taurus, & le premier d'entre les Romains il traverfa le Tigre : il s'empara des Villes royales de l'Afie, Tigranocerte, Cabire, Sinope, Nifibe, fous les yeux même de leurs Rois. Il pénétra vers le feptentrion, jufqu'au Phafe; vers le levant, jufqu'à la Médie; vers le midi, jufqu'à la mer rouge, où il foumit les Rois arabes. Il brifa les forces des grands Souverains de l'Orient. Il ne put les faire prifonniers, parce qu'ils s'allerent cacher comme des bêtes fauves dans des bois & des déferts inacceffibles. Mais, après fes victoires, Mithridate ni Tigrane ne furent plus en état de rien faire de confidérable. L'un affoibli, même ruiné dans les précédens combats, ne fut jamais affez fort pour faire face une feule fois hors de fes retranchemens en ordre de bataille devant Pompée. Il battit toujours

jours en retraite, & alla mourir dans le Bosphore. L'autre vint nud & défarmé embraffer les genoux de Pompée; il ôta fon diadême de fa tête & le mit à fes pieds; lui faifant ainfi l'honneur d'une dépouille acquife par les triomphes de Lucullus, & qu'il avouoit par fon action même ne lui plus appartenir alors, puifqu'il fe trouva fi heureux quand Pompée le lui rendit. Ce même Tigrane, que Lucullus avoit fi bien réduit, étoit pourtant ce puiffant roi d'Arménie, qui jufqu'alors avoit paffé pour invincible, & dont tant de victoires antérieures avoient nourri l'orgueil par les fuccès *.

« A confidérer les héros des fiecles paffés, on diroit volontiers qu'ils ne doivent toute leur gloire qu'à des vices heureux. On pourroit par cette raifon faire à Lucullus un reproche à mon fens bien glorieux : il manqua de défauts : il ne fut point être vicieux ; & il eût fervi de modele à Céfar, s'il eût été plus ambitieux ou plus téméraire. Il fut toujours jufte & modéré : on le trouva par-tout bon fils, bon frere, bon ami, bon Citoyen, bon foldat & bon Général : il fut toujours remplir fes devoirs ; ennemi de l'injuftice, de la brigue & des partis, & libre d'ambition; vices dont les plus grands hommes de fon fiecle ne rougiffoient point, & que Cicéron appelle les vices du temps, & non point des hommes.

» Je ne fais fi l'on pourroit trouver ailleurs un plus honnête homme que lui. On a trouvé à redire qu'après fa retraite il joignit aux louables occupations de fa vie privée la magnificence d'une table fomptueufe : mais Cicéron, qui vivoit familiérement avec Lucullus, fèvere au-

* Plut. Comp. de Cimon. & de Lucullus.

Tome II.

tant que nul autre pour les mœurs & pour la conduite de la vie, ne blâma jamais cet excès, & crut que Luculle devoit rendre à la République, par fes magnificences, les richeffes qu'on l'avoit accufé d'avoir amaffées par avarice.

» Le Peuple, que les profufions enchantent toujours, voulut plufieurs fois lui faire reffentir les graces ; mais Luculle les négligea, & ne voulut plus fe fier à une capricieufe multitude, dont on ne peut jamais moins s'affurer, que lorfqu'elle paroît agir avec plus d'ardeur.

» Il continua fa vie agréable & délicieufe jufqu'à ce que fon efprit fe fût affoibli. Il mourut peu de temps après, regretté de tous ceux qui, prévoyant les défordres que la puiffance de Pompée alloit caufer, le regardoient comme le feul qui auroit pu y remédier * ».

Quoique j'aie tiré de Cicéron une partie des faits contenus dans cette Note, je penfe qu'on auroit regret de ne pas entendre de la bouche même d'un fi grand Orateur, l'éloge qu'il a fait de Lucullus fon ami, au devant du dialogue académique qu'il a intitulé de fon nom.

« Lucullus ne s'eft pas, dit-il, trouvé fouvent à portée de faire valoir parmi nous, dans les affaires intérieures de la Ville, la rare étendue de fon génie fupérieur, & de fes connoiffances acquifes. Après s'être, dès fa premiere jeuneffe, joint à fon frere, homme rempli comme lui de talent & d'honnêteté, pour venger la mémoire de leur pere, ce qu'ils firent avec fuccès, il partit pour l'Afie, qu'il gouverna pendant plufieurs années avec un applaudiffement général, en qualité de Quefteur. On le nomma Edile, même avant

* St. Réal. Confidérat. fur Lucull.

Qqqq

» fon retour; puis Préteur fans intervalle.
» En fortant de cette place, il alla en
» Afrique, & fut enfuite élevé au Con-
» fulat, où il fit pleinement connoître fa
» capacité & admirer fon exactitude. Le
» Sénat lui confia le commandement de la
» guerre contre Mithridate. C'eft là qu'il
» a furpaffé, non-feulement ce qu'on
» efpéroit de lui, mais la gloire de tous
» ceux qui l'avoient précédé. On en fut
» d'autant plus étonné, qu'on ne s'atten-
» doit pas à trouver de fi grands talens
» pour la guerre, dans un homme qui
» avoit paffé fa jeuneffe au barreau, &
» enfuite plufieurs années dans l'emploi de
» Quefteur de l'Afie, alors en paix : car
» c'étoit dans le royaume de Pont que
» Murena faifoit en ce temps la guerre.
» Mais la merveilleufe facilité de fon génie
» le difpenfa d'avoir befoin, comme un
» autre, de pratique & d'apprentiffage.
» Ayant employé tout le temps de fon
» voyage & de fa navigation, foit à étu-
» dier les livres de l'art, foit à converfer
» avec les gens du métier, il arriva en
» Afie tout formé au difficile emploi de
» Général d'armée, dans lequel il étoit
» encore neuf en partant de Rome. Jamais
» il n'y eut en effet de tête d'homme faite
» comme la fienne pour retenir les chofes
» & les faits. Car Hortenfe le furpaffoit
» encore pour ce qu'on appelle proprement
» la mémoire, qui eft le fouvenir des
» mots. Mais en affaires, les chofes font
» plus importantes que les mots. Ainfi la
» fupériorité eft ici due à Lucullus, comme
» à Thémiftocle, le premier, à mon fens,
» des Capitaines Grecs, & qui reffembloit
» à Lucullus en cette partie. Quelqu'un
» lui ayant propofé de lui donner une
» nouvelle méthode de mémoire artifi-
» cielle, il répondit qu'il voudroit qu'on

» lui en donnât une pour oublier : tant
» ce qu'il avoit une fois vu ou entendu
» fe gravoit profondément dans fon efprit.
» Lucullus ufoit de cette facilité pour
» beaucoup d'autres favantes connoiffances
» que Thémiftocle avoit trop négligées.
» De même que nous couchons par écrit
» ce que nous voulons qui nous ferve
» d'enfeignemens pour l'avenir, Lucullus
» le rangeoit dans fa tête en bon ordre.
» Comme Général d'armée, fon talent fut
» tel en tout genre, fieges, batailles, ma-
» chines, approvifionnemens, campagnes
» fur terre ou combats fur mer, que Mi-
» thridate, le plus grand des Rois après
» Alexandre, difoit de lui : *Je le juge*
» *plus habile homme de guerre qu'aucun de*
» *ceux dont je lis les faits dans l'hiftoire.*
» Comme Gouverneur de Province, fon
» adminiftration fut fi jufte & fi bien ré-
» glée, que l'Afie continue d'être régie
» par fes ordonnances : on n'a fait depuis
» que fuivre le plan qu'il avoit donné.
» Malgré l'utilité que la République a
» retirée de fes travaux, j'ai fouvent defiré
» qu'ils ne fuffent pas tous ainfi confacrés
» aux Provinces éloignées; que Rome, le
» Sénat & le barreau puffent jouir davan-
» tage d'un homme d'une fi haute & fi
» rare capacité. Cependant, lorfqu'il eft
» revenu vainqueur, la malice de fes
» ennemis a retardé fon triomphe pendant
» trois années de fuite. Ce ne fut pas fans
» peine qu'enfin, pendant mon Confulat,
» je tirai, pour ainfi dire, fon char dans
» la Ville. Je dirois combien, dans les
» affaires majeures qui fe pafferent alors,
» je trouvai de fecours dans les confeils
» & dans l'autorité de ce grand homme;
» fi je ne paroiffois vouloir ainfi mêler
» mon éloge au fien. Il vaut mieux fup-
» primer les témoignages que je lui dois

ROMAINE. *LIVRE V.*

A vrai dire, elles étoient dès-lors assez désespérées, pour laisser peu de confiance aux tentatives de les rétablir. Le court espace d'une vingtaine d'années qui se sont écoulées depuis, & la cataftrophe récente, montrent assez que l'Etat ne peut plus supporter le mal ni le remede [a]. Et l'on ne sauroit s'étonner que le caractere général du Peuple romain ait entiérement changé, lorsque tant de causes naturelles y ont concouru. Les guerres éloignées, forçant les Citoyens à de trop longues absences, leur ont insensiblement fait perdre l'esprit de la République. L'habitude des tumultes populaires n'a pu manquer de les tourner enfin en guerres civiles. Le droit de bourgeoisie accordé à tant de gens de pays & de mœurs différentes, a introduit dans la Ville une foule d'usages étrangers, & fait du Peuple romain une espece de monstre à plusieurs têtes. Autrefois il y avoit au moins dans les partis un certain esprit fixe & général, qui, tenant leurs forces entieres & contrebutées, contenoit la machine en un état de stabilité. On savoit d'avance, à chaque dispute, quels gens seroient pour, & quels seroient contre. On savoit que les défenseurs du Peuple, poussés par lui-même aux grandes places, ne commenceroient à le mépriser que lorsqu'ils

LXXXV.
Etat de la République à sa retraite, & au temps où finit cette histoire.

[a] *Tit-Liv.*

» à cet égard, que de m'en approprier » une partie. Assez de gens célébreront ses » actions d'éclat dans les deux langues » grecque & latine : ce sont des faits pu- » blics. Parlons du particulier, qui n'est » connu que de ses amis & de moi. Il » étoit bien plus versé dans la littérature, » & plus profond dans la philosophie que » ne le croient ceux qui ne l'ont pas fré- » quenté. Dès sa jeunesse, il s'étoit appli- » qué aux sciences : il ne les négligea ni » pendant sa Questure, ni même pendant » la guerre, dont les affaires donnent tant » d'occupation à un Général, qu'il lui reste » bien peu de momens de loisir quand il » est campé sous la toile. Cependant il les » mettoit à profit. Etant Questeur, il » attira chez lui Antiochus, de l'école de » Philon, réputé le meilleur & le plus » savant philosophe de la Grece : il le » garda pendant ses campagnes, & prenoit » plaisir à l'entretenir quand il le pouvoit. » L'instruction étoit prompte avec un » homme qui donnoit une merveilleuse » attention à ses lectures, & qui n'oublioit » jamais rien de ce qu'on lui avoit une » seule fois appris. Je n'en dirai pas là- » dessus davantage. Peut-être même lui » ai-je fait tort dans l'opinion de ceux » qui se figurent que de telles connois- » sances ne sont pas d'un homme de son » état ».

Tome II.

cesseroient de l'être eux-mêmes par la noblesse, qui les auroient initiés à ses mysteres *a*. On savoit qu'ils seroient facilement remplacés par d'autres qui, quoique peut-être avec les mêmes vues secretes, se tiendroient au moins fortement attachés aux intérêts du parti, tant qu'ils ne seroient pas parvenus à leurs fins. A présent on ne sait presque plus ce que c'est, je ne dis pas qu'intérêt public, mais qu'esprit de corps même en apparence. L'inconsistance est égale dans les deux ordres : tout est mélangé : tout est devenu variable & sans suite ; sans qu'on puisse calculer les forces, ni prédire à quel parti un homme de l'un ou de l'autre s'attachera dans l'occasion.

L'or, la magnificence, les statues étalées dans les triomphes, ont d'abord réveillé la curiosité des Citoyens ; bientôt les ont entraînés au goût de ces vanités frivoles : les cœurs ont senti avec émotion, ce que les yeux avoient vu avec plaisir. Les plus opulens patrimoines, sacrifiés en tout genre de folles dépenses, laissent leurs possesseurs plus indigens cent fois au milieu de leur magnificence, que ne l'étoient leurs peres au sein d'une médiocrité honorable & tranquille. Ils sont de véritables pauvres qui, pendant qu'ils étalent leur faste au public pour le plaisir des autres, gémissent en secret dans le domestique ; tyrannisés par leurs créanciers, désespérés du mauvais état de leurs affaires, dont ils voyoient la ruine prochaine, disposés à tout entreprendre pour en prévenir l'éclat. D'autre part, en même temps que l'avidité du gain a donné aux petits la pernicieuse habitude de se faire les serviteurs des grands *b*, les proscriptions de Sylla ont avili par la terreur l'esprit de la nation, & la préparoit à l'esclavage. On se trouve dans la nécessité de souffrir des maîtres, quand la liberté devient à charge : il a bien fallu changer de maximes en changeant de mœurs & de Gouvernement *c*.

a Tit. Liv. XXII. 34.   *b Thucydid.*   *c S¹. Evrem. & Montesq.*

Fin du second Volume.

www.ingramcontent.com/pod-product-compliance
Lightning Source LLC
Chambersburg PA
CBHW061956300426
44117CB00010B/1360